U0137655

周易象数学史

林忠军 著

第一册

————

先秦汉唐卷

国家社会科学基金重点项目
"象数易学史研究"（批准号：11AZX004）成果

总 目 录

绪　论

一

所谓象，是就卦而言的，指《周易》卦爻符号及其所象征的世界上各种事物及其属性、形态。凡以六画或三画组合的阴阳符号及其象征的事物及事物的属性、形态，称为卦象。卦象分为三画八卦之象和六画六十四卦之象。凡以一爻所象征的事物及事物的属性、形态，称为爻象。爻象可分为阴阳象、爻位象等。除了《周易》文本固有的阴阳符号构成的卦爻象外，象还包括了由卦爻符号推演出的卦气、卦变、互体、爻辰、纳甲、之正、旁通、反对、五行等象。严格说来，易象分为两种：一种是指由阴阳符号构成的象，如前面所言《周易》固有的符号及其推演出的符号是卦象；另一种指《周易》卦爻符号所象征的万物之象，有学者称为"物象"。如《说卦传》所言八卦之象。《周易》文本由卦爻象符号与文辞构成，文辞表达一定的物象。文辞与卦爻象的关系，被《易传》认定为文辞本之易象符号，即"观象系辞"。故文辞所言的"物象"本于卦爻象。① 所谓数，原之于筮法，是指用来确定和表征卦爻象的数字。它包括蓍数（天地之数、大衍之数、老少阴阳之数、策数等）、五行之数、九宫之数及河洛之数。而图书之学，则是由象与数之符号构成的内涵深奥学理的图式。古代易学家也有将《周易》文本中出现的"数"视为象者，即以数为象，称为"数象"。②

象数观念起源很早，它产生于巫觋信仰十分盛行的《易》前时代。早期的象数观念，与卜筮之法相联系。考古发现，殷周之前，已大量使用了与数占相关的数字卦，以数为占，数早于象。占卜之数后来转化为阴阳符号，可知数是象的雏形。而殷商之际龟卜之法是以烧灼龟甲出现的兆判断吉凶，这个兆也称为象。春秋时韩简云："龟，象也；筮，数也。"（《左传》僖公十五年）即是说龟卜以象言，筮占以数言。学者循此思路研究，认为龟卜之兆象与易象也有某种联系，是易象的重要源头。易象起源于数字卦还是龟卜之兆象，有待于深入研究。而后来人们习称的"象数"专指易学中的象数，与龟卜无关。成书于战国时代的《易传》曾就象与数的观念加以规定。《系辞

---

① 朝鲜李朝时期学者丁茶山认为，圣人作《易》，先观易象，即观诸种卦爻符号，及卦变、爻变、交易、变易、互体、伏体、反对等，次"取象"，即从卦爻符号之象中取八卦所象征的"物象"，然后据"物象"以作文辞。

② 元儒吴澄据邵雍"有意象、有言象、有象象、有数象"之语提出，从一至十，每个数代表两个卦象，为"数象"。见吴澄《易纂言外翼》卷四，《四库全书》本。

传》云："象也者，像也。""圣人有以见天下之赜，而拟诸其形容，象其物宜，是故谓之象。""极数知来之谓占。"但《易传》还未将象数作为一个概念来表征易象、易数及相关的意义。将象数作为一个概念使用恐怕是在汉代。如《易纬·乾坤凿度》云："八卦变策，象数庶物，老天地限以为则。"晋韩康伯注《系辞传》云："斯盖功用之母，象数所由矣。"而将象数作为一门学问则更晚，大概在宋代。《宋史·隐逸传》云："郭氏者，世家南平，始祖在汉为严君平之师，世传易学，盖象数之学也。"宋代所谓的象数之学不仅指汉代的象数易，也包括了宋代的图书之学。《东都事略·儒学传》云："陈抟读《易》，以数学授穆修，以象学授种放。放授许坚，坚授范谔昌。"此数学、象学是指图书之学。北宋沈括作《梦溪笔谈》专列"象数"二章。沈氏所言象数，包括历法步岁之法、医学五运六气之法、六壬之法、候气之法、纳甲之法、揲蓍之法、卦变之法、五行之数等应用之术。而清初黄宗羲作《易学象数论》，涉及河图、洛书、先天图、纳甲、卦变、互体、蓍法、易纬、太玄、元包、潜虚、洞极、洪范、皇极、六壬、太一、遁甲等。沈括与黄宗羲使用的"象数"概念，是广义的象数，大致等同于"术数"。

还有一种狭义的"象数"，是易学文本赖以形成的阴阳卦爻符号和与大衍筮法相关的蓍数。它作为一种解《易》的方法，属于经学研究的内容，异于数术之学。其实，区分象数之学与术数之学非始于今日，古代早已有之。汉刘向父子校书，

"总群书而奏其《七略》，故有《辑略》、有《六艺略》、有《诸子略》、有《诗赋略》、有《兵书略》、有《术数略》、有《方技略》"(《汉书·艺文志》)，并将孟喜、京房等人的象数易学著作收入《六艺略》，将天文、历谱、五行、蓍龟、杂占、形法六种图书收入《术数略》。清代编纂《四库全书》，将以象数解经之易书收入经部易类，将数学、占候、相宅相墓、占卜、命书相书、阴阳五行、杂技术七类收入子部术数类。可见狭义的象数学与术数学在古人那里泾渭分明，区分比较严格。

当然，将广义的象数学与术数学等同，不是毫无道理可言，恰恰反映出易学发展的独特性及其对于民俗文化的影响。《周易》本为卜筮之学，象数思想是在卜筮活动中产生且服务于筮占活动。《系辞传》"参伍以变，错综其数。通其变，遂成天下之文。极其数，遂定天下之象"中的"象"、"数"皆就筮法而言，故《周易》本属于术数，为官方有专门职守的史官所掌管。然而经过孔子的整理与阐发，易学话语系统发生了转换，德占取代了筮占，《周易》因此具有二重性：巫史的卜筮性与儒家的哲理性。汉代，"史官之废久矣，其书既不能具，虽有其书而无其人"(《汉书·艺文志》)，术数流入民间。而以探讨大道为主、包括象数易在内的易学则成为官学而与术数分道扬镳。虽然如此，《周易》筮占之学作为民间俗文化，还是不断地从象数易学中吸取营养，完善其理论体系和操作方法，而且后来的堪舆、命理、相术、六壬、遁甲等也凭借着象数易学某些理论得以形成和发展。更为重要的是，一些早期象数易学家，精于筮占，撰写过有关筮占方面的著作，其许多象数思想通过建立筮占体系而阐发出来。术数学与象数学的这种特殊关系，成为泛化"象数"与"数术"等同的主要原因。

本书言"象数"，是狭义的"象数"，其重点研究的是《周易》文本中的和与之密切相关的象数。这显然不是广义的"象数"，即不包括《周易》文本以外的诸种数术。故本书以"《周易》象数学史"命名，旨在在探索易学发展过程中，象数易学理论方法的形成与演变。而对于易学筮占之术（大衍之法例外）的应用和其他数术应用一般不涉猎，除非其学说与应用混为一体，则不得不做出介绍。

《周易》象数学史从属于易学史。易学是关于《周易》经传的学问。它以《周易》文本为研究对象，通过解读《周易》文本，以恢复和再现《周易》文本本义和阐发蕴涵其中的深刻哲理为旨归。易学史是易学形成、发展和演变的历史，这种历史是一种易学学术活动的真实存在，是客观的，确定的，不以人的意志而转移的。而易学史研究则是将研究者自身置于易学历史境遇之中，凭借传世的和出土易学文献，运用历史、哲学及易学等方法，对于易学发展做出客观的描述与诠释，力求恢复和再现易学发展的原貌，然后对此进行深层次的思考与解释，并就易学学术活动的意义和价值作出判断。这种易学史的研究，与研究者所处的历史文化背景及在此背景下形成的理论素养、学识、理解力相关，体现了研究者的易学价值取向，未必与易学的真实历史完全符合。其实，易学史研究是一种对于易学传统的解释活动，回归和展现易学传统是易学史研究的第一步，也是最为关键的一步，但绝非最终的目标，最终目标应是指向活生生的易学现实。张世英先生曾总结解释传统的三个层次：一是"对简单事实的考证"，二是"对原本内在关系、内在结构的分析和释义以及对原行动者或原作者与参照系的关系的说明"，三是"对于传统意义和价值的评判"。前二者属于传统研究的低层次。而对于解释传统最为重要的不是复制和再现历史，而是"指向现在、射向当前"的价值评判。[①] 以此观之，易学研究内容不仅包括"传授的世系，不同时代和学派解经的倾向，经典注疏的概况和成就，典籍的辨伪和文字训诂的考证等"，[②] 更应在当下文化语境下对传统易学作出新的理解与解释，赋予易学全新的内涵，回应时代提出的新挑战，使易学由传统指向现实，从现实走向未来。

由于治《易》理念、方法与思路不同，易学家大致被划分为象数派和义理派。象数方法是探寻和解释易学起源、易学文本形成和文本固有意义的易学方法。汉代易学家，崇拜《周易》文本，故从《易传》"观象系辞"观念出发，将象视为文本成书的关键，故在解释文本时尤其注重象的作用。象数方法往往与训诂方法交集在一起。一般说来，易学家先用文字训诂方法解释《周易》文字意义，然后以象数揭示《周易》文辞之依据。

---

① 张世英《哲学导论》，北京大学出版社，2012年，第295—296页。
② 朱伯崑《易学哲学史》，北京大学出版社，1989年，第1页。

故文字训诂方法与象数方法就成为汉代易学研究的主流方法。作为象数的新形式，图书之学是宋代易学家探求易学起源和解释《周易》文本的重要方法。故宋代以后，图书之学成为易学重要内容。与象数方法不同的是，义理方法是揭示和印证《周易》文本所内涵的深奥意蕴的重要方法。晋唐、宋明一些易学家，本之《易传》"立象尽意"观点，借助于经文解释，阐发和印证易学所蕴含的圣人之意或万物之道，以建构贯通天人的易学体系。故易学史包括象数易学史和义理易学史。象数易学史以《周易》象数符号和图式为研究对象，通过解读传世与出土的象数易学文献，探讨不同时代的象数易学思想内涵、与自然科学的关系、解经方法、学派形成及在易学发展史上的价值等问题，考辨历史上留下来的疑难问题。进而阐明象数易学发展的轨迹及其与义理之学的关系，力求还原不同时代象数易学和同一时代不同易学家象数思想之真实面貌，以此出发，以现代话语深刻地检讨易学史上不同形态的象数易学，重新诠释象数在新时代语境下的易学研究中的意义，思考和探索其哲学意蕴，运用新的话语系统重构其思想体系，展望其未来发展的大趋势。

二

象数易学作为易学一个分支，其发展与整个易学发展的进程是一致的，经历了一个漫长的过程。可以划分为六个时期：

第一是先秦时期：象数思想开始萌芽。数字卦与龟卜是象数易学的源头，《周易》文本中符号系统本之《连山》《归藏》。《左传》《国语》记载了二十多个筮例，反映出春秋时期有了零星象数思想，并开始使用以象注《易》方法。这些思想在战国时得到了充分的发展。今本《易传》与帛书《易传》成书，标志着象数思想的形成。它以较高水平的抽象思维，第一次全面地对《周易》象数的概念、性质、作用等加以概括，并尝试把象数作为一个重要方法，注释《周易》卦爻辞，揭示象辞之间的内在联系。《易传》的象数思想成为两汉象数易学形成的理论基石。清华简《筮法》是战国时与大衍筮法相关的另一筮占系统。从其根源说，清华简《筮法》不可能晚于《周易》的大衍筮法。《筮法》与之前出土的数字卦有相似之处，保留了战国前流行的数字卦的特征，透过《筮法》可以看到数字卦的数字过渡到一六，再转化为阴阳符号是一个过程。

第二是西汉时期：象数易学形成时期。西汉易学适应了大一统的政治、文化的需要，得到了空前的发展。象数易学凭借着当时易学和包括天文、历法、数学等在内的自然科学所取得的成果而建立起来，通过"师法""家法"之传授方式，形成了形态各异的理论。以孟喜和京房为代表的易学家，迎合当时经学和整个学术发展的需求，运用象数观念作为手段，重在阐发易学微言大义，建立起了推天道、明人事的庞大易学体系，从而改变了易学发展的方向，成为汉代易学的主流。《易纬》以通论的形式总结了西汉象数易学的成就，阐发了具有神学色彩的、独特的象数思想，使西汉象数易学得到了丰富和发展。

第三是东汉时期：象数易学鼎盛时期。无论是深度、广度还是规模，象数易学在此时期均达到了登峰造极的地步。东汉易学大师辈出，学派林立。以郑玄、荀爽、虞翻等为代表的易学大师，沿袭汉易旧说，通过注经形式，阐发了一系列比西汉易学更为精密、更为深刻的象数思想，成为象数易学集大成者。但是，由于东汉象易学家过分地推崇象数，夸大其作用，从而使易学体系变得机械、繁琐，远离了《周易》之本义，导致了自身的式微。

第四是魏晋隋唐时期：象数易学衰微时期。少年王弼以老庄注《易》，辨名析理，尽扫汉代象数之学，象数之学开始衰微。大部分象数书籍失传，存者或流入术数，或无师传授。至南北朝时，南朝立王弼易为官学，北朝立郑玄易为官学，象数易学唯有郑玄易与王弼易抗衡。隋唐时，南北统一，随着南学取代北学，郑玄易失去官学地位，逐渐被学界冷落。幸有唐李鼎祚慧眼洞悉，撰《周易集解》"采群贤之遗言，议三圣之幽啧，集虞翻、荀爽三十余家，刊辅嗣之野文，补康成之逸象"（《周易集解序》），使汉代象数易学得以传世。在这部书中，还辑了汉以后至唐代如陆绩、干宝、侯果、崔憬等一些易学家的易说。这表明在玄学思潮冲击下，象数易江河日下，但仍然有部分易学家逆流而动，承袭汉易旧说，以象数治《易》。

第五是宋元时期：图书之学形成与兴盛。北宋刘牧、邵雍等人不囿于文字笺注形式，而以《易传》的数理为最基本的依据，追溯易学源头，揣摩圣贤思绪，探索《周易》成书的历程，由此而形成以图式解释为最基本内容的河图洛书和先天后天之学，开启了此时期易学创新之先河。以周敦颐、刘牧、邵雍等易学家为代表的一派承袭道家之说，运用易数推衍出由黑白点构成的"太极图""河图""洛书""先后天图"。另有南宋朱震以"推原《大传》天人之道"为宗旨，融合汉、宋象数之学，为《易》立注，以补义理之学不足，成为宋代偏于象数之大家。朱熹作《周易本义》和《易学启蒙》，以理学家视域诠释太极图、河图、洛书、先后天图，确立了图书之学在宋代易学中的地位。受朱熹影响，宋以后言《易》者，多言图书之学，图书之学成为易学重要内容。宋元时代张理、雷思齐、俞琰、吴澄等对于图书之学皆有阐述，从不同层面发展了朱熹图书之学的思想。

第六是明清时期：象数易学复古时期。明代以程朱易学为官学，大多数易学家以阐发和修正程朱易学为己任。但是也有不同于程朱易学者，如在象数方面有来知德以错综观念谈论易学，有黄道周融合易学与天文、历法、数学为一体，有方孔炤、以智父子整合儒道释、心学与理学、象数与义理，各自建立异于程朱的易学体系。同时，也出现了以象注《易》、回归汉易的倾向，易学研究开始转向。清初，虽然以程朱为代表的宋易仍是当时易学研究的显学，却兴起了一股以检讨宋易图书之学为主要内容的辨伪思潮。以毛奇龄、黄宗羲、胡渭等为代表的易学家，全面清算了图书之学，认为其不符合《易》之本义，纯属宋人伪造。他们从文本出发，考辨易学源流，辨明是非，对于复原文本和探求文本本义有重要的贡献，其所倡导的考据之方法，朴实而严谨，为清代中期乾嘉易学的形成奠定了基础。乾嘉时，以惠栋、张惠言等为代表的易学家，从"汉去古未远，存有古义"观点出发，运用汉代象数兼训诂的易学方法，对汉代象数易进行了爬梳和解说，旨在复原汉代象数易。焦循、姚配中等易学家，不满足于汉代象数之学，通过检讨解构汉代象数之学，建构了更为精巧、严密的象数体系。高邮王氏父子反对汉代象数之学，重视汉代易学训诂学，重建了易学训诂范式。深受焦循与王氏父子影响的俞樾，用象数与训诂之法，重新诠释汉宋易学，成为晚清时象数易学之强音。与之不同的是，杭辛斋于象数贯通古今，融合中西，赋予象数新的意义，标志着象数易学的转型。

总之，不同时代的象数易学具有不同的形态与特征。清人将象数易学划分为三宗。四库馆臣指出："《易》之为书，推天道以明人事者也。《左传》所记诸占，盖太卜之遗法。汉儒言象数，去古未远也。一变而为京、焦，入于禨祥；再变而为陈、邵，务穷造化。"（《四库全书总目·经部·易类叙》）这里将象数派分为占卜宗，禨祥宗、造化宗。《四库全书总目》总纂官纪昀在乾隆五十七年（1792）为其侄纪虞惇所撰《逊斋易述》作序时对此说又作了修正。他说："《易》之精奥，理数而已。象，其阐明理数者也。自汉及宋，言数者歧而为三：一为孟喜，正传也；歧而为京、焦，流为谶纬；又歧而为陈、邵，支离曼衍，不可究诘，于《易》为附庸矣。……中间持其平者，数则汉之康成……康成之学不绝于线，唐史征、李鼎祚，宋王伯厚，及近时惠定宇，粗传一二而已。"（《纪文达公遗集》卷八《逊斋易述序》）纪昀之论与《四库全书总目》相比，有两点值得肯定。其一，他明确地以正传、别传来划分象数易学派别：孟喜是正宗，京、焦、《易纬》及陈抟、邵雍为别传，郑玄及传郑氏学者为中间派，既不是正宗，也不是别传。其二，他将象数易学的派别，由汉宋延伸到清乾嘉时的惠栋，研究的范围扩大了。当然，这种划分并非无问题。如汉末易学大家虞翻及后世传虞氏学者，对象数易学做出了不可磨灭的贡献，但他们不属于纪昀所划分的任何一派。虞氏家传孟氏学而其思想多有发明，与孟氏相去甚远。从其思想内容看，也非京焦、陈邵别传之列，更非郑学之属。因此，纪氏关于象数易学派别的划分恐有欠缺。

以现代眼光审视象数易学的发展演变，大致可分为三大派。一是占验派。此派视《易》为卜筮之书，多本古法，参以占候。凡以《周易》为主体，运用象数理论建立占验体系者皆属此派，如春秋时《左传》《国语》记载之筮例，汉孟喜、京房、梁丘贺、焦延寿，北周卫元嵩，宋张行成等。而汉代的扬雄仿《周易》作《太玄》，用于占卜，但此书已脱离了《周易》这个主体，故扬雄不属于象数易学占验派。而术数中的龟卜、象占（星占、云气占、风角占等）、太乙、六壬、遁甲、星命、堪舆、相术等虽也属占验，且借用了《周易》某些象数理论，但其与易学有着本质的区别，故也不属于象数易学研究范围。

关于这一点，今人周玉山先生论之甚详①，兹不重复。二是注经派，本于《易传》以象数注释易辞。凡以象数注《易》或整理、解说汉代象数易者皆属此派，如汉代郑玄、荀爽、虞翻，清代惠栋、张惠言、焦循、姚配中等。汉魏伯阳作《周易参同契》，此书引《易》入道，故不属于此派。三是图书派。凡承认图书之说，并以图书说《易》者，皆属此派，如宋代刘牧、邵雍、元代雷思齐、张理及清代江永、胡煦等人。这种划分只是相对的，易学史上既以汉代象数注《易》，又以河图洛书注《易》者不乏其人。如宋代朱震融合汉宋象数解《易》是其证。

三

象数易学与其他思想一样，一方面基于传统，从传统象数易学发展而来，与传统象数之学有着千丝万缕的联系；另一方面又在传统基础上，总是按照时代语境解释和理解传统象数易学，形成一种新的象数学说。伽达默尔指出："每一时代都必须按照它自己的方式来理解历史留传下来的本文，因为这本文是属于整个传统的一部分，而每一时代则是对这整个传统有一种实际的兴趣，并不试图在这传统中理解自身。当某个本文对解释者产生兴趣时，该本文的真实意义并不依赖于作者及其最初的读者所表现的偶然性。至少这种意义不是完全从这里得到

---

① 周玉山《易学文献原论》（一），《周易研究》1993 年第 4 期。

的。因为这种意义总是同时由解释者的历史处境所规定的，因而也是由整个客观的历史进程所规定的。"[①] 由是观之，不管象数易学所讨论的问题多么古老，使用的方法多么传统，绝不可能脱离当时的历史境遇与学术话语，皆是基于当时社会的政治、经济、文化和学术状况所作出的抉择，由此形成的象数学说和理论皆与当时历史发展过程息息相关。因而不同时代的象数易学具有不同的表现形式与理论形态。如西汉孟、京易学的卦气说、八宫说、九宫说、五行说等，迎合了西汉大一统政治之需求和以阐发"微言大义"为特色的今文经思潮，是西汉人追求社会秩序稳定以及当时流行的天人之学的集中反映。东汉郑玄、荀爽、虞翻等人言卦变、礼象、爻辰、旁通、互体、纳甲、之正、爻位等，以象数与训诂为方法，旨在探索《周易》文本之本义，此种严谨而朴实的学风是在反思和检讨今文经与政治的关系之后，在古文经兴起背景下形成的，体现了东汉学术向理性的回归。宋代易学家言"数学""象学"等，通过推衍"河图""洛书"等图式，探求易学起源，解释易学文本，是宋代易学家在重建儒家道统的新语境下力图改变汉唐笺注之学，为寻找新的解《易》方式所作的努力，是以清新直观、内涵数理的图式复活了汉代象数易学。虽然其主要观点、论据和符号的推演及其论证过程有种种不合理之处，但它反映了宋人

---

① （德）伽达默尔著，洪汉鼎译《真理与方法》，上海译文出版社，2002年，第380页。

对于易学的独到理解和具有创新意义的易学观。综上，象数易学的发展和演变，除了其自身理论需要不断完善外，只能从历史发展过程中去寻找原因。

象数易学有着独特的发展进程和特殊规律，从而形成了不同于义理易学的特点和风格。清儒杭辛斋曾就治学方法和学术风格对象数易与义理易加以区别。他指出：

> 自来言《易》者，不出乎汉宋二派，各有专长，亦皆有所蔽。汉学重名物，重训诂，一字一义，辨析异同，不惮参伍考订，以求其本之所自，意之所当，且尊家法，恪守师承，各守范围，不敢移易尺寸，严正精确，良足为说经之模范，然其蔽在墨守故训，取糟粕而遗其精华。且《易》之为书，广大悉备，网罗百家，犹恐未尽，乃株守一先生说，沾沾自喜，隘陋之诮，云胡可免。宋学正心诚意，重知行之合一，严理欲之大防，践履笃实，操行不苟。……但承王弼扫象之遗风，只就经传之原文，以己意为揣测，其不可通者，不惮变更句读，移易经文，断言为错简脱误，此则非汉学家所敢出者也。（《学易笔谈》卷一）

杭氏所谓汉学，主要指象数易学，它包括汉以后治象数易者。所谓宋学，主要指义理易学，它不限于宋代，凡宋以后治义理易者，皆属宋学。按照杭氏的理解，以学术风格言之，象数易注重文字训诂，失之于琐碎；义理易注重阐发大义，失之于空疏。以治学方法言之，象数易恪守家法，严正精确，失之于墨守故训；义理易注重应用，勇于创新，失之于主观臆断。杭氏之论甚是。

笔者管见，以注经言之，象数易以"观象系辞"为据，注重象数作用，专以象数注《易》辞，揭示《易》辞出自象数；义理易以"立象尽意"为据，注重辞意，尤其偏于阐发《易》辞社会人生之理。以理论形态言之，象数易多与古代自然科学相结合，即吸收了天文学、历法学、数学等自然科学的成果，建立了具有实证意义的偏于天道的易学体系；义理易关注人事，善于从儒道释诸家中吸取营养，建立具有思辨意义的偏于人道的易学体系。以思维言之，象数易注重以字句训诂与象数方法注经，或建立占验天人之学，故思维具体而直观；义理易注重辨名析理，通过诠释易学文本，开显圣人之意或阐发易学之大道，故思维抽象而深刻。以影响言之，象数易援引古代科技入易学，反过来又推动了中国古代科技发展。如象数易学运用到历法中，出现了具有易学特征的中国历法。无论是汉代的《乾象历》、北魏《正光历》，还是唐代《开元大衍历》，皆是引象数易学卦气说入历法的成果。象数易学运用到古代炼丹术中，出现了中国古代的化学。号称"万古丹经王"的《周易参同契》大量使用《周易》卦象、易数阐发了丹道理论。象数易学运用到中医中，出现了具有易学特征的中国医学。中医学借用了《周易》纳甲、卦气、河洛之学等阐发了一系列极为重要的医学理论。义理易在中国文化大背景下形成、发展，同时，又对中国文化的发展产生了深远的影响。儒道释诸家皆援《易》为说，使易学所包含的博大精深的思想成为中国文化的源头。从先秦诸子学、两汉经学、魏晋玄学，到隋唐佛学、宋明理学，皆与义理易学息息相关，生动地体现出易学精神。

当然，象数易与义理易的区分是相对的。实际上，经过儒家解释，象数与义理相互依存，不可分割。而在后世易学研究中，象数易与义理易也绝非不可逾越，往往是紧密地结合在一起的。言义理，不脱离象数；言象数，旨在阐发义理。更为重要的是，二者在发展过程中相互吸收、相互影响，共同形成了博大精深的易学文化。

当今易学研究出现了新的特点。在全球一体化、中西文化会通语境下，重新反思与解读易学成为趋势。一些新的易学研究成果相继问世，标志着易学研究进入了新的历史时期。但是，由于历史条件的制约和人们认识能力所限，易学研究在经文诠释、《易》的运用、易学的现代化等方面遇到了难题。如何利用当下哲学、文化与科技成果发展易学，实现范式转换，建立贯通古今、融合中西的新易学文化体系，接受当下科学和哲学的检验和挑战，积极参与国际性的对话，已成为易学界有识之士极为关注的问题。对于这些问题的思考，除了着眼于当今及未来诸多因素外，还应当关注易学传统，重视易学史的研究，以及通过检讨和分析易学发展的历史，以新的话语重新诠释传统易学，赋予传统易学全新的意义。这是我们每个有责任心的易学研究者所应该具有的历史担当。今天研究象数易学及其发展，意义正在于此。我们之所以研究被遗忘多年了的象数易学，不是有意贬低当今学界占主导地位的义理易之研究，不是独出心裁，哗众取宠，更不是盲目崇拜象数易学，企图恢复其已被历史淘汰的纯以象数注经的方法，而是以科学的态度和理性精神，运用现代科学所提供的思维方法，把握易学发展的进程和规律，揭示其概念、理论所含藏的真实含义，剖析其得失，择其善而从之，择其不善而改之，实现建构现代易学文化体系的期许。因此，今天研究象数易学的意义可以归纳为以下四个方面。

其一，树立严谨的学风，做扎扎实实的学问。《周易》成书于殷周之际，距今已有几千年，其多用古字，"其言曲而中，其事肆而隐"（《系辞传》）。而历代注《易》者纷纭争讼，多执一端，各崇其善，常使研《易》者无所适从。故当今研究易学，从基础入手，参照近几年新出土的资料，梳理辨证旧说，揭证《易》辞之义，显得尤为重要。然而当今易学界部分人急于成就功名，热衷于大道阐发，而忽略了对《周易》字词的训释，具体地表现为或追求时髦名词，崇尚虚华；或断章取义，为我所用；或随意发挥，简单比附，洋洋洒洒，提笔万言，皆为无根之谈。因此，今天研究象数易学，重提训诂之法，倡导朴实之风，对于纠正时下流弊、推动易学发展有重要意义。当然，我们反对的不是建立在扎实基础上的理论阐发和建构，而是无根之宏论。

其二，完善注《易》方法，揭示其本义。《周易》与其他古典文献不同之处就在于它有一整套由卦爻组成的符号体系，这些符号既可记录筮占的结果，又是"系辞"的根据。因此，由汉人开辟的以象数注《易》的方法不可以全废。今日部分学者由于受疑古之风的影响，以否定传统为能，轻视流传了几千年的象数注《易》法，注经则弃象数而不用，故而未能穷尽经义。我们认为，注经的正确方法，应该是训诂、象数、史学、义理四者并重。训诂可以明辨文字本义，象数可以揭示卦爻辞之所本，史学可以重现卦爻辞在当时历史环境下的意义，义理可以凸显卦爻辞所蕴含的哲理。只有将这四者结合起来，才能较完整、准确地把握《周易》之大义。

其三，坚持易学与自然科学相结合，建立新的易学体系。当代，科技日新月异、飞速发展，并深深地影响着人们的生活方式和思想观念，因此，易学只有与科学结合，才有强大的生命力，才能适应时代的发展。当然，易学与科学是两个不同的领域，有着不同的概念和理论体系，两者是普遍与个别的关系，不能互相取代，因此，两者结合的关键在于方法，即除了用科学提供的方法来规范易学外，还应寻找相同点，观其会通以阐发易学，切忌不讲方法，生搬硬套，使易学流于皮傅。象数易学在这一方面有着深刻的教训。以卦气说为例，易卦与历法结合是建立在阴阳消长变化基础上的，如四正说和十二消息卦说，是易卦符号与历法完美的结合，而"六日七分"说则不同，生硬地将六十卦和三百六十五又四分之日扯到一起，没有什么科学性。今日易学之科学派虽然在某些领域已取得了十分可观的成果，但由于某些从事自然科学研究者不懂《易》，或从事易学研究者不懂自然科学，只注重形式上的相似性而忽略理论上的相通性，亦犯了与象数易相同的错误，将易学与一些风马牛不相及的科学问题加以比附，并名之为"科学易"，给易学界和科学界造成了误导和混乱。因此，今日研究象数易学，一方面可以把握易学史发展进程，增长易学知识，另一方面可以吸取教训，防止科学易流于形式，重蹈象数易的覆辙。

其四，剖析象数易学体系，展示其哲学思维。从注经角度观之，象数易学着眼小处，注重《周易》的字句考释与揭证，显得机械、繁琐、支离破碎，似毫无思维水平可言。然而，若审视其庞大的象数符号体系，可以洞察蕴藏其中的博大精深的哲学意蕴。如京房飞伏说、荀爽的升降说反映的是事物运动变化的形式。飞伏本指阴阳两爻的隐显，显示在外的是飞爻，隐藏在飞爻之下的与之相反的爻是伏爻。飞伏的象征意义是事物运动表现出的往来、隐显、屈伸、动静两种截然不同的形式。升降，是由阴阳两爻不当位而引起的位置的上下变化。阳在上，若在下，则升上；阴在下，若在上，则降下。同时降极则升，升极则降，从而表现出升降运动的形式的稳定性及不稳定性。虞翻的之正说、旁通说，揭示的是两种性质相反的事物的相通和转化。荀爽、虞翻等人的卦变说展示的是事物之间的内在联系及这种联系的普遍性和特殊性。京房的八宫说彰显了事物发展演化的进程，即经历了五个阶段（五世）而灭亡（游魂），最后又复回（归魂），其中阴阳消长既有量变又有质变。

以上这些丰富而又深刻的哲学思维，不是通过语言来表达的，而是借助于象数符号系统而彰显出来的。其实，象数符号及由这些符号构成的图式，是一种自然哲学，更是古人按照自己的理解而建构的一种生生不息的、具有整体结构的宇宙图式。但是，由于过去我们只注重义理易的内涵而忽略了象数易学研究，从而在研究和探讨中国古代哲学思维时很少涉及它，应该说这是哲学史研究的一个缺憾。尤其在当下西方符号学和解释学盛行之时，重新倡导象数易学研究，分析其符号逻辑体系，揭示其诠释学和符号学的意义，对推动中国哲学史和易学史研究、提高整个民族思维水平有莫大之功。

第一册

先秦汉唐卷

目 录

第一编　先秦：象数易学的萌芽

第二编　西汉：象数易学的兴起与发展

第四编　三国魏晋隋唐：象数易学之余音

第一编

先秦：象数易学的萌芽

概　述

　　象数起源于数字占，考古发现的殷周之前数字卦是其例证。数字卦的数字是筮占结果的记录。三位筮数与六位筮数，与八卦之三画和六十四卦之六画对应，是易学阴阳符号的雏形。易学之象源于筮数。数字卦筮法程序与大衍筮法大致类似，通过比较可以看出二者之间的联系和易学筮法发展的轨迹。由此可以断定，易学起源于筮。早期数字筮法不同于大衍筮法。《周易》文本的形成与定型经历了一个发展过程。从符号言之，则是由数字抽象为阴阳符号。作为筮占记录的数字卦是卦象的雏形。将反复筮占获得的数字加以规范，可以变换为阴阳符号，即是卦象。卦象形成经历筮—数—阴阳符号三个阶段。而《周易》阴阳符号未必是从数字卦演化而来，可能更多借鉴了《归藏》的符号。

　　《连山》《归藏》已经失传。湖北江陵王家台出土秦简中的《易占》部分被学界认定为失传的《归藏》，但是，《连山》《归藏》的真伪和时代，及与《周易》有何种关系，仍然是悬而未决的问题。传统说法，失传的《连山》《归藏》早于《周易》。《连山》是夏易，《归藏》是商易，《周易》是周易。也有不同意这种观点的人，认为三易是同时代流行的三种不同的易学典籍或方法。然而依据传世文献记载和新出土的王家台秦简《归藏》，可以证明《连山》《归藏》早于《周易》之论不虚，《连山》《归藏》与《周易》关系密切，对《周易》文本形成起到很大作用。

　　《周易》成书于殷末周初，其作者是文王与周公，文王作卦辞，周公作爻辞。但是文王、周公如何作文辞？易象符号在文本形成中起到什么作用？这成为历代易学家思索和探讨的问题。按照《易传》的解释，《周易》是"观象系辞"而成。这就是说，《周易》的成书，先有卦爻象，后有卦爻辞，辞是由象而定。而从应用看，《周易》又为卜筮之书，显示吉凶的卦象必须借助蓍数而确立。因此，《周易》于殷末周初成书后，一些掌管《周易》的史官们，出于筮占的需要，纷纷以象数解释《周易》。随着筮占范围扩大和次数的增加，人们对象数的认识逐渐趋向统一，使象数渐趋规范化。这一点，从《国语》《左传》的筮例中可以得到证明。根据这两部书记载，史官在筮占活动中所使用的卦象基本上是固定的，尤其是八卦之象基本与后来的《说卦》相一致。在当时还出现了与易象有关的著作《易象》（《左传》昭公二年）。更为重要的是，当时人们已经能够对象数观念加以概括，如韩简说："龟，象也；筮，数也。"（《左传》僖公十五年）同时，当时史官在筮占中还学会了取象的方法，使用了变卦、互体等方法，如《左传》庄公二十二年记载："周史有以《周易》见陈侯者，陈侯使筮之，遇观之否。"周史解释说："坤，土也；巽，风也；乾，天也。风为天于土上，山也。"所谓"观之否"，是指由观卦变为否卦，此为卦变法。所谓"山"，是《否》二三四三爻互体艮，艮为山。这两种方法，开辟了象数的新领域。以上所言的这些春秋象数思想虽然是以筮占的形式表现出来的，而且是零星的，还不能真正称为象数易学，但其开创了以象数解说《周易》的风气，深深地影响了汉代象数易学的产生。其中的八卦取象方法、互体说等也皆为汉代象数易学家所吸收，成为他们建构象数体系的材料。

春秋时的《周易》象数思想在战国时期得到了充分的发展。孔子后学精心地传授、整理、解说《周易》，将儒家的伦理思想、道家的阴阳说及春秋的象数思想注入易学，使易学由原来的卜筮末流一变而为博大精深的大道。孔子及其后学的易学思想主要见于失传了的"似《说卦》而异"的《卦下易经》，马王堆汉墓出土的《要》《二三子问》《衷》《昭力》《缪和》等篇及今本《易传》十篇。其中今本《易传》更具有代表性。它一方面以天地阴阳变化之道、社会伦理之义对《周易》的产生、性质、体例等相关的问题作了诠释；另一方面立足于筮法，对《周易》中象、数这两大要素作了理论的概括。同时，又沿袭了春秋以来以象释《易》的传统，系统地、全面地解说《周易》卦爻辞。这就为汉代象数易学产生准备了条件。《易传》所阐发的义理及对象数所做的理论说明，成为汉代象数易学的理论基础。汉代易学家言象数皆以《易传》为据，孟喜消息说、京房八宫说、荀爽升降说，从理论上皆得之于阴阳变化理论。虞翻言旁通、之正等，也本之于《易传》。不仅如此，汉代象数易学还直接从《易传》中吸收营养，建立其象数体系，如取《说卦》所列八卦之象和《象传》卦变说注释《易》辞。诸如此类，举不胜举。由此可见，战国时期的象数思想对象数易学形成影响极深。

　　除了儒家易学外，战国时还有其他易学系统流行。如楚地易学就完全不同于儒家易学。新出土的清华简《筮法》为我们研究战国楚地易学提供了新的资料。清华简《筮法》与大衍筮法是近亲，却是异于《周易》的另一套筮占系统，它与楚简数字卦和《归藏》有内在的联系。其四正卦、纳甲、爻辰等思想是汉代象数易学的思想渊源。其卦爻象说类似《说卦传》，而又与《说卦传》有区别。而其八卦图是迄今为止见到的最早的八卦排列图，证明了宋代易学家所绘后天八卦图并非杜撰，而是有其承传。

　　总之，先秦是象数易学发轫时期，其象数思想虽然还不够系统，不够严谨，但在整个象数易学发展史上占有重要的地位。后世形成的象数易学，无论思想多么深刻，体系多么庞大，追根溯源，皆发端于此。

第一章　数字卦与象数起源

　　数字卦研究涉及考古学、文字学、历史学、数学和易学等方面的内容，是易学研究中一个复杂的高难度课题，也是易学的前沿问题。理清数字卦形成、演变、意义及其与筮法的关系等问题，对于探讨象数易学乃至整个易学起源具有重大的学术意义。自二十世纪中后期以来，海内外学界借助出土材料，从不同角度进行种种探索，已经取得了丰硕的成果。但由于时代久远，出土的文字资料不完整，有许多问题依然未得到解决，而且一时也难以解决。在此不可能对于数字卦研究所存在的问题一一作出合理的解释，而是力图通过梳理和解读出土的数字卦材料及前贤已有的成果，说明易学象数起源及其在《周易》文本形成过程中的价值和意义。

一、易数源于筮

　　数字源于先民日常生产和生活。远古时代，生产力极为低下，先民简单的劳动与原始的生活无需计算，数字与计数尚处于萌芽状态。但随着生产力进一步提高，劳动成果和诸种事物日益增多，为了更好协调和稳定社会各种关系，消除由于利益分配不均而造成的社会争端，以数记事应运而生。但是，早期的数字并未脱离具体的实物形态而成为一种抽象的符号，往往与具体事物相关联，或者说是以具体事物的形式而出现，如结绳记事是中国早期数的表现形式。甲骨文"数"字，本义有结绳之意，结绳是为了记事。《说文解字》指出："数，计也。"随着具体实物形态的数字在生产生活中的大量运用，数字逐渐摆脱了具体实物而被抽象为一种符号或文字。考古发现，中国古代很早便使用抽象的数字符号。河南舞阳贾湖遗址的龟甲上刻有"八"字，这是至今为止见到的最早古代数字，属于新石器时代。[1] 后来西安半坡遗址发现"五"字，河南偃师二里头遗址发现"一"、"二"、"三"、"六"、"七"、"八"字。[2] 抽象数字不仅被运用于一般生活和生产之中，更广泛应用于预知未来的巫术之中。由于当时生产力非常低下，科学极不发达，先民们对于一些自然现象、社会现象以及人自身生理现象不能作出合理的解释，产生了对于天或神的崇拜，认为冥冥之中有一个至高无上的天或神的存在，它不仅支配自然界的一切，而且还决定着人类的命运。当人们面对意外的旱涝、地震、病魔、战争等天灾人祸时，就萌发出借助神意预知和消除突如其来的

---

[1]　河南文物研究所编《河南舞阳贾湖新石器时代遗址第二至第六次发掘报告》，《文物》1989 年第 1 期。

[2]　参见史善刚《河洛文化与中国易学》，河南人民出版社，2009 年，第 35 页。

横祸的愿望，希望借此以达到趋利避害的目的。而数字在脱离实物形态、向抽象符号转化的过程中，其简便性、象征性和普遍性日益显露，且因为数本之具体事物而指代事物，数的变化往往与事物的变化相一致，故逐渐被古人神化为不可捉摸的、通于神灵的符号，成为筮占的工具和记号。先民借助此种神化的数字符号以祈求神灵、预知未来的吉凶祸福。因此，数占与星占、梦占、风占、龟占、草占等各种沟通人神的方法一样，成为中国古代早期最流行的占问方法之一。

关于数与易占的关系，汉代班固早有论述。他说："自伏戏画八卦，由数起。"（《汉书·律历志》）按照班固之意，八卦起于数。颜师古注曰："万物之数因八卦而起也。"刘攽曰："《志》言卦起于数，颜云数起于卦，非也。"这是关于八卦起源于数的最早记载。但八卦究竟如何起源于数，我们不得而知。直到二十世纪以来，大量数字卦材料的发现，逐渐证实了班固说法的学术价值。最早发现数字符号与筮占之间关系的是李学勤先生，在二十世纪五十年代，李先生将西周甲骨上的数字符号、中方鼎铭文末尾的两个由数字组成的"奇字"与《周易》的"九"、"六"联系起来，但未具体说明如何联系。[1] 而直接把出土数字符号视为筮卦的是张政烺先生。张政烺先生于1978 年、1980 年先后发表文章，提出出土周初青铜器铭文中

---

① 李学勤《谈安阳小屯以外出土的有字甲骨》，《文物参考资料》1956 年第 11 期。

的数字符号是数字卦，并从考古资料中确认了 43 例数字卦。[①]
之后，张亚初、刘雨两先生发表文章赞同张先生的观点，并搜
集了 36 例商周数字卦材料。[②]李零先生对 1993 年之前已经发
表的数字卦进行搜集、整理、核实，共得 94 例。[③]季旭升作
《古文字易卦表》，更辑有 164 例数字卦。[④]尤其值得说明的是，
近几年研究发现，西安西仁村发现的西周时期陶拍上的数字卦
排序与今本《周易》中《师》《比》《小畜》《履》《既济》《未
济》诸卦的先后顺序一致，这种巧合被认为并非偶然，是"数
字是卦"的重要证据。

　　虽然对于其中的两个数字、四个数字、五个数字等特殊
情况，仍无法用大衍筮法做出合理的解释，但是那种以此否认
数字是以筮占为内容的卦的观点，已经越来越不为人们所接
受。因为有许多出土数字卦附有与筮占相关的文字：一种是有
"曰"字的刻辞，如"曰凶御"、"曰隗"、"曰其矢口鱼"等；
一种是无"曰"字的刻辞，如"丰"、"井"、"李"等。有的学
者认为，"曰"字后面的文辞应是卦辞或与卦辞性质相近的内
容。而那些无"曰"字的刻辞，很可能即是卦名或至少是与卦

---

① 张政烺《试释周初青铜器铭文中的易卦》，《考古学报》1980 年第 4 期。
② 张亚初、刘雨《从商周八卦数字卦谈筮法的几个问题》，《考古》1981
　 年第 2 期。
③ 参见李零《中国方术正考》，中华书局，2006 年，第 206—215 页。
④ 季旭升《古文字中的易卦材料》，刘大钧主编《象数易学研究》（第三
　 辑），巴蜀书社，2003 年。

名有关的文辞。^①更为重要的是，在出土的数字卦龟甲上发现有刻有"贞吉"二字的，^②这更接近《周易》文辞。《周易》文辞多用"贞吉"二字，如《屯》卦九五，《需》卦卦辞、九五，《比》卦六二、六四，《履》卦九二，《否》卦初六等，皆用"贞吉"。而出土的战国简数字卦的数字使用和排列情况比其他数字卦更规范，更有规律，也更接近《周易》筮法之数字。如天星观简、包山简、葛陵简等所见数字卦皆有两组由六个数字组成的卦，而且还有筮占的文字，分为前辞、命辞和占辞，多以问病、问官、询问家事等为内容，^③故出土的数字是一种卦，不容置疑。当然，数字卦与易卦不同，它不是阴阳构成的符号，而是由数字构成的符号。或者说它未转换为阴阳符号，而是阴阳符号的前身。

通观出土的数字卦，一至十 10 个自然数，皆被古人应用于筮占，但是其使用频率有不同。据张政烺先生统计，周初 32 例数字卦，共有 168 个数字，涉及一至八，其出现次数分别为：一，36 次；二，0 次；三，0 次；四，0 次；五，11 次；六，64 次；七，33 次；八，24 次。以六、一两数出现次数最多，分别为 64 次和 36 次，而二、三、四都是 0 次。张先生认为，记录卦画的数字之所以没有二、三、四，可能是因为"古

---

① 邢文《数字卦与周易形成的若干问题》，郑吉雄主编《周易经传文献新诠》，台湾大学出版中心，2010 年，第 71—74 页。

② 肖楠《安阳殷墟发现"易卦"卜甲》，《考古》1989 年第 1 期。

③ 李零《中国方术正考》，中华书局，2006 年，第 219—220 页。

汉字的数字，从一到四都是积横画为之，……书写起来容易彼此掺合，极难区分，因此把二、三、四从字面上去掉，归并到相邻的偶数或奇数之中，所以我们看到六字和一字出现偏多，而六字尤占绝对多数的现象。"[1] 后来，张先生又发现数字二、三、四、九也被使用过。[2] 李零先生提出，中国早期的易筮，从商代、西周直至春秋战国，都是以一、五、六、七、八、九6 个数字来表示，二、三、四是故意省掉的，十是下一进位的一，所以可以认为它们代表的乃是十进制的数位组合。[3] 从出土的材料看，在《周易》成书前后，有大量数字运用于筮占，证明了早期筮法与数字的关系。春秋时韩简有一段论述，有助于我们理解此问题，他说：

> 龟，象也；筮，数也。物生而后有象，象而后有滋，滋而后有数。（《左传·僖公十五年》）

此段话是对卜与筮、筮与数关系的表述。就卜与筮而言，卜先筮后，筮数源于龟卜之兆象。如杜注："言龟以象示，筮以数告，象数相因而生，然后有占。"孔颖达疏曰："谓象生而后有数，是数因象而生也。若《易》之卦象则因数而生，故先

---

① 张政烺《试释周初青铜器铭文中的易卦》,《考古学报》1980 年第 4 期。

② 曹定云《新发现的殷周"易卦"及其意义》,《考古与文物》1994 年第 1 期。

③ 参见李零《中国方术正考》, 中华书局, 2006 年, 第 206—215 页。

揲蓍而后得卦。是象从数生也。"(《春秋左传注疏》卷十三）
以杜、孔之解释，万物之象早于万物之数，万物之数本于万物
之象。这是龟象早于筮数、筮数本于龟象之根据。其实，龟兆
之象，也可以数示之。而龟卜有五兆，兆又称象，五兆即五象，
五象分属五行，可以用一、二、三、四、五示之。而《易》用
六、七、八、九，古人言"龟长筮短"即此意。贾公彦疏《周
礼·占人》注云："龟长者，以其龟知一二三四五天地之生
数，知本；《易》知七八九六之成数，知末。"(《周礼注疏》卷
二十四）孔颖达于《左传·僖公四年》疏曰："象者，物初生
之形。数者，物滋息之状。凡物皆先有形象乃有滋息，是数从
象生也。龟以本象金木水火土之兆以示人，故为长。筮以末数
七八九六之策以示人，故为短。"(《春秋左传注疏》卷十一）
这让我们看到了龟卜数与筮数二者之间的联系，即筮数本于龟
卜之数。换言之，六、七、八、九是一、二、三、四分别加五
而成。郑玄注《易》曰："天地之气各有五。五行之次，一曰
水，天数也；二曰火，地数也；三曰木，天数也；四曰金，地
数也；五曰土，天数也。此五者阴无匹，阳无耦，故又合之。
地六为天一匹也，天七为地二耦也，地八为天三匹也，天九为
地四耦也，地十为天五匹也。二五阴阳各有合，然后气相得，
施化行也。"(《春秋左传注疏》卷四十五引）从这个意义上说，
早期的筮本于龟象，与早期的筮源于数，二者并不矛盾。

　　韩简说"筮，数也"，揭示了筮与数的关系：一方面早期
的筮法是筮数产生的前提，有筮，才有筮数及其意义，数才

能由一般意义上的数转变为占问的工具和记录占问结果的符号。这也证明易学起源于筮；另一方面，早期的筮占以数的计算和记录为主要内容，即先将日常生活中表征具体实物的数字神化，再通过某种方式随机取得数字，然后以此数预测福祸吉凶。早期筮法的核心和实质是数及其所象征的意义，筮法之所以能够形成和运用，其关键在于数，数字成为早期筮占不可或缺的工具和记录筮占结果的记号。若无数字，则无早期的筮法。就《易》本身而言，先有筮数、筮占，后有卦象，象从数生。数字卦的发现，为《易》起于筮数、象源于数的观点提供了有力的证据。

数字卦之"数"是筮数，与大衍筮法中的筮数类似，在行著过程中扮演同样的角色，是筮占的记号和预知吉凶的符号，故早期数字筮法与大衍筮法应该有相通的地方。或许大衍筮法是由数字卦筮法演化而来，数字卦筮法是大衍筮法前身。许多学者在这一方面做出了创见性的、有意义的探索，即利用新出土的筮数材料，与大衍筮法加以比较，或者用大衍筮法解读数字卦。结果发现出土的筮数，从早期到战国，其使用的数越来越接近大衍筮数，因而说明大衍筮法本于数字卦筮法。这种比较方法得出的结论的确很有意义，为人们探讨早期筮法与大衍筮法的联系提供了新的论据。但是早期筮法使用的数字多，而大衍筮法只使用四位数，显然早期数字筮法不是大衍筮法，用大衍筮法难以解释早期数字筮法的一些问题。

那么，早期筮法到底如何使用？已有的出土文献资料未记录。为此学界提出种种假想以解释早期数字卦筮法。有的学者以民族学资料探讨早期八卦筮法，以云南西盟佤族"司帅报克"占卜法、四川凉山彝族"雷夫孜"占卜法类比，认为八卦起源于数卜。[①] 有的学者用敦煌卷子本《周公卜法》解释早期筮法。[②] 也有学者提出数字卦筮法有甲乙两种，两种筮法区别在于是否有七。[③] 有的学者利用贾湖出土"龟腹石子"推出"奇偶占断法"、"奇偶排卦法"、"阴阳筮卦法"三种早期数卜方法。[④] 这些见解对于早期数占方法研究很有启发，但受出土资料的局限，往往存在着这样和那样的不足。换句话说，早期筮法仍然是个谜。

但是，如果我们把数字卦的数字置于筮占活动的视域中，仍然可以发现早期数字筮法的蛛丝马迹。从发掘出土的资料看，数字卦有一位数、两位数、三位数、四位数、五位数、六位数，最多是六位数。一位数、两位数，如西安半坡村仰韶文化遗址出土的七、五、八、八六等数，姜寨仰韶文化遗址出土的五、六、一五等数，河南二里头文化陶器刻有五、七、八、三等数，江苏海安县青墩崧泽文化遗址出土骨器和鹿角上有二、三、五、六等数，周原出土甲骨上有一、二、三、六八等数[⑤]。

① 汪宁生《八卦起源》，《考古》1976 年第 4 期。
② 张政烺《试释周初青铜器铭文中的易卦》，《考古学报》1980 年第 4 期。
③ 李学勤《周易溯源》，巴蜀书社，2006 年，第 231 页。
④ 宋会群、张居中《龟象与数卜——从贾湖遗址的"龟腹石子"论象数思维的源流》，刘大钧主编《大易集述》，巴蜀书社，1998 年，第 11 页。
⑤ 见徐锡台《数与〈周易〉关系的探讨》，《周易纵横录》，湖北人民出版社，1986 年，第 197 页。

三位数，如周初青铜器上有八一六、六六六、八五一、五八六等数[①]。四位数，如河南安阳小屯村出土卜骨，有六七七六、六一一六、八七六五等四个数字构成的筮数。[②]五位数，如出土殷末周初的青铜甗上刻有五画线条符号。[③]六位数用的比较多，此不再赘述。这用大衍筮法很难解释。其实，如果我们将每一位数视为具有特定吉凶意义的话，可以解说由数量不同的数构成的数字卦及意义。具体言之，在先民那里，数字卦之数字除了计算数量外，还有常见的奇偶阴阳之意，阳善阴恶。而从发现的数字卦中并未发现古人使用阳善阴恶观念推断吉凶，如，河南安阳小屯南地出土数字卦有："七七六七六六，贞吉。"[④]虽然我们不知道数字卦中每一个数的意义，但根据数字卦记录数字为六、七，说明此时殷人视域中的六、七是吉祥数字。战国楚简多使用一、六、八，也多言"恒贞吉"、"贞吉"或言利于某事，同样说明此时的楚人把一、六、八视为吉祥数。

早期筮法不超六位数，六个数在筮占中当与龟卜不同的兆纹一样各具有不同的意义。筮者借助于某一工具，随机取数，依据筮占所获取的数，推断吉凶。如果取一位数能够达到预测

---

① 张政烺《试释周初青铜器铭文中的易卦》，《考古学报》1980 年第 4 期。
② 张政烺《易辨》，《周易纵横录》，湖北人民出版社，1986 年，第 177 页。
③ 参见张亚初、刘雨《从商周八卦数字卦谈筮法的几个问题》，《考古》1981 年第 2 期。
④ 见肖楠《安阳殷墟发现的"易卦"卜甲》，《考古》1989 年第 1 期。

目的，则无需再取第二位、第三位、或更多位数。否则可以再取第二位，或第三位、第四位、第五位、第六位。其所用的道具，不同时代和同一时代不同地区未必完全相同，或许以代表十个数或更多的草或竹签，或许是代表六个数的六个实物。江苏邳县大墩子遗址墓葬中发现三副龟甲，其中两副内分别装骨锥六枚，[①]邳县刘林遗址发现两件龟甲均装有十余颗砂粒，[②]山东大汶口墓葬出土龟甲也有两件龟甲内各藏数十余颗砂粒。[③]这些骨锥和砂粒，放在龟甲中，应该是筮占工具，至今在东南亚地区仍然有用龟甲空壳盛硬币筮占的习俗。据出土的数字卦大多是六位数，可以推断，用六位数筮占较多。其工具极有可能是刻有数字的六种实物，也可能是在一种实物六个面分别刻有一个不同的数。湖北江陵王家台出土秦简《归藏》，其所用占卜工具是六面刻有数字的木骰子和算筹，可以视为是古代早期数占之遗存。[④]而出土的战国包山简、天星观简、葛陵简记载"大英"、"大央"、"漆箸"、"新长刺"、"长苇"等筮占工具，[⑤]说明楚人流行用骰或竹签或草作为筮具。掷骰子取数是一种数占的方法，每掷一次可获得一个数，六次可得六个数。用竹签

---

① 南京博物院编《江苏邳县四户镇大墩子遗址发掘报告》，《考古学报》1962 年第 1 期。
② 南京博物院编《江苏邳县刘林新石器时代遗址第二次发掘》，《考古学报》1965 年第 2 期。
③ 山东文物管理处编《大汶口》，文物出版社，1974 年。
④ 荆州地区博物馆编《江陵王家台 15 号秦墓》，《文物》1995 年第 1 期。
⑤ 晏昌贵《天星观卜筮祭简释文辑校》，《简帛数术与历史地理论集》，商务印书馆，2010 年，第 126—155 页。

或蓍草取数是另一种数占方法。将这些代表数的竹签或蓍草置于空龟壳中，或竹筒中。通过六次晃动空龟壳或竹筒，取六个数。以骰子或竹签或蓍草取数的方法，大同小异。一次得一位数，以一位数占；二次得两位数，以两位数占；三次得三位数，以三位数占；四次得四位数，以四位数占；五次得五位数，以五位数占[①]；六次得六位数，以六位数占。这样能够解释为何数字卦有多少不同的数构成。因此，虽然我们不知道早期数字筮法到底是用何种工具、如何获取数进行占问的，但有一点是可以肯定的，它绝不会像大衍筮法那么复杂，一定是比较简单，否则早期数字筮法中一个数、两个数、四个数的情况无法解释。

数字卦中三位数与六位数居多，恐与筮占几率有关。一次卜筮结果往往会使人生疑，两次卜筮则会出现两种结果，若皆吉皆凶，则容易决断吉凶。但若一吉一凶，则不知何从。三次卜筮结果，或两凶一吉，或两吉一凶，则易于决断。《礼记·曲礼》曰："卜筮不过三。"按照有些学者的理解，"卜筮不过三"，是指卜筮可一次，可两次，可三次，以三次常见。[②]三人同时占一事应当与一人占三次同，《尚书·洪范》曰："立时人作卜筮，

---

① 尚未发现五位数字卦，但据学者考证，古代有五位之卦。见季旭升《古文字中的易卦材料》，刘大钧主编《象数易学研究》（第三辑），巴蜀书社，2003年。

② 张亚初、刘雨《从商周八卦数字卦谈筮法的几个问题》，《考古》1981年第2期。

三人占则从二人之言。"此是说，同时用三个人卜筮，则从二人之占，即两人言吉，则以吉断；两人言凶，则以凶断。无论是一人三次占一事，还是三人同时占一事，皆以多为胜，此今本《系辞传》所谓"吉凶者，贞胜者也"。现代诸种比赛，三局两胜制即源于此。数字卦中，一至十10个自然数，二、三、四、十使用较少，而一、五、六、七、八、九6个数使用相对较多。数字卦用六位数，六位数来自三位数占，三之倍数是六。起初每一位数各自具有筮占意义，而三位数或六位数只是表示筮占次数，其意义只是在三次或六次筮占的比较中才有意义。随着三位数或六位数的反复运用，整体的三位数和六位数的意义才逐渐被固定下来。有的用几个字表达意义。如前言"曰凶御"、"曰隗"、"曰其矢口鱼"、"丰"、"井"、"李"等。数字卦中三位数和六位数居多，显然与《易》之三画卦和六画卦有某种联系，即《易》取三画卦与六画卦本于数字卦。

清华简的公布，也为早期数字卦之应用提供了新的证据。数字占之所以能够实施的前提，是数字卦每个数字都被赋予一定的与筮占相关的意义，而已出土的早期数字卦极少有文字的记录，更无对单数意义的记录，战国天星观简、包山简、葛陵简等虽有文字，也无对每一位数字意义的说明。而清华简《筮法》对于数字的意义做了明确的说明，每一位数字有了确定的意义。如一、六、五、四、九、八的时间意义：九为子午，八为丑未，一为寅申，六为卯酉，五为辰戌，四为巳亥。(《筮法·地支与爻》)又如八、五、九、四等数的物象意义：

　　八为风，为水，为言，为飞鸟，为肿胀，为鱼……

　　五象为天，为日，为贵人，为兵，为血，为车，为方，为忧、惧，为饥。

　　九象为大兽，为木，为备戒，为首，为足，为蛇，为它，为曲，为块，为弓、琥、璜。

　　四之象为地，为圆，为鼓，为珥，为环，为踵，为雪，为露，为霰。（《筮法·爻象》）①

不仅如此，清华简《筮法》还将数字的特定意义用于筮占中。如用八、五、九、四占。卦中各见八、四、五、九，故辞曰："春见八，乃亦得。""夏见五，乃亦得。""秋见九，乃亦得。""冬见四，乃亦得。"（《筮法·得》）此言八、五、九、四在不同的季节则有特定的意义。而八、五、九、四出现于不同的卦，其意义也不同。如《筮法》第二十六节占祟，乾卦有五、九如何，坤卦有八、四如何，劳卦有五、九、四如何，罗卦有一四一五如何，有二五夹四如何，震卦有五、九如何，巽卦有五、九、四如何，各不相同。每一卦中数字所表达的意义形式上是用于卦占，其实是用爻占，也是单一数字占。从而证明了早期数字卦起源于单数占。

　　其次，清华简证明了早期数字卦三位数占的存在。如前所

―――――――――

① 见李学勤主编《清华大学藏战国竹简（肆）》，中西书局，2013年。

言，早期的数字卦由单数占发展到三数占，三数占之形成基于当时人们对于单数筮占的怀疑的观念，故有"卜筮不过三"之说。而长期反复使用三位数占，三位数的固定意义逐渐被确立。这一点也为清华简所印证。清华简有类似三画卦的三位数字卦，其有确定的意义。如三位数字的时间意义（如坎、罗、震、兑就有四方四季意义）（《筮法·四季吉凶》）、八卦五行意义（《筮法·卦位图、人身图》）及干支意义（《筮法·天干与卦》）。清华简《筮法》已经大量使用三位数字占方法。由三位数构成的卦是清华简筮数占的主体，三数占更多是用一、六表示，一、六已具有了阴阳符号的意义，而具有了卦名，其基本意义与今本八卦意义相差无几。由此可以看出，清华简已由早期单数占过渡到三位数占。如在"娶妻"节中，有两组数字自上而下为：六六六一六六、一六一六一一，若将数转换为卦，则为谦、睽，用经卦示之如下：

坤 ⚎   罗 ⚏

艮 ⚎   兑 ⚌

其文辞言："凡娶妻，三女同男，吉。"（《筮法·娶妻》）谦上坤下艮，睽上离（罗）下兑，坤、离、兑为三女，艮为一男，故"三女同男"。又如在《雨旱》节中，有两组数字卦自上而下为六一一一六六、一一六六一六，将数字转换为卦则为咸、涣，用经卦示之如下：

兑☱　　巽☴

艮☶　　劳☵

其文辞言："金木相见在上，阴。水火相见在下，风。"（《筮法·雨旱》）咸卦上兑为金，涣卦上巽为木，故"金木相见"。咸卦下艮为东北属水，涣卦下劳为火，故"水火相见"。因此，清华简虽然有六位数字组成的卦，却只有三位数字卦占，而无六位数字占。有六十四卦卦名而只用三位数字卦表示，反映出早期八卦占是以三位数占为形式。而后世的八卦占当本之于此。

由是观之，早期的易数起源于筮法，有筮法才有神秘的易数。为了满足筮占的需求，一般意义上的数才被赋予了神圣的意义，而成为贯通天人的"神物"，在筮占过程中发挥重要的作用。在这个意义上说，易数起自筮法，无早期筮法，也就无易数。当然，就其应用而言，以占问吉凶为内容的筮法是借助于数而实现的，数是早期筮法的关键，故"筮者数也"。这种筮者以数占方法别于以兆而占的卜者。

二、易象起于筮数

早期筮法的反复运用，必然会重复出现相同的数和数的组合。随着筮占的大量运用，筮人将经常出现的相同的数和数字卦赋予固定的意义。固定的数字符号虽然形式上是数，却具有了"象"的意蕴，可以称之为"数字象"。根据有关学者统计，时代不同，使用数字亦有所变化。商代和西周皆使用一、五、六、七、八、九，商使用最多的是六、七、八，西周使用最多的是一、六、八。战国天星观楚简使用的是一、六、八、九，包山简用的是一、五、六、八，两简用得最多的也是一、六、八。①清华简《筮法》也是用一、六最多。按照廖名春先生的统计，清华简《筮法》有114个六画卦，其中，纯由一、六构成的就高达89个，而杂有九、八、五、四的则只有25个。114个六画卦共684爻（数），其中一、六出现高达631次，而八、五、九、四一共才出现53次，且高度集中于几卦之中。②从数字卦使用看，可能由于地域的差异和时代不同，筮占方法和使用的数未必一致，但是使用频率高的数却高度接近：一六八、六七八、一六三组数，皆有"六"，其中两组有"一"，一组未有"一"而有"七"，"七"与"一"相通（详论见下）。说这些使用频率高而又重合的数，与《周易》文本的阴阳符号毫无关系，显然不理性。有的学者研究认为一、六是奇偶符号：一是奇数、是阳数；六是偶数、是阴数。一、六是阴阳符号的前身，后世的《周易》符号皆源于数字卦的一、六。六的古老写法为∧，它包含二、四、六3个数，变成一个符号。商人用八，周初也用八，后来周人又将九加入筮数

---

① 韩自强《阜阳汉简周易研究》，陈鼓应主编《道家文化研究》（第18辑），生活·读书·新知三联书店，2000年。

② 廖名春《清华简筮法篇与说卦传》，《文物》2013年第8期。

中，与一、七相通，由八变来，将一称为九。从而一、六转化
为九、六。①有学者对于这个过程作了详细描述："当筮数只用
一、六两个数目字记录时，一、六的具体数值已降为次要，甚
至可以置而不论，而其数的性质则上升为主要的了，即作为所
有奇偶数的代表，成为记录筮数的专用数字。这是由具体筮数
到抽象符号（爻象）演变的一个关键过程。……一、六两个数
虽已由具体筮数演变为筮数中一切奇偶数的代表，且进而抽象
化为符号式的爻象，然而在易卦中它的数值称呼并未消失，直
至今本《易经》卦画中的'--'还是以'六'来称呼它的。"②
清华简《筮法》中六画之卦，有早期数字卦特点，是数字卦的
遗存。因此有学者以清华简为据证明了数字卦系统与阴阳符
号的关系，认为清华简《筮法》大量使用的"一"、"六"已
具有阴阳符号意义，而"八"、"五"、"九"、"四"仍然为筮
数。"一、六相当于阴阳爻，而八、五、九、四是在特殊情况
下使用，不再转为阴阳符号，这是成卦法所致。《筮法·爻象》
一节专门解释了八、五、九、四的意义，不讲一、六的意义，
一、六不是简单的七、六（作者按：廖名春教授以为"一"即
"七"），已上升到阴阳爻了，而八、五、九、四还是筮数，有
其具体的特殊意义。"③故有的学者提出，《周易》阴阳符号之

---

① 张政烺《帛书六十四卦跋》，《文物》1984 年第 3 期。
② 楼宇烈《易卦爻象原始》，《北京大学学报》（哲学社会科学版）1986 年
　第 1 期。
③ 廖名春《清华简〈筮法〉篇与〈说卦传〉》，《文物》2013 年第 8 期。

形成，大致上经历了由 ∧、—— 到 ⨼、—— 再到 ——、—— 的过程。[①]

我们认为，认为一、六、八和由一、六、八构成的数字是《周易》阴阳符号雏形的观点是有道理的。

从出土的商代数字卦看，用六、七、八比较多。八与六皆为偶数，甲骨文写法相近，六断开即为八，八六相通，《说文》曰："六，易之数，阴变于六，正于八，从入八。"一、七同为奇数，"七"的甲骨文为"十"。"十"是由横"一"和竖"|"构成，"|"在古代算筹中是一，也是十，[②] 故可以视七为由两个一所构成，《说文》曰："七，易之正也，从一。"七起自一，《易纬·乾凿度》云："易变而为一，一变而为七。"正与夏《连山》和商《归藏》皆用七八相合。《连山》失传，而《归藏》的部分又重新被发现，[③] 其阴爻写作 ∧，故《归藏》阴爻应当源于数字卦的八或六。其阳爻写作一，应当源于七或一。

考帛书《衷篇》："易之义谇阴与阳，六画而成章，曲句焉柔，正直焉刚。"[④] "曲句焉柔"是言阴爻符号弯曲，用数字表示则为 ∧（六）或八。"正直焉刚"是言阳爻符号平直，用数字表示则为一。战国简与阜阳简《周易》阴爻用"八"，王家台

---

① 张立文《帛书周易注译》，中州古籍出版社，1992 年，第 12—13 页。
② 参见李零《中国方术正考》，中华书局，2006 年，第 205 页。
③ 王家台出土秦简《归藏》是否早于《周易》，学界存在分歧，笔者认为秦简《归藏》早于《周易》。
④ 廖名春《帛书〈衷〉释文》，载氏著《帛书〈周易〉论集》，上海古籍出版社，2008 年，第 381 页。

《归藏》阴爻用"∧"，而马王堆《周易》阴爻用"⌐⌐"。清华简有由一、六构成的数字卦，又有由一、六、四、五、八、九构成的数字卦，更为重要的是，清华简的数字被赋予了特定的意义，以供筮占之用。这些赋予了特定意义的数字，是数而非爻，却承担了爻的职能，说明清华简保留了战国前流行的数字卦的特征。而有大量用于筮占的具有阴阳意义的一、六构成的数字卦和关于"乃力（扔）占之，占之必力（扔）"的记载。因此，透过清华简可以看到易卦由数字过渡到一、六，再转化为阴阳符号是一个过程。这也是为何清华简只对八、五、九、四作专门解释而不对一、六作专门解释的一个非常重要的原因。因此，易学文本中使用的"一"、"∧"本之数字卦，是数字一、六（八），而在易学文本中，它们基本上摆脱了数字卦性质，起到了阴阳符号作用。由一、六构成的三个符号的组合和六个符号的组合是易象。毫无疑问，易象起自筮数。

第二章 《连山》《归藏》与 《周易》文本形成

　　《周易》阴阳符号是从数字卦而来，还是从《连山易》《归藏易》而来？这是值得我们思考的问题。《周礼》说："太卜掌三易之法，一曰《连山》，二曰《归藏》，三曰《周易》，其经卦皆八，其别皆六十有四。"郑玄注："三易卦，别之数亦同，其名占异也。每卦八，别者重之数。"《周易正义》引郑玄《易赞》云："夏曰《连山》，殷曰《归藏》，周曰《周易》。"后世文献记载，夏商周三易的不同在于《周易》以九、六占，而《连山》《归藏》以七、八占。又按《乾坤凿度》引《万形经》曰："蓍生于殷地。"也就是说，《周易》成书之前至少商代已用蓍，已有类似"大衍筮法"的占卜法。更为重要的是，殷周之际，虽然诸种筮数盛行，方法趋向多样化，但已有了现成的《连山》《归藏》阴阳符号。作为商王朝西伯侯的文王，拘于羑里而演《周易》，不可能也没有必要去舍近求远、再作重复劳动，挖空心思梳理和整合流行的筮数，变数字为阴阳符号。另一重要证据是在出土的殷末周初器物上发现了类似《周易》四画、五画构成的竖排的阴阳符号。因此，澄清《连山》《归藏》

真伪以及它们与《周易》的关系，对于阐明《周易》阴阳符号与数字卦的关系意义重大。

遗憾的是《连山》《归藏》已经失传，能够见到的是后人的辑本。而对于《连山》《归藏》真伪，历来争议很大，一直延续到今天。1993 年，湖北省江陵县荆州镇王家台 15 号秦墓出土了一大批竹简，其中关于易占的竹简 164 支，未编号的残简 230 支，共计 394 支，总计 4 000 余字。这批易占的竹简，有卦画、卦名、卦辞三部分。每卦卦画皆由"一"、"八"组成，为六画别卦。70 组卦画，重复者不计，有 54 个卦画。70 个卦名，重复者不计，有 53 个卦名。卦名下的卦辞，有许多与保留在古书中的《归藏》佚文相同。故有学者据此推断，王家台出土的秦简易占为《归藏》，更有学者进一步考定其为《归藏·郑母经》。秦简《归藏》的出土，石破天惊，对于《归藏》本身乃至整个易学有着重要的意义，为揭开易学千古悬案提供了全新的证据。

一、传本《归藏》不伪

《归藏》之书名，先秦已有之。《山海经》曰："黄帝得河图，商人因之，曰《归藏》。"[①]《周礼·春官·太卜》曰："太卜掌三易之法：一曰《连山》，二曰《归藏》，三曰《周易》。"汉

---

① 今本《山海经》无此句，见《玉海》卷三十五引。

代学者承认《归藏》为商易，且有人见过此书。东汉桓谭曰：
"《连山》八万言，《归藏》四千三百言。"又云："《连山》藏于
兰台，《归藏》藏于太卜。"（《新论·正经》）张衡云："列山氏
得河图，夏后因之，曰《连山》。归藏氏得河图，殷人因之，曰
《归藏》。伏羲氏得河图，周人因之，曰《周易》。"（《论衡·正
说》）《礼记》引孔子之言云："我欲观殷道，是故之宋，而不
足征也，吾得坤乾焉。"郑玄注曰："得殷阴阳之书。其书存
者《归藏》。"晋代《归藏》未失，存于《中经》。有人见过，也
有人为之作过注。阮孝绪曰："《归藏》载卜筮之杂事。"（《七
录》）刘勰云："《归藏》之经，大明迂怪，乃称羿弊十日，常
娥奔月。"（《文心雕龙》）。《隋书·经籍志》云："《归藏》十三
卷，晋太尉参军薛贞撰。"又说："《归藏》汉初已亡。按晋《中
经》有之，惟载卜筮，不似圣人之旨。"《旧唐书·艺文志》有：
《归藏》十三卷，注云："殷易，司马膺注。"《新唐书·艺文志》
有：司马膺注《归藏》十三卷。《宋史·艺文志》有：薛贞注
《归藏》三卷，《崇文总目》有："《归藏》三卷。"《中兴书目》
有："《归藏》，薛贞注。"然自唐开始，有人以《汉书·艺文志》
未著录《归藏》和《隋书·经籍志》"《归藏》汉初已亡"的记
载，怀疑汉晋时所见的《归藏》是伪作，而隋代著录的十三卷
《归藏》也不是汉晋时的《归藏》，即是伪中之伪。如《隋书》
作者认为存于《中经》的《归藏》已不是汉初《归藏》。孔颖
达认为："《归藏》伪妄之书，非殷易也。"（《春秋左传正义·襄
公九年》），《崇文总目》谓："汉初有《归藏》，以非古经，今书

三篇，不可究矣。"《中兴书目》谓："今但存初经、齐母经、本
著三篇，文多缺乱不可训。"吴莱云："《归藏》今杂见他书，颇
类《易林》，非古易也。"（引自《经义考》）明儒马端临指出：
"《连山》《归藏》乃夏商之易，本在《周易》之前，然《归藏》
《汉志》无之，《连山》《隋志》无之，盖二书至晋隋间始出，而
《连山》出于刘炫之伪作，《北史》明言之。度《归藏》之为书，
亦此类尔。"（《文献通考》卷一百七十五《经籍考二》）皮锡瑞
云："桓谭《新论》曰《连山》八万言，《归藏》四千三百言。
不应夏易数倍于殷，疑皆出于依托。《连山》刘炫伪作，《北史》
明言之，《归藏》虽出隋唐以前，亦非可信为古书。"[1]此种见解
一直影响到现代的古史辨派。余永梁云："其实，所谓真的《连
山》《归藏》亦是汉人伪作。"[2]

　　但宋以降也有持反对意见者。如南宋郑樵曾提出："《归藏》
唐有司马膺注十三卷，今亦亡。隋有薛贞注十三卷，今所存者
《初经》《齐母经》《本著》三篇而已。言占筮事，其辞质，其义
古。后学以其不文，则疑而弃之。往往《连山》所以亡者，复
过于此矣。独不知后之人能为此文乎。"（《通志》卷六十三《艺
文略》第一）明代杨慎承认汉时《归藏》未失："《连山》藏
于兰台，《归藏》藏于太卜，此语见于桓谭《新论》，则后汉时
《连山》《归藏》犹存，不可以《艺文志》不列其目而疑之。至

---

[1] 皮锡瑞《经学通论》，中华书局，1982 年，第 6 页。

[2] 余永梁《易卦爻辞的时代及其作者》，见黄寿祺、张善文《周易研究论
　　文集》（一），北京师范大学出版社，1987 年。

隋氏之《连山》《归藏》则伪作，上官求赏者耳。"（《升庵集》卷四十一）清儒朱彝尊云："《归藏》隋时尚存，至宋犹有《初经》《齐母》《本蓍》三篇，其见于传注所引者。"（《经义考》卷三）马国翰云："殷易而载武王枚占、穆王筮卦，盖周太卜掌其法者，推记占验之事，附入篇中，其文非汉以后人所能作也。"（《玉函山房辑佚书》卷一）今人于豪亮通过研究帛书《周易》和辑本《归藏》卦名，提出"《归藏》成书决不晚于战国，并不是汉以后的人所能伪造的"。① 王兴业撰《三坟易探微》、金景芳撰《周易系辞新编详解》也主张《归藏》不伪。

关于《归藏》真伪的讨论，主要集中在这样几个问题上：（1）汉晋所见的《归藏》是否为汉人作品？（2）汉以前是否有《归藏》？（3）《归藏》是否为商易？秦简的出土，为揭开这些悬案提供了新的证据。王明钦先生撰《试论归藏的几个问题》，通过比较古书引用的《归藏》佚文和出土的秦简易占，指出出土的简文即是《归藏》。连劭名撰《江陵王家台秦简与〈归藏〉》、李家浩撰《王家台秦简易占为归藏考》、王宁撰《秦墓易占与归藏之关系》以简报② 公布的三卦卦辞为主要根据，广泛引证《归藏》佚文，进一步论定王家台秦简易占就是失传已久的《归藏》或《归藏·郑母经》，并推断古书引用《归藏》佚文的真实性。其实，出土易占还有许多卦与古书引《归藏》

---

① 于豪亮《帛书〈周易〉》，《文物》1984 年第 3 期。
② 荆州地区博物馆编《江陵王家台 15 号秦墓》，《文物》1995 年第 1 期。

相同或相近。此再以三卦证之：

（一）秦简易占之《师卦》记录了周穆天子卜西征之事。秦简："师曰：昔者穆天子卜出师而支（枚）占□□□□□龙降于天而□□远飞而中天苍□。"[①] 此事《穆天子传》和《史记·周本纪》皆有记载。也见于传本《归藏》：

1. 穆王猎于弋之野。（《太平御览》卷八百三十一）

2. 昔穆王子筮卦于禺强。（《庄子释文》,《汉艺文志考》卷一）

3. 昔穆王天子筮西出于征，不吉。曰："龙降于天，而道里修远：飞而冲天，苍苍其羽。"（《太平御览》卷八十五）

其中第三条，除个别字不同外（如"筮"秦简本作"卜"。又秦简有阙字），行文与秦简本完全一致。

（二）秦简易占之《明夷》记录了夏启梦见乘龙飞天之事。秦简："明夷曰：昔者夏后启卜乘飞龙以登于天而支（枚）占□□□。"[②] 此也见于传本《归藏》：

1. 夏后启筮，御飞龙登于天，吉。（郭璞《山海经注》）

2. 昔夏后启上乘龙飞，以登于天。羿陶占之曰吉。（《太平御览》卷九百二十九）

3. 明夷曰：昔夏后启筮，乘飞龙而登天，而枚占四华，皋陶曰吉。（《博物志·杂说上》）

---

① 王明钦《王家台秦墓竹简概述》，见《新出土简帛研究》，文物出版社，2004 年。

② 王明钦《王家台秦墓竹简概述》，见《新出土简帛研究》，文物出版社，2004 年。

秦简中的"攴"，即"夊"，与"枚"通。王明钦说："秦简中攴为枚之省文。"[1]《说文》云："枚，干也。从木攴，可为杖也。"后，即君王。《泰·象》："后以财成天地之道。"虞翻注："后，君也。"《尔雅·释诂》云："后，君也。"《周礼·量人》云："营后宫。"《礼记·内则》："后王命冢宰。"郑玄皆注云："后，君也。"故夏后启指夏王启。繇陶，即皋陶。"繇"通"皋"。《列子·天瑞》："望其圹，繇如也。"《孔子家语·困誓》："自望其广，则繇如也。"《荀子·大略》作"皋如"。

（三）秦简易占之《归妹》记录了嫦娥偷吃长生药、卜奔月之事。秦简："归妹曰：昔者恒我窃毋死之□，□□□奔月而攴占□□□□。"[2]此也见于传本《归藏》：

1. 昔常峨以不死之药奔月。（谢希逸《月赋》注，载《文选》卷十三；《太平御览》卷九百八十四）

2. 昔常峨以西王母不死之药服之，遂奔月，为月精。（《汉艺文志考》）

不同的是，"嫦娥"之名，秦简作"恒我"。"恒"即"常"，《说文》："恒，常也。"汉人因避文帝刘恒讳，"恒"多作"常"。"我"与"娥"音同而相通。《说文》："娥，从女，我声"。又

---

[1] 参见王明钦《〈归藏〉与夏启的传说——兼论台与祭坛的关系及钧台的地望》，《华学》第3辑，紫禁城出版社，1998年；王明钦《试论〈归藏〉的几个问题》，见古方编《一剑集》，中国妇女出版社，1996年。

[2] 王明钦《王家台秦墓竹简概述》，见《新出土简帛研究》，文物出版社，2004年。

"恒"通"姮","姮娥"即"嫦娥"。《淮南子·冥览训》:"姮娥窃以奔月。"庄逵吉注云:"'姮娥'诸本皆作'恒',唯《意林》作'姮'。《文选》注引此作'常'。淮南王当讳'恒',不应作'恒',疑《意林》是也。"

值得注意的是在马国翰辑《连山》中也有常娥奔月之辞:

> 有冯羿者,得不死之药于西王母,姮娥窃之以奔月。将往,枚筮于有黄,有黄占之曰:"吉,翩翩归妹,独将西行,逢天晦芒,无恐无惊,后且大昌。"姮娥托身于月。

此为马国翰误辑。李家浩考之甚详,[1] 兹不再论述。

由以上考辨可以得出以下结论:出土的秦简易占为《归藏》;汉初《归藏》未佚;汉晋人所见到的《归藏》不是伪书。这就为几千年易学界关于《归藏》真伪的争讼作了结案。至于出土秦简《归藏》是否为商易,则在《归藏》和《周易》的关系中加以讨论。

二、《归藏》早于《周易》

郑玄曰:"夏曰《连山》,殷曰《归藏》。"桓谭《新论》

---

[1] 李家浩《王家台秦简易占为〈归藏〉考》,《传统文化与现代化》1997年第1期。

曰：“《连山》八万言，《归藏》四千三百言。夏易烦，而殷易
简。”梁元帝云：“按《礼记》：‘吾欲观殷道，得坤乾焉’。今
《归藏》，先坤后乾，则知是殷明矣。”邢昺云：“《归藏》者，
成汤之所作，是三易之一也。”郭雍、程大昌、马端临、吴澄、
郑樵等人皆主此说。高明说：“今按《周礼》，《连山》《归藏》
与《周易》并举，称为三易，且同掌于太卜之官，则周时《连
山》《归藏》与《周易》并行可知。是《连山》《归藏》最迟亦
应为周时书。”① 今人在研究了出土的《归藏》之后，多认为不
是商代作品。李家浩说：“秦简《归藏》有可能是战国晚期秦
人的抄本。”② 李零说：“现在发现的王家台秦简《归藏》和前人
所辑《归藏》佚文，其繇辞提到周武王和周穆王，当然不会是
商代的内容。”③ 王明钦说：《归藏》的成书年代，当在西周末
年到春秋初期，这与《周易》经的年代也相差不远。”④

笔者认为，《归藏》成书应早于《周易》。理由如下：

其一，今以《周易》通行本、帛书本、竹简本和《归藏》
的辑本、竹简本作比较，可以发现《归藏》和《周易》的卦

---

① 高明《〈连山〉〈归藏〉考》，见黄寿祺、张善文编《周易研究论文集》
（一），北京师范大学出版社，1987 年。
② 李家浩《王家台秦简易占为〈归藏〉考》，《传统文化与现代化》1997
年第 1 期。
③ 李零《跳出〈周易〉看〈周易〉——数字卦的再认识》，《传统文化与现
代化》1997 年第 6 期。
④ 王明钦《试论〈归藏〉的几个问题》，见古方编《一剑集》，中国妇女出
版社，1996 年。

名，有许多相同和相近者。相同者如下：

通行本 《周易》	帛本 《周易》	阜阳竹简本 《周易》	竹简 《归藏》	辑本 《归藏》
屯	屯	肫	肫	屯
讼	讼		讼	讼
师	师	市	师	师
比	比	比	比	比
履	礼	履	履	履
同人	同人	同人	同人	同人
大过	泰过	大过	大过	大过
明夷	明夷	明□	明夷	明夷
萃	卒		卒	卒
井	井	井	井	井
归妹	归妹		归妹	归妹
节	节	节	节	节

以上有的使用了通假字。如《周易》通行本和帛本及辑本《归藏》作"屯"，竹简本《周易》和竹简本《归藏》作"肫"。按《说文》"肫"读作"屯"，则"屯"、"肫"通。通行本《周易》和辑本《归藏》及竹简本《归藏》作"履"，而帛本《周易》作"礼"，"履""礼"通。《说文》云："礼，履也。"《尔雅·释言》云："履，礼也。"《荀子·大略》云："礼者，人之

所履也。"王弼《周易略例》引《序卦》云:"履者,礼也。"而从这些卦画和卦名相同的情况看,二者绝不可能是同时产生,必有先后继承关系。

那么二者孰先孰后?关于这一点可以从一些卦名看出。如竹简本《归藏》有一卦为"恒我",《周易》通行本、帛本、竹简本和辑本《归藏》皆作"恒"。竹简本《归藏》的"我",绝非衍文,如前所言,"恒我"又见于竹简《归藏·归妹》卦辞,是"嫦娥"原始称呼。而出土《归藏》是秦简,早于出土的汉代抄本——帛书和竹简《周易》。通行本《周易》和传本《周易》则是经过后人整理的版本。在卦画相同的条件下,我们没有理由能说明秦简《归藏》"恒我"源于《周易》各种版本及辑本《归藏》的"恒"。相反,说《周易》各种版本和辑本《归藏》本之于竹简本《归藏》、是对竹简本《归藏》的简化,则更为合理。

又如,竹简本《归藏》又有"散"卦,辑本作"散家人"。而各种版本的《周易》皆作"家人"。黄宗炎云:"'家人'为'散家人',则义不可考。"(《周易寻门余论》卷下)按:两个版本的《归藏》皆有"散",竹简本卦辞中也有"散"字,可见,"散"也非衍文。"家人"从"散"和"散家人"而来,也比较明显。

另外,竹简本《归藏》有一些卦名,其意义比《周易》卦名更为原始。如劳卦、丽卦、毋亡卦,各种《周易》版本分别作坎卦、离卦、无妄卦。毋亡,作为卦名出现在秦简《归藏》

卦辞中。今本《周易》作"无妄",是后起文字。从文字学角度讲,"毋"、"亡"要早于"无"。在殷代甲骨文中已有"毋"、"亡"。无妄之"无"是后起的字。李孝定云:"有无之'无',古无正字,卜辞假'亡'为之。"(《甲骨文字集释》第十二)[①]《史记·春申君传》作"毋望",仍保留了古"毋"字。后多作"无妄"。先儒多释"无妄"为不妄行和无希望。马融、郑玄、王肃皆云:"妄犹望,谓无所希望也。"《汉书·谷永传》:"遭无妄之卦"。应劭曰:"无妄者,无所望也。万物无所望于天,灾异之最大者也。"只有虞翻释义与众不同。虞氏注《无妄·象》曰:"与,谓举。妄,亡也。谓雷以动之,震为反生,万物出震,无妄者也,故曰物与无妄。《序卦》曰:'复则不妄矣,故受之以无妄。'而京氏及俗儒,以为'大旱之卦,万物皆死,无所复望',失之远矣。"虞氏释义合乎秦简,秦简《毋亡》有"安藏毋亡"之辞,此"毋亡"指未亡失。又虞氏曾言"《归藏》卦名之次亦多异"(《周易正义·杂卦疏》引)。可知虞氏见过《归藏》,故此为虞氏用原初《归藏》释《周易》之例证。

秦简《归藏》劳卦,辑本《归藏》作"荦",《周易》通行本作"坎",帛本作"贛",汉石经本作"欿"。按,李过曰:"谓坎为荦,荦者,劳也,以万物劳乎坎也。"(《西溪易说·原序》)黄宗炎曰:"坎为劳卦,故从劳,谐声而省。物莫劳于

① 李孝定《甲骨文字集释》,"中央研究院"历史语言研究所,1982 年。

牛，故从牛。"（《周易寻门余论》卷下）则知劳、莩、坎通。坎、赣、欿通，今人已考证，此略之。按，《说卦》云："坎者，水也。正北方之卦也，劳卦也，万物之所归也。故曰劳乎坎。"《周易·坎卦》爻辞言"入于坎窞"、"坎有险"、"来之坎坎，险且枕"等皆取陷、险之义，无"劳"之义，而《归藏》作劳，《说卦》训坎为劳，显然是在追溯坎之本义。

秦简《归藏》丽卦，辑本《归藏》、《周易》通行本和竹简本作"离"，帛书作"罗"。"离"和"罗"古相通。《方言》曰："罗谓之离。""离谓之罗。"《彖传》《序卦》《说卦》并云："离者，丽也。"故离、丽、罗三者通。然而，从文字起源看，"丽"的含义更符合卦画，作为卦名的"离"当晚于"丽"。甲骨文中有"丽室"之辞。鲁实先解释曰："其据以会意者为二室相临，二人相俪，是以其本义，为两为偶，即丽与俪之初文。《说文》以旅行训丽者，乃其引申义也。所谓丽室者，谓二室相偶，中介一堂，即《礼记·杂记下》之夹室，亦即《国策燕策》之历室与《史记·乐毅传》之历室。夫室不相临而曰丽者，是犹先民画卦以两阳介一阴而名之离，亦取附丽为义也。"[①] 由此可知，"丽"本是指两室相临和二人相俪，有依附之义。其卦画☲为一阴依附二阳，别卦则是两个相同的经卦相依附，因两个经卦《离》外阳内阴、外实内虚，犹如两室相互依附。故别卦《离》卦画有依附之义。如《彖》释《离》云：

"离，丽也。日月丽乎天；百谷草木丽乎土；重明以丽乎正，乃化成天下；柔丽乎中正，故亨。"因此，"丽"比"离"更能反映卦象的特点，恐为"离"本"丽"之例证。

其二，秦简《归藏》卦辞皆用"卜"字，带有浓厚的龟卜痕迹。而《周易》通行本和帛本则未使用"卜"字，《蒙卦》用过"筮"字。卜，筮是不同的。《礼记·曲礼上》云："龟为卜，策为筮。"更为重要的是卜早于筮。从行文上看，《归藏》修辞造句不加修饰，无多大的文学价值。而《周易》则不同，它有简古清丽的语言，明朗而形象的描写，爽朗而和谐的音节，亲切而有味的比兴，存有大量的远古谣谚，"是一部最古的有组织有系统的散文作品"①，具有相当高的文学价值。从卜早于筮而《归藏》带有龟卜痕迹和《周易》卦爻辞比《归藏》卦辞更为精致两个方面看，出土《归藏》保存了古义古貌，早于《周易》。

其三，按文献记载，《归藏》是以坤为首，而殷墟出土的数字卦有崇尚坤之倾向。在出土的文物中，有两件特别应当引起我们注意。一是刻在甲骨上的"上甲田⚌"，一是父戊卤上的铭文"⚌父戊"。周立升先生指出："上甲、父戊都是殷商的先公名号，如果契侧⚌是坤卦（后人将其横置作☷，正是坤之古文），当可推知殷人是贵坤的。称《归藏》首列坤，为殷易，

---

① 参见高亨《周易卦爻辞的文学价值》，见高亨《周易杂论》，齐鲁书社，1988年。陈良云也有类似观点，见氏著《周易与中国文学》，百花洲文艺出版社，1999年。

是有一定道理的。"① 此为《归藏》早于《周易》之又一证。

其四,《周礼》言太卜掌三易之法,其经卦和别卦虽然一致,但从其排列次序看,将《连山》《归藏》置于《周易》之前,这种排列绝非偶然,当视为《归藏》早于《周易》的重要证据。有的学者提出,桓谭言《连山》八万言、《归藏》四千言,前者繁后者简,推断夏《连山》殷《归藏》不可信。其实,从整个人类认识发展看,是由繁而简、由具体而抽象,这是认识发展的规律。因此,在通常情况下,先繁后简未必不可信。

然而,从《归藏》卦辞看,大多反映的是夏商和夏商以前的事(包括神话传说),也有商周和商周以后的事。最晚几条有:《师卦》周穆王占卜西征之事;《右卦》平公占卜邦国吉凶之事;《鼎卦》宋君占卜之事。后两者反映的是春秋时事。这可能有两种情况:一是卦画卦名完成较早,大约在周之前,而卦辞写成的晚,在春秋平公和宋君之后。一是卦辞与卦画、卦名都是在周之前完成的,而反映周代和周代以后史事的卦辞则是后人增补的。这两种情况中后者可能性较大。因为古代数术之书有不断改写的习惯,《周易》就是如此,有被修改的痕迹。比较马王堆帛书《周易》与今本《周易》,无论是卦序、卦辞、卦名及文字都存有一定的差异。帛本《系辞传》和今本《系辞传》差别更明显。又出土的阜阳双古堆汉简《周易》,也与其

① 周立升《春秋哲学》,山东大学出版社,1989 年。

他各种版本不同。除了文字歧异外，在卦爻辞之后又有卜辞，这是其他版本所没有的。[1]这充分说明《周易》经传的确被改写过。与《周易》相同，人们在应用《归藏》的过程中，曾不断地对那些已过时的卦辞进行改写，补充影响大且应验的卦辞，则在情理之中。

王明钦先生根据三易"其经卦皆八、其别卦皆六十四"和春秋三易并用的记载提出，"《连山》《归藏》《周易》古同出一源。为《易》之三大派别。"[2]这种说法恐难以成立。"其经卦皆八、其别卦皆六十四"是言当时史官掌握三部易书，这三部书卦画相同，未及其他，而仅卦画相同并不能说明三者是同一时期不同地域的作品。春秋时三易并用不能说明这个问题，就像卜筮并用不能说卜、筮是同一时期产生一样。因此，在没有其他史料和出土文献证明的情况下，古人关于夏商周三易之说不能轻易否定。

三、《归藏》符号与《周易》符号形成

战国楚简、阜阳汉简《周易》阴爻作八，阳爻作一，马王堆帛书《周易》阴爻作ㄴL，阳爻作一。八、ㄴL写法稍有差别，

---

[1] 胡平生《阜阳汉简〈周易〉概述》，《简帛研究》第三辑，广西教育出版社，1998年。

[2] 王明钦《试论〈归藏〉的几个问题》，见古方编《一剑集》，中国妇女出版社，1996年。

但阴阳意义一致。与今本《周易》阴阳符号也无异。虽然，《周易》的符号以一、八表示阴阳，而称呼为九、六，与《归藏》不同。但是，我们仍然可以看到《周易》与《归藏》内在的联系。如前所述，殷周占卜时使用数字最多的是一、六、七、八。《归藏》以一、六作为阴阳符号，《周易》以一、八作为阴阳符号，其差别在于六与八。又如前所言，"六""八"相通，皆为偶数，且写法差别甚少，故《周易》以一、八作为阴阳符号当从《归藏》改造而成。《归藏》称阴为八，《周易》阴爻符号写作八，可以视为早期《周易》本子阴爻符号直接源于《归藏》的证据。而《归藏》称阴阳为七八，《周易》称阴阳为九六，以示以九六之变为占，称呼上参照当时周流行数字卦多用一六两个数，故称一为九，以表示《周易》作者在符号上创新，以别于商代的《归藏》。在这个意义上，可以说一、六（或八）是阴阳符号的前身，但是未必就是《周易》阴阳符号的前身。《周易》阴阳符号的形成与《归藏》关系密切。爻题本之数字卦九、六。则说明数字卦与《周易》符号之间的关系。有的学者不同意张政烺关于《周易》阴阳符号从数字"一""六"变来的观点，认为先秦易学有两个筮占系统，即"天地筮法（天地之数的揲蓍法）"与"大衍筮法（大衍之数的揲蓍法）"。如丁四新所说："前一系的卦爻画以六、一（七）为爻体，这见于商周易卦、楚简《别卦》和秦简《归藏》等；后一系的卦爻画以一（七）、八为爻体，这见于楚简本、帛书本和汉简本《周易》。其中，清华简《筮法》以'一'表示数字'七'，对于相关问题的解决起着关键作用。单就《周易》来说，大衍筮法是对于天地筮法的简化，而由于揲蓍法的变革（简化），遂导致其卦爻画的构成及其来源相应地发生了改变：在西周至春秋时期，以六、一（七）为爻体；在战国时期则以一（七）、八为爻体，出土诸本及今本阴阳爻画即由其抽象化和观念化而来。虽然从现象来看，所有的筮卦都可以概称为数字卦，但是在筮卦背后都有其本卦（本体），本卦分为纯由六、一（七）和纯由另一（七）、八构成的两系，并体现在经文卦画的书写上。后一系在战国中期阴阳观念化之后被命名为阴阳爻画；至于前者，笔者根据天数地数的分类法，而认为它们已具有天地性质。而无论命名为阴阳爻画还是天地爻画，都说明它们置身于宇宙论意识之中。一言以蔽之，《周易》在先秦经历了从五十五数揲蓍法到五十数揲蓍法，从爻体六、一（七）到一（七）、八，从天地性质到阴阳性质的巨大转变。"① 笔者认为，这种说法将易学分为前后两大系统，细化了从数字卦到阴阳符号的演变过程，承认了《周易》符号的形成与《归藏》的关系，推进了数字卦演化为阴阳符号卦象的研究。

其实，无论王家台秦简《归藏》、楚简《周易》，还是汉初简帛《周易》，它们的阴爻符号写法上看似含有某种筮数的痕迹，但与今本所见《周易》中的虚实符号意义已无差别了，

---

① 丁四新《从出土材料看〈周易〉卦爻画性质》，《哲学门》，2015 年第 2 期。

基本上摆脱了原始的数字意义而成为阴阳符号。帛书《衷》所言："易之义評阴与阳，六画而成章。曲句焉柔，正直焉刚。"[1]"曲句焉柔，正直焉刚"指出了阴阳符号的特点：阳符号正直，而阴符号弯曲。故无论是出土《归藏》的∧，还是阜阳汉简的八、马王堆帛易的凵乚，皆是易之阴符号。

四、文王演易不重卦

重卦问题也是易学史上长期争论的焦点。共有四种观点：（1）伏羲重卦。《淮南子·要略篇》："八卦可以识吉凶，知祸福矣。然而伏羲为之六十四变，周室增以六爻。"王弼也主此说，认为伏羲重八卦。（《周易正义》引）（2）神农重卦。郑玄曰："神农重卦。"（《周易正义》引）淳于俊曰："包羲因燧皇之图而制八卦，神农演之为六十四。"（《周易正义》引）（3）夏启重卦。孙盛认为，夏禹重卦。（4）文王重卦。司马迁云："西伯盖即位五十年，其囚羑里，盖益《易》之八卦为六十四卦。"（《史记·周本纪》）"文王演三百八十四爻。"（《史记·日者列传》）扬雄云："《易》始八卦，而文王六十四，其益可知也。"（《法言》）班固、王充等皆主此说。其中第四种观点影响最大。这些观点在《系辞传》中基本上可以找到根

---

① 廖名春《帛书〈衷〉释文》，参见廖名春《帛书〈易传〉初探》，台北文史哲出版社，1998年，第272页。

据。如《系辞传》"观象制器"一节是伏羲、神农重卦的根据。
"《易》之兴也,其于中古乎,作《易》者其有忧患乎,是故
履……"《易》之为书也,……兼三才而两之,故六"是文王
重卦说的根据。禹重卦之说不知何据。孔颖达对四种观点进行
了辨析。他说:

　　其言夏禹及文王重卦者,案《系辞》,神农之时已有
盖取《益》与《噬嗑》,以此论之不攻自破。其言神农重
卦亦未为得,今以诸文验之。案《说卦》云:"昔者圣人
之作《易》也,幽赞于神明而生蓍。"凡言作者,创造之
谓也,神农以后便是述修,不可谓之作也。则幽赞用蓍
谓伏羲矣。故《乾凿度》云:"垂皇策者牺。"《上系》论
用蓍云:"四营而成易,十有八变而成卦。"既言圣人作
《易》十八变成卦,明用蓍在六爻之后,非三画之时伏羲
用蓍,即伏羲已重卦矣。《说卦》又云:"昔者圣人之作
《易》也,将以顺性命之理,是以立天之道曰阴与阳,立
地之道曰柔与刚,立人之道曰仁与义。兼三才而两之,故
易六画而成卦。"既言圣人作《易》兼三才而两之,又非
神农始重卦矣。又《上系》云:"《易》有圣人之道四焉,
以言者尚其辞,以动者尚其变,以制器者尚其象,以卜筮
者尚其占。"此之四事皆在六爻之后。何者?三画之时,
未有象緐,不得有尚其辞。因而重之,始有变动,三画不
动,不得有尚其变。揲蓍布爻,方用之卜筮,蓍起六爻之

后，三画不得有尚其占。自然中间以制器者尚其象，亦非三画之时。今伏羲结绳而为罔罟则是制器，明伏羲已重卦矣。……若言重卦起自神农，其为功也，岂比《系辞》而已哉！何因《易纬》等数所历三圣，但云伏羲、文王、孔子，竟不及神农，明神农但有"盖取诸《益》"，不重卦矣。故今依王辅嗣，以伏羲既画八卦，即自重为六十四卦，为得其实。（《周易正义》卷首）

孔氏主要以《系辞传》为据论证了伏羲重卦说。重卦者是否真为伏羲有待进一步考证。而他否定了文王和其他人重卦则值得肯定。虽然经过孔氏考辨，但文王重卦说仍很盛行。如宋儒朱熹也说过"文王重卦作繇辞"（《朱子语类》卷六十六），而且几乎成了学界的定论，一直延续至今。随着考古的发现，这个问题越来越明朗化了。1978 年张政烺先生确认周原新出土的甲骨上的数字为《周易》符号，并发表了《试释周初青铜器铭文中的易卦》[①]一文。张亚初、刘雨通过分析商周时甲骨文、金文出现的易符，驳斥了文王重卦说，指出："材料说明，在文王之前或同时，从商王都城到边远地区都广泛地流行着这种重卦的占筮方法，因此，说重卦是文王发明的，是不太可能的。""重卦的筮法首先出现在商，后来才推广到周，也就是

---

① 张政烺《试释周初青铜器铭文中的易卦》，《考古学报》1980 年第 4 期。

'周因殷礼'，这倒是十分可能的事。"①数字卦的发现，证明重卦时间在商周以前。据文献记载，在商周以前，筮书只有《连山》《归藏》。那么，这些数字卦显然是与《连山》《归藏》相关。秦简《归藏》的出土重新印证了此说。如前所言，《周易》许多卦名和卦画来自《归藏》。有的是直接继承了《归藏》的卦名和卦画，如屯、讼、师、比、同人、明夷等卦。有的改造了《归藏》的卦名，如家人、恒、坎、离、无妄等卦。既然秦简《归藏》的这些重卦卦画和卦名早于《周易》，那么，流传已久、貌似定论的文王重卦说不攻自破。《系辞传》关于伏羲观重卦之象以制器具的说法，虽不能成立，但其时已有重卦则不容怀疑。宋儒李过在比较辑本《归藏》和《周易》卦名后指出："六十四卦不在文王时重，自伏羲以来至于夏商，其卦已重矣。"（《西溪易说·原序》）此说不误。既然文王没有重卦，其演易指什么？这恐怕是指在卦名、卦序、卦辞等方面有所贡献。

---

① 张亚初、刘雨《从商周八卦数字符号谈筮法的几个问题》，《考古》1981年第2期。

第三章 "易象"与《易》文本成书及其性质

　　《周易》成书于殷末周初，一般认为作者是文王。但是唐代孔颖达采马融、陆绩之说，并做了详细考证，认为《周易》有的爻辞反映文王以后之事，故爻辞作者另有其人，当为周公。他指出："案《升》卦六四'王用亨于岐山'，武王克殷之后，始追号文王为王。若爻辞是文王所制，不应云'王用亨于岐山'。又《明夷》六五'箕子之明夷'，武王观兵之后，箕子始被囚奴，文王不宜豫言'箕子之明夷'。又《既济》九五'东邻杀牛不如西邻之禴祭'。说者皆云：西邻谓文王，东邻谓纣。文王之时，纣尚南面，岂容自言己德受福胜殷，又欲抗君之国，遂言东西相邻而已。又《左传》韩宣子适鲁，见《易象》云：'吾乃知周公之德'。周公被流言之谤，亦得为忧患也。验此诸说，以为卦辞文王，爻辞周公。马融、陆绩等并同此说，今依而用之。"（《周易正义》卷首）但是文王、周公如何作文辞？"易象"符号在文本形成中起到什么作用？成为后世易学家思索和探讨的问题。《易传》提出《周易》是"观象系辞"的观点，为探讨易学文本形成提供了清晰的思路，即观易象而作卦爻辞。问题是《易》作者如何观象，如何系辞，象与辞关系如何？《易传》语焉不详。必须通过详细考辨文本，才能作出合理的解释。

一、《易》文本"象"与"辞"关系

象，在《周易》中专指卦爻象。它包括卦爻画及其所象征的事物。以爻画多少为标准，象可分为三种：一画之象、三画之象、六画之象。"如奇画象阳，偶画象阴，此一画之象也。如天、地、雷、风、水、火、山、泽，此三画之象也。如井、鼎之类，此六画之象也。"（《读易举要》卷一）此三种象主要指由阴阳符号构成的卦爻象。与此相关的是具体的"物象"。因为《周易》卦爻符号本之自然之象，通过对天地万物效法模拟而成，故它具有了万物的属性，成了指称天地万物的符号。这种具有高度抽象性的卦爻符号，可以囊括和指称所有具体的事物。卦爻符号所指称的具体事物，称为"物象"。一般用三画八卦符号指称的"物象"把世界万物分为八大类。如《说卦传》所言八卦之象，属于此类。其最基本卦象为天、地、雷、风、水、火、山、泽。而以八卦相重构成的上下两体之六十四个不同的卦象，则有虚、实之分，虚假之象是虚构的，在现实是不存在的；实有之象是真实的，现实中可见的。诚如唐孔颖达指出："先儒所云此等象辞，或有实象，或有假象。实象者，若'地上有水、比'也，'地中升木、升'也，皆非虚，故言实也。假象者，若'天在山中'，'风自火出'，如此之类，实无此象，假而为义，故谓之假也。虽有实象、假象，皆以义示人，总谓之象也。"（《周易正义》卷一）当然，易学史上，也有按事物类别言"物象"者。如元儒胡一桂作"卦象图"，不仅区分了文王、周公、孔子八卦之象，而且按照天文类、地理类、人道类、身体类、古人类、邑国类、宗庙类、神鬼类、田园类、谷果类、酒食类、卜筮类、数目类、讼狱类、田猎类、禽兽类、五色类、草木类、杂类等区分了物象。即"分天文、地理、人物等为类，首文王卦象，次周公爻象，次孔子十翼中《彖传》《象传》《说卦传》所取象已该之，庶乎不致有遗"。（《周易启蒙翼传》）同时代吴澄通过考辨《周易》经文，将象分为"天"、"地"、"人"、"动物"、"植物"、"服物"、"食物"、"用物"、"采色方位时日名数"九大类。（《易纂言外翼》）《易》文本"象"与"辞"到底有何种联系，我们本着"以经解经"的原则，从《周易》文本入手，透过详细考察，以期找到合理的答案。

（一）《周易》爻辞，言上者（或与上有关者）皆与卦上爻对应；言下者（或与下有关者）皆与卦初爻（下爻）对应。

言下者如《乾》初九"潜龙"、《坤》初六"履霜"、《履》初九"素履"、《泰》初九"拔茅茹以其汇"、《噬嗑》初九"屦校灭趾"、《贲》初九"贲其趾"、《剥》初六"剥床以足"、《坎》初六"入于坎窞"、《离》初九"履错然"、《咸》初六"咸其拇"、《大壮》初九"壮于趾"、《夬》初九"壮于前趾"、

《困》初六"幽谷"、《鼎》初六"鼎颠趾"、《艮》初六"艮其趾"等，其中"潜"、"履"、"趾"、"茹"、"足"、"窨"、"谷"、"拇"皆为表征下及与下有关的文辞，而这些文辞，又皆被赋予卦之初爻，故这些文辞乃据爻之处下位而作无疑。

爻辞言上者，如《乾》上九"亢龙"、《比》上九"无首"、《大有》上九"自天佑之"、《噬嗑》上九"何校灭耳"、《大畜》上九"何天之衢"、《大过》上六"灭顶"、《离》上九"折首"、《咸》上六"咸其辅颊舌"、《晋》上九"晋其角"、《解》上六"高墉之上"、《姤》上九"姤其角"、《鼎》上九"鼎玉铉"、《中孚》上九"登于天"、《既济》上六"濡其首"、《未济》上九"濡其首"等，其中"亢"、"首"、"耳"、"顶"、"角"、"上"、"铉"、"天"、"辅颊舌"皆为表征上及与上有关的文辞，而这些文辞皆系于卦之上爻，故这些文辞是据爻处上位而作无疑。

（二）就一卦而言，其爻辞言一事物自小至大、自微至显、自下而上、自始至终的过程，多与六爻位置自下而上依次排列对应。

《乾》自初至上爻依次言"潜龙"、"见龙"、"飞龙"、"亢龙"，《剥》自初至上爻依次言"剥床以足"、"剥床以辨"、"剥床以肤"，《咸》自初至上爻依次言"咸其拇"、"咸其腓"、"咸其股"、"咸其脢"、"咸其辅颊舌"，《井》自初至上爻依次言"井泥"、"井谷"、"井渫"、"井甃"、"井收勿幕"，《艮》自初至上爻依次言"艮其趾"、"艮其腓"、"艮其限"、"艮其身"、

"艮其辅"，《渐》自初至上爻依次言"鸿渐于干"、"鸿渐于磐"、"鸿渐于陆"、"鸿渐于木"、"鸿渐于陵"。由此可知，这种爻辞之依次排列决非偶然，皆取之于爻画排列，即由观象而系之。

（三）《周易》六十四卦三百八十四爻，二五爻之辞多平易、吉利。

如《乾》九二、九五皆言"利见大人"，《坤》六二言"无不利"，六五言"元吉"，《蒙》九二言"包蒙吉，纳妇吉"，六五云"童蒙吉"，《需》九二言"终吉"，九五言"贞吉"，《讼》九二言"无眚"，九五言"元吉"，《师》九二言"吉"，《比》六二言"贞吉"，《泰》九二言"得尚于中行"，六五言"元吉"等。粗略统计一下，二爻明言"吉利"、"无咎"等辞者四十六处，占二爻总数71%。明言"凶"、"不利"等辞者九处，占二爻总数14%。五爻明言"吉利"、"无咎"等辞者四十九处，占五爻总数74%，明言"吝"、"凶"、"不吉"之辞者八，占五爻总数的13%。而且凡有权势者或贤德之士的称呼也多见于二五之辞。如《乾》二五爻"利见大人"，《坤》二"或从王事"，《师》二"王三锡命"，《坤》五"长子帅师"，《比》五"王用三驱"，《泰》五"帝乙归妹"，《否》五"大人吉"，《临》五"大君之宜"，《观》五"君子无咎"，《晋》二"受兹介福于王母"，《明夷》五"箕子之明夷"，《家人》五"王假有庙"，《蹇》二"王臣蹇蹇"，《解》五"君子维有解"，《革》五"大人虎变"，《归妹》五"帝乙归妹"，《涣》五"涣王居",《未济》五"君子之光"。

以上所言,二五多吉辞,多尊贵之称呼,乃与二五爻之居位有关。关于这一点,《易传》早已明察,《系辞》提出了"二多誉"、"五多功",而《彖传》《象传》又多以"中德"、"中道"释之,这显然是针对二五居中位而发。"中"或"中德"是中国古代理想的社会、人格和价值尺度。如政治崇尚中和。《尚书·洪范》:"无偏无陂,遵王之义;……无偏无党,王道荡荡;无党无偏,王道平平;无反无侧,王道直直。"礼乐崇尚中和。《周礼·大司徒》:"以五礼防万民之伪,而教之中。以六乐防万民之情,而教之和。"《中庸》:"喜怒哀乐之未发谓之中,中也者,天下之大本也。"《乐记》:"乐者,天地之命,中和之纪,人情之所不能免也。"《中庸》:"君子中庸。""君子和而不流,强哉矫;中立而不倚,强哉矫。"《周易》二五之辞多吉辞、多尊贵之称,是中国古代"尚中"的思想源头。儒家通过解释《周易》而阐发了"中庸"或"中道"的思想。

三、上两爻之辞与二五爻之辞不同,多惕厉险恶。如《乾》九三"夕惕若厉",上九"有悔",《屯》六三"往吝",上六"泣血涟如",《蒙》六三"无攸利",上九"不利为寇",《师》六三"凶",上六"小人勿用",《比》六三"比之匪人",上六"比之无首凶",《小畜》九三"舆说辐,夫妻反目",上九"贞厉"、"君子征凶",《履》六三"咥人凶",《泰》上六"城复于隍",《噬嗑》六三"遇毒",上九"何校灭耳凶",《复》六三"厉",上六"迷复凶有灾眚",《无妄》六三"邑

人之灾"，上九"行有眚无攸利"，《大过》九三"凶"，上六
"凶"，《坎》六三"勿用"，上六"凶"。《恒》九三"贞吝"，
上六"凶"，《遁》九三"系遁有疾厉"，《大壮》九三"贞厉"，
上六"无攸利"，《晋》上九"贞吝"，《家人》九三"悔厉"、
"终吝"，《睽》六三"其人天且劓"，《解》六三"贞吝"，《益》
六三"益之用凶事"，上九"立心勿恒凶"，《夬》九三"有凶"，
上六"终有凶"，《姤》九三"厉"，上九"吝"，《萃》六三"小
吝"，《困》六三"凶"，上六"有悔"，《革》九三"征凶贞
厉"，上六"征凶"，《震》上六"征凶"，《艮》九三"厉薰心"，
《渐》九三"凶"，《归妹》上六"无攸利"，《丰》九三"折其右
肱"，上六"凶"，《旅》九三"厉"，上九"先笑后号咷，丧牛
于易，凶"，《巽》九三"吝"，上九"贞凶"，《兑》六三"来兑
凶"，《节》上六"贞凶"，《中孚》上九"贞凶"，《小过》九三
"凶"，上六"凶，是谓灾眚"，《既济》上六"濡其首厉"，《未
济》六三"征凶"，上九"濡其首，有孚失是"。三、上多危
辞，与三、上两爻居位有关，三居内卦之上，上居外卦之上，
皆有过中、穷极之义，故两爻危辞取决于三、上两爻在卦中所
居位置。《易传》"其道穷"、"何可长"、"何可久"、"不知节"、
"上穷吝"、"终不可长"等辞所揭示的正是此意，这又从另一
个角度说明了《周易》的尚中思想。《周易》二五多吉辞、三
上多凶辞，证明了《周易》爻辞与爻位对应。《易传》早已明
察于此，《系辞传》云："二与四，同功而异位，其善不同，二
多誉，四多惧，近也。柔之为道，不利远者，其要无咎，其用

柔中也。三与五，同功而异位，三多凶，五多功。"

（四）有的爻辞与爻之间的关系对应。

有的爻辞与爻之间的关系对应，如《坤》初六"履霜坚冰至"，它对应了《坤》☷六爻。《坤》六爻自下而上全为阴，有阴气凝而盛之意。霜为阴气凝结而成，《诗纬·含神雾》："阳气终，白露凝为霜"，宋均注："白露，行露也。阳终阴用事，故曰白露凝为霜也。"《淮南子·天文训》："阳气胜则散而为雨露，阴气胜则凝而为霜雪。"从季节言之，霜降之时，正是阴气始凝，而至冬至则阴气全盛，坚冰即至。故"履霜坚冰至"与《坤》卦六爻自下而上依次排列的次序相对应。《泰》《否》初爻皆言"拔茅茹以其汇"，它与《泰》《否》下三爻相对应。《泰》下三爻均为阳，《否》下三爻均为阴，既然是同类，必然相连。"拔茅茹以其汇"反映的正是此意。茹，虞翻注："茅根"。汇，虞翻注："类也"。故有拔茅草，因而相连累其同类之意，此句与《泰》《否》下三爻之象相符。《剥》六五言"贯鱼以宫人宠"也类似。贯鱼，是指将鱼串在一起。高亨先生注云："以绳穿物曰贯。贯鱼，即以绳穿鱼。此必并头相次，不得相越。"故"贯鱼以宫人宠"是说，受宠的宫人如鱼串一样多。从卦画看，《剥》☶上爻一阳居上为群阴之主，五爻以下全为阴依次排列，似鱼串一样，而受宠于上爻。《需》☵上六"有不速之客三人来"，三人指《需》下三阳爻，有上升趋势，而曰"三人"。《周易正义》云："三人，谓初九、九二、九三。"（《周易正义》卷二）由此可知，《周易》有些爻辞，取决于这种爻与爻之间的关系。

从以上四个方面看，《周易》古经中爻辞与爻象有某种联系。所谓爻象，即爻位之象，它包括了爻所处位置及爻与爻之间的关系。《周易》中许多爻辞是观爻象而作。因此，爻象是《周易》古经的一部分，注释爻辞时，除了文字训诂外，还必须参照爻象，那种注《易》却置爻象而不顾者，恐怕欠妥。

（五）《周易》中许多卦名与卦画形状对应。

《周易》中许多卦名与卦画形状对应。如《乾》䷀。乾，有刚健之义。帛书《周易》作"键"，键健通，故键即健。而《乾》六爻全为阳爻，故此卦卦画也有刚健之义。坤有柔弱顺从之义。帛书作"川"。《说文》："川，贯穿通流水也。"《释名·释水》："川，穿也，穿地而流也"。故川、水义一。水有柔顺之性，《老子》："天下莫柔弱于水。"故坤与川同义。《坤》六爻全为阴爻，有至柔之义。坤，古作"巛"。《康熙字典》："[坤]，古作巛，象坤画六断。"这更进一步证明了坤卦名与卦画的内在联系。又如《噬嗑》䷔，噬，有以齿咬之义。《说文》："噬，啖也。"《周易》王弼注："噬，啮也。"嗑，即合。《序卦传》云："嗑者，合也。"噬嗑指牙咬物而合，即《彖传》所谓"颐中有物，曰噬嗑"。清人朱骏声云："颐，本字叵，颔也。口车辅之名，象形。"（《六十四卦经解》卷四）而《颐》之卦画为䷚，上下为阳爻，中间皆为阴爻，外实中虚，颐口之象。而《噬嗑》䷔中间一阳爻，似口中有物而咬合。故此卦画有咬合之义。《剥》䷖之"剥"，有剥落之义，而其爻画为五阴在下一阳在上，也有五阴剥落一阳之义。复，有复返之义。《复》䷗五阴在上，一阳在下，有一阳被阴剥落后复返于初之义。习坎，习，重也。《彖传》："习坎，重险也。"而《坎》之卦画是由两个坎组成，有习坎之义。此外比较明显的还有师、讼、小畜、同人、大有、谦、大壮、晋、明夷、家人、鼎、中孚等卦名，皆与卦画含义相合。这一方面说明了卦名多根据卦画之义而得，另一方面也证明了八卦之象在六十四卦之前已存在（如"习坎"）。

（六）《周易》卦爻辞也有与卦画阴阳排列相对应者。

《周易》卦爻辞也有与卦画阴阳排列相对应者。如《泰》卦辞云："小往大来。"其义是指小的去大的来，而《泰》䷊画也有此义。下为三阳，上为三阴，而《周易》爻之排列是自下而上，故知下阳有来之义，上阴有往之义。因阳为大，阴为小，故"小往大来"。而《否》卦辞云："大往小来。"其卦画䷋与《泰》相反。它下为三阴，上为三阳。同理可推，下阴为来，上阳为往，而有"大往小来"义。由此可知，《泰》《否》的"大小往来"之辞，也与卦画有内在联系。又如《复》言"反复其道"，《复》䷗一阳在下，五阴在上，以示阳盛极而阴生，阴盛极而阳生，则一阳始生于下，有上长之势。是谓阳"反复其道"。朱熹解释曰："反复其道，往而复来、来而复往之意。"（《周易本义》卷一）

（七）有的爻辞反映了卦与卦之间的关系。

有的爻辞反映了卦与卦之间的关系。如《坤》上六："龙战于野，其血玄黄。"龙，在古代人眼中变化莫测，当属阳性之物。《说文》："龙，鳞虫之长，能幽能明，能细能巨，能短能长，春分而登天，秋分而潜渊。"《管辂别传》："龙者，阳精，以潜为阴，幽灵上通，和气感神，二物相扶，故能兴云。"《春秋元命包》云："龙之言萌也，阴中之阳，故言龙举而云兴。"《乾》言"龙"，其意正在此。《坤》属阴卦，而辞言"龙"，似违背常理。然从卦象分析，《坤》上六居卦之极，以示阴穷尽当转化为阳，即坤阴穷极而变为乾阳。而阴阳转化经过了一个艰难的对抗、争斗的过程，这个过程用文辞表达即是"龙战于野，其血玄黄"。《易传》诠释得十分精确。《文言传》："阴疑于阳必战，为其嫌于无阳也。故称'龙'焉。犹未离其类也，故称'血'焉。夫'玄黄'者，天地之杂也，天玄而地黄。"因此，《坤》上六之辞反映了阴阳转化，即坤变为乾。以卦画言之，《乾》《坤》两卦卦画正好相反。这说明了《坤》上六爻辞取反卦之象而作。又如《明夷》上六："初登于天，后入于地。"此言《晋》与《明夷》为覆象。《晋》☷反为《明夷》☷，反之亦然。《晋》上离为日，下坤为地，日在地上，为"初登如天"。《晋》反为《明夷》，《明夷》上坤为地，下离为日，日在地下，故言"后入于地"。再如《损》《益》两卦也是反覆之卦。《损》☷覆为《益》☷，反之亦然，《益》覆为《损》。《损》六五覆则为《益》六二，《益》六二覆为《损》六五，《损》六五与《益》六二皆言："十朋之龟弗克违"。从以上举例看，覆卦、反卦之象恐为《周易》古经所固有，而且也是系辞的根据。这也充分说明了《序卦传》关于六十四卦的排列之描述，并非随意的杜撰，而是有一定依据。

综上，《周易》中辞与象对应情形很多，先贤也曾作过系统的探讨。如汉代虞翻《周易注》、宋儒俞琰《读易举要》、清儒李光地《周易通论》、民国尚秉和《周易尚氏学》都作过考证，兹不再详言。透过这种卦爻画与卦爻辞的对应关系，可以断定象与辞之间确实存在着某些必然的、内在的联系，这种联系即是《系辞》所谓的"观象系辞"、"象者，言乎象者也"。

二、"观象系辞"与《周易》成书

《易传》提出"观象系辞"。其大意是说《周易》文本形成，先有卦爻象符号，后有文辞，文辞据象而作。具体言之，《周易》的作者，先观易象，即观诸种卦爻符号，次从卦爻符号"取象"，即从卦爻符号之象中取八卦所象征的"物象"，然后用文辞表达"物象"，即是卦爻辞。其中观象最为重要，因为有观象，才有取象与系辞。这可以从卦爻象与卦爻辞的对应中得到证实。在这个意义上说，易象是易学文本形成的依据。这里值得说明的是，《周易》作者在观象系辞时，没有严格遵循一个统一的原则。唐代孔颖达对此早有明察。他认为，《易》备万象，以象明理，故《易》卦名与卦爻辞取象不可一例求之，不可一类取之。他于《系辞》疏曰：

原夫《易》之为书，曲明万象，苟在释辞，明其意，达其理，不可以一爻为例，义有变通也。(《周易正义》卷七)

他以卦名取象为例说明之，如于《乾》卦疏曰："圣人名卦，体例不同，或则以物象而为卦名者，若否、泰、剥、颐、鼎之属是也，或以象之所用而为卦名者，即乾、坤之属是也。如此之类多矣。虽取物象，乃以人事而为卦名者，即家人、归妹、谦、履之属是也。所以如此不同者，但物有万象，人有万事，若执一事，不可包万物之象；若限局一象，不可总万有之事。故名有隐显，辞有踳驳，不可一例求之，不可一类取之。"(《周易正义》卷一)

他又以卦爻辞取象说明之，于《坤》初六疏曰："凡易者，象也。以物象而明人事，若诗之比喻也。或取天地阴阳之象以明义者，若乾之'潜龙'、'见龙'，坤之'履霜坚冰'、'龙战'之属是也。或取万物杂象以明义者，若屯之六三'即鹿无虞'、六四'乘马班如'之属是也。如此之类，《易》中多矣。或直以人事，不取物象以明义者，若乾之九三'君子终日乾乾'、坤之六三'含章可贞'之例是也。圣人之意，可以取象者则取象也，可以取人事者则取人事也。"(《周易正义》卷一)

显然，按照孔颖达之说，《周易》文辞形成，其取象往往是采取灵活的手段，而非用一种方法。此言不虚。考诸《周易》文本，其取象系辞确如孔氏所言，随意灵活。即不断变换取象的方法，在此卦以这种方法取象系辞，在彼卦则又以另一方法系辞，并未严格按照一一对应原则系辞。如《乾》卦是以六爻自下而上的发展态势取象系辞，故文辞自下而上言"龙"之"潜"、"现"、"飞"、"亢"。而《颐》卦是以六爻形状似"颐"取象系辞，故卦辞、爻辞皆言"颐"。卦辞称"观颐"，爻辞称"朵颐"、"颠颐"、"拂颐"、"由颐"。即使同一卦，所使用的取象方法亦不同。如《需》卦外卦为坎水，内卦为乾天，水在天上，以示有雨未降，故有需之义。如《正义》所言："若言云上于天，是天之欲雨，待时而落，所以明需。"（《周易正义》卷二）"需"有求雨之义，后引申为等待、需要，因而《需》六爻皆言"需"。同时各爻还据外卦坎取象，初九离外卦坎最远而爻辞言"郊"，九二稍近一些而言"沙"，九三临坎而言"泥"、"致寇至"。坎为灾，"寇至"也为险灾。六四即在坎之下，言"血"。《说卦传》："坎为血卦"。九五居坎中，言"酒"，酒也即水。而上六则改变了取象方法，以下三阳爻为象，故言"三人"。由此看来，《周易》取象系辞随意性很强，正是由于这种随意性，使取象系辞往往不能自持其例，甚至出现前后矛盾。如《履》九五居中位而言"贞厉"，《大畜》九二居中位而言"舆说𫐐"，《颐》六二居中位而言"征凶"，《夬》各爻自下而上，而言"趾"、"頄"、"臀"，《鼎》各爻自下而上言"趾"、"耳"、"足"、"铉"等等。

如果象与辞绝对对应，那么有相同的辞必有相同的象，有相同的象必有相同的辞。但是《周易》文本并非完全如此。在《周易》文本中，相反的情况俯拾即是。如《泰》《否》皆言"拔茅茹，以其汇"，虽然二者有相似之处，即下三爻为同性，但其象不同。《涣》初六与《明夷》六二皆言"用拯马壮吉"，但二者卦象不同。《小畜》卦辞与《小过》六五皆言"密云不雨，自我西郊"，二者卦象也不同。显然，《周易》作者未严格按照一以贯之的原则去取象系辞。其取象有极强的随意性。

从文本构成看，《周易》由易象与易辞两部分构成，易象在文本形成中起到了关键性的作用。即《周易》文本成书时，卦爻象符号在先，并程度不同地影响了文辞撰写。如《系辞传》所谓"易者，象也"。既然卦爻辞本之卦爻象，卦爻辞表达易象意义，故"象者言乎象"。卦象与文辞这种互诠的关系，在筮占中表现尤为突出。大衍筮法，由数定象，由象定吉凶，而象之"吉凶见乎辞"，故卦爻象成为推断吉凶的符号，而卦爻辞则是解释卦爻象吉凶的文辞。从这个角度言之，爻画为爻辞的符号，卦画为卦辞的符号，易象与易辞意义一致不二。如《乾》䷀是"元亨利贞"的符号，而初爻—是"潜龙勿用"的符号。原始的《周易》筮法，实质上是数字、符号的推演和代换。大衍筮法将数字推演转换为阴阳符号，然后以阴阳符号构成卦象，再以卦爻象推断吉凶，而吉凶表达是通过文辞实现的。当然不排除有时以易象与文辞推断吉凶。正是在这个意义上，《周易》卦爻符号被称为符号学或"代数学"。这种符号或"代数学"具有西方一般符号的特点，即它是由外在事物决定，是对外物形象的模仿，与外物有"相似性"，具有"物质品质",具有象征意义,它可以再现和指称可感知的某一客观对象,故它可以取代另一事物。同时,它必须被心灵认作符号,即"被思想同时了解到其物质性以及纯显示性应用"。[1]与西方符号学不同的是,易象符号,是由一阴一阳符号构成,具有万物属性、容貌和特征的直观符号,同时,又是超越万物、内涵高度抽象意义的符号。它一方面可以指称和再现天下所有事物的属性特征,诸种符号链接与组合,可以成为认识和解释世界的宇宙图式。如牟宗三将以卦气消息爻辰为主要内容的时位合一符号体系称为"大宇宙图像"或"大宇宙公式"。[2]另一方面,由阴阳符号构成的三画八卦符号和六画六十四卦符号则再现和指称了某一种或某一类具体的事物。如八卦各指代八大类事物。六画之卦也可以指代某一事物,如《鼎》卦象像鼎之形。《师》卦象像军队,《噬嗑》卦象像口腔等。也就是说,易象符号既具有普遍性,又具有个别性,是普遍性与个别性的结合。因为易象符号本之自然界,弥纶天地之道,与天地准,故可以指称和再现自然界,《周易》作为预测福祸吉凶的卜筮之书,才成为可能。

　　总之,《周易》作者"观象系辞",是就总体而言的,是粗线条的。这是说,象与辞只是大致相符,没有亦不可能将

---

[1] （美）皮尔斯著,赵星植译《皮尔斯:论符号》,四川大学出版社,2014年,第36—35页。

[2] 牟宗三《周易的自然哲学与道德涵义》,文津出版社,1998年,第52—55页。

每一个字皆与象对应，那些不与象对应的辞往往是根据卦爻之义推衍而作。如《明夷》从卦画看是光明入地中，以示处昏暗之世，而卦辞没有根据卦象将这个意思揭示出来，却说"利艰贞"，意谓在艰难中守正，这很明显是据卦义而作辞。又如《复》上六爻居卦之上，穷极有凶，故爻辞皆言凶事，但其中"行师"、"以其国君"、"至于十年"之辞也是根据此爻居上有凶而发，与卦爻象似没有多大关系。汉代以虞翻为代表的象数易学家，大肆推演易象，使象中生象、象外又生象，力图解通《周易》古经每一个字，虽然不失为易学史一大派别而影响后世，但却未必符合《周易》作者原义，他们所推演的象大部分不是《易》作者观象系辞之象。因此，从观象系辞的角度研究《周易》固有之象，有着十分重要的意义：

其一，我们可以看到"观象系辞"对汉代象数易学的影响。汉代象数易学的思路和理论根据由此而来。《易传》提出"观象系辞"，汉代易学家坚信不疑。以此出发，除了运用训诂方法外，他们将以象解《易》视为解读文本最基本的方法，力图以此方法揭示《易》系辞之依据。既然系辞得之于观象，那么以象释《易》无可质疑。换言之，汉儒以象解《易》，就其思路与方法而言，应该说是合理的。关键是如何理解《系辞传》提出的"观象系辞"的意义。应当说，"观象系辞"是《易》文本创作的一种方法，也就是说《易》作者在作文辞时，受到了象的影响。如前所言，《周易》文本中许多文辞与阴阳符号对应，说明了"观象系辞"在《易》文本形成中的重要

性。但易辞撰写还受到其他方面因素的影响，如今人高亨先生
所指出："筮人将其筮事记录，选择其中之奇中或屡中者，分
别移写于筮书六十四卦卦爻之下，以为来时之借鉴，逐渐积
累，遂成《周易》卦爻辞之一部分矣。……其中亦有撰人之创
作，即有人取筮人之旧本加以订补，将其对于事物之观察，对
于涉世之经验，对于哲理之见解，纂入书中。"① 也就说，《周
易》文辞之编纂是比较复杂的，而"观象系辞"只能是随意
的，宏观的。若认为象与辞是一一对应的，必然会走向一偏。
汉代象数易学家误读了"观象系辞"的意义，夸大了象在文本
形成中的作用，片面认为《周易》作者以一象对应一辞，故以
此注经，必然会牵强附会。

其二，对于我们今天研究《周易》有借鉴作用。

既然卦爻辞本于卦象，表达卦象的意义，那么，理解和
诠释卦爻辞不能忽视卦象的存在。卦爻画是诠释《周易》卦爻
辞必不可少的工具。这一点尤为重要。易学研究中那种将《周
易》卦爻画只简单地视为筮占符号而置之不理的作法，恐怕欠
妥。关于这一点，今人刘大钧先生说得非常精彩："我们今天
在讲解《周易》经文时，对古人'观象系辞'的说法既不可全
弃，然而又不可全取。因为若全取《说卦》及汉人的易象以解
卦爻之辞，凭古《易》的一点断文碎义，苦苦探索那些久已亡

---

① 高亨《周易古经的作者与时代》见《周易古经今注》卷首，中华书局，
1990 年，第 11 页。

佚的取象之法，势必走上支离卦象以就经文，生拉硬扯以顺己意的旧路数，再一次陷入古人的困境，这是没有什么前途的；反之，认为《周易》的卦爻之辞与象毫无关联，'观象系辞'之说并无根据，在训释《周易》经文时，干脆全盘否定古人以象解经的传统路子。我们认为：这恐怕也不是实事求是的态度。"①

三、《周易》原为卜筮之书

《周易》为何种典籍？易学家们多有争议。一般认为《周易》本为卜筮之书。春秋时期《周易》多用于占筮，《左传》和《国语》记载的《周易》筮例为其明证。孔子重视《周易》的德行修养功能，但并未否认《周易》为卜筮之书，也曾用《周易》占卜过。帛书《要》引孔子语云："《易》，我后其祝卜矣，我观其德义耳也。"②"吾百占而七十当，唯周粱山之占也，亦必从亓多者而已矣。"③今本《系辞传》指出："圣人设卦观象，系辞焉而明吉凶。""圣人有以见天下之动，而观其会通，

---

① 刘大钧《周易概论》，齐鲁书社，1988 年，第 42 页。

② 后，为"末"之义。如池田知久注《要》"祝巫卜筮其后乎"说："这'后'的意思，就像孙奇逢《四书近指》所言，是'夫后之为言，末也'。"（《马王堆汉墓帛书〈周易〉之〈要〉篇释文》，见《周易研究》1997 年第 3 期）也就是说此为动词，为"视为后"之义。

③ 帛书《要》，见廖名春《帛书〈要〉释文》，收于氏著《帛书〈周易〉论集》，上海古籍出版社，2008 年。

以行其典礼，系辞焉以断其吉凶。""《易》有圣人之道四焉：以言者尚其辞，以动者尚其变，以制器者尚其象，以卜筮者尚其占。"《系辞传》显然视《周易》为一本筮书。《汉书·艺文志》云："及秦燔书，而《易》为筮卜之事，传者不绝。"宋儒朱熹认为，"《易》乃是卜筮之书，古者则藏于太史、太卜，以占吉凶，亦未有许多说话。"（《朱子语类》卷六十六）朱熹从解经角度反对易学研究仅仅停留在卜筮上，但从未排斥《周易》作为卜筮书的性质和以卜筮研究《周易》。他说："《易》本卜筮之书，后人以为止于卜筮。至王弼用老庄解，后人便只以为理，而不以为卜筮，亦非。"（《朱子语类》卷六十六）

当然，易学史上，不以《周易》为卜筮之书者也大有人在。如魏王弼认为，《周易》是以象明义（意）之书。他说："夫《易》者，象也。象之所在，生于义也。"（《周易注·乾文言》）"夫象者出其意也，言者明其象也，尽意莫若象，尽象莫若言。"（《周易略例·明象》）宋儒程颐认为《周易》是讲变化之道、性命之理的著作，他说："《易》，变易也。随时变易以从道也。其为书也，广大悉备，将以顺性命之理，通幽明之故，尽事物之情，而示开物成务之道也。"（《易传序》）[1]张载认为《周易》是一部规范人生的法律之书。他说："《易》即天道，独入于爻位、系之以辞者，此则归于人事。……圣人与人

---

① ［宋］程颢、程颐著，王孝鱼点校《二程集》，中华书局，1981年，第689页。

撰出一法律之书，使人知所向避，《易》之义也。"（《易说·系辞上》）① 到了近现代，更多人对《周易》本为卜筮之书这一论断提出异议。如李景春认为，《周易》经文含有哲学思想，"并不是专为占筮用的"。② 刘惠孙提出《周易》是卜筮之书，更是一部哲学著作。"《周易》之为卜筮之书，仅是它从先天带来的一层保护色，其实久已不复是卜筮之专书。"③ 更具有挑战性的是把《周易》视为史书。胡朴安认为，《周易》是宇宙演化至殷周时的历史："乾、坤两卦是绪论，既济、未济两卦是余论。自屯卦至离卦，为草昧时代至殷末之史，自咸卦至小过卦，为周初文、武、成时代之史。"（《周易古史观·自序一》）④ 黎子耀认为，《周易》"是一部殷周奴婢起义史"。（《周易秘义·绪言》）⑤ 李大用指出："《周易》卦爻辞是周文王、武王、周公、成王兴周灭商的历史进程及其成败因由的记录，不是'筮辞的堆砌'，更非'迷信的典籍'。"⑥ 谢宝笙说："(《周易》)上经是周克殷的历史哲学"，"下经是作者自传"。⑦ 近几年，有学者提出《周易》是一部讲治国术的政治典籍。如姜广辉先生提出，

---

① ［宋］张载著，章锡琛点校《张载集》，中华书局，1978 年，第 181—182 页。
② 李景春《周易哲学时代及其性质》，《文汇报》，1961 年 2 月 28 日。
③ 刘惠孙《易的思想内容的发展及易经和易传的关系》，《福建师范学院学报》1962 年第 1 期。
④ 胡朴安《周易古史观》，上海古籍出版社，1989 年。
⑤ 黎子耀《周易秘义》，浙江古籍出版社，1989 年。
⑥ 李大用《周易新探》，北京大学出版社，1992 年，第 26—27 页。
⑦ 谢宝笙《易经之谜打开了》，香港明窗出版社，1993 年。

《周易》有"演德"和"占筮"两个系统，"文王演《易》是演德"，是以德治国的方略，而非筮占。[①]郑吉雄教授通过分析《周易》形成的历史背景和经文的内涵意义及《易传》对于《周易》的解释，提出："《易经》虽可以用于占筮，但绝非单纯的占筮记录，而是含有一套具有系统思想的政治典册。"[②]这两位学者观点不尽相同，却皆认同了《周易》是一部政典。

对于《周易》性质的认知之所以会产生如此大的分歧，究其原因，无非有二：

其一，《周易》内容广大悉备，包罗万象，涉及那个时代的天文、地理、政治、农业、牧业、商业、文化、宗教、科技等方面的内容。如《四库全书总目》所言："易道广大，无所不包，旁及天文、地理、乐律、兵法、韵学、算术，以逮方外之炉火，皆可援《易》以为说。"（《四库全书总目·经部·易类叙》）其二，受历史文化背景和学者知识结构的影响，仁者见仁，智者见智。按照西方诠释学理论，任何一种解释皆是作者依据自己的"前理解"或"前识"而形成的创造性解释。这种创造性解释则称为一种"偏见"。因此，文本内容、历史传统、解释者前理解，是形成见仁见智之"偏见"的原因。

但是，随着大量文献的出土和前贤不断的思考，笼罩在

---

① 姜广辉《文王演〈周易〉新说——兼谈境遇与意义问题》，《哲学研究》1997 年第 3 期。

② 郑吉雄《论易经非占筮记录》，《周易研究》2012 年第 2 期。

《周易》性质问题上的迷雾被层层剥离，历史的"真实"越来越清晰。

早在二十世纪初，台湾学者屈万里曾用易卦卦画与甲骨刻辞顺序、易卦阴阳和卜辞相间为文等大量的事实说明了易卦因袭龟卜。[①]余永梁从句法和成语两个角度比较易辞和卜辞，认为易辞仿卜辞而成。[②]从后来出土的文献看，屈氏和梁氏之说可信。

其一，从《周易》自身看，《周易》是卜筮之书。

《周易》卦爻符号是筮占记号，阳爻称九，阴爻称六，本之于筮法。大衍筮法所推演的结果，不外乎"六"、"七"、"八"、"九"四个数，六、八偶数为阴，七、九奇数为阳；阳用符号—表示，阴用符号- -表示。而六为老阴，九为老阳。九、六老则变，《周易》崇尚"变"，故经文凡阳爻称九，阴爻称六。《周易》文辞是筮占之辞。一般说来，卦爻辞分两部分，一部分是取象，另一部分是断语。所谓取象指叙述一件事，或描述某一自然现象。所谓断语是下结论，多用吉凶、悔吝、利与不利等辞。取象和断语是因果关系。因此从《周易》结构看，《周易》是一部筮书这个结论是推翻不了的。

更为重要的是《易传》保留了古老的大衍筮法。今本《系

① 屈万里《易卦源于龟卜考》，载黄寿祺、张善文编《周易研究论文集》（一），北京师范大学出版社，1987 年。
② 余永梁《易卦爻辞的时代及其作者》，载黄寿祺、张善文编《周易研究论文集》（一），北京师范大学出版社，1987 年。

辞传》有这样一段话:"大衍之数五十,其用四十有九。分而为二以象两,挂一以象三,揲之以四以象四时,归奇于扐以象闰,五岁再闰,故再扐而后挂。天一、地二、天三、地四、天五、地六、天七、地八、天九、地十。天数五,地数五,五位相得而各有合;天数二十有五,地数三十。凡天地之数五十有五,此所以成变化而行鬼神也。乾之策二百一十有六,坤之策百四十有四,凡三百有六十当期之日。二篇之策万有一千五百二十,当万物之数也。是故四营而成易,十有八变而成卦。八卦而小成,引而伸之,触类而长之,天下之能事毕矣。"毫无疑问,这段话是讲筮法。作为第一部系统解释《周易》的著作,《系辞传》专门介绍筮法、大肆渲染筮法,显然其作者把《周易》视为卜筮之书。而且,《易传》作者明确地说明《周易》是卜筮之书。如:今本《系辞传》曰:"是故圣人以通天下之志,以定天下之业,以断天下之疑。""易有太极,是生两仪,两仪生四象,四象生八卦,八卦定吉凶。""爻象动乎内,吉凶见乎外。"《说卦传》曰:"昔者圣人之作《易》也,幽赞于神明而生蓍,参天两地而倚数,观变于阴阳而立卦,发挥于刚柔而生爻……穷理尽性以至于命。"

其二,从《周易》与其他卜筮书关系看,《周易》是卜筮之书。

1993年湖北江陵王家台出土的秦简《归藏》卦辞多用"卜"字,大约有30多个。卜,指龟卜。《说文》云:"卜,灼剥龟也,象灸龟之形,一曰象龟兆之纵横也。"《归藏》用

"卜"字，说明《归藏》卦辞带有卜辞的痕迹。《周易》卦画卦名多源于《归藏》，故《周易》与《归藏》一样当属于卜筮之书。又《归藏》《周易》皆有卦辞言"占"，言"贞"。从文字学讲，卦、占、贞皆与龟卜相关。《说文》云："卦，筮也，从卜。""占，视兆也，从卜从口。""贞，卜问也。"由此可以看出《归藏》《周易》与龟卜的渊源关系。更具有说服力的是，1977年安徽阜阳双古堆出土的汉简《周易》卦爻辞后有卜辞，"其卜事之辞为固定的格式，指出各种天象和人事的吉凶，如晴雨、田渔（田猎和捕鱼）、征战、事君、求官、行旅、出亡、嫁娶、疾病等等。"[①]如《同人》九三后有："兴卜有罪者凶，战斗适（敌）强不得志卜病者不死乃瘳。"上九下有："卜居法（废）免。"《离》初九爻辞下有："卜临官立（莅）众敬其下乃吉。"[②]据考证这些卜辞成文的时代大约为春秋晚期到战国早期。这无可争辩地说明了当时作为筮书的《周易》与龟卜有相同作用。胡平生以《汉书·艺文志》的记载和《系辞》"定天下之吉凶，成天下之亹亹者，莫大乎蓍龟"之言，提出"竹书《周易》当属于此种数术类蓍龟家实用性很强的书籍"，[③]此说极是。这再次证明了《周易》为卜筮之书，其他说法不足以信。

① 文物局古文献研究室、安徽省阜阳地区博物馆、阜阳汉简整理组《阜阳汉简简介》，《文物》1983年第2期。
② 胡平生《阜阳汉简周易概述》，《简帛研究》第三辑，广西教育出版社，1998年。
③ 胡平生《阜阳汉简周易概述》，《简帛研究》第三辑，广西教育出版社，1998年。

其三,从《周易》产生的背景和早期应用看,《周易》是卜筮之书。

在上古时代由于生产力水平非常低下,先民们对于一些自然现象、社会现象以及人自身的生理现象不能作出科学的解释,用想象取代了客观现实,因而产生了对神的崇拜,认为在事物背后有一个至高无上的天或神的存在,它不仅支配自然界,而且还决定着人类的命运。当人们屡遭意外的旱涝、冰雹、地震、瘟疫、战争等天灾人祸时,就萌发借助神意预知和消除突如其来的横祸的愿望,以趋利避害,基于此,古代先民发明了星占、风占、龟占、草占等种种沟通人神的占卜方法。其中最完备、最能体现神意的《周易》蓍占就是在这种条件下产生的,换句话说,《周易》是为了满足当时人们在生产和生活中预知未来的需要而产生。

《周易》成书后,其功能在很长一段时间内表现为占筮。《左传》和《国语》记载的《周易》筮例是其明证。《左传》《国语》引用《周易》22次,大部分是用《周易》筮占,很少一部分是说明道理的。如《左传》记载:闵公元年毕万用《周易》占仕晋事得《屯》之《比》,襄公二十五年崔武子用《周易》占娶棠公之遗孀事得《困》之《大过》,昭公七年卫国大夫孔成子用《周易》占立君事得《屯》之《比》,昭公十二年鲁大夫季平子的费邑宰南蒯用《周易》占叛鲁投齐事得《坤》之《比》,哀公九年鲁季氏家臣阳虎用《周易》占伐宋救郑事得《泰》之《需》。《国语》记载:晋人用《周易》占成公归晋事得《乾》之《否》，晋公子重耳用《周易》占借秦力归国事得《屯》之《豫》，董因用《周易》占秦穆公助重耳取晋国事得《泰》。诸如此类，均说明了《周易》是卜筮之书。

生活在春秋末的孔子在传授、整理《周易》时，首先把它视为诠释的对象，以儒家独特的语言和思维对《周易》成书过程、主要概念、符号系统、思想内容、卦爻辞、筮法和治易的方法等系列问题进行了系统的解说，在保持对象原有性质不变的大前提下，极大地促进了《周易》与儒家思想的会通，其诠释客观上远远超越了《周易》本义，从《周易》卦爻辞中引申出三才之道、等级观念、中庸方法、道德修养等治国平天下的方略，使易学研究具有了浓厚的儒家特色。《易传》虽然未必是孔子亲作，但它与《论语》一样，代表孔子思想，故《易传》成书是《周易》儒学化的重要标志。正因为如此，《周易》也具有了二重性，即一方面具有筮占功能，是一部卜筮之书；另一方面，它内涵了博大精深的内容，是一部哲学书。这一点在孔子那里得到了最好的证明。如前所述，孔子重视《周易》中的德行修养内容，但也从未否认《易》为卜筮之书，也曾用《周易》占卜过。帛书《要》引孔子话云："吾百占而七十当，唯周梁山之占也，亦必从亓多者而已矣。"[①]

《周易》的二重性在汉代表现得更为突出。汉武帝独尊儒

---

① 廖名春《帛书〈要〉释文》，收于氏著《帛书〈周易〉论集》，上海古籍出版社，2008 年。

术,《周易》与《尚书》《春秋》《诗经》《礼经》并称五经,而《周易》跃居五经之首,变成统治者治理国家的重要理论工具。在统治者的倡导和功利驱使卜,易学研究达到空前的繁荣。同时,《周易》原有的卜筮性质仍然没有变,而且在某些方面得到进一步发展。易学家克服了大衍筮法种种局限,创立了更完备的筮法,如孟喜风角术、焦氏易林、京房纳甲法等,作为卜筮之书的《周易》仍然盛行于民间。此后《周易》所具有的二重性一直发挥作用,深深影响着中国古代社会各个领域。

关于《周易》是一部政典的看法,笔者起初排斥此种观点,但后来经过仔细阅读与《周易》相关的典籍,则从某些方面逐渐理解和接受这种观点。其实,"《周易》为卜筮之书"与"《周易》为政典"并不完全矛盾。只是看问题角度不同而已。

首先,主张《周易》是一部政典,却不否认《周易》有卜筮功能的观点古代早有之。如汉代京房沿袭《易传》的思想,承认《周易》为卜筮之书,"揲蓍布爻用之于下(卜)筮"、"卦象定吉凶明得失"。(《京氏易传》卷下)同时,他又认为卜筮之《易》可以垂教化天下,为王道之书,"故《易》所以断天下之理,定之以人伦而明王道。八卦建五气,立五常,法象乾坤顺于阴阳,以正君臣、父子之义,故《易》曰'元亨利贞',夫作《易》所以垂教"。(《京氏易传》卷下)《易纬》作者和唐代孔颖达等皆接受这种思想。由此观之,古代易学家从未把卜筮与政典对立,相反,正是因为有卜筮,《易》才能用于教化。

其次，从应用看，《周易》成书后，不但用于卜筮，还有其他用途。如《左传》《国语》所记22个使用《周易》事例，用于筮占者16例，其余则与筮占无关。这说明《周易》除了筮占外，还可以广泛用于分析事理、讨论德性、议论政事、品评人物等方面。

再次，《周易》作为政典，也有其他旁证。古代政典常以"象"为名。惠栋指出："象者，五帝时之书名也。""圣人因天，故治天下之书皆名象。"(《易例》)历书言象，见于《尧典》："历象日月星辰"。刑书言象，见于《皋陶谟》："方施象刑惟明。"易书言象，见于《易传》："法象莫大乎天地。"《周易》与历书、刑书皆被视为治天下之书，即政典。

至于认为《周易》是一部史书的观点，也是一种偏见。史书是有其特定含义的，即专门记载历史人物、历史事件的书，在四部分类之中就是史部。《周易》不属于此类。固然，《周易》确实反映了殷周历史，可以历史方法研究。然反映历史者未必都是史书。中国古籍汗牛充栋，皆反映了历史，难道古代典籍皆为历史书？显然，将《周易》定为历史书欠妥。

第四章　春秋易象说

一、春秋时象数观念

　　《周易》象数观念的产生，经历了一个漫长的发展过程。易学史上，最早的《周易》象数观念形成是在《周易》成书后的春秋时代，它起源于当时盛行的卜筮活动。卜，指龟卜；筮，指蓍占。龟卜与筮占完全不同。即《礼记·曲礼》所谓："卜筮不相袭。"蔡邕《月令章句》："龟者，龟甲，所以卜也；筴者，蓍草，所以筮也。"王充曰："俗信卜筮，谓卜者问天，筮者问地，蓍神龟灵，兆数报应，故舍人议而就卜筮，违可否而信吉凶。其意谓天地审告报，蓍龟真神灵也。"（《论衡·卜筮篇》）卜之用龟，筮之用蓍，其原因在于龟与蓍寿命长久，能通神灵，而为"神物"。《白虎通》曰："干草稿骨众多，独以蓍龟何？龟之言久也，蓍之言耆也。"经过卜筮者长期反复实践，至春秋时代，卜筮占问系统趋向完善。按照《周礼》记载，卜筮活动是官方行为，有专门掌管卜筮的官员，如太卜、卜师、龟人、菙人、占人、筮人等。他们负责官方的卜筮活动。国家若遇到大事，则由他们决断吉凶。其卜筮方法也已很完备。如龟卜有"三兆之法"，筮占有"三易之法"：

> 大卜掌三兆之法：一曰玉兆，二曰瓦兆，三曰原兆。其经兆之体皆百有二十，其颂皆千有二百。掌三易之法：一曰连山，二曰归藏，三曰周易。其经卦皆八，其别皆六十有四。（《周礼·春官·宗伯》）

这里"经兆之体"的"体"，乃指兆象。郑玄注《周礼·春官·占人》"君占体"云："体，兆象也。"贾公彦疏云："体，兆象也者，谓金木水火土五种之兆。言体言象者，谓兆之墨纵横其形体，象以金、木、水、火、土也。凡卜欲作龟之时，灼龟之四足，依四时而灼之。其兆直上向背者为木兆，直下向足者为水兆，邪向背者为火兆，邪向下者为金兆，横者为土兆，是兆象也。"很显然，这里的象，是龟卜中的兆象。而《易》之筮法，是借助于蓍草之数而求卦，然后据卦而断吉凶。《说文》："蓍，蒿属，生千岁三百茎，《易》以为数。"因而，数乃专就筮法而言，指蓍数，《系辞传》所谓"极数知来之谓占"，即是此意。

春秋时卜筮并用，司马迁曰："王者决定诸疑，参以卜筮，断以蓍龟。"（《史记·龟策列传》）如《左传》僖公二十五年："秦伯师于河上，将纳王。狐偃言于晋侯曰：'求诸侯莫如勤王。'使卜偃卜之，曰：'吉。'筮之，遇大有☲☰之睽☲☱，曰：'吉。遇公用享于天子之卦也。'"又如：闵公二年，桓公占成季之生，先卜之，再筮之。哀公九年，晋赵鞅占救郑，卜之不吉，筮之遇泰䷊之需䷄，也不吉。可见在当时通行卜筮并用。这种做法一直延续到汉初。新出土的阜阳汉简《周易》，在经文中杂有卜辞。这些卜辞衔接于卦辞、爻辞之后，与经文没有明显的区分，且卜问的内容非常丰富，涉及当时社会的方方面面。此亦为卜筮并用的例证。今人韩自强先生指出："古人求神灵决疑难，往往龟卜筮占相辅为用，龟以兆卜，筮以象数定吉凶，它们之间必然有相应的连带关系，可惜筮卜关系久已失传。阜阳《周易·卜辞》的发现，可聊补这方面的缺憾。"[①]

　　但是卜与筮轻重有别：龟长筮短，卜重于筮。如《周礼·春官·太卜》："凡国之大事，先筮而后卜。"郑玄注云："当用卜者，先筮之，即事有渐也。"贾公彦疏云："筮轻龟重，贱者先即事，故卜即事渐也。"先筮后卜，以示卜重于筮。又《左传》僖公四年："初，晋献公欲以骊姬为夫人，卜之，不吉。筮之，吉。公曰：'从筮。'卜人曰：'筮短龟长，不如从长。'"虽然晋献公未采用卜人预测，但是卜人作为官吏，其所言"龟长筮短"应当代表了当时官方正统的观点。

　　卜筮者等级也有别：天子用卜，诸侯用筮。《礼记·表记》："天子无筮，诸侯有守筮。天子道以筮，诸侯非其国不以筮，卜宅寝室。"此言天子用卜而不用筮，诸侯用筮。郑玄注

---

① 韩自强《阜阳汉简〈周易〉研究》，《道家文化研究》第 18 辑，北京三联书店，2000 年，第 75 页。

曰："天子至尊，大率皆用卜也。""道有小事则用筮。"

卜筮所用的对象亦分大小：大事卜，小事筮。《礼记·曲礼》引孔子语"卜筮不相袭"。郑玄注曰："大事则卜，小事则筮。"所谓大事，指立君、封侯、战争等。《周礼·春官·太卜》："凡国大贞，卜立君，卜大封，则视高作龟。"

其实，春秋时期的卜筮活动，远比我们想象的复杂得多，尤其数字卦的发现，说明了当时不仅有龟卜占法，"三易"占法、"三梦"占法，也有早于《周易》的数字占在流行。即使同一种方法在不同地区也有差别。如司马迁所言："三王不同龟，四夷各异卜，然各以决吉凶。"（《史记·太史公自序》）"蛮夷氐羌虽无君臣之序，亦有决疑之卜。或以金石，或以草木。"（《史记·龟策列传》）

总之，春秋时象数观念与卜筮有着内在联系。如前所言，象数观念产生于卜筮，没有卜筮活动，就不会有象数。同时，象与数是卜筮的两大要素，有了象数才构成了筮占。春秋时韩简第一次揭示了象数观念与卜筮的关系："龟，象也；筮，数也。物生而有象，象而有滋，滋而后有数。"（《左传》僖公十五年）杜子春注："龟以象示，筮以数告，象数相因而生，然后有占。"杜氏之注揭示出韩氏之语的内涵。这就是春秋时最早的象数观念。也就是说象数观念的形成与占筮活动密切相关。

随着社会发展与进步，春秋时，卜与筮的地位发生了某些变化。龟卜那种粗陋、机械的特征日益显露出来，逐渐失去了往日那种神圣的不可超越的地位。而《周易》却以它那博大而严密的思想体系及神妙莫测的特性受到人们的关注，其地位不断上升。因此，人们开始由重卜轻筮转变为重筮轻卜，如《左传》僖公四年，晋献公欲以骊姬为夫人，卜之不吉，筮则吉，献公从筮。按照传统，"筮短龟长，不如从长"，晋献公为了迎合自己想法，弃卜从筮。说明"卜重筮轻"观念开始松动。又如《左传》僖公十五年，秦讨伐晋，史官用筮，不用卜。又如《左传》昭公十二年，费邑宰南蒯叛鲁国，投齐国，用筮不用卜。足见筮之地位在提高。随着筮占广泛运用，龟卜中"象"的观念被融入筮占中，《易》的卦爻画及它所代表的事物，被称为"易象"。《系辞传》所谓"天生神物，圣人则之"，说《周易》筮占系统之形成与完备，与称为"神物"的灵龟和蓍草息息相关，是"易象"形成受到龟兆之象启示的明证，故易象后来被广泛应用开来。韩宣子聘于鲁，"观书于太史氏，见《易象》与鲁《春秋》"。此以"易象"称呼《周易》，反映出"易象"在《周易》中所居的显著地位。

二、春秋时对《周易》卦画的认识

《周易》六十四卦，每一卦均是由六个爻画组成的，这是一个极为简单而又易认识的问题，无论是作《易》者，还是习《易》者皆不言自明。然而对于《周易》卦画的形成及其他方面的认识却有争议，传统观点认为先有八卦后有六十四卦，但学界有人反对此说。如韩仲民先生以数字卦多为六数组合、先秦文献资料所提到卦名都是六十四卦名、重卦说无法解释今本卦序、重卦说与卦辞内容不合等证据，推断六十四卦先于八卦。[①]

考《周易》经文，坎卦名曰"习坎"（帛书谓"习赣"）。习，有重之义，《彖传》云："习坎，重险也。"这就是说坎（赣）卦是由两个三画的坎（赣）卦组成的，在这里，《易》辞作者已朦胧地告诉人们《周易》六十四卦是由八卦相重而成，可见八卦说早在六十四卦之前就已产生。又帛书《周易》卦序是以八卦相重而成。具体言之，以键（乾）、根（艮）、赣（坎）、辰（震）、川（坤）、夺（兑）、罗（离）、筭（巽）为一组，以键（乾）、川（坤）、根（艮）、夺（兑）、赣（坎）、罗（离）、辰（震）、筭（巽）为另一组，以前一组每一卦与后一组每一卦相重。如以键重键为键，以键重川为妇（否），以键重根为掾（遁），以键重夺为礼（履），以键重赣为讼，以键重罗为同人，以键重辰为无孟（无妄），以键重筭为狗（姤），其他依次来推。而今本《易传》曰"八卦相重"、"兼三才而两之"，明言六画之卦本之八卦相重。近几年新公布的清华简《筮法》虽有别卦，却以八卦断吉凶。由此观之，八卦重为六十四卦之说不虚。至于早期数字卦，笔者认为六个数字占本之三个数字占。前已言明，此不再赘述。

———————————

[①] 韩仲民《帛易说略》，北京大学出版社，1992年，第93—97页。

　　春秋时代，人们在广泛运用《周易》的基础上，已对《周易》卦画产生了明确的新认识。当时已有经别卦之分，三画卦之八卦又被时人称为"经卦"，六画卦之六十四卦被时人称为"别卦"。如《周礼·春官·宗伯》云："掌三易之法，一曰《连山》，二曰《归藏》，三曰《周易》，其经卦皆八，其别卦皆六十有四。"经卦和别卦是就卦画而言的，此是说《周易》与《连山》《归藏》皆有八个经卦，有六十四个别卦。八卦与六十四卦观念由此而被严格地区分开来，为以八卦之象解易辞、释筮占准备了条件。

　　春秋时一卦六爻有内外卦之分。人们根据重卦说，将《周易》六画卦一分为二，以下三画为一组，上三画为一组。这样每个卦画被分为上下两部分，上半部分叫作外卦，下半部分叫作内卦。如晋文公占重返晋国事，得《屯》之《豫》，司空子解释说："震，车也"，"车班内外"，此"内外"指内外卦而言。《屯》下三爻与《豫》上三爻皆为震，震为车，故曰"车班内外"。此为春秋时已有内外卦之证。同时，《周易》内外卦又分别被称为"贞"、"悔"。如秦穆公伐晋，卜徒父占之，遇《蛊》卦，释之曰："《蛊》之贞，风也；其悔，山也。"（《左传》僖公十五年）《蛊》下为巽风，上为艮山，故"贞"为内卦，"悔"为外卦。又如晋公子重耳，想借秦国力量取晋，以《周易》筮之，得"贞《屯》悔《豫》皆八也"。（《国语·晋语》）其中"贞"、"悔"也取此意。韦昭注得十分清楚："内曰贞，外曰悔。震下坎上，《屯》。坤下震上，《豫》。得此两卦，震在屯为贞，在豫为悔。"

　　春秋时，已有"互体"法。如前所言，当时用八卦解释六画之卦，一般将六画之卦分为内卦和外卦。但是人们并不满足于此，他们又尝试改变六画之卦的内卦与外卦之分，对于六画之卦做重新划分。即一卦六爻不仅上三爻、下三爻可以组成一卦，而且中间三爻亦可以组成一卦，这就是后人所说的"互体卦"。如陈厉公生敬仲，周史筮之，得《观》之《否》，释曰："乾，天也。风为天于土上，山也。"（《左传》庄公二十二年）《观》☶、《否》☰无艮山之象，"风为天于土上，山也"说的是《观》上卦巽风变乾天，而成否卦。《否》二至四三爻组成一艮卦，故有山象。又如毕万想到晋国做官，以《周易》筮之，得《屯》之《比》，辛廖云："母复之"。（《左传》闵公元年）《比》☷内卦为坤，二至四爻互体成坤，坤为母，故称"母复之"。这说明春秋时已开始使用互体之法取象。

　　春秋时有"变卦"观念，变卦被称为"之卦"。故筮占结果若有爻变，则一卦变成另一卦，故有"本卦"与"之卦"之分。如《左传》襄公二十五年，崔武子占娶妾事，遇《困》☵之《大过》☱。《困》为"本卦"，《大过》为"之卦"。史官从本卦《困》卦象看到中男少女匹配，故曰"吉"。而陈文子从变卦《大过》卦象看，夫由中男变长女，《大过》上兑金克下巽风之木，即"夫从风，风陨妻，不可娶也"。本卦《困》六三爻变阳爻，以《困》六三爻辞占，曰："困于石，据于蒺藜，入其室，不见其妻，凶。"又如《国语·周语》记晋人占立成公之事，遇《乾》▆之《否》▆。《乾》为本卦，初、二、三爻变之后为《否》卦，《否》为"之卦"。韦昭注曰："乾初九、九二、九三，变而之否也。"又如《左传》闵公元年毕万筮占仕晋，遇《屯》▆之《比》▆。《屯》为本卦，《屯》初爻变为《比》。《比》为"之卦"。有的学者提出《左传》无变卦，如美国夏含夷教授多次撰文，否定《左传》有卦变说。其证据有三：第一，大衍筮法是后起之作，新出土数字卦、清华简《筮法》皆与大衍筮法不一致。从王弼到孔颖达，未提到变卦。[①] 第二，《左传》筮例所言"之卦"是指一卦某一爻，即爻题，不是卦变。[②] 第三，《左传》昭公二十九年记载，以《乾》之《姤》、之《同人》、之《大有》、之《夬》、之《剥》指称《乾》初、二、五、上爻，并引爻辞。[③] 故他把"之卦"之"之"解释为虚词"的"。[④] 笔者管见，夏含夷先生认为《左传》所用《周易》无爻题，先秦筮法与大衍筮法未必一致，毋庸置疑。但是以此否定春秋时有变卦之说，则值得商榷。

《左传》有两处记载不可忽视。一是庄公二十二年，陈厉公用《周易》占敬仲之出生，遇《观》▆之《否》▆，史官解释曰"坤，土也。巽，风也。乾，天也。风为天于土上，山

---

① 见夏含夷《是筮法还是释法——由清华简〈筮法〉重新考虑〈左传〉筮例》，《周易研究》2015 年第 3 期。
② 见夏含夷《周易筮法原无"之卦"考》，《周易研究》1988 年第 1 期。
③ 见夏含夷《周易筮法原无"之卦"考》，《周易研究》1988 年第 1 期。
④ 见夏含夷《周易筮法原无"之卦"考》，《周易研究》1988 年第 1 期。

也"。《观》上巽下坤,坤为土,巽为风。《观》上巽为风,变为天,则成《否》卦。故"风为天于土上"说的是变卦。一是闵公元年,毕万将仕于晋,遇《屯》䷂之《比》䷇,辛廖曰:"吉,屯固比入,吉孰大焉,其必蕃昌。震为土,车从马,……"震为土,是指屯䷂下震变为坤,则成比䷇。杜预注曰:"震变为坤。"坤为土。由此看来,不可轻易否定《左传》筮法有变卦。另外,出土的殷周数字卦和战国时筮占材料,与《周易》筮法有一定的联系,但未必是一个系统,故仅用出土数字卦、天星观简、包山简、葛陵简、清华简等材料无变卦的情况来解读《周易》筮占未必合适。

当然,也有筮占中两卦不是本卦与之卦关系者。如《国语·晋语》记载重耳返晋国之前的占卜,"得贞《屯》悔《豫》,皆八也。"从《国语》行文意义看,筮占得《屯》与《豫》两卦,而且两卦均有三画之震"八",故不吉利。也就是说这两个卦不是本卦与之卦的关系,而是独立两次筮占而得两卦。筮占两次断吉凶,并非偶然。新出土的包括清华简《筮法》在内的楚简大多用两次筮占的两卦来占卜。

春秋时占卜用数"八",并赋予其特定含义。关于数"八"共有三例。其一,《国语·晋语》记载重耳返晋国之事。"得贞《屯》悔《豫》,皆八也。筮史占之,皆曰:'不吉。闭而不通,爻无为也。'"所谓"爻无为",指《屯》䷂内卦震与《豫》䷏外卦震皆有两阴爻不动。如韦昭注曰:"八,谓震两阴爻,在贞在悔皆不动,故曰皆八。"按照筮法,《周易》以变为占，行蓍结果为七、八、九、六，九为老阳之数，六为老阴之数，八为少阴之数，七为少阳之数，老变而少不变，故震有二阴，二阴为八。此爻不动即卦不变。卦不变，则事不成，故"不吉，闭而不通"。因此，此"八"为爻不变。其二，《国语·晋语》记载董因用《周易》占秦穆公为重耳夺回晋国事，得《泰》之八。此"八"言筮占得《泰》，无动爻，无变卦。韦昭注曰："乾下坤上，泰。遇泰无动爻，无为侯也。泰三至五震，为侯。阴爻不动，其数皆八，故得泰之八，与'贞《屯》悔《豫》皆八'义同。"按照韦昭之意，凡《泰》卦三至五爻互体为震，震有两阴爻为八，故曰"泰之八"。其三，《左传》襄公九年记载穆姜占卜事，遇艮☶之八。史曰："是谓艮☶之随☱，其出也。君必速出。"姜曰："亡，是于《周易》曰：'随，元亨利贞，无咎。'"杜预认为，此"八"用《连山》《归藏》。《连山》《归藏》用七八无变卦。他说："《周礼》'大卜掌三易'。然则杂用《连山》《归藏》《周易》。二《易》皆以七八为占，故言'遇艮之八。'"按照杜预之解释，此卦三易并用，"艮之八"是用《连山》《归藏》占，用《周易》推断。孔颖达疏也认为此所言非《周易》。而有的学者依据清华简《筮法》，提出"《左传》《国语》含'八'筮例所用的揲蓍之法一定不属于《周易》系统"，[①]仍然支持了传统的观点。有的学者

---

① 刘光胜《从清华简〈筮法〉看早期易学转进》，《历史研究》2015 年第 5 期。

就"八"字这个问题有不同观点。如韩慧英撰文提出"'皆八'之'皆'字，指的是一卦的变化中，内外两个经卦都有不变之爻，而'某之八'，则是指不变之爻只存在内外两经卦之一"，"其次，泰之八，应当不是一不变之卦，而是由泰变坤卦"云云。[①] 而有的学者以新出土文献为证据，提出了新的观点。如程浩提出，清华简《筮法》有数八恶爻，说明《左传》《国语》诸筮例大多不吉利。[②]

笔者认为，有的学者提出《左传》《国语》含'八'筮例所用的揲蓍之法一定不属于《周易》系统"，则值得商榷。如《国语·晋语》记载董因筮重耳取晋国，得《泰》之八。后面紧接着引《周易》《泰》卦卦象与卦辞曰："是谓天地配，亨，小往大来。"是"艮之八"是《周易》而非《连山》《归藏》之证。又《左传》襄公九年穆姜之筮，遇艮☶之八。史官说"是谓艮☶之随☳"。穆姜引《周易》卦辞"随元亨利贞无咎。"从其行文看，"艮之八"到"是谓艮之随"，再到引《随》卦辞，前后语意一致，就筮法而言，可能是先用《连山》《归藏》筮之，后引《周易》占之。而《国语·晋语》记载重耳筮返晋国之事，"得贞《屯》悔《豫》，皆八"。此"八"虽指阴爻不变，但不具有普遍意义。《国语·晋语》"得《泰》之八"之"八"与《左传》襄公九年"遇艮☶之八"之"八"，恐非特指某一

<hr />

① 韩慧英《〈左传〉〈国语〉筮数"八"之初探》，《周易研究》2005 年第 5 期。

② 程浩《清华简〈筮法〉与周代占筮系统》，《周易研究》2005 年第 5 期。

爻不变，而是指卦无变爻，卦不变。

有的学者以新出土文献为证据，提出了八为恶爻的观点，有助于我们进一步思考问题。但是却让人难以接受。如《国语·晋语》记载董因筮重耳取晋国，得《泰》之八。则是以《泰》卦卦辞"亨，小往大来"断之，显然无法用恶爻解释之。

由是观之，春秋时，筮占比较复杂，因人因事而异。有时单用《周易》筮占，有时单用《连山》《归藏》筮占，有时《连山》《归藏》《周易》混用之。由于《连山》《归藏》已经失传，出土的《归藏》只是其中一部分，用出土的和传世辑本《连山》《归藏》无法解释《左传》《国语》的筮例。如孔颖达所言："其《连山》《归藏》以不变为占，占七八之爻。而《易》并亡，不知实然以否。世有《归藏易》者，伪妄之书，非殷《易》也，假令二《易》俱占七八，亦不知此筮为用《连山》为用《归藏》。"（《春秋左传注疏》卷三十。）这恐怕是后世无法以一种思路合理解释《左传》《国语》筮例的重要原因。

三、春秋时八卦取象

春秋时，三画八卦和六画别卦被严格区分后，八卦开始由单纯的抽象意义符号转变为代表具体事物的卦象。在当时人看来，世界上事物纷纭繁杂，千头万绪，不外乎八大类，故圣人仰观俯察、远取诸物、近取诸身而画八卦，用以象征世界上八大类事物。引而伸之，八卦相重而成六画之六十四卦，这是所谓"观象立卦",而《周易》卦爻符号形成则是"观象系辞"。前一"观象"是观自然之象,"立卦"是据自然之象画出卦爻象。后一"观象"是观卦爻象,"系辞"是据卦爻符号及其所象征的具体事物而作文辞。因此,易象是文本形成的关键。既然《周易》文本是观卦爻象而形成,故以八卦卦象解释六十四卦符号及其文辞的意义,应该说宏观上符合《易》作者作《易》之本义。春秋时人们极为关注八卦之象,力图以八卦之象所象征的具体事物,解释《周易》文本意义。从《左传》《国语》记载看,当时人们所言八卦之象多是根据筮占需要而衍生出来的。在频繁的筮占活动中,卦爻辞与筮占的需要的矛盾表现得日益突出:一方面,卦爻辞简明晦涩,其意义与占问的具体事物往往不搭边。另一方面,卦爻辞用于筮占,缺乏合理的依据支撑。故仅仅用显乎吉凶卦爻辞,无法顺利完成筮占活动。在这种情况下,当时易学家不得不借助于卦象的分析,解释卦爻辞,弥补卦爻辞在筮占应用时的不足,以此确立《周易》筮占在人们心中的地位。为了达到这个目的,他们根据需要,遵循一定的原则,将一些物象分门别类地归属八卦,根据《左传》《国语》的筮例,八卦取象如下:

乾:天、文、天子、君、玉、光。

坤:土、马、牛、母、帛、众、顺、温、安、正、厚。

震:雷、车、足、兄、长男、侄、行、杀、武。

巽:风、女。

坎:水、川、众、夫、劳、强、和、文、嘉。

离：火、日、鸟、牛、公、侯、姑。

艮：山、男、庭、言。

兑：泽、旗、心。

在以上取象中，有最基本的卦象，也有据基本卦象而引申出的诸卦象。所谓引申之象，是指与其基本卦象有关的同类事物。坤卦基本卦象为土，土养万物，母养子女，故母属坤象。土又有安静、柔顺等特征，故温、顺、安、厚等皆属坤象。周立升先生以坤为例对春秋时的八卦取象进行了划分："一为象形之象（又称物象），土、马、众属于此类；二为属性之象（又称物性之象），温、顺、厚属此类；三为喻理之象（又称义理之象），安、正则属此类。"① 周先生之说极是。

由是观之，春秋时的八卦取象不是随意的，而且也比较稳定，如乾为天，坤为土，震为雷，艮为山，离为火，兑为泽，巽为风，坎为水等八卦所代表的基本物质及这些物质所具有的属性，是十分确定的。从《左传》《国语》的筮例看，没有违例现象。这说明了春秋时经过承传而行于世的易象说，得到了时人的普遍认可。其实，由于筮占和解经的需要，在春秋以后，用八卦之象筮占和解经的材料，并不少见。最为典型的是《说卦传》，其对于八卦之象的系统解释，与春秋时八卦象说有着某种联系。可以说春秋易象说为《说卦传》成书准备了条件，《说卦传》只不过是对春秋零散的易象说加以概括和补充，

---

① 周立升《春秋哲学》，山东大学出版社，1989年，第87页。

使之理论化、系统化而已。另外，清华简《筮法》也有类似材料。如《卦位图》言震、劳（坎）、兑、罗（离）四卦之方位、五行、四时象："东方也，木也，青色。南方也，火也，赤色也。西方也，金也，白色。北方也，水也，黑色也。奚故谓之震？司雷，是故谓之震。奚故谓之劳？司树，是故谓之劳。奚故谓之兑？司收，是故谓之兑。奚故谓之离？司藏，是故谓之离。"《人身图》言八卦人身之象，如整理者所言，与《说卦传》第九章基本相合，只是离卦所对应的部位有不同。又如《祟》言八卦之象则与《说卦传》异。如："乾祟：纯、五，旻宗；九，乃山，殺，乃父之不葬死；莫纯，乃室中、乃父。坤祟：门、行；纯，乃母；八，乃伊以死、乃西祭。四，乃缢者。艮祟：攺；九，乃虡；五，乃椳昊。兑祟：女子大面端虩死；长女为妾而死。劳祟：风、长殇；五，伏剑者；九，牡虡；四，缢者；一四一五，乃辜者。罗祟：热、溺者；四，缢者；一四一五，长女殇；二五夹四，辜者。震祟：日出，东方；代日，监天；昃日，昊天；暮日，雨师，五，乃狂者；九，乃户。巽祟：字殇；五、八乃巫；九，柆兹子；四，非狂乃缢者。"[1]从所列卦象看，有的与《说卦传》有一定联系，有的又异于《说卦传》的八卦卦象。如廖名春所说："其改造、出于《说卦传》的痕迹明显"。[2]

---

[1] 以上所引清华简《筮法》，均见李学勤主编《清华大学藏战国竹简（肆）》，中西书局，2013 年。

[2] 廖名春《清华简〈筮法篇〉与〈说卦传〉》，《文物》2013 年第 8 期。

总之，春秋时八卦之象，反映出时人对易象之理解和认知的水平。从现在看，其中存在许多的缺陷，如有同一物象属于两种不同卦者，如坤为众，坎为众；坤为牛，离为牛。有分类不当者，如艮为言，坎为强等。这些问题的出现，一方面，如前所言，是因为当时社会条件制约了人们的认知能力与思维水平，另一方面，是出于注释《周易》文本和筮占活动的需要。从这个意义上说，我们不应该苛责古人。

四、春秋时易象的应用

南宋著名理学家朱熹将易象及相关文辞视为抽象的道理，其可以解释世界上万事万物，正如镜子可以照物，他说："若《易》只是个空的物事。未有是事，预先说是理，故包括尽许多道理。"（《朱子语类》卷六十六）"《易》自是不惹著事，只悬空说一个道理。"（同上，卷六十七）"《易》如一个镜相似，看甚物来，都能照得。"（同上）著名哲学家冯友兰先生进一步发挥了朱熹的思想，提出："《周易》是一部宇宙代数学。"这是冯先生对《周易》所作的哲学概括，揭示了《周易》的实质。他所说的"宇宙代数学"，是说《周易》易象符号本之自然界万物，是对世界万物的模拟和效法，故易象符号具有了客观属性。在这个意义说，它是抽象的代数或符号逻辑，故用它可以解释世界上所有的事物。冯友兰指出："象，就是客观世界的形象，但是这个摹拟和形象并不是如照相那样照下来，如画像那样画下来。它是一种符号，以符号表示事物的'道'或'理'。六十四卦和三百八十四爻都是这样的符号。它们是如逻辑中所谓变项，一变项，可以代入一类或许多类事物，不论什么类事物，只要合乎某种条件，都可以代入某一变项。"①《周易》易象符号不仅可以解释世界，而且可以用来预知未来。这个预知未来的过程，是《周易》筮占的活动。而将易象运用到筮占中，注释卦爻辞，引申微言大义，或直接用之推断吉凶，补易辞之不足，也属一种易象符号学代换，这一点往往被人忽略。就《周易》文本而言，象与辞关系非常密切。每个卦爻符号皆含有一定意义，通过文辞表达出。易象符号与文辞是对等互诠的关系，见易象符号可知文辞，反之亦然。在行蓍活动中，以简单数字推演的指向抽象的易象符号被还原为表达易象符号意义的文辞，再用文辞所表达吉凶意义完成筮占活动。这一过程，是化繁为简和还原符号意义的过程。其实质类似于代数学的符号代换或逻辑符号的代入，更类似于现代计算机运算原理。

那么，《左传》《国语》记载的筮例，皆可看作符号代换过程。一般说来可分为三步：先筮求卦，然后根据筮占求得卦的需要，观《周易》本卦、变卦卦画，找出其中所包含的三画之卦，或取内、外卦，或取互卦；最后，将八卦之象代入，或直

---

① 冯友兰《中国哲学史新编》（上），人民出版社，1998年，第647—648页。

接以易象推断吉凶，或以八卦之象解释文辞意义，完成筮占活动。因此，易象在筮占活动中充当解释卦爻辞，占断吉凶的工具。这是春秋易学家所惯用的手法。现从三方面说明之：

（一）以象辞筮占

（1）《左传》庄公二十二年

> 陈厉公……生敬仲。其少也，周史有以《周易》见陈侯者，陈侯使筮之，遇《观》☶☷之《否》☶☷。曰："是谓'观国之光，利用宾于王'。此其代陈有国乎？不在此，其在异国；非此其身，在其子孙。光远而自他有耀者也。坤，土也。巽，风也。乾，天也。风为天于土上，山也。有山之材而照之以天光，于是乎居土上，故曰：'观国之光，利用宾于王。'庭实旅百，奉之以玉帛，天地之美具焉，故曰：'利用宾于王。'犹有观焉，故曰其在后乎。风行而著于土，故曰其在异国乎。若在异国，必姜姓也。姜，大岳之后也。山岳则配天。物莫能两大，陈衰，此其昌乎！"及陈之初亡也，陈桓子始大于齐，其后亡也，成子得政。

此以八卦取象解释卦爻辞，以达到占断目的。陈厉公生子敬仲，其史官用《周易》占之。得到本卦为《观》，之卦为《否》，因为《观》四爻阴变阳，故以《观》四爻"观国之光，利用宾于王"之辞断卦。这是典型的"变卦"筮例。史官先列举出《观》《否》两卦所含经卦及取象。《观》☶上为巽，下为坤。《否》☶上为乾，下为坤。其象为："坤，土也。巽，风也。乾，天也。"然后将卦象代入卦中加以分析。《观》上巽下坤.《否》上乾下坤。《观》变《否》，是坤上巽变坤上乾，以卦象言之，是土上风变为土上天。但现有的卦象不足以说明爻辞，故又取《否》之互卦。《否》自二至四互艮，艮为山，即"风为天于土上，山也"。那么，此有《否》卦山岳的物产，天日的光明照耀，在一国国土之上，故称"观国之光"。而大臣朝见国王，做国王的宾客，正是观国之光，故又称"利用宾于王"。古者大臣朝见天子，要献上许多玉帛等礼品，这样天地间珍美物品皆陈列王庭之上，因而称"利用宾于王"。此根据卦象引申之义来释卦辞，说明此卦辞出自卦象。后一节是联系卦象来占断所问之事。《观》有观瞻未来之意，故希望"在后乎"。从卦象看，风在土上为"风行而著于土"，风是流动很远的，故有异国之象，故占曰敬仲后代将在异国得志。《否》有艮山象，而姜姓是大岳之后，故敬仲后代将在姜姓国家得志。（"若在异国，必姜姓也。姜，大岳之后也。"）《否》上为天，互体艮山，"山岳则配天，物莫能两大"，故断之：陈国必衰，而其后必"大于齐"。①

――――――――――

① 此解释参见高亨《〈左传〉〈国语〉的〈周易〉说通解》，收于氏著《周易杂论》，齐鲁书社，1979 年。下引《左传》《国语》筮例皆同，不再标注。

（2）《国语·晋语》

公子亲筮之，曰："尚有晋国！"得贞《屯》悔《豫》，皆八也。筮史占之，皆曰："不吉。闭而不通，爻无为也。"司空季子曰："吉。是在《周易》，皆利建侯。不有晋国，以辅王室，安能建侯？我命筮曰：'尚有晋国！'筮告我曰：'利建侯。'得国之务也。吉孰大焉！震，车也。坎，水也。坤，土也。屯，厚也。豫，乐也。车班外内，顺以训之，泉原以资之，土厚而乐其实，不有晋国，何以当之？震，雷也，车也。坎，劳也，水也，众也。主雷与车，而尚水与众。车有震，武也。众而顺，文也。文武具，厚之至也。故曰屯。其繇曰：'元亨利贞，勿用有攸往，利建侯。'主震雷，长也，故曰'元'。众而顺，嘉也，故曰'亨'。内有震雷，故曰'利贞'。车上水下，必伯。小事不济，壅也。故曰'勿用有攸往'，一夫之行也。众顺而有武威，故曰'利建侯'。坤，母也。震，长男也。母老子强，故曰'豫'。其繇曰：'利建侯行师。'居乐出威之谓也。是二者，得国之卦也"

此言晋公子重耳欲重返晋国之事。流亡在外的重耳，想借秦国力量，取得晋国，以《周易》占之，"得贞《屯》悔《豫》，皆八也"。"贞"、"悔"指内、外卦，此指《屯》内卦与《豫》外卦皆为震，故言皆八。由此言"皆八"，可知此非

"变卦"之筮例，而是两次筮占分别得《屯》《豫》两卦。在这段引文中，共有三层意思：第一层是史官以卦象断卦。因为震两阴爻在贞在悔皆不动，爻有无为之象。史官据此断言："不吉，闭而不通，爻无为也。"此直接据两卦象皆有八断为不吉，省略了取象。第二层是史官详细分析卦象，并联系卦名卦辞断卦。从卦辞言，两卦皆言"利建侯"。从卦名言，"屯，厚；豫，乐也。"从卦象言，"震，车也。坎，水也。坤，土也。"《屯》《豫》含有坎、震、坤之经卦，故此两卦有土、水、车之象。从国家这个角度看，土指广大土地，水指河流等水利资源，车指代表军事势力的战车。既然《屯》《豫》两卦包含了遍行内外的车辆，有众人的拥护顺从，丰富的水利资源，雄厚的土地，故史官断为当有晋国。第三层，史官又进一步以卦象解释了两卦卦名及卦辞。以八卦取象言之，"震，雷也，车也。坎，劳也，水也，众也。"那么《屯》上坎下震，代表了有内有雷与车（"主雷与车"），外有水与众（"尚有水与众"），有威武似雷的战车，有柔顺如水的民众，有文有武，文武兼备，故势力丰厚，故屯有厚之义。而《屯》"元亨利贞，勿用有攸往，利建侯"之辞也得之卦象。《屯》下卦为震，震雷有威，可为首长，"元者，体之长也"（《左传》襄公九年），故曰"元"。《屯》上为坎，说明有顺从的民众，此为嘉美。"亨者，嘉之会也。"（同上）故曰"亨"。又《屯》内为震，象征内有雷震之威，坚强而巩固。"贞，事之干也。"（同上）《屯》上坎下震，震车动而向上，坎水动而向下，有车被水困、壅而不通之义。小事不吉，故曰："勿用有攸往。"《屯》卦象中有一人行动、众人顺从而威武之义，故卦辞曰："利建侯。"坤为母，震为长男，《豫》下坤上震，以示母老而其子强壮，这是家庭之快乐，故名曰豫卦。《豫》卦象中居内有坤母之乐，出外又有震车之威，此谓"利建侯行师"。故这二卦预示着重耳重返晋国，建功立业。从这里可以看到，易象并不是完全按照固定格式运用于筮占当中的。

除了此两例外，还有《左传》僖公二十五年卜偃用《周易》占晋文公出兵送襄王回洛邑之事，遇《大有》之《睽》；《左传》昭公五年，鲁国叔孙庄叔占其次子之出生，遇《明夷》之《谦》；《国语·晋语》，董因用《周易》占秦穆公帮重耳夺回晋国之事，遇《泰》，皆是用象配卦爻辞占。

（二）以象筮占

在以上的筮占活动中，卦爻辞是筮占的主体，易象从属于卦爻辞，其作用是为以卦爻辞推断吉凶提供依据。然而，卦爻辞的意义是确定的，因而在筮占中有相当的局限性，即其所表达的意义往往会与所占问的事不搭界。比较而言，卦爻象作为一种符号，具有高度抽象性、模糊性，为筮占者解释筮占的结果提供了更为广阔的空间，比用卦辞筮占更具有优越性，因而单纯的象占更受到当时人们的关注。如：

（1）《左传》闵公二年

成季之将生也，桓公使卜楚丘之父卜之。曰："男也。

其名曰友。在公之右，间于两社，为公室辅……"又筮之，遇大有䷍之乾䷀。曰："同复于父，敬如君所。"

此为鲁桓公为其即将出生的小儿子筮占。《大有》卦下卦乾为阳，为君父，上卦离为乾之子，为日。离变乾，为乾卦。故曰："同复于父，敬如君所。""同复于父，敬如君所"是据卦象而自为之辞，而非《周易》卦爻辞。杜预注曰："筮者之辞也。乾为君父，离变为乾，故曰同复于父，言其贵与君同。"孔颖达疏曰："此虽六五爻变，不取《周易》之文，筮者推演卦意，自为其辞也。离是乾子，还变为乾，故云'同复于父'，言其尊与父同也。国人敬之，其敬如君之处所，言其贵与君同也。《说卦》乾为君父。言其身之尊，则云'同复于父'。言其为人所敬，则云'敬如君所'。"

（2）《左传》闵公元年：

毕万筮仕于晋，遇屯䷂之比䷇。辛廖占之，曰："吉，屯固比入，吉孰大焉？其必蕃昌。震为土，车从马，足居之，兄长之，母覆之，众归之。六体不易，合而能固，安而能杀，公侯之卦也。"

毕万将要在晋国做官，用《周易》占，遇屯䷂之比䷇。屯䷂初爻变，遂为比䷇。《屯》内为震，外为坎。按《说卦传》"坎为险"，坎险在外可以用于守国。《坎·象》："王公设险以守其国。"以坎险守国，国家牢固不可毁，故屯有固之意。而《比》☷☵上坎为水，下坤为地，水流地下，无间隙，为亲比之象。屯为险难，为固。比为亲比，为入。故"屯固比入"。杜预注曰："屯险难，所以为坚固。比亲密，所以得入。"《屯》下震为车，为马，为足，为长男；《屯》下震变坤，则为《比》。《比》下坤为土，为母，为众。从象看，此卦有车马，有土地，有兄之助，有母之育，有立足之地，有众来归附，故为"公侯之卦"。

当然，春秋时筮占如何使用象与辞，并无固定格式。除了象辞占和象占外，也有单纯用卦爻辞断卦者。如《左传》昭公七年：卫襄公死后，长子絷当立为君，但絷有足疾。是立襄公之长子絷还是次子元为君，国人犹豫不决。卫大夫孔成子用《周易》筮之，遇屯☳，又遇屯☳之比☷，以示史朝。史朝根据屯比二卦卦辞"元亨"，以为当立元为君。此为用卦辞筮占之例。又如《左传》哀公九年：鲁人阳虎用《周易》占伐宋救郑之事，遇《泰》之《需》，泰卦五爻阴变阳为需，用《泰》六五"帝乙归妹"断："宋方吉，不可与也。宋，郑甥舅也。微子，帝乙之元子。若帝乙之元子归妹而有吉禄，我安得吉？乃止。"亦为用卦辞筮占之一例。

通过以上的分析，不难看出易象的价值和作用。从筮占活动看，易象作为抽象的符号，是天的化身和代言人，是筮法活动中显示吉凶的主体。在当时人们心目中，《周易》卦爻象、卦爻辞和筮法是现成的、固定不变的，而揲蓍求卦过程是神妙莫测的，并不确定。也就是说，大衍其数，得吉卦还是凶卦，非人所为，皆由天定。通过推演数而求其卦，体现了天意。而《周易》卦爻象是对天下事物的模拟效法，是天地万物的符号。这种符号虽具有抽象性、模糊性，却与客观事物有相同属性。天象变化有吉凶，法之天象的易象变化有吉凶。诚如《易传》所言"天垂象见吉凶，圣人则之"。在行著过程中，极其数定易象，卦象一旦确立，吉凶即显现，即所谓"爻象动乎内、吉凶见乎外"。以易象推断人事得以实现，此大衍筮法能够预测吉凶的重要原因之一。同时，合理解读易象与易辞，应对具体事物，是推断事物吉凶的关键。因而当由数转化为阴阳符号时，易象充当了筮法活动中不可或缺的工具，因此，易象既是内涵着吉凶意义的固定的文本符号，又是行著结果和筮占的主体。

从春秋时筮占看，在推断人事时，可以直接用易象尤其八卦之象来预知吉凶，也可以通过解释卦爻辞推断吉凶。用八卦之象直接推断吉凶，也许与数字卦有某种关系。清华简《筮法》用四位八卦言吉凶，非常典型。清华简《筮法》虽有别卦，却不用别卦，而是用两个别卦中四个三画之卦言吉凶。由此看来，当时某些地域流行用八卦占。春秋时人善于用八卦分析吉凶，不是偶然的。

如果我们撇开筮法运用，单就象与辞的关系而言，易象是训释《周易》卦爻辞的重要工具。春秋时由于筮占的需要，人们运用易象尤其是八卦之象注释卦爻辞，揭示了象与辞的内在联系，使"象"、"辞"成为《周易》中不可分的两大要素，为人们认识《周易》的成书过程及以象治易奠定了基础。也就是说，如果没有春秋时的易象说，很难想象《易传》会提出"观象系辞"及"象者言乎象者也"的论断，更难以想象会形成《易传》的象数思想乃至汉代的象数易学。因此，春秋时易象说的地位及其作用，不可低估。

（三）以德占取代筮占

《周易》产生于"神道设教"的时代，其目的是为了满足人们日益增多的筮占需要，因而它一产生就有浓厚的巫术色彩和神圣崇高的地位，为史官所把持。春秋时人们沿袭殷周传统，不断神化《周易》及与之相关的筮占活动。从《左传》《国语》筮例可以看出，春秋时，凡遇到战争、立嗣、出仕等大事皆用《周易》占之，说明《周易》筮占活动成为统治者政治生活中的大事。然而在神秘色彩笼罩之下，有一种人文理性悄然产生。表现为对筮占结果的否定，以德占取代筮占，如：

（1）《左传》襄公九年

　　穆姜薨于东宫。始往而筮之，遇艮☶☶之八。史曰："是谓艮☶☶之随☱☳，其出也。君必速出"。姜曰："亡，是于《周易》曰：'随元亨利贞无咎。'元，体之长也，亨，嘉之会也；利，义之和也；贞，事之干也。体仁足以长人，嘉德足以合礼，利物足以合义，贞固足以干事，然故不可诬也。是以虽随无咎，今我妇而与于乱，固在下位，而有不仁不可为元，不靖国家不可为亨；作而害身，不可为利；弃位而姣，不可为贞。有四德者随而无咎，我皆无之，岂随也哉，我则取恶，能无咎乎，必死于此弗德得出矣。"

此段话说的是，鲁宣公妻穆姜与大夫叔孙侨如私通，想废成公，兼并孟孙氏和季孙氏。用《易》占之，遇艮之八。杜预认为，此言"艮之八"，不是《周易》，而是《连山》《归藏》。《周易》以九六之变为占，《连山》《归藏》以不变爻七八为占。而孔颖达疏认同杜预此筮非《周易》的观点。认为"此筮遇八，谓艮之第二爻不变者，是八也"。其实不然。《左传》言八者未必皆《连山》《归藏》专利。有时《周易》也言八。如《国语·晋语》董因筮秦穆公帮重耳夺回晋国，遇《泰》之八，后引《周易》泰卦卦辞"亨小往大来"。证明言"八"是用《周易》，而非《连山》《归藏》。此艮☶之八，即艮☶之随☱，艮五爻变惟二爻不变，随☱以随卦卦辞占。史官以随卦之意推断结果能成功，而按照随卦文辞"元亨利贞无咎"也是吉。但是穆姜认为，虽然卦辞吉利，但是她自己所作所为皆为无德之事，故不可断之"无咎"，当用凶断。用她自己话说"有四德者随而无咎，我皆无之，岂随也哉，我则取恶，能无咎乎，必死于此弗德得出矣"。此为以德代占之例证。

（2）《左传》昭公十二年

　　南蒯之将叛也，枚筮之，遇坤☷之☷比，曰"黄裳元吉"。以为大吉也。示子服惠伯曰："即欲有事如何？"惠伯曰："吾尝学此矣。忠信之事则可，不然必败。外强内温，忠也。和以率贞，信也。故曰'黄裳元吉。'黄，中之色也；裳，下之饰服也。元善之长也。中不中，不得其色，下不共，不得其饰，事不善，不得其极。外内倡和为忠，率事以信为共。供养三德为善。非此三者弗当。……中美能黄，上美为元，下美为裳。参成可筮，犹有阙也，筮虽吉，未也。"

　　此段话是说：鲁大夫季平子的费邑宰南蒯欲背叛鲁国，投降齐国，用《周易》筮占，遇坤☷之☷比，五爻变，（鲁国的大夫）认为此为占无德之事，虽吉则事不成。此为以德代占又一例证。

　　同时，还有人根据自己好恶随意解释筮占的结果。《左传》襄公二十五年：齐棠公死，其内弟东郭偃家臣崔武子吊丧，见其遗孀姜棠美貌，欲取之为妾，占遇《困》䷮之《大过》䷛。史官皆曰"吉"。文子从卦象看，"夫从风，风陨妻，不可娶也"。又引《困》六三"困于石，据于蒺藜，入其室，不见其妻，凶"。进一步推断娶此为妾无家可归，有凶。而崔武子则认为，此女有凶，前夫已承担，故不信而娶之。他为了达到自己的目的，公然挑战《周易》筮占的结果。以此观之，《周易》筮占沦为某些人为自己行为作论证的工具。弱化了《周易》筮占的功能，剥离了其神秘的光环。

以上探讨《左传》《国语》中的易象及在筮占中的作用，并未否认《周易》在春秋时具有其他作用。也就是说，《周易》在春秋时不仅用于筮占，还广泛运用于其他领域，如解释病理、解释自然与社会现象、评论人物和事件等。

第五章　孔子与《易传》

一、《易传》作者考辨

《易传》又称"十翼"，即《象》《彖》《文言》《系辞》《说卦》《序卦》《杂卦》。从汉代开始，大部分学者认为《易传》为孔子所作。如司马迁曰："孔子晚而喜《易》，序《彖》《系》《象》《说卦》《文言》。读《易》韦编三绝。"（《史记·孔子世家》）班固曰："孔氏为之《彖》《象》《系辞》《文言》《序卦》之属十篇。故曰：易道深矣，人更三圣，世历三古"（《汉书·艺文志》），孔子"盖晚而好《易》，读之韦编三绝，而为之传"。（《汉书·儒林传》）王充曰："孔子作《彖》《象》《系辞》。"（《论衡·谢短》）《易纬·乾凿度》曰："孔子占《易》得《旅》，息志停读，五十究作十翼。"

从古到今，持此说者不乏其人，但是反对者亦有。早在宋代，欧阳修曾对《易传》内容作了详尽考证，他以《易传》中有自相矛盾、乖戾混杂的内容为据，得出《系辞》《文言》《说卦》而下"皆非圣人之作，而众说淆乱，亦非一人之言"的结论（《易童子问》），打破了传统看法。欧阳修之后，宋人赵汝楳作《周易辑闻》，元人王申子作《大易辑说》，都沿袭此说。但他们仍然相信《彖》《象》为孔子所作。直到清人崔述和近人冯友兰等，才以有力的证据，大胆地推断不仅《系辞》《文言》《说卦》而下非孔子作品，而且《象》《彖》亦非孔子之作。

虽然欧阳修等人的许多考证有偏颇之处，但他们的基本观点是正确的。理由有三：其一，孔子曾经说过自己只是爱好古典文献，作过一些讲述，而没有撰写著作。"子曰：'述而不作，信而好古，窃比于我老彭。'"（《论语·述而》）其二，孟子是孔门嫡传，"受业子思之门人"。他反复表白要继承孔子的愿望："乃所愿，则学孔子也。"（《孟子·公孙丑上》）因而他极力抬高孔子，表彰孔子的功绩。但他只谈到孔子作《春秋》，而不论孔子著《易传》，如崔述所言："孟子之于《春秋》也，尝屡言之，而无一言及于孔子传《易》之事。孔孟相去甚近，孟子之表章孔子不遗余力。不应不知，亦不应知之而不言也。"（《洙泗考信录》）其三，如果《易传》为孔子所作，《易传》中不应出现"子曰"字样。"子"在古代是对人的尊称，这里是学生对老师的称呼。"子为师称。"（《柳宗元文集·论语辨》）以上事实说明《易传》确非孔子的作品。

当然，否认《易传》为孔子所作，并不等于承认孔子与《易》及《易传》没有关系。从古代文献记载看，孔子曾对《周易》作过一番研究。"子曰：'加我数年，五十以学《易》，可以无大过矣。'"（《论语·述而》）"丘治《诗》《书》《礼》《乐》《易》《春秋》。"（《庄子·天运篇》）"孔子晚而喜

《易》……读《易》韦编三绝，曰：'假我数年，若是，我于
《易》则彬彬矣。'"（《史记·孔子世家》）

在《论语》中，孔子还直接引用了《周易》之《恒》卦
九三爻辞，谈论作巫医要有恒心。孔子曰："南人有言曰：'人
而无恒，不可以作巫医。'善夫！'不恒其德，或承之羞。'"
（《论语·子路》）

同时，孔子也向弟子传授过《易》。"孔子传《易》于瞿，
瞿传楚人馯臂子弘，弘传江东人矫子庸疵，疵传燕人周子家
竖，竖传淳于人光子乘羽……何元朔中以治《易》为汉中大
夫。"（《史记·仲尼弟子列传》）"自鲁商瞿受《易》孔子，孔
子卒，商瞿传《易》，六世至齐人田何，字子庄，而汉兴。田
何传东武人王同子仲，子仲传菑川人杨何……然要言《易》
者，本于杨何之家。"（《史记·儒林列传》）"自鲁商瞿子木受
《易》孔子，以授鲁桥庇子庸，子庸授江东馯臂子弓……要言
《易》者，本之田何。"（《汉书·儒林传》）《史记》《汉书》对
孔子传《易》师承关系的记载十分详细，当不会是司马迁、班
固的臆造，应是史实。

马王堆帛书《易传》出土，进一步印证了传世文献所记载
的孔子学《易》、传《易》事实可靠。帛书《易传》除了《系
辞》与今本《系辞》内容大致相同外，其他五篇与今本《易
传》完全不同，其主要内容是孔子与学生讨论易学问题的纪
录。其中《要》篇最具有学术价值，专门描述孔子晚而学
《易》的情况，记录他对卜筮的理解、他的易学与巫祝易学的

区分等。关于孔子"老而好易，居则在席，行则在囊"的记载，印证了司马迁关于孔子"晚而喜《易》"、"韦编三绝"的说法；关于孔子"损益之道"的记载，印证了《淮南子》《说苑》引述不伪；关于"以德而占"的记载，印证了《论语》"仁者不忧"和《易》"不占而已"的推断。

有的学者从否认《易传》为孔子之作出发，走向另一个极端，认为孔子与《易》没有任何关系。为了论证此种观点，不惜费尽心机找根据否定《论语》《史记》等文献关于孔子学《易》、传《易》的记载。其中一个重要论据是陆德明《经典释文·论语音义》中"鲁读易为亦，从古"之言，把今本《论语》与鲁《论语》作比较，而得出今本《论语》中孔子"五十学《易》"的"易"字义为"亦"的结论。笔者认为，这是不妥当的。固然，二字字音相同可以通假，但陆氏在《论语音义》中的"鲁读易为亦"是指读音而言，"从古"也指读音而言。为了说明这个问题，我们不妨引陆氏《经典释文·周易音义》中有关"易"字的注释作为旁证：（1）《周易·大壮》六五"丧羊于易"，陆氏注曰："以豉反，注下同，郑音亦。"（2）《周易·旅》上九"丧牛于易"，陆氏注曰："以豉反，注同，王肃音亦。"（3）《周易·系辞》"六爻之义易以贡"，陆氏注曰："以豉反，韩音亦，谓变易。"从上引陆氏注看，易音亦，皆指易读音为亦，第一处指郑玄读易为亦，第二处指王肃读易为亦，第三处指韩康伯读易为亦。并非郑、王、韩此处将易写作亦。如果将这三处"易"改为"亦"，"丧羊于亦"、"丧牛于亦"、"六爻之义亦以贡"当作如何解释呢？

另外，孔子很少谈论天命，"子罕言利与命与仁"（《论语·子罕》）。而到了50岁，孔子自称"五十而知天命"、"五十以学《易》"。《易》为天命之书，学《易》可以"知幽明之故"，"知死生之说"，"知鬼神之情状"。正如魏何晏所言："《易》穷理尽性以至于命，年五十而知天命，以知命之年，读至命之书，故可以无大过。"（《论语注疏》）由上所考，孔子学《易》可信。

《易传》既非孔子之作，那它是谁的作品？与孔子研《易》、授《易》有何关系？比较《论语》与《易传》就会得到答案。

《论语》是孔门后学的作品，学术界早有定论。早在汉代的班固曾说过："《论语》者，孔子应答弟子、时人及弟子相与言而接闻于夫子之语也。当时弟子各有所记，夫子既卒，门人相与辑而论纂，故谓之《论语》。"（《汉书·艺文志》）

但《论语》由谁最后编定，从古到今一直众说纷纭，莫衷一是。笔者同意柳宗元的观点，即《论语》由曾子的学生编撰。理由如下：（一）曾子是孔门有名的弟子，最能理解孔子的思想。"子曰：'参乎！吾道一以贯之。'曾子曰：'唯。'子出，门人问曰：'何谓也？'曾子曰：'夫子之道，忠恕而已矣。'"（《论语·里仁》）曾子对孔子所谓"道"的理解与孔子完全一致。不仅如此，曾子有继承孔子精神的壮志。曾子说过："士不可不弘毅，任重而道远。仁以为己任，不亦重乎？死而后已，不亦远乎？"（《论语·泰伯》）（二）从年龄上看，曾子在孔子的弟子中最年轻，少孔子46岁，这便于他全面掌握孔子的材料，为撰写《论语》打下基础。据杨伯峻先生考，《论语》所记载曾子死前与孟敬子的对话是《论语》中所叙事件时代最晚的（详见《论语译注》导言），因而这一段为曾子弟子所记。（三）在《论语》中被称为"子"的除了孔子之外，有曾参、闵子骞、有若、冉有，其中曾参最多，共出现17次（有若4次，闵子骞4次，冉有3次）。这足以说明《论语》为曾子弟子最后编定。

另外，比较《论语》和《易传》，无论是从内容上还是从文体格式上都可以发现许多共同点。

从内容上看，二者都对曾子思想作了转述和发挥。如"君子思不出其位"这句话在《论语》和《易传·象》中都有记载。另外还有：（1）关于反身修德思想。《论语》载："曾子曰：'吾日三省吾身：为人谋而不忠乎？与朋友交而不信乎？传不习乎？'"（《论语·学而》）《易传》云："君子以反身修德。"（《蹇·象》）"君子以恐惧修省。"（《震·象》）"损，德之修也。"（《系辞》）（2）关于以文会友思想。《论语》载："曾子曰：'君子以文会友，以友辅仁。'"（《论语·颜渊》）《易传》云："君子以朋友讲习。"（《兑·象》）（3）关于谦虚思想。《论语》载有曾子赞美颜回谦虚的话："有若无，实若虚"。（《论语·泰伯》）《易传》云："君子以虚受人。"（《咸·象》）

从文体形式看，二者对孔子的话采取了直接引述。在引述孔子语时都冠以"子曰"。

　　由比较可以看出,《论语》与《易传》的作者同属于一个学派,故笔者同意侯外庐先生与刘大钧先生的观点,《易传》属于曾子后学思孟学派的作品[①]。

二、孔子对于《周易》文本性质的认定及其易学进路

　　《周易》是由卦爻符号和与之相关的文字构成的一套卜筮话语系统,自这个话语系统产生起,就为当时专门负责卜筮的官吏所掌管,与其他的"神明"巫术一起,参与国家各种事务的决策。按照传世文献记载,殷周之时,专立卜筮之官,如大卜、占人、筮人等掌管包括《周易》在内的三易卜筮之法,以从事卜筮。"凡国之大事,先筮而后卜。"(《周礼·春官宗伯》)卜,指龟卜;筮,指蓍占。《礼记·曲礼》:"龟曰卜,蓍曰筮。""大事卜,小事筮。"今本《易传》所说"人谋鬼谋"之"鬼谋"和《尚书》所说"谋及鬼神"之"鬼神",包括筮占。因此,《周易》本为卜筮之书。孔子对于《周易》性质的认识,经历了一个过程。孔子早年认同《周易》是卜筮之书这种观点。在帛书《要》篇中,记载子贡质疑孔子老而好《易》:"夫子它日教此弟子曰:'德行亡者神灵之趋,智谋远者卜筮之繁。'赐以此为然矣。以此言取之,赐缗行之为也。夫子何以

---

① 详见侯外庐《中国思想通史》卷一与刘大钧《周易概论》。

老而好之乎？"①其意是说：孔子以前曾教导弟子，卜筮与德行是对立的，有德行智慧者不必求助于卜筮神灵，而无德行智慧者则频繁求助于卜筮神灵，孔子为何晚年违背了以前的说法而好《周易》？从子贡发问中可以看到，早年的孔子把《周易》看作卜筮之书，并将卜筮与自己倡导的德性智慧相对立，因而对《周易》未予以更多的关注。

孔子晚年对《周易》性质的认识则有所变化。孔子晚而喜《易》，"韦编三绝"，"居则在席，行则在橐"，从文辞中发现了"古之遗言"，即文王之教。②《周易》成书于殷末周初，纣王无道，失德失政，文王怀德而行仁政，故文王拘于羑里而作《周易》。如孔子所言："文王仁，不得亓（其）志，以成亓（其）虑，纣乃无道，文王作，讳而辟（避）咎，然后《易》始兴也。"（帛书《要》）③《周易》是文王处危难之作，反映了文王的忧患意识和德性修养，因此，文王之教包含"安土敦乎仁"的仁爱思想，"惧以终始"的忧患意识，"卑礼屈貌"、孙以下人的德性。④更为重要的是，文王在《周易》中寄寓了刚柔兼济的为人处世方法，在培养人的道德和匡正人的行为方面有重要的作用。孔子解释说："川（坤）之至德，柔而反于方；键

---

① 廖名春《帛书〈要〉释文》，见《帛书〈周易〉论集》，上海古籍出版社，2008年，第388页。本文所引帛书文字已转写为通行文字。
② 李学勤《周易溯源》，巴蜀书社，2006年，第374页。
③ 廖名春《帛书〈要〉释文》，见《帛书〈周易〉论集》，第388页。
④ 廖名春《帛书〈缪和〉篇释文》，见《帛书〈周易〉论集》，第394页。

（乾）之至德，刚而能让。"（《衷》）^①此是说乾坤至德，刚中有柔，柔中带刚，刚柔相济，两者不能偏废。若有刚无柔，或有柔无刚，则必然有一失。《易》之用就在于刚柔并重，刚者知柔，柔者知刚，去人之弊，即孔子所谓的"夫《易》，冈（刚）者使知瞿（惧），柔者使知冈（刚），愚人为而不忘，僬人为而去诈"（《要》）^②。由此观之，孔子发现《周易》内含德性的内容，已把《周易》定为德性之书。

既然孔子在认同《周易》卜筮前提下，更关注其德性。将《周易》定为德性之书，以德义为核心的易道重于预知吉凶的卜筮。由此出发，他重视以德义解《易》，而轻视以卜筮解《易》。孔子提出"后其祝卜，观亓德义"的方法。他指出：

> 《易》，我后亓（其）祝卜矣！我观亓（其）德义耳也。幽赞而达乎数，明数而达乎德，又仁〔守〕者而义行之耳。赞而不达于数，则亓（其）为之巫；数而不达于德，则亓（其）为之史。史巫之筮，乡之而未也，好之而非也。后世之士疑丘者，或以《易》乎？吾求亓德而已，吾与史巫同涂而殊归者也。（《要》）^③

"后亓祝卜"，即把巫祝之卜筮置于其后，即非重点或显要位

---

① 廖名春《帛书〈衷〉释文》，见《帛书〈周易〉论集》，第383页。
② 廖名春《帛书〈要〉释文》，见《帛书〈周易〉论集》，第388页。
③ 廖名春《帛书〈要〉释文》，见《帛书〈周易〉论集》，第389页。

置。德义，狭义主要指人的德性，即以仁为核心的德性。孔子看来，这种以仁为核心的德性还包含着一种不偏不倚、知柔知刚的处世方法。广义的德义，包括天地自然之德性，帛书《二三子》云"德义广大，法物备具者，［亓唯］圣人乎"①，即是其证。幽赞，指以蓍草而显神明，即《说卦传》所说"幽赞于神明而生蓍"。韩康伯云："幽，深也。赞，明也。"孔颖达解释云："幽者，隐而难见，故训为深也。赞者，佐而助成，而令微者得著，故训为明也。"（《周易正义》卷九）这里，孔子既言筮占，又言德性，承认了《周易》具有德性和卜筮二重性，但对于两者并未等量齐观。比较而言，孔子轻视祝卜之筮占，更看重《周易》之德义。

进而，孔子把《周易》之学分为卜筮、数理、德义三个层次。第一个层次，深明筮占之术，但未知《易》之数理系统，此为巫；第二个层次，由卜筮而精通《易》之数理系统，但未能到达儒家德性，此为史；第三个层次，能深求卜筮之术，又能由卜筮而精通《易》之数理，然后由数理上升到人之德义，此是孔子本人。在他看来，巫祝之易是最原始的，也是低级的；史官高于巫祝，低于儒家研究层次；而他自己的研究则是最高层次的。因此，他提醒人们易学不能仅仅停留在第一层次，满足于卜筮，并明确说："史巫之筮，乡之而未也，好之而非也。"（《要》）这是孔子易学的理路。在这里，孔子既看到

---

① 廖名春《帛书〈二三子〉释文》，见《帛书〈周易〉论集》，第370—371页。

了自己易学与巫史的本质区别，又未割裂自己易学与巫史的联系，公开承认自己易学始于卜筮，这是他所谓的"吾与史巫同涂而殊归"。

虽然晚年的孔子提倡"后其祝卜，观亓德义"的方法，更加关注《周易》义理的阐发，但他并未彻底摒弃和否定《周易》之卜筮，也就是说，他未把《周易》卜筮仅视为易学的入门而不予理睬，相反，在他看来，作为一个学易者不能对卜筮视而不见，而应当深谙幽赞筮占之术。按照帛书《要》记载，当子贡问孔子是否相信《周易》筮占之用，孔子回答说，"吾百占而七十当。唯周梁山之占也，亦必从其多者而已矣"。(《要》)[①]从对话中可看出，孔子相信《周易》筮占，而且多次用过。传世文献记载过孔子用《周易》占筮的事，如孔子曾占得《贲》卦和《旅》卦以及《鼎》卦。[②]也就是说，孔子肯定《周易》卜筮。显然，在孔子眼中，《周易》是卜筮与德性并存的书。

三、孔子从筮占到德占的转变

（一）从"天垂象见吉凶"到"吉凶见乎辞"

无论是巫史《易》，还是孔子儒家《易》，研习《周易》最

---

① 廖名春《帛书〈要〉释文》，见《帛书〈周易〉论集》，第389页。
② 《吕氏春秋·慎行论》和《说苑·反质》《家语·好生》皆有孔子占得《贲》之记载；《易纬·乾坤凿度》有孔子偶筮得《旅》之记载；《论衡》记载孔子筮鲁伐越，占得"鼎折足"之事。

根本的目的是通神明之德，类万物之情，知幽明之故，察吉凶之变，断天下之疑，立成器以为天下利，以达到趋利避害的目的。那么，以卦爻象符号为主要特征的《周易》为何内含福祸吉凶？为何能预知未来？在儒家看来，吉凶存在于自然界。作为宇宙之本的道，阴阳未分，善恶吉凶未显。自天地阴阳形成，则善恶吉凶产生。阳者为善，善则吉；阴者为恶，恶则凶。天阳尊贵于上，为吉；地阴卑贱于下，为凶。而由天地交感形成万物，万物按照阴阳不同类别会聚，"本乎天者亲上，本乎地者亲下"，因而善恶吉凶就显现出来。"天尊地卑，乾坤定矣。卑高以陈，贵贱位矣。动静有常，刚柔断矣。方以类聚，物以群分，吉凶生矣。"（《系辞》）依儒家之见，客观世界的吉凶是自然形成的，而非人力所为，即吉者自吉，凶者自凶。日月星辰变化，有吉有凶，如今本《系辞》言："天垂象，见吉凶。"此象，指日月星辰之象。日月星辰之变化，吉凶随之显现。《周礼·春官·保章氏》云："掌天星，以志星辰日月之变动，以观天下之迁，辨其吉凶。"

自然界本无吉凶，吉凶是以人的价值判断为尺度而划分的，一般说来，能够符合人的感官需求，并能为人带来好运的自然现象，为吉象；相反，不能符合人的感官需求，并能为人带来厄运的自然现象，为凶象。东汉宋衷在解释"天垂象，见吉凶"时指出："天垂阴阳之象，以见吉凶，谓日月薄蚀，五星乱行，圣人象之。"（《周易集解》卷十四）清人李道平疏曰："阳生为吉，阴杀为凶。……吉谓日月合璧，五星连珠。凶即日月薄蚀，五星乱行。"(《周易集解纂疏》卷八）就四时而言：春夏，阳气发散，生机勃勃，万物生长繁衍，是为吉；秋冬，阴气凝结，杀机萧萧，万物凋敝败落，是为凶。孔子说：

> 《益》之为卦也，春以授夏之时也，万勿（物）之所出也，长日之所至也，产之室也，故曰益。《授》者，秋以授冬之时也，万勿（物）之所老衰也，长［夕］之所至也，故曰产……《益》之始也吉，亓（其）冬也凶；《损》之始凶，亓冬也吉。（《要》）①

从行文看，"授"为"损"之误。按照李学勤先生的说法，这段话是对《杂卦传》"损益，盛衰之始也"的阐发。②益卦是增益，为盛之始，春至夏，万物生长，夏至为其极点，"长日之所至"，是益道；损卦是减损，为衰之始，秋至冬，万物凋敝收藏，冬至为其极点，"长夕之所至"，是损道。喜怒悲乐之情感和吉凶善恶之是非，不为天地万物所具，本为人所独有，然孔子立足于三才之道，以人道观之，世界万物莫不有悲喜之情、吉凶之理。物盛则喜则吉，物衰则悲则凶。孔子说："夫物盛而衰，乐极生悲，日中而移，月盈而亏。"(《淮南子·道应》）损益、悲喜、吉凶随时而变化。益始吉而终凶，损始凶

---

① 廖名春《帛书〈要〉释文》，见《帛书〈周易〉论集》，第389页。
② 见李学勤《周易溯源》，巴蜀书社，2006年，第384页。

而终吉，此即《象传》所云"损刚益柔有时，损益盈虚，与时偕行"。《周易》中的损益之道，即是自然阴阳之道，这是不依人的意志为转移的客观规律。如孔子言："天何言哉！四时行焉，百物生焉，天何言哉！"（《论语·阳货》）这肯定了四时损益吉凶变化规律为自然界固有，而非人力所为。

依儒家之见，《周易》是人理解和把握吉凶的重要典籍，而《周易》中吉凶之显现，本之于自然界及其变化。《周易》卦爻符号是圣人仰观天文、俯察地理、尽取远近之物、拟诸其形容而画，具有客观属性，内含了吉凶悔吝的意义。文辞是依据具有客观意义的符号而作，表达了卦爻符号的意义，卦爻象吉凶之义通过文辞而显现出来。今本《系辞传》指出：

> 天生神物，圣人则之。天地变化，圣人效之。天垂象，见吉凶，圣人象之。河出图，洛出书，圣人则之。《易》有四象，所以示也。系辞焉，所以告也。定之以吉凶，所以断也。……圣人有以见天下之赜，而拟诸其形容，象其物宜，是故谓之象。圣人有以见天下之动，而观其会通，以行其典礼，系辞焉以断其吉凶，是故谓之爻。
>
> 《易》者，象也。象也者，像也。《彖》者，材也。爻也者，效天下之动者也。是故吉凶生而悔吝著也。

此是说，天地万物有阴阳变化而显吉凶之象，卦爻象吉凶之义则是本之于客观世界，是对客观世界的模拟和效法。卦爻象阴阳杂居，相互推移变动，相互亲比感应，相互碰撞攻取，而生吉凶，即今本《系辞传》所谓"八卦以象告，爻象以情言，刚柔杂居，而吉凶可见矣，变动以利言，吉凶以情迁，是故爱恶相攻，而吉凶生，远近相取，而悔吝生，情伪相感而利害生"。然而，《周易》的卦爻象是极为抽象的符号，仅仅以抽象的符号还无法让人清楚准确地把握吉凶的意义，还要通过观象而系的文辞表达之。因此，《周易》的文辞成为人们解释、辨别和预测吉凶的关键。当阴阳符号发生变化时，吉凶随之显现，并通过文辞而表达出来："爻象动乎内，吉凶显乎外。"从这个意义上说，"辨吉凶者存乎辞"，"知者观其彖辞则思过半矣"，通过通晓文辞可以明辨和推断吉凶。

儒家就《周易》文本中的吉凶意义作了分析，认为《周易》文辞有险易吉凶，各有所指，表达了不同层次的意义。如在《周易》中有吉凶、悔吝、变化、无咎等断辞，其意义有程度不同的差别。"吉凶者，失得之象也；悔吝者，忧虞之象也；变化者，进退之象也；刚柔者，昼夜之象也。……吉凶者，言乎其失得也；悔吝者，言乎其小疵也；无咎者，善补过也。"（今本《系辞传》）这样一些文辞，不仅再现了客观现实的吉凶，更为重要的是，人们凭借它们的意义判定人间之福祸吉凶，以达到化险为夷、趋利避害的目的。

（二）预测方法之选择：筮占与德义占

《周易》作为卜筮之书，包含筮占之辞和筮占之法。而作为德性之书，则是在卜筮的话语下包含了丰富的贯通天人的人生智慧。在现实层面，如何最大限度地利用《周易》筮占功能和内含的义理，阐明天地之道和人生之理，预知福祸吉凶，把握世界变化和人生轨迹，这是孔子思考的问题。孔子既未像巫史那样过分依赖和迷恋卜筮，也未弃卜筮而不顾，一味追求德义，而是兼而用之。他坚信卜筮为《周易》所固有，其存在具有一定的合理性。故理解和诠释《周易》的意义，不能仅仅停留在文辞的层面上，而必须对筮占的方法、客观依据及其在预测吉凶中的作用加以解释。

（1）以筮为占：通变极数知来断疑

按照孔子的理解，自然界有阴阳变化，《周易》效法自然界的阴阳变化，具有筮占的功能。而《周易》的这种筮占，无需复杂的逻辑推理，而在于错综其数，顷刻间即定乾坤。《系辞传》说：

> 是以君子将有为也，将有行也，问焉而以言，其受命也如响，无有远近幽深，遂知来物。非天下之至精，其孰能与于此？参伍以变，错综其数。通其变，遂成天下之文；极其数，遂定天下之象。非天下之至变，其孰能与于此？《易》，无思也，无为也，寂然不动，感而遂通天下之故。非天下之至神，其孰能与于此？

之所以如此，取决于天人感应，是人借助于自然界中神的力量而完成的。这种感应快捷迅速，神妙莫测，是常人难以想象的，故被称为"神"，"唯神也，故不疾而速，不行而至"（同上）。

就《周易》而言，它有一套独特的、内涵天地之道的阴阳符号和囊括古今智慧的话语系统以及效法宇宙演化的筮法。《周易》卦爻符号是古代圣人仰观俯察、远近尽取而成，爻效法自然变化，卦蕴藏智慧，即所谓"卦之德方以知"。故可以通神明之德，类万物之情。用来预测的工具——蓍草与神龟，"乃天地之间寿考之物……龟之为言久也，蓍之为言耆也，久长意也"（《白虎通义·蓍龟》），久远而通神灵。"探赜索隐，钩深致远，以定天下之吉凶，成天下之亹亹者，莫大乎蓍龟"，说的是以蓍龟定天下之吉凶。行蓍过程效法宇宙天地之演化。如今本《易传》筮数之推演，则是效法太极生两仪、生三才、生四时及闰月而成：

> 大衍之数五十，其用四十有九。分而为二以象两，挂一以象三。揲之以四以象四时。归奇于扐以象闰，五岁再闰，故再扐而后挂。乾之策二百一十有六，坤之策百四十有四，凡三百有六十，当期之日。二篇之策，万有一千五百二十，当万物之数也。

行蓍过程，神妙莫测，其德如天道，即所谓"蓍之德圆而神"。《周易》能够预知未来，定天下之吉凶，取决于它是一部圣人效法自然而成的天书。如今本《系辞传》所言：

> 探赜索隐，钩深致远，以定天下之吉凶，成天下之
> 亹亹者，莫大乎蓍龟。是故天生神物，圣人则之。天地变
> 化，圣人效之。天垂象，见吉凶，圣人象之。河出图，洛
> 出书，圣人则之。《易》有四象，所以示也。系辞焉，所
> 以告也。定之以吉凶，所以断也。

虽然《周易》是效法天地万物而作，具有天地万物的属性，但它本身不是具体事物，而是超越了具体事物的抽象的三才之道和永恒变化之理，如孔子所言：

> 《易》又天道焉，而不可以日、月、生、辰尽称也，
> 故为之以阴阳；又地道焉，不可以水、火、金、土、木尽
> 称也，故律之以柔刚；又人道焉，不可以父子、君臣、夫
> 妇、先后尽称也，故要之以上下；又四时之变焉，不可以
> 万勿尽称也，故为之以八卦。(《要》)[1]

因此，它能够感通天人，成为预测吉凶的著作。

在孔子看来，《周易》之筮不仅仅是预测吉凶的工具，更是帝王之道、君子之术。其用在于顺天道事鬼神，行合礼而不

---

[1] 廖名春《帛书〈要〉释文》，见《帛书〈周易〉论集》，第389页。

失其度，以达到神道设教的目的。他对于帝王应用《周易》筮占之范围和作用作过解释：

> 昔三代明王，皆事天地之神明，无非卜筮之用，不敢以其私亵事上帝，是故不犯日月，不违卜筮。卜筮不相袭也。大事有时日，小事无时日，有筮。外事用刚日，内事用柔日，不违龟筮。
>
> 大人之器威敬。天子无筮，诸侯有守筮。天子道以筮。诸侯非其国不以筮，卜宅寝室。天子不卜处太庙。
>
> 君子敬则用祭器。是以不废日月，不违龟筮，以敬事其君长。是以上不渎于民，下不亵于上。(《礼记·表记》)

这里区分了卜筮在使用过程中的不同。天子大事不用筮而用卜，小事不用卜而用筮，即使行在路上遇事也可以用筮；诸侯则不同，国有事当用筮，行在国外则不用筮，建国用筮不用卜，若改其住所可用卜不用筮。卜筮是天人之学，借助于它可以明天道察人事，顺天应人，"不废日月，不违龟筮"，做到君臣上下感通，建构"上不渎于民，下不亵于上"的和谐的理想社会。但孔子并不满足于卜筮层面，而是进一步察天道（易道）观得失、以德行获吉庆，阐发了自己独到的筮占观。

（2）以德义为占

其一，智者察易道，观得失，知吉凶。

《周易》乃圣人仰观俯察自然之作，无论是《周易》卦爻符号系统及与符号密切相关的文字系统，还是行蓍的过程和工具皆本之于客观世界，与客观世界契合齐准，易之道就是客观世界之道，《周易》中阴阳变化所显示的吉凶即是现实世界变化的吉凶。孔子关注的是《周易》中形而上的道，而不是形而下的卜筮。在他看来，理解和探讨《周易》的意义在于细观其中天地阴阳变化之道，明察事物吉凶转换之理。只要顺从这种易道即天地自然之道，无须通过《周易》卜筮，就可以把握吉凶。他以《周易》中的损益之道说明之：

> 夫《损》《益》之道不可不审察也，吉凶之［门］也。《益》之为卦也，春以授夏之时也，万勿（物）之所出也，长日之所至也，产之室也，故曰益。《授》者，秋以授冬之时也，万勿（物）之所老衰也，长［夕］之所至也，故曰产。……《益》之始也吉，亓冬也凶；《损》之始凶，亓冬也吉。《损》《益》之道，足以观天地之变而君者之事已，是以察于《损》《益》之变者，不可动以忧憙。故明君不时不宿，不日不月，不卜不筮，而知吉与凶，顺于天地之心，此胃《易》道。（《要》）[1]

这段话，与《淮南子》和《说苑》等传世文献的记载相互印证。《淮南子·人间训》："孔子读《易》至损益，未尝不愤

---

[1] 廖名春《帛书〈要〉释文》，见《帛书〈周易〉论集》，第389页。

然而叹曰：'益损者，其王者之事与！事或欲以利之，适足以害之；或欲害之，乃反以利之。利害之反，祸福之门户，不可不察也。'"《说苑·敬慎》："孔子读《易》至于损益，则喟然而叹。子夏避席而问曰：'夫子何为叹？'孔子说：'夫自损者益，自益者缺，吾是以叹也。'"比较《淮南子》《说苑》与帛书《要》，可以看到，虽然其论述有详略之分，但其中孔子所谈论的损益的道理完全一致，即损益、阴阳互相转化，则福祸吉凶产生。

在《要》中，孔子将损益两卦与春秋季节联系起来，以益卦象征春季，万物由微而盛；以损卦象征秋季，万物由盛而衰。损益两卦之转化，预示着春秋两季相互更替，世间万物兴衰枯荣，周而复始，循环往复，而其中的福祸、吉凶及其相互依存的关系由此展示出来。因此，他提出"损益之道"是"吉凶之［门］"，以《易》之损益之道"足以观天地之变"，"足以观得失"，"不可不审察也"。聪明的当权者只要能做到这一点，不借助于祭祀、择吉日、星占、历法占、龟卜、筮占等，就可以"知吉与凶，顺于天地之心"。孔子提出"明君不时不宿，不日不月，不卜不筮，而知吉与凶，顺于天地之心，此胃《易》道"，显然不完全同意三代圣王事鬼神、"不违卜筮"的做法。

而孔子所谓的损益之道，即是阴阳之道，也就是易道。益为阳长，则为吉。阳长至必消则阴生，则为凶。损为阴长，为凶。阴长极必消则阳生，则为吉。阴阳转化，吉凶流转。只要通晓和驾驭《易》之损益之道，明察吉凶之理，顺从天地，则可以无咎。同时，孔子还强调"时"，以损益之道，观乎天文以察时变，顺天道而时行，时至则福获。"古之君子时福至则进取，时亡则以让。"(《缪和》)[1] 这种观天文察时变、顺天应时、趋利避害的思想，是知者所为，孔子说："孙正而行义，则人不惑矣。"(《要》) 孙，遵循。[2] 这句话说的是遵循正道而施行德义，人就可以明察是非而不惑。而"知者不惑"(《论语》之《子罕》《宪问》) 则可以知福祸吉凶。孔子说"祸福杂至，知者知之"(《二三子》)[3]，但他并没有停留在"知"的层面上，而是遵循"《易》所以会天道人道"(《语丛一》)[4] 的观念，以"知"为前提，把易学的重点落实到见"仁"上，用儒家的观念和理论来理解和解释其德义，凸显德性在易学中的地位。

其二，仁者拟德而占，以德性仁义求福吉。

人皆有预知未来、驾驭命运的需求和趋利避害、获取福庆的愿望，然而如何满足这个需求，实现这个愿望？这是包括孔子在内的古代圣贤一直苦苦思虑和探索的问题。星占、历法占、龟卜、梦占、筮占等各种占是中国古代先民在长期生活和生产实践中总结和探索出的不同的预测方法。孔子站在儒家的

---

① 廖名春《帛书〈缪和〉释文》，见《帛书〈周易〉论集》，第390页。

② 李学勤说："孙读为循，音近通假。"见李学勤：《周易溯源》，巴蜀书社，2006年，第374页。

③ 廖名春《帛书〈二三子〉释文》，见《帛书〈周易〉论集》，第373页。

④ 荆门市博物馆编《郭店楚墓竹简》，文物出版社，1998年，第194页。

立场，认为人之德性修养优先于卜筮的预测。卜筮是人对自身缺乏自信的一种表现，当德行丧失和智慧缺乏时，则多用卜筮。而德行除了可以净化社会环境、协调人与人关系、稳定社会秩序外，还可以明察秋毫。换言之，真正有道德和智慧的人无需卜筮，即可以洞察几微、预知未来。孔子曾明确指出："德行亡者神灵之趋，智谋远者卜筮之繁。"（《要》）[1]这是说，丧失德行的人才乞求神灵，缺乏智谋的人才频繁卜筮。孔子说的"仁者不忧，知者不惑"（《论语·宪问》）也是此意。孔子在评论漆雕马人时也有类似的观点。漆雕马人作为臧氏家臣，侍奉臧文仲、臧武仲及武仲之子孺子容三个鲁大夫。孔子问漆雕马人三个大夫谁最贤能。漆雕马人告诉孔子，文仲执政三年占卜一次，武仲执政三年占两次，孺子容执政三年占三次。孔子说："君子哉，漆雕氏之子！其言人之美也隐而显，其言人之过也微而著。故智不能及，明不能见，得无数卜乎？"（《说苑·权谋》）"智不能及，明不能见，得无数卜乎"说的是智慧不足而不能洞察明见，故必须借助占卜。因此，在孔子看来，德行和卜筮是两种截然不同的获取吉庆的方法。如他说："君子德行焉求福，故祭祀而寡也；仁义焉求吉，故卜筮而希也。"（《要》）[2]

《盐铁论》引用过此语，并予以解释："古者德行求福，故

---

①　廖名春《帛书〈要〉释文》，见《帛书〈周易〉论集》，第388页。
②　廖名春《帛书〈要〉释文》，见《帛书〈周易〉论集》，第389页。

祭祀而宽。仁义求吉，故卜筮而希。今世俗宽于行而求于鬼，怠于礼而笃于祭，嫚亲而贵势，至妄而信日，听诋言而幸得，出实物而享虚福。"（《散不足》第二十九）此是说，君子以德行求福，仁义求吉，故很少运用祭祀和卜筮。孔子晚年评论楚昭王时也表达了此意。《左传》哀公六年记载，昭王有病，占卜人认为是河神在作祟，劝说其举行祭祀。昭王认为，自己未失德，不必祭祀。孔子说："楚昭王知大道矣，其不失国也，宜哉。"基于此，孔子提倡以德获得福庆。这种观点与《文言》思想完全一致："积善之家，必有余庆；积不善之家，必有余殃。"他提倡以德义求福，认为真正善为《易》者，必是大德大智慧之人，此种人无需占筮，便可以洞察吉凶，即所谓"不占而已"。这里的不占，是以德代占。"赞以德而占以义者。"（《衷》）"疑德而占，则《易》可用也。"（《衷》）相反，没有德行的人不能真正理解和掌握《周易》，即所谓"无德则不能知《易》"。"无德而占，则《易》亦不当。"（《衷》）故孔子提出了"德义无小，失宗无大"（《二三子》）的观点，此句话是说报德不在小，失宗不在大，即福祸善恶不论大小。孔子还举小人为例，说明小人不去恶行善，最终遭受杀身之祸："善不积，不足以成名；恶不积，不足以灭身。小人以小善为无益而弗为也，以小恶为无伤而弗去也，故恶积而不可掩，罪大而不可解。"（今本《系辞传》）小人所作所为，无需占卜即可知凶多吉少。

由此看来，认为德义重于卜筮、以德义取代卜筮是孔子易学最重要的特质。孔子所谓不占并不是摒弃筮占，而是以德为占。其易学话语下的德义也非一般道德修养，而是以取代筮占为目的。吉凶与自己行为密切相关，取决于自己。

（三）孔子由筮占转向德义占之原因及其意义

孔子及儒家提出"观其德义"的原则和观点，然后将其运用于易学解释之中，由卜筮解释转向超越卜筮的德性解释，由筮占转向以德为占。之所以如此，主要有两方面的原因。

其一，孔子生活的春秋时代，神道卜筮盛行，以《周易》占筮福祸吉凶是易学主流，但是随着人的主体意识觉醒，"通神明"的筮占地位有所松动。当人之德性与卜筮结果发生冲突时，时人则往往不是以筮占结果，而是以德性推断吉凶。如《左传》记载：穆姜为鲁宣公之妻，成公之母亲，她与大夫叔孙侨如通奸，淫乱无德。鲁成公十六年，叔孙侨如与穆姜合谋废掉鲁成公，兼并孟孙氏和季孙氏，结果失败，叔孙侨如奔齐国，穆姜被迁于东宫。迁宫之时，她用《周易》占了一卦，遇《艮》之《随》。史官以卦辞"元亨利贞，无咎"推断，穆姜可能很快被释放。但穆姜认为，《随》有"元亨利贞"四德，故言无咎，而自己却无德。"今我妇人，而与于乱，固在下位，而有不仁，不可谓元；不靖国家，不可谓亨；作而害身，不可谓利；弃位而姣，不可谓贞。有四德者，随而无咎。我皆无之，岂随也哉？我则取恶，能无咎乎？必死于此，弗得出矣！"（《左传》襄公九年）与此类似的还有昭公十二年：鲁大夫季平子的费邑宰南蒯欲背叛鲁国，投降齐国，用《周易》筮占，遇《坤》之《比》，五爻变，其辞曰"黄裳元吉"，以为大吉。但子服惠伯认为此为占无德之事，虽吉而事不成。他说："吾尝学此矣。忠信之事则可，不然必败。……中美能黄，上美为元，下美则裳。参成可筮，犹有阙也，筮虽吉，未也。"（《左传》昭公十二年）

穆姜之占发生在孔子出生之前，南蒯之占发生在孔子二十二岁之时，即学易之前。这两则筮例说明，如果占筮者无德或者占无德之事，则占筮的结果虽吉，也不能以吉断，当以凶断。这隐含着一种思想：《周易》不占小人之事，吉凶取决于主体德性。这种重德性轻筮占传统对于生活在那个时代的孔子来说，应该有很大启发。也就是说，孔子提出以德代占的观点，并非偶然，而是与当时这种重德性轻筮占传统有着密切关系。

其二，《周易》文本有德性内涵，并将人事吉凶归因于个人的德性。

作为卜筮之书的《周易》是特殊历史背景下的产物。文王拘于羑里作《周易》，《周易》文辞反映作者当时所处的极为艰难的境况及其复杂的心态。如何摆脱当下的困境、推翻商王朝成为作者最大的诉求。"遁世无闷，不见是而无闷"之德性修养和"内文明而外柔顺"的品格，是化解目前困境的唯一出路，因此，《周易》有"惧以终始"、"夕惕若厉"之类文辞，内含了丰富的人生哲理和道德修养的内容。如今本《系辞

传》与帛本《衷》"三陈九德"，揭示了《易》文本中履、谦、
复、恒、损、益、困、井、巽九卦之道德内涵。更为重要的
是，《周易》古经作者将个人的德性修养与吉凶联系起来，认
为有德之人则吉庆，相反则凶险。如有谦虚之德，则有吉。
《谦》初六："谦谦君子，用涉大川，吉。"九二："鸣谦，贞
吉。"九三："劳谦，君子有终，吉。"不谦虚，则有凶。《谦》
六五："不富其邻，利用侵伐。"有恒德，则吉。《恒》："恒，
亨，无咎。"无恒德，则有凶。《恒》九三："不恒其德，或承
其羞，贞吝。"《益》上九："立心无恒，凶。"有中行之德则吉
利。如《讼》："中吉"。《师》九二："在师中"。《泰》九二：
"得尚中行"。《丰》："宜日中"。《丰》六二、九四"日中见斗"
等。"中"即具体的事物所处位置或某一时刻，内含着不偏不
倚之用中之道。从《周易》三百八十四爻看，二五分别居内外
卦中位，其爻辞多平易、吉利，而不居中位之爻则多偏颇而不
吉。有诚信之德，则吉利，如《需》卦辞："需，有孚，光亨，
贞吉，利涉大川。"《随》九五："孚于嘉，吉。"《损》："有孚
元吉。"《益》九五："有孚惠心，勿问元吉。"《未济》六五：
"贞吉无悔，君子之光有孚，吉。"相反，则不吉，如《萃》初
六："有孚不终，乃乱乃萃。"还有卦爻辞提出人之诚信重于祭
祀，如《观》《既济》九五。孔子对于《周易》文本的解释，
绝不是脱离文本无约束地、漫无边际地解读，而是从文本内涵
出发，作出创造性的理解和解释。换言之，孔子提出德占胜于
筮占，显然是受到了《周易》文本内涵本身的影响。

孔子及其后学对于《周易》文本的解释，建构起以德性为核心的独特的儒家易学筮占观。自此，易学文本的话语系统实现了转向：卦爻符号不单是筮占的记号，更是表征动态宇宙结构图式和穷理尽性、改造世界的工具；本之于卦爻符号的话语系统也不单是预测吉凶的筮辞，更是表达卦爻符号的实践意义和规范语言文字的文辞。《周易》文本由卜筮话语系统转换为儒家哲学话语系统，筮占不再是《周易》研究的唯一选择，取而代之的是以德行智慧求福。作为卜筮之书的《周易》变成了儒家的哲学典籍。

第六章 《易传》象数思想

一、《易传》对象数的理论说明

《周易》的象数思想，早在春秋时已萌芽，当时人们已经朦胧地认识到了象、数概念及二者的关系，如春秋人韩简说："龟，象也；筮，数也。物生而后有象，象而后有滋，滋而后有数。"（《左传》僖公十五年）这些思想的提出，无疑开了对象数进行理论说明的先河。然而由于思维水平所限及当时的社会需要，人们只热衷于《周易》的象数运用，还没有也不可能对《周易》象数加以抽象概括，因而春秋时关于象数的论述是零碎的、肤浅的，还没有形成一个完整的理论体系。战国时，以注释《周易》为宗旨的《易传》成书，才标志着象数思想的诞生。战国时代是一个社会大变革的时代，思想异常活跃，诸子百家竞起，立足于不同的立场，建构起形态各异的思想理论体系，其思维水平远远超过了以往的时代。在这种学术气氛中，易学作为中国古老文化的重要组成部分，也不例外，象数问题也成为当时人关注的热点。《易传》关于象数的理论说明

是这一时期《周易》象数理论研究的最高成果。兹从以下几个
方面说明。

（一）关于象、数的概念

1. 象。在《易传》中，"象"有两种含义。其一谓自然之
象，即客观存在的物质之象。进一步说，凡呈现在外的、可见
的客观物质的形态、容貌，皆可谓之象。如《系辞》所谓"在
天成象"、"见乃谓之象"、"法象莫大乎天地"、"县象著明莫大
乎日月"、"天垂象"、"仰则观象于天"之"象"即是此意。其
二谓易象，包括卦象、爻象。如《系辞》所谓"圣人设卦观象
系辞焉而明吉凶"、"君子居则观其象而玩其辞"、"彖者言乎象
者也"、"以制器者尚其象"、"八卦成列，象在其中矣"、"易者
象也"、"象事知器"、"八卦以象告"之"象"皆谓易象。按照
《系辞》解释，《周易》中有四种基本的象："《易》有四象，所
以示也。"《系辞》对这四种象没有明确说明，先儒见仁见智，
众说不一。有谓"布六于北方以象水，布八于东方以象木，布
九于西方以象金，布七于南方以象火"。（郑玄语，见《汉上易
传·丛说》）有谓"六十四卦之中有实象、有假象、有义象、有
用象，为四象也"。（庄氏语，见《周易正义》）有谓"上文'神
物'也，'变化'也，'垂象'也，'图书'也"。（何氏、侯果等
语，见《周易集解》《周易正义》）案《系辞》前文有"两仪生
四象，四象生八卦"，其意指筮法中七、八、九、六，故此亦当
从之。这四种象是《周易》筮占中必不可缺的象。另外，《系

辞》还列举了爻画及易辞所含有的象："是故吉凶者，失得之象
也；悔吝者，忧虞之象也；变化者，进退之象也；刚柔者，昼
夜之象也。"前二者指易辞所示之象，后二者指爻画所含之象。

那么，什么是易象？物象与易象是什么关系？《系辞》对
此作了说明：

> 是故夫象，圣人有以见天下之赜，而拟诸其形容，象
> 其物宜，是故谓之象。(《系辞》上)
>
> 象也者，像此者也。(《系辞》下)
>
> 是故易者，象也。象也者，像也。(同上)

《系辞》关于"象"的概括，揭示了易象与客观物象的内
在联系，即易象皆取法客观之象，是对世界万物及其属性、形
容的效法和模写。故易象具有客观事物的属性，成为客观事物
的符号，可以象征具体的万物之象，换言之，世界万物皆可用
易象符号表示，《系辞》是在这个意义上说，"象也者，像也"。
同时，《系辞》也划清了客观物象与易象的界限。客观物象是
客观物质呈现在外的可见的形象，而易象是借助于卦爻符号及
卦爻辞表达出来的客观事物及其外在的形象。因此，与春秋时
相比，《易传》关于象的观念丰富而深刻。

2. 数。数与易学的关系由来已久。自数脱离具体的物体
而成为抽象的符号后，一方面被运用到生产、生活当中，成为
记录时间、计算事物、识别东西的工具。《说文》云："数，计

也。"《汉书·律历志》云："数者，一十百千万也，所以算数事物，顺性命之理也。"另一方面它又被神秘化，被纳入早期宗教巫术的筮占中，用于筮占过程和记录筮占得出的卦。1979年，在江苏海安县崧泽文化青墩遗址出土的骨角器和鹿角枝上，发现了八个刻纹的图案。据有关专家考证，这些图案可能是原始筮占的记录。这种以数算卦、以数记录卦的风气一直延续到商周。在商周的甲骨文和金文中也有数字卦的发现，如今人张亚初、刘雨先生，曾就二十九件出土文物作过整理，发现了三十六组数字符号，经研究认为，这就是殷周时代以数字表示的卦，即数字卦[①]。降至春秋，虽然已不再用数字记录卦，但是数字在筮法中的作用仍然很大。人们提到数，自然联想到筮法，反之亦然。成书于战国的《易传》，发展了春秋筮数的思想，立足于筮法，全面地剖析了筮与数的关系。

按照《易传》的解说，易数不是别的，正是筮占中所用的五十根蓍草之数，这就是《系辞》所谓的"大衍之数五十"。据历代易学家研究，这五十之数得之于"一"至"十"这十个自然数。《易传》在说明这十个自然数时也暗示过这个思想。《系辞》云："天一、地二，天三、地四，天五、地六，天七、地八，天九，地十。天数五，地数五。五位相得而各有合，天数二十有五，地数三十。凡天地之数五十有五。此所以成变化

---

① 见张亚初、刘雨《从商周八卦数字符号谈筮法的几个问题》，《考古》1981 年第 2 期。

而行鬼神也。"这里的"变化"是指爻之变化。"刚柔相推而生变化。""爻者，言乎变者也。"(《系辞》上)而所谓"行鬼神"，指行使鬼神的职能。这就告诉人们，天地之数是成就爻之变化、行使鬼神职能的基础。至于为什么天地之数五十五，而大衍之数只取五十，先儒已作过种种的探索，此不再赘述。由是观之，《周易》"大衍法"行蓍的过程，其实质就是利用数进行运算。将这些神秘化的数按照筮法规则运算完毕，得出卦，预知吉凶，就达到了筮占的目的，这就是《系辞》所谓"极数知来之谓占"。因此，按《易传》之意，筮占就是对大衍之数进行复杂的运算；易数则是筮占运算的工具和外在表现形式。这就深刻地阐明了易数在筮占中的地位及作用，从而将春秋的筮数思想进一步深化，并形成了完整的理论。

（二）易象的作用

经过《易传》的解释和阐发，易象成为易学中不可分割的重要组成部分。通观《系辞》，有关易象作用的论述不外乎以下几方面：其一，象为《周易》系辞的根据。《周易》与其他古老典籍的本质区别在于它有卦象，而这些具有象征意义的卦象与易辞有着内在的联系。具体地说，《周易》成书，是先有卦象，后有卦爻辞，卦爻辞是据卦象而作。这就是《系辞》所言"圣人设卦观象系辞焉而明吉凶"。既然易辞来自卦象，那么易辞必然表达卦象。《系辞》云："象者，言乎象者也。"此"象"不是《象传》，而是指系在卦爻之后的文辞。也正是从这个意义上说，《周易》是一部象书，"易者，象也。"（《系辞》下）"观象系辞"是象数易学形成的理论前提。其二，象是表达思想情感的工具。在《系辞》看来，语言可以表达人的思想情感，但是由于语言自身的局限，往往难以将人复杂的思想情感完全表达出来，也就是所谓的"言不尽意"。为了解决这个言意之间的矛盾，古代圣人设立了卦象，其目的就是借《周易》卦爻象将人复杂的思想情感表达出来，这就是《系辞》所谓"圣人立象以尽意"的义蕴。"立象以尽意"是义理易学形成的理论前提。其三，象为制器的依据。在《系辞》看来，卦象具有诱导和启示的功能。人类生产生活中各种器物的制作，社会文明的建立，皆得之于易象的启示。也就是说，人类文明史是一部在易象启示下不断创新发明的历史。《系辞》以具体的事例加以说明，如"作结绳而为罔罟，以佃以渔，盖取诸《离》"等。因此，《系辞》得出结论："以制器者尚其象"、"象事知器"。其四，易象显示人间的福祸吉凶。《系辞》认为，天上日月星辰的变化显示吉凶，"天垂象，见吉凶。"此谓天象有吉凶之分，万事万物也有吉凶之分。"方以类聚，物以群分，吉凶生矣。"此方指四方之事。《复·象》云："后不省方。"王弼注："方，事也。"此说万事以其同类相居聚，万物以其群党相区分。"顺其所同则吉，乖其所趣则凶"（韩康伯注），因而吉凶随即产生，这是说天地万物之象有吉凶。而效法天地万物的易象，也理所当然显示着吉凶。《系辞》云："爻象动乎内，吉凶见乎外"、"八卦以象告"。这就是说，《周易》卦爻象除了以上功能外，还有筮占的功能。根据行蓍而求得的卦象，可以判断吉凶。因而从筮法这个角度言，卦爻象分析是筮占中不可缺少的步骤，故卦爻象的作用不可轻视。《系辞》关于易象作用的论述，非常全面和透彻，丰富和发展了《周易》的象学思想，使易象成为象数易学中至关重要的问题，易象学成为象数易学的精髓。当然，我们应该看到，《易传》有夸大象的作用的倾向，尤其"观象制器"的说法，违背史实。将社会进步全部归结为卦象启示，是不切实际的，是为抬高卦爻象在易学中的地位而进行的附会，其目的是神化《周易》的筮占功能。

（三）象与数的关系及地位

《易传》从筮占角度探讨了象与数的关系。在它看来，象和数不可分离，表现在数依赖于象。行蓍，就是数的推衍，也是一个法象的过程。从"分二"、"挂一"、"揲四"、"归奇"及"再扐后挂"等行蓍的步骤，到得出策数，皆以天地万物之象为依据。如《系辞》云："分而为二以象两，挂一以象三，揲之以四以象四时，归奇于扐以象闰，五岁再闰，故再扐而后挂。乾之策二百一十有六，坤之策百四十有四，凡三百有六十，当期之日。二篇之策，万有一千五百二十，当万物之数也。"很显然，《系辞》将天地万物的演化及在演化中所呈现出的象视为大衍筮法的依据。不仅如此，行蓍而求得阴阳老少之数，归根到底，是由天地万物决定的，这就是《说卦》所谓"参天两地而倚数"。但就行蓍方法而言，先有数的推演，后有卦象，卦象是由数决定的。《系辞》云："参伍以变，错综其数。通其变，遂成天下之文。极其数，遂定天下之象。"文，指一卦六爻刚柔相掺杂以成文彩，因六爻象征了世界上不同条件下的事物，即"爻有等，故曰物。物相杂，故曰文"，所以称"天下之文"。象，指卦象，卦象表征天下万物，故称"遂成天下之象"。这就是说天下万事万物的吉凶取决于卦爻之象，而卦爻之象又取决于"圆而神"的蓍数运算。因此，从筮占这个角度讲，数的作用大于象，世上福祸吉凶的显示皆由数主宰。也就是在这个意义上，《说卦》把具有预知功能的《周易》概括为："《易》，逆数也。"

《易传》关于象、数关系问题的论述，是对春秋以来象数思想的丰富和发展。春秋时，在象、数关系上，只注重象先数后，忽略了以数定象问题。《易传》立足于新的学术背景，把这一问题与《周易》筮法有机结合起来，对象、数及其关系进行了深入的、辩证的阐发，使象数易学冲破了狭隘的术数的束缚，在理论上得到了升华，为后世的象数易学开辟了道路。

二、《易传》对八卦取象的拓展

如前面所言，易象分为两种：一种指由阴阳符号构成的象，这种象具有抽象而普遍的意义；另一种指《周易》卦爻符号所象征的万物之象，有学者称为"物象"，是指具体的、个别的事物。八卦所指称事物更多是具体的个别的事物，而由八卦指称具体物象是系辞的最为重要的依据。按《易传》理解，《易》文本形成，是先观抽象的易象符号，再取其八卦所象征的具体事物，然后用文辞表达之，此为"观象系辞"。文辞表达的是八卦所象征的具体的物象，此为八卦取象。既然《周易》文本形成是观抽象阴阳符号中的八卦之象而成，那么，解释易学文本，必然依据八卦之象。因此，合理解说八卦之象，对象数易来说至关重要，是以象注《易》和以《易》占筮的先决条件。自《周易》成书后，人们在运用《周易》时就已经注意到这一点。如春秋时就已经运用了八卦取象谈论《周易》，清华简《筮法》也专门言八卦取象。真正对八卦及八卦取象进行专门研究是成书于战国时的《易传》。《易传》的《说卦》很详细地列举了八卦取象，分述如下：

（1）基本卦象：乾为天，坤为地，震为雷，巽为风，坎为水，离为火，艮为山，兑为泽。

（2）基本义象：乾为健，坤为顺，震为动，巽为入，坎为陷，离为丽，艮为止，兑为说。

（3）动物之象：乾为马，坤为牛，震为龙，巽为鸡，坎为豕，离为雉，艮为狗，兑为羊。

（4）人体之象：乾为首，坤为腹，震为足，巽为股，坎为耳，离为目，艮为手，兑为口。

（5）方位之象：乾为西北，坤为西南，震为东，巽为东南，坎为北，离为南，艮为东北，兑为西。

（6）家庭之象：乾为父，坤为母，震为长男，巽为长女，坎为中男，离为中女，艮为少男，兑为少女。

（7）其他万物之象：乾为天，为圜，为君，为父，为玉，为金，为寒，为冰，为大赤，为良马，为老马，为瘠马，为驳马，为木果。坤为地，为母，为布，为釜，为吝啬，为均，为子母牛，为大舆，为文，为众，为柄，为黑。震为雷，为龙，为玄黄，为旉，为大涂，为长子，为决躁，为苍筤竹，为萑苇；其于马为善鸣，为足，为作足，为的颡；其于稼为反生，其究为健，为蕃鲜。巽为木，为风，为长女，为绳直，为工，为白，为长，为高，为进退，为不果，为臭；其于人为寡发，为广颡，为多白眼，为近利市三倍，其究为躁卦。坎为水，为沟渎，为隐伏，为矫，为弓轮；其于人为加忧，为心病，为耳病，为血卦，为赤；其于马为美脊，为亟心，为下首，为薄蹄，为曳；其于舆为多眚，为通，为月，为盗；其于木为坚多心。离为火，为日，为电，为中女，为甲胄，为戈兵；其于人为大腹，为乾卦，为鳖，为蟹，为蠃，为蚌，为龟；其于木为科上槁。艮为山，为径路，为小石，为门阙，为果蓏，为阍寺，为指，为狗，为鼠，为黔喙之属；其于木为坚多节。兑为泽，为少女，为巫，为口舌，为毁折，为附决；其于地为刚卤，为妾，为羊。

《说卦》这种取象，显然有一定的依据，即凡与某卦基本卦象及属性有关的事物皆属于某一卦卦象，如乾为天，凡与天及其属性有关的事物皆属于《乾》卦之象。"天行健"，故乾为健。天道圆，故乾为圜。天主宰万物，故乾为君，为首。乾居

西北，西北寒冷，故乾为寒，为冰。又如坤为地，凡与地及其
属性有关的事物皆属《坤》卦之象。地养万物，故坤为母。大
地广阔，故坤为布。地柔顺，而牛有柔顺特性，故坤为牛。地
相对天而言属阴，"腹者，至阴之所居"，(《素问》) 故坤为
腹。地数十，故坤为旬（均）。因此，《说卦》的八卦取象，反
映了当时人们认识、区分事物的水平。这种将世界上事物划分
成八大类的作法，与只将事物区分为阴阳、五行相比较，是人
类认识的一大进步，为我国先民认识事物、改造自然提供了工
具。但是，这种划分在现在看来，仍然不够严密。如离为日，
为火。日、火在古人看来本为阳气所致，《淮南子·天文训》：
"积阳之气生火，火气之精者为日。"故这与《离》为阴卦相
悖。又如乾为寒、为冰。乾本为纯阳，而寒、冰则属阴气所
致，故与乾性相悖。诸如此类，说明了《说卦》八卦取象的不
科学性。这种情况的出现，一方面是由于历史条件决定的人的
思维水平的局限，另一方面当归于当时注释《周易》经文的需
要。因此，我们应当正确看待这一问题。

从象数易学的发展看，《说卦》的八卦取象，吸收了春秋
以来的成果。春秋时，人们已经将八卦基本象概括出来，而且
广泛地运用于筮占中。《说卦》的贡献，在于它对春秋以来的
八卦取象进行整理和总结，在此基础上加以拓展，使八卦取象
趋向于条理化、系统化，形成了易学史上最早最完备的关于八
卦取象的学说，为后世象数易家注易和建立象数体系提供了现
成的材料。

三、《易传》以象注《易》的尝试

除了对《周易》象数作理论探讨外，更重要的是，《易传》视《周易》为一门学问，专门以象对其系统地加以说解。通观《易传》以象注《易》的方法，不外乎以下几种；

（一）直接以《说卦》设立的八卦之象注《易》

（1）以八卦卦象释卦名、卦辞。如《彖》释《泰》云："天地交而万物通，上下交而其志同。"所谓天地交，是指《泰》䷊上坤下乾。坤为地，乾为天，天本在上而今在下，地本在下而今在上，以示天阳之气下降，入地气之中，地阴之气上升，入天气之中，二气交感，故称"天地交"。所谓上下交，是指泰卦上坤下乾，乾阳本尊在上而今在下，坤阴本卑在下而今在上，故有上下交感之义。就社会而言，乾为君，坤为众，泰卦君在下，众在上，以示君民上下交感，心志相通。《彖》释《睽》云："睽，火动而上，泽动而下，二女同居，其志不同行。"火动而上，是指《睽》卦上为离，离为火，居外卦而在上，火性炎上。泽动而下，是指《睽》下为兑，兑为泽，居内卦而在下，泽性润下。此卦为火在上而炎上，泽在下而润下，火泽相违背。而就社会而言，此卦离为中女，兑为少女，有"二女同居"之象，二女同居，志向不相同，故此卦为睽卦。睽，有乖异之义。"睽者，乖也。"（《序卦》）又如

《比·象》云："地上有水，比。"《履·象》云："上天下泽，履。"这说明《大象》也皆取八卦之象释《易》。

（2）以八卦义象（也称卦德）释《易》。如《象》释《讼》云："上刚下险，险而健，讼。"所谓上刚下险，是指《讼》䷅上乾下坎，乾为刚在上，坎为险在下，故称"上刚下险"。所谓险而健，是指《讼》内坎为险，外乾为健，故称"险而健"。因此卦乾阳刚在上，坎水险在下，上下争讼，故此卦为《讼》。讼，争讼之义。又如《象》释《咸》云："咸，感也。……止而说，男下女，是以'亨利贞，取女吉'也。"止而说，是指《咸》下艮为止，上兑为说，故称"止而说"。

（3）以别卦卦象释《易》。如《象》释《剥》云："剥，剥也，柔变刚也。"这里的柔变刚，指《剥》五阴上长剥落一阳。变，剥落、倾坏。朱熹注《象》"地道变盈而流谦"云："变，谓倾坏。"《象》释《大过》云："栋桡，本末弱也。"《大过》䷛初、上两爻皆为阴爻，初为本，上为末，阴爻柔弱，故称"本末弱"。《象》《杂卦》释《夬》云："夬，决也，刚决柔也。"《夬》䷪五阳一阴，五阳盛长决去一阴，故称"刚决柔"。《象》《杂卦》释《姤》云："姤，遇也，柔遇刚也。"《姤》䷫一阴五阳，一阴在下而与五阳相遇，故称"柔遇刚"。

（4）以别卦卦象引申义释《易》。如《杂卦》释《晋》云："晋，昼也。"《晋》下坤为地，上离为日，日出地上而为白昼，故称"昼"。《杂卦》释《睽》云："睽，外也。家人，内也。"此就《睽》《家人》中离卦而言，《睽》上为离，离为中女，离中女在外，故曰"外"。《家人》下为离，离女在内卦，女在家内故曰"内"。

（二）以两卦卦象的内在关系释《易》

一种形式是以两卦覆象释之。所谓覆象是一卦卦象颠倒后可变为另一个卦象，反之亦然。如屯䷂覆为蒙䷃，蒙䷃覆为屯䷂，屯、蒙互为覆象。《周易》六十四卦，除了八个卦是卦象相反外，其余皆为覆卦，即唐孔颖达所谓的"非反即覆"。《序卦》在解说卦序时曾用了覆象。如《序卦》云："物不可以终剥，穷上反下，故受之以复。"此"穷上反下"，是就《剥》《复》两卦覆象而言的。穷上，指《剥》䷖一阳居上而穷尽。反下，指《复》䷗一阳复于初而居下。《剥》覆变《复》，有一阳穷于上而复返于初之义，即《象传》所谓"刚反"，故称"穷上反下"。《序卦》又云："聚而上者谓之升。"这是说《萃》䷬覆为《升》䷭，坤为众，《萃》内卦为坤，而称坤众聚于下。《升》外卦为坤，而称坤众聚于上。《萃》覆为《升》是坤众由下而上，即"聚而上者谓之升"。

另一种形式是以卦变释《易》。卦变，是指由于阴阳两爻位置的变动，而使一卦变成另一卦，它反映了卦与卦之间存在着一种相互变化的关系。如《象》释《损》云："损下益上，其道上行。"所谓损下益上，是指《损》卦来自《泰》卦，即《泰》卦九三爻与上六爻交换位置而成，从卦上下体言，是减损《泰》卦下体一阳爻而增益其上体。而《象》释《益》所谓"损上益下"，是指《益》来自《否》，即减损《否》上一阳爻而增益于下而成《益》，也可以说是《否》九四与初六两爻互易而成《益》。又如《彖》释《讼》"刚来而得中"，释《随》"刚来而下柔"，释《蛊》"刚上而柔下"等，皆是以卦变释辞。这种卦变说从理论上说，就是《系辞》所说的易卦"变动不居，周流六虚，上下无常，刚柔相易，不可为典要，唯变所适"。历代言卦变及运用卦变注《易》者，多本于此。但值得注意的是，《彖传》言卦变，没有统一的、严格的体例，并不明言某卦自某卦来，这是《易传》卦变说的特征。一些易学家以此否认《易传》卦变说，不足为信。

（三）以爻象释爻辞

所谓爻象，是指爻所处的位置及与其他爻的关系，主要包括中位、得位（当位）、失位（不当位）、乘、承（顺）、应等。

其一，《易传》以中位释卦爻辞。《周易》六画卦之六位中，二、五位分别居内外卦之中，是谓中位，无论是阴爻，还是阳爻居之，皆可称为得中，以此象征人有中正之德。《易传》常以得中释卦名、卦义或卦爻之辞。凡阳爻居中位称"刚得中"，凡阴爻居中位称"柔得中"。阳爻阴爻居中位有时简称为"得中道"、"得中"等。《文言》释《乾》九二云："龙德而正中者也。"此言《乾》九二为阳爻，为刚，居下卦之中位，故称"正中"。《象》释《蒙》云："'初筮告'，以刚中也。"此所谓刚中，是释《蒙》卦卦辞"初筮告"。《蒙》九二以阳居内卦

之中，故称"刚中"。《象》释《渐》云："其位刚得中也。"此
指九五而言，九五为阳爻，居外卦之中位，是谓刚得中。《象》
释《夬》九二云："'有戎勿恤'，得中道也。"此谓《夬》九二
阳爻居内卦之中，是为刚得中而称"得中道"。以上是言"刚
得中"。"柔得中"如《象》释《同人》云："柔得位得中。"此
就《同人》六二而言，六二阴柔，居内卦之中位，故称柔得
中。《象》释《噬嗑》云："柔得中而上行。"此是说六五之柔
居中位而在上行。柔，指六五。

对一卦之爻居初、三、四、上各位者，《易传》常以"不
中"释之。如《象》释《小过》云："刚失位而不中。"这
里"不中"是言《小过》九四阳爻不居二五之位。《文言》释
《乾》九三、九四爻皆云："重刚而不中"，此"不中"指《乾》
九三、九四两爻皆不处二五之位。

其二，《易传》以当位（得位）和不当位（失位）释
《易》。在《易传》看来，卦之初、三、五为阳位，二、四、上
为阴位。一般来说，阳爻居阳位，阴爻居阴位，称为当位（得
位）；阴爻居阳位，阳爻居阴位，称为不当位（失位）。刚柔当
位，如：《象》释《遁》云："刚当位而应，与时行也。"刚当
位，是指《遁》九五爻以阳居阳位。《象》释《既济》云："刚
柔正而位当也。"此是说《既济》初九、九三、九五皆阳爻居
阳位，六二、六四、上六皆阴爻居阴位。《象》释《否》九五
辞云："'大人'之吉，位正当也。"此言《否》九五有吉辞，
在于此爻以阳爻居阳位。

刚柔不当位者，如《象》释《未济》云："虽不当位，刚柔应也。"此"不当位"，是指《未济》初、三、五这三阴爻居阳位，二、四、上这三阳爻居阴位，即六爻皆失正位。《象》释《晋》九四云："'鼫鼠贞厉'，位不当也。"此言《晋》九四以阳居阴位而不当。《象》释《否》六三云："'包羞'，位不当也。"此言《否》六三以阴居阳位而不当。

据今人高亨先生统计，"《彖传》《象传》言刚柔位当者二十三条，言位不当者二十四条，共四十七条。"（《周易大传今注·卷首》）高先生统计不确。第一，他将《象》释《需》上六"虽不当位"计算到刚柔当位之中。《需》上六是阴爻居阴位，本当言当位，而《象》言"不当位"，说明《象》关于当位与不当位的说法并非专指阴阳居位，这种违例现象在其他方面也存在。第二，没有将"得正"计算在内。如《象》释《讼》云："'利见大人'，尚中正也。"中正，指九五居中，且以阳居阳位。《象》释《履》云："刚中正，履帝位而不疚，光明也。"此中正与《讼》之"中正"同义。《象》释《豫》六二云："'不终日贞吉'，以中正也。"此中正指六二爻以阴爻居阴位。《彖》言正者且与居位有关者约十二条，《象》言正者且与居位有关者约十二条，这样言刚柔当位者约四十四条。第三，没有将含有居位不当之义的《彖》《象》辞计算在内。如《象》释《师》六五云："'弟子舆尸'，使不当也。"此"不当"取之于《师》六五以阴爻居阳位。《象》释《归妹》六三云："'归妹以须'，未当也。"未当，指六三以阴居阳位，也有失位之义。故《彖》《象》言位不当者当为二十六条。

这里需要说明的是，关于当位或不当位有违例现象。如前所言，《象》释《需》上六言"虽不当位"，又如《象》释《艮》初六言"未失正"，释《艮》六五言"以中正"等，诸如此类，皆非指阴阳居位，而是指爻在六爻之中所处的位置及与其他爻的关系。《需》上六之阴居卦之终，又乘九五之刚，故言不当位。《艮》初六虽失位，但因初六为阴爻，阴有静义，正合乎艮为止之义，故言"未失正"。而《艮》六五之阴居阳位中，柔而能刚，以示"言有序"。对于这类问题，先儒或言"未详"，或疑为误讹而改经，恐不妥。

其三，《易传》以乘、顺（承）释《易》。乘指柔乘刚，即阴爻本当在阳下而今在阳之上，故曰乘。乘，有乘凌之义。如《象》释《夬》云："'扬于王庭'，柔乘五刚也。"夬卦一阴五阳，阴为柔，阳为刚，故此卦有一阴柔乘凌五阳刚之象。《象》释《归妹》云："'无攸利'，柔乘刚也。"此言《归妹》六三阴爻居九二阳爻之上，六五阴爻居九四阳爻之上，故言"柔乘刚"。又如《象》释《屯》六二云："六二之难，乘刚也。"是言《屯》六二阴爻居初九阳爻之上，故称"乘刚"。《象》释《豫》云："'六五贞疾'，乘刚也。"也是此义。顺，指柔顺刚。即阴爻居阳爻之下，故言顺。"顺"有顺从之义，有时也称"承"。如《象》释《巽》云："柔皆顺乎刚。"《巽》卦初、四两爻为阴爻，且皆在阳爻之下，初六在九二、九三之下，六四在九五、上九之下，故曰"柔皆顺乎刚"。《象》释《旅》

云：“柔得中乎外，而顺乎刚。”柔，指六五阴爻。刚，指上九阳爻。六五阴爻居上九阳爻之下，故称“顺乎刚”。《象》释《颐》六五云：“‘居贞’之‘吉’，顺以从上也。”顺以从上，是言六五阴爻居上九阳爻之下而顺从上阳。《象》释《蛊》初六云：“‘干父之蛊’，意承考也。”释《蛊》六五云：“‘干父之用誉’，承以德。”前“承”是言初六阴爻居九二阳爻之下而阴承阳。后“承”是指六五阴爻居上九阳爻之下而阴承阳。《象》释《节》六四云：“‘安节’之‘亨’，承上道也。”承上道，指六四阴爻居九五阳爻之下而顺承于阳。

其四，《易传》以应释《易》。所谓应，指一卦之中阴阳爻彼此相互呼应。因阳爻为刚，阴爻为柔，故称刚柔应。如《象》释《比》云：“‘不宁方来’，上下应也。”此是指《比》一阳五阴，故上下五阴与九五之阳应。《象》释《小畜》云：“柔得位而上下应之。”柔，指《小畜》六四，此谓上下五刚而应六四之柔。《象》释《恒》云：“刚柔皆应。”此指《恒》卦初四、二五、三六刚柔皆相应。《象》释《同人》云：“中正而应。”此言《同人》九五之刚与六二之柔相应。《象》释《艮》云：“上下敌应，不相与也。”此言《艮》初四、二五、三上皆为同性，初四、二五皆为阴爻，三上皆为阳爻，故不相应，即“敌应”。通观《象传》刚柔相应说，不外乎五柔应一刚、五刚应一柔、三刚应三柔、三刚三柔敌应、两中爻相应等五种情况。《象传》刚柔相应说反映了作者的阳刚阴柔互补而致和谐的思想。

其五，《易传》以爻居卦位释《易》。爻居卦位指爻在卦中所处的位置，它包括下位、上位、尊位等。在《易传》看来，爻有等级，位有贵贱。一般说，五位为尊位，上位为高位，为穷尽盈满之位，初位为下位（贱位）。如《象》释《需》云："位乎天位以正中也。"释《大有》云："柔得尊位大中。"天位、尊位皆就五位而言，五位为天位，"天尊地卑"，故知天位、尊位义同。《需》卦阳爻居五位，故称"位乎天位"。《大有》阴爻居五位，故称"柔得尊位"。又如《文言》释《乾》上九云："'亢龙有悔'，穷之灾也。"《象》释《坤》上六云："'龙战于野'，其道穷也。"释《随》上六云："'拘系之'，上穷也。"释《无妄》云："'无妄'之'行'，穷之灾也。"释《坎》上六云"上六失道"。释《姤》上九云："'姤其角'，上穷吝也。"皆以爻居卦上，穷尽盈满而释爻辞。《象》释《履》上九云："元吉在上，大有庆也。"释《大有》上九云："大有上吉，自天佑也。"释《贲》上九云："'白贲无咎'，上得志也。"此以爻居卦之上而位高之义释爻辞。又如《文言》释《乾》初九云："'潜龙勿用'，下也。"《象》释《乾》初九云："'潜龙勿用'，阳在下也。"释《大过》初六云："'藉用白茅'，柔在下也。"此以爻居初位而低下释爻辞。

由以上论述可以看出，《易传》十篇以象（尤其是八卦之象）为最基本的工具，从不同角度对《周易》卦名、卦爻辞进行了系统的、详细的诠释。虽然，从注经角度言，《易传》的这些注释有许多并不符合《周易》作者观象系辞之旨，甚至远离了《周易》本义，但《易传》正是通过这些对《周易》经文超越性的注释，进一步揭示了象辞之间的内在联系，确立了象在注《易》及易学中的显要地位，从而大大地开拓了易学家的视野，对以象注《易》和推动《周易》象数理论的发展和运用都具有重大意义。

四、《易传》在象数易学中的地位

《易传》象数思想的产生，绝非偶然，而是历史发展的结果。战国时，科学技术取得了较大的进步，尤其是历法的完善和数学的发展，为《易传》阐明《周易》象数理论打下了坚实的基础。《易传》之所以能够较准确地描述天地自然变化规律，阐明其与象数的关系，这与当时自然科学的发展是分不开的。从思想史角度看，至战国末，由于经济发展、社会变革而带来的百家争鸣已接近尾声，以儒家为核心、兼收百家的学术统一局面业已形成，经过诸子百家之学之间的碰撞、互补、融合，整个社会的思维水平发生了大的飞跃。这就为《易传》以高度的理论思维阐明《周易》象数提供了可能。

《易传》成书，在易学史上具有划时代意义，它建立了完整的易学体系。《周易》古经六十四卦三百八十四爻，卦与卦、爻与爻、卦象与卦辞、爻象与爻辞、卦辞与爻辞之间并没有明确的逻辑联系。《易传》通过从整体上对《周易》六十四卦的说解以及从象数、义理角度对每一卦的诠释，揭示了卦与卦、卦象与卦辞、爻象与爻辞、卦辞与爻辞之间的内在联系，使《周易》六十四卦变为一个相互联系的有机统一体。由于《易传》吸收了以儒道为主的战国诸子百家的思想精华，从而使易学理论变得博大精深。《周易》卦爻辞本为卜筮之辞，其理论水平很低，《易传》将卦爻辞上升到阴阳对立统一的高度，或者切近社会人事加以诠释，并从宇宙论和社会伦理观的角度探讨《周易》的起源、性质、作用、卦序等问题，赋予《周易》更为深刻的意义，从而改变了《周易》的性质。自此，《周易》具有了二重性。一方面可以用于筮占，另一方面又可以用于道德修养。正是基于这样的变化，《周易》在汉代被尊奉为五经之首、大道之原，登上了大雅之堂。

就象数而言，《易传》的价值在于，它吸收了春秋以来的象数思想，又根据时代的要求，以新的知识概括易学，特别是运用当时的自然科学知识和哲学思维来阐明象、数有关的理论，为《周易》象数理论发展作出了贡献。同时，《易传》系统地以象数注《易》，客观上摆脱了非理性的因素，把《周易》象数变成了一门学问。这为易学家以象数注《易》、建立象数易学体系提供了典范和方法论的指导。两汉易学家言象数多本于《易传》，如孟喜、京房取《易传》阴阳消息变化之义而发明创立了消息卦，虞翻取《文言》"旁通"之词而发明了旁通说。不仅如此，他们在以象数注《易》时，还常常直接引《易传》注《易》或作为旁证。如郑玄以《象传》注《升》卦。《象传》云："地中升木，升。君子以顺德积小以成大。"郑玄注《升》云："升，上也。坤地巽木，木生地中，日长而上，犹圣人在诸侯之中，明德日益高大也。"（《周易集解》卷九引）荀爽引《系辞》"二四同功"注《师》六四云："左，谓二也。阳称左。次，舍也。二与四同功，四承五，五无阳，故呼二舍于五，四得承之，故无咎。"（同上卷三引）虞翻以纳甲注《坤》"西南得朋"时引《兑·象》《文言》《象》之文。他说："谓阳月三日变而成震出庚，至月八日成兑见丁，庚西丁南，故西南得朋。谓二阳为朋。故'兑，君子以朋友讲习'。《文言》曰'敬义立而德不孤'，《象》曰'乃与类行'。"（同上卷二引）因此，《易传》不仅是易学义理派之祖，也是象数派之宗。

第七章　清华简象数思想

　　2013 年,《清华大学藏战国竹简（肆）》（以下简称"清华简"）①正式出版,公布了由李学勤先生等整理的《筮法》和《别卦》两篇释文。不少学者已根据此释文进行了相关研究。如子居先生认为:"清华简《筮法篇》最有可能抄写于战国末期初段的公元前 299 年左右,并且全部清华简很可能是出自楚项襄王或其重臣之墓。"②此外,李学勤先生、廖名春先生于《文物》发表了两篇关于清华简《筮法》研究的文章③,李尚信、程浩于《周易研究》就清华简《筮法》涉及的具体问题发表了自己的见解。④清华简为我们了解和研究战国易学尤其是数字卦、《归藏》、《周易》筮法等相关的问题提供了新的证据。

---

① 李学勤主编《清华大学藏战国竹简（肆）》,中西书局,2013 年。
② 子居《清华简筮法解析》,《周易研究》,2014 年第 6 期。
③ 李学勤《清华简〈筮法〉与数字卦问题》、廖名春《清华简〈筮法〉篇与〈说卦传〉》,均载《文物》2013 年第 8 期。
④ 李尚信《论清华简〈筮法〉的筮数系统及其相关问题》、程浩《清华简〈筮法〉与周代占筮系统》,均载《周易研究》2013 年第 6 期。

一、清华简与《周易》大衍筮法

清华简中的六画卦使用一、六、九、八、五、四等 6 个数表示，使用频率相差悬殊。按照廖名春先生的统计，清华简《筮法》有 114 个六画卦，其中，纯由一、六构成的就高达 89 个，而杂有九、八、五、四的则只有 25 个。114 个六画卦共 684 爻（数），其中一、六出现高达 631 次，而八、五、九、四一共才出现 53 次，且高度集中于少数几卦之中。对于这种数字使用的悬殊，廖名春教授的解释是一、六相当于阴阳爻，而八、五、九、四是在特殊情况下使用，不再转为阴阳符号，这是成卦法所致。《筮法·爻象》一节专门解释了八、五、九、四的意义，不讲一、六的意义，一、六不是简单的七、六（廖名春教授以为"一"即"七"），已上升到阴阳爻了，而八、五、九、四还是筮数，有其具体的特殊意义。[①]李尚信教授又有另一种解释：清华简用数不相等，不排除在某些情况下，可能有将九、八、五、四并到七、六中的情形，从清华简筮例筮数出现的实际情况并参照大衍筮法筮数出现的概率来看，清华简筮法所得各种筮数出现的概率，也极有可能是不相等的。大衍筮法主要取九、六之变，而清华简筮法则更可能是取八、五、九、四之象。无论是一、六，还是八、五、九、四，都不

---

① 廖名春《清华简〈筮法〉篇与〈说卦传〉》，载《文物》2013 年第 8 期。

是可变的筮数。① 笔者认为，清华简筮法的筮数，可能与大衍筮法有关，理由如下：

其一，清华简《筮法》有关于筮法的记载：

> 凡是，各当其卦，乃力（扐）占之，占之必力（扐），卦乃不忒。（《筮法·十七命》）

马融云："扐，指间也。"（《经典释文》引）虞翻云："扐，所揲之余。不一则二，不三则四也，取奇以归扐，扐并合挂左手之小指为一扐。"（《周易集解》引）按大衍筮法，扐，是将行著过程中出现的余数置于手指之间，即所谓"归奇于扐"（《系辞》），从《清华简》使用的一、四、五、六、八、九之数看，虽然与大衍筮法不同，但有一点可以肯定，即其占筮所用的也是著草之类可以记数的工具，而且从其与大衍筮法都强调"扐"来看，其所用的筮法应当与大衍筮法有内在的联系。从出土文献看，包山简、天星观简、葛陵简记载的筮占工具有"大英"、"大央"、"漆著"、"新长刺"、"长苇"等，② 说明战国时楚人流行用竹签或草作为筮具。③

---

① 李尚信《论清华简〈筮法〉的筮数系统及其相关问题》,《周易研究》2013 年第 6 期。

② 晏昌贵《天星观卜筮祭祷简释文辑校》,载氏著《简帛数术与历史地理论集》,商务印书馆，2010 年，第 126—155 页。

③ 林忠军《试论易学象数起源与〈周易〉文本形成》,《哲学研究》2012年第 10 期。

其二，清华简高度关注八、五、九、四这四个筮数，而且对其意义做了专门说明，这也证明了清华简筮法与大衍筮法有关。众所周知，大衍筮法的最早记载是保存在今本《易传》中的，《系辞传》曰："大衍之数五十，其用四十有九。分而为二以象两，挂一以象三。揲之以四以象四时。归奇于扐以象闰，五岁再闰，故再扐而后挂。乾之策二百一十有六，坤之策百四十有四，凡三百有六十，当期之日。二篇之策，万有一千五百二十，当万物之数也。是故四营而成易，十有八变而成卦。八卦而小成，引而伸之，触类而长之，天下之能事毕矣。"据后人研究，其行著方法有二：

一是"过揲法"。所谓"过揲法"，宋人朱熹《周易本义》有详细记载。其讨论"大衍筮法"，以五十根著草为工具，经过"参伍以变，错综其数"三次推演，即三次"分而为二以象两，挂一以象三。揲之以四以象四时。归奇于扐以象闰，五岁再闰，故再扐而后挂"的变化，获得之数或二十八、或三十二、或三十六、或二十四，然后以四除之，则为七、八、九、六之数。然后将七、八、九、六转化为阴阳符号。[①]

二是"挂扐法"。"挂扐法"是用三变后指间余数之多少定阴阳吉凶，即前面所说的"乃力（扐）占之，占之必力（扐）"。而对于"挂扐法"，《周易正义》有明确解说：

---

① ［宋］朱熹撰，廖名春点校《周易本义》之《筮仪》，广州出版社，1994年，第3—6页。

"十有八变而成卦"者，每一爻有三变，谓初一揲，不五则九，是一变也。第二揲，不四则八，是二变也。第三揲，亦不四则八，是三变也。若三者俱多为老阴，谓初得九，第二、第三俱得八也。若三者俱少为老阳，谓初得五，第二第三，俱得四也。若两少一多为少阴，谓初与二、三之间，或有四或有五而有八也。或有二个四而有一个九，此为两少一多也。其两多一少为少阳者，谓三揲之间，或有一个九，有一个八而有一个四，或有二个八，而有一个五，此为两多一少也。如此三变既毕，乃定一爻。六爻则十有八变，乃始成卦也。（《周易正义》卷七）

按照《周易正义》的解释，每一爻有三变，一变所得挂扐之数或五或九，二变所得挂扐之数或四或八，三变所得挂扐之数或四或八。三变据"五、九、四、八"之多少画出一爻之阴阳符号，经过十八变得出一卦六爻之阴阳符号，以定吉凶。因此，八、五、九、四是大衍筮法行蓍之数，是由数转化为阴阳符号的媒介，在大衍筮法中占有极为重要的地位。而清华简的数字卦运用八、五、九、四之数，并专门解释其意义，证明了清华简与大衍筮法有着特殊的联系。如从清华简强调之"占之必扐，卦乃不忒"来看，《周易》大衍筮法在战国时更多地是用"挂扐法"而不是"过揲法"。

同时，大衍筮法之所以成立，除了有筮数外，也必须有现成的、固定的卦爻符号作为卦。清华简有六十四卦卦名及相关的符号。①虽然符号有所区别，但卦名大致相似。更为重要的是，如果把一、六视为阴阳符号的话，用大衍筮法"挂扐法"可以毫不费力地推演出占大多数的由一、六构成的卦。因此，清华简的筮法应该与《周易》大衍筮法是近亲。

然而，问题并不那么简单。清华简并非完全是由一、六构成的卦，还有掺杂了少量的"八、五、九、四"的卦，这恐怕与战国楚地的筮占的传统习惯有关。具体言之，当地筮占习惯规定了大衍筮法在行蓍过程中，在什么情况下只用一、六，又在什么情况下取"五、九、四、八"当中一个数，这可能与大衍筮法行蓍三变获得三个数有关，也可能与筮占的事情有关。关于如何取"五、九、四、八"之数的规定应当是大衍筮法在不同地域和不同时期的一种特殊的形态。

除此以外，清华简筮法还有一些特色：从占断看，大衍筮法推出的卦有爻变和变卦，用的是爻占和六画卦占，体现的是"以变为占"；而清华简虽有六画卦，从所记筮例看，则无一例用爻变和变卦，即清华简无变卦，不用变爻和变卦占，用的不是六画占，而是八卦占，体现的是"以不变为占"。从卦的构成看，大衍筮法行蓍过程用数，而其结果用阴阳符号表示卦，每一卦有卦名；而清华简《筮法》不记卦名，且符号仍然用数字表示，保留了数字卦的属性。从占问结果看，大衍筮法借助

---

① 李学勤主编《清华大学藏战国竹简（肆）》之《别卦》，上海：中西书局，2013 年。

于《周易》卦爻符号的意义实现，而卦爻辞则是卦爻符号意义的表达，所谓"象者言乎象也"，通过卦爻辞推断吉凶，所谓"辨吉凶者存乎辞"、"系辞焉以断吉凶"；而清华简筮法虽有以筮占为内容的文字，涉及社会中家庭伦理、战争等多方面，还有数字、八卦意义的诸多方面的解释，但却显得繁杂，未有一套像《周易》文本一样的严密的文辞系统。

由此看来，清华简筮法虽然与《周易》大衍筮法"挂扐法"有某种联系，但又与《周易》的大衍筮法有很大的不同，这种筮法保持着早期数字卦的特征，应是本于数字占而不同于《周易》的另一种筮法。而从根源看，清华简虽然为战国简，但其筮法不可能晚于《周易》的大衍筮法。

二、清华简与数字卦占法

根据有关学者统计，商代和西周的数字卦皆使用一、五、六、七、八、九之数，其中，商使用最多的是六、七、八，西周使用最多的是一、六、八。战国天星观楚简使用的是一、六、八、九，包山简用的是一、五、六、八，两简用得最多的也是一、六、八。[1]而一、六使用频率最高。张政烺曾经统计过商周数字卦所使用的 168 个数字，其中用得最多的是一、

① 韩自强《阜阳汉简周易研究》，载陈鼓应主编《道家文化研究》（第 18 辑），北京三联书店，2000 年。

六：一 36 次，六 64 次，七 33 次，八 24 次。战国天星观楚简
十六组数字卦使用一、六、八、九，其中一 37 次，六 49 次，
八 5 次，九 4 次。用得最多的也是一、六。① 笔者粗略统计，
包山简六组数字卦共有 72 个数，一、六共出现 64 次，八、五
共出现 7 次。葛陵简十四组数字卦，除了缺数外，一、六共出
现 149 次，八、五共出现 10 次。无论是殷周时期的数字卦还
是战国简数字卦，从使用的数字的情况看，有一共同的特点，
即使用一、六最多，这与清华简极为相似。有的学者研究认为
一、六是奇偶符号：一是奇数、阳数，六是偶数、阴数；一、
六是阴阳符号的前身，后世的《周易》符号皆源于数字卦的
一、六；六的古老写法为∧，它包含二、四、六 3 个数，变成
一个符号；商人用八，周初也用八，后来周人又将九加入筮数
中，与一、七相通，九由八变来，将一称为九，从而使一、六
转化为九、六。② 有学者对这个过程作了详细描述："当筮数
只用一、六两个数目字记录时，一、六的具体数值已降为次
要，甚至可以置而不论，而其数的性质则上升为主要的了，即
作为所有奇偶数的代表，成为记录筮数的专用数字。这是由具
体筮数到抽象符号（爻象）演变的一个关键过程。……一、六
两个数虽已由具体筮数演变为筮数中一切奇偶数的代表，且进
而抽象化为符号式的爻象，然而在易卦中它的数值称呼并未消

---

① 张政烺《试释周初青铜器铭文中的易卦》，《考古学报》1980 年第 4 期。
② 张政烺《帛书六十四卦跋》，《文物》1984 年第 3 期。

失，直至今本《易经》卦画中的‘--’还是以‘六’来称呼它的。"[1]也有学者提出，《周易》阴阳符号的形成，大致上经历了由∧、一到⅃ㄴ、一，再到--、一的过程。我们赞同一、六是阴阳符号之雏形。考帛书《衷篇》："易之义醉阴与阳，六画而成章，曲句焉柔，正直焉刚。"[2]"曲句焉柔"是言阴爻符号弯曲，用数字表示则为∧（六）或八。"正直焉刚"是言阳爻符号平直，用数字表示则为"一"。战国简与阜阳简《周易》阴爻用"八"，王家台《归藏》阴爻用∧，而马王堆《周易》阴爻用⅃ㄴ。清华简有由一、六构成的数字卦，又有由一、六、四、五、八、九构成的数字卦，更为重要的是，清华简的数字被赋予了特定的意义，以供筮占之用。这些被赋予了特定意义的数字，是数而非爻，却承担了爻的职能，说明清华简保留了战国前流行的数字卦的特征，而有大量用于筮占的具有阴阳意义的一、六构成的数字卦和关于"乃力（扐）占之，占之必力（扐）"的记载。因此，透过清华简可以看到易卦由数字过渡到一、六，再转化为阴阳符号，经历了一个过程。这也是清华简只对八、五、九、四作专门解释而不对一、六作专门解释的一个非常重要的原因。就其文辞而言，清华简占辞涉及死生、得失、会见、娶妻、灾咎、病瘳、祭祀、战争、生育、成败、出

---

① 楼宇烈《易卦爻象原始》，《北京大学学报》（哲学社会科学版）1986年第1期。
② 廖名春《帛书〈衷〉释文》，载氏著《帛书〈周易〉论集》，上海古籍出版社，2008年，第381页。

行、天气等方面的内容，这与出土的其他战国简数字卦的文辞
更为接近。如天星观简、包山简、葛陵简等所见数字卦皆有两
组由六个数字组成的卦，而且还有筮占的文字，分为前辞、命
辞和占辞，多以问病、身体、问官、居家等为内容。①

　　清华简的公布，也为早期数字卦之用提供了新的证据。笔
者曾经推测，数字卦之占问，起自单数占。采用的占法是"一
次得一两数，以一位数占；二次得两两数，以两位数占；三次
得三个数，以三位数占；四次得四两数，以四位数占；五次得
五两数，以五位数占②；六次得六两数，以六位数占。这样能
够解释为何数字卦由不同的数构成"。③早期数字卦中三位数
与六位数居多，恐与筮占几率有关。一次卜筮结果往往会使人
生疑，两次卜筮则会出现两种结果，若皆吉皆凶，则容易决断
吉凶。但若一吉一凶，则不知何从。三次卜筮结果，或两凶一
吉，或两吉一凶，则易于决断。《礼记·曲礼》曰："卜筮不过
三。"按照有些学者的理解，"卜筮不过三"，是指卜筮可一次，
可两次，可三次，以三次常见。④三人同时占一事应当与一人

---

① 李零《中国方术正考》，中华书局，2006年，第219—220页。
② 五位数字卦尚未发现，但有学者考证，古代有五位之卦。见季旭升《古
　文字中的易卦材料》，载刘大钧主编《象数易学研究》（第三辑），巴蜀
　书社，2003年。
③ 林忠军《试论易学象数起源与〈周易〉文本形成》，《哲学研究》2012
　年第10期。
④ 张亚初、刘雨《从商周八卦数字卦谈筮法的几个问题》，《考古》1981
　年第2期。

占三次同。《尚书·洪范》曰："立时人作卜筮，三人占则从二人之言。"此是说，同时用三个人卜筮，则从二人之占，即两人言吉，则以吉断；两人言凶，则以凶断。无论是一人三次占一事，还是三人同时占一事，皆以多为胜，此今本《系辞传》所谓"吉凶者，贞胜者也"。

数字占之所以能够实施的前提，是数字卦每个数字都被赋予一定的与筮占相关的意义，而已出土的早期数字卦极少有文字的记录，无单数意义的记录，战国天星观简、包山简、葛陵简等虽有文字，也无每一位数字的意义说明。而清华简对于数字做了明确的说明，每一位数字有确定的意义。如一、六、五、四、九、八的时间意义：九为子午，八为丑未，一为寅申，六为卯酉，五为辰戌，四为巳亥。(《筮法·地支与爻》)又如八、五、九、四的物象意义：

> 八为风，为水，为言，为飞鸟，为肿胀，为鱼……
> 五象为天，为日，为贵人，为兵，为血，为车，为方，为忧、惧，为饥。
> 九象为大兽，为木，为备戒，为首，为蛇，为曲，为玦，为弓、琥、磺。
> 四之象为地，为圆，为鼓，为珥，为环，为踵，为雪，为露，为霰。(《筮法·爻象》)

不仅如此，清华简《筮法》还将数字的特定意义用于筮占中。如用八、五、九、四占。卦中各见八、四、五、九，故辞曰："春见八，乃亦得。""夏见五，乃亦得。""秋见九，乃亦得。""冬见四，乃亦得。"（《筮法·得》）此言八、五、九、四在不同的季节皆有特定的意义。而八、五、九、四出现于不同的卦，其意义也不同。如《筮法》第二十六节占祟，乾卦有五、九如何，坤卦有八、四如何，劳卦有五、九、四如何，罗卦有一四一五与二五夹四如何，震卦有五、九如何，巽卦有五、九、四如何，各不相同。每一卦中数字所表达意义形式上是用于卦占，其实是用爻占，也是单一数字占。从而证明了早期数字卦起源于单数占。

其次，清华简证明了早期数字卦三位数占的存在。如前所言，早期的数字卦单数占发展到三数占，三数占之形成基于当时人们对于单数筮占的怀疑，而有"卜筮不过三"之说。而长期反复使用三位数占，三位数之固定意义逐渐被确立。这一点也被清华简所印证。清华简有类似三画卦的三位数字卦，有确定的意义。如三位数字的时间意义（如坎、罗、震、兑就有四方四季意义）（《筮法·四季吉凶》）、八卦五行意义（《筮法·卦位图、人身图》）及干支意义（《筮法·天干与卦》）。清华简《筮法》已经大量使用三位数字占的方法。由三位数构成的卦是清华简筮数占的主体，三数占更多是用一、六表示，一、六已具有了阴阳符号的意义，而具有了八卦名字，其基本意义与今本八卦意义相差无几。由此可以看出，清华简是由早期单数占过渡到三位数占的例证。如在"娶妻"节中，有两组数字自上而下为：六六六一六六、一六一六一一，若将数转换为卦，则为谦、睽，用经卦示之如下：

☷坤　　☲罗

☶艮　　☱兑

其文辞言："凡娶妻，三女同男，吉。"（《筮法·娶妻》）谦上坤下艮，睽上离（罗）下兑，坤、离、兑为三女，艮为一男，故"三女同男"。又如在"雨旱"节中，有两组数字卦自上而下为六一一六六、一一六六一六，将数字转换为卦则为咸、涣，用经卦示之如下：

☱兑　　☴巽

☶艮　　☵劳

其文辞言："金木相见在上，阴。水火相见在下，风。"（《筮法·雨旱》）咸卦上兑为金，涣卦上巽为木，故"金木相见"。咸卦下艮为东北属水，涣卦下劳为火，故"水火相见"。

因此，清华简虽然有六位数字组成的卦，却只有三位数字卦占，而无六位数字占。有六十四卦卦名而只用三位数字卦表示，反映出早期八卦占，是以三位数占为形式。而后世的八卦占当本之于此。如汉代流行的八卦占。《易纬》有八卦卦气占。《通卦验》指出：

凡《易》八卦之气，验应各如其法度，则阴阳和，六
律调，风雨时，五谷成熟，人民取昌，此圣帝明王所以致
太平法。故设卦观象以知其有亡。夫八卦缪乱，则纲纪坏
败，日月星辰失其行，阴阳不和，四时易政。八卦气不效
则灾异气臻，八卦气应失常。

与之相同的是，《是类谋》也言八卦占。在《是类谋》作
者看来，帝王的灭亡，皆有征兆，这个征兆就是八卦之气不
效。这里的三画之八卦已被自然界八风所取代，八卦已经不仅
仅是八种符号，而是自然界八风的象征。后世八卦占虽然已无
数字的影子，但我们仍然可以发现三位数字占的痕迹。因此，
清华简八卦占可能与三位数字占有着内在联系。后世的八卦占
与清华简一脉相承，也就是说，后世八卦占本之早期的三位数
字占，这一看法是可信的。

三、清华简《筮法》与《归藏》筮占方法

既然清华简筮法与《周易》大衍筮法既有特殊关系而又
有所不同，那么，其与《归藏》筮法又是什么关系呢？李学勤
先生将清华简筮法与传世的辑本《归藏》、出土的王家台秦简
《归藏》、马王堆帛书《周易》相对比，发现清华简的经卦卦名
写法与楚文字写法"没有特异之处"。如："乾，《说文》从乙
軋声，简文只作'軋'，是假借字。离，简文作'罗'，同于马

王堆帛书《周易》，也系通假。坤，简文作'奥'，是《归藏》特有的写法。……坎，作'袭'，即'劳'字，同于王家台秦简《归藏》，辑本《归藏》作'犖'……其震卦有时作'垈（来）'，按辑本《归藏》震卦作'厘'，与'来'均作来母之部字。"由此，他推断出"《筮法》经卦卦名近于《归藏》"，"与《归藏》有关"。[1] 程浩则从八卦卦序和八卦方位中兑罗两卦的秋收冬藏的意义，进一步证明了清华简《筮法》与《归藏》应该有共同的八卦系统。[2] 其实，在清华简中还有与《归藏》相关之处，如，王家台简《归藏》又有"散"卦，清华简也作"散"，辑本作"散家人"，而各种版本的《周易》皆作"家人"。王家台简《归藏》有"介"卦，清华简也作"介"，而《周易》多作"豫"。又清华简无变爻和变卦，与《连山》《归藏》同。因此李学勤先生与程浩博士的观点可信。

清华简与《归藏》的关系，为我们研究清华简《筮法》的筮占方法提供了一种新的思路。对《归藏》的筮法，前人作了种种推测，如孔颖达指出："周世之卜，杂用《连山》《归藏》《周易》也……《连山》《归藏》以不变为占，占七八之爻。二易并亡，不知实然以否。"（《春秋左传正义》卷三十）贾公彦曰："筮时《连山》《归藏》《周易》亦三易并用，夏殷以不变为占，周易以变者为占。"（《仪礼注疏》卷一）吴莱曰："及推

---

① 李学勤《清华简〈筮法〉与数字卦问题》，《文物》2013 年第 8 期。
② 程浩《清华简筮法与周代占筮系统》，《周易研究》2013 年第 6 期。

其所用之策，《连山》三十有六，《归藏》四十有五，《易》则四十有九。"（《渊颖吴先生文集》卷七《三坟辩》）王应麟曰："郑氏以为《连山》用三十六策，《归藏》用四十五策，《周易》用四十九策。"[①] 这些都是缺乏实证的推测。而今天，出土文献在一定程度上弥补了这一缺憾。湖北江陵王家台 15 号秦墓出土的随葬品除了竹简《归藏》外，还有占卜用具，如："算筹 60 支，较细长，断面呈圆形，一端为骨制，另一端为竹制"；骰子 23 件，且大小不同。大的 9 件，边长 2.9 厘米，小的 14 件，边长 2.4 厘米。"有两件上面和底面为空白，四个侧面分别对刻'一'与'六'字。"23 件骰子中，有大小不同的"六面分别阴刻有一、二、三、四、五、六数字"。[②] 由此可以断定王家台秦简的筮法，是以骨制或竹制品作为行著之具，来完成获得筮数的运算。一种是简化的筮法，即用刻有一、六的骰子，或刻有一、二、三、四、五、六数字，以掷骰子的方式，可以轻易获得由一、六构成的卦，然后用《归藏》文辞占断吉凶。既然清华简数字卦属于《归藏》系统，而且与出土王家台秦简《归藏》属于同一地域，那么，二者之间应该有某种联系。王家台秦简《归藏》有算筹，清华简有"力（扐）占"的记载，可知清华简的筮具是用蓍草或蓍草替代物，其筮法如前所

---

① ［宋］王应麟著，张三夕、杨毅点校《汉制考·汉艺文志考证》，中华书局，2011 年，第 131 页。

② 荆州地区博物馆编撰《江陵王家台 15 号秦墓》，《文物》1995 年第 1 期。

言，是类似《周易》大衍筮法的另一套筮法。另一可能是它也像王家台出土秦简《归藏》一样简化了用蓍草推演的筮法，代之以用刻有数字的实物作为筮具：或用木制或石制的骰子，其六面分别刻有一、六、四、五、八、九之数，使一、六居骰子上下，代表阴阳，四、五、八、九分居骰子四侧面，代表四时四方。通过六次投掷可以求得一、六、四、五、八、九构成的卦。而清华简出现一、六概率多，其他数少，其有可能将骰子制成长宽相等而高度短于长宽的立方体，上下面积相同，大于四个侧面面积。六次投掷骰子后一、六居多，其他数则少。因为用蓍草作为筮具的筮法过于复杂，无法满足当时社会筮占的需求，遂以掷骰子取代，以化繁为简，是合情合理的。因此，一种可能是，清华简筮法如王家台秦简一样，以蓍草为筮具的复杂筮法和以刻有数字的骰子为筮具的简化筮法并用。在现实生活中，更多是用简化的筮法。

四、清华简四位与正卦气说

卦气说，是易学与历法相结合的产物。按照一定的规律，将《周易》六十四卦三百八十四爻与一年中的四时、十二月、二十四节气、七十二候相匹配，就是卦气说。按学界一般的说法，卦气说始于西汉的孟喜，京房和《易纬》进一步修正和完善了孟喜的卦气说。当然，说卦气说始于孟喜，是说卦气说成熟于孟喜。其实，在孟氏、京氏之前，也有卦气说，但不系统。今本《说卦》曰："帝出乎震，齐乎巽，相见乎离，致役乎坤，说言乎兑，战乎乾，劳乎坎，成言乎艮。"则为八卦卦气说。其以震为东，春天；巽为东南，春夏之交；离为南，夏天；坤西南，夏秋之交；兑为西，秋天；乾为西北，秋冬之交；坎为北，冬天。而帛书《易传》有益配春夏、损配秋冬之说。(《要》)《汉书》有四正卦主四方和四季之说。(《魏相丙吉传》) 因此，从内容言之，卦气说包括八卦卦气、四正卦卦气、十二消息卦卦气和六日七分卦气。以此观之，清华简中的四位、四时、八卦之说也是一种卦气说。

首先，清华简《筮法》以四正卦表示四方四时。清华简《筮法》曰："☵ ☵ 至，四正之卦见，乃至。"(《筮法·至》)

整理者指出："依本篇第二十四节《卦位图》，震、离、坎、兑为四正卦，艮、巽、乾、坤则居四隅。"《易纬》之《乾凿度》有"四正四维"说，其意思与此一致。这是目前能够见到的最早提到"四正卦"概念的文献，且非常明确地将四个三画之卦命名为四正卦。清华简《筮法》第二十四节《卦位图、人身图》对四正卦做了解释：

东方也，木也，青色。南方也，火也，赤色。西方也，金也，白色。北方也，水也，黑色也。奚故谓之震？司雷，是故谓之震。奚故谓之劳？司树，奚故谓之裚（劳）。奚故谓之兑？司收，奚故谓之兑。奚故谓之罗（离），司藏，奚故谓之罗（离）。

劳，王家台《归藏》本作㝵，即"劳"，辑本《归藏》作
"荦"，《周易》今本作"坎"，帛书本作"赣"，汉石经本作
"欿"。李过曰："谓坎为荦，荦者，劳也，以万物劳乎坎也。"
(《西溪易说·原序》)黄宗炎曰："坎为劳卦，故从劳谐声而
省，物莫劳于牛，故从牛。"(《周易寻门余论》卷下)则知
劳、荦、坎通，坎、赣、欿通，此劳卦所以为坎卦。按《说卦
传》："坎者，水也，正北方之卦也，劳卦也，万物之所归也，
故曰'劳乎坎'。"故劳卦即坎卦。離，清华简《筮法》之《天
干与卦》《崇》《地支与卦》又作"羅"，王家台秦简《归藏》
作"麗"，辑本《归藏》、《周易》通行本和竹简本作"離"，
帛书作"羅"。"離"和"羅"古相通。《方言》曰："羅谓之
離。""離谓之羅。"《象传》《序卦》《说卦》并云："離者，麗
也。"故離、麗、羅三者通。"震司雷"是谓震卦主雷，雷动而
万物生，《说卦传》："震为雷"。"萬物出乎震，震东方也。"知
震为春生。"劳司树"是言劳卦主树，树有殖意，训为长。颜
师古注《汉书·景帝纪》"益种树"和《韩安国传》"种树以
时"及《货殖传》"教民种树畜养"曰："树者，殖也。"殖，
训为长。杜预注《左传》昭公十八年"夫学殖也"曰："殖，
生长也。"颜师古注《汉书叙传》"屮木之殖山林"曰："殖，
生也，长也。"树又训植，也有长意。颜师古注《汉书·严
助传》"男子不得耕稼树种"曰："树，植也。"郑玄注《周
礼·夏官·田仆》"令获者植旌"曰："植者，树也。"高诱注
《淮南子·主术》"五谷蕃植"曰："植，长也。"故劳卦为长。

"震司雷"、"劳司树"、"兑司收"、"离司藏"，是言四正卦在一年四季中的功能，也是万物生长之规律。《史记·太史公自序》："夫春生夏长，秋收冬藏，此天道之大经也。"《淮南子·本经训》："四时者，春生夏长，秋收冬藏。"清华简将四时与四卦配，是目前能够见到的最早的、最简单的卦气说。这种卦气说基本上与今本《易传》和汉初四正卦一致。如《说卦传》言"万物出乎震，震东方也。……离也者，明也。万物皆相见，南方之卦也。……兑，正秋也，万物之所说也。……坎者，水也，正北方之卦也，劳卦也。"班固引魏相语曰："东方之神太昊，乘震执规司春；南方之神炎帝，乘离执衡司夏；西方之神少昊，乘兑执矩司秋；北方之神颛顼，乘坎执权司冬；中央之神黄帝，乘坤艮执绳司下土。兹五帝所以司，各有时也。"（《汉书·魏相丙吉传》）

清华简四正卦说与今本《易传》不同之处在于劳卦为南方之卦，离卦为北方之卦。廖名春认为："清华简《筮法》篇之所以坎离颠倒，以坎居南方，离居北方，完全是从劳、罗两卦的卦名之义出发的。'劳'有劳作、劳累义，而'春生、夏长'，夏天正是劳作、劳累的季节，故以配夏。'罗'有罗致、归藏义，而'秋收、冬藏'，冬天正是万物闭藏的季节，故以配冬。"[①]笔者管见：从文字学看，劳，金文作𤇾，造字本义是过度操心、心忧如焚。《诗·邶风·燕燕》"实劳我心"即是

---

① 廖名春《清华简〈筮法〉篇与〈说卦传〉》，《文物》2013 年第 8 期。

此意。《说文》："劳，勮也。从力，熒省。熒，火烧冖，用力者劳。"指用力烧火。引申为劳作。因此上有两火。故以劳为南方之卦。羅，本指张网捕鸟。《说文》："羅，以丝罟鸟也。"《系辞传》指出："古者包牺氏之王天下也，……作结绳而为罔罟，以佃以渔，盖取诸《离》"。是言伏羲以离卦之象而发明狩猎和捕鱼之网。古代祭祀，张网捕鸟兽。按照《周礼》，罗氏负责捕鸟，用于十二月蜡祭。《周礼·夏官》："罗氏掌罗乌鸟。蜡，则作罗襦。"郑玄注曰："蜡，建亥之月，此时火伏，蛰者毕矣。豺既祭兽，可以罗网围取禽也。"《礼记·郊特性》："大罗氏，天子之掌鸟兽者。""天子大蜡八……岁十二月，合聚万物而索飨之也。"郑玄注曰："岁十二月，周之正数，谓建亥之月也。"因为罗氏捕鸟是在冬季，故羅为四正卦之北方卦。从易学符号看，八卦为"阳卦多阴，阴卦多阳"（《系辞传》）。坎为一阳二阴，为阳卦。羅为一阴二阳，为阴卦。以阴阳符号推断，坎阳卦在上，为夏天；羅阴卦在下，为冬天。从阴阳符号看，清华简排列应有道理。因此，清华简四正卦，似比《说卦传》更为贴近古人的生活状况。

由于四正卦具有时空一体的意义，主四时、四方、五行，反映天道变化，故清华简虽有别卦，却不用别卦，用的是别卦之四卦，即取四位，代表天下四方之事。如清华简列四位表，分别代表某一种事物的四种类型。如军旅之四位，分为右上、右下、左上、左下之位，依次是上军、中军、下军、次军之位。家庭之四位，分为右上、右下、左上、左下之位，依次是子孙、躬身、臣妾、妻之位。社会之四位，分为右上、右下、左上、左下之位，依次是君、身、臣、大夫之位。建筑之四位，分为右上、右下、左上、左下之位，依次是门、室、外、宫廷之位。其四位表见下。

下军之位	上军之位
次军之位	中军之位

臣妾之位	子姓之位
妻之位	躬身之位

臣之位	君之位
大夫之位	身之位

外之位	门之位
宫廷之位	室之位

再如四季与筮占的关系，是一种制约和被制约的关系。四时作为一种外在的、客观的、强大的力量，在筮占活动中通过五行关系制约和决定了八卦之象的吉凶。如清华简《筮法》第二十一节《四季吉凶》曰：

春：来巽大吉，劳小吉，艮罗大凶，兑小凶。

夏：裳劳大吉，来巽小吉，艮罗小凶，兑大凶。

秋：兑大吉，艮罗小吉，劳大凶，【来巽小凶。】

冬：艮罗大吉，兑小吉，来巽大凶，【劳小凶。】

为了更明白清楚，整理者将上引内容作表格如下：

	大吉	小吉	大凶	小凶
春	震巽	坎	艮离	兑
夏	坎	震巽	兑	艮离
秋	兑	艮离	坎	震巽
冬	艮离	兑	震巽	坎

从上表可以看出，此是以四时、八卦之五行之间的关系论吉凶。以季节之五行与八卦所属五行关系言之，基本原则是：当令者旺，令生者相，生令者休，克令者囚，令克者死。清华简《筮法》八卦五行，震巽为木，坎为火，艮为土，离为水，兑为金。如第十一节《雨旱》言：

金木相见，在上，阴；水火相见，在下，风。

此是言上方兑在西方，属金，巽在东南，属木，是"金木相见在上"；下方艮在东北，属水，坎在南方，属火，是"水火相见在下"。五行与颜色、方位、四时相配，则为："东方也，木也，青色。南方也，火也，赤色。西方也，金也，白色。北方也，水也，黑色。"春为木，震巽为木，当令旺，故"大吉"。坎为火，春木生火，为相，故为"小吉"。艮为土，春木克土，为死。离为水，水生春木泄气，为休，故"大凶"。兑为金，金克春木，为囚，故为"小凶"。

从传世文献看，先秦有言四时与方位相配者，如《尚书·尧典》"乃命羲和，钦若昊天"一段。但先秦多言五行属性和五行之用，未言五行之间的复杂关系。如《尚书·洪范》言五行属性："五行：一曰水，二曰火，三曰木，四曰金，五曰土。水曰润下，火曰炎上，木曰曲直，金曰从革，土爰稼穑。润下作咸，炎上作苦，曲直作酸，从革作辛，稼穑作甘。"《左传》《国语》多用五行不同的属性解说事物形成，如《左传》昭公二十五年引子产语曰："则天之明，因地之性，生其六气，用其五行。"《国语·鲁语》引展禽语："及地之五行，所以生殖也。"而清华简《筮法》将五行、四时、四方融为一体，详细论述了八卦所属五行与四时、方位所属五行之间的关系，发展了先秦的五行学说。就易学而言，《说卦传》"帝出乎震"一章言方位与八卦，却未系统言五行。故清华简《筮法》将八卦五行的思想引入了易学，也是易学的一大进展。

同时，清华简《筮法》出土，为研究汉代象数之学的来源提供了有力的证据。西汉学者较多谈论五行、四时的关系及五行之间旺相休囚的复杂关系。如《淮南子·天文训》："东方木也……南方火也……中央土也……西方金也……北方水也。"《淮南子·坠形训》言"木壮，水老火生，金囚土死。火壮，木老土生，水囚金死。土壮，火老金生，木囚水死。金壮，土老水生，火囚水死。水壮，金老木生，土囚火死。"京房《京氏易传》将五行中旺相休囚关系纳入筮占系统，建立了纳甲筮法。清华简《筮法》之出土证明了《淮南子》《京氏易传》的八卦五行说有其所本。

四位不仅用于四时占，还用于占其他事物。如"志事"与"军旅"。清华简《筮法》曰：

> 凡筮志事，而见同次于四位之中，乃曰争之，且相恶也。（《筮法·志事、军旅》）
>
> 凡筮志事及军旅，乃惟凶之所集于四位是视乃以名其凶。（《筮法·四季吉凶》）

此以四位占"志事"与"军旅"之例。四位，指右上右下，左上左下。"志事"，即将达成之事。整理者曰："志事，欲达成之事"。"见同次于四位之中"，指此四卦之次爻皆为阴爻而相同，同类相争，而反目成仇。按照《周易》，同类之爻相敌，异类之爻相应。故曰四阴爻相恶。第二节，言以四位占军旅，军旅之事多有凶险，故以四位筮占为"惟凶之所集""以名其凶"。而整理者解说："结合上节《四位表》与四季吉凶所应之卦，推定何者为凶。……如春季筮军旅之事，得震卦在左上'上军之位'，则为上军大吉之象。"[1]似乎与其意不符。

---

[1] 李学勤主编《清华大学藏战国竹简（肆）》，中西书局，2013年，第108页。

又如清华简用四位筮占乾坤每一月不同时间之吉凶变化。清华简《筮法》之《乾坤运转》：

> 凡乾，月月夕，吉；坤，月朝吉。坤晦之日，逆乾以长（当）巽；内（入）月五日豫（舍）巽，乾坤长（当）艮；旬，乾坤乃各仮（返）亓（其）所。

此言四位"乾坤运转"之吉凶变化。月夕，指月末。月朝，指月初。杨倞注《荀子·礼论》"然后月朝卜日，月夕卜宅，然后葬也"曰："月朝，月初也。月夕，月末也。"此言月夕之时得乾吉，月朝之时得坤吉。乾为金，月末，月落在西，西为金，故月夕得乾为吉。坤为土，月朝，月生在西，西为金，土生金，得坤也为吉。晦，月末最后一天，即三十日。坤为晦，坤一阴长在乾初为巽，五日舍巽，为艮。十五日，月生东，落于西。乾坤各居其所，乾居东，坤居西。整理者指出：

> 此处论筮四位之卦而见乾、坤时的吉凶推断。乾在月夕时恒吉，坤在月朝时恒吉。同时，在一个月内，乾、坤在卦位四隅上运动：在晦日，坤迎乾一起"长巽"，"长"读为同属端母阳部的"当"。《吕氏春秋·大乐》注："当，合也。"乾、坤合巽意指按巽的吉凶判定。"入月五日"即初五日，乾、坤"豫巽"，豫读为舍，意即乾、坤离开巽，而一起"长艮"，即改合于"艮"，指按艮的吉凶判定。

"旬"即初十日，乾、坤各返回原位。乾、坤这样以十日为周期的运动，推想在每个月十一至二十日、二十一至三十日照样进行，图解如次：

简文只有晦而无朔，值得注意。

此节言乾坤运转，是一种纳甲说，为汉易纳甲说之雏形。

五、清华简《筮法》卦爻之象

清华简六画卦之象，用数字表示。而且它是以两个六画之卦为一组。大部分由一、八构成。其实，这就是阴阳符号。一为一，八为六，当然也杂有四、五、八、九等数构成的卦。如整理者所言："(《筮法》)简文只见三爻卦即八经卦之名，没有六爻卦即六十四别卦之名，也未出现卦爻辞。"(《筮法》说明)清华简《别卦》虽有别卦卦名，而无别卦符号。"本篇内容为卦象和卦名。每简顶头书写，自上而下，依次是卦象、卦名。每支简上卦象相同，卦名占一个字的位置（两字以上用合文表示），排列齐整。每简书七个卦名，加上简首卦象隐含的卦名，共八个，通篇恰为六十四卦。其排列顺序与马王堆帛书《周易》一致，应是出于同一系统。""本篇卦象为经卦，卦名为别卦。每简上的卦象都是此卦所包含的上卦。在某种程度上，此篇可以看作经卦衍生谱。"(《别卦》说明）与《别卦》不同，《筮法》用别卦，而无卦名。它用两个别卦符号为一组，两个别卦符号之间不是卦变的关系。这与出土的新蔡葛陵楚简、天星观楚简、包山楚简中的数字卦完全一致。从其使用看，清华简《筮法》只用两个别卦中的八卦之象，而未见用六画之别卦。如《筮法》之《得》中一个卦例：

此两卦右为泰卦，左为升卦。两卦右上为乾，乾为夫；右下左上为坤，坤为妻。故辞曰："妻夫同人，乃得。"

　　又如《得》中另一个卦例：

此两卦右为夬，左为临。此两卦专对兑而言。右上为兑，右下为乾，兑为阴，乾为阳，兑阴在乾阳之上，故辞曰"作于阳。"

左上为坤，左下为兑，兑阴入坤阴之下，故辞曰："入于阴。"
由是观之，清华简《筮法》反映出楚地筮占文化的特色，即以
别卦中的八卦占为其主流，异于以鲁地为核心的北方所用《周
易》筮占系统。子居先生认为，"在先秦时期，实际占筮系统
一直是以清华简《筮法》所归属的数字卦系统为主流模式的。
被后世奉为经典的《周易》的占筮系统则仅是数字卦系统在鲁
地的衍生旁支，从未在先秦时期居于主导地位。"[1]笔者认为，
仅以近几年出土之楚地筮占资料为据，判定清华简《筮法》所
归属的数字卦系统为先秦主流筮占模式，"《周易》的占筮系统
则仅是数字卦系统在鲁地的衍生旁支"，恐失之一偏。因为在
北方诸地至今也未出土春秋战国时期的数字卦，而传世文献
《左传》《国语》所记载二十二筮例，主要记载北方鲁国、晋
国、齐国、郑国等运用《周易》筮占之事，说明当时北方大部
分地区以《周易》筮占取代了原始的数字卦筮占而成为主流。
因此子居先生这一论断，似言之过早。

（一）八卦之象

　　除了八卦四时方位五行之象外，清华简《筮法》也言及八
卦其他象。如其言八卦方位流转之象，与《说卦传》八卦方位
一致。《说卦传》曰："帝出乎震，齐乎巽，相见乎离，致役乎
坤，说言乎兑，战乎乾，劳乎坎，成言乎艮。"依照《说卦传》，

---

[1]　子居《清华简〈筮法〉解析》（修订稿上），《周易研究》2014 年第 6 期。

震为东方，巽为东南，离为南方，坤为西南，兑为正西，乾为
西北。清华简《筮法》有卦位图（见下图），除了坎离颠倒外，
其意与《说卦传》无异。这是目前见到的最早的八卦方位图。
如整理者所言："《筮法》还有将八卦分置八方的卦位图，在迄
今所见《易》图中是最早的。其八卦方位多同于《周易·说卦》
中后世讲的所谓后天八卦，唯坎、离二卦互相背反。仔细考
察，《筮法》不少内容同《说卦》相关，然而又有本身特异之
处。"宋代邵雍等人画出文王八卦图，多为清初黄宗羲、胡渭
等人所诟病。清华简出土后，证明了战国时即有此图。看来宋
儒所绘八卦图并非杜撰，而确有承传。宋人朱震所言先后天之
学的承传系统并非虚言。因此。对清儒的批评还需重新检讨。

清华简《筮法》与《说卦传》一样，用八卦象征阴阳男
女。如《筮法》第七节《雠》：

凡雠，三男同女，女在舟上，妻夫相见，雠。

艮为少男，震为长男，与乾共为'三男'，而兑为少女，是为
三男同女。又如《筮法》第八节《见》：

☷☷ 凡见，三女同男，男见。

☷☰ 凡见，三男同女，女见。

整理者指出："前一卦例，两巽为长女，与坤共为'三女'，坎为中男。后一卦例，震为长男，艮为少男，加乾为'三男'，离为中女。"另外，清华简《筮法》还用内外言八卦，如第十六《战》：

凡是，内胜外。

凡是，外胜内。

内，指下卦；外，指上卦。第一卦例，两卦下卦均为离水，上卦均为劳火，内卦水克外卦火。故曰内胜外。第二卦例则相反。两卦外卦均为离水，内卦均为坎火，外卦水克内卦火，故曰外胜内。子居解释曰："在《筮法》里，离为水，坎为火，因此第一个卦例是'内胜外'，第二个卦例是'外胜内'。推而广之，将八卦按《筮法》第二十一节分属五行：震巽属木、坎属火、兑属金、艮离属水，乾坤属土，然后按五行相生、相克的规律来分析四位卦，即可知外内孰胜。"[1]用内外卦分析六爻之卦，是《易传》释《易》之通例。如《大象传》以内外卦解释一卦之意。与之不同的是清华简《筮法》是用一句话同时解释两卦。

_____

① 子居《清华简〈筮法〉解析》（修订稿下），《周易研究》2014 年第 6 期。

清华简《筮法》有以八卦配人体之象。《说卦传》曰："乾为首。坤为腹。震为足。巽为股。坎为耳。离为目。艮为手。兑为口。"清华简《筮法》有人身图，与《说卦传》完全一致：

这是目前所见最早的以八卦图式解释人体之象。此图具体形象，一看便知。其不同的是离不为目，而居腹部下方。按照学者研究，其符合《说卦传》"其于人也为大腹"。[1]

八卦之象本身有吉凶，即古代可以直接用八卦占。清华简《筮法》之《祟》记录了八卦之凶象：

乾祟：纯、五，寔宗；九，乃山；淆，乃父之不葬死；莫纯，乃室中、乃父。

坤祟：门、行；纯，乃母；八，乃奴以死、乃西祭。

---

[1] 见张克宾《论清华简〈筮法〉卦位图与四时吉凶》，《周易研究》2014年第2期；子居《清华简〈筮法〉解析》（修订稿下），《周易研究》2015年第1期。

四，乃缢者。

艮祟：隶；九，乃虏；五，乃楒馘。

兑祟：女子大面端虦死。长女为妾而死。

劳祟：风、长殇；五，伏剑者；九，牡虏；四，缢者；一四一五，乃辜者。

罗祟：热、溺者；四，缢者；一四一五，长女殇；二五夹四，辜者。

震祟：日出，东方；食日，监天；昃天，莫日，雨师，五，乃狂者；九，乃户。

巽祟：字殇；五、八乃巫；九，柆、兹子；四，非狂乃缢者。

祟，本义指与鬼神相关的祸害。《说文》："祟，神祸也，从示从出。"《一切经音义》："谓鬼神作灾祸也。"这种筮占遇神祸称为祟。《说文》解"叡"曰："楚人谓卜问吉凶曰叡。从又持祟，祟亦声。读若赘。"《左传》昭公元年："寡君之疾病，卜人曰实沈、台骀为祟。"《管子·权修》："上恃龟筮，好用巫医，则鬼神骤祟。"韩非《解老》："凡所谓祟者，魂魄去而精神乱，精神乱则无德。鬼不祟人则魂魄不去，魂魄不去则精神不乱。"这种祸害，往往与不敬鬼神、行事不择吉日有关系。王充《论衡·辨祟篇》曰："世俗信祸祟，以为人之疾病死亡，及更患被罪，戮辱欢笑，皆有所犯。起功、移徙、祭祀、丧葬、行作、入官、嫁娶，不择吉日，不避岁、月，触鬼逢神，

忌时相害。故发病生祸，絓法入罪，至于死亡，殚家灭门，皆
不重慎，犯触忌讳之所致也。"八卦之祟，指筮占神祸时八卦所
代表之凶象。如子居所言："本节是筮问八卦为祟时各为何种神
鬼精怪的这种特殊情况。"①值得注意的是，清华简中八卦之象与
筮法紧密相连，筮法中的"五"、"九"、"四"、"八"四个特殊
数（爻）被纳入八卦之象中，以数为象。这显然是为了满足筮
占需求，当筮占遇到这几个数时，可以直接用这几个数判断之。

　　清华简《筮法》将天干纳入《易》，以八卦配天干。见第
二十五节《天干与卦》，其配法如下：

☴	☳	☲	☵	☱	☶	☷	☰
巽	震	罗	劳	兑	艮	坤	乾
辛	庚	己	戊	丁	丙	乙癸	甲壬

　　此为目前所见最早的干支纳甲之说。汉代京房言纳甲，将
十天干纳入八卦之中，如整理者所言："《京氏易传》卷下有
京房'纳甲'说云：'分天地乾、坤之象，益之以甲、乙、壬、
癸。震、巽之象配庚、辛，坎、离之象配戊、己，艮、兑之象
配丙、丁。'此处简文对应与之相同。"为何八卦如此纳天干？
京房未作解释，而汉末魏伯阳撰《周易参同契》以月体一月
内在不同位置的变化比附八卦形象解释之："三日出为爽，震

①　子居《清华简〈筮法〉解析》（修订稿下），《周易研究》2015年第1期。

庚受西方。八日兑受丁，上弦平如绳。十五乾体就，盛满甲东方。蟾蜍与兔魄，日月气双明，蟾蜍视卦节，兔者吐生光。七八道已讫，屈折低下降。十六转就统，巽辛见平明。艮直于丙南，下弦二十三。坤乙三十日，东北丧其朋。节尽相禅与，继体复生龙，壬癸配甲乙，乾坤括始终。"宋沈括以乾坤生六子解释之："《易》有纳甲之法，未知起于何时，予尝考之，可以推见天地胎育之理。乾纳甲壬，坤纳乙癸者，上下包之也。震巽坎离艮兑纳庚辛戊己丙丁者，六子生于乾坤之包中，如物之处胎甲者。"（《梦溪笔谈·象数一》）由清华简《筮法》观之，汉代以后流行的京房纳甲说起源甚早，如子居所说："早在京房易之前的先秦时期，纳甲说已广为流传，而纳甲说的流传，则使得《易》占的数字占筮系统因操作计算的繁复而日渐衰微，纳甲本身与天干的直接关系则因简明易得而顺利与《日书》融为一体，所以从现在的各种出土《日书》内容中，往往可寻得数字卦占筮系统的佚说遗存，其各种吉凶推求的理论依据，也往往是发源于数字卦的占筮卦象等内容。"[1]

清华简《筮法》还将地支纳入《易》，以卦配地支。如第二十七节《地支与卦》，其配法如下：

巳亥	辰戌	卯酉	寅申	丑未	子午
兑	艮	罗	劳	巽	震

[1]　子居《清华简〈筮法〉解析》（修订稿下），《周易研究》2015 年第 1 期。

以上是每一卦纳两个辰（地支），而且这两个辰相冲。以筮占而论，其内容离不开时间和方位，故十二辰的时间与空间意义尤为重要。从时间言之，震主子到午，巽主丑到未，劳主寅到申，罗主卯到酉，艮主辰到戌，兑主巳到亥。十二辰的时间意义是不确定的，根据筮占需求，可以分别取其时辰、月份、年份等。从空间言之，震主子午向，巽主丑未向，劳主寅申向，罗主卯酉向，艮主辰戌向，兑主巳亥向。《淮南子·天文训》称这六组地支配对为"六府"："何谓六府？子午、丑未、寅申、卯酉、辰戌、巳亥是也。"扬雄用六个数表示二二相偶的地支："子午之数九，丑未八，寅申七，卯酉六，辰戌五，巳亥四。"（《太玄·玄数第十一》）

卦爻与十二辰相配，在汉代属于爻辰说。京房用爻纳支建立了纳甲筮占系统，《汉书》用爻纳支表达十二音律，《易纬》用爻纳支推算宇宙之循环，郑玄以爻纳支解释《周易》文辞（详见下文）。汉代人以爻纳辰各有特点，但在以爻纳支方面是一致的，而清华简《筮法》则是以八卦纳支。然而不能无视汉代纳支之说与清华简《筮法》之间内在的联系。也就是说，汉代爻辰说当受启于像清华简《筮法》一类的早期易学文献。

（二）数字爻象

清华简《筮法》爻象用数字表示，为数字卦遗存。其专门言卦中"五"、"九"、"四"、"八"几个数。如整理者言："此处'爻'当特指'五'、'九'、'四'、'八'等特异之爻。"清华简《筮法》第二十九节《爻象》云：

> 凡爻象，八为风、为水、为言、为飞鸟、为肿胀、为鱼、为罐篙，在上为饥，下为汰。
>
> 五象为天、为日、为贵人、为兵、为血、为车、为方、为忧惧、为饥。
>
> 九象为大兽、为木、为备戒、为首、为足、为蛇、为它、为曲、为玦、为弓、琥、璜。
>
> 四象为地、为圆、为鼓、为珥、为环、为踵、为雪、为露、为霰。
>
> 凡爻，如大如小，作于上，外有吝；作于下，内有吝；上下皆作，邦有兵命，鹰恋、风雨、日月有食。

这些爻象类似于《说卦传》所言八卦之象。与《说卦传》不同的是，清华简《筮法》是言爻之象。如前所言，这恐与之前流行的数字卦相关。清华简对数字做了明确的说明，每一位数字有其确定的意义，这证明了数字卦起源于单数占，由单数占过渡到三数占，再过渡到两卦四位八卦占。清华简《筮法》爻象，也是目前能见到的最早的爻象。其与今本《易传》爻象相差甚远。今本《易传》之《彖传》《象传》等所言爻象多指阴阳居位（得位、失位、中位等）、爻与爻之间关系（应、比、乘、承）等，相对比较抽象。而清华简《筮法》爻象则比较具体，专指某种具体事物。由此观之，清华简《筮法》筮占系统异于《周易》。

前面言爻象是以三画之八卦纳支，而此处则是以爻纳辰。清华简《筮法》有《地支与爻》图，其配法如下：

巳亥	辰戌	卯酉	寅申	丑未	子午
四	×（五）	︿（六）	—	八	九

按照子居研究，清华简《筮法》爻数与十二辰相匹配，与天水放马滩秦简《日书》乙种简的内容相符合①。天水放马滩秦简《日书》乙种简记载："子九水"、"丑八金"、"寅七火"、"卯六木"、"辰五水"、"巳四金"、"午九火"、"［未八木］"、"申七水"、"酉六金"、"戌五火"、"亥四木"。九为子午，五行为水火；八为丑未，五行为金木；六为寅申，五行为木水；五为辰戌，五行为水火；四为巳亥，五行为金木。秦简《日书》这种五行相配，实际上是古代地支三合局。申子辰合水局，寅午戌合火局，巳酉丑合金局，亥卯未合木局，午戌寅合土局。《淮南子·天文训》有记载："木生于亥，壮于卯，死于未，三辰皆木也。火生于寅，壮于午，死于戌，三辰皆火也。土生于午，壮于戌，死于寅，三辰皆土也。金生于巳，壮于酉，死于丑，三辰皆金也。水生于申，壮于子，死于辰，三辰皆水也。"京房也有类似观点："寅中有生火，亥中有生木，巳中有

生金，申中有生水。丑中有死金，戌中有死火，未中有死木，辰中有死水，土兼于中。"（《京房易传》卷下）将地支与五行相配，使五行关系变得更为复杂，如王新春先生所言："本来，依据夏历，寅卯辰为春，巳午未为夏，申酉戌为秋，亥子丑为冬，春木夏火，秋金冬水，但在生旺墓的视域下，十二地支涵摄着远为复杂的四时、五行隐显消长盈虚内涵。"[①]地支、五行间的复杂关系，最早可以追溯到清华简《筮法》和《日书》等文献。

清华简《筮法》所论爻纳支，其实质是一种爻辰说。如前所言，汉代京房按照阳卦顺、阴卦逆的原则把《周易》三百八十四爻配以地支：乾六爻自下而上分别纳子、寅、辰、午、申、戌六支，坤六爻自下而上分别纳未、巳、卯、丑、亥、酉六支。震卦同乾卦。其余各卦，自下而上，坎卦纳寅、辰、午、申、戌、子，艮卦纳辰、午、申、戌、子、寅，兑卦纳巳、卯、丑、亥、酉、未，离卦纳卯、丑、亥、酉、未、巳，巽卦纳丑、亥、酉、未、巳、卯。其他五十六卦，根据八卦相重原则将辰纳入爻，以此建构庞杂的筮法体系。《汉书·律历志》言乾坤十二爻辰："十一月，乾之初九，阳气伏于地下，始著为一，万物萌动……六月，坤之初六，阴气受任于太阳，继养化柔，万物生长，楙之于未。"《易纬》也言爻辰，是以六十四卦分为三十二对，以两卦为一岁，三十二对，

依次纳辰，为三十二岁一周期。郑玄爻辰说不同于《易纬》。他以乾坤十二爻纳十二支，即"十一月子，乾初九也；十二月丑，坤六四也；正月寅，乾九二也；二月卯，坤六五也；三月辰，乾九三也；四月巳，坤上六也；五月午，乾九四也；六月未，坤初六也；七月申，乾九五也；八月酉，坤六二也；九月戌，乾上九也；十月亥，坤六三也"。其他六十二卦之爻皆视为乾坤相应的爻。因此，汉代爻辰说当本之于清华简《筮法》系统。

六、清华简《筮法》的学术意义

清华简《筮法》的出土，为我们研究先秦易学提供了珍贵的资料。以前，学界仅能利用《国语》《左传》及《易传》所提供的资料来研究先秦易学，故对很多重要问题无法深入展开研究。清华简《筮法》使易学研究者们大开眼界，真实地看到了战国时期《周易》系统之外的其他筮占系统的流行状况，为解决长期困扰易学界的很多问题提供了坚实的证据。如，它基本上证明了数字卦真实存在、《归藏》不伪、《周易》文本符号起源于数字卦，对推动先秦易学研究具有重大的意义。同时，清华简《筮法》也为研究汉代象数易学的形成提供了新的资料。由于先秦易学资料缺乏，过去学界找不到汉代象数易学的理论渊源，如汉代的纳甲说、爻辰说、卦气说等如何形成，从先秦找不到任何线索，使这些象数思想成为无本之木、无源之

水，似乎为汉人凭空发明，导致对汉儒象数之学的评价言过其
实。清华简《筮法》为学界重新审视和检讨汉代象数易学的形
成提供了新的依据。另外，清华简《筮法》有"后天八卦图"
和"人身图"，打破了学界一直坚持的宋代以前无易图的观点。
众所周知，自宋代开始，经过刘牧、邵雍、朱熹等人的推动，
图书之学流行，成为易学的重要分支。此后，河图洛书和先后
天图，一直是易学史上争议的焦点。尤其是清初的毛奇龄、黄
宗羲、胡渭等人，往往以宋以前无图为根据来否定图书之学。
而清华简《筮法》载有"后天八卦图"和"人身图"，使得清
儒此说已无说服力。故对重新评估清初兴起的易学辨伪思潮有
着重要的学术意义。

第二编

西汉：象数易学的兴起与发展

概　述

　　西汉以降，社会经济已有了很大的发展，中央集权制日趋完善，统治者为了巩固已取得的经济和政治成就，建立了适应社会需要的大一统文化。如汉武帝采纳了董仲舒的建议，罢黜百家，表彰六经，定儒家为一尊。并采取相应的措施，如建太学，立五经博士，开弟子员，设科射策。经学成为时人晋身入仕的阶梯。武帝之后的其他帝王纷纷效法。如甘露三年（公元前51年），宣帝在石渠阁诏诸儒讲五经同异，议礼、制度、考文皆以经义为尺度。由于政治上的需求和功利驱使，研习经学，蔚成风气，经学达到空前的繁荣，形成了以儒家思想为内容的经学文化。《汉书·儒林传》云："自武帝立五经博士，开弟子员，设科射策，劝以官禄，讫于元始，百有余年，传业者浸盛，支叶蕃滋。一经说至百余万言，大师众至千余人，盖禄利之路然也。""一经说至百余万言，大师众至千余人"是当时经学繁荣的真实写照。皮锡瑞把经学的发展和繁荣归结为两个原因：一是学经可以做官，即汉初仕不任儒，武帝始任公孙弘为丞相，天下学士靡然向风，元、成、光武、明、章诸帝袭之，宰相公卿之位，未有不用经生者。出现了"黄金满籯不如教子一经"的局面。一是政府大力扶植经学教授。武帝为博士官置弟子五十人，昭帝增百人，宣帝倍增之，元帝设员千人，成帝增三千人，汉末太学诸生至三万人。此分析合乎当时实际情况。两汉经学正是在这种历史背景下得以产生和发展的。汉代易学作为经学的组成部分，亦是如此。

汉代易学传自孔子。孔子晚而喜《易》，韦编三绝，赋予《周易》丰富哲理，并始传授《易》。经孔子五传而至汉代田何，《汉书·儒林传》云：

> 自鲁商瞿子木受《易》孔子，以授鲁桥庇子庸。子庸授江东馯臂子弓，子弓授燕周丑子家，子家授东武孙虞子乘，子乘授齐田何子装。及秦禁学，《易》为卜筮之书，独不禁，故传授者不绝也。汉兴，田何以齐田徙杜陵，号称杜田生，授东武王同子中、雒阳周王孙、丁宽、齐服生，皆著《易传》数篇。同授淄川杨何，字叔元，元光中征为太中大夫。齐即墨成，至成阳相。光川孟但，为太子们大夫。鲁周霸、莒衡胡、临川主父偃，皆以《易》至大官。要言《易》者本之田何。

汉代，田何后学形成了官学四大家和民间两大家。《后汉书·儒林列传》云：

> 田何传《易》授丁宽，丁宽授田王孙，王孙授沛人施

仇、东海孟喜、琅邪梁丘贺，由是《易》有施、孟、梁丘之学。又东郡京房受《易》于梁国焦延寿，别为京氏学。又有东莱费直传《易》，授琅邪王横，为费氏学，本以古文，号古文易。又沛人高相传《易》，授子康及兰陵毋将永，为高氏学。施、孟、梁丘、京氏四家皆立博士，费、高二家未得立。

若从治《易》方法言之，西汉易学可分四大派："曰训诂举大义，周、服等是也；曰阴阳灾变，孟、京等是也；曰章句师说，施、孟、梁丘、京博士之学是也；曰象象释经，费、高是也。"（《续修四库全书总目提要·易汉学》）其中，立于学官的孟、京一派属于今文派，专言象数，并借助象数大谈阴阳灾异，与汉代以齐学为主的天人之学合流。皮锡瑞云：

> 汉有一种天人之学，而齐学尤盛。伏生传五行，齐《诗》五际，公羊《春秋》多言灾异，皆齐学也。《易》有象数占验，礼有明堂阴阳，不尽齐学，而其旨略同。当时儒者以为人主至尊，无所畏惮，借天象以示儆，庶使其君有失德者知恐惧修省。此《春秋》以元统天、以天统君之义，亦《易》神道设教之旨。[1]

---

[1] ［清］皮锡瑞《经学历史》，中华书局，1981 年，第 106 页。

这里的"齐学"，是指秦汉时齐地经学学派。齐地经学研究以《尚书》《诗经》《春秋》著名。因《尚书》有《洪范传》讲五行，战国时齐人邹衍用五行说解说社会现象，提出了五德终始说，认为人类社会历史变化与自然界一样，受水火金木土五种势力支配，朝代的更替体现着五行相克制的关系。如："五德从所不胜，虞土、夏木、殷金、周火。"（《文选·齐故安陆昭王碑》李善注引邹子）邹子这种观点流行于当时。《史记·历书》云："是时独有邹衍，明五德之传，而散消息之分，以显诸侯。"《史记·封禅书》云："邹衍以阴阳主运显于诸侯，而燕齐海上方士传其术，不能通，然则怪迂阿谀苟合之徒自此兴，不可胜数也。"把自然界概括为"五行"并不神秘，然而若比附社会人事则带有神秘色彩。这种由邹衍整合的神秘五行说传至汉代，成为儒家诠释经书的重要材料之一。

起初《诗经》多传自齐地。相传孔子弟子子夏传授《诗》，至汉有鲁、齐、韩、毛四家。鲁人申公，受《诗》于浮丘伯，号鲁诗。齐人辕固生，作《诗传》，号齐诗。燕人韩婴作韩诗内外传，号韩诗。鲁人毛亨为《诗故训传》，以授河南毛苌，称为毛诗。"齐诗五际"又称"四始五际"，是指以五行和地支解说《诗经》。如以干支五行解释诗经篇名。《后汉书·郎颉传》注云："四始，谓《关雎》为《国风》之始，《鹿鸣》为《小雅》之始，《文王》为《大雅》之始，《清庙》为《颂》之始。"《诗纬·氾历枢》云：《大明》在亥，水始也；《四牡》在寅，木始也；《嘉鱼》在巳，火始也；《鸿雁》在申，金始也。"《汉书·翼奉传》孟康注引《诗外传》说:"五际,卯酉午戌亥也,阴阳终始际会之岁,于此则有变革之政。"

《春秋》公羊学源于齐地。相传孔子将《春秋》大义传子夏,子夏传弟子齐人公羊高,公羊高五传至公羊寿。文景时代,公羊寿在齐广收弟子,并将公羊学精华传于齐人胡毋生。公羊学的显著特点是用天人感应思维和阴阳灾异观念解释发生在春秋时的怪异自然现象和人事。这就是汉初齐学。以卜筮而著称的《周易》因与齐学有着相一致的功用,在汉初很快与齐学合流。齐学所推崇的阴阳观念、五行思想、灾异说和当时被称为圣王"参政"的天文、"知命之术"的历法随即成为易学家理解和诠释《周易》的工具,形成了偏于天道的象数易学。

无论是齐学的《尚书》五行、《诗经》四始五际、《春秋》阴阳灾异,还是易学象数,礼学阴阳明堂诸说,在当时都是推知人事吉凶、考察政治得失、国家安危的工具。其概念、方法虽存一定差异,但内容和效果是一致的。这一点,治《齐诗》的翼奉讲得十分明了:

> 天地设位,悬日月,布星辰,分阴阳,定四时,列五行,以视圣人,名之曰道。圣人见道,然后知王治之象,故画州土,建君臣,立律历,陈成败,以视贤者,名之曰经。贤者见经,然后知人道之务,则《诗》《书》《易》《春秋》《礼》《乐》是也。《易》有阴阳,《诗》有五际,《春秋》有灾异,皆列终始,推得失,考天心,以言王道

之安危。(《汉书·翼奉传》)

孟、京一派迎合时代的需要，吸收了当时自然科学和易学的成果，建立了推天道、明人事的象数筮占体系，从而改变了易学发展的大方向，易学总体上转入了以象数治《易》的路数。这一派因借助于象数大谈阴阳灾异，与汉代以齐学为主的天人之学相吻合，故成为汉代易学的主流。班固指出：

> 汉兴推阴阳言灾异者，孝武时有董仲舒、夏侯始昌，昭、宣则眭孟、夏侯胜，元、成则京房、翼奉、刘向、谷永，哀、平则李寻、田终术。此其纳说时君著明者也。(《汉书·眭两夏侯京翼李传》)

其实，这一易学史上的重大变革并非始于京房、翼奉，而始于孟喜。《新唐书》载一行《卦议》曰："十二月卦，出于孟氏章句，其说《易》本于气，而后以人事明之。"孟喜"得易家候阴阳灾变书"而变师法，提出了卦气说，以此解释阴阳灾变，建构出一种天人之学。焦延寿得"隐士之说"，且"尝从孟喜问《易》"，其易学"长于灾变，分六十四卦更直用事，以风雨寒温为候，各有占验"。(《汉书·京房传》)其撰写的《易林》等书，以一卦变为六十四卦，六十四卦则变为四千零九十六卦，发展了孟氏的象数思想。京房受《易》于焦延寿，言八宫、纳甲、世魂、飞伏、五行等，于象数多有发明，以此建立了以占验为内容的庞大的象数体系，故其说虽祖田何，却为异党。京氏易学之形成，标志着汉代兴起的易学变革的完成，即象数易学之形成。皮锡瑞评论说："战国诸子及汉初诸儒言《易》，亦皆切人事而不主阴阳灾变，至孟京出而说始异。"（《经学通论·易经》）又说："首改师法，不出于田何、杨叔、丁将军者，始于孟而成于京。"（同上）被称为"内学"的《易纬》是汉代象数易学的重要著作，它以通论的形式，一方面在天人之学视域下，对《周易》的性质、作者、卦爻结构、易数等有关问题进行了深入的探讨，另一方面又继承了孟喜、京房的思想，对卦气、爻辰、易数诸说加以整合和阐发。其中《稽览图》《通卦验》两篇继承和整合了孟、京易学，专讲卦气说。《易纬》中的"卦气起于中孚"，以坎离震兑为四正卦，六十卦（或六十四卦）主六日七分，又以自复至坤十二卦为消息卦，其余为杂卦，主公、卿、侯、大夫，侯风雨寒温以为征应等，皆出自孟、京之学。总之，《易纬》以通论《周易》为形式，总结和发展了西汉的象数之学。

第一章　孟喜卦气说

一、生平事迹

孟喜，生于汉昭、宣帝之时，约公元前 90 年至公元前 40 年前后，字长卿，东海兰陵（今山东苍山县西南）人。其父孟卿善治《礼》《春秋》，后世所传《后氏礼》《疏氏春秋》皆出孟卿。孟喜遵父之命习《易》，与施仇、梁丘贺同学于田王孙，为汉代易学家田何的再传弟子。他自称得田氏之真传，"师田生且死时，枕喜膝，独传喜。"（《汉书·儒林传》）其实，这是孟喜为了假借其老师声望抬高自己地位而编造的故事。同门的梁丘贺曾疏通证明之："田生绝于施仇手中，时喜归东海，安得此事？"（同上）孟喜学有师法，这是事实。但他并不是田氏的正宗传人，而是一位叛离师门、敢于接受异端邪说的易学家。他"得易家候阴阳灾变书"，以阴阳灾异解说《周易》。正因为如此，起初汉举博士，"众人荐喜，上闻喜改师法，遂不用。"（同上）讫于宣帝时，孟氏易才列于学官，与施仇、梁丘贺并称汉初三大家，"繇是《易》有施、孟、梁丘之学。"（同上）从经学言之，他属今文经派，曾参加过汉宣帝召集的经学讨论会，"与五经诸儒杂论同异于石渠阁"。《汉书·艺文志》载其著作有《孟氏京房》十一篇、《灾异孟氏京氏》六十六篇，另载"《章句》施、孟、梁丘氏各二篇"，皆已亡佚。《隋书·经籍志》载"《孟氏易》八卷，残阙"。汉易有今文和古文之分，孟氏易属今文易。张惠言、孙堂、马国翰、黄奭有《孟氏易》辑本。今天我们研究孟喜的易学思想，主要凭借唐僧一行《卦议》所引孟喜思想。

二、卦气说

卦气说，是两汉易学家借以解说《周易》理论、运用《周易》筮占而建立庞大象数体系的重要方法之一。它按照一定的规律，将《周易》卦爻与四时、十二月、二十四节气、七十二候有机结合起来，形成了一套融《周易》与历法为一体的易学理论。因说《易》本于历法中的节气，故称卦气。按传统说法，卦气说出于《孟氏章句》，唐僧一行《卦议》引孟喜卦气说如下：

> 自冬至初，中孚用事。一月之策，九六七八，是为三十。而卦以地六，候以天五，五六相乘，消息一变，十有二变而岁复初。坎、震、离、兑，二十四气，次主一爻。其初则二至、二分也，坎以阴包阳，故自北正。微阳动于下，升而未达，极于二月，凝涸之气消，坎运终焉。

春分出于震,始据万物之元,为主于内,则群阴化而从
之。极于南正,而丰大之变穷,震功究焉。离以阳包阴,
故自南正,微阴生于地下,积而未章,至于八月,文明之
质衰,离运终焉。仲秋阴形于兑,始循万物之末,为主于
内,群阳降而承之。极于北正,而天泽之施穷,兑功究
焉。故阳七之静始于坎,阳九之动始于震,阴八之静始于
离,阴六之动始于兑。故四象之变,皆兼六爻,而中节之
应备矣。(《新唐书》卷二十七上《历志三》)

以上所引,是孟喜卦气说的唯一传世资料。它大致包含了
以下几方面的内容;

其一,四正卦思想。

孟喜以正居北、东、南、西四方的坎、震、离、兑为四
正卦,分主一年四季,每卦六爻,共二十四爻,分主一年中
二十四节气。坎居正北,从卦象看,是两个经卦坎相重,每一
坎是二阴一阳,上下二阴包一阳,以示阳气萌动而未通达,到
二月坎卦凝固之气消失,坎卦用事结束。故坎卦自初爻至上
爻,分别表示十一月至一月三个月中的冬至、小寒、大寒、立
春、雨水、惊蛰六个节气。这就是孟喜所谓"坎以阴包阳,故
自北正,微阳动于下,升而未达,极于二月,凝固之气消,坎
运终焉。"震卦居正东,从卦象看,是两个经卦震相重,每一
震卦是一阳二阴,一阳动于下,二阴顺从,以示阳气通达,万
物生生不息,极于五月(从方位言,乃正南方),万物盛大显

见，震卦用事结束。故震卦从初爻至上爻，分别表示二月至四月三个月中的春分、清明、谷雨、立夏、小满、芒种六个节气。即孟喜所谓："春分出于震，始据万物之元，为主于内，则群阴化而从之，极于正南，而丰大之变穷，震功究焉。"离卦居正南，从卦象看，是由两个经卦离相重而成，每一个离二阳一阴，以阳包阴，以示微弱的阴气生于地下，聚积而未章明，但到了八月，草木由茂盛开始衰落，离卦用事结束。故离卦从初爻至上爻，分别表示五月至七月三个月中的夏至、小暑、大暑、立秋、处暑、白露六个节气。即孟喜所谓："离以阳包阴，故自南正，微阴生于地下，积而未章，至于八月，文明质衰，离运终焉。"兑卦居正西，从卦象看，兑卦是由两个经卦兑相重而成，每一兑为二阳一阴，一阴居二阳之上而为一卦之主。群阳下降而奉承一阴，以示阳衰阴兴。到了十一月（从方位言，乃正北方），成就万物之功穷尽，兑卦用事结束。故兑卦从初爻至上爻，分别表示从八月至十月三个月的秋分、寒露、霜降、立冬、小雪、大雪六个节气。即孟喜所谓："仲秋阴形于兑，始循万物之末，为主于内，则群阳降而承之。极于北正，而天泽之施穷，兑功究焉。"

在此基础上，孟喜以筮法中老阳老阴、少阳少阴之数，解释四正卦中的阴阳动静变化。在孟喜看来，坎中阳爻为七，少阳不变之象，以示阳气尚未通达，即"阳七之静始于坎"。震初阳爻为九，老阳变化之象，以示阳气兴起，即"阳九之动始于震"。离中阴爻为八，少阴不变之象，以示阴气尚未兴起，即"阴八之静始于离"。兑上阴爻为六，老阴变化之象，以示阴气兴起，即"阴六之动始于兑"。由此，我们可以看到，孟喜将筮法中阴阳老少之数引进四正卦，融象理为一体，使四正卦说得到了升华。兹根据朱震《汉上易传卦图》引李溉《卦气图》作《四正卦图》：

从以上的《四正卦图》可以看出，孟喜的四正卦说，主要本于当时历法所取得的成果和成书于战国的《说卦》，是历法与易学相结合的产物。农业耕作的需要，使我国古代人民很早就掌握了时令节气。春秋时，人们提出了"分"、"至"、"启"、"闭"四个字以代表八气。《吕氏春秋·十二纪》《礼记·月令》《灵枢经·九宫八风》发展了八气说。成书于战国的《周髀算经》也有"八节二十四气"之语。汉代以降，节气说已十分完备，《淮南子·天文训》中已有了准确、详细的二十四节气的记载，而且所用名称及排列顺序，与今天的二十四节气完全相同。这就是孟喜四正卦说在历法方面的主要依据。而卦与方位、四时的配合，孟喜四正卦说主要得之于《说卦》。《说卦》云："万物出乎震。震，东方也。……离也者，明也。万物皆相见，南方之卦也。……兑，正秋也，万物之所说也。……坎者，水也。正北方之卦也。"除了兑卦外，其他卦虽然未言季节，但在古代，季节总是和方位相联系的，如《管子·四时》云："春、夏、秋、冬将何行？东方曰星，其时曰春，……南方曰日，其时曰夏，……西方曰辰，其时曰秋，……北方曰月，其时曰冬。"另外，成于战国时的清华简《筮法》已明言四正卦。清华简《筮法》曰："☷☵ 至，四正之卦见，乃至。"[1]

清华简《筮法》是目前见到的最早的提及四正卦的文献，从其符号看，其所谓四正卦指震、离、坎、兑。更为重要的是清华简《筮法》对于四正卦做了系统解释："东方也，木也，青色。南方也，火也，赤色。西方也，金也，白色。北方也，水也，黑色也。奚故谓之震？司雷，是故谓之震。奚故谓之劳？司树。奚故谓之裻（劳）。奚故谓之兑？司收，奚故谓之兑。奚故谓之羅（离），司藏，奚故谓之羅（离）。"（《筮法》二十四节《卦位图、人身图》）虽然清华简《筮法》的四

---

[1] 李学勤主编《清华大学藏战国竹简（肆）》，中西书局，2013 年，第五节《至》。以下引此书只注篇名。

正卦思想比较简单，而且与《说卦传》不属于一个系统，但是，除了有个别不同外（坎离位置颠倒），其基本上与《说卦传》四正卦主旨一致。汉初也有四正卦思想，如："东方之神太昊，乘震执规司春。南方之神炎帝，乘离执衡司夏。西方之神少昊，乘兑执矩司秋。北方之神颛顼，乘坎执权司冬。中央之神黄帝，乘坤艮执绳司下土。兹五帝所司，各有时也。"（《汉书·魏相传》）过去学界因为资料缺乏，将孟氏四正卦的思想渊源仅仅归于《说卦传》和《汉书·魏相传》，并不正确。

因为孟喜易学在汉代居于官学地位，故其四正卦说为后世许多象数易学家所吸收，广泛流传于世，如虞翻注《系辞》"两仪生四象"云："四象，四时也。两仪，谓乾坤也。乾二五之坤，成坎离震兑四卦，震春、兑秋、坎冬、离夏，故两仪生四象。"《易纬·乾凿度》云："夫万物始出于震。震，东方之卦也。阳气始生，受形之道也，故东方为仁。成于离。离，南方之卦也。阳得正于上，阴得正于下，尊卑之象定，礼之序也，故南方为礼。入于兑。兑，西方之卦也。阴用事而万物得其宜，义之理也，故西方为义。渐于坎。坎，北方之卦也。阴气形，盛阴阳气含闭，信之类也，故北方为信。"《易纬·乾元序制记》云："坎初，冬至广莫。震初，春分明庶。离初，夏至景风。兑初，秋分霜下。"又曰："坎初六冬至，广莫风，九二小寒，六三大寒，六四立春，条风，九五雨水，上六惊蛰。震初九春分，明庶风，六二清明，六三谷雨，九四立夏，温风，六五小满，上六芒种。离初九夏至，景风，六二小暑，九三大暑，九四立秋，凉风至，六五处暑，上九白露。兑初九秋分，阊阖风，霜下，九二寒露，六三霜降，九四立冬，始冰，不周风，九五小雪，上六大雪也。"郑玄注《通卦验》曰："冬至，坎始用事而主六气，初六爻也。小寒于坎直九二，大寒于坎直六三，立春于坎直六四，雨水于坎直九五，惊蛰于坎直上六。……大雪于兑直上六。"由此可见，孟喜四正卦说，以其独特的易学思维方式和科学理性的思想内容，成为象数易学家注释易学经典、阐发易学理论及建立筮占系统的必不可少的材料，对象数易学的发展和完善有着极为重要的意义。

其二，十二消息卦思想。

消息，在古代指消长、屈伸之变化。如《庄子·秋水》云："消息盈虚，终则有始。"《剥·象》云："君子尚消息盈虚。"《丰·象》云："天地盈虚，与时消息。"汉代易学家将这种消长变化的思想，通过十二卦卦象形象地表现出来，就是十二消息卦。十二消息卦出自孟喜。唐僧一行评论说："十二月卦，出于《孟氏章句》。"所谓十二卦，是从六十四卦中选取十二卦，然后根据十二卦阴阳之多少，将它们有规律地组合在一起，以表示一年四季十二月阴阳消长的变化特征。这十二卦顺序如下；

复䷗十一月（子）冬

临䷒十二月（丑）冬

泰☷☰正月（寅）春

大壮☳☰二月（卯）春

夬☱☰三月（辰）春

乾☰☰四月（巳）夏

姤☰☴五月（午）夏

遁☰☶六月（未）夏

否☰☷七月（申）秋

观☴☷八月（酉）秋

剥☶☷九月（戌）秋

坤☷☷十月（亥）冬

　　十二卦与十二月相配，根据在于阴阳消息。十一月，微阳生于地下，"阴阳争，诸生荡"，万物聚于黄泉之下，而《复》一阳生于五阴之下，可视为一阳长于坤阴之初，坤为地，故复卦与十一月相配。十二月，微阳上长，万物萌生，动于黄泉未能达见，而《临》二阳生于四阴之下，故临卦与十二月相配。一月，"天气下降，地气上腾，天地和同，草木繁动"，而《泰》三阳生，内卦为阳，外卦为阴，阴阳交通，故泰卦与一月相配。二月"雷乃发声"，万物去阴而生，"蛰虫咸动，开户始出"，而《大壮》四阳生，阴渐消去。《大壮》外卦震雷居天上，故《大壮》配二月。三月，"生气方盛，阳气发泄，生者毕出"，而《夬》五阳生而决去一阴，故《夬》卦配三月。四月，阳气盛，"盛德在火"。而《乾》六爻全为阳爻，故《乾》

卦配四月。五月，微阴始生于阳下，"阴阳争，死生分"，而
《姤》一阴生于五阳之下，故《姤》配五月。六月，阳气始衰，
阴气起，"草木盛，阴将始刑"，而《遁》二阴生于四阳之下，
阴长阳退，故《遁》配六月。七月，阴气长敌阳气，"天地始
肃"。《否》三阴生，其上三阳爻，下三阴爻，阴阳不通，故
《否》配七月。八月，"雷始收声，蛰虫俯户，杀气浸盛，阳
气日衰。"而《观》四阴生，上逼二阳，故《观》配八月。九
月，"寒气总至"，"霜始降"，"草木黄落"，而《剥》五阴一
阳，五阴剥落一阳，故《剥》配九月。十月，阴气盛，"水始
冰，地始冰"，"盛德在水。"而《坤》六爻全是阴爻，故《坤》
配十月。（以上引文均见《吕氏春秋·十二纪》）由于《复》至
《乾》是阳长阴消的过程，故此六卦称为息卦；而《姤》至
《坤》是阴长阳消的过程，故此六卦称为消卦。阴阳周流消息，
体现为十二个月交替循环，这恐怕就是孟喜说的"五六相乘，
消息一变，十有二变而岁复初"。见下图：

不难看出，十二消息卦说，一方面引历法入《易》，是将易学科学化，客观上使象数易学走上了理性的轨道；另一方面，以十二卦卦象表示十二个月，是将十二月阴阳定量化。一年十二个月有六个阴六个阳，是阴阳数积累的过程，以易象符号指称十二月阴阳，简易明了，推动了历法的规范化。因此，十二消息卦说虽然还存在着某些不合理成分，但在当时及以后很长一段时间内，无论对易学还是对历法，都有着重大的学术意义。

就易学而言，象数易学家多言十二消息卦。京房说过："辛酉以来，蒙气衰去，太阳精明，……然少阴倍力而乘消息。"（《汉书·京房传》）孟康注曰："房以消息卦为辟。辟，君也。""息卦曰太阳，消卦曰太阴。"郑玄注《乾凿度》曰："消息于杂卦为尊"，荀爽注《系辞》"往来不穷谓之通"曰："谓一冬一夏，阴阳相变易也。十二月消息，阴阳往来无穷已，故通也。"虞翻注《系辞》"变通配四时"云："变通趋时，谓十二月消息也。《泰》《大壮》《夬》配春，《乾》《姤》《遁》配夏，《否》《观》《剥》配秋，《坤》《复》《临》配冬，谓十二月消息，相变通而周于四时也。"干宝注《乾》六爻曰："阳在初九，十一月之时，自《复》来也；阳在九二，十二月之时，自《临》来也；阳在九三，正月之时，自《泰》来也；阳气在四，二月之时，自《大壮》来也；阳在九五，三月之时，自《夬》来也；阳在上九，四月之时也。"又注《坤》六爻曰："阴气在初，五月之时，自《姤》来也；阴气在二，六月之时，自《遁》

来也；阴气在三，七月之时，自《否》来也；阴气在四，八月之时，自《观》来也；阴气在五，九月之时，自《剥》来也；阴在上六，十月之时也。"足见孟氏十二消息卦影响之深远。

其三，六日七分说。

孟喜认为，《周易》六十四卦，离、坎、震、兑四卦分主四方与四时，其余六十卦配三百六十五又四分之一日，七十二候。据《新唐书·历志》载，此六十卦以辟、公、侯、卿、大夫五爵位命名，其中辟卦十二：复，临，泰，大壮，夬，乾，姤，遁，否，观，剥，坤。这就是前面所说的十二消息卦，因"辟"为"君主"之意，故又称十二卦为十二月主卦或十二辟卦。公卦十二：中孚，升，渐，解，革，小畜，咸，履，损，贲，困，大过。侯卦十二：屯，小过，需，豫，旅，大有，鼎，恒，巽，归妹，艮，未济。卿卦十二：睽，益，晋，蛊，比，井，涣，同人，大畜，明夷，噬嗑，颐。大夫卦十二：谦，蒙，随，讼，师，家人，丰，节，萃，无妄，既济，蹇。六十卦与三百六十五又四分之一日相配，就是按五个爵位依次交替进行，每月五个爵位，代表五卦。《魏书·律历志·正光历推四正卦术》云："十一月：未济、蹇、颐、中孚、复。十二月：屯、谦、睽、升、临。正月：小过、蒙、益、渐、泰。二月：需、随、晋、解、大壮。三月：豫、讼、蛊、革、夬。四月：旅、师、比、小畜、乾。五月：大有、家人、井、咸、姤。六月：鼎、丰、涣、履、遁。七月：恒、节、同人、损、否。八月：巽、萃、大畜、贲、观。九月：归妹、无妄、明夷、困、剥。十月：艮、既济、噬嗑、大过、坤。"自十一月中孚为始，"中孚为三公，复为天子，屯为诸侯，谦为大夫，睽为九卿，升还从三公，周而复始也。"

以上资料显示，每月值五卦，十二个月共六十卦。然而每月实际日数并非皆三十，即一年并非三百六十日，而是三百六十五又四分之一日。六十卦三百六十爻，一爻主一日，还余五又四分之一日，故每卦除了主六日外，还应加上七分。具体地说："凡主三百六十日余有五日四分日之一者，每日分为八十分，五日分为四百分，四分日之一又为二十分，是四百二十分，六十卦分之，六七四十二，卦别各得七分，是每卦六日七分也。"（孔颖达《周易正义》卷三）简言之，六日七分是指，一年三百六十五又四分之一日，六十卦每卦主六天，还余五又四分之一日，将每日分为八十分，五日为四百分（5×80），四分之一日为二十分（$\frac{1}{4} \times 80$），五又四分之一日为四百二十分（$400 + 20$）。故每卦所主为七分（$420 \div 60$），加上六日，共为六日七分（$365\frac{1}{4} \div 60 = 6\frac{7}{80}$）。

根据孟氏之意，六日七分说还可以配以七十二候。一年二十四节气，每一节气又分为初、次、末三候，共七十二候。每一节气十五天，每候主五天。而每卦约主六日，五乘以六为三十，相当于一个月的天数，即孟氏所说的"卦以地六，候以天五，五六相乘，消息一变。"此"地六""天五"是就《系辞》天地之数而言的，六为地数而称"地六"，五为天数而称"天五"。这说明节气、物候与每月日数有着内在的联系，而六十卦又可以与一年日数相配，故六十卦与物候相配也自然合乎逻辑。

六十卦配七十二候，其具体方法为："初候为始卦，次候为中卦，末候为终卦。凡始候二十四，配以公卦和侯卦；次候二十四，配以辟卦和大夫卦；末候二十四，配以侯卦和卿卦。六十卦配七十二候，缺十二卦，则以侯卦补之。侯卦又分为内外，每月的月首称为节，月中称为中，二十四节气，又分为中气和节气两类，中气十二，节气十二。就一年的节气变化说，十一月中冬至，初候为公卦中孚，次候为辟卦复，末候为侯卦屯内，此为一年节气变化的开始。到次年十一月节大雪末候颐卦，为一年节气变化的终结。此即孟喜所说：'四象之变，皆兼六爻，而中、节之应备矣。'"[1] 如惠栋《易汉学》七十二候图所示：

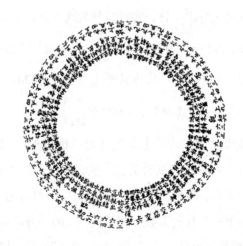

---

[1] 朱伯崑《易学哲学史》(上)，北京大学出版社，1989 年，第 112 页。

值得说明的是，孟喜提出的"自冬至初，中孚用事"，即不以复卦，而以中孚卦配十一月冬至初候，为一年节气之始。这取决于中孚卦合乎于"阳生"的十一月。十一月（子）是阳生之月，从卦象言，复卦是一阳始生，而中孚卦是阳正在生成之中。虞翻注《易·系辞》"言行，君子之所以动天地也"云："巽四以风动天，震初以雷动地，中孚十一月雷动地中。"此言中孚卦有雷动地中之象，中孚二失正，变正后初二三为震雷，二三四互体为坤地，故称"雷动地中"，以示阳气正在产生。在古人看来，雷为阳，雷动则阳气生。《尚书·洪范》："雷，阳也。"又云："正月雷微动而雉雊。"因而雷动地中，以示阳气正在产生。而从卦名之义言，中孚有生之义。《说文》："孚，卵孚也，从爪从子。"《广雅》："孚，生也。"故中孚有生于中之义，所以六十卦与一年三百六十日相配，始于中孚卦，如惠栋所言："案冬至之卦《复》也，其实起于《中孚》，七日而后《复》应，故扬子云《太玄》准以为《中》，为六十四卦之首。《易纬·稽览图》亦云'甲子卦气起中孚也'。"（《易汉学》卷二）

由此，我们可以看到六日七分说也是天文历法与易学相结合的产物。就天文历法而言，当时人们已能够比较准确地推算出一年中的日月数。汉武帝时司马迁、落下闳、邓平等人改《颛顼历》而作《太初历》，推算一月日数为二十九日又八十一分之四十三 $\left(29\frac{43}{81}\right)$，一年日数为三百六十五日又一千五百三十九分之三百八十五 $\left(365\frac{385}{1539}\right)$，即三百六十五

日又四分之一 $\left(365\dfrac{1}{4}\right)$。同时，汉初思想家继承了《吕氏春秋》的思想，比较细致地描述出十二纪阴阳气数、天象、音律及物候的变化（见《淮南子·时则训》）。就易学而言，汉初，经过大师们口述传授，使《周易》这部深奥的典籍广为流传。孟氏的六日七分说正是糅合了易学与天文历法知识而形成的。因此，从某种意义上讲，它是汉初易学和历法研究状况的反映。它将易学与自然科学结合起来，开创了易学研究的新领域，客观上冲淡了《周易》的非理性的色彩，增强了易学的活力，并对后世产生了很大的影响，后世象数易学家在建立其易学体系时多取六日七分说。如《易纬·稽览图》云："甲子卦气起，中孚六日八十分日之七。"《易纬·是类谋》云："冬至日在坎，春分日在震，夏至日在离，秋分日在兑，四正之卦，卦有六爻，爻主一气，余六十卦，卦主六日七分。"郑玄、虞翻、孔颖达等易学家在注释《周易》时皆用过六日七分法。不仅如此，六日七分说也被后世历法所吸收，形成了具有易学特色的历法。从东汉刘洪的《乾象历》、北魏《正光历》到唐代的《开元大衍历》，皆运用了孟氏卦气理论中的六日七分说。可见，六日七分说的价值、意义远远超出了易学的范围。

不过，有学者认为卦气说不始于孟喜，在孟氏之前已有卦气说。其主要的根据有三：一，《子夏易传》将《井》九二"井谷射鲋"之"鲋"训为虾蟆，宋儒朱震指出此为五月卦。二，汉人魏相曾提出四正卦主四方四时说。三，帛书《易传》

有关于益卦配春、损卦配秋的记载。[①] 由此推断在孟喜之前卦气说已形成。

首先看《子夏易传》，子夏训"鲋"为"虾蟆"。在卦气说中，井卦确属五月，然虾蟆与五月毫无联系。在七十二候中，四月初候为"蝼蝈鸣"，蝼蝈即虾蟆。郑玄注《月令》"蝼蝈鸣"曰："蝼蝈，蛙也。""蝼蝈鸣"并非五月候。《礼记·月令》云："孟夏之月，……蝼蝈鸣，蚯蚓出。"卦气七十二候中，旅卦配蝼蝈鸣。故朱震并不是从虾蟆推出五月卦，而是直接用卦气说来理解井卦。其次，从历法角度言之，夏商周三代历法各不相同。"夏以孟春月为正，殷以季冬月为正，周以仲冬月为正。夏以十三月为正，……殷以十二月为正，……周以十一月为正。"（《白虎通德论·三正》）汉代用的是夏历，以孟春月为正月。但与夏历不同的是，一年分十二个月，而不是十三个月。十二消息卦用的历法是汉初的历法。关于这一点，从郑玄的《易》注可以得到证明。郑注《临》"至于八月有凶"云："临卦斗建丑而用事，殷之正月也。当文王之时，纣为无道，故于是卦为殷家著兴衰之戒，以见周改殷正之数云。临自周二月用事，迄其七月，至八月而遁卦受之，此终而复始，王

---

① 帛书《易传》："《益》之为卦也，春以授夏之时也，万勿（物）之所出也，长日之所至也，产之室也，故曰益。《授》者，秋以授冬之时也，万勿（物）之所老衰也，长［夕］之所至也，故曰产。……《益》之始也吉，亓冬也凶；《损》之始凶，亓冬也吉。《损》《益》之道，足以观天地之变而君者之事已。"（《要》）

命然矣。"（《周易集解》卷五）郑氏是在用消息卦注《易》，且将消息卦所主的月份与殷、周月份区别开来。这说明了十二消息卦不可能产生于《周易》成书的殷周之际，也不可能产生于子夏生活的春秋时代。再次，帛书《易传》已有以卦配时的先例，清华简《筮法》有四正卦思想。汉初魏相也有四正卦思想，这些资料对于研究卦气说固然很重要，但它们未成系统，并不完备，单凭它们并不能断定卦气说已形成。一种思想的形成并不是偶然的、孤立的，它总是在继承前人成果的基础上实现的。后者包含前者，前者与后者有联系，这是必然的。因此，在没有更多例证的情况下，我们有理由说，帛书《易传》、清华简《筮法》、魏相的思想是卦气说的雏形，而孟喜是卦气说的真正创造者。他的贡献在于提出了四正卦说、十二消息卦说、六日七分说。

三、孟喜卦气理论的评价

孟喜的卦气说作为一种全新的、独特的易学学说呼应了当时政治、经济和文化的需要，丰富了易学的内容，开拓了易学研究的视野，对两汉乃至后世产生了很大的影响。如前所言，此说在神秘的天人之学氛围下产生，与时代发展紧密相关。当时，社会发展和封建帝国的强大，急需要对传统的天人之学从理论上作新的论证和阐发，赋予其全新的、适合于大一统的封建中央集权制的内容。董仲舒利用主观类比的方法，从自然现象和社会生理现象入手，提出天人感应说、谴告说，重新塑造了"主宰之天"，证明了天人同类、相与、感应。孟喜在易学天人合一的大前提下，通过比较《周易》符号的变化和自然界的变化，推演求证易学和历法的同一，把本来用于占断人事的易学置于"与天地准"的高度，从而完成了天人关系中关于天的论证。按照这个理论，易学之所以能用来筮占，关键在于《易》有与天相一致的属性，可以行施天道。而天道又是人道的原形，明天道则可以知人道。因此易学成为沟通天人的媒介。由于这个原因，卦气说一产生，就补充和完善了董仲舒的感应说、灾异说。如后来的京房《易纬》把它当作"考天时、察人事"的重要方法，以神化封建统治者，匡正时弊。这对于推动社会的发展有积极的意义。由于卦气说是一种反映时代发展潮流、具有时代特色的经世致用的理论，故而它的产生很快为那些具有忧患意识的、敏锐的思想家尤其是易学家所认可和接受，成为当时易学研究的中心议题。

当时，凡致力于象数学说、阴阳灾异者，皆援引卦气说作为理论基础。焦延寿、京房和《易纬》作者等在建构象数体系时皆把卦气说作为一个重要内容加以探讨和吸收。同时，从易学渊源看，孟喜的卦气说本之于《周易》经传。《复》言"七日来复"，《复·象》言"先王以至日闭关"，《系辞》言日月寒暑往来，《说卦》"帝出乎震"一节等，是孟喜卦气说赖以产生的易学基础。由于这个原因，后世易学家在探讨易学起源、诠释《周易》经传文辞时，把卦气说视为其他学说不能取代的重要工具。如东汉大易学家郑玄、荀爽、虞翻及其后世的翟元、干宝、崔憬、朱震等皆资取卦气说治《易》。

更为重要的是，孟喜的卦气说开创了一个易学的新时代。孟喜沿着《易传》所开辟的象数易学道路，紧紧围绕着卦象和蓍数这两个核心，创立了融古代自然科学和易学象数为一体的卦气说，彻底地改变了战国至汉初说《易》的传统。战国时成书的《易传》说《易》兼顾义理与象数，偏重于义理。就象数而言，它只流于一般的理论说明和具体运用，而缺乏具体的论证和理论的建构。如《系辞》或泛泛谈象数，或把象和数局限于筮法应用。《象传》和《彖传》用象数注《易》，而对象数及象数治《易》的方法未作严格的界定和说明。汉初说《易》，继承了《易传》以义理治《易》的传统，皆主义理、切人事，不言阴阳象数。关于这一点，从汉初流传至今的说《易》材料可以得到明证。成书于西汉的《淮南子》《新书》《说苑》《春秋繁露》等所引二十多条易学材料皆明人事，无一例言象数，这说明了孟喜之前的易学是儒家义理易学。孟喜虽师从田王孙，习正宗的儒家易学，却得易家候阴阳灾变书，遂冲破师法束缚，将易学与当时的自然科学相结合，首创卦气说，主阴阳灾变。这就使他的易学在迷信的外壳下包含了科学的内容，客观上增强了易学的理性成分，冲淡了其神学色彩。从这个意义讲，孟喜的易学变革，是对传统以义理为主的儒家易学的挑战，是对象数易学的发展和深化。他所开创的以象数治《易》的思路，影响了中国易学及天文历法的发展。因此，孟喜成为汉代易学象数派乃至整个象数易学的创始人。

不过，孟喜的卦气理论也存在着许多缺陷。如他为了使《周易》六十四卦完全符合历法规定的二十四节气、七十二候、三百六十五又四分之一天，不惜打乱《周易》六十四卦次序，使易学绝对服从历法，这种削足适履的做法，遭到易学家激烈的批判。如焦循认为，《易》与历法是不同的领域："《易》自为《易》，历自为历，其义可通，其用不可合"（《易图略·论卦气六日七分下》）。故他批评孟喜卦气说是"以《易》说历，与以历说《易》，同一牵附"（同上）。因为卦气说牵强附会，故他批评京房、郑玄等人"用以说经，则谬矣。"（同上）他指出了卦气说本与《易》无关，为术家所用："夫《易》六十四卦三百八十四爻与一岁三百六十五日四分之一，本不可以强配，术家取卦名以纪之，以坎、震、离、兑为四正，以乾、坤侪于十辟，以艮、巽为六日七分。《杂卦》彼原无取于八卦、六十四卦之义。……乾、坤、复、姤等用以配十二月，又用以当一月中之六日七分，譬之罗经二十四向，于十干则舍戊己，于八卦止用乾、巽、坤、艮，其别有用意，原无关于《易》也。"（同上）同时代的韩国易学家丁若镛则指出以辟、公、侯、卿、大夫名卦不符合经文。如涣、萃、家人为卿大夫卦，其卦辞皆言"王"。震、晋、丰也为卿大夫之卦，而卦辞言侯之事。显然与《周易》筮法相抵触。他批评以七十二候配六日七分，则更为"义例歪舛""破碎牵挚"。他说："六十四卦，七十二候，厥数不同，本非搭配之物。必去四卦，加增十二，乃可相配。于是，坎、离、震、兑，黜之为四正，以其六爻配之于二十四气，乃执屯、小过、需. 需、豫、旅、大有、鼎、恒、巽、归妹、艮、未济等十二卦，剖之为两段，分配于二候，以成七十二数。破碎牵挚，一至是哉！"他还批评侯卦分为内外卦十分穿凿："所谓侯卦，必剖之为二，内卦属上气，外卦属下气，抑又何义？附会穿凿，正谓此类。"(《易学绪论》卷二《唐书卦气论》)皮锡瑞也曾对卦气说问题进行揭露："六十四卦直日用事，何以震、离、兑、坎四卦不在内，但主二至二分，乾坤为诸卦之宗，何以与诸卦并列，似未免削足适履，强合牵附。"(《经学通论·易经》)而晚清俞樾发现四正卦与二十四节气的相配也存在缺陷，他认为《乾元序制记》不符合《稽览图》之意。《稽览图》只言"冬至日在坎，春分日在震，夏至日在离，秋分日在兑"，而未言"冬至在坎初爻，春分在震初爻，夏至在离初爻，秋分在兑初爻"。另外，《乾元序制记》以四正卦二十四爻与二十四节气匹配是"跨历两时不得其正"。他以《后汉书·樊英传》注举七纬之名而无《乾元序制记》为据，说明此书"乃后人于各纬书掇拾而成"，其四正卦说"未足据"。(见《卦气续考》[①])这些易学家的批评切中要害。总体而言，虽然孟喜卦气说存在一些问题，其创新性在易学史上的意义与价值不容否定。

[①] ［清］俞樾《卦气续考》，收于《春在堂全书》第三册，凤凰出版社，2010年，第366页。

第二章　焦延寿易学

一、生平事迹

　　焦延寿，西汉梁人（今河南东部商丘县南），字赣。家贫贱，因好学而得到梁敬王的资助。学成之后，为郡史察举，补小黄令（小黄，为西汉陈留郡之属县，在今河南兰考附近）。任职期间，常先知奸邪，使为盗者不敢轻举妄动。后因"爱养吏民，化行县中"，被举荐，升迁外地为官。三老官属上书挽留，得到批准，最后死于小黄。焦氏于《周易》自称学于孟喜，其学生京房也认为"延寿《易》即孟氏学"。而孟喜正传弟子翟牧、白生不肯"皆曰非也"。其实，焦延寿易学与孟喜易学有本质区别："焦延寿独得隐士之说，托之孟氏，不相与同"，"其说长于灾变，分六十四卦，更直用事，以风雨寒温为候，各有占验。"（以上所引，见《汉书·京房传》）这些思想后来被其弟子汉代著名易学大师京房继承和发挥。焦氏的易学著作有《易林》《易林变占》。《隋书·经籍志》载有焦氏撰《易林》十六卷、《易林变占》十六卷。《旧唐书·经籍志》载有焦氏《易林》十六卷。《新唐书·艺文志》《宋史·艺文志》

亦有著录。今存焦氏著作有《易林》。

二、《易林》真伪考

今本《易林》是否为焦氏之作，学界有很大争议。清儒顾炎武等人首先提出怀疑，梁启超及今人黎子耀等进而否定了传统的说法。他们或主张《易林》为东汉以后作品（不知何人所作），或主张为崔篆的作品，或认为是许峻的作品。其主要理由有：一，《易林》多引《春秋左传》所记之事，而在焦氏生活的年代，《春秋左传》未立学官。二，《易林》多取《汉书》之事，尤其提到昭君出塞，在焦氏之后。三，《易林》多次提到"刘季"（刘邦），不象汉人所言。四，《易林》不见于《汉书·艺文志》。五，《后汉书·崔骃传》载其父崔篆著《周易林》。王安石撰《许氏世谱》也载，许峻曾作《易林》传于世。六，《文选》所收任昉《竟陵王行状》李善注引《东观汉记》曰："沛献王辅。永平五年秋，京师少雨，上御云台召王，帝取卦具自卦，以《周易卦林》占之，其辞曰：'蚁封穴户，大雨将集。'"其辞见于今本《易林》，故今本《易林》为《周易卦林》，非焦氏所作，也非东汉人所为。

自清迄今，也有不同意此种观点者。他们覃思精研，对其论敌的每一论据皆进行了详尽分析和驳斥。其中比较突出的是四库馆臣和近人尚秉和。

《四库全书总目提要》云：

《易林》十六卷，汉焦延寿撰。……黄伯思《东观余论》以为，名赣字延寿，与史不符。又据后汉小黄门谯君碑称"赣之后裔"，疑赣为谯姓。然史传无不作焦，汉碑多假借通用，如"欧阳"之作"欧羊"者，不一而足，亦未可执为确证。至旧本《易林》首有费直之语，称"王莽时建信天水焦延寿"。其词盖出伪托。郑晓尝辨之审矣。……考《汉书·艺文志》所载《易》十三家，著龟十五家，不及焦氏，隋《经籍志》始著录于五行家，唐王俞始序而称之，似乎后人所附会，故郑晓《古言》疑其《明夷》之《咸林》似言成帝时事，《节》之《解林》似言定陶傅太后事，皆在延寿后。顾炎武《日知录》亦摘其可疑者四五条。然二家所云某林似指某事者，皆揣摩其词。炎武所指'彭离济东，迁之上庸'者，语虽出《汉书》，而事在武帝元鼎元年，不必《汉书》始载。又《左传》虽西汉未立学官，而张苍等已久相述说，延寿引用《传》语，亦不足致疑。惟"长城既立，四夷宾服，交和结好，昭君是福"四句则事在元帝竟宁元年，名字炳然，显为延寿以后语。……昭君之类，或方技家辗转附益，窜乱原文，亦未可定耳。

尚氏更胜四库馆臣一筹，对四库馆臣未尽之意作了细致的补证。如《易林》谓汉高为刘季，似非汉人所宜言，然"《史记》之一则曰季，再则曰季"。《易林》有"昭君"之词。"岂知昭君谓《益》有大离象，而不必实有其事有其人。《震》之《节》云：'乾侯野井，昭君丧居'，岂王昭君死于乾侯乎？《萃》之《临》曰'昭君守国，诸夏蒙德'，岂王昭君又为中国天子乎？此若为昭君，将《易林》言孔明，可谓诸葛亮矣。言则天可为武后矣。言宣和政和，可谓为宋徽宗矣。"在今本《易林》中有《周易卦林》之辞，有人以此定今《易林》为崔篆《易林》。尚氏说："姑无论今传之《因话录》皆作'焦'，无作'崔'者，即使崔《易林》词偶与焦《林》同，亦何足异。唐人诗，甲诗入乙集，乙诗入甲集者，多矣。……况汉人为《易林》者，前后相望，因袭雷同，理所必至乎。唐时，焦氏《易林》、崔氏《易林》并存，见于《唐志》……然必以相传甚久之焦氏《易林》属于崔氏，只见其误，未见其安也。"（详见《焦氏易诂》卷二）

在此基础上，尚氏将今本《易林》为焦氏之作的根据概括为六点："一、所用春秋故事，有为《三传》《国语》《韩诗外传》《说苑》等书所无者，故虽唐人不能注，古书亡也。又所用之字，古义甚多，在存西汉淳朴之气，文不加修饰，自然峭古，与魏晋之涂缋者异。二、显宗以《周易林》筮雨，遇《蹇》，其词在今《易林》中，以问沛献王辅。当此时，诸王如东平王苍，尤深经学，乃不问苍而问辅，以辅善说京氏《易》，焦赣为京氏师，既善京《易》，必知焦氏，故独问辅。三、凡京氏《易》说可考见者，如'朋来'为'崩来'，无妄为大旱卦，皆与焦氏说同，师弟授受，踪迹分明。四、《易林》卦象，如离东坎西，坤水坤鱼。东汉人若知，则解经不误矣。惟其为西汉，故至东汉而失传，致经诂皆误。五、用韵之古，直同周秦。六、《隋志》即有焦赣《易林》，《唐志》焦《易林》与崔《易林》并存，其名实久定，不应忽误崔为焦。"（同上）

总体而言，四库馆臣与尚氏所考，极为精确，可为定论。不过，在某些论证上，仍有可商榷之处。如《易林》"昭君"之词，四库馆臣仍沿袭清人顾氏等人之说，释之为王嫱昭君，并以"昭君之类，或方技家辗转附益，窜乱原文"说明汉王昭君之事与焦氏作《易林》不相抵触。尚氏立足卦象，提出"不必实有其事有其人"。笔者不揣其陋，就"昭君"之词，作一点说明：《易林》中的"昭君"，非指汉王嫱昭君，而是指春秋时鲁国君主鲁昭公。考焦氏《易林》，《节》之《噬嗑》、《震》之《节》云："乾侯野井，昭公失居。"《鼎》之《噬嗑》云："乾侯野井，昭君丧居。"此两段文意完全一致。不同的是，前者言昭公，后者言昭君，故二者当为一人。此昭君为昭公之明证。而《易林》言"昭公"或"昭君"之事，多与王昭君之事不符（尚氏已言），却与鲁昭公之事相合。如《遁》之《蛊》云："昭公失常，季氏悖狂，逊齐处郓，丧其宠身。"此言鲁昭公为季氏所逼，退避齐国郓城。《春秋》云："公至自齐，居于郓。"《左传》云："三月，公自齐，处于郓，言鲁地也。"（昭公二十六年）《春秋》云："公至自齐，居于郓。"《左传》云："公至自齐，处于郓，言在外也。"（昭公二十七年）。《鼎》之《噬嗑》云："东行西步，失其次舍，乾侯野井，昭君丧居。"

此言鲁昭公失国后，曾居乾侯、野井。《左传》云："鸲鵒跦跦，公在乾侯，征褰与襦，鸲之巢，远哉遥遥。稠父丧劳，宋父以骄。"（昭公二十五年）"公如晋，将如乾侯。"（昭公二十九年）"公至自乾侯，处于郓。""公如乾侯。"（昭公三十年）"公在乾侯，言不能外内也。"（昭公三十一年、三十二年）"公薨于乾侯。"（昭公三十二年）又《春秋》云："齐侯唁公于野井。"《左传》云："齐侯将唁公于平阴，公先至于野井。"（昭公二十五年）此为《易林》"昭君"即鲁昭公之证。故尚氏所言昭君"不必实有其事有其人"恐欠妥。至于《萃》之《益》"长城既立，四夷宾服，变和结好，昭君受福"之辞，似言鲁昭公死后，由于长城修建，各国关系日趋缓和，鲁国在孔子治理下，与齐国联盟，收复了郓、龟阴等地。故鲁昭公虽客死他国，也是他的福分。如杜预注《左传》"昭公出故，季平子祷于炀公，九月立炀宫"云："昭公死于外，自以为获福，故立其宫。"因此，《易林》为焦氏所作与书中提及昭君之事并不相悖。

三、《易林》之象辞

《易林》共十六卷。它根据《序卦》六十四卦的排列次序及变卦原理，将六十四卦每一卦变为六十四卦，称为某卦之某卦。这样《周易》上下经六十四卦变成四千零九十六卦。每一卦之下附有类似于《周易》卦爻辞而内容完全不同的一首四言韵语，用以占问吉凶。

就《易林》内容而言，取材十分广泛。有取材于经史典籍的，故《易林》之词常是描述历史事件的。如前面所言《遁》之《蛊》："昭公失常，季氏悖狂，逊齐处郓，丧其宠身。"是言鲁昭公与季氏之事。《师》之《鼎》："子畏于匡，厄困陈蔡，德行不危，竟脱厄害。"言孔子周游遇难。《屯》之《井》："大蛇当路，使季畏惧，汤火之灾，切近我肤，赖其天幸，趋向王庐。"《蛊》之《贲》："转作骊山，大失元心。刘季发怒，禽灭子婴。"是言刘邦创业之事。《坤》之《大畜》："典册法书，藏在兰台，虽遭乱溃，独不遇害。"是言萧何入咸阳收管图书之事。有取材于自然现象的。如《否》之《剥》："桃李花实，累累日息；长大成就，甘美甘食。"言桃李开花结果之事。《噬嗑》之《艮》："郁怏不明，为阴所伤，众雾积聚，共夺日光。"言天气之变化。有取材社会生活的。如《乾》："道陟石阪，胡言连蹇，译瘖且聋，莫使道通，请谒不行，求事无功。"言某人登山之难。《乾》之《蹇》："骑独逐羊，不见所望，径涉虎穴，亡羊失羔。"言某人追逐失羊之事。总之，《易林》取材博而广，其内容包罗万象，丰富多彩。

那么《易林》是怎样产生的呢？它与《周易》是什么关系？笔者认为，《易林》主要受到《周易》的启发、影响而成书，具体地表现在以下几个方面：

（一）《易林》四千零九十六卦的求出是受启发于《周易》筮法运用。按照《周易》的原始筮法，行著结果往往会得出"本卦"和"之卦"（或叫变卦），占断吉凶全依靠两卦卦爻象及卦爻辞。春秋时这种方法十分盛行，在《左传》和《国语》中有二十多个筮占的例子。如晋文公占前途，得"《大有》☰☲之《睽》☲☱"（《左传》僖公二十五年）。崔武子问娶棠姜，"遇《困》☵☱之《大过》☱☴"（《左传》襄公二十五年）。这里"×卦之×卦"是筮占得出本卦和变卦。变卦是根据爻变而成。这样，每一卦六爻变化会遇到六十四种情况，可以得出六十四卦。焦氏以春秋时的卦例为基础，系统地将《周易》六十四卦推演成为四千零九十六卦的《易林》。

（二）《易林》之辞有取自《周易》者。如《乾》之《井》："男女媾精，万物化生。"《豫》之《损》："日中为市，交易资宝。"出自《系辞下》。《系辞传》："天地氤氲，万物化醇，男女媾精，万物化生。""日中为市，致天下之民，聚天下之货，交易而退，各得其所，盖取诸《噬嗑》。"《蒙》之《师》："小狐渡水，污濡其尾。"出自《未济》卦辞，《未济》："亨，小狐汔济，濡其尾，无攸利。"《随》之《艮》："刺羊不当，血少无羹，女执空筐，不得采桑。"出自《归妹》爻辞。《归妹》上六："女承筐无实，士刲羊无血，无攸利。"

（三）《易林》模仿《周易》，观象系辞。《周易》成书，是先有卦象，后有卦爻辞，卦爻辞是根据卦象而定，即所谓观象系辞。如《泰》"小往大来"、《否》"大往小来"，就是根据两卦卦象而作。《泰》☷☰三阳居下有上长之势，三阴居上有消退之势，故有"小往大来"。阳者为大，阴者为小。相反，《否》

䷖三阴居下有上长之势，三阳居上有消退之势，故曰："大往小来。"《易林》之辞的创作亦参照了卦象。这一点为近人尚秉和先生发现。他说："余独认为焦氏林词多至四千余，其必有物焉，以主其辞，不然以一卦为六十四词，虽善者不能也。乃日夜覃精而求其故，求之既久，然后知其本于《易》象。"(《焦氏易诂》卷一) 考焦氏《易林》之辞，多由卦象而出。如《乾》之《屯》有"阳孤亢极"之辞。《屯》䷂二阳四阴，阳少阴多，故"阳孤"。《屯》其中一阳逼近上爻，故曰"亢极"。《乾》之《睽》有"阳旱炎炎"之辞。《睽》䷥外卦为离，二、三、四互体又为离，离为日，为火，两日居上相重，有持续光照之义，故称"阳旱炎炎"。《蒙》之《节》有"三夫共妻"之辞。蒙䷃上艮为少男，节䷻上坎为中男，中互体震为长男，而卦有"三夫"之象。"因《节》卦中爻震为长男，艮为少男，上坎为中男，共三男象。震为夫，故曰三夫。节下兑一女象，故曰三夫共妻。"(《焦氏易诂》卷一) 故知尚氏之说可信。

尚氏沿着这条思路，进而提出焦氏《易林》暗含了许多东汉已失传的象数思想。就数而言，它含有先天卦数、爻数、五行数、纳甲数、九宫数、大衍数等。就象而言，它使用了覆象、旁通、互体、半象等，并包含了六十四卦之象、《说卦》之象、荀氏九家逸象、《左传》易象、孟氏逸象等。由此，他得出了"《易林》亦无一字不根于象"的论断。

诚然，《易林》之辞与卦象有着某种联系，即焦延寿作

《易林》之时，非常熟悉《周易》固有的和春秋以来说《易》者所阐发的象数思想。而《易林》的创作，自觉或不自觉地受到这些象数思想的启发和影响，《易林》之辞与象有着千丝万缕的联系，许多林辞由象而生。但是，决不能将其绝对化，把林辞每个字均归于象。我们可以设想，如果《易林》每一个字皆根于象，那么《易林》四千零九十六卦中相同的卦辞，必然对应着完全相同的卦象，但事实并非如此。如《坤》之《大畜》、《大有》之《恒》、《豫》之《蒙》《大过》、《巽》之《明夷》、《中孚》之《恒》等皆言："典册法书，藏在兰台，虽遭乱溃，独不遇灾。"这几卦除了《大有》之《恒》和《中孚》之《恒》外，其他几卦卦象皆不相同。又如《遁》之《蛊》、《涣》之《兑》皆云"昭公失常，季氏悖狂，逊齐处郓，丧其宠身。"而两卦卦象亦不相同。诸如此类，在《易林》中举不胜举。同时，按照尚氏理论，有相同卦象者，必然对应相同的林辞。考《易林》，有卦象相同而林辞完全不同者。如《乾》之《同人》云："子号索哺，母行求食，反见空巢，訾我长息。"《坤》之《同人》云："长男少女，相向共语，福禄欢喜。"《屯》之《同人》云："三孙维弩，无益于辅。城弱不守，邦君受讨。"这三卦"之卦"卦象皆为同人☰，而其辞皆不相同。这足以说明林辞并非皆根于象。况且，使用这么复杂的象数，使林辞每一个字与卦象对应，这种创作的方法，在古代是根本不可能的，即使在计算机时代的今天也是难以想象的。因此，尚氏关于《易林》"无一字不根于象"的说法欠妥。

四、焦氏易学的意义

《易林》的成书，是易学发展的必然产物。《易经》产生以后，易学朝着"学"和"术"两个方向发展。将《周易》作为一门学问，探求其蕴藏的博大精深的道理，是谓学；将《周易》视为沟通人神的桥梁，专致于预测人生福祸吉凶，是为术。《易林》是对《周易》之"术"的发展和完善。早期大衍筮法运用，遇到了许多问题。如筮法的繁琐与《周易》卦爻辞过于简单形成反差。大衍之数，"分二"、"挂一"、"揲四"、"归扐"成一次变化，三变而成一爻，"十有八变而成卦"。操作过程如此繁琐而神秘。《周易》六十四卦三百八十四爻之辞却简练而具体。行筮的结果仅用几个字或几句话来断复杂的社会生活，往往使筮占者处于难堪的境地。如果有"变卦"，卦爻的取舍也成为筮占者的一大障碍。因而《周易》筮法有待于改进和完善。就社会发展而言，到了汉代，由于官方极力倡导，易学研究蔚成风气，其应用范围不断扩大。原有的《周易》卦爻辞已不能满足人们日益增长的预测社会生活的需求。在此种情况下，《易林》应运而生。

《易林》的产生，是易学史上一件大事。焦氏通过对《周易》卦象和卦辞的重新整合，完成了《周易》筮法的改革。改革后的断辞大幅度增加，信息量增大，其方法（尤其是对行著结果的取舍）方便易行，克服了《周易》筮法中存在的问题，使《周易》筮法趋向完善。正是由于这个原因，《易林》问世后，为历代江湖术士所推崇，从而流传于世。从易学史发展看，《易林》的产生为京房象数易学之形成准备了条件。京房是西汉著名的易学大师，建立了庞大的象数思想体系和以此象数思想为基石的纳甲筮系统。而史载"京房受《易》梁人焦延寿"，故京氏易学的产生与焦氏《易林》的影响是分不开的。从这个意义上讲，焦氏及《易林》在易学发展史上占有不可忽视的地位。

当然，我们应当看到，《易林》重筮占，轻义理，虽然对《周易》的筮法及其运用产生过深远影响，但从思维角度言，则是易学理论的大倒退。成书于战国时代的《易传》兼顾义理与象数，它在为《周易》筮占作理论说明时，强调自然变化之理和社会人伦之道，使易学的思维水平空前的提高，易学理论渐趋完善，使《周易》的筮占功能相对降低。而《易林》发展和完善了《周易》筮法，使易学又回到了《易传》以前神学盛行的状况。因此，《易林》的消极作用也是不言而喻的。

第三章　京房象数易学（上）

一、生平事迹及著述

西汉有两位京房，于易学皆有研究。一位受学于杨何，官至太中大夫、齐郡太守。其学传梁丘贺。《汉书·儒林传》云："梁丘贺，字长翁。……从太中大夫京房受《易》。房者，淄川杨何弟子也。房出为齐郡太守，贺更事田王孙。宣帝时，闻京房为《易》明，求其门人，得贺。"另一位是西汉今文易学、京氏之学创始人。这里所言的是后者。京房（公元前77—公元前37），东郡顿丘（今河南清丰西南）人，字君明。本姓李，好音律，推律自定为京氏。元帝时立为博士，官至魏郡太守。因为他善推阴阳灾异，屡试不爽，名气很大，如《汉书》所言："汉兴推阴阳言灾异者，孝武时有董仲舒、夏侯始昌，……元、成则京房、翼奉、刘向、谷永。"（《汉书·眭两夏侯京翼李传》）京房因此多次得到当时皇帝召见。"永光间，西羌反，日蚀，又久青亡光。房数上疏，先言其将然，所言屡中。天子说之，数召见问。"（同上）他借此以阴阳灾异推论时政，建言朝廷改革吏制。如他向汉元帝献策说：

> 古帝王以功举贤，则万化成，瑞应著；末世以毁誉取
> 人，故功业废而致灾异。宜令百官各试其功，灾异可息。
> (《汉书·京房传》)

元帝采纳京房建议，"诏使房作其事，房奏《考功课吏法》。"(《汉书·京房传》)然而京房提出《考功课吏法》，把持朝政的中书令石显、尚书令五鹿充宗等人极力反对。京房欲借助于《春秋》灾异说劝说元帝远离中书令石显、尚书令五鹿充宗等小人，他说：

> 《春秋》纪二百四十二年灾异，以视万世之君。今陛
> 下即位以来，日月失明，星辰逆行，山崩泉涌，地震石
> 陨，夏霜冬雷，春凋秋荣，陨霜不杀。《春秋》所记灾异
> 尽备。陛下视今为治邪，乱邪？(《汉书·京房传》)

他把矛头直指石显等当权者，认为朝廷欲改革吏制，必须消除皇帝身边专权的小人，他们蒙蔽皇帝，是朝政混乱之根源。皇帝让京房推荐其"弟子晓知考功课吏事者，欲试用之"，石显等人趁机上疏，提出"使弟子不若试师"，元帝接受了石显等的建议，"以房为魏郡太守，秩八百石，居得以考功法治郡"。(《汉书·京房传》)后京房被捕下狱处死。死时年四十一。

京房治《易》，师从梁人焦延寿，得焦延寿真传。"其说长于灾变，以风雨寒温为候，各有占验。房用之尤精。"延寿常

称赞他曰："得我道以亡身者，必京生也。"故京房于《周易》象数多有发明，言纳甲、八宫、世应、飞伏、五星四气等，而且能够运用象数理论进行占验。据其弟子说："房言灾异，未尝不中。"（《汉书·京房传》）京房死后，其学传于东海段嘉、河东姚平、河南乘弘，形成了西汉易学中的"京氏之学"。

京氏一生撰写了不少的易学著作，《汉书·艺文志》载有：《孟氏京房》十一篇、《灾异孟氏京房》六十六篇、《京氏段嘉》十二篇。而《五行志》又引京房《易传》《易占》二书。《隋书·经籍志》载有：《京房周易章句》十卷、《周易错》八卷、《周易占》十二卷、《周易妖占》十三卷、《周易飞候》九卷、《周易混沌》四卷、《周易占事》十二卷、《风角五音占》五卷、《周易飞候六日七分》八卷、《周易守林》三卷、《周易集林》十二卷、《周易四时候》四卷、《周易逆刺占灾异》十二卷、《周易委化》四卷、《逆刺》一卷、《方正百对》一卷、《晋灾异》一卷、《占梦书》三卷等。《新唐书·艺文志》载有：《京氏章句》十卷、《占候》三十三卷。《经典释文·序录》载有：《京房章句》十二卷。以上京氏著作大多佚失，今只存《京氏易传》三卷。《四库全书总目》著录有《京氏易传》三卷，并云："考《汉志》作十一篇，《文献通考》作四卷，均与此本不同。然《汉志》所载古书卷帙多与今互异，不但此篇。《通考》所谓四卷者，以晁、陈二家书目考之，盖以《杂占条例》一卷，合于《易传》三卷，共为四卷，亦不足疑。惟晁氏以《易传》为即《错卦》、《杂占条例》为即《逆刺占灾异》，则未免臆断无据耳。"然今存《京

氏易传》与《汉书》所引《易传》大不相同。前者言与纳甲筮
法相关的内容，后者言卦气、灾异。故知二者是京氏两本不同
的著作。清人对京氏佚失的书有辑录。王保训辑《京氏易》，马
国翰《玉函山房辑佚书》辑有《周易京氏章句》一卷，黄奭
《汉学堂丛书》、孙堂《汉魏二十一家易注》等也有辑录。

二、象数学说的创新

（一）八宫说

京房以当时社会政治文化现实为出发点，秉承西汉以来象
数易学传统，重点研究《周易》易象符号，融易学、天文、历
法、数学等自然科学知识为一体，建构了旨在反映天人之学的
庞杂的象数体系。其中八宫说是京房象数易学的起点，其纳
支、纳甲、世应、飞伏等象数思想皆以此为基础。八宫是重新
建构卦序的象数易学体例。通行的《周易》卦序如《易传·序
卦》所言，起自乾、坤，终至既济、未济。而京氏打破了传统
的六十四卦排列顺序，采用的是完全不同于《序卦》的卦序，
具体地说，将六十四卦分为八宫，每一宫八个卦，以乾、震、
坎、艮、坤、巽、离、兑八卦作为本宫卦。其排列的方法，自
下而上变化每个本宫卦的爻，每变一爻，则为此宫的一卦。变
初爻为一世卦，变至二爻为二世卦，变至三爻为三世卦，变至
四爻为四世卦，变至五爻为五世卦。变至五爻后返回再变第四

爻为游魂卦，再变四爻以下三爻，复归本宫卦为归魂卦。如乾宫，变乾初爻为姤（一世卦），变至二爻为遁（二世卦），变至三爻为否（三世卦），变至四爻为观（四世卦），变至五爻为剥（五世卦），再变四爻为晋（游魂卦），变四爻以下三爻为大有（归魂卦）。其他宫的排列以此类推。这样，以乾、震、坎、艮、坤、巽、离、兑为序，依次变化，就形成了六十四卦的排列顺序。（见八宫表）

八宫表

本宫世说	乾☰	震☳	坎☵	艮☶	坤☷	巽☴	离☲	兑☱
一世	姤	豫	节	贲	复	小畜	旅	困
二世	遁	解	屯	大畜	临	家人	鼎	萃
三世	否	恒	既济	损	泰	益	未济	咸
四世	观	升	革	睽	大壮	无妄	蒙	蹇
五世	剥	井	丰	履	夬	噬嗑	涣	谦
游魂	晋	大过	明夷	中孚	需	颐	讼	小过
归魂	大有	随	师	渐	比	蛊	同人	归妹

京房吸收了他之前的易学研究成果，并加以调整、创新，从而形成了异于传统易学的八宫说。透过八宫说，我们可以看到其精湛和独特的易学思维，具体表现在以下几个方面：

其一，八宫的排列，起自乾而止于兑，所体现的是《说卦》乾坤父母生"六子"的思想。《说卦》云："乾，天也，故称乎父；坤，地也，故称乎母。震一索而得男，故谓之长男；巽一索而得女，故谓之长女；坎再索而得男，故谓之中男；离再索而得女，故谓之中女；艮三索而得男，故谓之少男；兑三索而得女，故谓之少女。"京氏遵循这种理论，排出八宫的次序。京氏注乾宫大有卦云："乾生三男，次入震宫八卦。"注震宫随卦云："降中男而曰坎。"注坎宫师卦云："艮为少男，少男处卦之末，为极也。"注艮宫渐卦云："少男之位，分于八卦终极，阳道也，阳极则阴生，柔道进也，降入坤宫八卦。"注坤宫比卦云："坤生三女，巽离兑分长中下，以阳求阴，乾之巽为长女。"注巽宫蛊卦云："阴入阳退，见中虚，次水中女，……迁入离宫。"注离宫同人卦："适离为兑，入少女，分八卦于兑象。"八宫排列，先四阳（乾、震、坎、艮），后四阴（坤、巽、离、兑），"阳极则阴生"，显然得之于《说卦》。

其二，京氏八宫世魂排列显示的天地人鬼合一的思想，受启发于易学的三才观，是对三才观的发展。《周易》含有天地人三才之道，如经卦下爻代表地，中爻代表人，上爻代表天，别卦六画兼三才而两之，初二为地，三四为人，五上为天。因此，在《周易》中，天地人三才为一体．京氏将这思想运用于八宫世魂卦的排列，提出了"四易"思想：

> 孔子易云：有四易。一世二世为地易，三世四世为人易，五世六世为天易，游魂归魂为鬼易。

在这里，京氏提出"六世"，而在八宫排列中根本没有"六世"。其实，六世是指八宫本卦，即八纯卦。根据爻变原则，乾变上爻为坤，坤本为乾宫六世。坤变上爻为乾，乾本为坤宫六世。以此来推，震本为巽宫六世，巽本为震宫六世，坎本为离宫六世，离本为坎宫六世，艮本为兑宫六世，兑本为艮宫六世。因八卦皆为一宫之主，故多不言"六世"。况且，若言六世，则与本宫不符，正如宋儒张行成所言，"（乾宫）若上九变，遂成纯绅，无复乾性矣。乾之世爻上九不变，九返于四而成离，则明出地上，阳道复行，故游魂为晋，归魂于大有，则乾体复于下矣。""（坤宫）若上六变，遂成纯乾，无复坤性矣。坤之世爻上六不变，返于四而成坎，则云上于天，阴道复行，故游魂之卦为需，归魂于比，则坤体复于下矣，自比又七变焉，而坤体复纯也。"（《元包数总义》卷一）八宫排列，止于五世，后为游魂卦、归魂卦。京氏关于八宫世魂的排列，一方面显现了事物循环往复变化之规律，即一至五世渐进，游魂始变，归魂复归，是客观存在的具体事物变化的图式；另一方面又是贯通天地人鬼的宏观的宇宙符号学或宇宙图式，这是对《易传》和汉代易学整体观的发展。

其三，京氏之八卦排列，集中地显示了八卦相荡、阴阳消长变化的思想。《系辞》云："刚柔相推，八卦相荡。"《丰·彖》云："天地盈虚，与时消息。"汉代易学家在建构新的易学体系时，将《易传》这些思想与卦象相结合，并通过卦象排列，更加生动形象地显示出《易传》这些思想。孟喜首先将消息思想运用到易卦中，提出十二消息卦。京房承袭了孟氏的传统，以六十四卦的新卦序再次揭示八卦相荡、阴阳消息转化的思想，使《周易》六十四卦系统变得生生不息，神妙莫测。京房曾明确地指出；

> 八卦相荡，二气阳入阴，阴入阳，二气交互不停，故曰"生生之谓易"。（《京氏易传》卷下）

八卦相荡，指八卦相重而变化，即六十四卦是本之八卦相重。由于八卦相荡，阴阳交互变化，再现了事物生生不息的特征。如前所言，八宫的排法，取决于爻之变化，是随着本宫卦爻自下而上变化而有规律地排列出六十四卦，显现了易学这种生生不息的变化思想。然从卦的构成看，无论爻如何变化，每一卦依然是由两个经卦相重而成的，而且前三世卦表现得极为有序。如乾宫，一世卦是乾与巽相重，二世卦是乾与艮相重，三世卦是乾与坤相重。四世、五世、游魂、归魂则是从八卦相重后爻变的另一种方式。京氏八宫卦排列，与马王堆帛书《周易》比较，有其独到之处。马王堆帛书《周易》的

卦序完全遵循八卦相重的原则。帛书上卦排列的次序是；键
（乾）、根（艮）、赣（坎）、辰（震）、川（坤）、夺（兑）、罗
（离）、筭（巽）。下卦排列的次序是：键（乾）、川（坤）、根
（艮）、夺（兑）、赣（坎）、罗（离）、辰（震）、筭（巽）. 上
卦的键（乾），依次同下八个卦组合，成为键（乾），妇（否）、
掾（遁）、礼（履）、讼、同人、无孟（无妄）、狗（姤）。帛
书《周易》卦序排列的特点是八卦相重，但是，却不能体现其
阴阳消长变化。而京氏言"八卦相荡"，不仅可以显示阴阳消
长，还可以表现阴阳转化。八宫先四阳卦，后四阴卦，体现了
阴阳转化。京氏注艮宫渐卦云："少男之位，分于八卦终极阳
道也。阳极则阴生，柔道进也，降入坤宫八卦。"而每一宫中
卦与卦之间的关系则更展示了阴阳相荡、消长的思想。如京氏
注《乾》云："阴极阳生。"此指由《乾》转为《姤》。注《姤》
云："阴荡阳，降遁。"此指由《姤》转为《遁》。注《遁》云：
"阴长阳消，降入否。"此指由《遁》转为《否》。注《否》云：
"阴长降入观。"此指由《否》转为《观》。又如京氏注《震》
云："阴阳交互，阳为阴，阴为阳，阴阳二气荡而为象，故初
九、三阴为豫。"此指由《震》转为《豫》。注《豫》云："豫
以阳适阴为内顺，成卦之义在于九四一爻，以阳荡阴，君子之
道，变之于解。"此指《豫》转为《解》。随着阴阳二爻的消
长，卦卦相变，六十四卦按照一定的次序被编排在一起，形成
一个不同于《序卦》的卦序系统。《序卦》六十四卦的排列，
从文字意义看，体现了天地生万物的宇宙衍化思想，卦与卦之

间的关系是矛盾相因、转化。而从符号系统看，则是"二二相偶，非反即覆"。京氏的八宫卦序突破了传统的卦序，自成体系，独具特色。

京氏八宫说提倡新的卦序，旨在完善《周易》的筮占体系，以满足当时社会运用《周易》预知吉凶的需要。汉初，《周易》一方面作为五经之首、大道之原而被尊奉，另一方面与阴阳五行术数结合，形成了一种与当时政治和社会生活相适应的占筮文化。京氏八宫说及以八宫说为基础建立起来的筮占体系则成为当时占筮文化之标志，而且波及汉以后千余年，为历代术数家所推崇。同时，京氏八宫说也为象数易学家所吸收，并用来注释《周易》，以弥补用其他象注《易》之不足。如《九家易》注《谦·象》云："艮山坤地，山至高，地至卑，以至高下至卑，故谦也。谦者，兑世，艮与兑合，故亨。"荀爽注《恒·象》云："恒，震世也，巽来乘之，阴阳会合，故通无咎。"注《随·象》云："随者，震之归魂，震归从巽，故大通。"干宝注《序卦》云："需，坤之游魂也。"以上是取八宫说注《易》之明证。

（二）世应说与飞伏说

与京氏八宫说密切相关的，是他的世应说和飞伏说。关于世应、飞伏的含义，晁公武在《京氏易传》后序中解释说："大抵辨三易，运五行，正四时，谨二十四气，志七十二候，而位五星、降二十八宿，其进退以几而一卦之主者，谓之世。

奇偶相与，据一以起二而为主之相者，谓之应。世之所位而阴阳之肆者，谓之飞，阴阳肇乎所配而终不脱乎本，以隐显佐神明者，谓之伏。"

按照晁氏的解释，京氏的世应，是着眼于《周易》六爻的关系。由于筮占的需要，必须确立六爻中的主从关系。也就是说，一卦六爻当有一个主爻，这个主爻支配着整个卦，决定这一卦的性质，是卦主。吉凶悔吝，取决于卦主，"定吉凶只取一爻之象。"（《京氏易传·姤卦传》）在京氏看来，一卦的卦主就是世爻，有主必有从，从爻与主爻相对应，称作应爻，应爻是辅助爻，即"主之相者"。世应还可以表示主客关系：世为主为我，应为客为他。那么如何确定世应呢？世爻、应爻的确定完全根据八宫爻变原则。具体言之，一世卦初爻变，故初爻为世爻，四爻为应爻；二世卦二爻变，故二爻为世爻，五爻为应爻；三世卦三爻变，故三爻为世爻，上爻为应爻；四世卦四爻变，故四爻为世爻，初为应爻；五世卦五爻变，故五爻为世爻，二爻为应爻；游魂卦四爻变，故四爻为世爻，初为应爻；归魂卦三爻及以下二爻全变，故以三爻为世爻，上爻为应爻。八纯卦则以上爻为世爻，三爻为应爻。

京房又将六爻比附人事，分为六等，以初爻为元士，二爻为大夫，三爻为三公，四爻为诸侯，五爻为天子，上爻为宗庙。由于世应爻的不确定性，社会中的不同等级在《周易》卦中所起作用也有所变化，并形成了一种新的关系。京氏注《姤》云："元士居世，尊就卑。……九四诸侯坚刚在上，阴气处下。"《姤》为乾宫一世卦，初爻为世爻，四爻为应爻，故称"元士居世""诸侯坚刚在上"。此卦以元士为主，以诸侯为应，有"尊就卑"之义。注《否》云："三公居世，上九宗庙为应，君子以俟时，小人为灾。"《否》为乾宫三世卦，三爻为世爻，上爻为应爻，以示三公当政，以宗庙辅之，此为政治昏暗之象，故言"君子以俟时，小人为灾"。注《贲》云："世立元士，六四诸侯在应，阴柔居尊，文柔当世，素尚居高，侯王无累。"《贲》为艮宫一世卦，初爻为世，四爻为应，故有"阴柔居尊，侯王无累"之辞。

京氏的世应说，通过阐发象数思想，以推天道明人事，建立象数筮占的体系。从这个意义上说，京氏这个理论没有多大学术价值。但是，由于它强调了六爻中的主从关系，尤其是主爻问题的提出及与此相关的成卦之主思想，成为易学史上卦主理论的源头。易学史上王弼、吴澄、李光地等人的卦主理论皆发端于此。从社会意义说，京氏的世应说也适应了当时的政治需要，对于维护封建统治、调节社会政治的秩序、推动社会发展有积极的意义。

京氏的飞伏说，着眼于阴阳变化的形式。在京氏看来，阴阳变化往往处于隐显、有无、往来等状态。显见者为飞，隐藏者为伏；有者为飞，无者为伏；来者为飞，往者为伏。如乾卦全为阳爻，坤卦全为阴爻，乾坤互为飞伏。即在乾卦阳为飞，阴为伏；在坤卦阴为飞，阳为伏。京氏认为，乾卦从形式上看，只有阳爻，其实也有阴爻，只是隐藏在阳之中不显见而已。他注《乾》云："六位纯阳，阴象在中。阳为君，阴为臣；阳为民，阴为事。阳实阴虚，明暗之象，阴阳可知。"坤卦也是如此，从形式上看，坤只有阴爻，其实也有阳爻，只是藏在阴之中不显见而已。他注《坤》云："阴中有阳，气积万象，故曰阴中阳。阴阳二气，天地相接，人事吉凶见乎象。"因此，乾坤互为飞伏。从这里我们可以看到，京氏所谓飞伏，实际上是就阴阳爻而言，阳爻显，则阴爻伏；阴爻显，则阳爻伏，阴阳二爻互为飞伏。根据这一理论，《周易》六十四卦，凡卦画相反者皆互为飞伏，如八纯卦乾与坤、震与巽、艮与兑、坎与离互为飞伏，经卦八卦也互为飞伏。而卦的飞伏关键取决于爻，即由爻之飞伏决定卦之飞伏。京氏云："阴阳升降，反归于本，变体于有无。吉凶之兆，或见于有，或见于无。阴阳之体，不可执一为定象，于八卦阳荡阴，阴荡阳，二气相感而成体，或隐或显。故《系》云：'一阴一阳之谓道。'"基于这个思想，近代学者徐昂将《京氏易传》中的飞伏归结为四类。他说：

八宫中阴阳相对者互为飞伏。如乾坤相互，震巽相互，坎离相互，艮兑相互，此一例也。八宫所化生之卦，自一世至五世，前三卦与内卦飞伏，后二卦与外卦飞伏，如乾宫一世姤卦飞伏在内巽，二世遁卦飞伏在内艮，三世否卦飞伏在内坤，四世观卦飞伏在外巽，五世剥卦飞伏在外艮，此又一例也。游魂卦由五世外卦魂复于第四爻。归魂卦由游魂内卦魂返于第三爻，各与为飞伏。如乾宫游魂

晋卦九四，由五世剥卦外艮六四爻变来，与艮飞伏。归魂
大有卦九三，由游魂晋卦内坤六三爻变来，与坤为飞伏，
此第三例也。八宫所辖诸卦世位所当之爻，各与本宫为飞
伏。如姤卦属乾宫第一世，世位在初六爻，与乾宫初九爻
为飞伏。遁卦属乾宫第二世，世位在六二爻，与乾宫九二
爻为飞伏，此第四例也。(《京氏易传笺》卷三)

虽然归为四类，其实从内涵看，这四类飞伏都是一致
的，皆指爻之隐显、有无、往来。如艮宫飞伏，《艮》初爻变
为一世《贲》。京氏云："与离飞伏。"陆注云："己卯木，丙
辰土。"己卯木，本指《离》初九爻纳干支，《贲》下卦离纳
干支同《离》下卦，故初九爻即《离》初九爻纳干支。丙辰
土，指《艮》初六纳干支。故京氏"与离飞伏"是指《贲》初
九爻伏《艮》初六爻，《艮》初六爻伏《贲》初九爻。艮变至
二爻为二世《大畜》。京氏云："与乾飞伏。"陆注云："甲寅
木，丙午火。"甲寅木，《乾》九二爻纳干支，《大畜》下乾，
其九二爻纳干支同《乾》九二爻。丙午火，指艮二爻纳干支。
故京氏"与乾飞伏"是指《大畜》九二伏《艮》六二爻，《艮》
六二爻伏《大畜》九二爻。《艮》变至三爻为三世《损》。京氏
云："与兑飞伏。"陆注云："丁丑土，丙申金。"丁丑土，与上
类同，指《损》六三即《兑》六三纳干支。丙申金，指《艮》
九三纳干支。故京氏"与兑飞伏"是指《损》六三爻伏《艮》
九三爻，《艮》九三爻伏《损》六三爻。《艮》变至四爻为四世

《睽》。京氏云："与离飞伏。"陆注云："己酉金，丙戌土。"己酉金，指《睽》九四爻即《离》九四爻纳干支。丙戌土，《艮》六四纳干支。故京氏"与离飞伏"是指《睽》九四爻伏《艮》六四爻，《艮》六四爻伏《睽》九四爻。《艮》变至五为五世《履》。京氏云："与乾飞伏。"陆注云："壬申金，丙子水。"壬申金，指《履》九五爻即《乾》九五爻纳干支。丙子水，指《艮》六五爻纳干支。故京氏"与乾飞伏"是指《履》九五爻伏《艮》六五爻，《艮》六五爻伏《履》九五爻。《履》四爻变为《中孚》，即艮宫游魂卦。京氏云："与乾飞伏。"陆注："辛未土，壬午火。"辛未土，指《中孚》六四爻即《巽》六四爻纳干支。壬午火，指《履》九四即《乾》九四纳干支。故京氏"与乾飞伏"指《履》九四伏《中孚》六四，《中孚》六四伏《履》九四。《中孚》初、二、三爻全变成《渐》，即艮宫归魂卦。京氏云："与兑飞伏。"陆注云："丙申金，丁丑土。"丙申金，是《渐》三爻即《艮》三爻纳干支。丁丑土，指《中孚》三爻即《兑》三爻纳干支。故京氏"与兑飞伏"是指《中孚》六三爻伏《渐》九三爻，《渐》九三爻伏《中孚》六三爻。《艮》自初变至上爻为《震》。京氏注《震》云："与巽飞伏。"陆注云："庚戌土，辛卯木。"庚戌土，是《震》上六纳干支。辛卯木，是《巽》上九纳干支。故京氏"与巽飞伏"，是指《震》上六伏《巽》上九，《巽》上九伏《震》上六。由此可见，京氏言飞伏，实指爻之飞伏，而徐昂归纳的飞伏四例，"就形式理论分析，自有区别，而究其本原，固相同而无或异

也。"（徐昂《京氏易传笺》卷三）

京氏的飞伏说，主要是受到孟喜等人的卦气说的启发。根据卦气理论，阳气盛之时，阴气则藏其中；阴气盛之时，阳气则藏其中。京氏注《小畜》云："夏至起纯阴，阳爻位伏藏，冬至阳爻动，阴气凝地。"将这阴阳互相显藏的理论推广到《周易》六十四卦三百八十四爻之中，就是飞伏说。宋儒朱震提出飞伏说最早见于《说卦》及司马迁的《史记》，京氏飞伏说得之于《说卦》及《史记》。他说："伏爻何也？曰京房所传飞伏也。乾坤坎离震巽艮兑相伏者也。见者为飞，不见者为伏。飞，方来也；伏，既往也。《说卦》'巽，其究为躁卦'，例飞伏也。太史公《律书》曰'冬至一阴下藏，一阳上舒'，此论复卦初爻之伏巽也。"（《汉上易传》卷一）又说："其究为躁卦者，巽变成震，举震巽二卦以例余卦。天地万物无有独立者，极则相反，终不相离，以其不可离也。司马迁《律书》曰'冬至则一阴下藏一阳上舒'，京氏论八卦飞伏，虞翻论伏爻，郭璞又论伏爻纳甲，其说皆源于此。"（同上卷九）考《周易》经传，不仅《说卦》，而且卦爻辞皆含有阴阳互藏之义。如乾卦爻辞以"龙"喻阳，而坤上六为阴爻而有"龙战于野"之爻辞，蕴含了阳伏坤阴的思想。《文言》释之云："阴疑于阳必战，为其嫌于无阳也。"似言阳伏于阴。这说明京氏飞伏说合乎《周易》经传本义。但是《周易》经传，经乃为筮占之辞，传是对前者的解释，根本没有也不可能对飞伏加以明确地说明，更没有提出飞伏的概念。因此，将京氏飞伏说归于《说卦》，似乎不妥。司马迁论历法，含有飞伏思想，但毕竟不是易学的飞伏，故将此说归于司马迁，也没有证据，不足为信。

京氏飞伏说以阴阳变化的规律为基础，揭示了《周易》爻与爻之间、卦与卦之间的内在联系，即阳爻伏阴爻、阴爻伏阳爻，阴阳两爻相互包含、相互联系，从而使卦与卦的关系也发生变化，由原来的外在联系形式（阴阳两爻互易使一卦变成另一卦）深入到内在的联系形式（阴阳爻互含，使一卦含另一卦），极大地丰富了卦爻关系的理论，为象数易学家注《易》提供了新的资料和方法。如东汉荀爽注《坤》上六云："消息之位，坤在于亥，下有伏乾，为其嫌于阳，故称龙也。"虞注《困·象》云："君子谓三伏阳也。"另外，京氏飞伏说也为术数家所吸收，被运用于筮占当中，《周易》纳甲筮法中的飞神伏神就是飞伏说运用在筮法中的例证。

（三）纳甲说

纳，有纳入之义。纳甲，是将历法中的十干纳入易学中与易卦相配。因天干以甲为首，"举甲以该十日"（朱震《汉上易传·卦图》），故称纳甲。京氏对此作了具体的说明：

> 分天地乾坤之象，益之以甲乙壬癸。震巽之象配庚辛，坎离之象配戊己，艮兑之象配丙丁。八卦分阴阳、六位、五行，光明四通，变易立节。（《京氏易传》卷下）

　　此言八卦不是经卦，而是别卦。按照京氏之意，纳甲之法即：乾纳甲壬，其内卦纳甲，外卦纳壬；坤纳乙癸，其内卦纳乙，外卦纳癸。其他六卦依次为：震纳庚，巽纳辛，坎纳戊，离纳己，艮纳丙，兑纳丁。京氏以此为据，将其他别卦也纳入天干，其方法为：将一别卦内外卦视为由纯卦内外卦组成，其纳甲皆从纯卦内外卦。如《大壮》下乾上震，外卦纳甲取震外卦，《京氏易传·大壮传》云："九四庚午，火之位。"震内外卦皆纳庚，《大壮》九四处外卦，故此言"庚"。《贲》下离上艮，内卦纳甲取离，《京氏易传·贲卦传》云："昴宿从位降己卯。"离卦内外皆纳己，《贲》初九处内卦，故此言"己"。《师》下坎上坤，内卦纳甲取坎内卦，《京氏易传·师卦传》云："娄宿从位降戊午。"坎内外卦皆纳戊，《师》六三处内卦，故此言"戊"。这样《周易》六十四卦三百八十四爻皆纳入天干，形成了纳甲之说。

　　京氏纳甲，从形式上看，是八卦与十干的简单搭配组合。但是这种搭配组合并不是随意的，而是有着一定依据。三国时吴人陆绩在注释《京氏易传》时曾对这个问题作了说明："乾坤二分，天地阴阳之本，故分甲乙壬癸，阴阳之终始。庚阳入震，辛阴入巽，戊阳入坎，己阴入离，丙阳入艮，丁阴入兑。"这是说，乾坤纳甲乙壬癸，在于"乾坤者，阴阳之根本"。（《京氏易传》卷下）即乾为天阳，坤为地阴，《周易》六十四卦始于阴阳，阴阳贯穿于六十四卦之中。从易卦象征的事物看，天地为万物之始，万物皆由阴阳二气构成，阴阳二气为万物之本。而历法中的天干，甲乙为始，甲为阳，乙为阴，壬癸为终，壬为阳，癸为阴，故乾纳甲壬，坤纳乙癸。其他六卦与干支的配法，是按照《说卦》乾坤交索生"六子"的顺序，以阳卦配阳干，以阴卦配阴干，如乾坤交索得乾一阳为震，震为阳卦，庚为阳，故"庚阳入震"。乾坤交索得坤一阴为巽，巽为阴卦，辛为阴，故"辛阴入巽"。其他以此类推。也就是从这个意义上，宋代沈括提出了纳甲之法"可以推见天地生育之道"，"合自然者也"。（《梦溪笔谈》卷七）

　　经过先儒的解说发挥，京氏的纳甲说似乎天衣无缝，十分圆满。平心而论，京氏纳甲说从某种程度说确实反映了自然变化之理。但纳甲说也有许多牵强之处，如：八卦之间是生与被生的关系，而十干是表示事物发展的不同阶段，是并列的关系。将二者糅合在一起，使之一一对应，是不合理的。又如，八卦与天干相匹配，八卦为八，天干为十，数量上不搭配，也有悖于易学传统：乾为金，而与木水配；坤为土，而与木水配；震巽为木，而配金；坎离水火，而配土；艮兑土金，而配火。因而受到许多易学家批评。如黄宗羲所言："沈存中不主月象，谓是天地胎育之理，乾纳甲壬，坤纳乙癸者，上下包之也。六子包于腹中，其次第震巽宜纳丙丁，艮兑宜纳庚辛，今反是者，卦自下生，先初爻，次中爻，末上爻，是以长下而少上也。某又不然，甲乙至壬癸乃先后之次第，非上下之次第也。震巽庚辛、艮兑丙丁，是乱其先后矣。不得以爻为解，以方位言之。乾金、坤土、震木、巽木、坎水、离火、艮土、兑金，在《说卦》可证。今乾纳甲壬，坤纳乙癸，其为木耶？水耶？震巽之为金，坎离之为土，艮兑之为火，将安所适从耶？若置之不论，则又无庸于纳矣。"（《易学象数论·纳甲一》）应该说，黄宗羲看到京氏纳甲说的问题，其批评也是一针见血，不能不令人深思。

从易学象数看，纳甲法仍然有其价值：一方面，对于注经有着十分重要的意义，《京氏易传》中就运用纳甲释《易》。如京氏注《乾》云："甲壬配内外二象。"注《姤》云："辛壬降内外象。"《姤》内卦巽，外卦乾，巽纳辛，乾纳壬，故称"辛壬降内外象"。注《履》云："六丙属八卦。"履卦为艮宫五世卦，艮六五爻而称"六"，艮纳丙，故曰"六丙"。这种注经的方法，后被东汉末虞翻所继承，虞氏在《周易参同契》这部道教典籍启发下，将纳甲与月体盈虚变化结合起来，注释《周易》经文，使纳甲说成为象数家注《易》的一个重要工具（详见本书第三编第三章）。另一方面，纳甲说成为象数家建构新筮法体系的基石。世传的占卜书《火珠林》即以纳甲说为基础。由是观之，京氏创立的纳甲说，意义重大，不可忽视。

（四）纳支说

广义上的纳甲，包括纳支。纳支，是将地支纳入易卦之中，形成一个比纳甲更庞大、更复杂的象数体系。京氏纳支首先开始于八纯卦。具体地说，根据"阴从午，阳从子，子午分行，子左行，午右行"的原则，将十二支纳入四阳卦和四阴卦之中。四阳卦为乾、震、坎、艮，四阴卦为坤、巽、离、兑，阳卦纳阳支，阴卦纳阴支。其方法为：乾六爻自下而上分别配子、寅、辰、午、申、戌，震与乾同。坎六爻自下而上分别配寅、辰、午、申、戌、子。艮六爻自下而上分别配辰、午、申、戌、子、寅。此为阳四卦纳支。坤六爻自下而上分别配未、巳、卯、丑、亥、酉，兑六爻自下而上分别配巳、卯、丑、亥、酉，未，离六爻自下而上分别配卯、丑、亥、酉、未、巳，巽六爻自下而上分别配丑、亥、酉、未、巳、卯。此为阴四卦纳支。八纯卦纳支图如下：

阳四卦

乾	震	坎	艮
戌 ——	戌 — —	子 — —	寅 ——
申 ——	申 — —	戌 ——	子 — —
午 ——	午 — —	申 — —	戌 ——
辰 ——	辰 — —	午 ——	申 ——
寅 ——	寅 — —	辰 — —	午 — —
子 ——	子 — —	寅 ——	辰 — —

阴四卦

坤	兑	离	巽
酉 — —	未 — —	巳 ——	卯 ——
亥 — —	酉 ——	未 — —	巳 ——
丑 — —	亥 — —	酉 ——	未 — —
卯 ——	丑 — —	亥 ——	酉 ——
巳 — —	卯 ——	丑 — —	亥 ——
未 — —	巳 ——	卯 ——	丑 — —

从以上纳支图看，八纯卦的纳支特点是，阳起子顺行，阴起未逆行。京氏这个思想得之于当时人们对阴阳二气的认识：十一月（子）阴盛而阳生，五月（午）阳盛而阴生，即京氏所谓的"建子阳生，建午阴生"。但是值得指出的是，京氏纳支阴生起于未，而不是起于午。对于这个问题，民国年间徐昂先生解释得非常确切："坤始于五月午，因避冲而退一辰贞于未，故初六从未起。"（《京氏易传笺》卷三）

京氏将这种纳支法与二十四节气结合起来，形成了独特的卦气理论。在京氏看来，一年的节气之间，存在着一种互应的关系，即前半年的节气从立春到大暑，与后半年的节气从立秋到大寒一一对应，这种对应的关系可以通过八纯卦的纳支反映出来。京氏说：

> 立春正月节在寅，坎卦初六，立秋同用。雨水正月中在丑，巽卦初六，处暑同用。惊蛰二月节在子，震卦初九，白露同用。春分二月中在亥，兑卦九四，秋分同用。清明三月节在戌，艮卦六四，寒露同用。谷雨三月中在酉，离卦九四，霜降同用。立夏四月节在申，坎卦六四，立冬同用。小满四月中在未，巽卦六四，小雪同用。芒种五月节在午，乾宫九四，大雪同用。夏至五月中在巳，兑宫初九，冬至同用。小暑六月节在辰，艮宫初六，小寒同用。大暑六月中在卯，离宫初九，大寒同用。（《京氏易传》卷下）

　　京氏取八纯卦中的坎、巽、震、兑、艮、离六卦的初爻和四爻纳支来表一年的二十四节气，显然不同于孟喜的"四正说"。孟喜四正卦是取《周易》中坎、震、离、兑四卦二十四爻，每爻主一节气，共主二十四节气。京氏则于四正卦外，又增加巽、艮两卦，且取每一卦初四两爻，让每一爻主两节气，这样六卦十二爻共主二十四节气。由是观之，京氏的卦气说是建立在纳支的基础上，有着自己的特色。

　　与纳甲法相同，京氏纳支也由八纯卦扩展到其他别卦之中。具体地说，将某一别卦视为由两个不同的八纯卦内外卦组成，其纳支皆从这个八纯卦的内外卦。如否卦，是由内卦坤和外卦乾组成，故否卦内卦取坤内卦纳支，外卦取乾外卦纳支。否卦六爻与地支相配自下而上依次为：未、巳、卯、午、申、戌。又如贲卦，是由内卦离和外卦艮组成，故贲卦六爻与地支相配，自下而上依次为：卯、丑、亥、戌、子、寅。其他卦以此类推。关于这一点，我们可以从《京氏易传》得到证明。如《大畜传》云："毕宿从位降甲寅，九二大夫应世。"《大畜》为艮宫二世卦，内卦为乾，九二从乾九二纳支，乾九二为寅，故《大畜》九二亦纳寅。又如《噬嗑传》云："女宿从位降己未土。"《噬嗑》为巽宫五世卦，内卦为震，外卦为离。《噬嗑》六五当从离六五纳支，离六五为未，故《噬嗑》六五亦纳未。由此，我们可以推断，后世纳甲筮法中干支的排列，确定无疑出自京氏，而宋人所谓《火珠林》之用"祖于京房"（见张行成《元包总义》、朱熹《朱子语类》），可信。

　　值得说明的是，京氏易学中纳甲与纳支往往是同时使用，这一点在注释《周易》中尤为明显，如前面讲纳甲、纳支时所引用的例子，皆如此。兹将八卦纳甲与纳支作以图示：

乾		震		坎		艮	
壬	戌	庚	戌	戊	子	丙	寅
壬	申	庚	申	戊	戌	丙	子
壬	午	庚	午	戊	申	丙	戌
甲	辰	庚	辰	戊	午	丙	申
甲	寅	庚	寅	戊	辰	丙	午
甲	子	庚	子	戊	寅	丙	辰

坤		巽		离		兑	
癸	酉	辛	卯	己	巳	丁	未
癸	亥	辛	巳	己	未	丁	酉
癸	丑	辛	未	己	酉	丁	亥
乙	卯	辛	酉	己	亥	丁	丑
乙	巳	辛	亥	己	丑	丁	卯
乙	未	辛	丑	己	卯	丁	巳

　　纳支说是京房对象数易学乃至整个易学发展所作的贡献之一。从筮法角度言，纳支法的作用远远超过了纳甲法，纳甲筮法虽名曰纳甲，其实多不用纳甲，更多运用的是易卦纳支及由纳支而建立起来的复杂的五行之间的关系。从装卦到断卦，皆取决于纳支及由纳支而建立的那种五行之间生克、冲合、刑害的关系。可以说，没有纳支，就没有纳甲筮法，可见纳支在

《周易》筮法中的地位。从注经角度言，纳支是象数易学注释《周易》的重要工具。《京氏易传》多将卦爻纳甲与纳支配合以注《易》，后世在京氏纳支启发下建立的"爻辰说"成为汉代象数易学的重要内容。所谓"爻辰说"，实质上就是纳支，它在注释《周易》时是其他象数所不能取代的。因此，研究象数易学，必须重视京房的纳支说。当然，我们也不否认，纳支说本身存在许多牵强的成分，以纳支为基础的筮法具有浓厚的迷信色彩，对此应有清醒的认识。

（五）五行说

五行，在京房象数易学中占有重要的地位。京氏象数易学体系是以五行之间的关系作为理论支撑。从现存文献看，《尚书·洪范》最早言水、火、金、土、木为五行，战国时邹衍以"相生""相胜"来概括五行之间的关系，即木生火、火生土、土生金、金生水、水生木是"五行相生"，水胜火、火胜金、金胜木、木胜土、土胜水是"五行相胜"。到了汉代，五行说十分盛行。经过汉代思想家的整合，五行的思想内容丰富而深刻，具体地表现为：一方面继承了春秋以来的五行的生克关系、五行与四时四方的配合，在此基础上又配以干支、天文星宿等。如《淮南子》提出了干支化五行的思想："甲乙寅卯，木也；丙丁巳午，火也；戊己四季，土也；庚辛申酉，金也；壬癸亥子，水也。"（《天文训》）另一方面，在原来五行生克关系的基础上提出了五行的生、壮、老、囚、死五个不同阶段和五行间相互生扶和制约的关系。《淮南子》曾对此作过论述：
"木壮，水老火生，金囚土死；火壮，木老土生，水囚金死；
土壮，火老金生，木囚水死；金壮，土老水生，火囚木死；水
壮，金老木生，土囚火死。"（《坠形训》）因地支可以化为五
行，故地支与五行也有生扶和制约关系："木生于亥，壮于卯，
死于未，三辰皆木也；火生于寅，壮于午，死于戌，三辰皆火
也；土生于午，壮于戌，死于寅，三辰皆土也；金生于巳，壮
于酉，死于丑，三辰皆金也；水生于申，壮于子，死于辰，三
辰皆水也。"（《天文训》）

京氏的高明之处，不在于简单重复汉初以来流行的、具有
丰富内涵的五行学说，而在于他将五行说引进易学领域，进行
加工改造，创立了以五行为轴心的易学象数体系。包括以下几
个方面；

其一，将五行引进《周易》，视《周易》卦爻皆由五行构
成。虽然《说卦》曾将坎离象定为水火，乾象定为金，巽象定
为木，但没有明确地以五行去划分八卦。从保存下来的汉代易
学资料看，系统地谈易卦与五行的关系当始于京房。据京氏之
意，八卦之五行当为：乾兑为金，坤艮为土，坎为水，离为火，
震巽为木。由此，六十四卦皆可视为由五行构成。如《渐》上
巽下艮，可视为上木下土。京氏注《渐》云："上木下土，风
入艮象。"《家人》上巽下离，可视为上木下火。京氏注《家人》
云："火木分形，阴阳得位。"《未济》上离下坎，可视为上火下
水。京氏注《未济》云："水火二象，坎离相纳受性。"

不仅如此，易卦六爻由于与十二支相配，也可视为由五行构成。十二支配五行，寅卯为木，巳午为火，申酉为金，亥子为水，丑辰未戌为土。依照这样的理论，六爻纳支，实际上是纳五行，如乾卦自初爻至上爻依次为子水、寅木、辰土、午火、申金、戌土，坤卦自初爻至上爻依次为未土、巳火、卯木、丑土、亥水、酉金。六十四卦三百八十四爻皆可视为由五行构成，从而形成了卦爻的五行之象。也正是在这个意义上，京氏提出了《周易》"吉凶之义，始于五行，终于八卦""八卦分阴阳六位，五行光明四通"的论断。

其二，吸收了五行生克说。生克，多指爻与爻所属地支相生相克。而地支相生相克，归根到底还是由其中的五行生克决定的。京氏云："六爻交通，至于六卦阴阳相资相返、相克相生。"（《京氏易传·晋卦传》）这里所说的相克相生即是此意。在此基础上，他又使用了"冲"的概念，说明五行对立相克。他说："建子阳生，建午阴生，二气相冲，吉凶明矣。"（《京氏易传》卷下）此以阴阳二气产生，说明子午相冲。冲，指相向对立。《山海经·海外北经》云："有一蛇首冲南方。"郭璞注云："冲，犹向也。"因相向对立，故从性质讲也含有克制之义。"所谓冲者，克在其中矣。"（徐昂《京氏易传笺》卷三）京氏注《无妄》云："上金下木，二象相冲。"（《京氏易传》卷中）此是说《无妄》卦上乾为金，下震为木，无论从时节，还是从方位，金与木皆相对，且金克木，故言二象相冲。京氏将这种相冲理论运用到地支中，十二支也存在着相冲关系，如子午相冲、丑未相冲、寅申相冲、卯酉相冲、辰戌相冲、巳亥相冲。从时节言，每一支代表一个月，故两两相对。从十二支代表五行看，又有克制之义，如子午水克火，寅申金克木。丑未虽为二土，但丑为冬水之中土，未为夏火之中土，水克火，故丑未相冲。同理，辰戌相冲。这样，《周易》爻与爻之间由于纳支而存在着一种相冲关系。根据这一理论，八纯卦乾、震、坎、艮、坤、巽，离、兑，六爻所属地支皆相冲。如；

乾		离	
戌 ——		巳 ——	
申 ——		未 — —	
午 ——		酉 ——	
辰 ——		亥 ——	
寅 ——		丑 — —	
子 ——		卯 ——	

从乾卦纳支看，初四两爻子午相冲，二五两爻寅申相冲，三上两爻辰戌相冲。从离卦纳支看，初四两爻卯酉相冲，二五两爻丑未相冲，三上两爻亥巳相冲。除了八纯卦外，还有《无妄》上乾下震，其纳支同于乾卦，《大壮》上震下乾，也同于乾卦纳支，六爻也相冲，故这十卦被一些筮书称为"六冲卦"。

在京氏看来，五行还有一种与"冲"相反的关系，称为"合"。凡五行之间相生者可称为"合"。京氏注《咸》云："土上见金，母子气合。"《咸》上兑下艮，兑为金，艮为土，故言"土上见金"；土生金，土为母，金为子，故言"母子气合"。此"合"指相生。另外《蹇》注、《家人》注等，其中所谓"合"皆属此类。凡五行相交者亦可称为"合"。京氏注《鼎》云："火居木上，二气交合。"《鼎》上离下巽，离为火，巽为木，木生火。又《鼎》二五两爻，二为阳，五为阴，阳本当在五，阴本当在二，而今阳在二，阴在五，故"二气交合"。此"合"既指相生，又指相交。京氏注《泰》所谓"金土二气交合"同理，不同的是《泰》乾金本在上而今在下，坤土本在下而今在上，故金土相生而相交。凡五行相同者可称为"合"。京氏注《益》云："阴阳二木合。"此"合"指五行相同。《益》上巽下震皆为木，故称"合"。凡五行同居者可称为"合"。京氏注《睽》云："金火二运合土宫。"《睽》上离火，下兑金，本相克，但因同居而属艮宫，艮为土，故也称"合"。京氏注《旅》云："火土同宫，二气合应。"此说《旅》下艮土，上离火，火生土，且同居而属离宫，故言"合"。由此可见，京氏所谓的"合"是指五行之间相生、相比、相同、相交的关系。

关于十二支之合，《京氏易传》虽未涉及，但后世纳甲筮法多言"合"，而纳甲筮法又祖于京氏，又京氏善占验，故京氏恐也言十二支之"合"。根据后世的纳甲筮法，地支之合情形如下：子丑合土，寅亥合木，卯戌合火，辰酉合金，巳申合水，午未合土。因六爻纳支，故六爻之间也有合的关系。凡六爻相合者，称为"六合卦"。民国年间徐昂曾就这一问题作过论述："惟内外二象乾坤，或坤震，或坎兑，或离艮，皆阴阳相重之卦。如泰、否、豫、复、节、困、贲、旅等是也。"(《京氏易传笺》卷三）徐氏所列这些卦，皆为六合之卦。如否卦：

戌——
申——
午——
卯——
巳——
未——

《否》初四两爻午未合，二五两爻巳申合，三上两爻卯戌合。这就是地支之合。当然，筮法中的"合"比较复杂，本书着重学术，故筮法运用省略不谈。

五行中除了冲、合外，还有"刑"。所谓刑，是指刑害、制约。据《卜筮正宗》《增删卜易》载，有"三刑"：寅刑巳，巳刑申；子刑卯，卯刑子；丑戌相刑，未辰相刑，又辰午酉亥自刑。京氏注《未济》云："受刑见害，气不合也。"按照纳支法，《未济》六爻自下而上依次为寅、辰、午、酉、未、巳。从内外卦看，坎水值子，离火值午，子午相冲。而从六爻看，初爻寅与上爻巳相刑，二爻辰与五爻未相刑，故言"受刑见害"。京氏注《咸》云："吉凶随爻，受气，出则吉，刑则凶。"《咸》六爻纳支为：初爻为辰，二爻为午，三爻为申，四爻为亥，五爻为酉，上爻为未。初爻辰与上爻未相刑，而且六爻中午酉亥与建候午酉亥自相刑。《咸》建候"始戊午至癸亥"，即午、未、申、酉、戌、亥。徐昂云："京氏言刑则凶，六爻中

午酉亥与建候午酉亥自相刑也。"(《京氏易传笺》卷二）以上
就是京氏所谓的刑。由此证明了筮法中关于刑的说法及其运用
皆源于京房。

其三，将五行的态势引进易学中。如前面所言，五行有五
种态势，即生、壮、老、囚、死。这五种态势相互联系，如木
壮，水老，火生，金囚，土死；火壮，木老，土生，水囚，金
死。这五种态势是由五行之间的生克关系决定的，如木壮之
时：水生木，故水老；木生火，故火生；金克木，故金囚；木
克土，故土死。由于四时与五行相对应，故五行在一年四季中
也表现出不同的态势。现列表如下：

状态　　五行 四季	木	火	土	金	水
春	旺	相	死	囚	休
夏	休	旺	相	死	囚
秋	死	囚	休	旺	相
冬	相	死	囚	休	旺
四季	囚	休	旺	相	死

旺，指盛壮；相，指生扶；休，即死。五行在四季中表
现出的不同态势，也是由于时令所表示的五行生克决定的，当
令者旺，令生者相，生令者休，克令者囚，令克者死。京氏以
王、相（或生）、休、破、废表示五种态势，如京氏注《履》

云："休王相破，资益可定吉凶也。"注《益》云："四时运转，六位交分，休废旺生。"五行不仅于四季中可以表现不同的态势，而且在一年十二月中亦可表现出不同的态势，以地支示之，则有生有死。京氏云：

> 寅中有生火，亥中有生木，巳中有生金，申中有生水。丑中有死金，戌中有死火，未中有死木，辰中有死水。土兼于中。（《京氏易传》卷下）

徐昂释云："火长生在寅而死于酉，墓在戌也；木长生在亥而死于午，墓在未也；金长生在巳而死于子，墓在丑也；水长生在申而死于卯，墓在辰也；土居中央，而通于四时，其生死与水同位。"后世所说的五行生、旺、墓、绝恐怕也出于此。

以上三点，是京氏五行说的主要理论，它们不仅被用来注释《周易》，也对东汉以降的象数易学有很大的启发作用。另一方面，人们运用这些五行理论构筑筮法体系，使之成为筮占的工具。换言之，就是运用五行的关系断吉凶福祸。如京氏说："于六十四卦遇王则吉，废则凶，冲则破，刑则败，死则危，生则荣。"（《京氏易传》卷下）京氏五行说对后世影响至深，使得五行说成为易学一个重要内容。汉以前，《易》被概括为阴阳之说，如《庄子·天下》云："《易》以道阴阳。"而汉以后，尤其孟、京易学产生后，《易》被概括为阴阳五行之学。司马迁说过："《易》著天地阴阳四时五行，故长于变。"

（《史记·太史公自序》）由此可见，京氏的五行学说对象数易学的发展和完善作出了很大贡献。同时，应当看到，京氏易学中的五行说，从当时看，其实质是易学与自然科学的结合，以此注释《周易》，应当说是易学的进步。当然，京氏的五行说是服务于汉代的神学体系的，且其理论自身也不乏主观成分，这是由社会历史条件及当时人们的认识水平决定的，故对于京氏的五行说当持正确的态度。

（六）六亲说

六亲，本指社会中的六种亲属关系。应劭曰："六亲，父母兄弟妻子也。"（《汉书·贾谊传》注引）王弼曰："父父、子子、兄兄、弟弟、夫夫、妇妇，六亲和睦，交相爱乐。"（《易·家人》注）汉代易学家将社会中的六亲加以扩展，并以它表示各种复杂的事物关系。京房以"鬼"、"财"、"天地"、"福德"、"同气"来表示社会中的六亲。"鬼"，指官鬼：官，官吏；鬼，鬼神。在古人看来，官和鬼皆能制约人，故二者为同类。"财"，指妻财。古代，受封建礼教束缚，妇女社会地位低下，是男人的附庸，故妻和财产是一类。"天地"，即父母。天地是万物之父母，故天地、父母同义。"福德"，指子孙。子孙皆由父母庇护而无忧无虑，故称福德。同气，即兄弟。京氏曾对六亲的产生作了说明：

八卦，鬼为系爻，财为制爻，天地为义爻，福德为宝

爻，同气为专爻。（《京氏易传》卷下）

京氏这个学说得之于《淮南子·天文训》"子生母曰义，母生子曰保，子母相得曰专，母胜子曰制，子胜母曰困"的思想。《淮南子》用"母子"表示五行之间相生、相比、相克等复杂的关系。京氏将这一思想与易学联系起来，并加以改造，视八宫卦所代表的五行为"母"，此宫其他卦的每一爻地支五行为"子"，然后根据五行之间的生克比合而配六亲。母生子为子孙，子孙即宝爻。子生母为父母，父母即为"义爻"。子克母为官鬼，官鬼为"系爻"。系，有束缚之义，即《淮南子》所说的"困"。母克子为妻财，妻财为"制爻"。母子比合为兄弟，即"同气为专爻"。如京氏为乾卦配"六亲"时说：

水配位为福德，木入金乡居宝贝，土临内象为父母，火来四上嫌相敌，金入金乡木渐微。

陆绩注说："甲子水是乾之子孙，甲寅木是乾之财，甲辰土是乾之父母，壬午火是乾之官鬼，壬申金同位伤木。"此是说乾初爻纳子水，乾为金，乾金生子水（即母生子）为子孙。乾二爻纳寅木，乾金克寅木为妻财。乾三爻纳辰土，辰土生乾金为父母。乾四爻纳午火，午火克乾金为官鬼。乾五爻纳申金，乾金与申金相同，故为兄弟。京氏没有言乾上爻。如果将这一思想以图表示，即：

乾金
—— 戌土父母
—— 申金兄弟
—— 午火官鬼
—— 辰土父母
—— 寅木妻财
—— 子水子孙

按照同样方法，可以将其他卦配以六亲。也就是说，《周易》六十四卦三百八十四爻皆可以六亲示之。由此，在京氏那里，一个囊括天下万事万物的庞大的亲属符号系统被建立起来，取代了筮占中日益暴露出破绽的《周易》的文字系统，完成了汉代由焦氏开始的筮法变革。这从《周易》筮法的发展来说，是一个里程碑。而从其体系自身说，它的建立主要依赖于八宫说和五行说，后者尤为重要。具体地说，它是五行说被运用于易学后的产物。京氏创建的这套理论，具有筮占功能，很快被方技末流所接受而流传于民间，成为他们推算吉凶的新工具，对主流学术文化的发展相对来说影响较小。但是，透过其神秘的外衣，可以发现，京氏在创造这套理论时所运用的逻辑推理是那么严密，思维是那么成熟，这在当时是空前的，它反映了西汉时人们的认识和思维水平，很值得我们去研究和发掘。

第四章　京房象数易学（下）

一、对于孟氏卦气说的发展

卦气说是汉代易学的一个重要理论。西汉是卦气说的草创时期。易学家在对当时易学、天文历法所取得的成果进行爬梳、整理之后，极力寻找易学与天文历法相结合的连接点，并以此为基础，建构适应当时社会需要的卦气理论。因此，西汉的卦气理论显得十分庞杂。且有许多理论很不成熟，甚至相互矛盾。一般说来，卦气说始创自孟喜，孟喜的四正卦说、十二消息卦说、卦候说是易学与天文历法相结合的最早的尝试。孟喜之后，京房继起，吸收了孟氏的卦气理论，建立了完全不同于孟氏的卦气理论。分析京氏的有关易学资料，京氏的卦气理论主要有以下几个方面的内容。

其一，京房全面地继承了孟喜的四正卦、十二月卦及卦候学说。京氏将四正卦坎、离、震、兑称为"方伯卦"，即主宰四方之官。《魏书·律历志》云："四正为方伯。"薛瓒注《汉书》曰："京房谓，方伯卦，震兑坎离也。"京房《易传》云："方伯分威，厥妖牡马生子。"（引自《汉书·五行志》）同时，京氏将十二消息卦称为"十二辟卦"，其余为"杂卦"。京房于建昭二年二月朔上封事说："辛酉以来，蒙气衰去，太阳精明，臣独欣然，以为陛下有所定也。然少阴倍力而乘消息。……乃辛巳，蒙气复乘卦，太阳侵色，此上大夫覆阳而上意疑也。"（《汉书·京房传》）京氏所谓消息，即消息卦，太阳为息卦，太阴为消卦。

胡一桂着眼于八宫说，对京氏消息卦作了总结："一世卦阴主五月，一阴在午也。阳主十一月，一阳在子也。二世卦阴主六月，二阴在未也。阳主十二月，二阳在丑也。三世卦阴主七月，三阴在申也。阳主正月，三阳在寅也。四世卦阴主八月，四阴在酉也。阳主二月，四阳在卯也。五世卦阴主九月，五阴在戌也。阳主三月，五阳在辰也。八纯上世阴主十月，六阴在亥也。阳主四月，六阳在巳也。游魂四世所主与四世卦同，归魂三世与六世同。"（《周易启蒙翼传》外篇）消息卦为辟卦，其余少阴少阳为杂卦。孟康注云："房以消息卦为辟。辟，君也。消卦曰太阴，息卦曰太阳。其余卦曰少阴少阳，为臣下也，并力杂卦气干消息也。"而京氏所说"蒙气复乘卦，太阳侵色"是言二月卦气晋、解两卦用事，合力干扰辟卦大壮，张晏注云："晋卦、解卦也。太阳侵色，谓大壮。"由此可见，京氏继承了孟氏的四正卦、十二月卦及卦候说。

其二，京氏提出了不同于孟氏"四正卦"的六卦主二十四节气说。如前所述，孟氏以震、兑、坎、离四正卦二十四爻主二十四节气，京氏别出心裁，将震、兑、坎、离、巽、艮六卦配以二十四节气，每一卦取两爻主四个节气，一爻主两节气，共取六卦十二爻主二十四节气。京氏指出：

> 立春正月节在寅，坎卦初六，立秋同用。雨水正月中在丑，巽卦初六，处暑同用。惊蛰二月节在子，震卦初九，白露同用。春分二月中在亥，兑卦九四，秋分同用。清明三月节在戌，艮卦六四，寒露同用。谷雨三月中在酉，离卦九四，霜降同用。立夏四月节在申，坎卦六四，立冬同用。小满四月中在未，巽卦六四，小雪同用。芒种五月节在午，震宫九四，大雪同用。夏至五月中在巳，兑宫初九，冬至同用。小暑六月节在辰，艮宫初六，小寒同用。大暑六月中在卯，离宫初九，大寒同用。

六卦皆取初四两爻，如坎初六爻主立春、立秋，六四爻主立夏、立冬。巽初六爻主雨水、处暑，六四爻主小满、小雪。震初九爻主惊蛰、白露，九四爻主芒种、大雪。兑九四爻主春分、秋分，初九爻主夏至、冬至。艮六四爻主清明、寒露，初六爻主小暑、小寒。离九四爻主谷雨、霜降，初九爻主大暑、大寒。从以上分析看，六卦各主一年四季中四个节气，且每一爻皆主两个对立的节气，这完全不同于孟氏的四正卦说。

其三，京氏将六十四卦三百八十四爻与二十四节气相配，提出了建候说和积算说。晁说之云："起乎世而周乎内外，参乎本数以纪月者谓之建，终之始之极乎数而不可穷以纪日者谓之积。"（《京氏易传后序》）从《京氏易传》对六十四卦的注释看，一卦六爻，自世爻始每爻历一月两节，共历六个月十二节。如乾宫建始甲子，值一月大雪，至己巳，值四月小满。京注云："建子起潜龙，建巳至极主亢位。"此言乾卦六爻建候。乾卦世爻在上，故自上九开始建甲子，当十一月大雪、冬至两节。初九建乙丑，当十二月小寒、大寒两节。九二建丙寅，当正月立春、雨水两节。九三建丁卯，当二月惊蛰、春分两节。九四建戊辰，当三月清明、谷雨两节。九五建己巳，当四月立夏、小满两节。在京氏看来，一卦六爻建候，实际上是气的成象立体的过程。建始一辰是受气，中间历四辰为积气，最后一辰为成象立体。京氏注《既济》云："建丙戌至辛卯，卦气分节气，始丙戌受气，至辛卯成正象。"根据徐昂考证，京氏建候与孟氏卦气虽然不同，但有相一致的地方："乾宫姤、遁、否、观、剥五卦建月，皆以卦气所值之月为始。坤宫复、临、泰、大壮、夬五卦建月，皆以卦气所值之月为终。如姤卦气值五月午，建始从庚午起，复卦气值十一月子，建月至庚子终，是也。"（《京氏易传笺》卷三）京氏八纯卦建候与其纳支则不同。京氏纳支，八纯卦在阴爻纳阴支，阳爻纳阳支，而建候是阴阳杂取，自世爻起依地支顺序纳支。而且在京氏纳支中只有乾震两卦相同，而在建候中，"乾震同在子，坎艮同在寅，坤巽同在午，离兑同在申。"（同上）这就是京氏的建候理论。

积算说是以建候末干支为起点，每爻配一干支，轮换配十次，六爻共配六十次。如乾宫乾建月甲子，至己巳止，积算从己巳起，至戊辰止，从己巳到戊辰正好六十，为一周。
见下表：

建算 爻数	建候	积　　算
上爻	甲子	庚午、丙子、壬午、戊子、甲午、庚子、丙午、壬子、戊午、甲子
五爻	己巳	己巳、乙亥、辛巳、丁亥、癸巳、己亥、乙巳、辛亥、丁巳、癸亥
四爻	戊辰	甲戌、庚辰、丙戌、壬辰、戊戌、甲辰、庚戌、丙辰、壬戌、戊辰
三爻	丁卯	癸酉、己卯、乙酉、辛卯、丁酉、癸卯、己酉、乙卯、辛酉、丁卯
二爻	丙寅	壬申、戊寅、甲申、庚寅、丙申、壬寅、戊申、甲寅、庚申、丙寅
初爻	乙丑	辛未、丁丑、癸未、己丑、乙未、辛丑、丁未、癸丑、己未、乙丑

京氏的积算法，若以时计算，每爻十时，六爻六十时，即
五日。若以日计算，每爻主十日，六爻主六十日，即两个月。
若以月计算，每爻主十月，共六十月，即五年。若以年计算，
每爻主十年，共六十年，为一甲子。其他卦皆类同，只是积算
的起止点不同。从八宫排列来看京氏积算，卦与卦前后连接。
如乾宫积算，一世姤起于乙亥，二世遁止于乙亥，遁起于丙

子，三世否止于丙子，否起于丁丑，四世观止于丁丑，观起于
戊寅，五世剥止于戊寅，此为前者起，后者止。游魂晋卦止于
癸未，归魂大有起于癸未，此为前者止而后者起。

京氏将六十干支纳入每一卦当中，循环往复，周流六虚，
代表年月日时的变化，并以此预知吉凶。京氏解释《乾》云：
"积算起己巳火，至戊辰土，周而复始。"陆注曰："吉凶之
兆，积年起月，积日起时，积时起卦入本宫。"这是说，京氏
积算法的发明，在于配合五行推断吉凶，考察休咎。关于这一
点，徐昂论述得比较明确："积算六位爻数，分阴阳，配五行，
定岁月日时节候运气，以推吉凶，考休咎。"（《京氏易传笺》
卷三）

其四，京氏将六十四卦与一年三百六十五又四分之一日相
配，得出一卦主六日七分。这与孟喜的六日七分说有别。孟喜
是以六十卦与一年日数相配，而京氏则以六十四卦与一年日数
相配。王充说："《易》京氏布六十四卦于一岁中，六日七分一
卦用事。"（《论衡·寒温》）其具体的方法，唐代一行曾作了说
明："京氏又以卦爻配期之日，坎、离、震、兑，其用事自分
至首，皆得八十分日之七十三。颐、晋、升、大畜皆五日十四
分，余皆六日七分。"（《新唐书·律历志》引一行《卦议》）今
人朱伯崑对此作了解释："京房则以六十四卦三百八十四爻配
一年之日数，其日数分配是，四正卦的初爻，即主二至和二
分之爻，各为一日八十分之七十三；颐、晋，升、大畜，此
四卦各居四正卦之前，各为五日十四分；其余卦，皆当六日

七分。"①

　　总之，京氏的卦气理论虽出自孟喜，但多与孟氏不同，不仅有许多观点相异，更重要的是京房所运用的易学和历法等方面的知识要比孟氏丰富得多，而且对卦气理论的说明更加细致而具体。从这个意义上说，京氏卦气理论是对孟氏的发展和超越。同时，也正是由于这个原因，即其体系构造过于细致、具体，而使其理论更易出现矛盾，如四正卦二十四节气与六卦二十四节气的矛盾，建候与十二消息卦的矛盾，建候积算与纳支的矛盾，等等。没有按照同一个标准，站在同一角度来建构卦气理论。出现这种情况，有两方面原因：一是《周易》筮占的复杂性。为了达到预测的目的，必须建立和完善《周易》的筮法体系，只有这样才能够运用自如，有问必答。因此，《周易》筮法包含知识越多，越有利于运用，伸张程度就越大，因而京氏卦气理论包含了许多不相协调的观点。二是《周易》与历法的不同一性。《周易》和历法毕竟属于不同领域、不同学科，将两种不同类型的知识糅合在一起，而且是那么具体和细微，难免会出现一些破绽。其实，《周易》和历法是可以结合的，但要看怎么结合法。《周易》作为中国古代的最高的抽象哲学的结晶，可以作为历法这门具体科学的理论指导，即历法可以凭借着易学的理论建立、完善自己的体系，这是毋庸置疑的。然而，如果将《周易》降低为一门具体学科与历法结

---

① 朱伯崑《易学哲学史》（第一卷），华夏出版社，1995 年，第 142 页。

合，必然会导致牵强附会的错误。使易学削足适履地屈从于历法，不利于易学自身的发展。京氏的错误即在于此。清儒王夫之曾揭示了这一点。他说："故《易》可以该律，律不可以尽《易》。犹《易》可以衍历，历不可以限《易》。盖历者象数已然之迹，而非阴阳往来之神也。故一行智而京房迷也。"（《周易外传》卷五）

当然，我们指出京房卦气理论的错误，并不意味着全盘否定它。总的来说，京氏对卦气理论的阐发，进一步加深了易学与历法等自然科学的结合，巩固了孟喜在卦气方面所取得的成果。不能不说是他对易学史的贡献。同时，京氏的卦气理论，对于易学家注经和建立完善的筮法体系仍有着重要的意义。

二、其他象数思想

京氏易学体系十分庞大，所包含的内容丰富多彩。除了上面提到的八宫、世应、飞伏、纳甲、六亲、五行、卦气思想外，他对互体、卦主、易数、星象等均有研究，并能十分娴熟地运用于注释《周易》和筮占之中。兹以《京氏易传》为主，对他的这些思想加以说明。

（1）互体

互体是象数易学家注释《周易》常用的方法之一。易学家在解说易辞和运用《周易》占断的实践中，使用内外卦卦象不能达到目的时，往往要借助于互体得出一个不同于内外卦的卦象，这就是所谓互体之象。唐儒孔颖达、宋儒王应麟等对互体作了明确定义。孔颖达云："二至四、三至五，两体交互各成一卦，先儒谓之互体。"（《春秋左传正义》卷九）王应麟指出："凡卦爻，二至四、三至五，两体交，各成一卦，是谓一卦含四卦。"（《郑康成易注序》）一般说来，互体之法始见《左传》。《左传》记载，陈厉公生敬仲，用《周易》占得《观》之《否》。周史曰："风为天于土上，山也。"（《左传》庄公二十二年）这被认为是最早使用互体的例证。因为《观》和《否》两卦无论是内卦，还是外卦，皆无艮山之象，而《否》二至四成艮山，如杜预注云："自二至四有艮象，艮为山是也。"有人认为成书于战国时的《易传》也言互体，如《易传》言"中爻"、"八卦相荡"、"六爻相杂"、"唯其时物"、"杂物撰德"等即互体。但以上所引《易传》之辞及《易传》对卦爻辞的注解，其互体说十分不明确。第一位明言互体者当为汉代京房。如京氏注兑宫《困》云："坎象互见离火入兑金。"此谓《困》二三四互离，其内卦为坎，外卦为兑，故言"坎象互见离火入兑金"。注兑宫《萃》云："象互见艮，兑象纳艮。"此谓《萃》二三四互艮。这是京氏取一互之例。又如京氏注巽宫《益》云："互见坤，坤道柔顺；又外见艮，艮止阳。"互见坤，指《益》二三四互体为坤。外见艮，指《益》三四五互体艮。注巽宫《无妄》云："内互见艮，止于纯阳；外互见巽，顺于阳道。"内互见艮，指《无妄》二三四互体为艮。外互见巽，指《无妄》三四五互体为巽。此为京氏取两互之例。由此可见，京氏言互体多就三爻互体成经卦，还未言四爻连互、五画连互成别卦。徐昂以京氏注《涣》"阴阳二象，资而益也"为例说明京氏使用五画连互，即《涣》取二爻至上爻互成《益》。其实，这里"益"只是指一般意义上的益处，并非指《益》卦，因为：一，此未言"互"字。二，京注《履》卦云："资益可定吉凶也。"《履》卦不管是几连互，皆不出《益》卦，故徐氏之论恐有失。徐氏又以京氏注《归妹》"互见离坎，同于未济"为例说明京氏"互体之中寓以半体者也"。考京氏之意，"互见离坎"，是指《归妹》䷵二三四互成离，三四五互成坎。"同于未济"，是指《归妹》互体同于《未济》互体。因《未济》䷿二三四互成离，三四五互成坎。故京氏这里的"同于未济"，并非指《归妹》互体离坎，同于未济，而是指《归妹》互体同于《未济》互体而已。所以，徐氏所谓京氏有半体说也难以成立。

互体作为一种以卦象自身求卦象的方法，为许多象数家所采纳。从注经这个角度言，象数易学家多以此法取象注辞，如东汉的郑玄、荀爽等人，尤其是象数易学集大成者虞翻精于互体，并有所创新（详见本书第三编第三章）。即使是不赞成汉人互体之法的宋代理学家朱熹在注《易》时仍然不自觉地运用了互体之法。朱熹注《大壮》六五云："卦体似兑，有羊象。"朱氏虽未明言互体，但已用互体之法，足见互体之法影响甚远。同时，互体之法也为术数家所用。术数家为了顺利地、圆滑地回答问占者的疑难，在求出卦之后，往往辅之以互体之象。在易学史的众多筮例中，从原始的大衍筮法，到后来流行的梅花易数占法，皆有运用互体之例。因此，互体之法也成为术数家占断取象之妙法。

（2）卦主

从现有的资料看，易学史上最早言卦主者为京房，京氏在《京氏易传》中大量地运用了卦主思想注解《周易》。那么什么是卦主？根据京氏之意，卦主是指一卦六爻中的主爻，这个爻决定和制约其他爻及整个卦的性质，是某卦之所以成为某卦的关键。这个主爻可能是一个，也可能是两个，或是阳爻，或是阴爻。一卦主爻的确立，一般取决于卦的形成、阴阳爻的数量及阴阳爻的居位。就卦的形成而言，由于某宫爻变而成某卦，爻变至某爻，则某爻为世爻，也就是卦主。京氏注艮宫《损》云："山高处上，损泽益山，成高之义，在于六三，在臣之道，奉君立诚。《易》云：'损下益上。'"艮宫变至三爻而成《损》，故六三为世爻，为卦主。注坤宫《复》云："月一阳为一卦之主。"坤宫变初爻为《复》，故《复》初九爻为世爻，为卦主。也有两爻成为卦主者，即某宫爻变至某爻成某卦，其中变至二爻，以二爻为卦主。如京氏注坤宫《临》云："阳长之爻，成《临》之义。"坤宫阳长至二爻成《临》，故阳长之义指《临》初九、九二两阳爻，此两阳爻为《临》之卦主。

就卦中阴阳爻数量而言，若阳多阴少，则以阴爻为主爻；相反，若阴多阳少，则以阳爻为主爻。京氏注乾宫《剥》云："成剥之义，出于上九。"《剥》一阳五阴，故以上九阳爻为卦主。注巽宫《小畜》云："小畜之义，在于六四。"《小畜》一阴五阳，故以六四之阴为卦主。注兑宫《谦》云："一阳居内卦之上，为《谦》之主。"《谦》一阳五阴，故以九三之阳为《谦》卦之主爻。

就阴阳爻居位而言，多以居五位之爻为主爻。因五处上中，又为天位，故五位为尊位，而爻居五者多为卦主。京氏注艮宫《大畜》云："二阴犹盛于畜义，……九二大夫应世，应六五为至尊，阴阳相应，以柔居尊，为畜之主。"《大畜》六五居尊位，为《大畜》卦主。注坤宫《泰》云："存《泰》之义，在于六五，阴居阳位，能顺于阳。"此言《泰》卦六五居尊位而为卦主。注离宫《旅》云："六五为卦主。"

以上是京氏确立卦主的几种类型。值得说明的是，京氏对卦主的确立有时兼顾几个标准。如京氏注乾宫《观》云："取六四至于九五，成卦之终也。"乾宫变至四爻成《观》，《观》四爻为世爻，《观》九五居尊位，故六四、九五为卦主。京氏注乾宫《姤》云："定吉凶只取一爻之象。"乾宫变初爻为《姤》，初爻为世爻而为卦主。同时，从阴阳爻数量看，一阴五阳，故初六一阴也当为卦主。正如陆绩注云："多以少为贵。"

京氏的卦主思想主要来源于《易传》。《易传》认为，《周易》六爻有贵贱之别，六爻以五位为天位，凡居此位的爻，多有天德、功名，是尊贵之象征。《文言》云："'飞龙在天'，乃位乎天德。"《系辞上》云："列贵贱者存乎位。"《系辞下》云：

"三多凶，五多功，贵贱之等也。"《易传》又提出了阴卦多阳、阳卦多阴的思想。《系辞下》云："阳卦多阴，阴卦多阳，其故何也？阳卦奇，阴卦偶。其德行何也？阳一君而二民，君子之道也。阴二君而一民，小人之道也。"《易传》关于爻位和卦的性质的思想是卦主说产生的理论基础。《易传》在注释《周易》卦辞时，也朦胧地运用了卦主思想。《彖》注《小畜》云："小畜，柔得位而上下应之。"注《大有》云："柔得尊位大中，而上下应之。"注《无妄》云："刚自外来而为主于内。"显然，《彖传》是运用了确定卦中主爻的方法解说《周易》，尤其是它提出了《无妄》卦内卦震以一阳为主的观点，已很接近卦主说。因此，京氏的卦主思想实际上是对《易传》卦主思想的扬弃。换言之，卦主思想是京氏在精研《易传》的基础上总结出来的，并系统地运用于注《易》之中。

京氏的卦主说，从新的角度阐明了卦与爻、爻与爻的关系，这对于认识卦的性质结构和解释卦辞都有着十分重要的意义。因此，卦主思想成为历代易学研究的一个重要课题。三国时的王弼站在玄学角度，把卦主思想上升到一与多、寡与众的高度进行论述："夫众不能治众，治众者，至寡者也。夫动不能制动，制天下之动者，贞夫一者也。……夫少者，多之所贵也；寡者，众之所宗也。一卦五阳而一阴，则一阴为之主矣；五阴而一阳，则一阳为之主矣。夫阴之所求者阳也，阳之所求者阴也。……故阴爻虽贱，而为一卦之主者，处其至少之地也。或有遗爻而举二体者，卦体不由乎爻也。"（《周易略例·明象》)他又指出:"凡《象》者,统论一卦之体者也。一卦之体必由一爻为主,则指明一爻之美以统一卦之义。《大有》之类是也。"(《周易略例·略例下》)宋代俞琰对易学史上的卦主思想进行了总结,将卦主分为经卦卦主、别卦之主,并作"八卦主爻图"、"十二卦主爻图"。(《读易举要》卷二)元代吴澄作"六十四卦卦主图",并对此图作了分析说明。(见《易纂言外翼》卷一)而论述卦主最完备者,莫过于清人李光地。他的贡献在于联系《象传》对易卦的解释,提出了成卦之主与主卦之主的概念及其关系,并就六十四卦卦主的确立及其根据一一作了分析和说明(见《周易折中》卷首)。不过,这些后人的论述皆不出京氏的思想范围。由此可见,京氏卦主思想在易学史上的重要地位。

(3)星象

京氏易学一个重要特点,是吸收了当时的自然科学成果。这也包括将天文学引进易学。从《京氏易传》看,京氏主要是运用天文学上的五星及四象二十八宿之说注释《周易》。

所谓五星,是根据五行及所居位置而确定的。镇星居中央为土星,太白居西方为金星,太阴居北方为水星,岁星居东方为木星,荧惑居南方为火星。京氏根据五行相生的原理,将五星依次值入八宫六十四卦。如乾宫由镇星入卦。京氏注《乾》云:"五星从位起镇星。"镇星为土星,土生金,《姤》值金星太白。京氏注《姤》云:"五星从位起太白。"金生水,《遁》值水星太阴。京氏注《遁》云:"五星从位起太阴。"水生木,

《否》值木星岁星。京氏注《否》云："五星从位起岁星。"木生火，《观》值火星荧惑。京氏注《观》云："五星从位起荧惑。"火生土，《剥》值土星镇星。京氏注《剥》云："五星从位起镇星。"依次类推。按照八宫卦排列的次序，将五星循环值入卦中，这就是京氏运用五星解说《周易》的方法。

所谓四象二十八宿，是把天球赤道和黄道附近一周天的恒星划分成二十八组，每一组叫作"宿"，合称二十八宿。因二十八宿分居四方（每一方七宿），故称"四象"。又以苍龙、朱雀、白虎、玄武四种动物命名四象，即东方苍龙七宿：角、亢、氐、房、心、尾、箕；南方朱雀七宿：井、鬼、柳、星、张、翼、轸；西方白虎七宿：奎、娄、胃、昴、毕、觜、参；北方玄武七宿：斗、牛、女、虚、危、室、壁。京氏易学将八宫六十四卦配以二十八宿，其方法是：以乾卦值西方白虎末宿参，然后自一世卦《姤》至归魂卦《大有》七卦分别值南方七宿，即《姤》值井、《遁》值鬼、《否》值柳、《观》值星、《剥》值张、《晋》值翼、《大有》值轸。震宫八卦分别值东方七宿及北方初宿，坎宫八卦分别值北方六宿及西方前二宿，艮宫八卦分别值西方五宿及南方前三宿。以此法往下推，至艮宫三世《损》值西方觜宿，为二十八宿第一周期。从艮宫四世卦《睽》重复乾卦所值的参宿，至离宫归魂卦《同人》再值觜，为二十八宿第二周期。然后再从兑宫值参开始，至此宫归魂卦《归妹》值轸，六十四卦配二十八宿至此结束。见下表：

八宫六十四卦二十八宿值位表

西方白虎							南方朱雀							东方苍龙							北方玄武						
奎	娄	胃	昴	毕	觜	参	井	鬼	柳	星	张	翼	轸	角	亢	氐	房	心	尾	箕	计①	牛	女	虚	危	室	壁
						乾 乾宫	姤	遁	否	观	剥	晋	大有	震 震宫	豫	解	恒	升	井	大过	随	坎 坎宫	节	屯	既济	革	丰
明夷	师	艮 艮宫	贲	大畜	损	睽	履	中孚	渐	坤 坤宫	复	临	泰	大壮	夬	需	比	巽 巽宫	小畜	家人	益	无妄	噬嗑	颐	蛊	离 离宫	旅
鼎	未济	蒙	涣	讼	同人	兑 兑宫	困	萃	咸	蹇	谦	小过	归妹														

京氏将包括天文学在内的自然科学知识与易学相结合，力图建立一个以自然科学为基础的筮占体系，以增强《周易》筮占的活力。但由于他过分地重视当时自然科学的成果，客观上又冲淡了易学的神秘色彩，尤其对于那些有识之士来说，这一点十分突出。如东汉王充就是如此，他不仅没有被京氏的易学体系所迷惑，而且更加清醒地指出了其筮占的欺骗性。他在评论其卦气说时指出："《易》京氏布六十四卦于一岁中，六日七分一卦用事，卦有阴阳，气有升降，阳升则温，阴升则寒，由

---

① 计，指计都星，京房以计都星取代斗宿。

此言之，寒温随卦而至，不应政治也。"（《论衡·寒温》）同时代的郑玄则沿着京氏开辟的道路，继续以天文星象注《易》，但他注《易》的目的不是筮占，而是视易学为经学中的一门学问，纯是以星象注易辞，真正使易学走向科学、理性。

（4）易数

《周易》筮法自产生起，就与数结下了不解之缘，故关于易数的问题始终是易学家研究的热点，京房当然不例外。遗憾的是，保存下来的京氏易数方面的材料很少，这里只能凭借一些残存的、零星的材料来审视京房的易数观。京氏的易数观，主要表现在他对《易传》易数的解说。在今本《系辞》中比较完整地保存了以数之推演为核心的大衍筮法。但《系辞》的作者对于蓍数取舍以及相关的问题皆未作说明。京房以丰富的易学知识和自然科学知识对诸如此类的问题作了阐发。如他对天地之数的阴阳性进行了区分。他说："一、三、五、七、九，阳之数；二、四、六、八、十，阴之数。"（《京氏易传》卷下）因阳数为奇，阴数为偶，故奇偶之数从根本上来自阴阳，也可以说来自乾坤。他说："奇偶之数取之于乾坤。乾坤者，阴阳之根本。"（同上）京房还运用当时的天文、历法知识说明大衍之数取五十和其一不用而用四十有九的缘由。他指出："五十者，谓十日、十二辰、二十八宿也。凡五十其一不用者，天之生气，将欲以虚来实，故用四十九焉。"（《周易正义》卷七引）根据京氏的看法，大衍之数取五十，是得之于十日、十二辰、二十八宿之和，即 $10+12+28=50$。而其一不用，是取法天生气成物，由虚到实。也就是说，物生成于气，在物生之前只是气，气是看不见的，可以称虚，而气能生成物，物是具体的，可以看得见的，故可称为实，故虚又能来实。京氏的这些观点，虽然从易学上、哲学上讲不一定正确，也不一定符合《系辞》作者的原义，但他敢于就《易传》提出问题，并依据自己所掌握的知识力图解决这些问题，不能不说他具有变革易学的胆识，这对于启发、推动后世易学家深入研究这一问题有着重要意义。而从历代易学家的研究状况来看，京氏所提出的这些观点，独具特色，不失为一家之言。以推崇义理而著名的孔颖达在撰《周易正义》时，虽不同意京氏的看法，但还是将它作为一家之言收录于书中，故京氏易数观在易学史上所起的作用是十分明显的。

三、京氏易学的地位及影响

京氏易学言纳甲、纳支、飞伏、卦气、五行等，极为庞杂，从内容上看可视为一种占筮之学，而从社会背景来看又可视为一种适应了时代潮流的天人之学。西汉时，以言灾异、阴阳术数为主要内容的天人之学盛行，以齐学为主，兼有《易》《礼》。清儒皮锡瑞对这一点论述得十分明了："汉有一种天人之学，而齐学尤盛，《伏传》五行，《齐诗》五际，《公羊春秋》多言灾异，皆齐学也。《易》有象数占验，《礼》有明堂阴阳，不尽齐学，而其旨略同。当时儒者以为人主至尊，无所畏惮，借天象以示儆，庶使其君有失德者犹知恐惧修省。此《春秋》以元统天、以天统君之义，亦《易》神道设教之旨。汉儒借此以匡正其主。"（《经学历史·经学极盛时代》）皮氏的论述完全合乎历史事实。汉代易学作为一种天人之学，其目的就在于以神道设教，明王道，正人伦，调整大一统封建中央集权制下的新秩序。京房对这点也直言不讳。他说：

> 故《易》所以断天下之理，定之以人伦，而明王道。八卦建五气，立五常，法象乾坤，顺于阴阳，以正君臣父子之义，故《易》曰："元亨利贞。"夫作《易》所以垂教，教之所被，本被于有无。且《易》者，包备有无，有吉则有凶，有凶则有吉。生吉凶之义，始于五行，终于八卦，从无入有，见灾于星辰也。从有入无，见象于阴阳也。阴阳之义，岁月分也。岁月既分，吉凶定矣。故曰："八卦成列，象在其中矣。"六爻，上下天地，阴阳运转，有无之象，配乎人事。八卦，仰观俯察在乎人，隐显灾祥在乎天。考天时，察人事，在乎卦。（《京氏易传》卷下）

从上面的论述看，京氏将易学作为考天时、察人事的天人之学。值得注意的是，这种天人之学不是直接以天象与人事相比附，而是借助于代表天象的卦象考察人间灾祥，以达到明王道、正人伦的目的。京氏易学的实践性，验证了他上面的论述。京氏在政治活动中，将自己的易学作为劝诫统治者、抨击政敌的武器。他在给皇帝的三次上疏中，就是用卦气说分析时政，劝说统治者认清形势，当机立断，摈弃奸臣，推行"考功课吏法"，任人唯贤，做到政治清明。如他在第一次上疏中提出："辛酉以来，蒙气衰去，太阳精明，臣独欣然，以为陛下有所定也。然少阴倍力而乘消息。臣疑陛下虽行此道，犹不得如意，臣窃悼惧。……乃辛巳，蒙气复乘卦，太阳侵色，此上大夫覆阳而上意疑也。己卯、庚辰之间，必有欲隔绝臣令不得乘传奏事者。"（《汉书·京房传》）在第三次上疏中，他又提出："乃丙戌小雨，丁亥蒙气去，然少阴并力而乘消息，戊子益甚，到五十分，蒙气复起，此陛下欲正消息，杂卦之党并力而争，消息之气不胜。强弱安危之机不可不察。己丑夜有还风，尽辛卯，太阳复侵色，至癸巳，日月相薄，此邪阴同力而太阳为之疑也。臣前白九年不改，必有星亡之异。臣愿出任良试考功，臣得居内，星亡之异可去。……陛下不违其言而遂听之，此乃蒙气所以不解，太阳亡色者也。臣去朝稍远，太阳侵色益甚，唯陛下毋难还臣而易逆天意。邪说虽安于人，天气必变，故人可欺，天不可欺也，愿陛下察焉。"（同上）因此，京氏易学是一种政治哲学。

从易学角度看，京氏易学在易学史上占有举足轻重的地位。它的产生，标志着汉代新的易学体系——象数易学的确立。汉初孟喜首言卦气，开创了易学新风。焦延寿学于孟喜，吸收了隐士之说，在《周易》卦爻及卦辞方面下功夫，创立了一个适用于筮法的、面目一新的《易林》体系。京房受学焦氏，阐发其说，并在此基础上发明象数之大义，建立了前所未有的象数体系，从而完成了汉代易学的巨大变革。这种易学变革，在经学史上称为"改师法"。清儒皮锡瑞曾揭示了这场易学变革的过程及京氏的作用："首改师法，不出于田何、杨叔、丁将军者，始于孟而成于京。"（《经学通论》）京氏易学的价值在于，以新的思维方式，建立了不同于《易传·序卦》卦序的系统，揭示了六十四卦内在的关系；沿袭孟氏的传统，最大限度地将干支、五行、星象等自然知识纳入易学，形成了具有自然知识内容的易学；克服了大衍筮法及焦氏筮法的局限，创立了一个以卦推天时、察人事的完备的筮法新体系，对《周易》卦爻辞作了诠释。这些贡献，使京氏《易》成为西汉易学的主流，并得到了官方的认可。汉立五经博士，"至元帝世，复立京氏《易》。"（《汉书·儒林传》）自此，京氏《易》成为官方认可的经学流派，为学者广泛引用，仅《汉书·五行志》引《京氏易传》即达六十多次。而习京氏《易》者地位也有所提高，东海殷嘉、河东姚平、河南乘弘，皆师从京氏，并因此而立为郎、博士。东汉易学大师郑玄也曾从第五元先习京氏《易》。京氏易学成为汉代象数易学乃至整个易学发展的一个里程碑。

当然，我们应当看到，京氏易学与其他象数易学流派一样，过分重视象数而忽略义理，一味追求易学与自然知识的结合而不讲究其结合方式，故也有着不完善的一面，即繁杂牵强，缺乏深刻的思想性。恐怕就是因为这个缘故，京氏易学在产生不久后的东汉即失传，遂成绝学。确切地说，东汉京氏《易》始衰，西晋京氏《易》有书无师而亡。《后汉书·儒林传》云："建武中，范升传孟氏《易》，以授杨政。而陈元、郑众皆传费氏《易》，其后马融亦为其传。融授郑玄。玄作《易注》，荀爽又作《易传》，自是费氏兴，而京氏遂衰。"《隋书·经籍志》云："梁丘、施氏、高氏亡于西晋，孟氏、京氏有书无师。"

不仅如此，京氏易学受到了王充、王弼、孔颖达、黄宗羲、王夫之等人的严厉批判。其中具有代表性的是王夫之。他指出："盖房之为术，以小智立一成之象数，天地之化，且受其割裂，圣人之教，且恣其削补。道无不圆也，而房无不方，大乱之道也，侮五行而椓二仪者也。郑弘、周堪从而善之，元帝欲试行之，盖其补缀排设之淫辞有以荧之尔。取天地人物、古今王霸、学术治功，断其长，擢其短，令整齐瓜分如弈者之局、厨人之刌也，此愚所以闻邵子之言而疑也，而况房哉！"（《读通鉴论》卷四）王夫之的批判可以说切中要害。

第五章 《易纬》象数易学

一、今文经兴起与《易纬》的成书

《易纬》是汉儒解释《易经》的文献汇编。它包括《乾凿度》《乾坤凿度》《稽览图》《辨终备》《通卦验》《乾元序制记》《是类谋》《坤灵图》八种。《易纬》的成书，是由当时的历史条件决定的。汉初，由于长期战争，生产力受到了严重的破坏，社会经济急剧衰败，人民流离失所。如《汉书·食货志》所言："汉兴，接秦之弊，诸侯并起，民失作业，而大饥。凡米石五千，人相食，死者过半。……天下既定，民亡盖藏，自天子不能具醇驷，而将相或乘牛车。"统治者为了稳定社会秩序，恢复生产，从秦朝灭亡中吸取了深刻的教训，采取了轻徭薄赋、休养生息的政策。道家的黄老之言以"历记成败存亡祸福古今之道、然后知秉要执本、清虚以自守、卑弱以自持"的思想内容，适应了当时的需要，为统治者所倡导。然而，经过"文景之治"到武帝时代，社会经济得到了恢复和发展，国力空前强大，出现了"都鄙廪庾皆满，而府库余货财"的繁荣景象。此时的社会和经济状况需要高度集中、大一统的政权，更需要独一无二、强有力的思想意识形态。原有的黄老之术已失去赖以生存的社会条件，取而代之的是被称为天人之学的儒家思想。汉武帝采纳了董仲舒"罢黜百家，独尊儒术"的建议，崇尚儒家，立五经博士，因而以儒家经典为对象、以诠释为形式、以阐发儒家微言大义为内容的经学适应政治需要而兴起，居于显赫的地位。

由于书写文字和治学方法不同，汉代经学有今古文之分。经师背诵口授的、用当时流行的隶书书写的经文是为今文经，用汉以前的大篆（又称籀书）或其他古文字书写的经文是为古文经。二者在文本及治经方法等方面也表现得泾渭分明，不相混杂。西汉中后期立于学官的是今文经，其特点是根据统治者的需要，断章取义随意曲解经意，赋予了经学阴阳灾异的思想，以齐学最突出。其显著的特点是用天人感应思想和阴阳灾异观念解释儒家经典。以卜筮而著称的《周易》因与齐学有着相一致的功用，在汉初这种特定的环境下很快与齐学合流，齐学所推崇的阴阳观念、五行思想、灾异说和当时的天文历法知识随即成为易学家理解和诠释《周易》的工具，形成了偏于天道的象数易学。如《汉书》言魏相"数表采《易阴阳》及《明堂月令》奏之"，孟喜"得《易》家候阴阳灾变书"，是易学接受了齐学的阴阳灾变说的明证。

汉代最早使用齐学这种方法推演政治人事、极力神化儒家的是治公羊学的董仲舒。《汉书·五行志》云："汉兴，承秦灭学之后，景武之世，董仲舒治《公羊春秋》，始推阴阳，为儒者宗。"在统治者鼎力支持下，由董仲舒公羊学发端，在当时学术思想界出现了一场规模空前的、影响深远的儒学变革运动，主要表现在用阴阳灾异之学改造儒家。班固指出：

> 汉兴推阴阳言灾异者，孝武时有董仲舒、夏侯始昌，昭、宣则眭孟、夏侯胜，元、成则京房、翼奉、刘向、谷永，哀、平则李寻、田终术。此其纳说时君著明者也。（《汉书·眭两夏侯京翼李传》）

班固所列的人物，董仲舒、眭孟、刘向治《春秋》，两夏侯、李寻治《尚书》，翼奉治《齐诗》，京房、谷永治易学，都属于今文学家。其共同特点是借经典推演灾异，即班固所说的"察其所言，仿佛一端，假经设谊，依托象类"。（同上）由此可以看到，汉代由官方倡导而兴起的经学思潮，其实质是属于天人之学。就其目的和实践性而言，它不是把儒家的经典作为研究对象，通过文字和语句的解释，探求其本来意义，而是把孔子及其经典作为至高无上的权威，加以神化，用于巩固统治者已取得的地位，规范统治者的行为，调整社会秩序，匡正社会弊端。

《纬书》就是在汉代统治者急需更张改制、齐学盛行、今文经被立于学官的情况下而逐渐成书的。儒学与阴阳五行说、灾异说合流，附会经学的《纬书》产生，取决于儒学自身发展和当时社会政治的需求。对于这个问题，台湾学者吕凯先生分析得极为透彻。他指出："六经虽具权威，然而有'诗书故而不切'之病，且经为常典，必须固定，解说或可以出新意，要亦有其限制，故无以应时代之要求，于是与经书同具权威之谶纬大量而出矣。纬书之配经，盖缘是而来也。同时，儒家经秦末汉初之摧折，几乎无以自立，兹忽得汉武帝之大力尊崇，如绝处逢生。然儒者亦有自知之明，若其学不能应世，则必再度遭厄，欲行其术，非容'时学'无以当之。故阴阳五行之说，四时灾异之变，儒者掠而以为其说矣。此固时会所趋，然亦儒者所不得不如此也。……因汉武帝之外崇儒术，内好方士，故使时之方士，以儒学文饰以附时会；而时之儒者，则杂阴阳五行以合需要。二者交互影响，而成纬书。"[①]

从其内容看，《纬书》是对齐学、今文学中的天人感应思想、阴阳灾异说、五行理论等的继承、发挥和推演。今人钟肇鹏全面探讨了今文经与纬书之关系，认为："在今文经中，又以《公羊春秋》对谶纬的影响最大，谶纬里直接采取公羊家之说。……在今文经中只有公羊高及董仲舒的名字见于谶纬，两人都是公羊学派的领袖，可见公羊学派董仲舒的后学至少有一部分直接参与了谶纬的造作，因此他们的学派及先师的名字写到谶纬里面。"[②]他还指出："从《春秋繁露》中天人感应的主导思想，对《春秋》大义微言的阐述，礼制、训诂以及篇目命名

---

① 吕凯《郑玄之谶纬学》，台湾商务印书馆，1982年，第36—37页。
② 钟肇鹏《谶纬论略》，辽宁教育出版社，1997年，第116—117页。

都可以看出董仲舒的著作是谶纬的先导，谶纬是董仲舒思想论著的继承和发展，甚至援用董子之文，不改一字。"①

就《易纬》而言，除了承袭齐学灾异说传统外，更重要的是吸收了汉代易学思想。汉代易学家接受了今文经学阴阳灾异说，把卜筮之易学变成了内涵天文历法、专言灾异的易学。据《汉书》记载，孟喜"得易家候阴阳灾变书"，焦延寿"独得隐士之说"，"其说长于灾变"，京房"治《易》事梁人焦延寿"，"以明灾异得幸"。又按《汉书·艺文志》著录有《孟喜京房》十一篇、《灾异孟氏京氏》六十六篇。因此，就其整体而言，汉代易学源于当时流行的齐学，而又有所不同。兹以魏相、京房等人为例说明当时易学与齐学的关系。魏相指出：

> 《易》曰："天地以顺动，故日月不过，四时不忒。圣人以顺动，故刑罚清而民服。"天地变化，必繇阴阳，阴阳之分，以日为纪。日冬夏至，则八风之序立，万物之性成，各有常职，不得相干。东方之神太昊，乘震执规司春；南方之神炎帝，乘离执衡司夏；西方之神少昊，乘兑执矩司秋；北方之神颛顼，乘坎执权司冬；中央之神黄帝，乘坤艮执绳司下土。……春兴兑治则饥，秋兴震治则华，冬兴离治则泄，夏兴坎治则雹。……君动静以道，奉顺阴阳，则日月光明，风雨时节，寒暑调和。三者得叙，

则灾害不生。……夫风雨不时，则伤农桑。农桑伤，则民饥寒。饥寒在身则亡廉耻，寇贼奸宄所繇生也。(《汉书·魏相丙吉传》)

以上是现存最早的关于四正卦卦气说的资料。魏相在这里是以卦气推自然利害、察人事吉凶。其最基本的概念是阴阳五行，最基本的理论是天文历法。《齐诗》讲阴阳五行，不是魏相说的四时变化，而是性情，即以自然性情推人之性情。翼奉说："察其繇，省其进退，参之六合五行，则可以见人性，知人情。虽用外察，从中甚明。故诗之为学，情性而已，五性不相害，六情更兴废，观性以历，观情以律。"又如眭孟治《春秋》也讲阴阳，以阴阳推人事。如据《汉书》记载，元凤三年正月，发生两件怪异事，一是泰山莱芜山发出数千人声，有大石自立，白鸟数千下集其旁。二是昌邑、上林苑分别有枯木卧地复生。眭孟认为："石柳皆阴类，下民之象。泰山者岱宗之岳，王者易姓告代之处。今大石自立，僵柳复起，非人力所为，此当有从匹夫为天子者。"从这里看出，他说的"阴"不是天上"阴"，而是地上"阴"。由此可见，今文经学皆讲阴阳五行、言灾异，但所使用的方法大不相同。

以诠释《周易》为宗旨、成书于象数易学风靡之时的《易纬》神化了《周易》的作者，内涵了以占验为目的的象数易学思想。如《稽览图》《通卦验》继承和整合了孟、京易学，专讲卦气说。今人钟肇鹏列举八个证据，说明了《易纬》与孟、京易学的关系，推断"以上八条足以证明《易纬》为孟、京易学一派无容质疑"。清人吴翊寅干脆把《易纬》视为孟、京的作品。他指出：《易纬·乾凿度》为孟喜所述，《稽览图》《通卦验》皆京房所述。"（《易汉学考一·易纬考上》）孟氏《易》、京氏《易》大多佚失，仅据辑佚的片断与《易纬》对比，推断《易纬》为孟、京所作，其说很难令人信服。但他指出《易纬》与孟、京易学的内在联系，是值得肯定的。

二、《易纬》之兴衰、著录及辑佚

以阐发经学微言大义为宗旨的《纬书》资取天文历算知识，杂糅神学，推演阴阳五行，迎合了时政的需求，在统治者大力倡导和支持下，很快与经学合流，形成了一股文化思潮，弥漫了整个汉代社会。《后汉书·方术列传》云：

> 汉自武帝颇好方术，天下怀协道艺之士，莫不负策抵掌，顺风而届焉。后王莽矫用符命，及光武帝尤信谶言，士之赴趣时宜者，皆骋驰穿凿，争谈之也。故王梁、孙咸名应图，越登槐鼎之任，郑兴、贾逵以附同称显，桓谭、尹敏以乖忤沦败。自是习为内学，尚奇文，贵异数，不乏于时矣。

从《汉书》记载看，谶纬兴盛除了政治需要外，还与统治者的兴趣爱好密切相关。武帝即位后重儒学，好方术，利用方士"赤帝斩白帝"之谶语巩固其统治地位。《纬书》成书后，王莽加以利用之，据火生土的说法，自谓黄帝、虞舜之后，登上君王宝座，建立新朝。至东汉初，谶纬盛行达到极点。刘秀借助于谶纬取得天下后，极力崇信图谶。据《后汉书·桓谭传》云："是时帝方信谶，多以决定嫌疑。"又《东观汉记》云："光武避正殿，读谶坐庑下，浅露，中风苦咳。"王梁应谶语"王梁主卫作玄武"而被提升为大司空，孙威应谶语"孙威征狄"而封大司马。贾逵等人以论证谶纬合五经而受到嘉奖，曹褒"依准旧典，杂以五经谶记之文，撰次天子至庶人冠婚吉凶终始制度"。(《后汉书·曹褒传》) 光武帝令尹敏校图谶，尹敏反对，认为"谶非圣人所作，其中多近鄙别字，颇类世俗之辞，恐疑后生"，而遭"深非"。(《后汉书·尹敏列传》) 桓谭"复极言谶之非经"，遭到贬黜。光武帝又于公元56年，"宣布图谶于天下"。公元79年，章帝主持白虎观会议，讨论"五经异同"，"使诸儒共正经义"。会上一个重要内容是以谶纬来正经学，正式确立了谶纬在政治上的地位。谶纬神学由原来的经学附庸一跃而变成了与经学有同等地位的官方哲学，并被尊奉为"秘经"。由于帝王的倡导和功利驱使，谶纬盛行，学谶纬蔚然成风。

谶纬自魏晋后屡遭禁绝，隋唐时已大量散失。《隋书·经籍志》曰："至宋大明中，始禁图谶。梁天监以后，又重其制。及高祖受禅，禁之愈切，炀帝即位乃发使四出搜天下书籍，与谶纬相涉者，皆焚之，为吏所纠者至死。自是无复其学，秘府之内亦多散亡。"尽管如此，隋代以降，历代书志对《易纬》皆有著录。《隋书·经籍志》经部谶纬类载："《易纬》八卷，郑玄注。梁有九卷。"子部五行类著录有《易统通卦验玄图》一卷、《易通统图》二卷、《易新图序》一卷，并属《易纬》一类。《旧唐书·经籍志》和《新唐书·艺文志》并著录"《易纬》九卷，宋均注"。《崇文总目》载"《易纬》九卷，郑康成注"。《通志·艺文略一》著录有"《乾坤凿度》二卷，伏牺文，黄帝演，仓颉修注。《乾凿度》二卷，郑玄注。《易稽览图》七卷，郑玄注"。另外，《郡斋读书志》《直斋书录解题》《遂初堂书目》《文献通考·经籍志》《玉海·艺文》《宋史·艺文志》《永乐大典》等对《易纬》皆有类似的著录。

明清两代都有人对《易纬》进行了辑佚。

明代孙毂撰《古微书》，辑有《通卦验》《坤灵图》《稽览图》《河图数》《筮类谋》《易九厄谶》《易杂纬》（包括《易辨终备》《易蒙气纬》《易中孚传》《易运气》）共七种。

明代陶宗仪撰《说郛》一百二十卷，辑有《乾凿度》《易稽览图》《易坤灵图》《易通卦验》四种。

明代杨乔岳编、杜士芬校《纬书》十卷（藏日本内阁文库），包括《易·乾凿度》《易·通卦验》《易·稽览图》《易·坤灵图》《易·巛灵图》《易·是类谋》八种。钟肇鹏认为《巛灵图》即《坤灵图》，实系一种而误为二种，故只有七种。

另外，明代《永乐大典》收有《易纬》八篇。另，《乾凿度》有钱叔宝藏本。《乾凿度》《乾坤凿度》有范钦藏本。

清代比较早的《易纬》版本有《四库全书》本、武英殿聚珍本。《四库全书》本辑自《永乐大典》。武英殿聚珍本是用四库本与钱叔宝藏本和范钦藏本校勘而成。之后的《易纬》版本基本上均源出武英殿聚珍本。

《清河郡本纬书》，不知何人所辑，现已失传。清代张宗泰、陈逢衡、刘毓崧见过此本。黄奭将此本《易纬》材料收入《逸书考》中。

殷元正辑、陆明睿增订《集纬》(又名《纬书》)十二卷，为抄本，有《乾凿度》《坤灵图》《稽览图》《通卦验》《是类谋》《辨终备》《萌气枢》《天人应》《乾元序制记》九种。藏于北京图书馆、上海图书馆和日本京都大学图书馆。

赵在翰辑《七纬》三十八卷，其中卷一至卷八照录武英殿聚珍本《易纬》八种。

黄奭辑《汉学堂丛书》和《黄氏逸书考》，后者是在前者基础上增补而成的。《汉学堂丛书》辑有《易纬》(泛引《易纬》并附《易萌气枢》《易通统图》《易通卦验玄图》《易九厄谶》)《易·乾凿度》《易·乾坤凿度》《易·是类谋》《易·坤灵图》《易·乾元序制记》。而《逸书考》则增《易·辨终备》《易·稽览图》《易·通卦验》三篇。

马国翰《玉函山房辑佚书》和乔松年《纬捃》亦辑有《易纬》多种。

日本的安居香山、中村璋八辑《纬书集成》，以乔松年辑《纬捃》为底本，参校了《说郛》、《古微书》、杨乔岳《纬书》、林春溥《古书拾遗》、刘学宠《诸经纬遗》、《集纬》、《七纬》、《玉函山房辑佚书》、《汉学堂丛书》等九种辑佚书。是当今最完备的辑佚书。今有河北人民出版社本。新疆人民出版社出版的由常秉义整理的《易纬》沿袭自河北人民出版社出版的《纬书集成》，不同的是删去了校勘及出处。

关于《易纬》的研究，最早可以追溯到汉代。汉代的桓谭、张衡、王充，南北朝的刘勰等人对《易纬》皆有论述。而论述较多的是清代。顾炎武在《日知录》卷三十曾讨论谶纬起源。朱彝尊在《经义考》卷二百六十三著录《易纬》二十八种，在卷二百九十八搜集了汉至清对《易纬》的论说和评价。张惠言著《易纬略义》三卷，对《易纬》作了系统整理和论述，是研究《易纬》的重要资料。吴翊寅撰《易汉学考》，论证了《易纬》为孟京之学。清末孙诒让作《札迻》，对《易纬》中《乾凿度》《稽览图》《辨终备》《是类谋》《通卦验》《坤灵图》《乾元序制记》六篇都有所校正，并论证《是类谋》非郑玄注，而《乾元序制记》晚出，前半当为《是类谋》，后半当为《坤灵图》，是宋人得两篇残本合而名之。俞正燮撰有《纬书论》《纬字论》（见《癸巳类稿》卷十四、卷七），探讨纬书起源。徐养原、汪继培、周治平、金鹗、李富孙就学于杭州诂经精舍，著有《纬候不起于哀平辨》，推考纬书源流。（《诂经精舍文集》卷十二）刘师培著《谶纬论》，认为《易纬》有补

史、考地、测天、考文、征礼、格物六方面价值。系统研究
《纬书》的著作还有清人蒋清翊的《纬学源流兴废考》三卷，
对纬书的名义、流别、题目等进行了考辨和论述。今人姜忠奎
著《纬书史论》十二卷，系统论述了谶纬的源流与历史。

今人钟肇鹏致力纬书研究，卓有成就。他撰有《谶纬论
略》（辽宁教育出版社，1997 年），全书共分十一章，就谶纬
的篇名、成书、内容、哲学思想、版本辑佚，及其与孔子、经
学、政治、宗教、历史、科学的关系等进行了详尽的研究。钟
氏又在《中国古代佚名哲学名著评述》第三卷中介绍了《易
纬》八篇及历代辑佚、研究状况，着重论述《易纬》起源和哲
学思想。徐兴无在《中国古籍研究》第一卷（上海古籍出版
社，1996 年）中有《〈易纬〉的文本及源流研究》一文，全面
探讨了《易纬》文本流传、思想源流、易学体系及后世影响
等。另外，冯友兰《中国哲学史新编》、朱伯崑《易学哲学史》
对《易纬》均有论述。

台湾地区有吕凯撰《郑玄之谶纬学》（台湾商务印书馆，
1982 年），全书分三章：首章为谶纬概说，二章为郑玄对谶纬
贡献，三章为郑注纬书略述。王令越著《纬书探原》（台北幼
狮文化事业公司 1984 年）。日本学者很重视《纬书》研究。铃
木由次郎等人著《汉易研究》，其中有《谶纬学与易纬》一章。
安居香山、中村璋八著有《纬书之基础的研究》（东京图书刊
行社，1966 年）。安居香山又编著《纬书之成立及其发展》（同
上，1979 年），《谶纬思想之综合研究》（同上，1984 年），《纬

书与中国的神秘思想》（东京都平河出版社，1988 年）。钟肇鹏
先生评价说：“这些论著在深度和广度上都超越前人，为谶纬
学的深入研讨和新的突破奠定了基础。”

三、“三十二岁期而周”的爻辰说

汉代易学与当时天文历法相结合，形成了偏重于天道的
象数理论。其中六十四卦与节气、地支（月）结合是卦气，地
支与《周易》每一爻匹配是爻辰。何谓爻辰？辰，本来指星。
“在古观象授时时代，选取一定的星象，作为分辨一年四季的
标志，这些星象，可以说就是‘辰’的本来意义。”[①]尤其是那
些明亮的星特别引人注意，因而明亮的星星被称为辰。如《公
羊传》昭公十七年：“大火为大辰，伐为大辰，北辰亦为大
辰。”《左传》昭公七年：“何谓六物？对曰：岁、时、日、月、
星、辰是谓也。公曰：多语寡人辰，而莫同。何谓辰？对曰：
日月之会是谓辰。”斗建是指北斗所指方向。因此，古人以日
月之会和北斗所指方向确立辰和月。郑氏注《月令》：“日月之
行岁十二会，圣王因其会而分之以为大数焉。观斗所建，命
其四时。”星纪、玄枵、诹訾、析木、大梁、寿星、鹑首、鹑
火、鹑尾、实沈、大火、降娄是一年之内日月之会的十二星

---

① 陈尊妫《中国天文学史》第三册，上海人民出版社，1984 年，第 698—
699 页。

次，这十二星次是确立十二辰的标准，因十二辰以十二星次确立，故十二星次即被视为十二辰。郑注《周礼·大宗伯》云："辰，谓日月所会十二次。"即是此意。其实，星和辰是一致的。贾公彦疏《周礼·大师》郑注云："按斗柄所建十二辰而左旋，曰体十二月，与月合宿，而右转但斗之所建，建在地上十二辰，故言子丑之等。辰者日月之会，会在天上十二次，故言诹訾降娄之等。"孔颖达疏《尚书·尧典》伪孔传云："日行迟月行疾，每月之朔，月行及日而与之会，其必在宿，分二十八宿是日月所会之处。辰，时也。集会有时，故谓之辰。日月所会与四时中星俱是二十八宿，举人目所见，以星言之，论其日月所会，以辰言之，其实一物。"这就是说，日月所会之处是十二星次，与二十八宿对应，十二星次又是代表了一定时间的辰，即辰是时间和空间的统一。实质上辰和星是一回事。

古代的十二律起自历法十二辰。《汉书·律历志》云："夫推历生律制器。"汉人蔡邕曾详细地说明了如何用物候感应测定十二律。他说："以法为室三重户闭，涂衅，四周密布缇缦，室中以木为案，每一律各一案。内庳外高，从其方位，加律其上，以葭灰实其端，其月气至，则灰飞而管通。"（引自孔颖达《礼记正义》）按照孔颖达的解释，在室内布十二辰管，"若其月气至，则其辰之管灰飞而管空也"。以此证明十二律与十二辰一致。那么爻辰与二十八宿、十二律可以相互配置。郑注《周礼·春官·大师》说：

声之阴阳各有合。黄钟，子之气也，十一月建焉，而辰在星纪。大吕，丑之气也，十二月建焉，而辰在玄枵。大簇，寅之气也，正月建焉，而辰在诹訾。应钟，亥之气也，十月建焉，辰在析木。姑洗，辰之气也，三月建焉，而辰在大梁。南吕，酉之气也，八月建焉，而辰在寿星。蕤宾，午之气也，五月建焉，而辰在鹑首。林钟，未之气也，六月建焉，而辰在鹑火。夷则，申之气也，七月建焉，而辰在鹑尾。中吕，巳之气也，四月建焉，而辰在实沈。无射，戌之气也，九月建焉，而辰在大火。夹钟，卯之气也，二月建焉，而辰在降娄。辰与建交错，贸处如表里然，是其合也。

根据目前材料，较早谈及爻辰的是《汉书》。其特点就是星、辰、月、律、爻融合为一体，形成一个完整体系。《汉书·律历志》云：“十一月，乾之初九，阳气伏于地下，始著为一，万物萌动，钟于太阴，故黄种为天统，律长九寸……六月，坤之初六，阴气受任于太阳，继养化柔，万物生长，楙之于未，令重刚强大，故林钟为地统，律长六寸。……正月，乾之九三，万物棣通，族出于寅，……故太族为人通，律长八寸。”以乾初爻配子（十一月），坤初爻配未（六月），乾三爻配寅（正月），此为爻辰说无疑。京房在建立其筮占体系时，广泛运用了《周易》的纳支及纳支之间的五行关系。京氏纳支属于爻辰。《易纬》将京氏这一思想加以整合，进行阐发，形成了独具特色的爻辰说。《乾凿度》在论述爻辰时指出：

> 阳析九，阴析六，阴阳之析，各百九十二，以四时乘之八而周三十二，而大周三百八十四爻，万一千五百二十析也。故卦当岁，爻当月，析当日。大衍之数必五十。……故六十四卦三百八十四爻戒各有所系焉，故阳唱而阴和，男行而女随。天道左旋，地道右迁，二卦十二爻而期一岁。乾阳也，坤阴也，并治而交错行。乾贞于十一月子，左行，阳时六。坤贞于六月未，右行，阴时六，以奉顺成其岁。岁终次从于屯蒙。屯蒙主岁，屯为阳，贞于十二月丑，其爻左行，以间时而治六辰。蒙为阴，贞于正月寅，其爻右行，亦间时而治六辰。岁终则从其次卦。阳卦以其辰为贞，丑与左行，间辰而治六辰。阴卦与阳卦同位者，退一辰以为贞，其爻右行，间辰而治六辰。泰否之卦，独各贞其辰，其比辰左行相随也。中孚为阳，贞于十一月子；小过为阴，贞于六月未，法于乾坤。三十二岁期而周。六十四卦三百八十四爻，万一千五百二十析，复从于贞。

《易纬》在这里详细论述了爻辰说。此段话可以从几个方面来理解。其一，《易纬》说明了卦配年、爻配月、析[1]配日的根

---

[1]　析，即策。张惠言曰："析，古策字。"（《易纬略义》卷一）

据。在《易纬》作者看来，爻辰说是由大衍筮法决定的。《系辞》云："乾之策二百一十有六，坤之策百四十有四，凡三百有六十，当期之日。"这是说，大衍法行蓍的结果，乾卦六爻策数为：$36 \times 6 = 216$（策），坤卦六爻策数为 $24 \times 6 = 144$（策），乾坤二卦策数相加为三百六十，正好相当于一年的天数。按照这个理论，两卦代表一年三百六十天，故卦主岁；两卦十二爻代表十二月，故爻主月；三百六十策相当一年三百六十日，故策主日。以此类推，六十四卦三百六十四爻，一万一千五百二十策，代表了三十二年，三百八十四个月，一万一千五百二十天。

其二，提出了爻纳辰、卦纳岁、策纳日的原则。按照大衍法，六十四卦三百八十四爻出自大衍之数五十，五十即是十日、十二辰与二十八宿之和。因行蓍结果，六十四卦阳爻一百九十二，阴爻一百九十二。也就是说，有阳必有阴，"阳唱而阴合，男行而女随"。这就决定了纳支原则是一阴一阳，交错而行。由于阴阳运动方式是"天道左旋，地道右迁"，这就决定了纳支的另一个原则是阳左行、阴右行。左右，本指阴阳运动的道路。《素问·天元纪大论》："左右者，阴阳之道路也。"而这两条道路方向相反，谓之顺逆。左谓顺，王弼注《明夷》六四"入于左腹"云："左者，取其顺也。"（《周易注》）即纳支阳卦顺纳地支。右则谓逆，即纳支阴卦逆纳地支。

其三，详细地说明了六十四卦三百八十四爻纳支的方法。六十四卦纳支始于乾、坤。乾为阳卦，顺纳六辰，其初爻纳子，六爻自下而上依次纳子、寅、辰、午、申、戌。坤为阴卦，逆纳六辰，其初爻纳未，六爻自下而上依次纳未、巳、卯、丑、亥、酉。乾坤两卦十二爻纳十二辰，代表十二个月而主一年。详见清张惠言《二卦间时而治六辰图》如下：

这里需要说明的是，根据阳起于子、阴起于午的道理，乾初爻当纳子，坤初爻当纳午，但因午与乾四爻纳支同，故坤退一辰，初爻为未。即是《乾凿度》所谓："阴卦与阳卦同位者，退一辰以为贞，其爻右行，间辰而治六辰。"

乾、坤之后为屯、蒙。屯、蒙两卦纳辰也是按照阳左行阴右行的原则，间时而治六辰。屯为阳卦，其初爻纳十二月丑，六爻自下而上依次纳丑、卯、巳、未、酉、亥。蒙为阴卦，其初爻纳正月寅，六爻自下而上依次纳寅、子、戌、申、午、辰。此两卦也主一年。它卦依次类推，唯泰否两卦例外。两卦一阴一阳皆左行相随而纳六辰。郑玄注云："谓泰贞于正月，否贞于七月。"故泰卦六爻自下而上依次纳寅、卯、辰、巳、午、未，否卦六爻自下而上依次纳申、酉、戌、亥、子、丑。详见张惠言《否泰各贞其辰左行相随图》如下：

中孚、小过两卦纳辰与乾、坤两卦相同。因此，在《乾凿度》作者看来，六十四卦分三十二对，每对纳十二辰为一年，共代表三十二年，为一周期。

比较《易纬》爻辰说与京房纳支说，《易纬》爻辰说在个别地方也沿用了京氏一些思想，如乾、坤纳支同于京氏。但总的说来与京氏纳支截然不同。京氏纳支用的六十四卦是八宫六十四卦，《易纬》纳支用的是按《序卦》顺序排列的六十四卦。京氏纳支始于八纯卦，以八纯卦纳支为基础，将十二支纳入它卦中。具体地说，其他卦可视为由八纯卦内外卦组合而成，故其纳支皆从八纯卦内外卦。如否卦纳支，外卦从乾外卦纳支，内卦从坤内卦纳支。而《易纬》纳支起自乾、坤，但它卦纳支与乾、坤纳支没有内在的关系。六十四卦三十二对纳支大多各成体系。京氏八纯卦纳支，阳卦纳阳支，阴卦纳阴支。而《易纬》纳支，阳卦可以纳阴支，阴卦可以纳阳支（《易纬》阴阳卦与京氏阴阳卦含义有别）。另外，京氏纳支是取其十二支所代表的五行及关系，而《易纬》纳支是取十二支所代表的月份。因此，我们不可将二者混为一谈。

《易纬》爻辰说对后世影响很大，尤其是对郑玄爻辰说的形成起到了重要作用。郑玄在注释《乾凿度》爻辰说时建立了自己的爻辰说，并广泛地运用它解说《周易》卦爻辞，以弥补象数的不足。如郑注《泰》六五云："五爻辰在卯，春为阳中，万物以生。"（《周礼注疏》引）注《中孚》卦辞云："三辰为亥"，"四辰在丑"。（《毛诗正义》引）但是郑氏爻辰与《易纬》的爻辰相差甚远。正如清儒焦循所言："郑康成以爻辰说《易》本《乾凿度》而实不同。""郑氏注《乾凿度》自依《纬》为说，其注《易》不用《乾凿度》，为爻辰之序，皆用左旋，既以诸卦之爻统于乾坤。"（《易图略》卷六）现对《易纬》和郑氏乾坤爻辰作以辨析。如前所述，《易纬·乾凿度》乾、坤爻辰，乾卦六爻自下而上依次纳子、寅、辰、午、申、戌，坤卦六爻自下而上依次纳未、巳、卯、丑、亥、酉。而郑玄乾坤爻辰，乾卦纳支同于《易纬》，坤卦六爻纳支则异，不取逆势，而取顺势纳六支，即坤六爻自下而上依次纳未、酉、亥、丑、卯、巳。现以图示之：

《乾凿度》坤卦纳辰图	郑玄坤卦纳辰图
—— 酉 八月	—— 巳 四月
—— 亥 十月	—— 卯 二月
—— 丑 十二月	—— 丑 十二月
—— 卯 二月	—— 亥 十月
—— 巳 四月	—— 酉 八月
—— 未 六月	—— 未 六月

从上图看出，二者区别十分明显。但是，宋儒朱震将郑氏坤卦六爻自下而上纳支视为未、巳、卯、丑、亥、酉。（见《汉上易传·卦图》）而今人朱伯崑先生则将《乾凿度》坤卦纳辰视为未、酉、亥、丑、卯、巳。[①] 二者皆未得其正。

四、"通天意，理人伦，而明至道"的卦气说

从现存的易学资料看，卦气说始于孟喜。孟喜作为汉代象数易学的开拓者，其贡献在于提出了四正卦说、十二消息卦说、六日七分说。孟氏之后的京房，运用了丰富的历法知识，发展了孟喜的卦气思想，以六卦主气说、月建、积算等思想取代了孟氏的卦气说。而《易纬》对孟、京的卦气说进行了全面的总结，并在运用中发展了孟、京的卦气思想。现从以下几个方面对《易纬》卦气说作一说明。

---

① 见朱伯崑《易学哲学史》第一卷，北京大学出版社，1988年，第183页。

（一）四正四维说

四正四维说是对孟喜四正卦说和京房六卦主二十四节气说的补充。所谓四正，就是孟喜的四正卦，它以离、坎、震、兑四卦主四方、四季、二十四节气。《易纬》也搬用了孟喜这一思想。如它说：

> 坎初六冬至，广莫风；九二小寒；六三大寒；六四立春，条风；九五雨水；上六惊蛰。震初九春分，明庶风；六二清明；六三谷雨；九四立夏，温风；六五小满；上六芒种。离初九夏至，景风；六二小暑；九三大暑；九四立秋，凉风至；六五处暑；上九白露。兑初九秋分，阊阖风，霜下；九二寒露；六三霜降；九四立冬，始冰，不周风；九五小雪；上六大雪也。（《乾元序制记》）

但是，以四正卦对应一年四季、四方，说明阴阳消长、季节转换仍然是粗线条的。实际上，在古人眼里，以八方划分比以四方划分更为精确，与此相关，以八卦说明阴阳变化也更为具体。因而，《易纬》又以乾、坤、巽、艮四卦与四正卦相配来规定方位、季节，说明阴阳变化，万物生长、盛衰的过程。乾、坤、巽、艮四卦被称为"四维卦"。如《乾凿度》提出"四正四维"说：

> 震生物于东方，位在二月，巽散之于东南，位在四

月；离长之于南方，位在五月；坤养之于西南方，位在六月；兑收之于西方，位在八月；乾制之于西北方，位在十月；坎藏之于北方，位在十一月；艮终始于东北方，位在十二月。八卦之气终，则四正四纬之分明，生长收藏之道备，阴阳之体定，神明之德通，而万物各以其类成矣，皆以《易》之所包也，至矣哉，易之德也。孔子曰：岁三百六十日而天气周，八卦用事，各四十五日，方备岁焉。

此指明了八卦所主方位、月份及天数。以方位言之，震主东方，巽主东南，离主南方，坤主西南，兑主西方，乾主西北，坎主北方，艮主东北。以月份言之，震主二月，巽主四月，离主五月，坤主六月，兑主八月，乾主十月，坎主十一月，艮主十二月。以天数言之，每一卦主四十五日，八卦共三百六十日。《通卦验》对八卦所主节气作了说明。它认为，八卦各主一节：乾主立冬，坎主冬至，艮主立春，震主春分，巽主立夏，离主夏至，坤主立秋，兑主秋分。八卦卦气详见下表：

卦名	震	巽	离	坤	兑	乾	坎	艮
方位	东	东南	南	西南	西	西北	北	东北
节气	春分	立夏	夏至	立秋	秋分	立冬	冬至	立春
月份	二	四	五	六	八	十	十一	十二
天数	四十五	四十五	四十五	四十五	四十五	四十五	四十五	四十五

这里，《易纬》将作为阴阳之本的乾、坤作为四维卦之二，似乎降低了乾、坤在八卦中的地位。其实不然，乾坤流行于八方，一年四季节气中，阴阳消长、节气变换、万物盛衰，都体现乾坤的主宰作用。对此《乾凿度》作了如此的解释："乾者，天也，终而为万物始也，北方万物所始也，故乾位在于十月。艮者，止物者也，故在四时之终，位在十二月。巽者，阴始顺阳者也，阳始壮于东南方，故位在四月。坤者，地之道也，形正六月，四维正纪，经纬仲序，度毕矣。孔子曰：乾坤，阴阳之主也，阳始于亥，形于丑，乾位在西北，阳祖微据始也。阴始于巳，形于未，据正立位，故坤位在西南，阴之正也。"由引文可以看出，《易纬》一方面确立天地乾坤为阴阳之主的地位，另一方面，又把乾坤大化流行本身视为阴阳消长、万物生长壮大衰亡的过程。

以上是《易纬》八卦卦气说的基本内容。《易纬》以很大的篇幅论述八卦卦气，其目的是以八卦卦气说为框架，融旧铸新，建立一种具有时代特色的、贯通天人的儒家理论，解释当时社会所面临的种种问题，在维护等级制度、调节社会秩序、化解社会矛盾等方面发挥其应有的作用，从而真正做到"通天意"、"理人伦"、"明王道"。在这一点上，与孟、京相比，《易纬》有过之而无不及。具体地表现在：它以八卦卦气说论证了封建伦理道德的合理性。它认为，八卦之气中本来存在着仁、义、礼、智、信这五种属性，而人的仁、义、礼、智、信的确立，取决于八卦之气。人生而应八卦之体，禀受五气而形成了仁、义、礼、智、信。《乾凿度》指出：

> 八卦之序成立，则五气变形，故人生而应八卦之体，
> 得五气以为五常，仁义礼智信是也。夫万物始出于震，震
> 东方之卦也。阳气始生，受形之道也，故东方为仁。成于
> 离，离南方之卦也。阳得正于上，阴得正于下，尊卑之
> 象，定礼之序也，故南方为礼。入于兑，兑西方之卦也。
> 阴用事而万物得其宜，义之理也，故西方为义。渐于坎，
> 坎北方之卦也。阴气形盛，阳气含闭，信之类也，故北方
> 为信。夫四方之义，皆统于中央，故乾坤艮巽，位在四维。
> 中央所以绳四方行也，智之决也，故中央为智。故道兴于
> 仁，立于礼，理于义，定于信，成于智。五者道德之分，
> 天人之际也，圣人所以通天意，理人伦，而明至道也。

因此，《易纬》引《京氏易传》的话作为结论："故《易》
者所以经天地，理人伦而明王道，是故八卦以建五气，以立五
常，以之行，象法乾坤，顺阴阳，以正君臣父子夫妇之义。"

不仅如此，《易纬》还迎合当时社会需求，运用八卦卦气
说作为神道设教的工具，构建了阴阳灾变、天人感应的神学体
系，以此达到上可以神化君王愚弄百姓、下可以制约君王规范
行为的目的。《易纬》认为，八卦之气决定了自然界和人类社
会的吉凶。若八卦之气验应，即"当寒者寒，当暑者暑，当风
者风，当雨者雨"（《稽览图》），则五谷丰登，天下太平。相

反，若八卦之气错乱失常，则有灾异，天下必乱。《通卦验》指出：

> 凡《易》八卦之气，验应各如其法度，则阴阳和，六律调，风雨时，五谷成熟，人民取昌，此圣帝明王所以致太平法。故设卦观象以知其有亡。夫八卦缪乱，则纲纪坏败，日月星辰失其行，阴阳不和，四时易政，八卦气不效则灾异、臻八卦气应失常。……夫卦之交也，皆指时卦，当应他卦之气，及至其灾，各以其冲，应之此，天所以示告于人者也。

《通卦验》又详细地论述了八卦之气与自然现象及人的关系，重点说明八卦之气不效而导致自然现象乖异反常，人民多病多灾。如它提出，乾主立冬，白气为乾之正气，"气出右万物半死，出左万物伤，乾气不至则立夏有寒伤禾稼，万物多死，人民疾疫"。坎主冬至，黑气为正气，"气出右天下旱，出左涌水出，坎气不至则夏至大寒雨雪，涌泉出，岁多大水"，"坎气见立春之分，则水气乘出"，"是岁多水灾，江决山水涌出，坎气退则天下旱"。艮主立春，黄气为正气，"气出右万物伤，出左山崩涌水出。艮气不至则立秋山陵多崩，万物华实不成，五谷不入"，"艮气见于春分之分，则万物不成"，"艮气退则数有云雾霜"。震主春分，青气为正气，"气出右万物半死，出左蛟龙出，震气不至，岁中少雷，万物不实，人民疾热"，

"震气见立夏之分，雷气盛，万物蒙而死"，"震气退，岁中少雷，万物不茂。"《通卦验》又进一步将八卦之气不效与社会现象联系起来，提出政治昏暗、社会不安的根源在于不顺从八卦之气，不敬鬼神。如它说："不顺天地，君臣职废，则乾坤应变，天为不放，地为不化。终而不改，则地动而五谷伤死。上及君位，不敬宗庙社稷，则震巽应变，飘风发屋，折木，水浮梁，雷电杀人。……夫妇无别，大臣不良，则四时易。政令不行，白黑不别，愚智同位，则日月无光，精见五色。"

《是类谋》更是运用八卦卦气宣传迷信，专言八卦之气与朝代的兴衰交替之关系。在它看来，王朝的灭亡，皆有征兆，这个征兆就是八卦之气不效。它指出："征王亡，一曰震气不效，苍帝之世，周晚之名，曾之候在兑，鼠孳食人，菟群开，虎龙咨出，彗守大辰东方之度，天下亡。二曰离气不效，赤帝世，属轶之名，曾之候在坎，女讹诬，虹蜺数兴，石飞山崩，天拔刀，蛇马怪出，天下甚危。……三曰坤气不效，黄帝世，次迟之名，曾之候在艮，名水赤，大鱼出，斗拔纪，天下亡。四曰兑气不效，白帝世，讨吾之名，曾之候在震，气错，昼昏地裂，大霆横作，天下亡。五曰坎气不效，黑帝世，胡谁之名；曾之候在离，五角禽出，山崩日既，为天下亡。六曰巽气不效，霸世之主，名筮喜，曾之效在乾：大水，名川移，霸者亡，七曰艮气不效，假驱之世，若檐柔之比，曾之以候在坤，长人出，星亡殒石怪，辞之主亡。八曰乾气不效，天下耀空，将元君州，每王雌擅权，国失雄……其王可谏者全，不移者亡。"

　　另外，《易纬》以卦气说为基础，勾画出帝王、圣人受命的图式。如它以十二辟卦及震巽坎离艮兑"六子"来对应在三万一千九百二十年中，帝王圣人受命易姓四十二。《乾凿度》云："三万一千九百二十岁，录图受命易姓三〔四〕十二，纪〔纯〕德有七，其三法天，其四法地，〔五〕王有三十五半圣人君子。消息卦纯者为帝，不纯者为王，六子上不及帝，下有过王，故六子虽纯，不为乾坤。"《稽览图》列出了帝王受命易姓表：

　　复：一、十三、二十五。

　　临：二、十四、二十六。

　　泰：三、十五、二十七。

　　大壮：四、十六、二十八。

　　夬：五、十七、二十九。

　　乾：六、十八、三十。

　　姤：七、十九、三十一。

　　遁：八、二十、三十二。

　　否：九、二十一、三十三。

　　观：十、二十二、三十四。

　　剥：十一、二十三、三十五。

　　坤：十二、二十四、三十六。

　　震：三十七。

　　巽：三十八。

坎：三十九。

离：四十。

艮：四十一。

兑：四十二。

《乾凿度》以阴阳得正失正为标准对受命易姓者作了区分："乾坤三上、中下，坤变初六复曰：正阳在下为圣人，故一圣、二庸、三君子、四庸、五圣、六庸、七小人、八君子、九小人、十君子、十一小人、十二君子、十三圣人、十四庸人……四十二庸人。"郑注"代圣人者、仁继之者、庸人仁世、淫庸世狠"云："十二君之率阳得正为圣人，失正为庸人。阴失正为小人，得正为圣人。"在《易纬》看来，帝王圣人受命易姓，是天意。在帝王圣人兴起之时，天必降嘉瑞，如往往会出现河洛图。《是类谋》曰："河龙雒图龟书，圣人受道真图者也。"《坤灵图》云："圣人受命，瑞应先见于河。"《乾凿度》云："帝王始起，河洛龙马皆察其首。"《易纬》编造了一个帝王受命易姓的图式，论证了帝王受命的合理性，其政治目的是不言而喻的。

从以上论述看，《易纬》八卦卦气说的神学特征十分突出。与其说是在阐发《周易》象数，不如说是在建构比汉初董仲舒天人感应说更为庞大、更为精致的神学体系。当然，我们除了要认识到其神学的荒谬外，还要看到这种神学在政治上的积极意义。它强调八卦之气的神秘力量，自然削弱了君王的权力。因为包括君王在内的人都要顺从这种自然之气，否则就会出现灾异，天下就会不太平，王朝也将灭亡。这就告诫统治者不可妄为。这实质上是以神学作为工具来对统治者加以制约。同时，《易纬》八卦卦气说中也包含了一些科学的因素，如它对自然与万物关系的认识，对自然与人体关系的认识，有利于古代农学及医学的发展，这是值得肯定的。但它夸大了自然之气的作用，将社会政治、人间福祸、伦理纲常皆归于这种自然之气，是错误的。

（二）六日七分说

《易纬》中的六日七分说，多取自孟喜。按照孟氏之意，《周易》六十四卦，以坎离震巽为四正卦，主二十四节气，其余六十卦主十二月、三百六十五又四分之一日。每五卦为一组，主一个月，六十卦共分十二组，主十二个月。每月皆以辟（君）、公、侯、卿、大夫五爵位名卦，因而每月有一辟卦，即共有十二辟卦。根据历法规定，一年的天数是三百六十五又四分之一日，故六十卦与之相配，每一卦主六日七分。《易纬》采用了孟喜这一思想。《稽览图》列出了六十卦与一年十二个月三百六十五又四分之一日的相配表：

> 小过蒙益渐泰，寅。需随晋解大壮，卯。豫讼蛊革夬，辰。旅师比小畜乾，巳。大有家人井咸姤，午。鼎丰涣离遁，未。恒节同人损否，申。巽萃大畜贲观，酉。归妹无妄明夷困剥，戌。艮既济噬嗑大过坤，亥。未济蹇颐中孚

复，子。屯谦睽升临，丑。坎，六。震，八。离，七。兑。九。
已上四卦者，四正卦，为四象。每岁十二月，每月五（月）
［卦］，卦六日七分。每期三百六十（六）［五］日，每
四分①。

《稽览图》将六十卦与三百六十五又四分之一日相配，是
按照月份进行的，即从一月始，到十二月毕。若以阳气产生
为根据，当始于十一月，而起中孚。《稽览图》以京氏的概念
及思想对这个问题又作了补充说明："甲子卦气起中孚……六
日八十分之七而从，四时卦十一辰余而从。坎常以冬至日始
效。复生坎七日。消息及杂卦传相去各如中孚。太阴用事，如
少阳卦之效也一辰，其阴效也尽日。太阳用事而少阴卦之效
也一辰，其阳也尽日。消息及四时卦各尽其日。"四时卦，即
四正卦。十一辰余，指四正卦各主八十分日之七十三。郑注
云："十一辰余者，七十三分。"而从，指得一卦，郑注："而
从者，得一之卦也。"消息，即十二消息卦。杂卦，指其他卦。
此是说，十一月阳始生，故自中孚起主六日七分。坎于节气主
冬至，而由坎主八十分日之七十三始而得一卦，即为中孚，然
后由复主六日七分，十二消息卦与杂卦同中孚。具体地说，从
否卦到临卦，是阴息阳消，其杂卦九三行于太阴中有微温的效

---

① 张惠言云："此误耳，当为三百六十五日四分日之一。"（《易纬略义》
卷下）

验，其余各爻，皆随太阴卦为寒，尽六日七分。从泰卦到遁卦，为阳息阴消，其中杂卦逢六三爻效微寒，其余皆随太阳为温，尽六日七分。不同的是四正卦主八十分日之七十三。关于四正卦主一日的八十分之七十三的说法，是由京氏提出的。唐一行《卦议》云："京氏以卦爻配期之日，坎、离、震、兑，其用事自分至首，皆得八十分日之七十三，颐、晋、井、大畜皆五日十四分，余者皆六日七分。"颐、晋、井、大畜四卦是四个代表不同季节月份的卿卦：颐是十一月卿卦，晋是二月卿卦，井是五月卿卦，大畜是八月卿卦。卿卦居此月中间。而四正卦八十分日之七十三则自颐、晋、井、大畜四卦各自所主的六日七分。故四正卦每一卦主五日十四分。《稽览图》采用了京氏这一说法，但它没有指明四正卦所主八十分日之七十三的取处。

《乾元序制记》从另一角度对六日七分说作了解释。它以六十卦中的辟（消息）、公、侯、卿、大夫卦分组说明所主天数。它指出："一岁十二月三百六十五日四分度之一，余二十，四分一日，以为八十分二十为之，消息十二月，月居六日七分，十二月居七十三日，一百[百，当为十]八十分居四分。三公十二月，月居六日七分，十二月居七十三日一百[十]八十分居四分。二十七大夫十二月，月居六日七分，十二月居七十三日一百[日]八十分居四分。八百一十二诸侯十二月，月居六日七分，十二月居七十三日一百[日]八十分合[合，当为五]德之分，三十日得三十五，分三十尽，十二月六十卦余分适四百二十分五日四分之一。"此谓辟、公、侯、卿、大夫卦各有十二，每一卦主六日七分，十二卦共主七十三日又八十分之四。每月辟、公、侯、卿、大夫五卦，余分为三十五，十二月六十卦余分为四百二十分，即五又四分日。《乾元序制记》推算了十二月六十卦辟、公、侯、卿、大夫各自主天数及所主余分之数，从一个新的角度反映出《易纬》对六日七分说的理解。

《易纬》六日七分说与八卦卦气说一样，也具有浓厚的神学色彩。如《稽览图》依据京氏的消息卦与杂卦的寒温之气及二者关系，大肆宣扬灾异。它认为，六十四卦之气有寒温之分。"温者为尊，寒者为卑"，一尊一卑，尊卑分明，寒者当寒，温者当温，不可反其道而行之，否则就会出现灾异。就消息卦而言，息卦温，消卦寒，二者相辅相成，但不可相侵，"相侵则一实气不以貌，有实无貌，屈道人也"。即消息卦相侵影响了寒温变化，而不是表面现象，这如同贤者屈仕于不道之君一样，其结果表现在自然上，有雷旱，霜不以时降，"有伤年之灾"。表现在社会上，"皆有其事而不成也，其在位者有德而不行也"。就消息卦与杂卦而言，当以消息卦之气为主，杂卦之气为辅，"息之卦当胜杂卦也"。若杂卦温寒"侵消息者"，即温卦以温侵，寒卦以寒侵，"或阴专政，或阴侵阳"，其结果表现在自然上，则有地震、日蚀、"虫子生人"、"畜生人"等怪异现象。表现在社会上，就是政治昏暗，奸臣冒犯其君。《乾元序制记》也论述了卦气不效而造成的灾异；"辟卦温气不效六卦，阳物不生，土功起，三卦阳气不至，疾伤、日蚀既。……寒气不效六卦，不至冬荣实物不成，夏寒伤生，冬温伤成，日月不明，四时失序，万物散失。辟卦七十三日，日分之四，常风乱先王之法度，常风寒不时，所威不得其人。……必有受命所亡。"《通卦验》言候卦之气不时而生灾异。它说："春三月，候卦气比不至，则日食无光，君失政，臣有谋，期在其冲。""夏三月，候卦气比不至，则大风折木发屋，期百日二旬，地动应之，大风，期在其冲。""秋三月，候卦气比不至，则君私外家中，不慎刑，臣不尽职，大旱荒期在其冲。""冬三月，候卦气比不至，则赤气应之，期在百二十日内有兵，日食之灾。"

关于《易纬》的灾异说，今人徐兴无将《通卦验》《稽览图》《是类谋》《辨终备》有关文字列表示之，[①]令人一目了然。其实，《易纬》灾异说是借助于当时科学知识和五行观念而建立的一种新的筮占体系。《易纬》将六十四卦分为三套语言来叙述，将易经旧筮法改造为属于阴阳五行文化中的新占术。即以八经卦和四正四维、太一九宫、节气、占星等结合为八卦卦气之占与微王亡术；以六十四卦与一年中的月份、节气等结合为候卦气术及风雨寒温占；以六十四卦极其爻数、策数与历数结合为爻辰说、求卦主岁术、推轨术以及'推厄所

---

① 徐兴无《〈易纬〉的文本及源流研究》，载于《中国古籍研究》第一卷，上海古籍出版社，1996年。

遭法'。"①总体上说《易纬》灾异说是错误的，尤其是它将自然现象与社会政治联系起来，纯属迷信。自然和社会诚然有联系，但却有着本质的区别。关于这一点，《易纬》流行时代的王充已经看得十分清楚："春温夏暑，秋凉冬寒，人君无事，四时自然。夫四时非政所为，而谓寒温独应政治。正月之始，立春之际，百刑皆断，囹圄空虚，然而一寒一暑。当其寒也，何刑所断？当其温也，何赏所施？由此言之，寒温天地节气，非人所为，明矣。"（《论衡·温寒》）

《易纬》的卦气说是历法与易学相结合的产物，从形式上说，是引历法入易学，即是借助于历法建立象数体系。而从运用看，它是用《周易》的语言和符号表述节气的测定、季节消长变化规律及对自然界与社会政治的影响，是谓引《易》入历法，建立了具有中国易学特色的极为完备的历法。当然也包含了与历法相关的天文学、物候学、医学、气象学、音律学等。其中对北斗星、日食、月蚀等天象的记录属天文学，对雷电、风雨、冰雹、虹等的记录属于气象学，对动植物在不同节气的荣枯的记录属于物候学，对人体手足脉虚盛的记录属于中医学，对人体生理变化和疾病的记录属于生理病理学，对于农作物生长和遭遇灾害的记录属于农学。在《易纬》作者看来，日月星辰、阴阳四季、八卦二十四节、云气物候、人体四肢二十

---

① 徐兴无《〈易纬〉的文本及源流研究》，载于《中国古籍研究》第一卷，上海古籍出版社，1996年。

脉等密切相连，相互影响。如《通卦验》云："凡此阴阳之云，天之云，天之便气也。坎震离兑为之，每卦六爻，既通于四时二十气、人之四支二十四脉亦存于期。"在这个意义上说，卦气说是笼罩在神学之下的中国古代科学。

五、《易纬》明天道的易数说

数，是中国古代数学的概念，本义指计算事物。《说文》："数，计也。"《汉书·律历志》云："数，一十百千万也，所以算数事物，顺性之理也。"古人借用数学计算建立了早期的筮法，且以数字的形式表达了筮法推演的结果。大衍筮法是现今能见到保存最早的借用数学中的数及其的计算的筮法，而当今考古发现的殷周时期甚至更早的刻在卜甲、卜骨、陶器等一些数字符号，则被认为是早于《周易》六十四卦的用数字表示的数字卦。这说明了《周易》与数学有不解之缘，也正是在这个意义上，春秋时韩简提出了"龟，象也；筮，数也"。（《左传》僖公十五年）成书于战国时代的《易传》第一次全面地总结和概括了易数的理论，阐明了数在易学中的作用和地位，提出了"极其数，遂定天下之象"的论断。将《易传》中的数置于显要的位置加以研究始于汉代。两汉易学家吸收了当时自然科学所取得的成果，赋予了易数新的含义，使其成为建构象数体系的一大支柱。崇象数重占验的《易纬》作者深谙易数之重要，对其进行了阐发。统观《易纬》八篇，其关于易数的思想主要包括以下几个方面；

（一）易数起源

在中国传统哲学中，气被视为宇宙本原、万物之本，客观世界生生不息、千差万别的事物皆由气产生和构成。从先秦的《管子》到汉代王充等，皆主此说。《管子》用"精气"的范畴，王充用"元气"的范畴，理解和说明世界万物的根源。当然也有人不同意这种观点，认为在气之上还有更为根本的东西存在，那就是道或者"无"，先秦的老、庄和汉代《淮南子》等主此说。他们主张道（无）产生气（有），由气生成天地万物。《易纬》承袭道家传统，用"太易"表示"无"状态，用太初、太始、太素表示气形质之产生。不仅如此，《乾凿度》还将宇宙从无到有的产生过程视为一、七、九之数变：

> 有太易、太初、太始、太素也。太易者，未见气也。太初者，气之始也。太始者，形之始也。太素者，质之始也。气形质具而未离，故曰浑沦。易，无形埒也。易变而为一，一变而为七，七变而九。九者，气变之究也，乃复变而为一。一者，形变之始，清轻上为天，浊重下为地。物有始有壮有究，故三画而成乾，乾坤相并具生。物有阴阳，因而重之，故六画而成卦。卦者挂也，挂万物视而见之，故三画已下为地，四画已上为天，物感以动，类相应

也。阳气从下生，动于地之下，则应于天之下；动于地之中，则应于天之中；动于地之上，则应于天之上。故初以四，二以五，三以上，此谓之应。阳动而进，阴动而退，故阳以七阴以八为象，易一阴一阳合而为十五之谓道。阳变七之九，阴变八之六，亦合于十五，则象变之数若一。阳动而进，变七之九，象其气息也；阴动而退，变八之六，象其气消也。(《乾凿度》卷下)

显然，这里的一、七、九三个数表示的是太初、太始、太素三个气变状态，也表示阳气始生、壮盛、终究三个阶段。郑玄认为，《乾凿度》"'一变'误耳，当为'二'。二变而为六，六变而为八，则与上七九意相协。"若真如郑氏所言，那么，二、六、八三个数表示的也是太初、太始、太素三个气变状态，不同的是它们表示阴气始生、壮盛、终究三个阶段。其中，数六、七、八、九就是阴阳之气，数变就是气变。从这里可以看到，《易纬》和郑氏的象即是数，数即是象，二者同源于太易（无）。

《乾凿度》从宇宙观出发，探讨了以下几个问题：

第一，《周易》卦画形成的问题。《易传》认为，八卦是圣人观天文、察地理、近取诸身、远取诸物的结果，即根据宇宙有天地人三才而画出三画卦。因三画卦未尽万物之理，"兼三才而两之，故易六画而成卦"。(《说卦》)"六者非它也，三才之道也。"(《系辞》)《易纬》似不同意《易传》的观点，认为

《易》三画卦和六画卦本之于宇宙产生的三要素，三要素代表了事物初壮究三个阶段，故《易》有三画和六画卦。

第二，爻变问题。关于爻动说，《易传》早有论述。如《系辞》言："圣人有以见天下之动，而观其会通，以行其典礼，系辞焉以断其吉凶，是故谓之爻。"又言："爻也者，效天下之动者也。"圣人看到天下变动，受到启发而画出爻，爻变动的特点正是对天下变动的体现。那么，爻到底怎么效法天下之动？效法了哪些具体的变动？《系辞》没有解释。《乾凿度》做了进一步的阐发。它认为，爻变本之于阴阳消息。"阳动而进，变七之九，象其气息也；阴动而退，变八之六，象其气消也。"这是《周易》九六爻之变动根据。按照大衍筮法，行著的结果，不外六七八九四个数，或六，或七，或八，或九。七、八不变，九、六变。显然，《易纬》把筮法中阴阳爻之动变视为效法自然界阴阳之气消息变化，而阴阳爻之静则是效法了阴阳气合而为道。

第三，卦之六爻相应之根据。所谓爻之应，是就位而言的，爻位"初以四、二以五、三以上，此之谓应"（《乾凿度》），爻位相应的道理则在于天地阴阳相感应。自天地产生后，阴阳之气动而感应，如《乾凿度》所言，"物感以动类相应也，易气从下生，动于地之下，则应于天之下，动于地之中，则应于天之中，动于地之上，则应于天之上。"（卷上）《乾凿度》为了说明一卦六爻自下而上互相感应，在这里重在说明地感天。因此，郑氏与《乾凿度》不同的是把天地阴阳相互感应作为六爻爻位相应的理论基础。

事实上，易数与一般意义上的数一样，最初是适应了生活和生产的需要，起源于人们对自然、人体和社会的观察，是对世界上具体事物的概括和抽象。"数和形的概念不是从其他任何地方，而是从现实世界中得来的，人们曾用来学习计数，从而用来做第一次算术运算的十个指头，可以是任何别的东西，但是总不是悟性的自由创造物。"（恩格斯语，见《马恩选集》第三卷，第77页）数产生后，被运用到社会生产、战争、天文、历法、占卜、巫术等各个层面，形成不同的数的理论。大概易数也不例外，并不是像《乾凿度》所言，易数为宇宙起源，即宇宙发生恰恰按照易数进行。那是《易纬》的杜撰。其实，不是宇宙按照易数发生，而是《易纬》作者将神秘的意义赋予易数，把易数当作宇宙的根据。

（二）蓍数

《易传·系辞》在论述"大衍筮法"时提到"大衍之数五十，其用四十有九"，但对五十和四十九皆未作说明。《易纬》对于《系辞》中的蓍数加以发挥，认为大衍之数五十，得之于天文历法和音律。《乾凿度》云：

> 大衍之数五十，所以成变化而行鬼神也。日十者，五音也；辰十二者，六律也；星二十八者，七宿也。凡五十所以大阂物而出之者也。

日十干与五音对应，即甲乙配角，丙丁配徵，戊己配宫，庚辛配商，壬癸配羽。十二辰与六律和六吕相应。寅配太蔟，卯配夹钟，辰配姑洗，巳配仲吕，午配蕤宾，未配林钟，申配夷则，酉配南吕，戌配无射，亥配应钟，子配黄钟，丑配大吕。在汉人看来，由于阴阳变化，干与音，辰与律，形成了内在的关系，即《淮南子》所谓；"二阴一阳，成气二，二阳一阴，成气三，合气而为音，合阴而为阳，合阳而为律，'故五音六律。音自倍而为日，律自倍而为长，故日十而辰十二。"（《天文训》）因此，《易纬》认为，大衍之数五十，是由十日、十二辰、二十八星相加而得。此说本于京房。京氏注"大衍之数五十"云："五十者，谓十日，十二辰，二十八宿也。"（引自孔颖达《周易正义》）

《易纬》对大衍之数用四十九也作了解释。《乾坤凿度》认为，蓍数用四十九，取自蓍草的茎数。蓍草从生到衰约一千年，长至一百年时会生出四十九根茎，五百年"形渐干实"，七百年"无枝叶"，九百年"色紫如铁色"，一千年"上有紫气，下有灵龙，神龟伏于下"，故圣人采用四十九之数。（见《乾坤凿度》卷上）

另外，《易纬》又具体地推算了《周易》乾坤策数及六十四卦之策数。《系辞》云："乾之策二百一十有六，坤之策百四十有四，凡三百有六十，当期之日。二篇之策，万有一千五百二十，当万物之数也。"《乾坤凿度》对《系辞》所言策数进行了推算。它认为，乾"一策三十六"，六爻即为（36×6＝216）二百一十六策，《周易》阳爻一百九十二，故"策满"为（192×36＝6 912）六千九百一十二。坤"策二十四"，六爻即为（24×6＝144）一百四十四策。《周易》阴爻一百九十二，故"策满"为（192×24＝4 608）四千六百零八。二篇之策即为六千九百一十二与四千六百零八之和（6 912＋4 608＝11 520）。《稽览图》对此推之更详："六十四卦《策术》曰：阳爻九，阴爻六。《轨术》曰：阳爻九七，阴爻八六。假令乾六位老阳九，以三十六乘六爻得二百一十六，少阳爻七，以二十八乘之六爻得一百六十八，已上二数合得三百八十四。……假令坤六位老阴爻六，以二十四乘六得一百四十四，少阴爻八，以三十二乘之六爻得一百九十二，已上二数合得三百三十六。"《稽览图》这是借用筮数论卦轨，但是透过它的论述，我们可以清楚地看到，它对《周易》筮法掌握得非常熟练，而对筮数更是了如指掌。如老阳老阴、少阳少阴之数：经过三变之后，三十六策除以四为九，乃老阳之数；二十八策除以四为七，乃少阳之数；三十二策除以四为八，乃少阴之数，二十四策除以四为六，乃老阴之数。关于这一点，从《乾凿度》也可以反映出。《乾凿度》所谓"阳得位以九七、九七者，四九、四七者也。阴得位以六八、六八者，四六、四八也。阳失位三十六，阴失位二十四"，也有此意。

由此观之，《易纬》关于蓍数的思想，是对《易传》筮法的补充说明。经过它的解说和运用，《周易》大衍筮法更加全面、更加明确地显现于世。这对研究易学筮法的发展有着十分重要的意义。虽然其中有的解说未必符合《易传》本义，如对筮法中五十及四十九的解释。但它作为一种观点，对于后世研究此类问题仍有参考价值。

（三）九宫数

九宫之说始于先秦，《管子·幼宫》《吕氏春秋·十二纪》《礼记·月令》等典籍中就有关于天子在一年四季分居九个不同宫室的说法。如《月令》指出，天子春居东方青阳三室，夏居南方明堂三室，秋居西方总章三室，冬居北方元堂三室，中央之室每季居十八日，共十三室。其实四个角的室皆为一室。如春天所居青阳右个即夏天所居明堂左个，夏天所居明堂右个即秋天所居总章左个，秋天居总章右个即冬天所居元堂左个，冬天所居元堂右个即春天所居青阳左个。区别在于它们有各自不同的门户。由此计算共九室，见图：

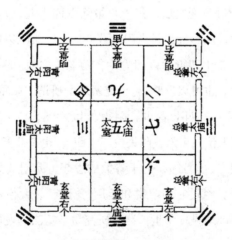

　　九宫说在《灵枢经·九宫八风》中表现得尤为明显。该书中记载太一在"二至"、"二分"和"四立"八个节气时分居九个不同的宫。这九个宫是阴洛、上天、玄委、仓果、新洛、叶蛰、天留、仓门、招摇。太一冬至日居叶蛰，立春日居天留，春分日居仓门，立夏日居阴洛，夏至日居上天，立秋日居玄委，秋分日居仓果，立冬日居新洛，如图示：

东南 巽 立夏 四 阴洛	南 離 夏至 九 上天	西南 坤 立秋 二 玄委
东 震 春分 三 仓门	中央 五 招摇	西 兑 秋分 七 仓果
东北 艮 立春 八 天留	北 坎 冬至 一 叶蛰	西北 乾 立冬 六 新洛

　　据韩自强先生说，一九七七年安徽阜阳汉墓出土的太乙九宫栻盘与《灵枢经·九宫八风篇》上的图一致，天盘上刻有九宫图，这是目前所能见到的最早的九宫图。①《易纬》吸收了前人的九宫思想，将九宫与易数联系起来，加以阐发，形成了易

---

① 韩自强《阜阳汉简〈周易〉研究》，见陈鼓应主编《道家文化研究》第十八期，三联书店，2000 年。

学史的九宫数说。《乾凿度》指出：

> 阳动而进，阴动而退。故阳以七，阴以八为象。易一
> 阴一阳，合而为十五之谓道。阳变七之九，阴变八之六，
> 亦合于十五，则象变之数若一也。阳动而进，变七之九，
> 象其气之息也。阴动而退，变八之六，象其气之消也。故
> 太一取其数以行九宫，四正四纬皆合于十五。

象，指不变之爻，即少阴少阳。按照筮法，六为老阴之
数，九为老阳之数，八为少阴之数，七为少阳之数。少阳之数
与少阴之数之和为十五（7+8＝15）。阳动而进，以数言之，由
七止于九，阴动而退，以数言之，由八止于六，九六之和亦为
十五。故十五象征一阴一阳之道，也吻合了九宫之数。按照郑
玄的注释，太一神游行九宫，自坎宫始，入坤宫、震宫、巽宫，
然后回到中宫休息。再由中宫入乾宫、兑宫、艮宫、离宫。太
一行九宫有先后次序，这一次序成为九宫数产生的依据，即太
一行九宫次序为坎一、坤二、震三、巽四、中五、乾六、兑七、
艮八、离九，这九个数即九宫数。九宫数纵横或交叉，三个数
相加皆为十五，即所谓"四正四维皆合于十五"。图示如下：

巽 4	离 9	坤 2
震 3	5	兑 7
艮 8	坎 1	乾 6

宋儒朱震据《乾凿度》前后文,将"四正四纬皆合于十五"解释为七八之和为十五、九六之和为十五。他说:"一与八为九,一与六为七,三与四为七,七与二为九。阳变七为九,阴变八之六,七与八为十五,九与六为十五,故曰四正四纬皆合于十五"。(《汉上易传·卦图》)朱氏之说似更接近《乾凿度》之义。

笔者认为,《易纬》在此的贡献有两点:其一,将九宫与阴阳变化规律联系起来。在它看来,阴阳变化虽然神妙莫测,但还是有一定的规律,这个规律(道)是可以用数字表示的,它就是九宫数。这就深化了《易传》"一阴一阳谓之道"的思想。其二,《易纬》紧紧地围绕着易数谈九宫。九宫数即是九宫的顺序数,九宫数"四正四维皆合于十五"正是筮法中少阳少阴之和或老阳老阴之和。这就发展了古代的九宫说,对于象数易学影响很大。这些思想后被郑玄等人继承和发挥,成为图书之学的雏形,如九宫排列就是"洛书"布局,九宫之数就是"洛书"黑白圆点数,故宋人所谓"洛书"恐皆依此发明。

(四)五行之数

《尚书·洪范》提出五行;"一曰水,二曰火,三曰木,四曰金,五曰土。"五行之间存在一种相生的关系,即水生木,木生火,火生土,土生金,金生水。《易纬》运用了这种五行之数及其相生的关系,来排列《系辞》的"天地之数"。《乾坤凿度》说:

> 天本一，而立一为数源。地配生六，成天地之数，合
> 而成性，天三地八，天七地二，天五地十，天九地四，运
> 五行，先水，次木生火，次土及金。

"天本一"讲的是天本为一，天、一是一回事，汉人常常把二者合称"天一"，又称"太一"。郑玄注《乾凿度》云："太一者，北辰之神名也。居其所曰太一。常行于八卦日辰之间，曰天一，或曰太一。""天本一，而立一为数源"当与近年出土的郭店竹简《太一生水》中的"太一生水"一语意思接近。《太一生水》，讲太一生水，生天地，生阴阳，生四时，生万物。《乾坤凿度》讲一为数源，由一生阴阳天地之数或五行之数，由五行数形成万物。按《乾坤凿度》之意，天地之数相配，就是五行相生次序。如一与六，一为水之数，故两个数合为水性。水生木，木数三，三与八合为木性。木生火，火数二，七与二合为火性。火生土，土数五，五与十合为土数。土生金，金数四，故四与九合为金性。《易纬》这个思想被扬雄、郑玄等人所接受。扬雄指出："三八为木，为东方，为春……四九为金，为西方，为秋……二七为火，为南方，为夏……一六为水，为北方，为冬……五五为土，为中央，为四维。"（《太玄·玄数》）郑玄说；"天地之气各有五。五行之次，一曰水，天数也；二曰火，地数也；三曰木，天数也；四曰金，地数也；五曰土，天数也。此五者阴无匹，阳无偶，故又合之。地六为天一匹也，天七为地二偶也，地八为天三匹也，天九为地

四偶也，地十为天五匹也。"（引自《左传》疏）扬雄、郑玄等人的阐发，完全符合《易纬》思想。《易纬》这一思想成为后世易学家注释《周易》的重要材料。特别值得注意的是，它关于"天地之数"的排列及解释，与宋人所谓的"河图"及所含数理完全一致，这说明了宋人所"发现"的河图必有所本，并非随意杜撰。

（五）轨数

《易纬》运用其爻辰说建立了一套卦轨系统，而这个系统是由数构成的，反映了六十四卦三十二年流转的定数或规律。所谓轨，指轨道、定数。爻辰说认为，卦主岁，六十四卦共主三十二年，依次循环；爻主月，三百八十四爻共主三百八十四月；策主日，虽然从理论上说是每月三十日，即爻主三十日 $[（36+28+32+24）÷4=30]$。但实际上每一爻并不是三十策，故每月也不是三十日。这样每两卦主一年的天数，因策数不同而有所差别。《易纬》运用爻之策数的不同详细地推算了三十二年中每一年的策数，这个策数就是此卦的定数即卦轨数。如《乾凿度》对推算的有关规则作了说明：

> 一轨亨国之法。阳得位以九七。九七者，四九、四七者也。阴得位以六八。六八者，四六、四八者也。阳失位三十六，阴失位二十四。

此以阴阳爻之得位、失位来计算策数。凡阳得位者，用四乘九、四乘七，即（4×9）＋（4×7）＝64。凡阴得位者，用四乘六、四乘八，即（4×6）＋（4×8）＝56。以此计算轨数。但如何细算，《乾凿度》没有说明。《稽览图》以乾坤为例说明了这一方法：

> 《六十四卦策术》曰：阳爻九，阴爻六。《轨术》曰；阳爻九七，阴爻八六。假令乾六位老阳爻九，以三十六乘六爻得二百一十六。少阳爻七，以二十八乘之六爻得一百六十八。已上二数合得三百八十四，因而倍之有七百六十八。假令坤六位老阴爻六，以二十四乘六爻得一百四十四。少阴爻八，以三十二乘之六爻得一百九十二。已上二数合得三百三十六，因而倍之有六百七十二。乾坤二轨数合，有一千四百四十。凡阳爻用六十四为法乘得倍之，凡阴爻用五十六为法乘得数倍之。

此与《乾凿度》有出入。它不以阴阳得位失位来计算，而是以阳爻四乘九、四乘七，阴爻四乘八、四乘六。以乾为例，乾六爻皆为阳爻，36×6＝216，28×6＝168，故216＋168＝384，384×2＝768，故乾卦轨数是768。坤六爻皆为阴爻，24×6＝144，32×6＝192，144＋192＝336，336×2＝672，故坤卦卦轨数为672。屯、蒙两卦，皆为二阳、四阴之卦，阳爻以六十四乘之，二阳爻为64×2＝128，然后倍之，即128×2＝256。阴爻以五十六乘之，四阴爻为 $56 \times 4 = 224$，倍之而为 $224 \times 2 = 448$。故屯、蒙两卦卦轨数分别为 256 和 448，共计 704，其他卦以此类推。因此，六十四卦三百八十四爻，一阳爻以三十六策计算，一百九十二爻共六千九百一十二（$192 \times 36 = 6\,912$）策。一阳爻轨数以一百二十八计算，一百九十二爻共二万四千五百七十六（$128 \times 192 = 24\,576$），一阴爻以二十四策计算，一百九十二爻共四千六百零八（$24 \times 192 = 4\,608$）策。一阴爻轨数以一百一十二计算，一百九十二爻共二万一千五百零四（$112 \times 192 = 21\,504$）。故《周易》阴阳爻策数共一万一千五百二十，轨数共四万六千零八十。《易纬》运用其爻辰说及筮数炮制了卦轨数系统，其目的是为统治者的统治制造舆论。按照它的看法，以这个方法可以推算出历代帝王即位及传位的日期，如文王受命当咸恒，轨皆七百二十。因为朝代沿革，帝王之位承传是有定年的，合乎这年数才能终其父业，否则则遭厄运，不能继承父业。《乾凿度》云："子受父母之位，行父母之事，年而谓之数。然自勉于轨，即位不如爻数，即不勉于轨，中厄纪。"天灾人祸的出现也是一个定数，运用轨数也可以推算出。如《乾凿度》云："欲求水旱之厄，以位入轨年数除轨，竿尽则厄所遭也。"因此，《易纬》这个理论实际上是历史循环论，与孟子提出的"五百年必有王者兴"及汉代董仲舒提出的"三统"、"三正"说是一脉相承的。其区别只不过是，它糅合了易学与历法，建立了庞大的、细致的、具有占算功能的体系。从易学上看，这样一个体系之建立，注重易数及推算，有助于筮法的进一步完善，故为历代术数家所推崇，成为他们建立新的占验体系的材料。但这个理论本身，对于整个易学理论的发展没有多大价值。

六、《易纬》的地位及影响

《易纬》从形式上看，多效仿《易传》。《易传》中《系辞》《说卦》《序卦》《杂卦》等篇以通论的形式，从不同角度对《周易》作了阐发。《易纬》也以这种形式对它以前的易学进行整理和说解。从内容上看，它与其他纬书一样，内涵了其他学科的内容："囊括自然、社会、人事各方面，其中不仅有解释六艺经典、文字训诂的，也有讲天文、历法、地理、古史、神话传说、典章制度等各方面的。把当时的自然科学和社会科学通通纳入依傍经义的神学系统——谶纬之中，构成一个包罗万象的神学体系。"[①]

但就易学而言，《易纬》有对一般易学知识的说明（如解说《易》之名义，经文上下分篇，八卦取象，爻位贵贱等），也有对卦爻辞的注释（如注《升》《益》《随》《既济》《泰》《困》等卦爻辞），但更多的是申言孟喜、京房的易学理论。《易纬》中的"卦气起于中孚"，以坎离震兑为四正卦，六十卦（或六十四卦）主六日七分，又以自复至坤十二卦为消息卦，

---

① 钟肇鹏《纬书论略》，辽宁教育出版社，1997年，第89页。

其余为杂卦，主公、卿、侯、大夫，侯风雨寒温以为征应等，皆出自孟、京之学。其中有些观点几乎是全盘照抄，如《京氏易传》云："八卦分阴阳，六位五行，光明四通，变易立节。若天地不变易不通气，五行迭终，四时更废，变动不居。"《乾凿度》云："易者其德也，光明四通，简易立节。"又说："变易者，其气也，天不变不能通气，五行叠终，四时更废，变节相移（和）。"《京氏易传》云："故《易》所以断天下之理，定之以人伦，而明王道。八卦建五气，立五常，法象乾坤，顺于阴阳，以正君臣父子之义。"《乾凿度》云："故《易》者所以经天地、理人伦而明王道。是故八卦以建五气，以立五常，以之行。象法乾坤，顺阴阳，以正君臣父子之义。"京氏注"大衍之数五十"云："五十者，谓十日，十二辰，二十八宿也。"（引自孔颖达《周易正义》）《乾凿度》云："十者，五音也；辰十二者，六律也；星二十八者，七宿也。凡五十所以大阂物而出之者。"许慎《五经异义》引："《易》孟京说，《易》有君人五号：帝，天称一也；王，美称二也；天子，爵号三也；大君者，兴盛行异四也；大人者，圣人德备五也。"（《礼记·曲礼下》疏引）《乾凿度》云："孔子曰：《易》有君人五号也。帝者，天称也；王者，美行也；天子者，爵号也；大君者，与上行异也；大人者，圣人圣明德备也。"因此，《易纬》是研究孟、京易学乃至整个汉代易学的重要资料。以孟、京为代表的汉代象数之学于东汉衰微，西晋永嘉年间已有书无师，隋唐以后基本失传，而《易纬》中保存了许多孟、京易学资料，从这

个意义上说，它的资料价值十分重要。主要表现在以下几个
方面：

其一，它可以"证经"。所谓"证经"，是说《易纬》假托
孔子，依附《易经》，推阐《易》理，其中虽然鱼目混珠、驳
杂不一，但若去伪存真，可以与先秦、两汉儒家易学相互印
证，尤其可以窥观由孔子、子夏而传至汉初田何之古《易》。
如吕凯先生所言："盖谶纬之书，多依附经义，则其书之所据，
必有先贤遗言，自可取以证经义"。[①] 故它与其他纬书一起成
为研究经学的必读之书，而为学者广泛引用。如汉章帝大会诸
儒于白虎观，讲论经义，即以谶纬释经。现存的《白虎通义》
引谶纬之言达二十多处。《后汉书·郎𫖮传》引《易纬·稽览
图》，并称之为"《易》内传"。东汉大儒郑玄为《易纬》作
注，更提高了它在学术界的地位。自东汉郑玄为《易纬》作注
后，多为后世象数家所征引和阐发，如唐代李鼎祚《周易集
解》、宋朱震《汉上易传》、程大昌《易原》、清黄宗羲《易学
象数论》、惠栋《易汉学》、吴翊寅《易汉学考》等对《易纬》
皆有引用和研究。尤其是《乾凿度》较其他各纬更为纯正，对
后世以象数注《易》及图书之学的建立，起到了很大的作用。
如四库馆臣所言："自《后汉书》、南北朝诸史及唐人撰《五经
正义》、李鼎祚《周易集解》，征引最多。皆于《易》旨有所
发明，较他纬独为醇正。至于太乙九宫，四正四维，皆本于

---

① 吕凯《郑玄之谶纬学》，台湾商务印书馆，1982 年，第 120 页。

十五之说，乃宋儒戴九履一之图所由出。朱子取之，列于《本义》图说。故程大昌谓汉魏以降，言易学者皆宗而用之，非后世所托为，诚稽古者所不可废矣。"（《四库全书总目·经部·易类六》）

如前所言，《易纬》援道入《易》，接受了道家思想，谈论宇宙起源。而后世道家援《易》入道，对《易纬》宇宙观稍加改造，再次吸收到自己的思想中。如，周立升指出："'太易'未见于先秦著作。《列子·天瑞篇》述及'太易'的一段话，与《乾凿度》雷同。若《列子》确系先秦著作，则《乾凿度》之'太易'说系抄自《列子》，若《列子》为魏晋人所著，自然是《列子》抄袭《乾凿度》了。"①晋人张湛解释《列子》"至七变为九"曰："此章全是《周易乾凿度》。"宋儒程大昌曾总结道："汉魏以降，凡言《老》者皆已宗用之。"（《易原》卷一）《道藏》中载有一幅描绘道家炼丹的《太极先天之图》，其下解释曰："奥有太易之神，太始之气，太初之精，太素之形，太极之道，无古无今，无始无终也。"从这段解说看，其取自《乾凿度》无疑。因此，除了儒家外，《易纬》还可以证道家之经。

其二，它可以"稽古"。所谓稽古，是指考察和验证古代天文、历法、地理、古史、制度等情况。对于这个问题，刘师培论之甚详。其大要是谓《纬书》有五善：补史、考地、测

---

① 周立升《两汉易学与道家思想》，上海文化出版社，2001年，第158页。

天、考文、征礼。(《论易纬》,见《左庵外集》卷三）兹以
《易纬》为例说明刘师培提出的五善说。"补史"是指纬书中有
关于古史的资料,如《易纬》有黄帝、尧、舜、纣王、文王、
武王、孔子、刘邦等人的记载,当然其中不乏传说附会之言。
这些资料对研究史前史、先秦史、汉代史均有参考价值。"考
地"指《纬书》有古代地理知识。如《易纬·通卦验》在论述
灾害发生时涉及灾期和相应地域。"测天"指《纬书》有天文
历法方面的记载。如前所言,《易纬》卦气说吸收了当时的天
文历法知识,是易学与天文历法相结合的产物。其中有天象、
季节、物候及用日影定节气等记录,而从其应用看,《易纬》
是用于考天时察人事的、具有易学特色的天文历法。成书于唐
代的《开元占经》在《天文占》和《物候占》中多处大段引用
《易纬》,并与其他占验资料相印证。"考文"指《纬书》中有
古文字学方面的记载。如《乾坤凿度》中保留了八卦卦名、符
号的古文字意义。"征礼"指《纬书》有关于古礼仪的记载。
如《通卦验》详细地记载了冬至日君臣民众"从乐五日以迎日
至之大礼",《乾凿度》记载"太一下行九宫",此为天子听政
明堂九宫的依据。除了上述五条外,笔者认为,《易纬》还保
存了古代气象学、中医学、农学等方面的知识。

其三,它可以"助文"。这是指《纬书》的文学价值。刘
勰最早提出这个问题。他说:"若乃羲、农、轩、暤之源,山
渎钟律之要……事丰奇伟,辞富膏腴,无益经典而有助文章。"
(《文心雕龙·正纬》)刘勰言《纬书》"无益经典"欠妥,而

言"有助文章"则极是。的确，包括《易纬》在内的《纬书》对后世文学都在一定程度上产生了影响，汉以后文艺理论和文学作品也常引其言语，即是其证也。吕凯先生说："观乎纬书，其内容既包罗万有，而辞亦瑰丽多变，习此以为文，足可启人玄想而涉于多趣之境。魏晋六朝之博物志怪，各家为文之广事征引，是谶纬有文学价值也。"①

　　但是，我们应当看到，《易纬》夹杂神学观念、谶语和灾异说，牵强附会，的确不尽符合《周易》经传作者本义。因此，遭到了历代经学家、思想家的批判。王充在其著作《论衡》中以元气自然思想为基础，否定纬书的"天人感应"说。他认为："夫天不能故生人，则其生万物亦不能故也。天地合气，物偶自生矣。""夫人不能以行感天，天亦不随行而应人。"（《物势篇》）他还驳斥了祥瑞说和谴告说，指出天道自然，图书自成，谶纬之学皆虚妄，瑞应现象违背了天道自然的原则，其出现只是一种巧合："文王当兴，赤雀适来，鱼跃乌飞，武王偶见，非天使雀至、白鱼来也。"他认为灾异是自然自身造成的，与社会政治无关："夫天道自然也，无为。如谴告人，是有为也，非自然也。"（《谴告篇》）他指出谴告说是乱世的产物："谴告之言，乱世之语。"（《感类篇》）王充还把矛头直指《易纬》的卦气说，提出："春温夏暑，秋凉冬寒，人君无事，四时自然。寒温，天地节气，非人所为明矣。"（《论衡·温

---

① 吕凯《郑玄之谶纬学》，台湾商务印书馆，1982年，第120页。

寒》）从而否定了卦气说有预测的功能。

被称为"四贤"的张衡、桓谭、尹敏、荀悦在批判谶纬方面最为突出："桓谭疾其虚伪，尹敏戏其深瑕，张衡发其僻谬，荀悦明其怪诞。四贤博炼，论之精也。"（《文心雕龙·正纬》）以张衡为例，可以窥其一斑。如他针对当时"儒者争学图谶，兼复附以妖言"的风气，提出"图谶虚妄，非圣人之法"的论断。又在给皇帝的奏疏中将图谶视为"欺世罔俗"、"要世取资"之言。（《后汉书·张衡传》）

南北朝时刘勰从经学角度对纬书提出抨击。他说纬书有"四伪"："按经验纬，其伪有四：盖纬之成经，其犹织综，丝麻不杂，布帛乃成。今经正纬奇，倍摘千里，其伪一也；经显圣训也，纬隐神教也，圣训宜广，神教宜约，而今纬多于经，神理更繁，其伪二也；有命自天，乃称符谶，而八十一篇，皆托于孔子，则是尧造绿图，昌制丹书，其伪三也；商周以前，图箓频见，春秋之末，群经方备，先纬后经，体乖织综，其伪四也。伪既倍摘，则义异自明。"（《文心雕龙·正纬》）

明末清初王夫之曾从哲学角度对《乾凿度》的宇宙观进行了批判。他指出："《乾凿度》曰'有太易、有太初、有太始、有太素'，危构四级于无形之先。哀哉，其日习于太极而不察也！……故不知其固有，则绌有以崇无；不知其同有，则奖无以治有。无不可崇，有不待治。故曰'太极有于易以有易'，不相为离之谓也。彼太易、太初、太始、太素之纷纭者，虚为之名而亡实，亦何为者耶？"（《周易外传》卷五）

因为纬书不符合经义，有的学者对郑玄注《易纬》和引纬注经颇有微词。如梁许懋曰："郑玄有参、柴之风，不能推尊正经，专言纬候之书。"（《梁书·梁许懋传》）南宋王应麟云："郑康成释经，以纬书乱之。"（《困学纪闻》卷四）宋代欧阳修更视纬书为"异端"。唐代《五经正义》引纬书诠释经文，欧阳修对此以严厉的措辞进行了发难。他说："唐太宗时，始诏名儒撰定九经之疏，号为《正义》，凡数百篇，自尔以来，著为定论。凡不本《正义》者，谓之异端。则学者之宗师，百世之取信也。然其所载既博，所择不精，多引谶纬之书，以相杂乱，怪奇诡僻，所谓非圣之书，异乎《正义》之名也。臣欲乞特诏名儒学官，悉取九经之疏，删去谶纬之文，使学者不为怪异之言惑乱，然后经义纯一，无所驳杂。"（《欧阳文忠公集·奏议集》卷十六）魏了翁编《五经要义》，与欧阳修之说略同。

笔者认为，纬书杂糅神学与道家思想，背离儒家之原意，故在探求圣人本义时，当针砭之，摈弃之。然其中毕竟存有古义，可与经印证，故不可一概而论。清儒皮锡瑞对于纬书的态度可取。他说："图谶本方士之书，与经义不相涉。汉儒增益秘纬，乃以谶文牵合经义，其合于经义者近纯，其涉于谶文者多驳。故纬，纯驳互见，未可一概诋之。其中多汉儒说经之文，如六日七分出《易纬》，周天三百六十度四分度之一出《书纬》，夏以十三月为正云云出《乐纬》，后世解经，不能不引。三纲大义，名教所尊，而经无明文，出《礼纬·含文嘉》。

马融注《论语》引之，朱子注亦引之，岂得谓纬书皆邪说乎？欧阳修不信祥异，请删五经注疏所引谶纬，幸当时无从其说者。从其说，将使注疏无完书。其后魏了翁编《五经要义》，略同欧阳之说，多去实证而取空言。当时若删注疏，其去取必如《五经要义》，浮词无实，古义尽亡，即惠、戴诸公起于国朝，亦难乎其为力矣。"(《经学历史·经学极盛时代》)

第三编

东汉：象数易学的鼎盛时代

概　述

　　象数易学自西汉形成发展，至东汉达到了鼎盛。这得益于东汉统治者对于包括易学在内的经学高度重视。光武帝爱好经术，广泛收集图书，建太学，立五经博士，从而使经学开始繁荣。四方学士云集京师，各以家法教授经义。明帝即位，亲行縥射礼，礼毕正坐讲经，诸儒执经问难于前。又为功臣、外戚子孙另立校舍，挑选高能，以授其业。章帝效法西汉宣帝开展经学讨论，"大会诸儒于白虎观，考详同异，连月乃罢"。(《后汉书·儒林列传序》) 灵帝"诏诸儒正定五经，刊于石碑，用古文、篆、隶三体书法以相参检，树之学门，使天下咸取则焉"。(同上) 由于帝王提倡，东汉经学达到空前的繁荣，象数易学也达到鼎盛。

　　从易学渊源上讲，东汉师承西汉。西汉施、孟、梁丘、京氏和费、高成为东汉易学正宗，学人传授不绝。据《后汉书》记载，传施雠易者有戴宾、刘昆，传孟喜易者有洼丹、觟阳鸿、任安、虞翻等，传梁丘贺易者有范升、杨政、张兴等，传京房易者有戴凭、魏满、孙期等，传费直易者有陈元、郑众、马融等。在这个意义上，孔颖达说："汉理珠囊，重兴儒雅，其传《易》者，西都则有丁、孟、京、田，东都则有荀、刘、马、郑，大体更相祖述。"（《周易正义序》）其中，以《易传》释《易》的费氏《易》成为东汉易学的主流，并逐渐取代了其他易学。《后汉书·儒林列传》云："建武中，范升传孟氏易，以授杨政，而陈元、郑众皆传费氏《易》，其后马融亦为其传。融受郑玄，玄作《易注》，荀爽又作《易传》，自是费氏兴，而京氏遂衰。"也就是说。东汉易学源于西汉易学。其思想内容多出自西汉，或由西汉象数思想而引发。如郑玄爻辰说本于京房、《易纬》，荀爽升降说本于《京氏易传》，虞翻的互体说、纳甲说、消息卦说等皆出自西汉孟京之说。

因为两汉易学前后相因，一脉相承。故有几个共同特征：

其一，笃守师说。在传《易》习《易》过程中，这种由于师承而形成的师法家法极为森严，各家各派，必须严格按照自己的师说治《易》，不得越雷池一步，甚至连一个字也不得改，更不得掺杂异说，以保证学统的严肃性、权威性和连续性。东汉光武帝立五经博士，各以家法教授。安帝又"以经传之文多不正定，乃选通儒谒者刘珍及博士良史诣东观，各雠校家法"（《后汉书·蔡伦列传》）。这说明了家法在东汉易学乃至整个经学传授和研究中极受重视。这种重师法家法、笃守师说的风气，以一贯统，纯而不杂。其实，他们所传授的早已不是经文的原义，所笃守的也不是早期经师的易说，而是经过自己的业师解读和整合，赋予了个人之见的经文及与经文相关的经意和思想。对于这一点，范晔曾这样描述道："汉兴，诸儒颇修艺文；及东京，学者亦各名家。而守文之徒，滞固所禀，异端纷纭，互相诡激，遂令经有数家，家有数说，章句多者或乃百余万言，学徒劳而少功，后生疑而莫正。"（《后汉书·郑玄列传》）

其二，崇尚象数。汉人治经最大的特点是重名物训诂，以探求经文的本义为指归。基于此，他们旁征博引，分文析义，考辨异同，力求一言一事，必有其证，表现出朴实、严谨之学风。清末杭辛斋曾就汉学这个特点总结道："汉学重名物，重训诂，一字一义，辨析异同，不惮参伍考订，以求其本之所自，意之所当。"（《学易笔谈》卷一）汉学这个特点表现在易学上，就是重训诂与象数。训诂作用在于解释经文意义，这是汉学普遍使用的方法，象数的作用在于考释和揭证《周易》卦爻辞。按照《易传》的解释，汉儒以《易传》"观象系辞"为据，专崇象数，探求卦爻辞与卦爻象的内在联系，其旨是以象融通《周易》经文和传文，证明易辞一字一句非圣人随意而作，皆本于象数。为了达到这个目的，汉儒则以象数为最基本的工具，对易辞加以诠释。若象之不足，或根据《易传》现成的八卦之象引申推演，以增加象的数量，即所谓的"以象生象"；或在取象方法上下功夫，即为了得到《易传》某种象，不断地改变取象的方法，如互体法、卦变法、纳甲法、爻辰法、升降法、旁通法、爻体法、消息法等皆是取象常用的方法，即所谓的"象外生象"。若数之不足，则又取五行之数、九宫之数、纳甲之数、历律之数等，即求数于《易》外。显然，这与宋元时期注重思想性、思辨性的义理之学形成了鲜明的对比。

其三，汲取科学。从理论形态言之，象数易学是两汉自然科学与易学相结合的产物，它吸收了当时天文、历法、数学等自然科学的成果，建立了以自然科学为基础的易学体系。众所周知，汉代的自然科学已达到了相当高的水平：在天文学方面已发明了测量天体的浑天仪、候风仪和地动仪，能求出二十八宿的位置，测量天象的变化。在历法方面有了专门的历法书，且日趋完善，如《颛顼历》《太初历》《乾象历》。这些历书，根据日月运行，能够准确地推算出一年中的节气、月份、天数及闰月。在数学方面，《周髀算经》《九章算术》已成书，表明了当时数学计算已非常娴熟和精确，这就为象数易学的形成和发展奠定了基础。东汉郑玄的爻辰说，将历法中的地支纳入《周易》六十四卦三百八十四爻中，并值以星象和音律。集两汉象数易学之大成者虞翻的纳甲说，来自道家的炼丹术，它将月体盈虚消长变化之象比附八卦，视二者为一体，此为象数易学汲取自然科学的重要例证。正是因为象数易学大量汲取中国古代科技，是易学和科技有机的结合体，故从理论形态看它是中国古代的自然哲学，与魏晋玄学易、两宋义理之学以阐发《周易》自然社会人生之道为主的人文哲学区别甚明。

其四，杂糅神学。《周易》本为卜筮之学，是神秘的天人之学。通过推演蓍数，它可以通神明之德，类万物之情，故其功用为彰往察来，显微阐幽，断天下之疑，定天下之业。因此，两汉易学是与神学混杂的学问。两汉易学家除了以象数注经外，皆通晓筮法，精于筮占。如东汉荀爽在用五行和易学论证汉代存在的合理性时，即夹杂着神秘的天人之学。他说："汉代为火德，火生于木，木盛于火，故其德为孝，其象在《周易》之《离》。"象数易学集大成者虞翻也擅长"依《易》设象，以占吉凶"，孙权称其为"不及伏羲，可与东方朔为比矣"。（《三国志·虞翻传》）不仅如此，他们在注释易学文本时也使用了神学的资料。东汉郑玄等多援引《易纬》注《易》。因此，两汉象数易学作为一种思想是与神学交织在一起、具有一定应用性的学说，使易学研究显现出神秘色彩。这与宋代易学之重理性轻神学有本质区别。宋代易学以反道释、恢复儒学道统为旗帜，融儒道释为一体，构建出一个贯通天人的哲学体系，虽然宋代讲天人合一，但这种天人合一不是感应相与，而是德性的一致符合，更加注重理性和思辨，即注重哲学分析和论证。象数易学具有神学特征，极大地满足了当时社会的需求，对于调整封建社会的秩序、推动社会向前发展有进步意义。而就易学自身发展言之，它是与思维提高、科学发展背道而驰的。

当然，说两汉易学有继承关系，有共性，并不能因此而忽略和抹杀东汉易学的成就。其实，两汉象数易学客观上有一定的差别，表现形式不尽一致。如西汉重师法，东汉重家法。如清儒皮锡瑞所说："师法者，溯其源；家法者，衍其流也。师法、家法所以分者，如《易》有施、孟、梁丘之学，是师法；

施家有张、彭之学，孟有翟、孟、白之学，梁有士孙、邓、衡之学。"①又如西汉是以今文经的孟京易学为主流，东汉是以古文经的费氏《易》学为主流。

从刘向校书看，各版本《周易》文字无多大差别，《汉书·艺文志》称"刘向以中古文《易经》校施、孟、梁丘经，或脱去'无咎'、'悔亡'，唯费氏经与古文同。"但其学风相差甚远。比较而言，西汉象数易学关注现实，多迎合政治而阐发易学微言大义，具有经世致用之功；而东汉更关注文本问题，以解经为主，多以求文本之意为旨归。其学风朴实而严谨。

需要说明的是，东汉易学虽以传承费氏《易》为主，但其内容多兼收并蓄。费氏《易》最大的特点是以《易传》解经。因此传费氏《易》的东汉易学家继承了儒家的传统，坚持以十翼治《易》。但是，东汉易学家并未止于此，又注经的形式整合和发展了西汉今文象数易学。如马融、荀爽、郑玄等人不仅承袭了古文《易》传统，更为重要的是吸收了西汉以来的象数易学思想，创造性地运用于注《易》当中。

马融传费氏《易》。其《易》注多与费氏《易》异。其注《易》用互体、卦气、五行、逸象、爻位等象数体例，成为东汉推动象数易学的重要代表人物。

郑玄主要受学于兖州刺史第五元先和南郡太守马融。郑玄易学兼取诸家之学，统一了易学今古文，他的易学也得益于

---

① ［清］皮锡瑞《经学历史》，中华书局，1981年，第136页。

他对三《礼》、《易纬》和天文历法等文献的研究。如胡自逢先生指出："综合言之，郑易源于孟京费马，殆无可疑。其章句之学，兼撷之于孟京费马诸家。其爻辰，则取法京氏，会意于纬书。以十翼解经，深得费氏之家法。以人事礼文说经，又本之于马氏。其论《易》之三义，易道本原，阴阳消息，数之变化，又兼取之于纬书。故能兼各家之长，择精用宏，而集大成也。"[①]

荀爽易学，属于西汉费直一派，然从其思想渊源看，远非费氏一家，而是兼收当时各家之说。荀悦曾经概括荀爽易学："据爻象承应、阴阳变化之义，由十篇之文解说经意，由是兖豫之言《易》者咸传荀氏学。"剖析荀氏易学思想体系，我们可以看到，他一方面继承了费氏《易》的家法，以十篇《易传》解说经意；另一方面又吸收了西汉以来孟喜、京房等人的卦气说、爻位说、世魂说等，并用于注《易》。并在此基础上，独辟蹊径，建构起以乾坤阴阳为骨架的易学思想体系。

东汉传费氏《易》者还有宋忠（又作"宋衷"）。刘表为荆州牧，博求儒士，开立学官，宋忠受命主持《五经章句》撰写，著有《易注》十卷，已佚。以宋忠为首的荆州学派，确立了古文《易》的官学地位，保持了费氏《易》"以经立注"、"以传解经"的传统，克服了两汉注《易》繁琐枝蔓的弊端，故偏重义理是他易学一大特征。同时，他的易学也未摒弃象

---

① 胡自逢《周易郑氏学》，台北文史哲出版社，1990 年，第 99 页。

数。他吸收了郑玄、荀爽易学内容，运用升降、互体、卦变、爻象注《易》，又有两汉象数易学之风格。如张惠言指出："今以残文推之，仲子言乾升坤降，卦气动静，大抵出入荀氏……景升《章句》尤阙略难考，案其义于郑为近，大要两家皆为费氏《易》也。"（《易义别录》）

东汉以来，易学家不仅继承和整合了西汉象数易学，而且多有发明。如郑玄以礼象注《易》，荀爽以升降注《易》。而于象数易学最有成就者莫过于东汉末三国时的虞翻，虞氏凭借自己深厚的易学素养对两汉以来象数易学的研究成果进行了全面梳理、检讨和清算，重新确立了以象数解《易》的方法。他又竭尽心思，探赜索隐，创造性提出了旁通、反卦、两象易、之正、半象等易学体例，又以这些新的象数体例和原有体例相配合，对易辞作出解释。他融旧铸新，建立了西汉以来最完备的、最条理化的象学诠释方法，并以这种方法构筑起一个易学史上最为庞大而复杂的象数易学体系，成为两汉象数易学集大成者。

然而东汉象数易学过分地强调了象数在治《易》中的作用，而忽略了义理的价值，使易学研究走向一偏。其许多方法，"求诸经文则不合，求诸十翼则无征，验之己例，又复枘凿"，[1]而以此注《易》，背离了《周易》本义，失之牵合。而他们重师承、守师说，只着眼字句和象数，忽略了易学中所蕴涵

---

[1]　屈万里《先秦汉魏易例述评》，台北学生书局，1985年，第3页。

的、博大精深的、一以贯之的哲理，又表现出泥古僵化、机械烦琐之弊。这是两汉象数易学衰微和失传的内因。

东汉于象数易学的贡献有三：其一，全面地总结了春秋以来的象数思想，完成了象数理论发展史的"圆圈"，使其中的每一种学说皆趋向成熟完善。如纳甲说，由京房提出，魏伯阳在阐发炼丹理论时加以发展，到虞翻进行了总结，从而形成了内容丰富的月体纳甲说。又如爻辰说，由京房发明，《易纬》进行阐发，到郑玄，这一学说得到解决。互体说也是如此。春秋时开始出现，京房、郑玄广泛运用，并有所发挥，到虞翻形成了完整的互体理论。其二，为了注经，于象数思想多有发明创造。如郑玄的礼象说，荀爽的升降说，虞翻的旁通说、之正说、反象覆象等，都是东汉易学家为象数易学发展所做的贡献。其三，以象数为工具，全面地、系统地注释了《周易》经传文辞。故东汉成为以象注《易》的全盛时代，这是任何一个时代都无法与之相比的。由此看来，象数易学发展到东汉已达到顶峰。无论是在思想的深度、广度上，还是在规模、流派上，都是空前绝后的。正由于东汉易学把象数易学发展到了无可复加的地步，从而使这门学问盛极而衰。自魏王弼起，以老注《易》，尽黜象数，象数易学走向衰微。

第一章　郑玄象数易学

一、"念述先圣之元意　思整百家之不齐"的人生轨迹

郑玄，字康成，北海高密（今山东高密）人，他出生在一个很有名望的大家族，其先祖多为学或出仕。郑玄原籍薛（今山东滕州东南），其祖郑邦，迁于渠丘（今山东安丘）。郑邦，字子徒，汉代时因避刘邦讳而被称为"郑国"，为孔子的弟子，后世封朐山侯。三世郑昌，初为吴令，项羽封为韩王，汉举明经，为太原、涿郡太守。四世郑吉因平息西域叛乱有功，被封安远侯。七世郑崇，汉哀帝时官至尚书仆射，因性格耿直，劝谏皇帝而遭谗言，惨死狱中，至此郑氏家道衰落。至十五世郑玄时，靠农耕生活。郑玄出生在汉顺帝永建二年（127）七月五日，死于献帝建安五年（200），终年七十四岁。

郑玄自幼不凡，偏好经学、算术、天文、阴阳占验术等。根据《郑玄年谱》，八九岁时，已会乘除之法。十三岁，诵五经，好天文、占候、风角、隐术，被称神童。曾以大风而预知有火灾。在本县有一定声名。十八岁为官，担任郡县设置的

处理讼狱、赋税的小吏乡啬夫。史书称，郑君为乡啬夫，"因恤孤苦，闾里安之"。然他不乐为吏，其志在为学。后因泰山太守杜密的提携和关爱，他自二十一岁始才彻底摆脱了社会事务的干扰和家庭羁绊，真正获得了求学的机会。他游遍大半个中国，访问名贤硕儒，拜师求学。如他自己所言："游学于周、秦之都，往来幽、并、兖、豫之域，获觐乎在位通人，处逸大儒，得意者咸从捧手，有所授焉。"（《后汉书·郑玄传》）在这期间，他博极群书，精历数图纬之言，兼精算术，遂辞官到太学受业。师事故兖州刺史第五元先，始通《京氏易》《公羊春秋》《三统历》《九章算术》。又从东郡张恭祖受《周官》《礼记》《左氏春秋》《韩诗》《古文尚书》。

学术上对郑玄影响比较大的是马融。自三十三岁始，郑玄以山东（陕山以东）无足问者，乃西去入关（关中或关西）师事扶风（今陕西凤翔）马融。当时马融以英儒著名，史称"才高博洽，为世通儒"。教养学生，常达千数人。郑玄在其门下，仅得高足弟子传授学问，三年不见其师。但他勤奋治学，昼夜不倦。后来马融召集学生考论图纬，听说他善算，而引与相见。据说，当时，马融对勾股割圆法中七个问题解不开，卢植为马融门人之首，只思考出两个，而郑玄思考出五个，众人咸服，令马融刮目相看。郑氏在马融门下七年，学《费氏〈易〉》和《周官》。学成后，以供养年老父母为由辞归。马融会集三百余人，为之饯行。郑氏东归，马融曾喟叹说："郑生今去，吾道东矣。"

之后郑玄客居东莱（今山东即墨县），过着自给自足的农耕生活。当时，他在东莱不其县不其山设立书院，招徒讲学，门徒数百千人。

桓帝延熹九年（166）党锢之祸起，把持朝政的宦官，残酷迫害正直的士大夫。郑氏因曾为杜密的"故吏"，被列入"党人"的名单，与同郡孙嵩等四十余人俱被禁锢。其间，郑氏杜门不出，潜心研究古文经学，作《发墨守》《起废疾》《针膏肓》，对于何休今文公羊学进行了深刻的批驳。还完成了《尚书中候》注和《易》《书》《诗》《礼》及四纬注，并作《六艺论》。中平元年（184），由于黄巾大起义，皇帝大赦党锢之人。郑玄蒙赦令，终获自由。朝廷征他为博士，许多权贵推荐他到朝中做官，但他一概谢绝，继续收徒讲学，著书立说。

郑玄一心为学，淡泊名利，不为高官厚禄所诱，洁身自好，赢得了人们的尊重。晚年，郑氏以书戒子益恩，总结了七十年的人生。他说："吾家旧贫，为父母群弟所容，去厮役之吏，游学周、秦之都，往来幽并兖豫之域，获觐乎在位通人，处逸大儒，得意者咸从捧手，有所受焉。遂博稽《六艺》，粗览传记，时睹秘书纬术之奥。年过四十，乃归供养，假田播殖，以娱朝夕。遇阉尹擅政，坐党禁锢，十有四年，而蒙赦令，举贤良方正有道，辟大将军三司府。公车再召，比牒并名，早为宰相。惟彼数公，懿德大雅，克堪王臣，故宜式序。吾自忖度，无任于此。但念述先圣王之元意，思整百家之不齐，亦庶

几以竭吾才，故闻命罔从。"（《后汉书·郑玄传》）

郑玄著述甚丰。据记载有：《周易注》《易赞》《易论》《易纬注》《尚书注》《尚书义问》《尚书释问注》《书赞》《书论》《尚书大传注》《尚书中候注》《尚书纬注》《河图洛书注》《毛诗笺》《毛诗谱》《诗纬注》《周官礼注》《仪礼注》《礼记抄注》《答临孝存周礼难》《鲁礼禘祫议》《礼议》《丧服经传注》《丧服变除注》《丧服纪注》《丧服谱注》《三礼目录》《三礼图》《礼记默房注》《礼纬注》《乐纬注》《左传注》《针左氏膏肓》《释谷梁废疾》《发公羊墨守》《驳何氏汉议》《驳何氏汉议叙》《答何休》《春秋左氏传分野》《春秋十二公名》《孝经注》《孝经纬注》《论语注》《论语释义注》《论语孔子弟子目录》《六艺论》《驳许慎五经异义》《答甄子然书》《乾象历注》《周髀二难》《日月交会图注》《九宫经注》《九宫行棋经注》《九旗飞变》《汉律章句》《寒宫香方注》《自序》《郑玄集》《郑志》《郑记》《尚书音》《毛诗音》《周官音》《仪礼音》《礼记音》《左传音》《论语音》《大戴礼记注》《尔雅注》《字指》《国语注》《史记注》《汉书注》《老子注》《孟子注》《庄子注》《忠经注》。

其中《周易注》成书最晚，据文献记载，成书于郑玄避居元城时期。《孝经序疏》云："为谭所逼，来至元城，乃注《周易》。"王鸣盛云："此经与自序全是逆旅临终之笔。盖元城居颇久，疑于建安五年春初抵此县，至季夏《易注》脱稿，著述大备，惟《春秋传》未住，而以旧稿先付服虔，委托得人，可

无遗恨，于是遂自序其一生而殁。"（《蛾术编·说人》）

郑玄《周易注》已佚，自南宋王应麟始，后儒多有辑佚。尤其是清代，辑本众多，惠栋、孙堂、丁杰、张惠言、臧庸、黄奭等人皆有辑本。对于诸家贡献，今人胡自逢如此评论："伯厚擅创始之功，其于郑注裁成熔铸，可谓惨淡经营，良工之心独苦也。继起诸家，惠氏之功居首，新补者七十余条，姚补二十七条又次之。胡氏惟传刻王本，孔循故常，斯二家者，备员而已。丁氏之识力，精锐过人，袁喜考证，孙为惠氏之诤臣，咸足称扬。张本取材谨严，为余家之冠。而勤求密择，巨细靡遗，论网罗之功则以黄氏为最，所谓后来者居上也。"[1]清惠栋作《易汉学》，张惠言作《周易郑荀义》，对郑氏易学皆有阐发。以下对郑氏的象数易学加以分类述评。

二、融天文、历律为一炉的爻辰说

爻辰是象数易学的范畴，它作为一种学说产生于西汉初，盛行于东汉，其余音波及几千年，一直到清末，仍为一些易学家笃信和研究。经过历代易学家精心雕琢和阐发，爻辰说的内容丰富而深刻，蕴涵了天文、历法、音律等古代自然科学知识，成为易学家解释经文、建构象数理论体系与筮法的重要材料。

---

[1] 胡自逢《周易郑氏学》，台北文史哲出版社，1990年，第15页。

所谓爻辰说是将历法中的地支纳入《周易》六十四卦中。具体地说，即按照一定的原则把《周易》三百八十四爻配以地支，每一爻配一支，然后值以星象、音律。东汉经学大师郑玄就是倡导和运用爻辰说的重要人物。他继承了西汉遗留下来的爻辰说，通过嫁接改造，将其说引进注释《周易》卦爻辞中。郑氏这一做法，在易学史上引起了极大震动，有的易学家（包括一些象数易学家）视郑氏爻辰说为易学"别传"，非易学正宗，而不予理睬，如唐代李鼎祚《周易集解》虽博采已佚的象数易，独不取郑氏爻辰。有的易学家对于郑玄爻辰说进行激烈的抨击。如唐孔颖达撰《周易正义》，黜郑存王，反对郑玄爻辰说，认为爻辰不符合卦义。王引之认为，郑玄爻辰说"舍卦而论爻"，与《说卦传》不符。焦循更视郑氏爻辰为"谬悠非经义"，"非圣人之意"。（《易图略》）几经摧毁，郑氏爻辰说在易学领域失传。然而经过宋代朱震、王应麟，清代惠栋、钱大昕、李富孙、张惠言、何秋涛等人扶微起废、溯本求源、阐明义例，再现了郑氏爻辰的意蕴。

那么，郑氏爻辰说有什么内容和特征呢？

根据现有的材料，我们可以看到，郑氏爻辰说是建立在乾坤生六十四卦这一思想的基础上。《易传》曾指出："乾坤，其《易》之门邪！"（《系辞》）郑玄本于此，把乾坤十二爻辰看作是产生《周易》其他六十二卦三百七十二爻辰的根本。郑玄认为，乾坤十二爻配十二辰（地支），代表了十二个月，其配法如下：

```
        乾                       坤
    ——— 戌              —— —— 巳
    ——— 申              —— —— 卯
    ——— 午              —— —— 丑
    ——— 辰              —— —— 亥
    ——— 寅              —— —— 酉
    ——— 子              —— —— 未
```

从上图不难看出，郑氏乾坤十二爻辰是按这样的规律排列的：乾坤十二爻与十二辰错杂相配。乾六爻自下而上，依次为子、寅、辰、午、申、戌，从月份看，乾六爻代表一年中的单（奇）月，即十一月、一月、三月、五月、七月、九月。坤六爻自下而上，依次为未、酉、亥、丑、卯、巳，从月份看，坤六爻代表了一年中的双（偶）月，即六月、八月、十月、十二月、二月、四月。在郑氏看来，这就是《易纬·乾凿度》所谓："乾，阳也；坤，阴也。并如交错行，乾贞于十一月子，左行，阳时六；坤贞于六月未，右行，阴时六，以顺成其岁。"

应当指出，郑氏关于乾坤十二爻与十二辰的排列，并不是随意的杜撰，而是有着内在的根据。这种爻辰说反映了人们对自然变化的认识。乾始于子，坤始于未，说明了自然界阴阳二气的产生。按照汉代人对阴阳二气产生的认识，阳气产生在十一月，阴气产生在六月。《汉书·律历志》曰："十一月，乾之初九，阳气伏于地下，始著为一，万物萌动……六月，坤之初六，阴气受任于大阳，继养化柔，万物生长，楙之于未。"其实，根据古人的准确说法，阳气产生于子（十一月），阴气产生于午（五月）。即阴气最盛的十一月开始产生阳气，在阳气最盛的五月产生阴气，即"建子阳生，建午阴生"。(《京氏易传》卷下）因阴避讳开始，故阴气产生不用午（五月），而以未（六月）为正。郑注《易纬·乾凿度》说："阳气始于亥，生于子，形于丑，故乾位在西北，""阴气始于巳，生于午，形于未，阴道卑顺，不敢据始以敌，故立于正形之位。"若从易学言之，是因子午相冲，"若在冲也，阴则退一辰"（郑注《易纬·乾凿度》），故乾初爻开始于子，坤初爻开始于未（而不开始于午），乾坤两卦自初爻到上爻，分别表示随着月份的递增，阴阳二气由微到著的变化。

郑氏以此为基础，将《周易》其他卦的爻辰看作是由乾坤十二爻辰派生出来的。故逢阳爻从乾爻所值，逢阴爻从坤爻所值。如《困》九四为阳爻从《乾》九四为午，《明夷》九三为阳爻从《乾》九三为辰，《泰》六五为阴爻从《坤》六五为卯，《坎》上六为阴爻从《坤》上六为巳。这样，一个以自然科学为背景，以乾坤十二爻辰为轴心的爻辰大系统被建立起来。这就是郑氏爻辰说的最主要的内容。

然而，古代易学家对郑氏乾坤十二爻辰的理解不尽一致。宋代朱震在《汉上易传》中，据《周礼·太师》郑注作《律吕起于冬至之气图》和《十二律相生图》，就是一例：

<pre>
          乾   坤
—— 戌 无射   — — 酉 中吕
—— 申 夷则   — — 亥 夹钟
—— 午 蕤宾   — — 丑 大吕
—— 辰 姑洗   — — 卯 应钟
—— 寅 大簇   — — 巳 南吕
—— 子 黄钟   — — 未 林钟
</pre>

律吕起于冬至之气图

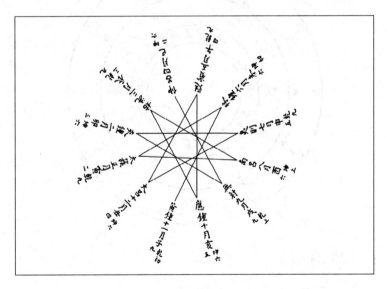

十二律相生图

　　如果我们舍去这两个图中的其他因素，只保留乾坤十二爻与地支，就会清楚地发现，朱震所理解的郑氏十二爻辰是，乾六爻自下而上，依次为子、寅、辰、午、申、戌，坤六爻自下而上，依次为未、巳、卯、丑、亥、酉，其中乾起于子、终于戌，与郑氏之义相符，而坤起于未、终于酉，则与郑义相差远矣。关于这一点，清儒惠栋、张惠言等人考证甚详。

惠栋作《十二爻辰图》（见下图）校正了朱震之误，并从音律方面作了详尽考辨。

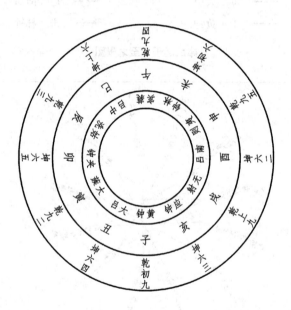

惠栋指出：

栋案《易纬》之说与十二律相生图合，郑与《周礼·太师》注云："黄钟初九也，下生林钟之初六，林钟又上生太簇之九二，太簇又下生南吕之六二，南吕又上生姑洗之九三，姑洗又下生应钟之六三，应钟又上生蕤宾之九四，蕤宾又上生大吕之六四，大吕又下生夷则之九五，夷则又上生夹钟之六五，夹钟又下生无射之上九，无射又上生中吕之上六。"韦昭注《周语》云："十一月黄钟乾初九也，十二月大吕坤六四也，正月太簇乾九二也，二月夹钟坤六五也，三月姑洗乾九三也，四月中吕坤上六也，五月蕤宾乾九四也，六月林钟坤初六也，七月夷则乾九五也，八月南吕坤六二也，九月无射乾上六也，十月应钟坤六三也。"郑氏注《易》、陆绩注《太玄》皆同前说，是以何妥《文言》注，以初九当十一月，九二当正月，九三当三月，九四当五月，九五当七月，上九当九月也。宋儒朱子发作《十二律图》六二在巳，六三在卯，六五在亥，上六在酉，是坤贞于未，而左行，其误甚矣。今作图以正之，并附郑氏易说于后。(《易汉学》卷六)

张惠言肯定了惠氏考证，并在此基础上，指出朱震爻辰说在配音律方面的失误。在张氏看来，朱震失误有三：其一，"朱误以南吕在巳，以中吕在酉"；其二，"朱误应钟为夹钟"；其三，"朱误夹钟为应钟"。(见《周易郑氏义·略例》)

惠、张二人所论极是。朱震失误之处归结起来，不外乎两个方面，一是在音律方面，一是在对《易纬》所谓阳左行、阴右行的理解上，后一点尤为重要。朱震将"左行"、"右行"理解为顺、逆，左行指爻与地支顺配，右行指爻与地支逆配。实际上，郑氏"左行"、"右行"是指前后次序，一个阳月，一个阴月。郑注《易纬·乾凿度》说："正也，初爻以此为正，次爻左右者，各从次数之。"即是此意。

又考郑注《比》初六云："爻辰在未。"（《诗》疏引自李富孙《李氏易解剩义》，以下凡引此书皆不注明）注《困》九二云："据初辰在未。"（《仪礼》疏）注《明夷》六三云："六二辰在酉。"（《礼记》疏）注《中孚》卦辞云："三辰在亥。"（《诗》疏）注《坎》六四云："爻辰在丑。"（《诗》疏）注《泰》六五云："五爻在卯。"（《周礼》疏）注《坎》上六云："爻辰在巳。"（《公羊》疏）而阴阳爻辰皆本于乾坤，故朱震之论与郑氏爻辰说不符。

另外，还有的易学家把爻辰说看作郑氏一家之学，如清焦循的《易图略》、何秋涛的《周易爻辰申郑义》皆主此说。考传世与出土文献，可知早在郑玄之前爻辰说就已流行。战国时已有八卦与十二辰相匹配之法，如出土清华简《筮法》就有记载，其方法如下：兑值巳亥，艮值辰戌，罗值卯酉，劳值寅申，巽值丑未，震值子午。这是目前见到最早的例子。这还不是爻辰说。真正言爻辰的是西汉京房，他以爻辰创立了纳甲筮法，《汉书·律历志》曾引用过爻辰说，而比较系统地论述爻辰说，莫过于《易纬·乾凿度》。此书根据"天左旋，地右迁"的学说和阴阳变化的理论，提出了"乾贞于十一月子，左行，阳时六；坤贞于六月未，右行，阴时六，以奉顺成其岁"的乾坤十二爻辰的思想，并依此建立了《周易》六十四卦三百八十四爻辰体系。可见，爻辰说并非郑氏发明。郑氏曾

"师事京兆第五元先，始通京氏《易》"（《后汉书·郑玄传》），
又注释过《易纬》，其爻辰说来自京氏、《易纬》当在情理之
中。故认为爻辰说为郑氏一家所有显然不妥，而主张郑氏爻辰
说来自费氏，"本《费氏分野》一书"（皮锡瑞《经学通论》），
更无凭据，不足为信。

　　当然，承认郑氏爻辰说与京氏易及《易纬》有继承关系，
并不意味着将三者爻辰说混同。恰恰相反，郑氏爻辰说独具特
色，表现在以下三个方面。其一，郑氏立足于《易传》"乾坤
立易之门"的观点，将乾坤十二爻辰作为《周易》爻辰说的
根本，其他卦的爻辰皆渊源于乾坤两卦。凡阳爻取乾爻所值，
凡阴爻取坤爻所值。这既不同于京氏，也不同于《易纬》。京
氏纳甲筮法是以八纯卦爻辰作为《周易》爻辰说的基础，《周
易》爻辰皆取自八纯卦爻辰。按照京氏纳甲法，乾震两卦初爻
始于子，坎初爻始于寅，艮初爻始于辰，此为阳四卦。坤初爻
始于未，兑初爻始于巳，离初爻始于卯，巽初爻始于丑，此为
阴四卦。然后把十二支依次间隔纳入八纯卦中，阳四卦纳支
是顺时，阴四卦纳支是逆时。其他卦皆可以看作是由八纯卦
内外卦两部分交错而成，故其爻辰外卦取八纯卦外卦，内卦
取八纯卦内卦。如《泰》内卦为乾，外卦为坤，其爻辰内卦
取乾内卦，外卦取坤外卦。《蒙》外卦为艮，内卦为坎，其爻
辰内卦取坎内卦，外卦取艮外卦，其他以此类推。京氏爻辰
说所体现的是《易传》"八卦相重"而生六十四卦的思想，而
《易纬》则是把六十四卦视为一个大系统，卦与卦之间没有从

属关系，而是一种并列平等的关系，因此，《易纬》爻辰说是将《周易》六十四卦分为三十二对，每对由阴阳两卦组成，配十二辰，代表一年十二个月，《周易》六十四卦代表了三十二岁一大周期。它所体现的是《易传》中"有天地然后有万物"的思想。其二，就乾坤爻辰而言，郑氏不同于京氏与《易纬》。郑氏坤六爻自初至上分别配未、酉、亥、丑、卯、巳，而京氏与《易纬》则依次配未、巳、卯、丑、亥、酉。虽然二者皆开始于未，但其配法不同。郑氏是顺势配地支，而京氏与《易纬》逆势配地支。其三，从应用角度看，京房主要将爻辰运用于纳甲筮法中，《易纬》以爻辰解说《易传》中的大衍筮法，而郑氏以爻辰配星象注释《周易》卦爻辞。如注《比》初六"有孚盈缶"云："爻辰在未，上值东井，井之水，人所汲，用缶汲器。"（《诗》疏）注《坎》六四"尊酒簋贰用缶纳约自牖"云："六四上承九五，又互体在震上，爻辰在丑，丑上值斗，可以斟之象。斗上有建星，建星之形似簋。贰，副也。建星上有弁星……"（《诗》疏）这里所说的东井、斗、建星、弁星皆为天上的星。从现存的材料看，郑氏爻辰说主要用于解经。

郑氏爻辰说，与荀氏升降说、虞氏卦变说有着同等地位。它开辟了以象解辞的新天地，丰富和发展了象数易的理论。尤其在卦爻辞中涉及四方、五行、十二月、十二肖等方面的内容，用爻辰说揭示卦象与卦辞之间、爻象与爻辞之间的联系，是其他象数易不能伦比和取代的。如以爻辰代表月份、季节。

注《泰》六五"帝乙归妹，以祉元吉"云："五爻辰在卯春为阳中，万物以生。"（《周礼》疏）这是说，《泰》六五爻为阴爻，当从坤六五值卯，卯为二月，即仲春。仲春是万物生育的季节，适合嫁娶。故此爻有归妹得吉之辞。又如以爻辰代表生肖。注《中孚》"豚鱼吉"云："三辰在亥，亥为豕，爻失正，故变而从小，名言豚耳。"（《诗》疏）按郑氏之意，《中孚》有"豚"辞，而来自此卦三爻，三爻为阴爻，从坤三为亥，亥为豕（猪）。三爻位本阳，而今以阴居之而成小，故曰豚（小猪）。再如以爻辰代表五行。注《困》九二"困于酒食，朱绂方来"云："二据初，辰在未，未为土，此为大夫有地之象。"（《仪礼》疏）这是说，《困》九二爻所以有"酒食"之辞，是因此爻本在初爻之上，初爻为阴爻，当从坤初值未，未为土，故有大夫有地而富有之象。由是观之，郑氏以爻辰说注《易》，有独到之处，在象数易中所占的地位不可忽视，难怪后世一些象数易学家反复申明爻辰之说不可全废。

若用今天的眼光去审视，郑氏爻辰说是古代自然科学与易学相结合的产物，属于自然哲学。它将自然科学知识运用于注释《周易》中，降低了宗教神学在《周易》中的地位，使易学研究逐渐走向理性、科学。同时，郑氏注重卦象，以象解辞，力图揭示象辞之间的联系，这是值得肯定的。但是郑氏爻辰说过分地夸大了爻辰取象在注《易》中的作用，导致了牵强附会的错误。唐孔颖达曾指出郑氏爻辰说在注《易》时的局限。他以乾卦为例，说明爻辰说与《周易》原义不符："先儒以为九二当太簇之月，阳气见地。则九三为建辰之月，九四为建午之月，九五为建申之月，为阴气始杀，不宜称'飞龙在天'。上九为建戌之月，群阴既盛，上九不得言与时皆极，于此时阳气仅存，何极之有。先儒此说于理稍乖。"（《周易正义·乾卦疏》）再如王引之认为，郑玄爻辰说"舍卦而论爻"与《说卦传》不符。他说："《易》之取象见于《说卦》者较然可据矣。汉儒推求卦象，皆与《说卦》相表里，而康成则又以爻辰说之，阳爻之初二三四五上，值辰之子寅辰午申戌，阴爻之初二三四五上，值辰之未酉亥丑卯巳，而以十二辰之物象、十二次之星象配之。舍卦而论爻，已与《说卦》之言'乾为坤为'者异矣，而其取义又多迁曲。"（《经义述闻·第一》）同时代的焦循更视郑氏爻辰为"谬悠非经义"，"非圣人之意"。（《易图略》）因此，我们既不能抹煞郑氏爻辰说的作用，也不能将其作用夸大。《续修四库全书总目提要》说得好："以爻辰之说为无与于经者，固矫枉过正；而欲强经义以从爻辰，亦皮傅之学。"

三、本之三《礼》注的礼象说

对于郑玄易学之特征，古代有争议。一是南宋王应麟取朱震之言，将互体视为郑玄易学特征；一是清代惠栋将爻辰视为郑玄易学的特征。张惠言批评王应麟和惠栋的观点说："王伯厚氏之序此书，取朱震之言，曰多论互体，曰以象数为宗。夫易之有互，不始于郑氏，至田何、杨叔以来，论互体不足为郑学也。"(《丁小疋郑氏易注后定序》)"定宇氏说爻辰是矣。虽然，爻辰者，郑氏之所以求象，而非郑氏言《易》之要也。"（同上）然后他指出：以礼为象，"诸儒莫能言，唯郑氏言之，故郑氏之《易》，其要在礼"。张惠言在总结东汉三家易的特色时说："郑氏言礼，荀氏言升降，虞氏言消息。"(《周易郑荀义·叙》)张氏的概括十分精确。郑氏之学，最精者莫过于三《礼》，其注《易》深受三《礼》影响，多引《礼》以证《易》理。郑氏取三《礼》注《易》被称为"礼象说"。

观郑氏《易注》，以礼注《易》者居多，大约有三十多条，主要见于他对《周易》上下经的注释之中，其中包括对《泰》《同人》《讼》《豫》《随》《观》《大过》《坎》《离》《咸》《恒》《晋》《损》《益》《萃》《升》《困》《鼎》《震》《丰》《旅》《归妹》等卦的注释和对《系辞》《象传》《序卦》等的注释。就礼而言，郑氏涉及也十分广泛，其中有婚礼、祭礼、宾礼、封侯礼、刑礼等。

郑玄以婚礼注《易》。《周礼》对于男女结婚的年龄和时间有明确的规定。《周礼·地官·媒氏》曰："令男三十而娶，女二十而嫁。……仲春之月，令会男女。"《礼记·内则》曰："（男）二十而冠，始学礼。……三十而有室，始理男事。（女）十有五年而笄，二十而嫁。"郑注《泰》六五云："五，爻辰在卯。春为阳中，万物以生。生育者，嫁娶之贵。仲春之月嫁娶，男女之礼，福禄大吉。"(《周礼·地官·媒氏》疏）注《咸》云："咸，感也。……其于人也，嘉会礼通，和顺于义，干事能正，三十之男，有此三德，以下二十之女，正而相亲说，娶之则吉也。"（《周易集解·咸》）注《大过》九五云："以丈夫年过，娶二十之女，老妇年过，嫁于三十之男，皆得其子。"（《诗·桃夭》正义）

郑玄以刑罚之礼注《易》。《周礼》有外朝听政处理刑狱的记载。《周礼·秋官·朝士》曰："朝士掌建邦外朝之法，左九棘，孤卿大夫位焉，群士在其后。右九棘，公侯伯子男位焉，群吏在其后……左嘉石，平罢民焉。右肺石，达穷民焉。"《周礼·秋官·大司寇职》云："以圆土聚教罢民，凡害人者，置之圆土，而施职事焉，以明刑耻之。其能改过者，反于中国，不齿三年。其不能改而出圆土者，杀。"郑注《坎》上六曰："三五互体艮，又与震同体。艮为门阙，于木为多节。震之所为，有丛拘之类。门阙之内，有丛木多节之木，是天子外朝左右九棘之象也。外朝者，所以询事之处也。左嘉石平罢民焉，右肺石，达穷民焉。……其害人者，置之圆土，而施职事焉，以明刑耻之。能复者，上罪三年而赦，中罪二年而赦，下罪一年而赦。不得者，不自思以得正道，终不自改，而出诸圆土者，杀。故曰凶。"（《公羊传》宣元年疏）

周代对于犯法大臣的惩罚不同于平民百姓，不在大庭广众之下，而在屋中行刑。《周礼·秋官·司烜氏》云："邦若屋诛。"郑注："谓屋读如'其刑剧'之'剧'。剧诛，谓所杀不于市而适甸师氏者也。"《汉书·叙传》："底剧鼎臣。"颜师古注引服虔曰："《周礼》有屋诛，诛大臣于屋下，不露也。"郑注《鼎》九四"鼎折足，覆公餗，其刑剧，凶"云："糁谓之餗。震为竹，竹萌为笋，餗之为菜也。是八珍之食，臣下旷官，失君之美道，当刑之于屋中。"（《周礼·天官·醢人》疏）"餗，美馔。鼎三足，三公象。若三公倾覆王之美道，屋中刑之。"（《周礼·秋官·司烜氏》疏）此爻用鼎覆作为比喻，说明人臣若倾覆王之美道，则会在屋中受刑。

周代对上层人制订的刑法有八："一曰议亲之辟，二曰议故之辟，三曰议贤之辟，四曰议能之辟，五曰议功之辟，六曰议贵之辟，七曰议勤之辟，八曰议宾之辟。"（《周礼·秋官·小司寇》）其中议贵之辟，专指上层人之刑法。古代大夫以上的人犯法，可以在判决后以判决之罪与事实不符为由，进行上诉，审议然后定罪，称为议贵之辟。郑注《离》九四云："不孝之罪，五刑莫大焉，得用议贵之辟刑之，若如所犯之罪。焚如，杀其亲之刑。死如，杀人之刑也。弃如，流宥之刑。"（《周礼·秋官·掌戮》疏）

周代为已婚妇女制定了七条罪过，谓之"七出"。妻犯七出之罪，则驱逐出家而废之，因天子以天下为家，则无所出，故无出道。《仪礼·丧服》云："出妻之子为母。"郑注："出，犹去也。"贾公彦疏曰："七出者，无子，一也；淫泆，二也；不事舅姑，三也；口舌，四也；盗窃，五也；妒忌，六也；恶疾，七也。天子诸侯之妻无子不出，唯有六出耳。"此谓古代妇女违背七条中任何一条，就可以遗弃。而天子诸侯之妻则违背六条中任何一条就可以遗弃。郑注《同人》六二："天子、诸侯后夫人无子不出。"（《仪礼·士婚礼》疏）郑注《鼎》初六："然如否者，嫁于天子，虽失礼，无出道，废远之而已。若其无子，不废远之，后尊如故，其犯六出，则废之，远之，子废。"（《御览》一百四十六、《仪礼·士昏》疏、《礼记·内则》正义）

郑玄以祭祀之礼注《易》。《礼记·郊特牲》："诸侯为宾，灌用郁鬯，灌用臭也。"郑注《震》"震惊百里，不丧匕鬯"云："惊之言警戒也。雷发声，闻于百里，古者诸侯之象。诸侯出教令，能警戒其国。内则守其宗庙社稷，为之祭主，不亡匕与鬯也。人君于祭之礼，匕牲体、荐鬯而已，其余不亲也。升牢于俎，君匕之，臣载之。鬯，秬酒，芬芳条鬯，因名焉。"（《周易集解》卷十、《仪礼·特牲馈食礼》疏）

古之祭祀，子承其父。《礼记·曲礼》："七十曰老而传。"郑注："传家事任子孙，是谓宗子之父。"此是说人到七十称为老，人老则退而传授家事于后代，其中传授祭祀之礼最为重要。七十之人亲自准备祭祀宗庙，在洗涤鼎俎之时，其长子当亲视之。而至八十岁，不主祭祀，则由长子继承。孔颖达云："七十之时，祭祀之事犹亲为之，其子视濯溉则子孙……若至八十，祭亦不为。故《王制》云：'八十齐丧之事不及也。'注云：'不齐则不祭也。'"（《礼记正义》卷一）郑注《序卦》"主器者莫若长子"云："谓父退居田里，不能备祭宗庙，长子当亲视涤濯鼎俎是也。"（《礼记·曲礼》疏）

古代君王祭天，以先祖配祭。《礼记·丧服小记》云："王者禘其祖之所自出，以其祖配之，而立四庙。"此法开始于舜，夏、商、周统治者皆沿袭之。《礼记·祭法》:"祭法,有虞氏禘黄帝而郊喾,祖颛而宗尧,夏后氏亦禘黄而郊鲧。祖颛而宗禹,殷人禘喾而郊冥,祖契而宗汤,周人禘喾而郊稷,祖文王而宗武王。"古代这种祭祀要配以歌舞。《周礼·春官》:"乃奏黄钟,歌大吕,舞云门,以祀天神;乃奏太簇,歌应钟,舞咸池,以祭地祇;乃奏姑洗,歌南吕,舞大磬,以祀四望;乃奏蕤宾,歌函钟,舞大夏,以祭山川;乃奏夷则,歌小吕,舞大,以享先妣;乃奏无射,歌夹钟,舞大武,以享先祖。"郑氏将这种祭礼用于注释《周易》中,如注《豫·象》曰:"上帝,天也。王者,功成作乐以文得之者,作籥舞以武得之者,作万舞各充其德而为制祀天地,以配祖考者,使与天同飨其功也。故《孝经》云'郊祀后稷以配天,宗祀文王于明堂,以配上帝'是也。"

郑玄以宾士之礼注《易》。按《乡饮酒礼》,诸侯、大夫为天子纳贤,必以礼宾。与之饮酒,则行饮酒之礼,于五礼属嘉礼。贾公彦疏《乡饮酒礼》指出:"乡大夫虽行饮酒礼宾之于君,其简讫,仍更行饮酒礼宾之于王。"其饮酒礼,主人在接待客人时当先洗手以敬宾客,宾客以同样方式答谢主人。设立草俎而年轻人用之。郑注《观》:"诸侯贡士于天子,乡大夫贡士于其君,必以礼宾之,唯主人盥而献宾,宾盥而酢主人,设荐俎则弟子也。"(《仪礼·乡饮酒》疏)

郑玄以朝聘之礼注《易》。古代诸侯之间通问修好是谓聘,即以问候之礼保持良好的关系。聘礼以十日为期。《礼记·曲礼》云:"诸侯使大夫问于诸侯曰聘。"《仪礼·聘礼》云:"聘日致饔，明日问大夫。夕，夫人归礼，即致饔旬而稍。"贾公彦疏之云："即致饔旬而稍者，以其宾客之道，十日为正，行聘礼既迄，合归一旬之后，或逢凶变，或主人留之，不得时而反，即有稍礼。"郑注《比·象》："亲诸侯，使诸侯相亲递相朝聘。"（《周礼·形方氏》疏）郑以聘礼注《丰》初九："初修礼上朝四，四以匹敌恩厚待之，虽留十日，不为咎。正以十日者，朝聘之礼，止于主国，以为限。聘礼毕，归大礼，曰旬而稍。旬之外为稍，久留非常。"（《诗·有客》正义）郑氏以朝觐之礼释爻辞。按照郑意，此爻是言诸侯朝见受命之王，王以朝聘之礼待之。

这里需说明的是，郑玄以《礼》解《易》，大多先取象，然后由取象而引出礼，即他以《礼》解《易》不是单一的，而是与其他方法掺杂在一起的。如郑注《大有》卦："六五体离，处乾之上。犹大臣有圣明之德，代君为政，处其位，有其事而理之也。元亨者，又能长群臣以善，使嘉会礼通。若周公摄政，朝诸侯于明堂是也。"（《周易集解》卷四）此先以六五阴爻之象释之，阴爻居五位，似周公摄政，引《礼记》之言。《礼记·明堂位》曰："武王崩，成王幼弱，周公践天子之位，以治天下。六年，朝诸侯于明堂。"

又郑注《坎》六四"樽酒簋，贰用缶"云："六四上承九五，又互体在震上。爻辰在丑，丑上值斗，可以斟之象。斗上有建星，建星之形似簋。贰，副也。建星上有弁星，弁星之形又如缶。天子大臣以王命出会诸侯，主国尊于簋，副设玄酒而用缶也。"（《诗·宛邱》正义）郑玄先以爻位、互体，解读出大臣以王命会诸侯。"六四象大臣处会诸侯，四承九五，天子大臣之象。九二互体震，为诸侯，王人位诸侯之上，震动坎聚，故四象出会诸侯。"（张惠言《周易郑氏义》）又以爻辰解"樽酒簋，贰用缶"，四爻辰值丑，对应天上斗星，由斗星引申出建星、弁星之形状，"建星之形似簋"，"弁星之形又如缶"，然后引出国享之礼。虽然这种解释有些牵强附会，但从中可看出郑玄以礼解《易》，往往与其他方法相结合，不是单一的。

　　在郑玄之前，易学研究仅仅停留在文字训诂、象数义理和一般意义的历史方法上，还未真正使用古代的文献解读《周易》。自郑玄始，一方面迎合了当时易学发展的需求，大量使用了象数、训诂方法，同时，继承了《易传》以史解《易》的传统，以尧、舜、禹、文王、孔子等圣人的论述来解释《周易》文本和阐发其微言大义，进而又以扎实的文献功底和深厚的文化知识，重新审视《周易》文本。他尤其关注遗留下来的、与《易》密切相关的、反映当时社会生活的三《礼》之古文献，并尝试运用这些文献注《易》。由于郑玄大量地以礼解《易》，此法已成为一种解《易》的主要方法而备受关注。这种方法的合理性在于，把《周易》置于当时的历史背景之下，以反映当时历史风貌的文献解读之，力图借助于这些历史文献重构和复活当时的社会生活和历史面貌，最大限度地再现《周易》文辞的真实意义。易道广大悉备，其文本涉及古礼之处，郑氏皆能详尽地发明其义。凡注《易》中嫁娶、祭祀、朝聘、封侯、刑法等辞，引之有据，持之有理，是同时代的易学家无法与之相提并论的。正如清人皮锡瑞所言："郑学最精者三《礼》，其注《易》亦据礼以证。《易》义广大，无所不包。据礼证《易》，以视阴阳术数，实远胜之。"（《经学通论·易经》）由于这些文献去古未远，故以古文献解读《周易》，不会远离作者或文本的本义。时至今日，此种方法在注释经文时仍然不可废弃。著名学者杨树达先生所撰《周易古义》和高亨先生所撰《周易古经今注》即属于此类。

四、发明爻体说与整合互体、卦气说

以爻辰和礼象注《易》是郑氏易学重要方法。除此之外，郑氏又用爻体之象、互体之象等其他象注《易》。

（一）爻体法

爻体说是由爻向卦转换的一种形式。卦和爻是象征两种不同性质事物的符号，卦象征一个大的事物，爻象征一个小的具体的事物。但二者又密不可分。卦是由爻构成的，如果将卦视为事物大系统的话，那么爻则是这个大事物的子系统。从构成上说，虽然缺少一爻就不能成其卦，即每一爻在构成卦时皆有不可取代的作用，但每一爻的作用是不同的，其中有一爻规定和影响整个卦的性质，这一爻就是主爻（或卦主）。按照《易传》"阳卦多阴、阴卦多阳"的原则，阳卦是以一阴爻为卦主，阴卦是以一阳爻为卦主。在八经卦中，除了乾坤外，震卦一阳居二阴之下，则下一阳爻为此卦主爻。坎卦一阳居二阴之中，则中一阳爻为此卦主爻。艮卦一阳爻居二阴爻之上，则上一阳爻为此卦主爻。巽卦一阴爻居二阳爻之下。则下一阴爻为此卦主爻。离卦一阴爻居二阳爻之中，则中一阴爻为此卦主爻。兑卦一阴爻居二阳爻之上，则上一阴爻为此卦主爻。郑氏以此作为出发点，把能代表一卦性质的爻看作是此卦。不管是什么卦，凡初爻为阳爻则称为震，初爻为阴爻则称为巽；凡中爻为阳爻则称为坎，中爻为阴爻则称为离；凡上爻为阳爻则称为艮，为阴爻则称为兑。在这里，居不同位置的爻代表了某一卦，从而由爻过渡到了卦。同理可推，别卦初四阳爻为震，阴爻为巽。二五阳爻为坎，阴爻为离。三上阳爻为艮，阴爻为兑。郑氏把它作为一种方法运用到注《易》中。

　　如：郑注《蛊》上九云："上九，艮爻。艮为山。"（《表记》正义）《蛊》上为阳爻，故称艮爻。郑注《损》云："四，巽爻也。巽为木。五，离爻也。离为日。"（《考工记·梓人》疏）《损》四为阴爻，故称巽爻。五也为阴爻，故称离爻。郑注《萃》云："四本震爻，震为长子。……五本坎爻，坎为隐伏。……二本离爻也，离为目，居正应五。"《萃》四为阳爻，故称震爻。五为阳爻，故称坎爻。二为阴爻，故称离爻。

　　郑氏不仅用爻体取象释《周易》，还以此法注《易纬》，如注《乾凿度》"复表日角"云："名复者，初震爻。"注《乾凿度》"临表龙颜"云："名临者……六五，离爻。"注《通卦验》:"冬至坎始用事……初六,巽爻也。""立春坎直六四。六四,巽爻。""小暑离直六二,六二离爻。"总之,爻体法是郑氏取象的重要方法,是郑氏所独创。

(二)互体说

互体法起自春秋。《左传》庄公二十二年:周史有以《周易》见陈侯者,陈侯使筮之,遇《观》之《否》,曰:"坤土也,巽风也,乾天也。风为天于土上,山也。"杜预注:"自二至四有艮象,艮为山。"此是关于互体法的最早记载。一般来说,在易学史上,互体指一个六画卦除了可视为内外卦之组合外,还可以将其中的爻视为两个互为交重的三画卦,由这两个新组合的三画卦构成一个新的六画卦。南宋王应麟指出:"凡卦爻二至四、三至五,两体交互,各成一卦,是谓一卦含四卦。"(《周易郑康成注序》)这是为互体下的最早的定义,在此之前,尤其汉代,互体之法广泛流行,却未见易学家对互体加以界定。今人对互体之定义更为准确。刘大钧先生曰:"所谓'互体之象',指在一卦的六个爻画中,除了内卦与外卦这样两个经卦外,另有二爻、三爻与四爻这样三个爻画组成一个新的经卦,再由三爻、四爻与五爻又组成一个新的经卦。"[1]胡自逢先生曰:"互,交合也。互体者,以卦之二至四三爻互为一卦,三至五三爻又互一卦……之类是也。"[2]从现有的资料看,汉代

---

[1] 刘大钧《周易概论》,齐鲁书社,1988年,第55页。

[2] 胡自逢《周易郑氏学》,台北文史哲出版社,1990年,第194页。

的京房、马融、荀爽、宋衷、虞翻等皆使用过互体法，且其法灵活多变。汉末虞翻在此方面是集大成者。他曾使用过互体经卦（三画卦）、五画连互别卦（六画之卦）、四画连互别卦和连互不全之卦。出生比虞翻稍早的郑玄，也把互体作为一种重要的方法。如：

《蒙》注：“互体震而得中。”（《公羊传·定公十五年》疏）

《同人》注：“卦体有巽，巽为风。”（《周易集解》）

《观》注：“互体有艮。”（《周易集解》）

《贲》注：“卦互体坎艮。”（同上）

《大畜》六四注：“互体震。”（《周礼·大司寇》疏）

《颐》注：“自二至五有二坤。”（《周易集解》）

《坎》上六注：“三五互艮，又与震同体。”（《公羊传·宣公元年》疏）

《恒》九三注：“互体为乾。……又互体兑。”（《礼记·缁衣》正义）

《家人》六三注：“爻体离，又互体坎。”（《后汉书·杨震传》注）

《损》注：“互体坤。”（《周易集解》）

《萃》注：“互有艮巽。”（同上）

《夬》注：“五互体乾。”（同上）

《井》注：“互体离兑。”（同上）

《鼎》注：“互体乾兑。”（同上）

以上是互体三画卦之例。据统计，郑玄《易》注用三爻互体者二十六处。共有两种情况：其一，二至四三爻互体一卦。如《蒙》二至四三爻互体震，故郑注《蒙》云"互体震"。《同人》二至四三爻互体巽，故郑注《同人》云"卦体有巽"。《恒》二至四三爻互体乾，郑注《恒》云"互体为乾"。《家人》二至四三爻互体坎，故郑注《家人》云"又互体坎"。其二，三至五三爻互体一卦。如《观》三至五三爻互体艮，郑注《观》云"互体有艮"。《坎》三至五三爻互体艮，故郑注《坎》云"三五互艮"。《大畜》三至五三爻互体震，故郑注《大畜》云"互体震"。《损》三至五三爻互体坤，故郑注云"互体坤"。

有时，郑氏同时互出两个三画之卦用于注经。郑注《恒》九三云："互体为乾。……又互体兑。"注《颐》云："自二至五有二坤。"注《萃》云："互有艮巽。"注《夬》云："五互体乾。"注《井》云："互体离兑。"注《鼎》云："互体乾兑。"注《萃》云："互有艮巽。"注《夬》云："五互体乾。"注《井》云："互体离兑。"注《鼎》云："互体乾兑。"

值得注意的是，郑氏不仅视二三四、三四五为互体卦，而且还将内外卦也看作互体。也就是说，在郑氏那里，任何相邻三爻构成的三画卦皆为互体卦。这是郑氏与其他易学家不同之处。如《贲》上为艮，郑注《贲》云："卦互体有坎艮。"《既济》上为坎，郑注《既济》九五云："互体为坎也。"《旅》下为艮，郑注《旅》初六云："爻互体艮。"

四爻互体出一别卦，虞翻使用较多，虞氏之前其他易学家则很少使用。从现有资料看，在虞氏之前只有郑玄使用过，且仅存一例。郑注《大畜》"不家食吉"云："自九三至上九有颐象。居外是不家食吉而养贤。"(《表记》正义)此谓《大畜》三四五三爻互体震，四五上三爻(外卦)互体艮，上艮下震是谓《颐》卦，故"自九三至上九有颐象"。

就爻象而言，郑氏一方面继承了《易传》的得位、失位、中正、据、乘等思想，另一方面又多发明新义，如前面我们提到的取爻辰之象注爻辞即是郑氏取象的特点之一。同时，他于爻又取"六子"之象，更无先例。郑氏按照《说卦》乾坤求索得六子的学说，主张阳爻在初、四则称震爻，在二、五则称坎爻，在三、上则称艮爻；阴爻在初、四则称巽爻，在二、五则称离爻，在三、上则称兑爻。如郑注《贲》云："六四巽爻。"注《颐》《损》云："二五离爻。"注《萃》云："四本震爻。"注《井》云："九二坎爻。"注《中孚》云："二五皆坎爻。"

(三)卦气说

郑玄的卦气说得之于《易纬》，他通过笺注《易纬》阐发了自己的思想。其内容主要表现以下几个方面：八卦卦气、十二消息卦卦气、杂卦卦气、四正卦二十四气。而用卦气解释《周易》卦爻辞的方法是谓卦气法。此法是两汉盛行的易学方法，当然也是郑氏注《易》常用的方法。用四正卦注《易》，如郑注《随》初六《象》曰："震为大涂，又为日门，当春分，阴阳之所交也。"(《周易集解》)四正卦震兑坎离分主四时。此以震为春分，是用四正卦注《易》之证。

用消息卦和六日七分注《易》，如郑注《临》"至于八月有凶"云："临卦斗建丑而用事，殷之正月也。当文王之时，纣为无道，故于是卦为殷家著兴衰之戒，以见周改殷正之数。云临自周二月用事，迄其七月，至八月而遁卦受之，此终而复始，王命然矣。"（同上）按郑氏之意，殷以丑月为正月，周改之，以子月为正月。《临》卦在殷为正月，在周为二月，《遁》于消息卦为六月，殷为七月，周为八月，故二月至八月消息卦为《遁》。《临》卦阳长阴消，《遁》卦是阴长阳退，阴阳变化终而复始。此用十二消息卦说明"八月有凶"。郑注《复》"反复其道，七日来复"云："建戌之月，以阳气既尽。建亥之月，纯阴用事。至建子之月，阳气始生。隔此纯阴一卦主六日七分，举其成数言之，而云七日来复。"（《周易正义序》）此谓消息卦《剥》《坤》《复》三卦。《剥》主戌月，阳气既尽；《坤》主亥月，纯阴用事；《复》主子月，阳气始生。自《剥》阳尽至《复》阳生，中间隔《坤》卦，《坤》卦主六日七分。以成数言之，则为"七日来复"。此以消息卦和六日七分注《易》之证。

五、秉承费氏以爻象解《易》之传统

西汉，今文《易》与当时神秘的天人之学结合，被尊为官学而盛行，而民间有费直专以"十翼"治《易》，独树一帜。《汉书·儒林传》说："费直字长翁，东莱人也，治《易》……亡章句，徒以《彖》《象》《系辞》《文言》十篇解说上下《经》。"以《易传》注《易》除了以义理方法外，其象数方面主要表现为以八卦之象与爻象注《易》。东汉郑玄与荀爽等人传费氏之学。《后汉书·儒林传》云："陈元、郑众皆传费氏《易》，其后马融亦为其传。融授郑玄。玄作《易注》，荀爽又作《易传》。"郑玄本之《易传》，以八卦之象注《易》和以爻象注《易》，是传自费氏《易》。郑玄以八卦之象注《易》的例子很多。郑玄注《谦》䷠曰："艮为山，坤为地，山体高，今在地下，其于人道，高能下下，谦之象。"注《随》䷐曰："震，动也。兑，说也。内动之以德，外说之以言，则天下之民咸慕其行而随从之，故谓之随也。"注《噬嗑》䷔上九"何校灭耳"曰："离为槁木，坎为耳，木在耳上，何校灭耳之象也。"

郑氏用爻象法注《易》是其承传费氏《易》之例证。所谓爻象法是以爻所居位置及其相互之间的关系取象。它包括当位、失位、中位、应、乘、承、据等。此法为《易传》注《易》之体例。

（一）得位　失位

《易传》认为，卦之初、三、五为阳位，二、四、上为阴位。一般说来，阳爻居阳位、阴爻居阴位，谓之当位或得位；阳爻居阴位、阴爻居阳位，谓之失位或失正。《乾凿度》云："阴阳不正皆为失位。"

郑注《离》九四云："震为长子，爻失正。……震之失正不知其所如。"此言《离》九四爻以阳居阴位而失正。

郑注《家人》六二云："二为阴爻，得正于内；五阳爻也，得正于外。犹妇人自修正于内，丈夫修正于外。"此言《家人》六二阴爻居阴位，九五阳爻居阳位。故阴得正于内，阳得正于外。

（二）中位

卦之六位，二居内卦之中，五居外卦之中。故二、五位为中位。无论阳爻，还是阴爻居之，皆可称为得中。古人崇尚中德，故《周易》六十四卦二五两爻多吉辞。根据《易传》诠释，阴阳爻居中者谓"得中"，不居中者谓"失中"。阳爻居中称"刚得中"，阴爻居中称"柔得中"。阴爻居二，阳爻居五，谓之"中正"。郑氏继承了《易传》中位说。如：

郑注《蒙》云："互体震而得中，嘉会礼通，阳自动其中，德施地道之上。"（《公羊传·定公十五年》疏）

郑注《颐》云："二五离爻皆得中。离为目，观象也。"（《周易集解》）

郑注《乾凿度》云："《临》之九二，有中和美异之德。"

郑注《稽览图》之《中孚》云："五以中和之气……行中正之道。"

《蒙》卦二至四互体震，二爻作为震阳爻居《蒙》内卦之中，而曰"得中"。《颐》卦二五皆阴爻，为离爻，分居内外卦之中，而曰"得中"。《临》卦九二居内卦之中，而曰"中和"之德。《中孚》九五居外卦之中，而曰"中和之气"。然而，郑氏的

"中"不完全限于二五爻，有时也泛指卦爻之中。如郑注《复》六四"中行独复"云："爻处五阴之中，度中而行。"（《汉上易传》）指《复》卦六四阴爻处二、三和五、上四个阴爻之中。

（三）应

应，是就爻位而言的。《乾凿度》云："初以四、二以五、三以上，此之谓应。"按照《乾凿度》之意，应是指一卦中初四、二五、三上阴阳两爻相应。若对应两爻皆为阳爻或皆为阴爻则谓敌应。应本之于天地之相感应。《乾凿度》云："动于地之下，则应于天之下；动于地之中，则应于天之中；动于地之上，则应于天之上。"郑氏注云："天气下降以感地，故地气升动而应天也。"正是在这个意义上，《稽览图》云："所谓应者，地上有阴，而天上有阳，曰应。俱阴曰罔，俱阳曰罔。"

郑注《贲》六四云："六四，巽爻也。有应于初九，欲自饰以适初，既进退未定，故般如也。"（《礼记·檀弓》正义）

郑注《复》六四云："爻处五阴之中，度中而行，四独应初。"（《汉上易传》）

郑注《遁》云："二五得位而有应。是用正道得礼见召聘，始仕他国。"（《周易集解》）

郑注《萃》云："二本离爻也。离为目，居正应五，故利见大人矣。"（同上）

郑注《睽》云："二五相应，君阴臣阳，君而应臣，故小事吉。"（同上）

以上是应之例。《贲》《复》是六四阴爻与初九阳爻得位相应，《遁》《萃》是六二阴爻与九五阳爻得位相应，《睽》是九二阳爻与六五阴爻相应。

爻与爻不应或敌应，如郑注《讼》九二云："小国之下……苟自藏隐，不敢与五相敌，则无灾眚。"（《周易正义》）此言《讼》九二阳爻与九五阳爻不应而相敌。又郑注《稽览图》"俱阴曰闇，俱阳曰罔"云："六三应上六，两阴无相见之意，故无应者。九三应上九，两阳无相见之意曰罔，罔故为亡也。"由以上例子可看出，《周易》爻之应反映的是异性事物相吸相感、同性事物相敌相斥的道理。

（四）承

凡阴爻居阳爻之下曰"承"。承，有顺从之意。《易传》多用承之例释《易》。《象》释《蛊》初六云："'干父之蛊'，意承考也。"释《蛊》六五云："'干父之用誉'，承以德。"前"承"是指初六阴爻居九二阳爻之下，以阴顺承阳。后"承"是指六五阴爻居上九阳爻之下，以阴顺承阳。又《象》释《节》六四云："安节之亨，承上道也。"承上道，指六四阴爻居九五阳爻之下，以阴顺承阳。郑氏之承例，不仅限于一阴承一阳，有时也用数阴承一阳、一阴承数阳、阴卦承阳卦。

一阴承一阳，如：

郑注《坎》云："六四上承九五。"（《诗·宛邱》正义）

郑注《明夷》六二云："此谓六二有明德，欲承九三。"

（《礼记·内则》正义）

二阴承一阳，如：

郑注《损》云："初与二直，其四与五承上。"（《考工记·旄人》疏）

一阴承五阳，如：

郑注《姤》云："一阴承五阳，一女当五男，苟相遇耳，非礼之正。"（《周易集解》）

一阴承阳卦，如：

郑注《鼎》初六云："初阴爻而柔，与乾同体，以否正承乾。"（《士昏礼》疏）此言《鼎》二三四互体乾，初六阴爻处乾之下，从内卦看，与乾同体。阴爻居初阳，位不正，上承乾。

阴卦承阳卦，如：

郑注《恒》云："巽为风，震为雷，雷风相须而养物，犹长女承长男，夫妇同心而成家，久长之道也。"（《周易集解》）

《易传》及郑氏的"承"，从形式上看，是站在阴爻角度讲阴阳爻位置的，它反映的是一种阳主阴从、阴阳相辅相成的和谐的关系，在这种关系中，突出的是阴顺承的方面。这种阴阳关系表现于自然界则为阳上阴下、阳刚阴柔、阳动阴静、阳主阴顺。表现在社会则是君臣夫妇关系。在古代社会中，君尊为阳，臣卑为阴；夫尊为阳，妇卑为阴。尊者以主动、卑者以顺从为正道。因而君主臣从、夫唱妇随被视为永恒不变的准则和政治清明、家庭和谐的象征。易学中的"承"，实质上是对古代社会这种等级观念的折射。

（五）乘

乘，有乘凌之意。《小尔雅·广言》："乘，凌也。"《国语·周语》："乘人不义。"韦注："乘，陵也。"凌、陵古通。《说文通训定声》："陵假借为凌。"按照古人的理解，阳尊阴卑，阳上阴下，符合天道人位，若阴在上阳在下，则违背了天道和社会中的等级观念。表现在易学中，阳爻居阴爻之上为"承"，而阴爻居阳爻之上则为"乘"。《易传》最先用"乘"解《易》。如《夬》一阴居五阳之上，《彖》释《夬》云："'扬于王庭'，柔乘五刚也。"《屯》六二阴爻居初九阳爻之上，《象》释六二云："六二之难，乘刚也。"《归妹》六三阴爻居九二阳爻之上，《象》释《归妹》云："'无攸利'，柔乘刚也。"

郑氏也用"乘"注《易》，如郑注《坎》上六云："上六乘阳，有邪恶之罪。"（《公羊传·宣公元年》疏）此谓《坎》上六阴爻居九五阳爻之上，故"上六乘阳有邪恶"。又郑注《夬》云："阴爻越其上，小人乘君子，罪恶上闻于圣人之朝，故曰'夬，扬于王庭'也。"此谓《夬》一阴爻居五阳爻之上，阴为小人，阳为君子，有小人乘君子、罪恶上闻于朝之象。如前所言，阴乘阳违背常道，象征邪恶之事。

（六）据

易学史上，"据"之辞最早见于《周易》经文，《困》六三爻辞云："困于石，据于蒺藜。"《系辞》注云："非所困而困，名必辱。非所据而据，身必危。"据，意为占有、处于。"据"
与"承"是一个问题的两个方面，皆指阳爻在阴爻之上，但视
角不同。"据"是就阳爻而言的，阳爻在阴爻之上，阳爻占有
阴爻是谓"据"。"承"是就阴爻而言的，阴爻在阳爻之下，阴
爻顺承阳爻是谓"承"。郑注《困》九二"困于酒食"云："二
据初，辰为未，此二为大夫有地之象。"(《士冠礼》正义)《困》
九二为阳爻，初六为阴爻，阳爻居阴爻之上。又二爵位为大夫。
初爻按爻辰说纳未，未为土。故二据初是谓"大夫有地之象"。

从现存的易学典籍看，以爻象解《易》是郑玄同时代易
学家共同采用之体例。京房、《易纬》、马融、荀爽、虞翻等
皆使用过爻位注《易》，其中以荀爽最为典型。如荀注《中
孚》六三云："四得位，有位，故鼓而歌。三失位，无实，故
罢而泣之也。"是以爻之当位（得位）、失位注《易》。荀注
《需》九五云："五有刚德，处中居正。"是以中位注《易》。荀
注《否》六二云："二五相应，否义得通。"是以爻之相应注
《易》。荀注《屯》六二云："阴乘于阳，故邅如也"。是以爻之
乘注《易》。荀注《谦》初六云："初在最下，为谦。二阴承
阳，亦为谦，故曰谦谦也。"是以爻之承注《易》。

总之，郑氏取象之法比较灵活，关于象的学说十分丰富。
郑氏于象的研究不遗余力，试图囊括前人所有研究成果去发
明创造，其目的就在于揭示象、辞、义之间的内在联系，融
通《周易》。这种作法，仍然不可能解决以象解《易》的所有
问题。因为《周易》六十四卦三百八十四爻之系辞取象随意性

强，比较复杂，更何况有的易辞并非由作者观象而成。如孔颖达所言："凡易者象也。以物象而明人事，若《诗》之比喻也。或取天地之象以明义者，若《乾》之'潜龙''见龙'、《坤》之'履霜坚冰''龙战'之属是也。或取万物杂象以明义者，若《屯》之六三'即鹿无虞'、六四'乘马班如'之属是也。如此之类，《易》中多矣。或直以人事，不取物象以明义者，若《乾》之九三'君子终日乾乾'、《坤》之六三'含章可贞'之例是也。圣人之意，可以取象者则取象也，可以取人事者则取人事也。"（《周易正义》卷一）同时，《说卦》所列的象是有限度的，《易传》所记以象注《易》方法（易例）也是屈指可数的，用它们来揭示如此复杂的系辞之根据，证明《周易》象辞之间的联系，以象融通文辞，是无法实现的。在这里，以郑玄为代表的汉儒遇到了前所未有的困境：一方面坚信《周易》是观象系辞之书，要以象注经，另一方面绝对崇拜儒家圣贤，要固守《易传》方法。为了摆脱这个困境，汉儒不遗余力地研读《周易》经传，不厌其烦地思索、体味圣人之意。最终，他们创立了一套繁杂的、自以为符合圣人之意的注《易》方法。生活在汉末、以整合汉代经学为己任的郑玄也毫不例外地选择了这种注《易》的方法。

六、玄妙精深的易数说

数，是中国古代数学概念，本义指计算事物。《说文》云：

"数，计也。"《汉书·律历志》云："数，一十百千万也，所以算数事物，顺性之理也。"易学借用这个数学概念表示筮法中的筮数。《左传》云："筮，数也。"成书于战国时代的《易传》第一次全面地总结了易数的理论，阐明了数的运用和作用。将《易传》中的数置于显要地位加以研究是在汉代。两汉易学家吸收了当时自然科学所取得的成果，赋予易数以新的含义，使其成为建构象数体系的一大支柱。其中郑玄在这方面的贡献十分突出。他通过对两汉以来易数研究的总结，论述和阐发了自己的易数理论。郑氏的易数理论归纳起来主要有三个方面：蓍数说、气数说、九宫数说。

（一）蓍数说

《易传·系辞》提出十个自然数，称为"天地之数"，但对于"天地之数"的含义及作用却未作说明。这就给后世留下一个难解之谜，导致易学界众说纷纭。郑氏取"五行之数"解说"天地之数"，自成一家。他指出：

> 天地之气各有五。五行之次，一曰水，天数也；二曰火，地数也；三曰木，天数也；四曰金，地数也；五曰土，天数也。此五者阴无匹，阳无耦，故又合之。地六为天一匹也，天七为地二耦也，地八为天三匹也，天九为地四耦也，地十为天五匹也，二五阴阳各有合，然后气相得，施化行也。(《左传》疏)

五行之数来自五行的序数，见于《尚书·洪范》："一曰水，二曰火，三曰木，四曰金，五曰土。"郑玄认为天地之数一至五这五个自然数不是别的，就是五行之序数。这五个数有阴阳之分，天数为阳，地数为阴，而阴阳必须相合，有阴必有阳合之，有阳必有阴合之，即《易传》所谓"一阴一阳之谓道"（《系辞》）。这五个数"阴无匹，阳无耦"，故当以六、七、八、九、十合之，因而"天地之数"六至十这五个数也有了五行的含义。郑氏又以五行所居方位，把"天地之数"分居四方。他说：

> 天一生水于北，地二生火于南，天三生木于东，地四生金于西，天五生土于中。阳无耦阴无配，未得相成。地六成水于北，与天一并；天七成火于南，与地二并；地八成木于东，与天三并；天九成金于西，与地四并；地十成土于中，与天五并也。

经过郑玄的发挥，《系辞》中的"天地之数"蕴含了丰富的意义，其中不仅有阴阳对立统一和五行生成的思想，而且也暗含了具有时空性质的图式（如下图）。从空间说，天地之数分居北、南、东、西、中五方；从时间说，天地之数代表了春、夏、秋、冬四季。因为在汉人看来，水、木、火、金所居方位分别表示了冬、春、夏、秋四季，如《白虎通德论·五行》云："春之为言，蠢蠢动也，位在东方……夏之为言，大也，位在南方……秋之为言，愁亡也，其位西方……冬之为言，终也，其位在北方。"郑氏对"天地之数"的解释丰富和发展了易数理论，为进一步揭示"大衍之数"的渊源奠定了基础。

七
二
八三　　五十　　四九
一
六

那么，天地之数与大衍之数是什么关系呢？郑玄认为，天地之数是大衍之数的基础。大衍之数五十来自天地之数的总和。天地之数总和为五十五，而大衍之数只取五十，用四十九，这是由天地之数中的五行关系决定的。郑氏对此作了说明："天地之数五十有五，以五行气通，凡五行减五，大衍又减一，故四十九也。"（《汉上易传·丛说》引）。郑氏之意为，在一至十这十个自然数中包含两套五行之数，一套包含在一至五中，另一套包含在六至十中，后者是前者加五而成，即一加五为六，二加五为七，三加五为八，四加五为九，五加五为十。所以大衍之数取天地之数总和减五，即他们所谓的"五行各气并，气并而减五，惟有五十"。（《礼记》疏）郑氏对大衍之数的说明虽然未必完全符合《易传》之原义，但他能立足筮法，参照五行，言之成理，证之有据，不失为一家卓见，为后人研究和解决这一问题指明了方向。三国时虞翻、宋代朱熹，直到今人高亨、金景芳等易学大家虽不取郑氏五行之说，但均认为天地之数与大衍之数有关，可见郑氏之说影响深远。同时，郑氏关于天地之数的排列，与宋人"发现"和流传的"河图"（刘牧称"洛书"）完全吻合，由此，我们可以推断，宋人所谓"河图"虽属伪造，但必有所本。

当然，天地之数所含的五行之义及在空间上的排列，并非郑氏所独有，早在西汉时就开始萌芽、流行。如《易纬·乾坤凿度》指出："天本一而立，一为数源，地配生六成天地之数，合而成性。天三地八，天七地二，天五地十，天九地四。"扬雄说："三八为木，为东方，为春……四九为金，为西方，为秋……二七为火，为南方，为夏……一六为水，为北方，为冬……五五为土，为中央，为四维。"（《太玄·玄数》）又说："一与六共宗，二与七为朋，三与八成友，四与九同道，五与五相守。"（《太玄·玄图》）郑氏正是吸收了西汉以来的易学成果而建立其蓍数理论的。

（二）气数说

在中国传统哲学中，气被视为万物之本、世界之原，世界上千变万化、生生不息的现象皆由气所致。从先秦《管子》到汉代王充等皆主此说。当然也有人不同意这种观点，认为在气之上还有更根本的东西存在，如老庄主张以无为本，《易传》主张以数为本。郑玄继承了《易传》的传统，将数看作表示气的抽象符号，认为数的变化决定了气的变化。他说："阳动而进，变七之九，象其气息也；阴动而退，变八之六，象其气消也。"（《易纬·乾凿度》注）郑氏以气数变化阐明了《周易》中乾坤产生的根据。按照《易纬·乾凿度》的说法，乾坤的产生经历了太易、太初、太始、太素四个阶段，这是一个气变的过程，也是数变的过程。郑氏以《纬》注《纬》，以数变详细地解释了乾坤产生的经过。他指出："易，太易也。太易变而为一谓变为太初也，一变而为七谓变为太始也，七变而为九谓变为太素也。"（同上）郑氏所说的一、七、九三个数不是别的，是气变的三种状态。"一主北方，气渐生之始，此则太初气之所生也。""七主南方，阳气壮盛之始也，万物皆形见焉，此则太始气之所生者也。""［九］西方阳所终究之始也，此则太素气之所生也。"（同上）这三种变化，就表示了事物从无形质到有形质的变化。因气有阳阴，故有天地之分，也就有乾坤之别，因气有渐生、壮盛、终究三个阶段，故乾坤有三爻，所以乾坤形成。

在郑氏看来，不仅天地是由气数变化形成的，万物生灭也是由气数决定的。他在注《系辞》"精气为物，游魂为变"时说："精气谓七、八也，游魂谓九、六也。七、八木火之数，九、六金水之数。木火用事而物生，故曰精气为物；金水用事而物变，故曰游魂为变。精气谓之神，游魂谓之鬼，木火生物，金水终物。二物变化，其情与天地相似，故无所差违之也。"（李鼎祚《周易集解》引）精气、游魂表示气的两种状态。郑氏一方面肯定了七八、九六是气的两种不同状态，另一方面又强调了物的生灭取决于数的关系，这种关系即是数所代表的五行之间的关系。由此可以看到郑氏的数真正成为了世界主宰。

当然，郑氏不是单纯地谈论哲学问题，而是在说明《周易》中阴阳两爻的变化。既然七八、九六可以说明物的生灭，那么必然适合于《周易》的阴阳爻。因为《周易》中的爻代表了天下不同的事物。《易传·系辞》云："爻有等，故曰物。"故数的变化，显示了阴阳两爻象的不同和二者的变化。他说："一变而为七是今阳爻之象，七变而为九是今阳爻之变。二变而为六是今阴爻之变，六变而为八是今阴爻之象。"（《易纬·乾凿度》注）郑氏以气数说揭示了《周易》中象数的内在联系，说明阴阳两爻变化的根据，为易学象数增添了新的内容。

（三）九宫数说

九宫之说始于先秦，在《管子·幼宫》《吕氏春秋·十二纪》《礼记·月令》等典籍中就有天子在一年四季分居九个不同宫室的记载。汉代，九宫之说盛行，有以《太乙九宫占盘》为代表的筮占九宫系统；有以《灵枢经·九宫八风》为代表的，融筮占、天文、历法、医学为一体的九宫系统；有以《大戴礼记·明堂》为代表的，天子施政与建筑相结合的九宫系统；有以《易纬·乾凿度》为代表的易数九宫系统。郑玄通诸派之说，取百家之长，诠释《易纬》，以申述独具特色的九宫易学理论。

《易纬·乾凿度》指出："太一取其数以行九宫，四正四维皆合于十五。"十五是易数，即阴阳变化中恒久不移的数字，也称为易道。"《易》一阴一阳而为十五之谓道。"《易纬》认为，九宫之数正合易数十五。九宫之数（见下图）纵横相加之和皆为十五。这就是人们所称的"数学幻方"。

4	9	2
3	5	7
8	1	6

《易纬》虽然把九宫与易数联系起来了，但对于其中的道理却未作说明。郑玄立足于易学、天文学，对《易纬》的九宫思想作了深入的注释。他说：

太一者，北辰之神名也，居其所曰太一，常行于八卦日辰之间曰天一或曰太一。出入所游息于紫宫之内外，其星因以为名焉。故《星经》曰：天一太一，主气之神。行犹待也。四正四维以八卦神所居，故亦名之曰宫。天一下行犹天子出巡狩省方岳之事，每率则复，太一下行八卦之宫。每四乃还于中央。中央者，北神之所居，故因谓之九宫。天数大分，以阳出，以阴入，阳起于子，阴起于午，

是以太一下九宫从坎宫始，坎中男，始亦言无适也。自此
而从于坤宫，坤，母也。又自此而从震宫，震，长男也。
又自此而从巽宫，巽，长女也。所行者半矣，还息于中央
之宫。既又自此而从乾宫，乾，父也。自此而从兑宫，兑，
少女也。又自此从于艮宫，艮，少男也。又自此从于离宫，
离，中女也，行则周矣。……出从中男，入从中女亦因阴
阳男女之偶为终始，云从自坎宫必先之坤者，母于子养之
勤劳者，次之震又之巽，母从异姓来，此其所以敬为生者。
从息中而复之乾者，父于子教之而已，于事逸也。次之兑
之又艮，父或老顺其心所爱，以为长育多少，大小之行已，
亦为施此数者合十五，言有法也。（《易纬·乾凿度》注）

郑氏的解释，有三点值得注意：一，郑氏揭示了九宫与
八卦的关系。郑氏认为，九宫是太一所居住游息的地方，也就
是天上八卦所居的位置。这一点与《灵枢经》《太乙九宫占盘》
中的九宫相一致。实际上，九宫八卦是中国古代天象崇拜的遗
存，它恐怕与先秦的九野之说（见《吕氏春秋·有始览》）有
着密切关系。因此，笔者认为，郑氏的太一九宫说从理论渊源
看，要早于明堂说。《白虎通德论·辟雍》所谓"九室法九州"
就是一个最好的例证。二，郑氏揭示了九宫数与八卦数的关
系。郑玄认为，太一行九宫，先坎宫，后坤宫、震宫、巽宫，
然后返回中宫，再从中宫到乾宫、兑宫、艮宫、离宫。太一行
九宫的次序数就是八卦的数，即坎为一，坤为二，震为三，巽

为四，乾为六，兑为七，艮为八，离为九。三，郑氏说明了九宫之数合乎自然规律和家庭伦理关系。从自然这个角度言，太一始于坎，终于离，体现了"阳起于子，阴起于午"的规律。按照汉代人的说法，阳气开始于十一月子，阴气起于五月午。依卦气说，坎代表十一月，离代表五月。因此，在郑氏看来，八卦之数合乎自然。从家庭这个角度言，太一始于坎、终于离，合乎父母教养之理。所以，九宫之数有其客观依据。

郑氏九宫数学说，既有宗教神学的杂质，又有天文学、历法、数学等科学因素，是易学、神学、科学相结合的产物。若单就易学而言，郑氏对九宫及九宫之数所作的解释和阐发，对于汉代象数乃至整个易学史的发展有着特殊的贡献。它标志着两汉时期关于数的研究和探讨达到了一个新的高度，为图书之学的产生准备了思想资料。宋代流行的融数、理、象、图为一体的"洛书"，除了黑白阴阳圆点之外，其他要素从郑氏九宫之说中皆可以找到根据。这并不是偶然的巧合，而是有着内在的联系。

七、郑氏易学之价值与影响

（一）郑玄易学是对两汉易学的总结与整合

郑玄自幼偏好经学、算术、天文、阴阳占验术，长大后有感于学界弊端重重，故不为高官厚禄所诱惑，立志为学，以"思整百家之不齐"。为了实现其志向，他游遍天下，访尽名士鸿儒；博览群经，致力于经学诠释。由于他一生不囿于门户，游遍天下，拜师求学，博极群书，融会贯通，形成了独特的经学方法和观点，对当时经学作了梳理和总结。他对汉代易学的总结和整合主要表现在以下几个方面：

1. 融合今古文易，结束了两汉今文易和古文易相对峙的局面

汉代易学有今古文之分，西汉立于学官的施、孟、梁丘氏是今文易，未立学官的费氏则属于古文易。东汉时，今文易与古文易并存，有传今文易的，从文本看，今文易和古文易不同于其他经的今古文，差别较少。《汉书·艺文志》云："刘向以中古文《易经》校施、孟、梁丘经，或脱去无咎悔亡，惟费氏经与古文同。"然就治学的内容而言，今文易与天人之学合流，明大义微言，主阴阳占验；古文易以注经为宗旨，以十翼解《易》，重章句训诂。自西汉末至东汉初，两派曾围绕着是否将古文易立于学官发生了激烈的争执。东汉初，尚书令韩歆欲为费氏《易》立博士，遭到了治今文经的范升的强烈反对。章帝亲自在白虎观召开包括易学在内的经学讨论会，"考详异同"。并下诏令高才教授古文经传，"虽不立学官，然皆擢高第为讲郎，给事近署，所以网罗遗逸，博存众家"（《后汉书·儒林传》）。安帝博选诸儒及五经博士刘珍、马融等于东观，校订包括《易经》在内的五经及其他文献，"整齐脱误，是正文字"。据今人金德建考证，此次校书是把今文本校定成古文本。[1]

---

[1] 金德建《经今古文字考》，齐鲁书社，1986 年，第 261 页。

而灵帝"诏诸儒正定五经，刊于石碑，用古文、篆、隶三体书法以相参检，树之学门，使天下咸取则焉"。但此次校刊的熹平石经是今文。故今文易和古文易之争既包含了学派门户之争，也包含了政治地位之争。"今学守今学的门户，古学守古学的门户。今学以古学为变乱师法，古学以今学为党同妒真。相攻若仇，不相混合。"① 郑玄先从第五元先学京氏易。《后汉书·郑玄传》记载："遂造太学受业，师事京兆第五元先，始通京氏《易》。"京氏易讲阴阳灾异，推崇象数，属于今文易。后师马融学费氏《易》。《后汉书·儒林传》云："建武中……陈元、郑众皆传费氏《易》，其后马融亦为其传，融授郑玄，玄作《易注》。"费氏《易》不讲阴阳灾异，专以《易传》释《易》。故郑玄易学从思想和方法方面继承了京氏今文易和费氏古文易。如京氏言六日七分，此说是指四正卦主七十三分，春分前一卦《晋》、秋分前一卦《大畜》、夏至前一卦《井》、冬至前一卦《颐》分别主五日十四分，其余卦主六日七分。郑注《易纬·稽览图》"唯消息及四时卦当尽其日"、"消息及杂卦传相去各如中孚"及"消息及四时卦各尽其日"均言"消息（尽）六日七分，四时（尽）七十三分"。（黄奭辑《易纬》第六卷）此为郑氏用京氏易例证之一。费氏以《易传》解经，多以中、乘、承、应、据、得位、失位释《易》。郑氏继承了费氏的传统。如他注《中孚》云："三辰在亥，亥为豕。爻失

---

① ［清］皮锡瑞《经学历史》，中华书局，1981年，第148页。

正，故变而从小名言豚耳。四辰在丑……爻得正，故变而从大名言鱼耳。"（惠栋《郑氏周易》卷中）此为以失位得位释《易》。注《遁》云："二五得位而有应，是用正道。"（《周易集解》）此为以应释《易》。注《坎》六四云："六四上承九五。"（同上）注《坎》上六云："上六乘阳，有邪恶之罪。"（同上）此为以乘释《易》。由此可以看出，郑氏易学融京氏《易》和费氏《易》为一体。又考《经典释文》，可知郑氏易兼顾今文易、古文易。《离·象》："離王公。"離，郑作"麗"。按《仪礼·士冠礼》郑注云："古文儷为離。"郑作"麗"是"儷"之省，从今文本。《鼎》九四："其形渥。"渥，郑作"剭"。《周礼·秋官·司烜》也引郑注云："读如刑剭之剭。"按汉石经作"刑剭"，故郑从今文本。又《师》："王三锡命。"锡，郑作"赐"。按《仪礼·觐礼》郑注云："今文赐作锡。"知郑氏以"锡"为今文。郑作"赐"从古文。《泰》初九："拔茅茹，以其汇。"茅，郑读作"苗"。按《仪礼·士相见礼》郑注："古文茅作苗。"郑以"苗"为古文。有时郑氏将今文和古文并列，如《系辞》"有功而不德"，郑作"置"，并云："置当为德。"按金德建考证，"置"为古文易，"德"为今文易。[1] 当然郑氏合今文、古文为一，不是把今文易和古文易等量齐观，平分秋色，而是以古文为宗，兼采今文。皮锡瑞指出："郑君博学多师，今古文道通为一，见当时两家相攻击，意欲参合其学，自

---

[1] 金德建《经今古文字考》，齐鲁书社，1986年，第410—411页。

成一家之言，虽以古学为宗，亦兼采今学以附益其义。"①

2. 兼收并蓄，冲破了两汉易学的师法家法门户之见

如前所言，两汉易学传授方式是师师相承，前后相因。在传《易》、习《易》过程中，这种由于师承而形成的师法家法极为森严。各家各派，必须严格按照自己的师说治《易》，不得越雷池一步，甚至连一个字也不得改，更不得掺杂异说。东汉时，在统治者干预下，家法再度受到学界的重视。易学界诸家尊崇师说，纯而不杂，各执一端，相互攻击。这种狭隘的门户之见阻碍了易学学术交流和发展，更不利于后学者全面理解和准确把握《周易》本义。郑玄有感于此，学今文易，习古文易，融今文、古文易为一体。除了继承了京氏今文易和费氏古文易外，他还善于从以往的易学研究成果中吸收营养。有从《子夏易传》者，如《晋》九四"晋如鼫鼠"，《释文》云："《子夏传》作硕鼠。"张惠言云："案《正义》引郑为大鼠，异于王弼之五伎，则郑本当作硕字。"（《周易郑注》卷四）《明夷》六二"夷于左股"之"夷"，《释文》云："子夏作'睇'，郑、陆同。云：旁视曰睇。"有从马融者，如马、郑皆训"无妄"为"无望"。《释文》云："马、郑、王肃皆云妄犹望，谓无所希望也。"《艮》九三"艮其限"，马、郑训"限"为"要"。《释文》云："马云：'限，要也。'郑、荀、虞同。"台湾学者胡自逢指出："郑《易》虽用费氏古本，同其文字，

---

① ［清］皮锡瑞《经学历史》，中华书局，1981年，第149页。

而说经之义，多取自马氏。今于章句之间厘然可辨者至多。"[1]
有从《易纬》者。他"睹秘书纬术之奥"，"精历数图纬之言"，
故常用《易纬》注《易》。如《乾凿度》云："初为元士，二
为大夫，三为三公，四为诸侯，五为天子，上为宗庙。"而郑
注《讼》九二云"小国之下大夫"，注《观》云"九五，天子
之爻"，注《困》九二云"二为大夫有地之象……爻四为诸侯"。
（惠栋《郑氏周易》）《乾凿度》云："太易者，未见气也；太初
者，气之始也。"郑注《系辞》"易有太极"云："极中之道，淳
和未分之气也。"（同上）又作《易赞》言"易含三义"，取自
《乾凿度》。其《易注》言爻辰，是受启于《乾凿度》。以上足见
《易纬》对郑氏易影响极深。此是郑氏不守家法一种表现形式。

其不守家法的另一种表现形式是他访遍众贤，博览群
书，注述旧典，广综众说。用其毕生所学解读《易》，推阐其
义。主要表现在以下几个方面：其一，他注重文字训诂，取
《尔雅》释《易》数量之多，在当时实属罕见。其二，他精于
三《礼》，多引周礼揭证《易》义。以礼注《易》是郑氏的独
创，也是郑氏易学胜于马融易学关键之所在。张惠言云："马
于人事杂，郑约之以《周礼》，此郑所以精于马也。"（《易义别
录·马融易》）其三，引其他经释《易》。如引《乐记》"王者
功成作乐"、《孝经》"郊祀后稷以配天，宗祀文王于明堂以上
帝"注《豫·象》。（惠栋《郑氏周易》）引《诗经》"硕鼠硕

---

[1]　胡自逢《周易郑氏学》，台北文史哲出版社，1990年，第122页。

鼠，无食我黍"注《晋》九四。（同上）引《左传》桓公二年"怨耦曰仇，嘉耦曰妃"分别注《鼎》九二和《丰》初九。（同上）由此，郑氏之所以能够建立一个别具特色的庞大的易学体系，关键在于他不守师法家法，博览群籍，精研诸子之学，注意从易学以外的文献中吸收营养。

3. 重象数兼顾义理，冲破了两汉专崇象数的藩篱

象数与义理是两种截然不同的治易方法。专以象数为工具训释《周易》经传之辞、探讨易学问题是谓象数之学，象数易学往往与古代自然科学相结合，偏重于天道。以笺注之学为形式，以凸显和阐发《周易》卦爻辞哲理、建构理论体系为宗旨的是谓义理之学。义理之学往往与社会科学相结合，偏重于人道。象数与义理原本是紧密交织在一起的，象数是易学之本。先有象数符号体系，后有内涵义理的卦爻辞，卦爻辞是参照一定象数而作，因此，我们可以把二者视为形式和内容的关系，象数是形式，义理是内容，象数发为义理，义理不能脱离象数而存在。但是在易学研究中，二者往往表现出此消彼长、相互对峙的格局。汉初易学切义理，主人事。而自武帝独尊儒术，孟京一派吸收了阴阳灾异说和自然科学知识，完成了易学改革，使象数易在西汉占了主流。东汉虽然治《易》形式有所不同，但在治《易》方法上，仍然继承了西汉崇尚象数的治《易》思路。然而，象数易学过分地强调自然之理，蔽于天而不知人，不可能全面地、透彻地理解和诠显《周易》之大义，使两汉易学步入了一个不能自拔的怪圈。郑玄一方面

不能摆脱当时学术思潮的影响，由《易》之"观象系辞"推导出以象数治《易》的方法，进而夸大之，在《易传》取象不足的情况下，极力地借助于爻辰、互体、爻体、五行等象数方法注《易》。另一方面，他似乎看到自西汉以来专以象数治《易》存在的问题。《周易》除了观象以外，还与当时的文字、社会风俗习惯、生产生活、历史事件相关，这些以人事为内容的易辞，单用象数的方法是不可能揭示其本义的，必须借助于人文知识和由人文方法加以诠释。故郑氏继承了《大象传》注《易》的思路，先用象数，后归本于人事。所不同的是，郑氏注《易》不取《大象传》之"以"，而用"犹"引出人事，如他注《损》云："艮为山，兑为泽，互体坤，坤为地。山在地上，泽在地下。泽以自损，增山之高也。犹诸侯损其国之富，以贡献于天子，故谓之损矣。"（惠栋《郑氏周易》）据胡自逢先生统计，"郑《易》今存者十之三四，而用犹字以起人事之文，有十七条之多。"[1] 值得注意的是，郑氏还以殷周史或殷周以前史事注《易》证《易》、以周礼释《易》。以史治《易》发轫于《易传》，今本《易传》通过对《周易》成书和作者的探讨，表现出以史解《易》的倾向。帛书《缪和》始用殷周、春秋时期的历史人物印证《易》理，开了以史治《易》的先河；成书于汉代的《易纬》保留了《易传》这种学术传统。受其影响，郑玄也注重以史治《易》。如他用"尧之末年，四

---

[1] 胡自逢《周易郑氏学》，台北文史哲出版社，1990年，第6页。

凶在朝"解说《乾》上九"亢龙有悔",以"周公摄政"来说明《大有》有明德之臣代君为政之象,以"尧舜禹文武之盛"训释《离·象》"大人以继明照四方",以"殷家著兴衰之戒、周改殷正之数"揭示《临》"八月有凶"之含义。(惠栋《郑氏周易》)以礼注《易》也是郑氏易学独到之处,如前所言,郑氏精于三《礼》,这就为他以礼注《易》奠定了基础。观郑氏《易》注,以礼治《易》者有三十多条,其涉及的内容有婚礼、祭礼、宾礼、封礼、刑礼、赋礼等。凡《周易》涉及古礼之处,郑氏皆能发明其义。总之,郑氏用义理之法弥补象数易学的不足,从而使象数、义理在象数易学鼎盛的大环境下走向统一,为当时乃至后世的易学研究提供了典范。

(二)郑玄易学之地位及对后世的影响

在治经可以入仕晋身的汉代,郑玄不随波逐流,他淡泊名利,身耕播植,遁世无闷,立志"念述先圣之元意,思整百家之不齐",穷尽毕生精力于经学和诸子之学的研究。郑玄创立了气势恢宏、一以贯之的郑氏解释学,整合出一套错误较少的、比较完备的经学文本和无门户之见的、博综众说的经学体系,故他在当时有"纯儒"、"通儒"、"大儒"、"经神"之称,当时,士人学者以郑氏为楷模,或直接拜郑玄为师。甚至他的论敌也不得不叹服他的经学造诣。这里需要说明的是,人们所赞赏的不是他的训诂学方法,而是用这种方法对易学和经学所作的精湛的研究。"玄质于辞训,通人颇讥其繁,至于经传洽熟,称为纯儒，齐鲁间宗之。"（《后汉书·郑玄传》）"玄以博学洽闻，注解典籍，故儒雅之士集焉。……是时海内清议云：'青州有邴、郑之学。'"（《三国志·魏书·邴原传》注引《原别传》）

更为重要的是，郑学融合繁杂纷纭的百家之说，基本消除了学界门户之见，统一了当时的经学，这是其他学人所没有做到的。如范晔指出：

> 自秦焚《六经》，圣文埃灭。汉兴，诸儒颇修艺文，及东京学者，亦各名家，而守文之徒，滞固所禀，异端纷纭，互相诡激，遂令经有数家，家有数说，章句多者，或乃百余万言，学徒劳而少功，后生疑而莫正。郑玄括囊大典，网罗众家，删裁繁诬，刊改漏失，自是学者略知所归。（《后汉书·郑玄传》）

《易注》是郑氏晚年绝笔之作，是他倾注了一生的智慧来完成的。郑玄易学具有独特不凡的路数、阂通精深的内涵，取代了其他易学而广泛流传于当时，其易学成为两汉自田何传《易》以来最正宗的易学。如清儒皮锡瑞所言："学者苦其时家法繁杂，见郑君阂通博大，无所不包，众论翕然归之，不复舍此趋彼。于是郑《易注》行，而施、孟、梁丘、京之《易》不行矣。"[①] 郑氏易学之所以能一统天下取代官学《易》，是由于他

---

① ［清］皮锡瑞《经学历史》，中华书局，1981 年，第 149 页。

建立了融象数、义理、训诂为一体的、较为完备合理的易学诠释方法和有丰富内涵的、囊括诸家的易学体系。

正是因为郑玄易学囊括今古、融合诸家，具有高度的凝聚力和较强的生命力，故在很长一段时间内广为流行，并逐渐主宰了易学界。王肃凭借政治上的优势，力图以郑氏《易》为突破口，排斥两汉易学；魏晋王弼杂取老庄，以清言说《易》，尽扫两汉之象数，汉《易》衰微，唯郑氏《易》存。陆德明云："永嘉之乱，施氏、梁氏之《易》亡，孟、京、费之《易》无传者，唯郑康成、辅嗣所注行于世。"（《经典释文序录》）南北朝时，学界有南学和北学之分，南学用王弼《易》，北学用郑氏《易》。隋唐北学并入南学，以南学为正宗，郑《易》失去了官学的地位。但《周易集解》《经典释文》及以疏解王弼《易》为宗旨的《周易正义》多引郑氏《易》。郑氏《易注》在唐代犹存。宋《崇文书目》只载一卷，存《文言》《序卦》《说卦》《杂卦》四篇。《中兴书目》则未著录，故郑《易》亡于南北宋之间。幸得宋儒王应麟，明儒姚士麟，清儒张惠言、惠栋、孙堂、黄奭等起废扶微，集逸成册，发凡其例，使郑氏易学大略再显于世。

诚然，郑氏易学对丰富和发展象数易学有着极其重要的意义。然而，他的易学仍然没有摆脱象数易的局限，故遭到义理易学家的强烈攻击和反对。如前所言，孔颖达批评郑玄爻辰说与《易》文本不符。同时，郑氏易学与其他象数易又有所不同。如传费氏《易》，取十翼之理说《易》；言礼象，重人事；

崇尚训诂，不谈卦变，有义理易之倾向，故又受到象数易学家的轻视和批判。如三国时虞翻曾尖锐地批评郑氏易学"未得其门，难以示世。"（《三国志·虞翻传》注引）宋儒刘牧也指责郑玄的卦气说存在问题："《易纬》及郑氏，虽以坎离震兑四正之卦之爻，减乎二十四之数，与当期之日相契，则又与圣人之辞不同矣。何以知之，且夫起子止亥十二月之数，所以主十二卦之爻也，十二卦之爻者，自复至坤之位也，岂可取杂书贤人之说而破圣人之经义哉。"（《易数钩隐图》卷中）

第二章　荀爽象数易学

一、生平事迹

荀爽（128—190），东汉人，字慈明，一名谞，颍川颍阴（今河南许昌）人。出身东汉望族，为战国思想家荀况第十二世孙。其父荀淑，东汉名士，博学而不好章句，当时的贤士李固、李膺等皆出其门下。安帝时，征拜郎中，后迁当涂长。荀淑有子八人：俭、绲、靖、焘、汪、爽、肃、专，被时人称为"八龙"。荀爽从小好学，十二岁时即读懂《春秋》《论语》。当时的名臣杜乔见到他后称赞说："可以为人师。"荀爽于是"耽思经书"，不参加乡里的喜庆丧吊，不应朝廷征召。颍川郡当时流传有"荀氏八龙，慈明无双"之语。

汉桓帝延熹九年（166），太常赵典推举荀爽为至孝，授任郎中。荀爽上书请求尽孝道，行丧礼，正尊卑之义，讲究礼制，"省财用，实府藏"，"宽役赋，安黎民"等，奏章送上后，则弃官而走。后遭第二次党锢之祸，荀爽便隐居海上，再南逃到汉滨（今属陕西安康市）。十多年间，专心著书，被称为"硕儒"。党禁解除之后，五府（大将军、太傅、太尉、司徒、司空）都征召荀爽，司空袁逢察举他为有道，荀爽都未应命。后来，朝廷派公车征召荀爽担任大将军何进的从事中郎。何进怕他不去，迎荐他为侍中，但因为何进为宦官所杀，朝廷诏命便中断。献帝即立，董卓辅政，又征召荀爽为官，荀爽想逃避征命，但因官员催迫，只得受任平原国相。前行至宛陵（今安徽宣城）时，又被朝廷追拜为光禄勋。在任三天后，于十二月戊戌日升任司空。荀爽自被征召到位列台司之职，前后才九十三日。荀爽在朝廷，见"董卓忍暴滋甚，必危社稷"，故联系有识之士，筹划铲除董卓，却因病不幸逝世，享年六十三岁。荀爽之侄荀彧任尚书令后，派人迎回荀爽的棺椁，将他重新安葬。据《集圣贤群辅录》记载，魏文帝曹丕还是丞相、魏王时，将荀爽等二十四人旌表为"二十四贤"。

荀爽一生对经学皆有著述。据《后汉书·荀爽传》记载："著《礼》《易传》《诗传》《尚书正经》《春秋条例》，又集汉事成败可为鉴戒者，谓之《汉语》。又作《公羊问》及《辩谶》，并它所论叙，题为《新书》。凡百余篇，今多所亡缺。"《隋志》有荀氏《周易注》十一卷，新旧《唐志》有荀氏《周易注》十卷，皆佚。其易学思想主要见于李鼎祚《周易集解》所辑荀氏《易注》。清人对荀氏《易注》多有辑录。如马国翰《玉函山房辑佚书》辑有《周易荀氏注》三卷，孙堂《汉魏二十一家易注》辑有荀氏《周易注》一卷。惠栋撰《易汉学》，张惠言撰《周易荀氏九家义》等，对荀氏易学皆有阐发。《全后汉文》卷六十七亦辑录其作品。

荀氏易学，就其学派而言，当属于西汉费直一派。西汉由于官方倡导，学《易》之风大盛，易学派别林立。《汉书·艺文志》载，西汉主要易学派别，官有施、孟、梁丘和京氏之学，民有费直、高相两家。官方四家在东汉趋于衰微，而费氏《易》逐渐兴盛，传费氏《易》者绵延不绝。《后汉书·儒林传》："建武中，范升传孟氏《易》，以授杨政。而陈元、郑众皆传费氏《易》，其后马融亦为其传。融授郑玄。玄作《易注》，荀爽又作《易传》。自是费氏兴，而京氏遂衰。"荀氏虽治费氏《易》，然从其思想渊源看，远非费氏一家，而是兼收当时各家之说。剖析荀氏易学思想体系，我们可以看到，他一方面继承了费氏《易》的家法，以十篇《易传》解说经意；另一方面又吸收了西汉以来孟喜、京房等人的易学思想，并在此基础上，独辟蹊径，建构起以乾坤阴阳为骨架的易学思想体系。

二、乾坤升降说内涵及意义

《周易》含有阴阳变化之道，这是众所周知的。早在战国时庄子就将《周易》精神概括为"《易》以道阴阳"。《周易》古经虽然没有明确地使用阴阳概念（按：《中孚》九二"鸣鹤在阴"，此"阴"通"荫"。），但由阴阳爻组成六十四卦的符号体系，已具有阴阳变化的意蕴。《周易》古经中关于阴阳变化的理论由以注释《周易》为宗旨的《易传》第一次阐发出来。

以《系辞传》《彖传》为代表的篇章深刻地揭示了阴阳上下感应、推移往来变化的实质。然而，将这种阴阳变化之道具体地、创造性地运用于注释《周易》之中，并以此建立起庞大的象数体系的则是汉代易学家。孟喜言阴阳消息，京房言八宫、飞伏，荀爽言升降，郑玄言爻辰，虞翻言消息旁通。其中荀爽的阴阳升降学说，独具特色，卓然自成一家，在当时占有重要的地位。

关于阴阳升降的概念，早在荀爽之前就有易学家使用过。如京房在《京氏易传·丰卦传》中提出："阴阳升降，反归于本，变体于有无。"《易纬·乾凿度》也明确指出："阴阳所以进退，君臣所以升降。"荀爽继承了前人的思想成果，把阴阳升降概念加以规定，赋予特定的含义，系统地运用于解说《周易》之中。在荀氏看来，所谓升降，是指阴阳进退消息。阳性主升，阴性主降。阳升阴降是大自然运行的规律。荀注《乾·象》"时乘六龙以御天"云："御者，行也。阳升阴降，天道行也。"而体现自然之道的《周易》也有着阳升阴降的规律。荀氏认为，象征天地的乾坤有升降，乾为阳，坤为阴，天尊地卑，阳上阴下，故乾主升，坤主降。荀注《乾·文言》"云行雨施"曰："乾升于坤曰云行，坤降于乾曰雨施。"具体地说，乾坤二五两爻易位，乾二升坤五，坤五降乾二。其原因在于阳本在上，若在下当升；阴本在下，若在上当降。荀注《乾·文言》"本乎天者亲上，本乎地者亲下"曰：

　　谓乾九二本出于乾，故曰本乎天，而居坤五，故亲上。
坤六五本出于坤，故曰本乎地，降居乾二，故曰亲下也。

　　按荀氏之意，二为阴位在下，为坤之正位；五为阳位在
上，为乾之正位，即他所说的"阳位成于五，阴位成于二"。
（《系辞》注）乾九二爻本属乾，而居坤之正位，位不当，故
乾九二当升；坤六五爻本属坤，而居乾之正位，位不当，故坤
六五当降。如同社会中君臣上下定位一样，为君者当升居君
位，为臣者当降居臣位，不可逾越。关于荀氏升降学说，清儒
惠栋概括得比较精确："荀慈明论《易》，以阳在二者当上升坤
五为君，阴在五者当降居乾二为臣。"（《易汉学》卷七）
　　乾坤除了二五升降外，其他爻也有升降。与之不同的是，
乾坤失位之爻并非阳升阴降，而是阳降阴升。乾四、上爻失位
下降，坤爻初爻、三爻失位而上升，乾坤初四、三上爻互易。
荀爽注《坤·文言》"含弘光大"云："乾二居坤五为含，坤五
居乾二为弘；坤初居乾四为光，乾四居坤初为大。"此言坤初
阴失位，乾四阳失位，坤初阴升乾四，乾四阳降坤初。此非阳
升阴降，而是阳降阴升。荀爽注缺乾坤三、上升，张惠言引惠
栋观点说明之："惠征士云：乾上居坤三，亦为含，故六三含
章可贞；坤三居乾上，亦成两既济也。"（同上）乾上阳失位，
坤三阴失位，乾上阳与坤三阴互易，也是阳降阴升。故乾坤爻
失位而互易，而使乾坤两卦十二爻皆得位而成两个既济卦。
　　荀爽乾坤升降与六十四卦三百八十四爻升降之关系，是

通过泰否、既济未济实现的。故荀爽注《系辞》"仰以观于天
文，俯以察于地理，是故知幽明之故"曰："谓阴升之阳，则
成天之文也。阳降之阴，则成地之理。'幽'谓天上地下不
可得睹者也，谓否卦变成未济也。'明'谓天地之间，万物陈
列，著于耳目者，谓泰卦变成既济也。"张惠言将"阴升之阳"
和"阳降之阴"解释为"由泰而既济"和"由否而未济"。他
指出：

> 阴升之阳，则成天之文也。阳降之阴，则成地之理也。
> "幽"谓否卦变成未济也。"明"谓泰卦变成既济也。此乾
> 坤为三百八十四爻之升降，由泰而既济，由否而未济，为
> 阴阳之大限，通六十四卦为运行。(《周易荀氏九家义》)

此泰否是乾坤所为。乾内卦与坤外卦为泰，泰上三阴下
三阳，阴阳上下交通，万物之始。乾外卦与坤内卦为否，否上
三阳下三阴，阴阳上下分离，万物之终。张氏引《九家易》注
《系辞传》"原始反终"曰："阴阳交合，物之始也，阴阳分离，
物之终也。合则生，离则死。""交泰时，春也，离否时，秋
也。"(《泰否始终》)就泰否二五爻升降而言，泰二五升降为既
济，否二五升降为未济。换言之，既济卦本之泰卦，泰卦上坤
下乾，乾二阳升坤五，坤五阴降乾二，乾坤二五互易，六爻位
得正为既济，此为"阴升之阳"。未济卦本之否卦，否卦上乾
下坤，乾五降坤二为未济卦，此为"阳降之阴"。故泰否为乾

坤升降之始终，也为《易》之始终。

荀氏主张升降说，其价值在于，以全新的角度阐明了易学中一些基本理论，对《易传》未尽之理作了补充和发挥。首先，他以乾坤升降论证了卦爻阴阳分布、刚柔当位思想。《彖传》说："乾道变化，各正性命，保合太和，乃利贞。"此是释《乾》卦辞"利贞"之义。从表面看，《彖传》是在说明，乾道流行变化，万物生长各正性命，只有保全阴阳太和之气，才能使万物性命得正。实际上，《彖传》想通过阐述自然界万物的产生变化，论证《周易》中阴阳分布、爻位学说。正如惠栋所揭示的那样："乾变坤化成既济定，刚柔位当故各正性命，阴阳合德，故保太和。"（《周易述》卷八）荀爽沿着《易传》所开辟的道路，提出了卦爻分布、阴阳当位根源于乾坤升降。他认为，由于乾坤二五升降产生坎离，由坎离组成既济。既济六爻阴阳分布均衡，刚柔当位。荀注《乾·文言》说："谓坤五之乾二成离，离为日；乾二之坤五为坎，坎为月。"又说："乾坤二体成两既济，阴阳和均而得其正。"这是说，乾二、四、上三爻失位，坤初、三、五三爻失位，经过二五、三上、初四升降而使阴阳得正而成两既济。然今人朱伯崑先生将此句释为："乾九二居坤六五之位，坤六五居乾九二之位，乾卦下体和坤卦上体，各成为离坎二卦象，成为既济卦象之两体。"[①]案荀氏之文是说"乾坤二体成两既济"，而不是成既济之两体，

---

① 朱伯崑《易学哲学史》第一卷，北京大学出版社，1989年，第196页。

故朱先生之解恐有失。

其次，乾坤升降说为说明乾坤是立《易》之门提供了论据。荀氏认为，乾坤是立《易》之根本，六十四卦皆由乾坤而生。荀注《乾·象》云："谓分为六十四卦，万一千五百二十策，皆受始于乾也，策取始于乾，犹万物之生禀于天。"荀注《坤·象》时说："谓万一千五百二十策，皆受始于乾，由坤而生也。策生于坤，犹万物成形出乎地也。"案两段注文思想内容、文法皆一致，知《九家易》所引为荀氏易注。这是从筮法角度说明六十四卦策数始于乾，生于坤。而升降学说则是从另一个角度深化这一认识。荀氏认为，《周易》六十二卦皆有升降，而其升降变化出自乾坤。他注《系辞》"乾坤其《易》之门"时指出："阴阳相易出于乾坤。"所谓相易，即是阴阳升降。《周易》中阴阳变化流行，神秘莫测，其实质就是升降，皆由乾坤决定。如泰、否两卦是由阴阳升降生成的。荀注《泰·象》云："坤气上升以成天道，乾气下降以成地道，天地二气若时不交则为闭塞，今既相交，乃通泰。"既济、未济两卦又是泰、否两卦阴阳升降而成。

再次，荀氏升降说有利于以象解辞。众所周知，《周易》之成书，先有象而后有辞，据象赋辞，即《系辞》所谓"观象系辞"。既然《周易》是观象系辞而成，那么解辞观象是正确无疑的。最早系统地以象解辞的是《易传》，但它所使用的象仅局限于《说卦》中所列的象。仅用《说卦》所列之象解《易》，往往难以尽辞，荀氏将阴阳升降学说引进注释卦爻辞中，开辟了以象解辞的新道路。如《需》上六曰："有不速之客三人来，敬之终吉。"荀注云："三人谓下三阳也，须时当升，非有召者，故曰不速之客焉。乾升在上，君位以定，坎降居下，当循臣职，故敬之终吉。"荀氏以升降说注《易》，再一次揭示了卦象与卦辞、爻象与爻辞之间的内在联系，证明了《系辞》提出的"彖者，言乎象者也"的论断。对《易传》未尽之理作了补充和说明，给易学象数注入了新活力。

　　值得注意的是，荀氏在以升降说释说《周易》经文时，并不象乾坤升降那么有规律。有三阳同升者，如《需》上六注。有阳降阴升者，如《泰·象》注。就一爻而言，有以初升五者，如《复》初注。有二升五者，如《需》二注、《师》二注、《临》二注、《解》二注，《升》二注。有三升五者，如《谦》三注、《明夷》三注。有四升五者，如《离》四注、《小过》四注。凡此种种，不拘一格。荀氏以升降说注《易》所表现出的多变性和灵活性，取决于注《易》的需要。既然荀氏在注释《周易》，那么，他的注释及通过注释所阐发的一系列思想必然要受到《周易》的制约。《周易》取象驳杂不一，"其言曲而中，其事肆而隐"，要以升降说注释《周易》，决不能固守乾坤升降的原则，必须随机应变，方能自圆其说。

三、乾坤升降之卦变说

　　阴阳升降，就爻而言，是爻变；就卦而言，是卦变。所

谓卦变，是由于爻之变动，一卦变成另一卦。卦变之说本于
《彖传》。《彖传》首次运用了"刚柔内外"、"上下往来"等概
念，阐发了卦变的思想。如《损·彖》"损下益上"，指的是
《损》卦自《泰》卦变来，是减损《泰》内一阳爻而增益到上
爻，三、上两爻易位而成《损》。《益·彖》相反，提出"损
上益下"，指的是《益》卦从《否》卦变来，是减损《否》卦
外卦一阳而增益到内卦，初与四两爻易位而成《益》卦。但
是，由于《彖传》在表述卦变思想时，所使用的概念不够明确
清晰，因而引起了一些易学家的争议和误解，如郑玄、王弼、
孔颖达、李光地等人认为《彖传》中无卦变思想。郑玄主张，
"《彖传》所言刚柔往来上下，盖以阳卦为刚，阴卦为柔，在外
曰往曰上，在内曰来曰下。"（张惠言《周易郑氏义》卷一）如
郑注《益》曰："震一阳二阴，臣多于君，而四体巽之下应初，
天子损其所有，以下诸侯也。"李光地说："案《彖传》中有言
刚柔往来上下者，皆虚象也。先儒因此而卦变之说纷然，然
观《泰》《否》卦下'小往大来'、'大往小来'云者，文王之
辞也。果从何卦而往，何卦而来乎？亦云有其象而已耳，故依
王、孔注疏作虚象者近是。"（《周易折中》卷九）

　　而主张《彖传》有卦变说，并以卦变说注释《周易》经
文的，始于荀爽，完备于虞翻。荀爽卦变说虽无法与虞翻博大
的卦变体系相媲美，但就其思想的深刻性、重要性而言，仍然
不可轻视。遗憾的是，荀氏易学的资料保存下来的较少。根
据张惠言考证，荀氏卦变之说"见注者二十六卦"。（《荀氏九

家义》) 张氏所谓二十六包含了《周易集解》中所引的《九家易》。也就是说，明确地标明荀氏卦变思想的要少于二十六这个数。下面将现存的荀氏卦变思想资料从几个方面加以分析。

其一，一阴一阳之卦。见注者有三卦。荀注《剥·象》"柔变刚"云："谓阴外变五，五者至尊，为阴所变，故剥也。"按照荀注，《剥》卦来自乾坤消息，坤阴消乾阳于初为《姤》，消乾阳于二为《遁》，消乾阳于三为《否》，消乾阳于四为《观》，消乾阳至五为《剥》。因五为天位，故"五者至尊，为阴所变"而成《剥》。荀注《谦·象》"天道下济"云："乾来之坤故下济。"按荀氏之意，《谦》是由于乾坤升降而成。乾上爻以阳居阴而去位，到坤三而成《谦》。荀注《同人·象》曰："乾舍于离，相与同居，故曰同人。"舍，有居之义。按升降说，《同人》本当是坤二到乾二而成，坤二到乾为离，是离舍于乾，今称乾舍于离，是就八宫而言的。《同人》属于离宫归魂卦，故曰"乾舍于离，相与同居"。这是说，《同人》是由乾三阳升于别卦离之上而成。

其二，二阴二阳之卦。见注者有七卦。荀氏认为，《屯》来自《坎》，即由《坎》卦初二互易成《屯》。（见《屯》注）《蒙》自《艮》而来，即《艮》二三两爻互易而成《蒙》。（见《蒙》注）《讼》卦是自《遁》卦而来，《遁》卦二三两爻互易，即荀氏所谓"阳来居二"。（见《讼》卦注）《晋》卦是由《观》卦而来，《观》四五两爻互易而成《晋》，即他所谓"阴进居五"，"五从坤动而来为离"。（见《晋》注）《萃》卦来自《否》卦，荀注《萃·象》："此本《否》卦，上九爻见灭迁移。"《蹇》《解》两卦，先儒对荀注有异议。张惠言在《周易荀氏九家义》中说道："《乾》二之《豫》为《解》，《乾》五之《谦》为《蹇》"。这是说，《乾》二爻到《豫》二位而成《解》，乾五爻到《谦》五位而成《蹇》。而李道平疏荀氏《解·象》注说："卦自《临》来。"是说《解》卦是由《临》二五互易而成。对《蹇》卦荀氏注所作的解说，李氏没有用卦变说。若按照李氏疏《解》卦荀氏注之范例，《蹇》当来自《观》。然案荀注《蹇·象》"乾动往居坤五"，注《解·象》"乾动之坤而得众"，当知此两卦来自乾坤升降，《蹇》卦是乾三、五两爻到坤三、五而成，《解》卦是乾二、四两爻到坤二、四而成，故张、李之说有失。

其三，三阴三阳之卦。见注者有《随》《噬嗑》《贲》《恒》《困》《井》《旅》《涣》《既济》《未济》等，这些卦"推其注文皆自泰否"。(《荀氏九家义》)如《随》注文："阳降阴升，来自《否》卦"。《贲·象》注文："此本《泰》卦。"

通观荀氏卦变思想，不外乎这三种情况。比较这三种情况，我们可以得出一个结论：荀氏卦变虽然貌似驳杂，但升降说一直贯串始终，升降说是卦变说的基础，卦变说是升降说的延伸。实质上，荀氏卦变是由阴阳升降而引起的。虽然除了少数卦明确标明升降外，大部分卦皆无说明，然而以升降说去审视以上种种卦变，皆可融通。如一阴一阳之卦的《剥》卦，二阴二阳之卦的《屯》《蒙》《讼》《晋》《萃》及三阴三阳之卦，以上诸卦的卦变皆来自升降。根据荀注,《剥》卦来自十二消息卦,十二消息卦基础是乾坤,乾阳息可称升,坤阴消可称降,即《九家易》所言"谓阳息而升,阴消而降也"。故《剥》卦来自升降。二阴二阳之卦的卦变情况,是一卦变成另一卦,即某卦爻之互易而成另一卦,这种爻之互易其实质也是升降。关于这一点,张惠言早已洞察:"《屯》《蒙》《讼》《晋》,虽自《坎》《艮》《遁》《观》,实亦乾之二三、坤之二四耳。"(《荀氏九家义》)三阴三阳之卦的情况是,诸卦皆来自《泰》《否》。而《泰》《否》是由乾坤升降而成的。荀注《泰·象》:"坤气上升,以成天道;乾气下降,以成地道。"注《系辞》"安土敦乎仁故能爱"云:"安土谓《否》卦,乾坤相据,故安土;敦仁谓《泰》卦,天气下降以生万物,故敦仁。"因此,三阴三阳之卦的卦变,归根到底也是阴阳升降所致。

若比较荀爽和虞翻的卦变说,我们可以看到,汉代象数易学集大成者虞翻虽不专以升降言卦变,然其卦变思想大部分与荀爽卦变说相同。张惠言则指出了荀、虞在卦变消息上的一些不同,如:荀爽以乾坤为卦变之母,其他卦来自乾坤阴阳升降变化,而虞翻以乾坤消息成十二卦,十二卦变出其他卦。他说"荀惟以乾坤为消息而以泰否为升降,故一阴一阳、二阴二阳之卦皆可乾坤相之",前面《蹇》《解》卦如是。屯蒙讼晋,虽自坎艮或遁观来,"实亦乾之二三,坤之二四耳"。因此,荀氏"卦变之例,皆升降以求六十四卦。皆得其通之矣"。(同上)

具体到每一卦之卦变说,荀虞也有不同。根据张惠言考证，荀氏卦变说见注者二十六卦，不同于虞者，只有《蹇》《解》《萃》三卦。（见《荀氏九家义》）由此可见荀氏卦变思想对虞氏的影响之深。

四、乾坤升降之卦气说

卦气说是汉易研究的重要课题之一。所谓卦气，是把卦象与历法相匹配，揭示《周易》中阴阳消长变化与节气转换的一致性。汉代孟喜最早倡导卦气说，京房、《易纬》等皆有继承和阐发。荀爽深受卦气说的影响，创造性地运用卦气注解《周易》。

首先，荀氏吸收了孟喜的十二辟卦说，肯定了《周易》阴阳变化是对春夏秋冬节气变化的效法，是以节气变化为基础的。他在注《系辞》时说："春夏为变，秋冬为化，息卦为进，消卦为退。"荀氏认为，十二辟卦阴阳消息，往来不穷，变化流行，是对节气变化的体现。他注《系辞》曰："谓一冬一夏，阴阳相变易也。十二消息，阴阳往来无穷已，故通也。"荀氏所谓十二消息，就是孟喜的十二消息卦。如根据孟喜消息卦，《否》为七月。荀氏亦然。荀注《系辞》"天尊地卑"曰："《否》卦也，否七月，万物已成。"《九家易》则用十二辰言十二辟卦。如其注《系辞》"范围天地之化而不过"曰："乾坤消息法周天地而不过于十二辰也。"

其次，荀氏采用了京房八卦卦气说。京房等人认为坎为十一月，离为五月，震为二月，兑为八月，乾为十月，坤为七月，巽为四月，艮为正月。荀注《说卦》也有类似思想。他注"雷以动之"曰："谓建卯之月，震卦用事，天地和合，万物萌动也。"注"风以散之"曰："谓建巳之月，万物上达，布散四野。"注"雨以润之"曰："谓建子之月，含育萌芽也。"注"日以烜之"曰："谓建午之月，太阳欲长者也。"注"艮以止之"曰："谓建丑之月，消息毕止也。"注"兑以说之"曰："谓建酉之月，万物成熟也。"注"乾以君之"曰："谓建亥之月，乾坤合居，君臣位得也。"注"坤以藏之"曰："谓建申之月，坤在乾下，包藏万物也。"

再次，荀氏又在孟喜消息卦的基础上，杂糅了京房的卦气思想。如他注《坤·彖》曰：

> 阴起于午，至申三阴得坤一体，故西南得朋。阳起于子，至寅三阳丧坤一体，故东北丧朋。（《周易集解》虞翻引）

这是说，阴气起于午月，经未月到申月得坤一体。按消息卦，午月为《姤》，《姤》一阴始生，故阴起于午。未月为《遁》，申月为《否》，《遁》二阴生，《否》三阴生，故由午到申三阴得坤一体。同样，子月为《复》，《复》一阳生，故阳起于子。丑月为《临》，寅月为《泰》。《临》二阳生，《泰》三阳生，故由子到寅三阳生而丧坤一体。显然，荀氏是以孟喜十二消息卦和京房"阴从午，阳从子"的思想注《坤·象》。

在卦气方面，荀氏的贡献在于他根据前人思想进行新的创造，提炼出自己的思想。他的乾坤坎离之说就是精研孟氏、京氏卦气说的产物。他注《乾·象》"大明终始"曰：

> 乾起于坎而终于离，坤起于离而终于坎。离坎者，乾坤之家而阴阳之府，故曰大明终始。

按照荀氏的说法，乾代表纯阳，坤代表纯阴，坎为水，为子月（十一月），离为火，为午月（五月）。离火为阳气，坎水为阴气，即《淮南子》所谓"阳气为火，阴气为水"。阳极则阴生，阴极则阳生，"阴起于午"，"阳起于子"。故乾阳气起于坎，而终于离，坤阴气起于离，而终于坎。这一思想与孟喜思想也相符。按消息卦，五月为《姤》，《姤》一阴始生于下；十一月为《复》，《复》一阳始生于下，反映了阴阳相生转化的思想。所以，荀氏得出结论："离坎者，乾坤之家而阴阳之府。"荀氏揭示了乾坤、坎离、阴阳之间的内在联系，"皆诸儒所未发"，从理论思维的高度，对其升降说作了进一步阐发。这就是张惠言所说的"升降有消息，其消息既有卦变，又有卦气说"。

应当看到，荀氏卦气说及依卦气说而阐发的理论，是对当时自然科学的抽象和概括。汉代天文学、历法已相当完备。从《史记》《汉书》等有关史书记载看，当时人们已能详细、准确地描述日月运行及天象星座的位置，并能从日月星辰的运行中推算出年月日时干支循环、节气交替、阴阳消长及万物生长的规律。这就为卦气说的产生提供了条件。荀氏等人的卦气说及有关理论，就是直接从当时天文历法方面取得的新成果中吸取营养，借助于其概念范畴，经过加工改造，提炼而成。从这个意义上说，卦气说是易学与自然科学相结合的产物，是汉代易学理论变革的表现形式之一。

五、秉承以《易传》注《易》的传统

如前所言，费氏《易》特点是以《十翼》注《易》。《汉书·儒林传》说："费直字长翁，东莱人也，治《易》……亡章句，徒以《彖》《象》《系辞》《文言》十篇解说上下《经》。"虽然费氏《易》已经失传，而后世沿用《易传》注《易》方法，其实就是费氏注《易》方法。而《易传》注《易》除了用义理方法外，其象数法主要表现为以八卦与爻象注《易》。《说卦传》专言八卦之象。以《说卦》八卦之象注《易》是《易传》注《易》的通例。以中位、得位（当位）、失位（不当位）、乘、承（顺）、应等爻象注《易》，也是《易传》通例。荀爽与郑玄一样，使用《易传》以八卦之象和爻象注《易》之方法，其实是传费氏《易》。如荀注《需》九五"需于酒食贞吉"曰："五互离，坎水在火上，酒食之象。"是言《需》䷄三四五互体离，离为火。《需》上为坎，坎为水。故言"坎水在火上，酒食之象"。此坎为水，离为火，为《说卦传》中八卦之象。如荀爽注《颐·象》"君子以慎言语节饮食"曰："雷为号令，今在山中闭藏，故慎言语。雷动于上，以阳食阴，艮以止之，故节饮食也。"《颐》䷚下震上艮，震为雷，艮为山。震雷在艮山之下，故言雷在"山中闭藏"。雷为号令，故"慎言语"。震为动，艮为止，故言"雷动于上"、"艮以止之"。其注言"雷"、"动"、"止"皆为八卦之象。再如荀爽注《蹇》䷦《象传》云："东北，艮也，艮在坎下，见险而止，故其道穷也。"（《周易集解》卷八）注中所言"东北"、"险"、"止"是《说卦传》中八卦之象。因此，荀爽秉承了费氏以《易传》八卦之象注《易》的传统。

《易传》多以爻象注《易》，荀爽沿袭之。如荀注《中孚》六三云："四得位，有位，故鼓而歌。三失位，无实，故罢而泣之也。"是以爻之当位（得位）、失位注《易》。《中孚》六三是以阴居阳位，故言"三失位"。其六四是以阴居阴位，故言"四得位"。荀注《需》九五云："五有刚德，处中居正。"是以中位注《易》。《需》九五以阳居阳位，为上中，阳为刚，故"五有刚德，处中居正"。荀注《否》六二："二五相应，否义得通。"是以爻相应注《易》。《否》六二为阴，九五为阳，二五阴阳相应，故言"二五相应"。荀注《屯》六二云："阴乘于阳，故邅如也"。是以爻之乘注《易》。《屯》六二为阴，初九为阳，六二阴在初九阳之上，故言"阴乘于阳"。荀注《谦》初六云："初在最下，为谦。二阴承阳，亦为谦，故曰谦谦也。"是以爻之承注《易》。《谦》六二为阴，六三为阳，二阴在三阳之下，有阴承阳之象，故言"二阴承阳"。

六、荀爽易学的地位及影响

荀氏易学作为时代的产物，反映了当时社会的风貌，极大地满足了人们的理论需要。因而就社会实践性而言，荀氏易学是服务于大一统的封建中央集权制度的。荀氏所处的时代，正是东汉帝国动荡不安、走向没落的时期，各种社会矛盾日益尖锐，封建统治者昏庸腐败，宦官外戚专权，农民起义一触即发。这一切，在荀氏看来，是由于违背礼教所致。他说："昔者圣人建天地之中而谓之礼。礼者，所以兴福祥之本，而止祸之源。人能枉欲从礼者，则福归之；顺情废礼者，则祸归之。"（《后汉书·荀爽传》）又说："今汉承秦法，设尚主之仪，以妻制夫，以卑临尊，违乾坤之道，失阳唱之义。"（同上）他认为，要从根本上解决社会矛盾，关键在于履行礼制，做到君臣上下，夫妇父子，各守其职。因此，他在易学领域内提出"乾坤升降"，阴阳当位，显然是有政治目的的。如他在注《需》上九时说："乾升在上，君位已定；坎降在下，当循臣职。"注《乾》九三云："日以喻君，谓三居下体之终而为之君，承乾行乾，故曰乾乾。夕惕以喻臣，谓三臣于五则疾修柔顺，危去阳行，故曰无咎。"注《乾·文言》曰："阴阳正而位当则可以干举万事。"从以上所引《易》注看，荀氏想通过阐发易学理论，为封建统治者献计献策，以寻求解决社会矛盾的方法。正是基于此，荀氏易学思想为当时有识之士所普遍接受："由是兖豫之言《易》者，咸传荀氏学。"（荀悦语，见《汉纪》）

从易学角度审视荀氏易学，荀氏兼收并蓄，贯通各家之易说，建构起以阴阳升降为骨架的新的易学体系，在当时看来，占有极其重要的地位，成为东汉象数易学三大家之一。易学大师虞翻评价说："汉初以来，海内英才，其读《易》者解之率少。至孝灵帝之际，颍川荀谞号为知《易》，臣得其注，有愈俗儒。又南郡太守马融有俊才，其所解释复不及谞。孔子曰：'可与共学，未可与适道。'若乃北海郑玄，南阳宋衷，虽各立注，衷小差玄，而皆未得其门，难以示世。"（《三国志·虞翻传》注引）由于对荀氏《易》注的偏爱，虞氏的评价掺杂了个人情感，但仍然在某种程度上反映了荀氏易学的价值及其在当时的地位。

从易学发展来看，荀氏易学的产生，极大地丰富了易学象数的内容。他所倡导的阴阳升降、卦变等学说，深深影响了东汉以降象数学的发展。在当时，涌现了一大批治荀氏《易》或按照荀氏传统治《易》的易学家，他们以荀氏《易》为主，兼收诸家之长，对象数易学的生存和传播做了大量的工作。如宋衷以升降注《易》。《师》上六"大君有命，开国承家"，宋注曰："阳当升之五，处坤之中，故曰开国。阴下之二，在二承五，故曰承家。"虞翻也言升降。《升》九二《象》曰："九二之孚，有喜也。"虞注："升五得位，故有喜。"又如姚信、翟元、蜀才、卢氏等人多取荀氏的升降说、卦变说注《易》，其中蜀才、卢氏、伏曼容等对荀、虞卦变说中显露出来的问题作了修正。陆绩、姚信、翟元等多以荀氏为典范，取《易传》比、乘、应、中等爻象诠释易辞。陆绩、干宝等人对荀、虞卦气说也作了阐发。荀氏后裔极力维护荀氏易学，力主象数，反对玄学，成为传播荀氏学的另一支不可忽视的力量。荀氏家族中，除了荀爽外，其他像荀颛、荀辉、荀融等人皆为传荀氏《易》的象数派。这些易学家使荀氏易学在当时学界占有一席之地，并在一定范围内得以光大，形成了以荀氏《易》为主的、囊括汉魏象数派诸家的易学体系。《荀氏九家易》的成书标志着这个易学体系的形成。

值得注意的是，以扫象数、言义理而著名的王弼，其易学的思想体系仍然没有彻底摆脱荀氏易学的影响，如他在《周易注》中采用了升降说。如注《泰》六四："乾乐上复，坤乐下复。"此即以升降注《易》之例证，只是不言升降之名而已。王弼也用卦变说注《易》。如注《损》九二："柔不可全益，刚不可全削，下不可以无正，初九已损刚以柔顺，九二履中而复损已益柔，剥道成焉。"可见荀氏易学对后世影响之深。

然而，荀氏易学与其他象数学的命运一样，虽曾一度红火，却也很快失传。究其原因，是由于其自身弱点造成的。以象解辞无可非议，然而，若过分地强调卦象之重要，片面地追求卦象与卦辞之对应，必然走向歧途。就荀氏而言，他夸大了阴阳升降的作用，力图以升降说解决《周易》中的一切问题，结果使许多问题不但没有解决，反而陷入错误。如荀注《系辞》"天尊地卑，乾坤定矣"云"谓《否》卦也"，注"卑高以陈，贵贱位矣"云"谓《泰》卦也"，显然远离了《系辞》的原义。荀氏注《易》的类似情况，屡见不鲜。这种牵合之弊，使象数易学变得机械、繁琐，最后否定了自身，导致了王弼的易学革命。

第三章　虞翻象数易学（上）

一、生平事迹

虞翻（164—232），汉末三国时会稽余姚（今属浙江）人。字仲翔。虞翻出生在官宦世家。其高祖虞光官零陵太守，曾祖父虞成官平舆令，父亲虞歆为日南太守。虞翻少而好学，有傲气。起初，会稽太守王朗任命他为功曹。孙策征讨会稽时，虞翻劝王朗避开孙策。王朗没有采用他的建议，迎战孙策而遭败绩。虞氏归顺孙策，被待以交友之礼。其后虞翻先出任富春县令，后被举茂才，被召为侍御史，并被司空曹操征召，皆不就。孙策死后，其弟孙权主事，以虞翻为骑都尉。虞氏性情疏直，多次犯颜谏争，且性不协俗，屡使孙权大怒，被谪于丹杨泾县。虞翻有谋略。吕蒙计划攻取荆州，虞翻以通医术而随军。后吕蒙率领大军西上伐蜀，南郡太守麋芳打开城门投降。吕蒙没有进占郡治城邑，却在城外沙地上娱乐庆贺。虞翻劝吕蒙控制城池，以免遭到埋伏，吕蒙接受虞氏的建议，果然免遭伏击。

虞翻常有失君臣之礼的行为。孙权做了吴王后，一次宴会之末，亲自起身劝饮并斟酒，虞翻趴在地上假装醉酒，不端起酒杯。孙权离开后，他又起身坐好。孙权因此非常愤怒，要杀死虞翻，因为大司农刘基求情，虞翻才免于被杀。虞翻常因酒醉而失言。孙权与张昭谈论神仙，虞翻手指张昭说："彼皆死人，而语神仙，世岂有仙人耶！"孙权大怒，于是把虞翻流放到交州。

虞翻晚年在交州流放期间，从事讲学活动，学生时常有数百人。又为《老子》《论语》和《国语》等作注。虞翻虽被流放，但仍然十分关心政事。如辽东公孙渊派使节与孙权联络，孙权派将军周贺和校尉裴潜从海路到辽东向公孙渊求马，虞翻认为此举徒然损耗人力和财力，但他不敢劝谏，遂请求交州刺史吕岱传话，但吕岱又不肯。其后他又被人中伤，被流放到苍梧郡。虞翻言行虽常有失君臣之礼，然本质上十分注重封建礼教，尤其崇尚一臣不事二君的忠君思想。

虞氏一生虽处乱世，并亲自参与了三国争霸的战争，但于学问孜孜以求，从未间断。据《三国志》及裴松之注，虞氏为《老子》《论语》《国语》作过注，并著《明扬释宋》。此外，虞氏还为《孝经》《周易参同契》作过注。唐玄宗撰《孝经序》云："韦昭、王肃，先儒之领首。虞翻、刘邵抑次焉。"《经典释文》卷二载虞注《参同契》云："易字从日下月。"即是其证。

虞氏于《周易》造诣最深。这主要得之于家传和他本人的勤学不辍。他曾说过："臣闻六经之始，莫大阴阳，是以伏羲仰天县象，而建八卦，观变动六爻，为六十四，以通神明，以类万物。臣高祖父故零陵太守光，少治孟氏《易》，曾祖父故平舆令成，缵述其业，至臣祖父凤，为之最密。臣亡考故日南太守歆，受本于凤，最有旧书，世传其业，至臣五世。前人通讲，多玩章句，虽有秘说，于经疏阔。臣生遇乱世，长于军旅，习经于枹鼓之间，讲论于戎马之上，蒙先师之说，依经立注。又臣郡吏陈桃，梦臣与道士相遇，放发被鹿裘，布《易》六爻，挠其三以饮臣，臣乞尽吞之。道士言：'《易》道在天，三爻足矣。'岂臣受命，应当知经！所览诸家解不离流俗，义有不当实，辄悉改定，以就其正。"（《三国志·吴书·虞翻传》裴松之注引《虞翻别传》）以上所言，说明虞翻易学源于家传孟氏《易》及当时诸家易学，也证明虞氏易学与道教有着千丝万缕的联系。

虞氏精通筮法，能够灵活自如地运用《周易》占断。据《三国志·吴书·虞翻传》载，他曾为孙权占卜关羽的命运，"得兑下坎上，《节》。五爻变之《临》"。他说："不出二日，必当断头。"后来果然如此，孙权曾称赞他"不及伏羲，可与东方朔为比矣"。裴松之注引《虞翻别传》云虞翻"依易设象，以占吉凶"，可见虞氏很擅长运用《周易》预测。

虞氏的易学代表作为《易注》。据虞氏本传称，此书作成后，曾示于少府孔融等人，且受到了孔融的称赞。虞氏别传也明确说，他曾将《易注》献给当时的统治者。《隋书·经籍志》《旧唐书·经籍志》著录虞注《周易》九卷，《新唐书·艺文志》《经典释文》著录虞注《周易》十卷。这是虞氏《易注》。

另外，据唐代史志文献记载，虞氏还撰有《周易日月变例》六卷、《京氏易律历注》一卷、《周易集林律历》一卷等易学著作。以上所列虞氏著作皆亡佚。现存虞氏《易注》主要见于李鼎祚《周易集解》。清孙堂《汉魏二十一家易注》辑有虞翻《周易注》十卷、《附录》一卷。黄奭《逸书考》辑有虞翻《周易注》一卷。清惠栋著《易汉学》，张惠言著《周易虞氏义》九卷、《周易虞氏消息》二卷、《虞氏易礼》二卷、《虞氏易事》二卷、《虞氏易候》二卷、《虞氏易言》二卷，曾钊撰《周易虞氏易笺》九卷，方申作《虞氏易象汇编》一卷，纪磊作《虞氏易义补注》一卷、《附录》一卷、《虞氏易象考正》一卷，胡祥麟撰《虞氏易消息图说》一卷，李锐作《周易虞氏略例》一卷，民国徐昂撰《周易虞氏学》六卷，对虞氏《易》皆有阐发，是研究虞氏《易》的必备之书。

二、阴阳互易的卦变说

卦变说作为虞氏易学的重要思想，倍受历代象数易学家推崇。古代于卦变研究有成就者，多资取虞氏卦变，引而伸之，发挥其义，足见虞氏卦变影响之深远。然目前学界对虞氏《易》的研究甚少，对虞氏卦变虽有一些研究成果，但是，仍有许多问题有待深入研究。兹就虞氏卦变的问题发表一点看法，并待方家指教。

（一）卦变的产生及其辨正

尚变是《周易》思想的一个重要特点，经过《易传》的诠释和阐发，这个特点更加明显、突出。然而，与先秦其他典籍不同的是，《周易》所谓"变"，不是在一般意义上论说，而是多就爻而言。"爻者，言乎变者也。"（《系辞》上）世界上一切事物皆处在生生不息、千变万化之中，爻的产生，正是着眼于自然界的变化，它是先民在长期实践中认识自然、效法自然的结晶。"圣人有以见天下之动，而观其会通，以行其典礼，系辞焉以断其吉凶，是故谓之爻。"（同上）"爻也者，效天下之动者也。"（《系辞》下）因此，《周易》六十四卦三百八十四爻，从形式看是固定的、静态的，而从内涵看，它又是不固定的、动态的。爻的这种变动性成为卦变说赖以产生的理论基础。随着爻"变动不居，周流六虚，上下无常，刚柔相易"的变化，卦的性质也不断改变，由此卦变为彼卦，这就是卦变。易学史上言卦变者，汗牛充栋，言人人殊，然就理论渊源言之，多本于此。

当然，并非所有爻变所引起的卦的变化都是卦变。如筮占中老阴老阳之变，是变卦，而不是卦变；《易传》所谓八卦相重而为六十四卦，是成卦；汉易中阴阳失位变正，是正位，等等，都不是卦变。卦变的概念有其特定的内涵，是指在一卦之中，由于阴阳爻的位置的变化，导致一卦变成另一卦，如《泰》䷊三爻与四爻位置互换变《归妹》䷵，《否》䷋初爻与上爻位置互换变《随》䷐。卦变说揭示了六十四卦之间除了反覆、对立关系以外，还存在着相生、统一的关系。

卦变说最早见于《彖传》。《彖传》所谓上下往来，皆就卦变而言，后世言卦变者皆发轫于此。这一点为大多数易学家所肯定。宋儒朱震曾就这一问题作了详尽的考证。他说：

> 《讼·彖》曰："刚柔而得中。"《随·彖》曰："刚来而下柔。"《蛊·彖》曰："刚上而柔下。"《噬嗑·彖》曰："刚柔分动而明。"《贲·彖》曰："柔来而文刚，分刚上而文柔。"《无妄·彖》曰："刚自外来而为主于内。"《大畜·彖》曰："刚上而尚贤。"《咸·彖》曰："柔上而刚下。"《损·彖》曰"损上益下"，又曰"损刚益柔"；《益·彖》"损上益下"，又曰"自上下下"。《涣·彖》曰："刚来而不穷，柔得位而上同。"《节·彖》曰："刚柔分而刚得中。"刚者，阳爻也；柔者，阴爻也。刚柔之爻，或谓之来，或谓之分，或谓之上下，所谓惟变所适也。此虞氏、蔡景君、伏曼容、蜀才、李之才所谓自某卦来之说也。（《汉上易传·丛说》）

朱震之说极是。考《周易》古经，《泰》"小往大来"，《否》"大往小来"，而《泰·彖》曰"上下交而志同也。内阳而外阴；内健而外顺；内君子而外小人，君子道长，小人道消也"，《否·彖》曰"上下不交而天下无邦也。内阴而外阳；

内柔而外刚；内小人而外君子，小人道长，君子道消也"，知
《彖传》所说"上下"、"内外"是释"往"、"来"之义，"阴
阳"、"健顺"、"君子"、"小人"是释"大"、"小"之义。故
《彖传》中上下、内外皆指爻之往来变动。清儒江永对此早有
论述："往来之义莫明于《泰》《否》二卦之彖辞。《否》反为
《泰》，三阴往居外，三阳来居内，故曰：'小往大来。'《泰》
反为《否》，三阳往居外，三阴来居内，故曰：'大往小来。'
《彖传》所谓刚来柔来者，本此而往，亦为上来，变为下来。"
（《群经补义·卦变考》）故《彖传》中有卦变无疑。

　　但是，《彖传》中的卦变，是为了满足注释经文的需要，
注重的是与经文的内在联系，没有形成一个严格统一的卦变体
例，表述也不够明确，只言刚柔内外往来，不言从何卦来，故
引起了后世一些易学家的非议和误解。东汉郑玄视卦变非《周
易》本有，注《易》而不取卦变。魏晋王弼更视卦变为"伪
说"，而尽扫包括卦变在内的象数之学。清儒李光地沿袭郑、
王之传统，并说明："《彖传》中有言刚柔往来上下者，皆虚象
也。"（《周易折中》卷九）胡煦更明确指出："《彖传》之往来
上下，但据摩荡时言之，非有卦变之说。后儒以为卦变矣。"
（《周易函书别集·自序》）凡持此论者，皆未得《彖传》之
真谛。

（二）虞氏卦变说的产生及其思想渊源

　　清儒惠栋在谈卦变时指出："卦变之说本于《彖传》，荀

慈明、虞仲翔、姚元直及蜀才、卢氏、侯果等之注详矣，而仲翔之说尤备。"(《易汉学》卷八）惠栋在此不仅勾画出古代卦变说产生发展的线索，也揭示了虞翻卦变说在卦变说发展中的地位，即其卦变体系的精微、庞大及完备是古代（宋以前）言卦变者望尘莫及的，即使在宋以后言卦变者也"不过踵事增华耳"。（黄宗羲《易学象数论》卷二）然而，任何一种学说都是历史的产物，是适应了当时的历史特定条件，在对已有的研究成果进行剥离、总结、吸收后诞生的。虞氏卦变说的产生和形成也是如此。西汉以降，象数易学打破《易传》注释《周易》义理、象数兼顾的格局，以《易传》中的象数思想为据，引而申之，并凭借当时适宜的政治气候而发展起来，形成了形态各异的象数体系。到了东汉末年，达到了空前的繁荣，主要表现在各家各派纷然并出，以《周易》的象数作为手段，为《周易》立注作传。为了深入地揭示《周易》象与辞之间的内在联系，寻找某个字与某种象的一一对应关系，易学家们绞尽脑汁，或旁征博引，或创立新说，正如魏晋王弼所描述的那样："互体不足，遂及卦变，变又不足，推致五行。"（《周易略例·明象》）虞氏卦变思想正是为满足当时的解经要求而创立的。从其思想渊源而言，虞氏卦变说主要受到两派易学思想的影响。一派是孟喜派。虞氏世传孟氏之《易》，至虞翻已至五世，受家庭的熏陶，虞翻治孟氏《易》，故虞氏卦变中的消息之说来自孟氏。另一派是费直派荀爽。在虞氏所处的时代，易学大师辈出，虞氏对各家皆有评论，独赏识荀氏《易》，称荀氏"号为知《易》","有愈俗儒",马融虽有俊才,"复不及谞"。(见《三国志·虞翻传》注)而荀爽在汉代是较早谈及卦变的。荀、虞卦变说十分相近。荀氏卦变说"见注者二十六卦,不同虞者,《蹇》《解》《萃》三卦"。(张惠言《周易荀氏九家义》)如《屯》自《坎》来,《蒙》自《艮》来,《随》《蛊》《噬嗑》《贲》《咸》《恒》《既济》《未济》《损》《井》《旅》《涣》《困》等来自《泰》《否》,荀、虞略同。可见,虞氏推崇荀《易》,与荀氏言卦变是分不开的,荀氏卦变说在虞氏卦变说形成中的作用也是显而易见的。

（三）虞氏消息与卦变的逻辑体系

虞氏卦变说,起自乾坤。在虞氏看来,万物开始于天地,故于《周易》当以乾坤为本,乾为纯阳,坤为纯阴,阴阳交通,代表不同事类的卦方能产生,同时,卦变也才成为可能。虞注《乾·文言》说:"乾始开通,以阳通阴,故始通也。"阴阳相通,必然相含,即阳可以长在阴中,阴可以长在阳中。虞氏将乾坤阴阳相长称为消息。所谓息,就阳而言,阳长为息;所谓消,就阴而言,阴长为消。虞注《系辞》曰:"易为乾息,简为坤消,乾坤变通穷理以尽性。"故乾坤十二爻之消息变化,则表现为十二卦,即复、临、泰、大壮、夬、乾、姤、遁、否、观、剥、坤十二消息卦。十二消息卦的卦画,体现了乾坤阴阳相通交感作用而产生的有规律的变化,反映了事物由隐到显、由小到大的发展过程和物极必反、循环往复的规律性。虞氏对十二消息卦的注释，是最好的说明：

复䷗注云："阳息坤。"

临䷒注云："阳息至二。"

泰䷊注云："阳息坤。"

大壮䷡注云："阳息泰也。"

夬䷪注云："阳决阴息也。"

乾䷀注云："阳息……"

姤䷫注云："消卦也。"

遁䷠注云："阴消姤二也。"

否䷋注云："阴消乾。"

观䷓注云："阳息临二。"

剥䷖注云："阴消乾也。"

坤䷁注云："阴极阳生，乾流坤形。"

上面所列十二卦，前六卦为息卦，后六卦为消卦。息卦从复到乾，是乾阳长在坤阴之中，乾阳自下而上渐长，坤阴自下而上渐退。乾阳长至坤初为复，至坤二为临，至坤三为泰，至坤四为大壮，至坤五为夬，至坤上为乾，坤卦为乾阳所灭。消卦从姤到坤，是坤阴长在乾阳之中，坤阴自下而上渐长，乾阳自下而上渐退。坤阴长至乾初为姤，至乾二为遁，至乾三为否，至乾四为观，至乾五为剥，至乾上变坤，乾卦至此被坤阴所灭。这就是虞氏十二消息卦。

虞氏消息卦与其他象数易一样，是汉代易学与天文历法相结合的产物，反映了人们对自然阴阳变化的认识。故虞氏十二消息卦代表了寒暑往来、四季交替及十二月推移的规律。如虞注《系辞》"变通配四时"云："谓十二月消息也，泰、大壮、夬配春，乾、姤、遁配夏，否、观、剥配秋，坤、复、临配冬。谓十二月消息相变通而周于四时也。"注"寒往则暑来"云："谓阴息阳消，以姤至否，故寒往暑来也。"注"暑往则寒来"云："阴诎阳信，从复至泰，故暑往则寒来也。"

消息的概念早在战国时就已产生。《易传》云："君子尚消息盈虚。"（《剥·象》）又云："天地盈虚，与时消息。"（《丰·彖》）而将消息用于十二卦，则是汉代象数易学的特殊贡献。孟喜是十二消息卦的首创者。唐代僧一行曾明确指出："十二月卦，出于孟氏章句，其说《易》本于气，而后人以人事明之。"（《新唐书·历志》引《卦议》）孟喜的十二消息卦为汉代大多数易学家所认可和继承。京房说过："辛酉以来，蒙气衰去，太阳精明……然少阴倍力而乘消息。"（《汉书·京房传》）孟康注曰："房以消息卦为辟。辟，君也。消卦曰太阴，息卦曰太阳。"惠栋注太阴曰："姤、遁、否、观、剥、坤。"注太阳曰："复、临、泰、大壮、夬、乾。"（见《易汉学》卷一）可见在京氏易学中有十二消息卦思想，东汉郑玄、荀爽亦然。郑玄注《月令》云："四月于消息为乾。"注《乾凿度》云："消息于杂卦为尊。"荀爽注《系辞》"往来不穷谓之通"曰："谓一冬一夏，阴阳相变易，十二月消息，阴阳往来无穷已，故通也。"虞氏关于十二消息卦的思想，虽然表述上与汉代其他象数易有着一定的差别，但其基本精神是一脉相承的。

因此，虞氏十二消息卦的思想是对汉代象数易消息学说的总结和阐发。

然而，先儒对虞氏消息思想有误解，如清儒张惠言认为虞氏消息包含了八卦消息、六十四卦消息，提出了"八卦消息成六十四卦"的命题，并作《八卦消息成六十四卦图》。考虞氏易注，在言天体纳甲时提到消息。如虞云："阳丧灭坤，坤终复生，谓月三日震象出庚，故乃终有庆。此指说易道阴阳消息之大要也。"然而八卦消息却与六十四卦毫无关系。故八卦消息成六十四卦的提法不合乎虞之本义。关于这一点，清人李锐等人已有明察和批判。李锐指出："汉儒以此十二卦为消息，虞亦同之，故云：'十二消息不见坎象。'又云：'谓十二月消息也。'又云：'谓十二消息九六相变也。'未尝言六十四卦皆消息也。张惠言著《周易虞氏消息》谓八卦消息成六十四卦，非也。"（《周易虞氏略例》）由此可见，号称虞易专家的张惠言，亦不免有一失也。

如果说乾坤是虞氏卦变说的根本，那么十二消息卦则是这个根本的具体表现。因此，从严格意义上说，虞氏卦变说是从十二消息卦开始的。虞氏卦变繁复博大，千头万绪，然皆不出十二消息之范围，十二消息是理解虞氏卦变说的关键，兹参照先儒的研究成果，以十二消息为纲，对虞氏卦变加以探讨。

1. 二阳四阴之卦

虞氏认为，《周易》中二阳四阴之卦来自消息卦的《临》《观》，是由《临》《观》两卦的爻之变动而成。如：

䷣明夷注云：“临二之三。”

䷲震注云：“临二之四。”

䷭升注云：“临初之三。”

䷧解注云：“临初之四。”

䷜坎注云：“乾二五之坤”，“于爻观上之二。”

䷦蹇注云：“观上反三也。”

䷳艮注云：“观五之三也。”

䷬萃注云：“观上之四也。”

䷢晋注云：“观四之五。”

从以上虞注可以看出，《明夷》《震》《升》《解》《坎》《蹇》《艮》《萃》《晋》九卦为二阳四阴之卦，皆来自《临》《观》。其中自《临》卦来者四卦，自《观》卦来者五卦。另外，《周易》中《屯》䷂、《颐》䷚、《蒙》䷃、《小过》䷽也是二阳四阴之卦。按照虞氏卦变之惯例，《屯》当是《临》二之五，或《观》上之初；《颐》当是《临》二之上，或《观》五之初；《蒙》当是《临》初之上，或《观》五之二；《小过》也当是从《临》《观》来。但虞氏并没有遵循这个惯例，而是将这四卦看作卦变中的特变，认为《屯》《颐》《蒙》《小过》来自《坎》《晋》《艮》。如虞注《屯》曰：“坎二之初。”注《颐》曰：“晋初之四。”注《蒙》曰：“艮三之二。”注《小过》曰：“晋上之三。”在这里，不仅《临》《观》为二阳四阴卦之母，而由《临》《观》变出之《坎》《晋》《艮》三卦也成为二阳四阴卦之母。显然，有违于二阳四阴之卦来自《临》《观》之例，似自

相矛盾。虞翻对此作出解释:《乾》《坤》《坎》《离》《大过》
《小过》《颐》《中孚》之卦画具有特殊性。《周易》大部分卦的
卦画颠倒会变成另一卦,唯独这八卦不变,故在卦变中当为特
变。他注《颐》时说:"《晋》初之四,与《大过》旁通,……
反复不衰,与《乾》《坤》《坎》《离》《大过》《小过》《中孚》
同义,故不从《临》《观》四阴二阳之例。"

2. 二阴四阳之卦

虞氏认为,二阴四阳之卦来自《遁》《大壮》,是由《遁》
《大壮》阴阳两爻之变动而成。如:

䷅讼注曰:"遁三之二也。"

䷸巽注曰:"遁二之四。"

䷘无妄注曰:"遁上之初。"

䷤家人注曰:"遁初之四也。"

䷝离注曰:"坤二五之乾……于爻遁初至五。"

䷰革注曰:"遁上初。"

䷱鼎注曰:"大壮上之初。"

䷛大过注曰:"大壮五之初,或兑三之初。"

䷥睽注曰:"大壮上之三,在系盖取无妄之二之五也。"

䷹兑注曰:"大壮五之三也。"

䷙大畜注曰:"大壮初之上。"

䷄需注曰:"大壮四之五。"

由此观之,《讼》《巽》《无妄》《家人》《离》《革》《鼎》
《大过》《睽》《兑》《大畜》《需》十二卦皆由《遁》《大壮》爻

之变动而成，其中来自《遁》者六卦:《讼》《巽》《无妄》《家人》《离》《革》。来自《大壮》者六卦:《鼎》《大过》《睽》《兑》《大畜》《需》。《中孚》也是二阴四阳之卦，本当自《遁》《大壮》来，但因《中孚》是"反复不衰之卦"，又因为《遁》☶阴爻在二，未至三；而《大壮》☳阳已过四，故《中孚》不从《遁》《大壮》来，即"遁阴未至三，而大壮阳已至四，故从讼来"。显然，《中孚》是特例。

　　值得注意的是，在上面的虞注中，有注相同而其义不同者四卦，即一爻变生出两卦之例，如《无妄》《革》两卦皆注"遁上之初"，《大畜》注"大壮初之上"，《鼎》注"大壮上之初"。对于这一点，清儒陈澧已作了辨析：

　　　　凡仲翔之卦之例，以两爻相易，其余四爻如故。惟《无妄》注云"遁上之初"。则以遁之上九置于初六之下而为初九，而初六为六二，六二为六三，九三为九四，九四为九五，九五为上九矣。《大畜》注云"大壮初之上"，则以《大壮》之初九置于上六之上而为上九，而九二为初九，九三为九二，九四为九三，六五为六四，上六为六五矣。如《无妄》《大畜》之卦之例是，则两爻相易非；如两爻相易之例是，则《无妄》《大畜》以上爻置于初爻之下，以初爻置于上爻之上者，非也。（《东塾读书记·易》）

陈氏之说十分清楚，是说虞氏卦变，以二爻相易为例，其他爻不变，而《无妄》《大畜》来自《遁》《大壮》则不同，是一爻动，其他爻位置皆动，故《无妄》注同于《革》，《大畜》注同于《鼎》，而其义则异矣。此为虞翻卦变又一特例。

3. 三阴三阳之卦

虞氏认为，三阴三阳之卦来自《泰》《否》，是由《泰》《否》阴阳两爻之变动而成的。如：

䷵归妹注曰："泰三之四。"

䷻节注曰："泰三之五，天地交也。"

䷨损注曰："泰初之上。"

䷾既济注曰："泰五之二。"

䷕贲注曰："泰上之乾二，乾二之坤上。"

䷟恒注曰："乾初之坤四。"

䷯井注曰："泰初之五。"

䷑蛊注曰："泰初之上。"

䷐随注曰："否上之初。"

䷔噬嗑注曰："否五之坤初，坤初之五。"

䷩益注曰："否上之初也。"

䷮困注曰："否二之上。"

䷺涣注曰："否二之四。"

䷿未济注曰："否二之五也。"

䷞咸注曰："坤三之上成女，乾上之三成男。"

䷴渐注曰："否三之四。"

从以上诸卦的注释看，明确说明来自《泰》《否》者十二卦，说明来自乾坤者两卦，还有两卦注中乾坤、泰否二者兼有，似乎很混乱。实际上，说的都是一个意思，即以上诸卦皆来自《泰》《否》。虞氏在注释中所使用的泰否、乾坤概念有同一性。按照十二消息卦，泰是"阳息坤"，否是"阴消乾"，即泰是乾阳长至坤三，否是坤阴消至乾三，故泰否中有乾坤，泰可以看作是由乾内卦和坤外卦组成，否可以看作是由坤内卦和乾外卦组成，故"乾坤"之说在这里是就泰否而言。如《恒》注"乾初之坤四"，说的就是《泰》初之四。《咸》注"坤三之上成女，乾上之三成男"，说的是《否》三与上互易。

与二阴四阳卦来自《遁》《大壮》一样，三阴三阳之卦也有特变和一爻变生出两卦之例。《丰》《旅》为三阴三阳之卦，当从《泰》《否》来，而虞注《丰》从《噬嗑》来，《旅》从《贲》来。是虞翻卦变特例。

又有一爻变生出两卦之例，如《损》《蛊》同注为"泰初之上"，《益》《随》同注"否上之初"。《损》《益》两卦其注虽然分别同于《蛊》《随》，但含义不同于两爻相易之例，是一爻动，其他五爻位置皆动之例。《损》注为"泰初之上"，是指泰☷初爻至泰之上，其二爻变三爻，三爻变四爻，四爻变五爻，而成《损》☶。《益》注"否上之初"，是说否☰上爻至初爻，其初爻变二爻，二爻变三爻，三爻变四爻，四爻变五爻，五爻变上爻，而成《益》☴。此所谓一爻变而其他五爻皆变之例。

由上观之，虞氏卦变说以乾坤阴阳变化符号为基础，以体现阴阳规律变化的十二消息卦为主要变化之母，按照一定规则生成或变化出其他卦，使卦与卦之间界限被打破，六十四卦通过阴阳符号互易产生内在联系，构成一个充满生机的、体现世界有序变化的有机符号统一体。这样一个庞大的、具有一定逻辑联系的卦变符号体系，一反帛书《周易》、焦延寿、京房等提出的诸种六十四卦符号序列，是一种全新的六十四卦符号排列组合系统，成为汉代易学中最能体现阴阳变化的重要符号体系之一和汉代以后象数易学研究中讨论的重要话题。

（四）虞氏卦变体系的内在矛盾及检讨

虞氏的卦变体系，貌似博大精微，详尽完备，但我们若仔细分析，就会发现其体系十分不严密，不科学，具体表现在以下几个方面：

其一，特变及对特变的说明反映了虞氏卦变体系的前后矛盾。在虞氏卦变说中有七卦属于特变。如前所述，二阳四阴之卦的《屯》《颐》《小过》《蒙》本当来自《临》《观》，而虞注则来自《坎》《晋》《艮》（《屯》自《坎》来，《颐》《小过》自《晋》来，《蒙》自《艮》来）。二阴四阳之卦的《中孚》本当来自《遁》《大壮》，而虞注则自《讼》来。三阴三阳之卦的《丰》《旅》本当来自《泰》《否》，但虞注则来自《噬嗑》《贲》。虞氏为了自圆其说对特变进行了申辩和粉饰。如他认为，《周易》卦变有特例，在于《乾》《坤》《坎》《离》《大过》《颐》《中孚》《小过》八卦卦画的特殊性。《周易》中五十六卦的卦画颠倒会变成另一卦，唯独此八卦卦画颠倒不变。他注《颐》时说："《晋》初之四，与《大过》旁通……反复不衰，与《乾》《坤》《坎》《离》《大过》《小过》《中孚》同义，故不从《临》《观》四阴二阳之例。"虞翻在此以《颐》为例说明卦变有特例的原因。同时，他还从另一角度说明特变原因。如他认为《小过》二阳居六爻之中，即三四两位，而"《临》阳未至三，而《观》四已消"，故《小过》不从《临》《观》而从《晋》。《中孚》不从《遁》《大壮》是因为《中孚》是二阴居卦之中，而"《遁》阴未至三，而《大壮》阳已至四，故从《讼》来"。这与《小过》同义。

虞氏对卦变中特变的说明，毫无道理可言，纯属附会。就《颐》而言，《颐》为"反复不衰"之卦，不从《临》《观》，那么，若按照这种理论类推，《坎》《离》与《颐》"同义"，也当为特变，而虞注却不为特变，他注《坎》云："于爻《观》上之二。"注《离》云："于爻《遁》初之五。"显然自相矛盾。

虞氏对《小过》特变所作解释也不能令人置信。《小过》不从《临》《观》，在于《临》阳未至三，《观》四已消。若按照这种理论类推，《明夷》《震》《艮》等大部分皆有阳爻居三、四位，也不应从《临》《观》，这就等于否定了《临》《观》生卦的理论。清儒焦循曾揭示了虞氏这一说法的荒谬："《临》阳未至三，二未至三成《明夷》也，《观》四已消，五未至四成《晋》也。五先之四则四不消也，四不消而《晋》上之三为《小过》，则《临》二先至三成《明夷》，《明夷》初又之四成《小过》亦可也。……虞氏自知其不可强通，姑晦其辞，貌为深曲而究无奥义也。"（《易图略》卷七）焦氏之说切中要害。由此可见，虞氏卦变中特变的出现，是对整个卦变体系的破坏，使虞氏卦变成为一个没有统一标准、蔓衍无宗的臆说。而虞氏对特变的补充说明，其意在于以模糊的语言掩盖这个卦变体系的不足，事实上，这种作法反而使其卦变体系的矛盾暴露无遗，将自己置于一个不能自拔的境地。

其二，一爻动生出两卦之例反映出虞氏卦变所使用的概念混乱及其体系的不严密。从前面论述看，一爻生出两卦之例有四，其中二阴四阳之《无妄》《革》两卦皆注"遁上之初"，《大畜》注"大壮初之上"，《鼎》注"大壮上之初"；三阴三阳之《损》《蛊》皆注"泰初之上"，《益》《随》皆注"否上之初"。虞氏在这里至少犯了两个错误：一是用同一个注表示两种不同的卦变情况，没有保持概念内涵前后一致，违背了逻辑学中的不矛盾律；二是一爻动生出两卦之例，破坏了原有的卦变体例。按照虞氏卦变体例，是一爻动只生一卦，而且一爻动与另一爻相易，其余四爻不变。而《无妄》《大畜》《损》《益》注同于《革》《鼎》《蛊》《随》，其涵义不同。这四卦皆是一爻动，其他五爻位置皆变，故没有自持卦变之例，造成了整个卦变体系混杂。如陈澧所言："仲翔最紊其例者，《无妄》《大畜》二卦也。……如《无妄》《大畜》之卦之例是，则两爻相易非；如两爻相易之例是，则《无妄》《大畜》以上爻置于初爻之下，以初爻置于上爻之上者，非也。"（《东塾读书记·易》）

然而清人李林松将虞氏这种错误归咎于俗儒传写之误。他说：“虞氏之卦之说，他卦皆是，独于《无安》《大畜》《损》《益》四卦有误者，当是俗儒循诵沿蜀才注而误也。”（《周易述补》卷五）台湾学者简博贤针对李林松之说，进行了考证和批驳。他指出，一爻动生出两卦之例出现，错误在虞氏，不在“俗儒”：“虞氏说《易》，推数立象，尤在证成其说，故云例而违例，皆因易辞之义而屡迁其说也。……蜀才既袭虞说，复兼取两爻相易之义，两例同出，乖谬斯见，所以知其袭虞也。盖从两爻相易之例则无以见上下损益之义（《坤》之上六下处乾三为《损》，是上三易，不合损下益上义；《坤》之初六上升乾四为《益》，是初四易，不合损上益下义），此虞氏所以不取相易，而别出相续之说也。蜀才见不及此，故二例并见，紊乱而不自知矣。林松以为沿蜀才注而误者，是不知虞《易》大义，而强为饰说也。”[①] 简氏之论颇为精确，此不再赘述。

其三，一阴五阳、一阳五阴之卦的卦变没有统一体例，再次显示了虞氏体系的不完备，不严密。按照虞氏卦变一般理论类推，一阴五阳、一阳五阴之卦当来自《复》《剥》《姤》《夬》，但事实上并非如此。除了《师》《同人》《大有》卦注缺外，其他一阴五阳、一阳五阴之卦的卦变各自为例。如虞注《比》云“师二上之五”，注《履》云“谓变讼初为兑也”，注《小畜》云“需上变为巽”，注《谦》云“乾上九来之坤”，注《豫》云“复初

---

① 简博贤《今存三国两晋经学遗籍考》，台北三民书局，1986年，第37页。

至四"。很显然，虞氏没有把一阴五阳、一阳五阴之卦统统归于《复》《剥》《姤》《夬》，这进一步说明了虞氏卦变体系的缺陷。

关于这一点，曾引起许多易学家的注意，但他们大都为虞氏卦变的这种缺陷作辩解和掩饰。清儒黄宗羲指出，虞氏卦变"不用五阴五阳之《夬》《剥》者，以五阴五阳之卦已尽于《夬》《复》，无所俟乎此也"（《易学象数论》卷二）。张惠言称：《复》《姤》《夬》《剥》无生卦，阴阳微不能变化。"（《周易虞氏消息》）胡祥麟更引申张氏之义，认为《复》之下"无生卦者，《复》阳七不能生物也。与《姤》旁通"。《剥》之下"无生卦，乾元退处于上，不能生卦也"。《姤》不能生卦，其阴微也。《姤》之阴八，巽八也。"《夬》下无生卦，阴为阳夬，不能生也。"（《虞氏易消息图说》）

考虞氏注《豫》云：《复》初至四。"是《豫》从《复》来之证，故知《复》下生卦。同时也说明虞氏不把一阴五阳、一阳五阴之卦皆视为《复》《姤》《剥》《夬》所变，不是他不知，而是知之不推。"虞氏既明《临》《观》《泰》《否》《大壮》《遁》之例矣，独不能例推之《复》《姤》，仲翔虽愚，不至此也。"（张惠言《易图条辨》）然而，虞氏知之而不强推，原因不在《复》《姤》《剥》《夬》阴阳微不生卦，更不在七、八阴阳之数，而是取决于注经的需要，简博贤所说"因易辞之义而屡迁其说"乃是其卦变出现特例的原因。

综上所述，为了融通《周易》经文，虞氏承袭汉易旧说，覃思研精，探赜索隐，力图以乾坤为本，以十二消息卦为变卦之母，建构一个宏富的、精细的、有一定逻辑联系的卦变体系。然而，虞氏卦变体系的建立在客观上又受到了注释经文的制约而表现出种种缺陷。事实上，《周易》作者未必一定按照卦变取象系辞，而卦爻辞取象具有广泛性和复杂性，决定了用一个自成体系的卦变理论来阐明系辞往往会露出破绽，令人难以置信。在这种情况下，虞氏只能忍痛割爱，不惜打乱其卦变体系，去绝对服从于注释经文。这就是虞氏卦变体系中出现特变、一爻动生出两卦之例及一阴一阳之卦各自为例的真正原因。这实质上是一个虞氏无法克服的难题：如果要按照固定的原则建立一个始终如一的严密的卦变逻辑体系，那么就不可能完全达到注经的目的；相反，如果要完全达到注经的目的，那么卦变体系就不可能非常完备。无论易学家怎样掩盖这个矛盾，都不可能达到目的，只能弄巧成拙，将矛盾复杂化，明朗化，易学史证明了这一点。如南宋朱熹看到了虞翻卦变说的局限，制作了一个比虞翻更为完备的卦变图，置于其著作《周易本义》卷首，但是在注《易》时却弃而不用，仅用来说明卦与卦之间关系，致使后世怀疑此卦变图之真伪。这从另一方面说明卦变体系与解《易》之间是一无法调和的矛盾。

当然，我们也应当看到，虞氏卦变是两汉象数易学发展的必然产物，是为了满足当时人们易学研究的需要而产生的。它所揭示的六十四卦之间相生相变的关系，补充和深化了《易传》关于六十四卦相联系的理论，为当时人们注经和后世易学家重新探讨《周易》六十四卦的内在联系提供了现成的资料和方法，故它在象数易发展中占有十分重要的地位。虽然虞氏卦变体系如此不完善，以至于用它注《易》近于牵强附会的臆说，但它力图从卦爻及其内在联系找到"系辞"的根据，这相对于西汉以来盛行的以《周易》以外的阴阳五行灾异说《易》是一个大的进步。

同时，虞氏卦变说具有哲学意义，主要表现在：他在前人基础上，通过解读和重组《周易》符号，重新建构了宇宙变化符号图式。冯友兰先生曾将《周易》符号系统视为逻辑符号。他指出："象，就是客观世界的形象，但是这个摹拟和形象并不是如照相那样照下来，如画像那样画下来。它是一种符号，以符号表示事物的'道'或'理'。六十卦和三百八十四爻都是这样的符号。他们是逻辑中所谓的变项，一变项，可以代入一类或许多类事物，不论甚么类事物，只要合乎某种条件，都可以代入某一变项。"[1]他晚年则提出《周易》是宇宙代数学"。[2]汤一介先生立足解释学，提出《系辞》通过解释经文，建构了一个形而上的、开放的、生生不息的宇宙模式。汤先生说：《易经》的六十四卦是一个整体性的开放系统，它的结构形成为一个整体宇宙的架构模式。这个整体性的宇宙架构模式是一生生不息的有机架构模式，故曰'生生之谓易'。……《易经》所表现的宇宙架构模式可以成为实际存在的天地万物相应的准则，它既包含着已经实际存在的天地万物的道理，其

---

[1] 冯友兰《中国哲学史新编》（上），人民出版社，1998年，第647—648页。
[2] 冯友兰《孔丘·孔子·如何研究孔子》，《团结报》，1985年1月19日。

至它还包含着尚未实际存在而可能显现成为现实存在的一切事物的道理。"[①]其实，虞翻卦变符号系统，是对于易学符号代数学或宇宙图式的重构。如前所言，这个卦变符号系统异于帛书《周易》、今本《周易》、焦延寿《易林》和京房八宫等符号宇宙图式。今本《周易》是天地创生、大化流行的宇宙符号图式，帛书《周易》是八种物质相荡而显现万物秩序的宇宙符号图式，焦延寿《易林》体现是事物多变性、整体性的宇宙符号图式，京房《易传》是体现事物生长游归变化过程的宇宙符号图式，而虞氏卦变说是阴阳消息变化与诸事物联系的宇宙符号图式，它彰显的是，整个世界由于阴阳互含互动，此事物与彼事物相互转化，使世界成为一个普遍联系的整体。它反映了世界事物变化普遍性与特殊性的统一，经与权变的统一。卦变思想所蕴含的成熟的、思辨的哲学思维，是对中国古代哲学的特殊贡献。因此，我们应当辩证地对待虞氏卦变说。

三、"阴阳易位成既济"的"之正说"

（一）之正说缘起

之正说，是虞氏象数易学一个重要内容。之正说起自爻位说，关于爻位之说，最早见于《易传》。按照《易传》解释，

---

① 汤一介《关于建立〈周易〉解释学问题的探讨》，《周易研究》1999 年第 4 期。

《周易》一卦六爻有六位。爻有阴阳（又称刚柔）之分，位有阴阳之别。一卦六爻所居之位自下而上，初、三、五为阳位，二、四、上为阴位。爻与位相异，爻为实，故多以刚柔称之；位为虚，故多以阴阳称之。爻变动不居，而位静而不迁，《系辞》所言"变动不居，周流六虚"即是此意。六虚，指六位。然而爻与位又相互联系、依存。爻赖位以示，爻之所显，必居其位，无位则爻不存；位借爻以成，无爻则位不成，只是虚设，爻成则位成。正如《象传》释《乾》所言："大明终始，六位时成。"大明终始，指乾卦自下而上皆为阳爻。大明，本指日，《礼记·礼器》云："大明生于东。"郑注："大明，日也。"《晋·象》"顺而丽乎大明"，大明也指日，因日为阳，故此指阳爻。终始，指上爻、初爻。六位时成，是说随着《乾》六爻的确立，其六位也随时而成。由此可见爻与位关系十分密切，魏晋王弼正是着眼于此，而对位作了说明："统而论之，爻之所处则谓之位，卦以六爻为成，则不得不谓六位时成也。"（《周易略例·辨位》）

　　然而在《周易》六十四卦中，三百八十四爻与爻位，就其阴阳性而言，并不是简单的阴与阴、阳与阳一一对应的关系，而往往是阴阳杂居交错。有阳爻居阴位，有阴爻居阳位，有阳爻居阳位，有阴爻居阴位，故有当位（得位）、不当位（失位）的问题。考《彖》《象》之文，多遵循这样的原则：阳爻居阳位、阴爻居阴位称为当位（得位），阴爻居阳位、阳爻居阴位称为不当位（失位）。《象传》释《易》多运用爻位说，如《象

传》释《小畜》云："柔得位而上下应之，曰小畜。"此言《小
畜》☲六四阴爻居阴位，曰"柔得位"。释《噬嗑》云："柔得
中而上行，虽不当位，'利用狱'也。"此言《噬嗑》☲六五
以阴居阳位，故曰"不当位"。释《遁》云："刚当位而应，与
时行也。"此言《遁》☴九五爻以阳居阳位，故"刚当位"。释
《家人》云："家人，女正位乎内，男正位乎外。"此言《家人》
☲六二、九五两爻得正，故曰"女正位乎内，男正位乎外"。
六十四卦唯有《既济》六爻阴阳得正，释《既济》云："刚柔
正则位当也。"（六爻得正位）唯有《未济》六爻阴阳皆不当
位，释《未济》云："虽不当位，刚柔应也。"

　　与《象传》相同，《象传》释《易》也用爻位说。如《象
传》释《履》六三云："'咥人'之凶，位不当也。"释《履》
九五云："'夬履贞厉'，位正当也。"是言《履》☲六三以阴
居阳位，九五以阳居阳位，故于六三言"位不当"，于九五言
"位正当"。释《否》六三云："'包羞'，位不当也。"释《否》
九五云："'大人'之吉，位正当也。"此言《否》☴六三以阴居
阴居阳位，九五以阳居阳位，故于六三言"位不当"，于九五
言"位正当"。释《豫》六三："'盱豫有悔'，位不当也。"是
言《豫》六三以阴居阳位。释《临》六三云："'甘临'，位不
当也。"释《临》六四云："'至临无咎'，位当也。"是言《临》
六三以阴居阳位，六四以阴居阴位。又释《噬嗑》六三、《大
壮》六五、《晋》九四、《睽》六三、《夬》九四、《萃》九四、
《困》九四、《震》六三、《归妹》六三、《丰》九四、《旅》

九四、《兑》六三、《中孚》六三、《小过》九四、《未济》六三等皆云"位不当也"或"未当位也"。"未当"、"不当位"皆指阴阳居位不当。释《蹇》六四、《兑》九五、《中孚》九五等皆云："位正当也。"皆指阴阳居位正当。

但是，这里需要指出的是，《易传》的"当位"、"不当位"有时也指爻在卦中所居位置或与卦义相关的意义。如《需》上爻为阴爻居阴位，本为当位，而《象》云："虽不当位，未大失也。"此就《需》上六在整个卦中所居位置而言，上六爻居上穷极，故称不当位。《噬嗑》六五以阴爻居阳位，本为不当位，而《象》云："得当也。"此就《噬嗑》卦义而言，《噬嗑》所论为咬合之道，咬合利于刚柔相济，用中和之道，六五以柔居阳，又居上中，故有"得当"之义。卦辞以"利用狱"说明咬合之道：刑罚像一个大口，犯人像物，刑罚惩治犯人就像口咬合。故从治狱看，六五爻以阴居阳，处五居中，以示大人治狱方法阴阳兼顾而得当。正如《象》所言："虽不当位，利用狱也。"又如《艮》初六为阴爻而居阳位，本为失位，但阴爻主静，正合《艮》之大义。《艮》卦含义为止，《象》《序卦》《杂卦》皆训艮为止，故《象》释《艮》初六曰："未失正也。"

以上所列举之例，在《易传》中只是个别的、特殊的现象，而在大多数情况下，当位和失位是就阴阳爻居位而言的。按照《易传》阴阳爻居位的理论，《周易》六十四卦三百八十四爻，得位者一百九十二爻，失位者一百九十二爻。六爻全得位者为《既济》卦，全失位者为《未济》卦，《象传》

释《既济》言"刚柔正而位当也"，《杂卦》言"既济定也"，《象传》释《未济》言"虽不当位，刚柔应也"，揭示了《既济》《未济》两卦阴阳爻居位的含义。

《易传》结合《周易》古经中最抽象、最基本的阴阳符号及其居位对《周易》卦爻辞进行说解，使《周易》的理论得到了进一步升华。《周易》古经本为卜筮而作，其辞从形式上看，多为描述某种事件或自然现象，具体而驳杂，根本无阴阳之义。《易传》探赜索隐，将易辞与其阴阳符号结合起来加以理解，揭示了易辞中吉凶悔吝与阴阳爻及其居位的关系，使易辞抽象化、哲理化，开创了以象解辞的新局面，为后世大多数易学家所效法。

从注经角度言之，《易传》提出的"当位"与"失位"，是为了以爻位解释易辞吉凶之义。《周易》古经六十四卦三百八十四爻，有吉辞有凶辞，有时吉凶相互转化。爻位与爻辞有没有关系？如果有的话，爻位与爻辞是何种关系？如何解释当位有吉辞、失位有凶辞，以确立爻位在解释易辞的作用？是易学家在注经时遇到的重要问题。因为《周易》作者并未完全严格按照当位有吉辞、失位有凶辞的原则撰写爻辞。故《易传》对于更多错综复杂的辞义不能作出解释，因而出现了前面所谓本失位而言得当、本得位而言位不当的情形。

（二）之正说内涵

汉代以降，易学家力图借助文字训诂学，以卦爻辞为据，克服《易传》以阴阳爻居位注《易》所暴露出的局限，重新解读了爻位与易辞之关系。《周易》卦爻辞多用"贞""利贞"之辞。卜筮话语之"贞"，本指占问。《说文解字》："贞，卜问也。"郑玄注《周礼·春官·天府》"以贞来岁之恶"曰："问事之正曰贞。"利贞，意为适合占问。《易传》训"贞"为"正"。《彖传》释《师》曰："师，众也。贞，正也。能以众正，可以王矣。"《彖传》释《乾》曰："乾道变化，各正性命，保合大和，乃'利贞'。"也是以"正"训"贞"。"利贞"是"各正性命"。两汉象数学家首先继承了《易传》对于"贞"的训释，将"贞"训为"正"，然后将"正"解释为"正位"。也就是说，易辞"贞"是言正位，或者说，因为爻位正而有"贞"辞。而有正位则有吉辞，位不正则有凶辞。然而，《周易》有"位不正"者或"失位"者有吉辞，"位正"者有凶辞的情况，则违背了"正位"则有吉、失位有凶的原则，这对汉代易学家和整个儒家来说是一个非常严重的挑战。为了维护具有儒家色彩的正位则有吉辞，位不正则有凶辞的原则，汉儒费尽心思，借用易辞"利贞"的训释化解之，训"利"为动词。"利贞"则有变正之义。变正，仍然可以解释《周易》"位不正"则有吉辞。同理，汉儒又以位正变不正解释《周易》有位正者有凶辞。在这里，已不再是简单的、机械地言当位则吉，失位则凶，将当位、失位凝固化，而是将二者的界限打破，使之相互转化，即本正可以变不正，本不正可以变正，这就是汉易中的"之正"说。

从现存的汉代易学资料看，较早地言爻之正的是荀爽等人，《荀氏九家易》注《晋·象》"受兹介福，以中正"云："五动得正中，故二受大福矣。"荀爽的阴阳升降之说也暗含了爻的动变说。在荀氏那里，阴阳之所以升降，在于阴阳爻居位不当，乾坤两卦的升降就是例证。乾坤两卦凡爻失位者或升或降，升降的结果使乾坤两卦成两既济。荀注《乾·文言》云："乾升于坤曰云行，坤降于乾曰雨施，乾坤二体成两既济，阴阳和均而得其正。"此是说乾坤十二爻以对应原则，失位者阴阳互易（即升降）变成两既济，既济卦三阴三阳，阴阳分布均衡，六爻皆得正位，故称"阴阳和均而得其正"。显然，荀氏升降说中包含了变正的思想，其他卦的升降也有类似的思想，如荀注《随·象》云："动爻得正，故利贞，阳降阴升，嫌于有咎，动而得正故无咎。"荀氏也有爻居位正而变不正的思想，荀注《需》上六《象》云："上降居三，虽不当位，承阳有实，故终吉，无大失矣。"

然而，言爻"之正"者莫备于虞翻。如果说荀氏的之正说是以零碎的、隐匿的形式表现出来的话，那么虞氏的之正说则是系统地、明确地展示和广泛运用的。

台湾学者屈万里根据卦分六爻，发凡起例，将虞氏之正说分为初爻、二爻、三爻、四爻、五爻、上爻变正六种情况。简博贤先生则取法穷通之道，将虞氏之正说分为穷、通两种，所谓："穷通者，取旁通之卦，此初彼四，此二彼五，此三彼上，两两互易，其阴阳互异者，则交变而正，故曰往来不穷，谓之通。阳与阳不相与，阴与阴不相应，是往来不通，斯之谓穷。"①如虞注《贲·象》云："五上动体既济。"《贲》五上不正，之《困》二三而通，四爻皆正，是谓之通。如虞注《咸·象》云："初四易位，成既济。"《咸》初四不正，之《损》初四而穷，故初四易位，自变而正，是谓穷。

两位先生从不同角度出发，申述虞氏正位之例，均不失为一家之言，笔者读之，受益匪浅。然而考虞氏《易》注，二位先生之说犹有未尽之义，笔者不揣其陋，以述其下：

其一，凡一卦中有阴阳两爻失位者，虞氏多言两爻互易变正。如虞注《讼》初六云："初失位而为讼始……初始易位成震。"注《泰·九二象》云："二与五易位，故得上于中行。"注《损》九二云："失位当之正，故利贞。……二之五成益，小损大益，故弗损益之矣。"注六五云："谓二五已变，成益，故或益之，坤数十，兑为朋，三上失位……三上易位成既济也。"《损》二五失位，三上失位，二五、三上易位，变不正为正，成既济。虞注《益·六三象》云："三上失正，当变是，固有之。"注九五云："谓三上也。震为问，三上易位，三五体坎，已成既济。"《益》三上两爻失正，互易变正。又如虞注《贲·象》："五上动体既济也。"注《咸·象》："初四易位成既济。"注《睽·象》："二五易位。"注《夬》九二："二失位故惕，变成巽故号，剥坤为莫夜，二动成离，离为戎，变而得

————————

① 简博贤《今存三国两晋经学遗籍考》，台北三民书局，1986年，第一章。

正，故有戎，四变成坎，坎为忧，坎又得正，故勿恤，谓成既济定也。"等等。虞氏此种易例，从形式上看是卦变说。阴阳两爻位置互换，意味着一卦变成另一卦，此为卦变。然而卦变说注重的是爻变后整个卦的情况，变正说关注的却不是卦，而是爻自身的居位。所以这是两个不同的问题。

其二，单言一爻失位者变正。如《需》二爻失位，虞氏言变正，虞注《需·象》云："谓二失位变而涉坎。"此言《需》䷄二爻以阳居阴位而失位，变正故需虽有坎险而终有吉。而《履》初九、九二、六三、九四、上九皆失位，虞皆变正而有吉。虞注《履》九二云："二失位，变成震为道为大涂，故履道坦坦，讼时二在坎狱中，故称幽人，之正得位，震出兑说，幽人喜笑，故贞吉也。"此言《履》䷉九二失位变正内卦为震，按《说卦》震为道为大涂，故"履道坦坦"。又《履》九二处内卦兑中，变正位震，震为出，而兑为说（悦），故有"喜笑"象，辞曰"贞吉"。注《履》六三云："乾象在上为武人，三失位，变而得正成乾，故曰'武人为于大君'，志刚也。"此言《履》上为乾为武人。六三失位变正、内卦为乾，内外为乾为大君。注《履》初九云："四失位变往得正，故往无咎，"此言《履》初九得位，九四失位变正，与初九相应，故初九无咎，而四"终吉"。《大畜》二、五、上失位，虞氏亦言变正。虞注《大畜·初九象》云："谓二变正，四体坎，故称灾也。"注《九三象》云："五已变正。"注六四云："五已之正。"注《六五象》云："五变得正，故有庆也。"注上九云："上变坎为亨也。"

从其趋向看，虞氏以《既济》卦视为之正的终极目标。《周易》六十四卦，阴阳杂居，唯有《既济》卦阴阳分布均衡，六爻皆得正位。位正则有吉事必成。因此，在虞氏看来，既济象征阴阳协调，万事顺利，天下太平。故虞氏多言以之正成既济。如虞注《屯》六二"十年乃字"云："坤数十，三动反正，离女大腹，故十年反常乃字，谓成既济定也。"此言《屯》☳六三以阴居阳而失位，变正为《既济》卦，而曰"十年乃字"。虞注《损》六五"弗克违元吉"云："二五已变成益，故'或益之'。坤数十，兑为朋。三上失位……三上易位，成既济，故弗克违元吉矣。"此言《损》☶二五失位，变正为益☲，益六三以阴居阳而失位，上九以阳居阴而失位。三上易位为既济。注《益》九五"有孚惠心，勿问元吉"云："谓三上也，震为问，三上易位，三五体坎，已成既济，坎为心，故有孚惠心，勿问元吉。《象》曰：'勿问之矣。'"此言《益》☲六三以阴居阳失位，上九以阳居阴位失位，三上易位变正，成既济。故曰"元吉"。注《夬》九二"勿恤"云："二失位，故惕。……二动成离，离为戎，变而得正，故有戎四变成坎……勿恤谓成既济定也。"此言《夬》☱九二爻以阳居阴位失位变正，九四以阳居阴失位变正，为既济。故辞言"勿恤"。另外，虞注《乾·象》《屯·象》《贲·象》《咸·象》《恒·象》《革·象》《丰·象》《节·象》《家人·上九象》《升·上六象》《归妹·六五象》《涣·象》，注《系辞》"天下何思何虑"，《说卦》"然后能变化既成万物"等，皆以成既济阐明《易》辞有顺利成功义。

　　同时，虞氏也有言变正成其他卦爻象的。《周易》卦爻之辞，驳杂不一，单用卦变、互体、飞伏、旁通等还是难以找出其中所含八卦之象，故虞氏又以之正作为一种取八卦象的方式，从而达到以八卦之象释经文。如虞注《蒙》初六"发蒙利用刑人"云："发蒙之正，初为蒙始而失其位，发蒙之正以成兑，兑为刑人，坤为用，故曰利用刑人矣。"此言《蒙》☷初爻失位，变正，《蒙》内卦变成兑。兑有刑人之象。注上九"不利为寇"云："谓五已变，上动成坎称寇，而逆乘阳，故不利为寇矣。"此言《蒙》六五、上九失位，变正蒙外卦为坎，坎有寇象。注《师》六五"田有禽利执言无咎"云："田谓二，阳称禽，震为言，五失位变之正，艮为执，故利执言无咎。"此言《师》☷五失位，变正，三四五互体为艮。艮为执。注《临》六三《象》"既忧之，咎不可长也"云："言三失位无应，故忧之，动而成泰，故咎不可长也。"此言《临》☷三失位，变正，卦由《临》变成《泰》。《泰》卦有通达太平之义，故咎不可以长久。

　　另外，虞氏发展《易传》注《易》的传统，直接用变正之说注易辞"利贞"。如虞氏用变正说注《蒙》"利贞"云："二五失位，利变之正，故利贞。"注《蛊》九二"不可贞"云："失位，故不可贞。"注其《象》云："变而得正，故贞而得中道也。"注《无妄》"利贞"云："三四失位，故利贞也。"注九四"可贞"云:"动得正,故可贞。"注《大畜》"利贞"云:"二五失位,故利贞。"注《大壮》"利贞"云:"大谓四,失位为阴所乘,兑为毁折伤,与五易位乃得正,故利贞也。"注《萃》"利贞"云:"三四失位,利之正。"这里显然是把"利贞"和"变正"对应,释"利贞"为变正,即在虞氏看来,之正是《周易》所固有,"利贞"之辞乃本之《易》爻"之正"。换言之,"利贞"可以训为"之正",反之亦然。"利贞"与"之正"可以互诠。

虞氏似乎以变正说解决了凶卦有吉辞、失位之爻有善言的问题。如前所言,凶卦有凶辞,吉卦有吉辞,失位之爻有凶辞,得位之卦有吉辞。然而《周易》卦爻辞十分复杂,吉凶辞相互掺杂,虞氏以变正说释此类《易》辞。如注《讼》初六"终吉"云:"初失位而为讼始……初变得正,故终吉也。"注《大畜·六五象》"有庆"云:"五变得正,故有庆也。"注《萃》九四"大吉无咎"云:"以阳居阴,故位不当也。动而得正,承五应初,故大吉而无咎矣。"《讼》初六、《损》六五、《大畜》六五、《萃》九四皆失位,但却有吉辞,虞氏以变正之说释之,皆能自圆其说,而且合乎《易传》当位失位的理论。

值得注意的是,虞氏对于失位之爻,并不完全以变正释之。如《师》初、二、三、五皆失位,而虞氏只言二五失位变正,虞注《师·象》云:"谓二失位变之五为比。"注六五云:"五失位变之正。"而其他失位爻皆不言变正。对于失位的爻,是否用"之正"说,完全取决于注《易》的需要。如果能用失位本身揭示易辞之含义，那么就直接用失位注辞，无需以之正来说明，如《豫》初六失位，虞注云："应震善鸣，失位故鸣豫凶也。"《震》六五失位，虞注云："往谓乘阳，来应阴，失位乘刚故往来厉也。"相反，根据注经的需要，虞氏有时甚至会一反常态，变正为不正，其形式有三种：其一，不管震、巽（经卦）在卦中位是否正，皆言互变，即震变为巽，巽变为震。《巽》四、五当位，而虞氏变四、五而失位。《巽》九五注："震巽相薄，雷风无形，当变之震矣。"巽外卦巽变震，巽四五两爻变正为不正。虞氏对此并作了解释："震雷巽风无形，故卦特变耳。"（《说卦》注）"八卦诸爻，唯震巽特变耳。"（同上）这是虞氏变正为不正的一种形式。其二，是旁通卦。所谓旁通，指两卦卦画完全相反而相通，如《比》☷与《大有》☰旁通，《小畜》☴与《豫》☳旁通，是说旁通卦不管爻位是否得正，皆可相变。这样，爻位正者亦可变为不正，如虞注《坎》云："与离旁通。"《坎》四五上位正，变成《离》，四五上由正变为不正。虞注《离》云："与坎旁通。"《离》初二三位正，变成《坎》，此三爻皆由正变为不正。其三，是就某一爻而言，爻本当位，变之失位，如虞注《家人·象》云："谓三动，坤为身，上之三成既济。"言三爻位正变不正与上爻互易，成既济。注《渐》上九云："三变受，成既济，初已正，与《家人·象》同义。上之三得正，离为鸟，故其羽可用为仪吉。三动失位，坤为乱，乾四止坤。《象》曰：'不可乱。'《象》曰：'进以正邦。'为此爻发也。三已得位，又变受上，权也。"此言三已得位，变不正与上易。注《鼎》上九云："三亏悔应上成未济，虽不当位，六位相应也。"《鼎》九三为阳爻得正位，今变为不正成未济。以上是虞氏变正为不正之例。清人李锐据虞氏之意将这种之正和之不正概括为经与权的关系："爻当其位，经也。爻不正而变之正，亦经也。变不正则权矣。"（《周易虞氏略例》）

（三）之正说的意义

虞氏之正说，蕴含着深刻的社会意义。清末杭辛斋曾指出："（虞翻）卒以之正立论，明天地大义，以既济定为归。期人心之不正者，胥归于正，于是乎世乱或可少定。此虞氏之苦心孤诣，千载而下，犹皪然可见者也。"（《学易笔谈》卷三）杭氏所论极是。虞氏生活在东汉末年，"生遇乱世，长于军旅"，目睹了当时社会的急剧动荡，饱尝了连年不断的战争之苦，故他"习经于枹鼓之间，讲论于戎马之上，蒙先师之说，依经立注"（《三国志·虞翻传》裴松之注），其目的在于为建立新的封建秩序作论证。因此，他的变不正为正之说，表达了他对险恶世道的厌恶和对有秩序的太平社会的向往，而他的变正为不正之说，反映了对已建立起来的社会秩序的忧虑。

就易学而言，虞氏之正说的价值，在于它从爻及爻位自身来说明卦爻辞的内在含义，与纳甲、旁通、卦变等一样，是象数易学不可或缺的方法。它进一步揭示了卦爻象与卦爻辞之间的联系，是证明《易传》提出的"观象系辞"合理性的尝试，为进一步以象解《易》拓宽了思路。其次，虞氏之正说主张爻失位可以变正，爻得位也可以变失位，提倡爻变，打破了认为《周易》六十四卦三百八十四爻固定不变的传统看法，使每一爻不仅有着静止不变的形式，更获得了充满生机的内涵，以符号形式生动地体现了《周易》阴阳变易的特征，深化了《易传》阴阳变化思想，为象数易学中的卦变说提供了理论支撑。卦变说之所以成为可能，就是因为爻是充满生机的，可以变动的。由于爻之变动，改变了卦的性质，使一卦变成另一卦，所以说卦变说和之正说虽有一定的区别，但二者皆言爻之变动，在这一点上又是一致的。再次，虞氏正位说深化了《易传》当位失位的理论。如前所言，《易传》以爻位注易辞，只限于当位者吉，失位者凶，而对于更多比较复杂的情况则没有作出合理的解释。虞氏提出爻变使之正或不正，一方面坚持《易传》的当位失位的学说，另一方面又克服了《易传》的局限，因此，虞氏之正说是对《易传》象数思想的发展。这是虞氏对两汉易学乃至整个象数易学的贡献。

当然，我们应当看到，虞氏以正位说注《易》，当与《易传》一样，更多是对《周易》的阐发。《周易》本为卜筮之书，其辞多与卜筮有关。虽然辞与象有一定联系，但并不像虞氏所理解的那么密切。如前所言，在《周易》中多有"利贞"之辞。贞，是指占问。《说文》云："贞，卜问也。"《易传》训贞为正："贞，正也。"（《师·彖》）故《周易》中的"利贞"是指适合占问或利于守正，而不是虞氏所理解的"变正"。也就是说，《周易》古经中没有爻之变正的思想。关于这一点，清儒王引之早已作过考证，认为不仅《周易》古经中，而且《易传》中也无变正的思想。他说："遍考《彖》《象》传文，绝无以之正为义者。既已无所根据矣，乃辄依附于经之言贞者，而以之正解之。如注'坤利牝马之贞'云：'坤为牝，震为马。初动得正，故利牝马之贞。'注'安贞吉'云：'复初得正，故贞吉。'案《象》曰：'牝马地类，行地无疆，柔顺利贞。'又曰：'安贞之吉，应地无疆。'皆以坤为纯阴言之，未尝以为初爻之正也。……虞氏言之正者，不可枚举，而其释贞以之正，最足乱真，故明辩之。"（《经义述闻》卷一）从文字训诂这个角度，王引之的批评可以说一针见血，切中要害。即将易辞"利贞"训为"之正"，似乎正确无误，其实是对"贞"字之义的曲解。

四、"易道阴阳消息"的天体纳甲说

何谓纳甲？所谓纳甲是将历法中的天干纳入《周易》的八卦之中，与八卦相匹配，以揭示八卦消息变化之义。纳，意为引进、纳入。甲，天干中第一干。古代以干支记日，干分为十，即甲、乙、丙、丁、戊、己、庚、辛、壬、癸。《周易》古经中有"先甲三日，后甲三日"（《蛊》）、"先庚三日，后庚三日"（《巽》）之辞，说明我国以十干记日由来已久。天干以甲为首，以甲概其余，故称纳甲。宋代朱震曾明确指出："纳甲何也？举甲以该十日也。乾纳甲壬，坤纳乙癸，震巽纳

庚辛，坎离纳戊己，艮兑纳丙丁，皆自下生。圣人仰观日月之运，配之以坎离之象，而八卦十日之义著矣。"（《汉上易传·卦图》）

纳甲之说最早见于西汉《京氏易传》，京房在此书中写道："分天地乾坤之象，益之以甲乙壬癸；震巽之象配庚辛，坎离之象配戊己，艮兑之象配丙丁。"（卷下）京氏纳甲，依据的是天地胎育之理和阴阳之道："乾坤者，阴阳之根本。"（同上）故由乾坤生"六子"也有阴阳之分，震、坎、艮为阳，巽、离、兑为阴，即《文言》所谓"本乎天者亲上，本乎地者亲下"。而天干也分阴阳，甲丙戊庚壬为阳，乙丁己辛癸为阴，故八卦与天干相配是以阳配阳，以阴配阴。陆绩在注《京氏易传》时揭示出这一点："乾坤二分，天地阴阳之本，故分甲乙壬癸，阴阳之始终。庚阳入震，辛阴入巽。戊阳入坎，己阴入离。丙阳入艮，丁阴入兑。"而乾坤配甲乙壬癸，反映了天地生育之道，沈括曾论述道：《易》有纳甲之法，未知起于何时。予尝考之，可以推见天地胎育之理。乾纳甲壬者，上下包之也。震巽坎离艮兑纳庚辛戊己丙丁者，六子生于乾坤之包中；如物之处胎甲者。……乾坤始于甲乙，则长男、长女乃其次，宜纳丙丁；少男、少女居其末，宜纳庚辛。今反此者，卦必自下生，先初爻，次中爻，末乃至上爻。此易之叙，然亦胎育之理也。物之处胎甲，莫不倒生，自下而生者。卦之叙而冥合造化胎育之理，此至理，合自然者也。"（《梦溪笔谈》卷七）陆绩、沈括从分阴分阳、天地养育的角度说明了京氏将十干纳入八卦的内在根据，其论合乎京氏之义。

东汉魏伯阳作《周易参同契》，援《易》入道，凭借易理建立了炼丹的理论体系，其中易学纳甲就是一例。魏伯阳以京房纳甲为基本框架，杂糅当时天文学中有关月体运动的知识，创立了月体纳甲之说，以阐发炼丹之火候。他指出：

> 三日出为爽，震庚受西方；八日兑受丁，上弦平如绳；十五乾体就，盛满甲东方。蟾蜍与兔魄，日月气双明，蟾蜍视卦节，兔魄吐精光，七八道已讫，屈伸低下降。十六转受统，巽辛见平明；艮直于丙南，下弦二十三；坤乙三十日，阳路丧其朋。节尽相禅与，继体复生龙。壬癸配甲乙，乾坤括始终。

魏伯阳以月体在时空中的盈虚变化，比附《周易》八卦之象，如初三日，月出西方，为生明，庚位在西方。震☳一阳生于二阴之下，似初三日之月象，故纳庚于震，即所谓"三日出为爽，震庚受西方"。初八日，月出南方，为上弦，丁位在南方。兑☱二阳一阴，似八日之月体，故纳丁于兑，即所谓"八日兑受丁，上弦平如绳"。十五日，月出东方，为望，甲位在东方。乾☰三爻全为阳爻，似十五圆月，故纳甲于乾，即所谓"十五乾体就，盛满甲东方"。但十五日可以同时看到日月，早晨月未西沉日已东出，晚上日未西沉月已东出，这是所谓"双明"。十五日是转折点，阳盛转消，至十六日晨，月初退西方，为生魄，辛位在西方。巽☴一阴始生二阳之下，似十六日晨月体，故纳辛于巽，即所谓"十六转受统，巽辛见平明"。二十三日，月消于南方，为下弦，丙位在南。艮☶二阴一阳，似二十三日之月体，故纳丙于艮，即所谓"艮直于丙南，下弦二十三"。三十日，月灭于东方，为晦，乙位在东。坤☷三爻全为阴，似三十日之月体，故纳乙于坤，即所谓"坤乙三十日，阳路丧其朋"。月体运行循环往复，八卦消长变化，因为乾坤为易之门户、阴阳之根本，它贯穿始终，故乾坤又纳壬癸。又离为日，日生于东；坎为月，月生于西。至十五日夕，则日西月东，坎离易位，其离☲中一阴为月魄，坎☵中一阳为日光，东西正对，交注于中，故坎离纳戊己，即"坎戊月精，离己日光"。魏伯阳纳甲说以图示之如下：

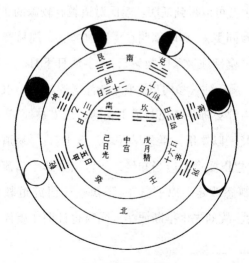

《参同契》纳甲图

很显然，魏伯阳是以月象的晦、朔、弦、望比拟卦象，而以其出没方位作为纳干入卦的依据，以此说明月体纳甲的客观性。清儒胡渭早有论述："魏伯阳以月象附会之，以寓丹家行持进退之候，盖以月之明魄多少，取象于卦画，而以所见之方为所纳之甲。"（《易图明辨》卷三）同时，魏伯阳纳甲说是汉代卦气说和爻辰说之后又一个易学吸纳科学之例。魏伯阳以当时的天文学为背景，对易学中的纳甲加以引申、改造，试图从科学角度建立纳甲体系，这无疑是思想史上的一大进步。魏伯阳的月体纳甲，无论是思想内容，还是理论深度，都远远超过了汉初京房学说，为虞翻以月体纳甲注《易》奠定了基础。

在易学史上，对纳甲进行精湛研究和广泛运用而卓有成就者，当推虞翻。虞氏纳甲来自魏伯阳《周易参同契》，这从虞氏学术生涯可以得到证明。虞氏对道教有较深的研究，曾注过《周易参同契》。唐陆德明在《经典释文·周易音义》中释"易"曰："虞翻注《参同契》云：'字从日下月。'"据刘大钧先生考证，虞氏注《参同契》要早于注《周易》。[①]又考《虞翻别传》："臣郡吏陈桃梦臣与道士相遇，放发被鹿裘，布《易》六爻，挠其三以饮臣。臣乞尽吞之，道士言：'易道在天，三爻足矣。'岂臣受命，应当知经，所览诸家解不离流俗，义有不当实，辄悉改定，以就其正。"知虞氏研究道教在先，注《易》在后，故刘先生推断属实，同时也证明了虞氏易学受到

---

① 刘大钧《虞翻著作考》，《周易研究》1990 年第 2 期。

了道教的影响。比较魏氏《参同契》与虞氏纳甲，其内容大致一致，所以虞氏纳甲出自《参同契》无疑。陈焘熊云："虞易言纳甲、消息，得之《参同契》，又自言梦道士饮《易》三爻，是亦出于道家者也。"（《读〈易汉学〉私记》）

然而，虞氏纳甲并非完全照搬魏伯阳，而是有自己的理解与解释：首先，他援道入《易》，在易学语境下言月体纳甲。他指出：

> 阳丧灭坤，坤终复生，谓月三日震象出庚，故乃终有庆。此指说易道阴阳消息之大要也。谓月三日变而成震出庚，至月八日成兑见丁。庚西丁南，故西南得朋。谓二阳为朋，故兑。……二十九日，消乙入坤，灭藏于癸，乙东癸北，故东北丧朋。谓之以坤灭乾，坤为丧故也。（《坤·彖》注）
>
> 三日莫，震象出庚，八日兑象见丁，十五日乾象盈甲，十七日旦巽象退辛，二十三日艮象消丙，三十日坤象灭乙。晦夕朔旦，坎象流戊，日中则离，离象就己，戊己土位，象见于中。（《系辞》注）

从以上引资料看，虞翻纳甲与魏伯阳有细微的差别。如虞翻以十七日晨，巽卦用事，巽纳辛，而《参同契》是以十六日，巽卦用事，巽纳辛。又如虞翻以二十九日为坤卦用事，纳乙，以三十日为日月会合之时，纳壬，而《参同契》只言"乾

坤括终始"，不言坎离会壬癸。再如虞氏根据纳甲方位提出
"乾坤生春，艮兑生夏，震巽生秋，坎离生冬"。其中坎离生冬
之说，则异于魏伯阳之义。由此可知，虞氏于纳甲又有新义。
见下图：

而虞翻与魏伯阳最大区别在于，虞氏月体纳甲不是丹
道之学，而是易学，其义旨在于通过描述天体的运行，阐
明"易道阴阳消息"。消息说，出自《易传》，是指天体运
行、阴阳消长、四时变化。及与之相应的人道损益、鬼神屈
伸。《丰·彖》："日中则昃，月盈则食，天地盈虚，与时消
息，而况于人乎？况于鬼神乎？"而《周易》卦爻象是法自
然而成，内涵了阴阳消息之意。故作为君子应观卦象，法天
道。《剥·彖》曰："剥，剥也，柔变刚也。不利有攸往，小

人长也。顺而止之，观象也。君子尚消息盈虚，天行也。"虞翻秉承《易传》和两汉易学传统，重新诠释了"消息"范畴。他说：《易》以阴阳往来，九六升降上下，而象著焉。阴阳以天地日月进退，而象生焉，故曰消息。"（张惠言《易义别录·干氏》）在虞氏看来，消息有两层含义：一是自然界的阴阳消长变化。离日坎月，循环往复，由乾全阳到坤全阴，经过震、兑、乾、巽、艮，八卦之象也呈现出周而复始的变化，即"阳丧灭坤，坤终复生"。此为消息。一是《周易》阴阳符号的消长变化。凡言易学阴阳符号消长变化的理论，皆为消息。因为《易》之八卦之象消长变化本之天地之八卦消长变化，故易道即为天地之道。故此处"易道阴阳消息"指在天月体之八卦阴阳消息变化。虞翻以易学消息重新解释了月体纳甲，赋予魏伯阳纳甲说更为深刻的含义。如果说魏伯阳纳甲说是援《易》入道，是对京房纳甲的阐发；那么虞翻纳甲则是援道入《易》，是对京房纳甲的"回归"和魏伯阳纳甲说的超越。

其次，虞氏以纳甲探讨易学起源，即八卦之形成。关于八卦形成问题，《易传》曾有论述，如《系辞》提出伏羲取法天象和《河图》《洛书》而画八卦。但是对于天象、《河图》、《洛书》是什么并未作出解释，故在易学起源问题上，后世众说纷纭。虞翻力图通过解释天象之月体变化说明易学起源。他指出：

　　　　日月在天成八卦，震象出庚，兑象见丁，乾象盈甲，巽象伏辛，艮象消丙，坤象丧乙，坎象流戊，离象就己，

故在天成象也。(《系辞》注)

  日月县天成八卦象，三日莫，震象出庚，八日兑象见丁，十五日乾象盈甲，十七日旦巽象退辛，二十三日艮象消丙，三十日坤象灭乙。晦夕朔旦，坎象流戊，日中则离，离象就己，戊己土位，象见于中，日月相推而明生焉，故县象著明，莫大乎日月者也。(《系辞》注)

  这是解释《系辞》"在天成象"和"县象著明，莫大乎日月者"。虞翻认为，"在天成象"和"县象著明，莫大乎日月者"讲的是日月在天的盈虚变化，成八卦之象。此八卦之象是客观存在于自然界，是自然之八卦。他所说的"八卦之象"，是指日月在一月中在不同位置的六种形象，即初三日震象、初八兑象、十五日乾象、十七日巽象、二十三日艮象、三十日坤象及离日坎月，是谓八卦之象。在他看来，八卦之象是由太极、两仪、四象演化而来的。虞翻注"易有太极，是生两仪，两仪生四象"曰："太极，太一也。分为天地，故是生两仪也。四象，四时也。"按照虞氏的理解，太极是太一，即北辰之神，主气之神，宇宙之主宰。由太一而生天地，天地生四时，四时生八卦。那么，四时如何生八卦？虞翻对此加以解释：乾坤列东，艮兑列南，震巽列西，坎离列中。他注《系辞》"八卦成列"云："乾坤列东，艮兑列南，震巽列西，坎离在中，故八卦成列，则象在其中。"东为春，南为夏，西为秋，北为冬。"乾坤生春，艮兑生夏，震巽生秋，坎离生冬。"之所以如此，在于日月运行，消息变化，象征四时的甲乙、丙丁、庚辛、壬癸而生成八卦。他注《系辞》"五位相得而各有合"云："甲乾乙坤相得合木，谓天地定位也。丙艮丁兑相得合火，山泽通气也。戊坎己离相得合土，水火相逮也。庚震辛巽相得合金，雷风相薄也。天壬地癸相得合水，言阴阳相薄而战于乾，故五位相得而各有合。"（《周易集解》卷十四）因此，有四时和天干之四方之位而有八卦。如张惠言所言："月至甲乙而乾坤象见，故乾坤生乎春，乾甲坤乙相得合木也；至丙丁而艮兑象见，故艮兑生乎夏，艮丙兑丁相得合火也；至庚辛而震巽象见，故震巽生乎秋，震庚巽辛相得合金也。日月会于壬癸，而坎离象见，故坎离生乎冬。日月之会不可见，以望之月中，昼之日中见其象故坎离生乎壬癸，而位乎中宫，坎戊离己相得合土，天壬地癸相得合水，戊己壬癸，皆坎离也，此之谓四象生八卦。"（《周易虞氏消息》）

以虞翻之见，自然之八卦与圣人八卦的关系是：一方面，圣人仰观俯察，效法自然之八卦而画阴阳符号之八卦。也就是说自然之八卦是圣人画八卦的客观依据。另一方面，自然之八卦与圣人之八卦有本质区别。前者是客观存在的八卦，由太极两仪四象演化而来，在伏羲之前就已存在，非伏羲所造。而易之八卦则是伏羲观鸟兽之文，效法天象所画，后于自然之八卦。如虞翻注《系辞传》"古者庖牺氏之王天下也，仰则观象于天，俯则观法于地，观鸟兽之文与地之宜，近取诸身，远取诸物，于是始作八卦"指出：

谓庖牺观鸟兽之文，则天八卦效之。"易有太极，是生两仪，两仪生四象，四象生八卦"。八卦乃四象所生，非庖牺之所造也。则大人造爻象以象天，卦可知也。而读《易》者咸以为庖牺之时，天未有八卦，恐失之矣。"天垂象，见吉凶，圣人象之"。则天已有八卦之象。

在虞翻看来，易学起源于太极，太极演化而形成八卦。伏羲效法自然之八卦而画出易学符号之八卦。太极天地阴阳是易学源头，自然之八卦是伏羲八卦的原型。虞翻以"天垂象，见吉凶，圣人象之"为据，证明了"天已有八卦之象"，纠正了学界"咸以为庖牺之时，天未有八卦"之论。

既然伏羲之八卦不同于自然之八卦，伏羲八卦形成就不能等同于自然八卦形成。那么伏羲如何效法自然八卦形成过程而画出八卦符号？虞翻对此提出了自己看法。他认为，伏羲八卦符号起自太极，太极为"乾元"，为"一"，由乾元之一，到三画之乾坤，由乾坤再坎离震兑，然后形成八卦。虞翻注"天下之动贞夫一者也"曰："一谓乾元，万物之动，各资天一阳气以生，故天下之动贞夫一者也。"虞翻注"两仪，谓乾坤也"曰："乾二五之坤，成坎离震兑。震春兑秋，坎冬离夏，故两仪生四象，乾二五之坤，则生震坎艮；坤二之五，则生巽离兑。故四象生八卦。"张惠言解释曰："二五者，中气，非谓爻名。"故"乾二五之坤，成坎离震兑"是指乾坤阴阳二气相互作用，先以阴阳二气交感互换而成坎离，再以乾阳息坤初，为震，乾阳息至二为兑。坎离震兑四卦为四象，是为两仪生四象。坎离震兑之四象，震反为艮，兑反为巽，坎藏乾，离藏坤，故四象生八卦。从而完成由一到八卦之符号推演。

虞氏重新整合和阐发道家纳甲大义，其目的是为解决以象注《易》遇到的疑难。故在虞氏《易》注中，当无法以其他象解释经文时，则往往采用纳甲说注《易》。如有取十干为象注《易》者。如《讼》上九、《蛊》卦辞皆注云："乾为甲。"《泰》六五、《归妹》六五皆注云："坤为乙。"《归妹·象》注云："乾主壬，坤主癸。"又云："《杂卦》曰：'归妹女之终。'谓阴终坤癸，乾始震庚也。"《巽》九五注云："震主庚。"《系辞》"周流六虚"注云："谓甲子之旬，辰巳虚，坎戊为月，离己为日，入在中宫，其处空虚，故称六虚。五甲如次者也。"《说卦》注云："万物成始乾甲，成终坤癸。"

有取纳甲之数释《易》者。天干甲、乙、丙、丁、戊、己、庚、辛、壬、癸代表了一到十的自然数。虞氏以天干所代表的自然数释易辞。如《屯》六二、《损》六五、《益》六二、《丰》初九、《节·象》皆注云："坤数十。"《震》六二注云："震数七。"《既济》六二注云："泰震为七。"

有取纳甲所含五行关系注《易》者。十干的五行关系为：甲乙为木，丙丁为火，戊己为土，庚辛为金，壬癸为水。虞氏以此关系释《易》辞。如《系辞》"五位相得而各有合"注云："五位谓五行之位。甲乾乙坤相得合木，谓天地定位也。丙艮丁兑相得合火，山泽通气也。戊坎己离相得合土，水火相逮也。庚震辛巽相得合金，雷风相薄也。天壬地癸相得合水，言阴阳相薄而战于乾，故五位相得而各有合。或以一六合水，二七合火，三八合木，四九合金，五十合土也。"《系辞》"天一"注云："水甲。""地二"注云："火乙。""天三"注云："木丙。""地四"注云："金丁。""天五"注云："土戊。""地六"注云："水己。""天七"注云："火庚。""地八"注云："木辛。""天九"注云："金壬。""地十"注云："土癸。"虞氏以纳甲中的五行相合学说说明了大衍之数的内在联系及其与《河图》之数的关系，这在汉代属于首创。

有取月体纳甲方位释《易》者。纳甲方位，是以月体出没变化来确定的位置，它与其中所含的五行相对应。甲乙为东方，丙丁为南方，戊己为中，庚辛为西方，壬癸为北方。以月体为参照物，将八卦纳入天干，而使八卦方位不同于《说卦》。即乾坤列东，艮兑列南，震巽列西，坎离居中。如注"八卦成列"云："乾坤列东，艮兑列南，震巽列西，坎离在中，故八卦成列，则象在其中。"虞氏以此注《易》，如《坤》有"西南得朋，东北丧朋"之辞，虞氏以"成震出庚"、"成兑见丁"、"庚西丁南"等释之，从象数角度看，言之有据。又如《蹇》有"利西南，不利东北"之辞，虞氏又以"坎为月，月生于西南"释"利西南"，以"艮东北之卦，月消于艮，丧乙灭癸"释"不利东北"，也能自圆其说。

总之，虞氏纳甲说具有重要学术意义。首先，虞氏以易学为视域重新解读月体纳甲，并用之注《易》，实现了《易》与道、儒与道的融合。儒、道观念和学说有很大的差别，在现实中往往表现出对立冲突，如司马迁说："世之学老子者则绌儒学，儒学亦绌老子。道不同，不相为谋。"（《史记·老子韩非列传》）同时，它们又在某些方面表现出互为表里，互为依存。如道学贵柔，重天道，偏理性；儒学贵刚，重人事，偏践行。这两种不同的哲学趋向相互渗透，相互补充。东汉魏伯阳作《周易参同契》，借用京房易学纳甲说阐发丹道，是援《易》入道。而虞翻以纳甲说注《易》则是援道入易。《易》与道互诠互动，反映了汉代儒与道会通的趋势，也显示了易学发展的特点，即其具有高度的开放性、摄涵性。易学发展生生不息，经久不衰，正是由于它能与其他文化相互渗透，相互影响，相互促进。其次，虞氏纳甲说包含了天文、历法等古代自然科学知识，是易学与自然科学相结合的产物，是汉代一种独特的自然哲学。它以符号与图像为形式建构的纳甲说，是现实世界与符号世界相互联系的宇宙变化图式，具有深刻的哲学意蕴。其与汉代爻辰说、卦气说等宇宙图式有本质区别。如爻辰说、卦气说之时空观秉承《易传》，以太阳为参照物，其八卦时空为：乾为西北，为秋冬之交；坎为北方，为冬；艮为东北，为冬春之交；震为东方，为春；巽为东南，为春夏之交；离为南方，为夏；坤为西南，为夏秋之交。而虞氏纳甲说一反《易传》的传统，以月体为参照物，乾坤列东，为春；兑艮列南，为夏；震巽列西，为秋；坎离列北（有时也列中），为冬。为易学沿着科学、理性的道路发展打下了基础。再次，虞氏以纳甲说注

《易》，虽然不乏牵合之处，但它力图从科学出发，笺注《周易》，从客观上讲，是对汉易中神学杂质的冲击，为后世科学易形成提供了典范。同时，也拓展了象数易学的思路，为当时人们以象数注《易》提供了新的方法。从这个意义上讲，虞氏纳甲说是对象数易学的贡献。

当然，魏氏与虞氏的纳甲说也存在一些问题。主要表现在八卦与月体变化不能完全对应，往往牵强附会：一，因为昼夜长短不同，每个月的月体位置不固定，与纳甲说位置不符。二，八卦中兑艮三画阴阳不能平分，与上下弦月象不符。三，乾坤分别为三画，分别为一个月的望晦。每月三十日，每爻主五夜。震为初五，兑为初十，巽为二十，艮为二十五。此与纳甲不合。因而遭到一些易学家批判。如赵汝楳指出："昼夜有长短，昼短日没于申，则月合于申，望于寅。昼长则日没于戌则月合于戌，望于辰十二月间，三日之月未必昼见庚，十五日之月未必尽见甲，合朔有先后，则上下弦未必尽在八日，二十三日望晦，未必尽在十五日。三十日震巽位于西，兑艮位于南，乾坤位于东，与《大传》之卦易位，兑画阳过阴，艮画阴过阳，不能均平，与上下弦月体相符。"朱凤林亦云："以乾三画纯阳为望，以坤三画纯阴为晦，其明魄消长，当以五夜当一画，则震当为初五夜之月，而非生明。兑当为初十夜之月，而非上弦，望后巽艮亦然，此月之明魄与卦画不类也。地之方位甲庚相对，既以望夕之月为乾而出甲，则初生之月不见于庚矣，上下弦之昏旦，同见于南方之中，亦初无上弦见丁，下弦见丙之异也。况月之行天一岁十二月，其昏旦出见之地，夜夜推移无定位，可指来月所纳之甲，非今月所纳之甲矣。"正因为如此，陈澧谓虞氏纳甲之法"有可通，有不可通"。可通者，"月三日生明为震象，十七日生魄为巽象，十五日望为乾象，三十日晦为坤象此可通者也"。"望前，月出地平时，日犹在天，人目不能见月，故生明必至暮，乃见于西。上弦必至日暮，乃见于南。望则日暮即见于东，谓三日暮出庚，八日见丁，十五日盈甲，此可通者也。"不可通者，"八日上弦，二十三日下弦，皆半明半魄"，三画之卦兑象和艮象，无半阳半阴，"不可通也"。"坎月在阴中，离阴在阳中，月有明在魄中、魄在明中。晦夕朔旦为坎，日中为离"，有晦朔见月，"尤不可通"。"十七日暮后，月即见于东，何以待至天将旦，月至辛，方始见为巽乎？二十三日夜半，月即见于东，何以待至天将旦？月至丙，方始见为艮象乎？此又不可通者也。"（《东塾读书记·易》）

同时，从八卦之间关系和五行属性看，虞氏纳甲与十天干和五行不符，凸显出虞氏纳甲的弊端。如清儒黄宗羲曾指出："坎为月，则月者，八卦中之一也。八卦纳甲而专属之月，可乎？同此八卦或取象于昏，或取象于旦，亦非自然之法象也。故沈存中不主月象，谓：'是天地胎育之理，乾纳甲壬，坤纳乙癸者，上下包之也。六子包于腹中，其次第震巽宜纳丙丁，艮兑宜纳庚辛，今反是者，卦自下生，先初爻，次中爻，末上爻，是以长下而少上也。'某又不然，甲乙至壬癸，乃先后之次第，非上下之次第也。震巽庚辛、艮兑丙丁，是乱其先后矣。不得以爻为解，以方位言之。乾金、坤土、震木、巽木、坎水、离火、艮土、兑金，在《说卦》可证。今乾纳甲壬，坤纳乙癸，其为木耶？水耶？震巽之为金，坎离之为土，艮兑之为火，将安所适从耶？若置之不论，则又无庸于纳矣。"（《易学象数论·纳甲》）按照黄宗羲之见，纳甲说之缺陷在于：月体八卦，有时言"昏"，有时言"旦"，不在同一时间上；十天干之间是平等关系，与八卦相匹配，就违背了《说卦传》所谓八卦是乾坤父母与六子的关系；天干五行是甲乙木，丙丁火，戊己土，庚辛金，壬癸水，而纳甲说乾纳甲壬，坤纳乙癸，震纳庚，巽纳辛，坎纳戊，离纳己，艮纳丙兑纳丁，二者之五行相悖。黄氏对于纳甲的批评可谓精辟！

另外，若从文本言之，纳甲非经文所固有，故以此注经并不符合经义。清人王引之站在文本角度，认为虞翻纳甲不符合经传，用之注《易》，自相矛盾。他举虞注坤卦卦辞"西南得朋，东北丧朋"为例："如虞说，二阳为朋，则一阳犹不得为焉朋，月之出丁成兑，己得二阳，可谓朋矣，若出庚成震，甫得一阳，未可谓之朋也。经文但云'南得朋'可矣，何得云西乎？消乙入坤，可谓丧朋矣，若纳气于癸，则与日同躔为阳精复生之本，不得仍谓之丧。经文但云'东丧朋'可矣，何得云北乎？十六日之旦，明初退于辛方，二十三日之旦，半消于丙方，皆丧朋之象。西南亦有丧朋之时，何以独云得朋乎？望夕夜半，月盈于甲方，纳其气于壬方，三阳并着，乃得朋之最盛者，东北亦有得朋之时，何以独云丧朋乎？"（《经义述闻》第一）在王引之看来，纳甲不仅与经文不符，也与传文不符。《象传》以众阴为朋，而虞氏以二阳为朋，不符合《象》意。"《象传》曰：'西南得朋，乃与类行。'谓众阴为朋也。今乃云二阳为朋，不与《象传》相戾乎？虞说殆不可通。"（《经义述闻》第一）依王引之说法，虞翻纳甲说以卦二阳爻为朋，一阳爻不得为朋，以此推之，震为一阳，纳庚，在西，不得为朋，与经文西南得朋不符。坤为三阴纳乙，为丧朋。而坤纳癸，癸北方，阳气复生，不得为丧。只言东丧朋即可，与经文"东北丧朋"不符。同时，十六日，巽纳辛于西方，二十三日艮纳丁于南方，皆为阳消之象，应为丧朋。西南有丧朋之时。十五乾三阳纳甲于东方，纳壬于北方，也有得朋之象。显然与经文"西南得朋，东北丧朋"相抵牾。又虞翻以纳甲注《易》，混淆概念。注蹇卦《彖》辞"利西南，往得中也。不利东北，道穷也"曰："坤，西南卦，五在坤中，坎为月，月生西南，故利西南。'往得中'，谓西南得朋也；艮，东北之卦，丧乙灭癸，不利东北，其道穷也，则东北丧朋矣。"王引之在批驳虞翻蹇卦《彖》注时指出：坤西南为卦位，指地理位置，而月体纳甲所言位置是月体变化所处位置不是卦位。二者不可混同。虞氏以月体变化位置解释坤卦所示地理位置，显然是错误。即使以纳甲解之，西南和东北皆有利，又有不利，与经文利西南、不利东北相抵牾。（《经义述闻》第一）

第四章　虞翻象数易学（下）

一、旁通、反卦、两象易说

所谓旁通，是虞翻以象注《易》常用的一种方法，这是他对象数易学所做的特殊贡献。虞氏以非凡的智慧和丰富的易学知识，从《易传》中钩引出旁通说。《文言》释《乾》云："六爻发挥，旁通情也。"这是易学史上首次言旁通。其本义是就《周易》六爻的性能而言的，是说六爻发动挥变，可以广通万物之情，即《系辞》所谓的"以通神明之德，以类万物之情"。旁，广大，普遍。《说文》："旁，溥也。"《尔雅》："溥，大也。"《诗·大雅·公刘》："瞻彼溥原。"郑笺云："溥，广也。"《周官·男巫》："旁招以茅。"杜子春云："招四方之所望祭者。"通，通达。故此"旁通"义为广泛通达。

虞翻将《易传》"旁通"概念加以改造，赋予特定的含义，即阴阳相反而相通，阴通阳，阳通阴，故两个卦画相反的卦其含义相通，这就是虞氏的旁通。如《比》☷☵与《大有》☲☰相反。虞注《比》云："与《大有》旁通。"注《大有》云："与《比》旁通。"《小畜》☴☰与《豫》☳☷卦画相反。虞注《小畜》云：“与《豫》旁通。”注《豫》云：“与《小畜》旁通。”
《履》☰ 与《谦》☷ 相反。虞注《履》云：“与《谦》旁通。”
注《谦》云：“与《履》旁通。”考虞氏易注明言旁通者二十
余卦，除了上面所列，还有《同人》注、《蛊》注、《临》注、
《剥》注、《夬》注、《复》注、《姤》注、《大畜》注、《颐》
注、《坎》注、《离》注、《恒》注、《鼎》注、《革》注。

　　然而，虞氏以旁通注《易》远不止于此，常常有这种情
形，他只用旁通取象注《易》，而不言旁通。如《蹇》《睽》，
虞注《易》用旁通之义而不言。关于这一点，清儒张惠言早有
详证：“《蹇》《睽》虽不言旁通，然《蹇》五注云‘《睽》兑为
朋’，是旁通《睽》也。《睽》注云：‘五应乾五，伏阳与《鼎》
五同义。’乾五伏阳则是《蹇》五，故此二卦与《豫》《小畜》
《萃》《大畜》同为旁通。”（《周易虞氏消息》卷一）张氏所言
极是。又如，《睽·象》云：“二女同居，其志不同行。”《睽》
☲ 与《蹇》☵ 旁通，《蹇》上为坎，故虞注云：“坎为志。”
《蹇·彖》云：“见险而能止。”《蹇》与《睽》旁通，《睽》上
体为离，虞注云：“离见。”又如《师》☷ 与《同人》☰ 旁通。
《同人》下为离，虞注《师》六三云：“坤为尸，坎为车多眚，
《同人》离为戈兵，为折首，失位乘刚无应，尸在车上，故舆
尸凶矣。”所以清儒李锐所谓“六十四卦注言旁通者二十一，
皆有义例可寻，余卦无取乎旁通，故注不言旁通也”（《周易虞
氏略例》）欠妥。

　　在虞氏看来，卦与卦之间旁通之义本自《乾》《坤》之

"亨"。《乾》为纯阳，《坤》为纯阴，而此两卦有"亨"之辞。亨，有"通"之意。乾坤阴阳相反而能相通。虞注《乾·文言》云："乾始开通，以阳通阴，故始通也。"注《坤》卦辞云："阴极阳生，乾流坤形。"因而卦与卦之间的旁通，其源于乾坤阴阳相通。由于乾坤阴阳相通，而使其他卦之间相通，此是对天地阴阳转化的一种反映。

虞翻所谓的"反卦"，指颠倒两卦互为"反卦"。惠栋曾对反卦作了规定："有卦之反，有爻之反。卦之反，反卦也；爻之反，旁通也。"（《易例》卷下）何谓反？反，就是相反。春秋时老子曾列举了许多相反的概念，如有无、难易、长短、高下、前后等。虞氏易学中的相反，其义与老子类同。就爻而言，指阴阳相反；就卦而言，指上下相反。反卦就是"以上为下，以下为上。"（李锐《周易虞氏略例》）即将六爻反转一百八十度（即将卦画颠倒），六爻俱变，以初为上，以二为五，以三为四，以四为三，以五为二，以上为初。其实，虞氏反卦，即是唐孔颖达所谓的"覆卦"。反卦之义出自《易传》。《序卦》云："剥，穷上反下。"《杂卦》云："否泰，反其类也。"虞翻以此为据，提出《周易》有反卦。

虞氏秉承《易传》之传统，从《周易》六十四卦画入手，总结出卦与卦之间有"反"的关系。如：《否》☷☰反为☷☰《泰》。虞注《泰》云："反《否》也。"注《系辞》下"万物化醇"云："《否》反成《泰》。"注《序卦》"然后有万物"云："谓《否》反成《泰》。"《泰》反为《否》。虞注《否》云："反

《泰》也。"《观》☶反为《临》☱。虞注《观·象》云："《观》反《临》也。"《晋》☲反为《明夷》☷。虞注《明夷》云："反《晋》也。"《渐》☴反为《归妹》☱。虞注《渐》云："反成《归妹》。"《损》☶反为《益》☴。虞注《系辞》下"万物化生"云："《损》反成《益》。"《咸》☱反为《恒》☳。虞注《序卦》"然后有夫妇"云："《咸》反成《恒》。"今本《周易》六十四卦排列，除了《乾》《坤》、《坎》《离》、《中孚》《小过》、《颐》《大过》四组卦外，其他卦皆为反卦。

　　虞氏提出反卦，是为了以象注《易》。在虞氏看来，既然《周易》存有反卦之象，那么两个反卦之间必然有着内在的联系。这种必然联系则是两卦某些卦辞相互印证的重要依据。如《泰》☷与《否》☰互为反卦，两卦卦辞可以相互印证，《泰》初九有"拔茅茹"之辞，根据在于反卦《否》象。虞注《泰》初九云："《否》《泰》反其类。《否》巽为茅。茹，茅根。艮为手。汇，类也。"这是说《泰》反卦为《否》，《否》三四五互体为巽，二三四互体为艮，巽为茅，艮为手，故《泰》初九有"拔茅茹"之辞。《泰》上六"城复于隍"也可以从反卦《否》中找到相关的象。虞注《泰》上六云："《否》艮为城，故称城。坤为积土。隍，城下沟，无水称隍，有水称池。今《泰》反《否》，乾坏为土，艮城不见而体《复》象，故城复于隍也。"《泰》上六有城不见而有"复于隍"辞，取自《否》，《否》二三四互艮，艮为城，反《否》为《泰》，《否》内卦坤，取代《泰》卦乾，而有乾坏为土之象，坤为土。而《泰》卦无艮象，有"艮城不见"之象。但《泰》三四五上互体《复》象而有"复"辞，故"城复于隍"。而《否》卦有阻隔、闭塞之义，一方面《否》卦三阴在下有上长之势而"消乾"，另一方面反《泰》为《否》。泰，为通达，反泰故为闭塞不通。又如《晋》䷢与《明夷》䷣互为反卦，《明夷》有光明受伤之义，而《晋》反为《明夷》。《晋》上离为日，下坤为地，有日出地上之象，反《晋》为《明夷》，《明夷》上坤为土，下离为日，而有日入地中、光明受伤之象。虞注《明夷》云："夷，伤也。……而反《晋》也，明入地中，故伤矣。"《明夷》上六"初登于天，后入于地"也来自《晋》。虞注云："《晋》时在上，丽乾，故登于天，照四国，今反在下，故后入于地。"由此看来，虞氏之反卦在以象注《易》中的作用十分重要。

这里值得注意的是，并不是每一卦都有反卦，如《乾》《坤》《坎》《离》《颐》《大过》《小过》《中孚》八卦就没有反卦，这八卦卦画倒置后还是其自身。这些卦被虞氏称为"反复不衰"卦。虞注《颐》云："《晋》四之初，反复不衰，与《乾》《坤》《坎》《离》《大过》《小过》《中孚》同义。"又注《系辞上》"古之聪明睿知神武而不杀者夫"云："《乾》《坤》《坎》《离》反复不衰，故而不衰者夫。""反复不衰"是说此八卦无反卦之变化。

以上所言是虞氏易学中的"旁通"、"反卦"。与此相关联的，还有"两象易"。两象易作为易象，是指将一卦上下（或内外）两象互换而变成另一卦，这方法又被称为"上下象易"。

刘大钧先生在《周易概论》中作过精辟的论述，他指出："这种在一个卦体中，用上卦与下卦互相交易而变成另一卦体的方法，古人称作'上下象易'。如《恒》卦☳☴，其上下象易得《益》卦☴☳；《咸》卦☱☶，其上下象易得《损》卦☶☱；《屯》☵☳，其上下象易得《解》卦☳☵等等。古人运用'上下象易'的办法，探求着此一卦与彼一卦之间的卦变关系。"① 虞氏的"两象易"之说见于《系辞》注。《系辞》下云："上古穴居而野处，后世圣人易之以宫室，上栋下宇，以待风雨，盖取诸《大壮》。"虞注云："《无妄》两象易也。《无妄》乾在上，故称上古，艮为穴居，乾为野，巽为处。《无妄》乾人在路，故穴居野处，震为后世，乾为圣人，后世圣人谓黄帝也。艮为宫室，变成《大壮》，乾人入宫，故易以宫室。艮为待，巽为风，兑为雨，乾为高，巽为长木，反在上为栋，震阳动起为上栋。下宇，谓屋边也。兑泽动下为下宇。《无妄》之《大壮》，巽风不见，兑雨隔，震与乾绝体，故上栋下宇，以待风雨，盖取诸《大壮》者也。"

《系辞》下云："古之葬者，厚衣之以薪，葬之中野，不封不树，丧期无数，后世圣人易之以棺椁，盖取诸《大过》。"虞注云："《中孚》上下易象也。本无乾象，故不言上古。《大过》乾在中，故但言古者。巽为薪，艮为厚，乾为衣，为野。乾象在中，故厚衣之以薪，葬之中野。穿土称封，卦古窆字也。聚土为树。《中孚》无坤坎象，故不封不树。坤为丧期，谓从斩衰至缌

① 刘大钧《周易概论》，巴蜀书社，1999年，第86页。

麻，日月之期数。无坎离日月坤象，故丧期无数，巽为木，为入处，兑为口，乾为人。木而有口，乾人入处，棺敛之象。《中孚》艮为山丘，巽木在里，棺藏山陵，椁之象也。故取诸《大过》。"

《系辞》下又云："上古结绳而治，后世圣人易之以书契，百官以治，万民以察，盖取诸《夬》。"虞注云："《履》上下象易也。乾象在上，故复言上古，巽为绳，离为罟，乾为治，故结绳以治。后世圣人谓黄帝、尧、舜也。《夬》旁通《剥》，《剥》坤为书，兑为契，故易之以书契。乾为百，《剥》艮为官，坤为众臣，为万民，为迷暗，乾为治。《夬》反《剥》，以乾照坤，故百官以治，万民以察，故取诸《夬》。"

这是虞氏以两象易方法取象说《易》之明证。在以上所引《易》注中，虞氏以《无妄》☳☰上下两象互易变《大壮》☳☰取象说明《系辞》所言圣人改穴居野处而为宫室之辞，以《中孚》☴☱上下两象互易变《大过》☱☴取象说明《系辞》所言圣人改古之葬法为棺椁之辞，以《履》☰☱上下两象互易变成《夬》☱☰取象说明《系辞》所言圣人改结绳记事为书契之辞。显然，虞氏是以两象易这种卦与卦之间的联系来解说《易》的，以这种方法说《易》在易学史上当属首创。在虞氏之前，荀爽易学升降说中已暗含了这样的思想。如荀注《需》九二云："乾虽在下，终当升上。"注上六云："需道已终，云当下，入穴也。……三人谓下三阳也，须时当升。"但荀氏着眼点在于升降，而没有将内外卦互易概括为"两象易"。由此观之，虞氏"两象易"之义，虽然受到荀氏升降说的启发，但主要还是根据《系辞》"易之"之辞而发明。从虞氏对《系辞》注的说明中可见此意。他说："《大壮》《大过》《夬》此三，盖取直两象上下相易，故俱言'易之'。《大壮》本《无妄》，《夬》本《履》卦，乾象俱在上，故言上古。《中孚》本无乾象，《大过》乾不在上，故但言古者，《大过》亦言后世圣人易之，明上古时也。"（《系辞下》注）虞氏的这个说明，我们可以这样理解，《系辞》观象制器一节，有"易之"之辞，促使虞氏引发出"两象易"之义，才有《无妄》两象易变《大壮》，《履》两象易变《夬》，《中孚》两象易变《大过》。

以上所述是虞氏的旁通、反卦、两象易，下面简述一下三者的关系。虞氏为了注《周易》的需要而发明旁通、反卦、两象易，这是三者产生的原因。按照虞氏的说法，六十四卦有旁通，有反卦，有两象易，三者有着严格的界限，如旁通是两卦六爻相反，反卦是两卦反覆，两象易是两卦内外卦相反。但是，三者又互为表里，相互补充，概括了六十四卦之间的关系，同时它们又相互包含。清儒钱大昕曾指出："《泰》《否》、《既济》《未济》，反复兼两象易，兼旁通。《随》《蛊》、《渐》《归妹》，反复兼旁通。"（《十驾斋养新录》卷一）也就是说，《泰》《否》、《既济》《未济》每一对既互为旁通卦，又兼反覆、两象易。《随》《蛊》、《渐》《归妹》每一对既互为反覆，又互为旁通。但是钱大昕概括得不全面，还有既互为反卦又互为两象易的，如《需》《讼》、《师》《比》、《同人》《大有》、《晋》《明夷》。有两卦互为旁通又兼两象易的，如《咸》《损》、《恒》

《益》。台湾地区学者简博贤分类示之，十分明了，兹录之如下：

反卦：屯蒙、小畜履、谦豫、临观、噬嗑贲、剥复、无妄大畜、咸恒、遁大壮、家人睽、蹇解、损益、夬姤、萃升、困井、革鼎、震艮、丰旅、巽兑、节涣。

旁通：乾坤、屯鼎、蒙革、需晋、讼明夷、师同人、比大有、小畜豫、履谦、临遁、观大壮、噬嗑井、贲困、剥夬、复姤、无妄井、大畜萃、颐大过、坎离、家人解、睽蹇、震巽、艮兑、丰涣、旅节、中孚小过。

两象易：屯解、蒙蹇、小畜姤、履夬、谦剥、豫复、随归妹、蛊渐、临萃、观升、噬嗑丰、贲旅、无妄大壮、大畜遁、颐小过、大过中孚、家人鼎、睽革、困节、井涣。

反卦兼旁通：随蛊、渐归妹。

反卦兼两象易：需讼、师比、同人大有、晋明夷。

旁通兼两象易：咸损、恒益。

旁通、反卦兼两象易：泰否、既济未济。[①]

旁通说、反卦说、两象易说从不同角度揭示了相反而相通的道理，从而阐明了卦与卦之间的关系，这是对《易传》的发展。《杂卦》训释卦义，注重的是卦与卦相反的关系；《序卦》说明卦序，崇尚的是卦与卦相因转化的关系。虞氏发明以上三说，强调的是卦与卦相反而相通的关系，这和他的卦变说一样，从一个新的角度揭示了六十四卦之间的联系。以此法注释

---

① 简博贤《今存三国两晋经学遗籍考》，台北三民书局，1986年，第一章。

《周易》经文，对于探讨卦爻象与卦爻辞之间的关系提供了新的方法，丰富了象数易学的内容。就虞氏易学自身而言，旁通说、反卦说、两象易说为"之正说"、"卦变说"提供了理论根据。也就是说，爻之变化（阳变阴、阴变阳）以及由爻变而引起的卦变之所以可能，其关键在于阴阳可以相通。阴阳相通，才可能相变。由此观之，旁通说、反卦说、两象易说是虞氏易学体系不可缺少的组成部分。

另外，我们可以看到，虞氏的旁通说、反卦说对后世产生了很大的影响。唐代孔颖达将《周易》六十四卦归结为"二二相耦，非覆即变"（覆即是虞氏反卦，变即是虞氏旁通），明代来知德揭示了六十四卦之间的"错""综"关系（错，即是虞氏的旁通；综，即是虞氏的反卦），表面看来是一大发明，实质上是对虞氏旁通、反卦说的抄袭，只不过是更换了两个名辞而已。

当然，我们也应当看到，无论是旁通、反卦，还是两象易，虽然是借助于《周易》六十四卦之间关系注释《易》辞，以补充取象方法之不足，可以解决一些问题，但这三种作法大多为牵强附会，不符合《易》的原义。如清王引之指出，虞翻以《文言传》"六爻发挥，旁通情也"为依据提出旁通说是一种误解。《文言传》"六爻发挥"，本义是"谓刚健中正之卦，发动而成六爻。非谓已成六爻，又发动而成他卦也"。旁，溥徧之意，"旁、溥、徧一声之转"。"旁之言溥也，徧也。""旁通情"本义是"溥通乎万物之情"。故此句话是"言六爻发动，溥通乎万物之情也"（《经义述闻》第二），"非谓变而通坤，以

成六十四卦也"。（同上）虞氏错误在于，"乃于诸卦之爻，皆
以旁通取义，遂令本卦之爻不取象于本卦，而取于所通之卦，
而阴阳相反之卦爻，皆杂糅而无辨矣。"（同上）进而，王引之
以虞翻取旁通注《师》为例说明之。《师》六三："师或舆尸，
凶。"虞氏以《师》卦旁通卦《同人》注之曰："坤为尸，坎为
车多眚。同人离为戈兵，为折首，失位乘刚无应，尸在车上，
故舆尸凶矣。"《师》卦上坤下坎，按纳甲，坤纳乙灭身，故为
尸。坎为车。坎为陷、重险而多眚。其旁通卦《同人》上乾下
离，按《说卦传》，离为戈兵。《离》上九有"折首"之辞。王
引之辩驳说：

> 引之谨案：此谓《师》与《同人》旁通也。案《同
> 人》上乾下离，《师》则上坤下坎，刚柔相反，不得取象
> 于《同人》也。如相反者而亦可取象，则《乾》之初九亦
> 可取象于《坤》而曰"履霜"，《坤》之初六亦可取象于
> 《乾》而曰"潜龙"矣而可乎？夫圣人设卦观象，象本即
> 卦而具，所谓视而可识，察而可见也。今乃舍本卦而取于
> 旁通，刚爻而从柔义，消卦而以息解，不适以滋天下之惑
> 乎？虞仲翔以旁通说《易》，动辄支离，所谓大道以多歧
> 亡羊者也。虞说不可枚举，略举一爻以例其余，有识者必
> 能推类以尽之。（《经义述闻》第一）

以王氏之意，《周易》系辞取之本卦之象，不求他卦，而旁通

之象是取他卦，故非经文之意。故虞氏以旁通注《易》，舍本卦而取他卦，有违于经文之意，附会支离。进而，他以《易传》之《彖传》《象传》只取本卦之象而不取旁通之义来否定虞翻旁通说。他说："《易》之《彖》与《大象》，惟取义于本卦。健、顺、动、巽、险、明、止、说之德，天、地、风、水、火、山、泽之象，无不各如其本卦，义至明也。虞仲翔以卦之旁通释之，虽极意弥缝，究与经相抵牾。"（《经义述闻》第二）王引之还以虞氏注《履·彖》《豫·彖》《离·彖》《革·彖》用旁通为例说明虞氏旁通说不符合《彖传》。以虞注《坤·象》《小畜·象》《履·象》《同人·象》《大有·象》《谦·象》《复·象》《离·象》《夬·象》《姤·象》《革·象》《兑·象》用旁通为例，说明旁通说不符合《象传》。在此基础上，王引之总结说："夫《彖》《象》，释《易》者也。不合于《彖》《象》，尚望其合于《易》乎？今世言《易》者多宗虞氏，而不察其违失，非求是之道也。"（《经义述闻》第二）陈澧对于虞氏旁通说也有批评。他以虞注《履》"履虎尾，不咥人"为例。虞注曰："与谦旁通，以坤履乾，以柔履刚，谦坤为虎，艮为尾，乾为人。乾兑乘谦，震足蹈艮，故履虎尾。"虞注《彖》"柔履刚"云："坤柔乾刚，谦坤藉乾，故柔履刚。"陈澧指出："如虞说，乾为人，坤为虎，乾人履坤虎，是刚履柔，非柔履刚。然藉者，在下也；履者，履所藉也。坤藉乾，仍是乾履坤，刚履柔也。其说之谬如此，而诋人为俗儒，可乎？"（《东塾读书记·易》）应当说，从注经言之，虞氏以旁通注《易》确实不符合《易》文本，王氏、陈氏之说不误。

二、形式多样的互体说

互体是象数易学的范畴，是象数易学家构筑其理论体系不可缺少的一个内容。易学史上凡主象数者，多言互体。互体，是变换人的视觉，对六爻之卦重新认识的结果。在一般的情况下，六爻之卦被分为内外两部分，内卦居下又称下体，外卦居上又称上体。这种对卦的认识基于卦的形成。按照传统说法，是先有八卦，后有六十四卦，六十四卦是由八卦相重而成，这就是《系辞》所谓："八卦成列，象在其中矣。因而重之，爻在其中矣。"《说卦》所谓："兼三才而两之，故《易》六画而成卦。"而互体说打破了这个局限，将一卦六爻重新分组结合，这样又会产生两个经卦，如二、三、四爻可以视为一经卦，三、四、五爻可以视为一经卦，这两个经卦与原有的（内外卦）经卦又可以重新组成许多个别卦，这就是互体。

互体作为象数易学家的取象方法，由来已久，早在春秋时，就被一些易学家运用于筮占当中。据《左传》记载，陈厉公生敬仲，周史为其占，得《观》之《否》。周史曰："……坤，土也；巽，风也；乾，天也。风为天于土上，山也。"（庄公二十二年）杜预注曰："自二至四有艮象，艮为山是也。"这是说《否》二爻至四爻互成《艮》，艮为山。这是我们目前见到的古人运用互体最早的记载。

战国时，以注释《周易》为宗旨的《易传》成书。其中
《系辞传》提出了"二与四同功而异位"，"三与五同功而异
位"。先儒据此认为《易传》亦有互体之说，然考《系辞》之
文意，"二与四"，指二爻与四爻，非二至四爻；"三与五"，指
三爻与五爻，非三至五爻。又考《彖传》《象传》皆不以互体
注《易》，故以此作为《易传》有互体的证据，不能令人信服。

真正注重互体，并广泛运用于说《易》之中的当是两汉易
学家。在汉代官方极力倡导之下，易学得到了空前的发展和繁
荣。互体之说随之兴盛，而被象数易学家所吸收和发展。京房
是西汉较早地运用互体的易学家之一。从遗留下来的京氏易学
材料看，京氏注《易》所使用的互体比较简单，只言互体经卦
取象。如京氏注《渐》云："互体见离，主中文明。"（《京氏易
传》卷上）此言《渐》卦☴，三四五爻互体离，故言"互体见
离"。注《归妹》云："归妹阴复于本，悦动于外，二气不交，
故曰归妹，互见离坎，同于《既济》。"（同上卷中）此言《归
妹》☳，二三四爻互体离，三四五爻互体坎，上坎下离为《既
济》，故言"互见离坎，同于《既济》"。

互体取象在东汉广泛流行。汉儒承袭互体旧说，善于以
互体方法探求一卦六爻中所含藏的经卦，以此注《易》。如郑
玄注《恒》九三云："爻得正，互体为乾，乾有刚健之德，体
在巽，巽为进退，是不恒其德也。又互体为兑，兑为毁折，后
将有羞辱也。"（《礼记疏》卷五十五）此言恒卦☳二三四互体
乾，三四五互体兑。郑玄注《颐》云："自二至五有二坤。"此

言颐卦䷚二三四互体坤，三四五互体坤，故"自二至五有二坤"。《九家易》注《明夷》初九云："四互体震，为雷声，故曰'有攸往，主人有言也'。"此言明夷卦䷣三四五互体震。荀爽注《谦》九三云："体坎为劳终下二阴，君子有终故吉也。"此言谦卦䷎二三四互体坎。值得注意的是，汉儒还将每卦上下体也视为互体所致。郑玄注《旅》初六云："互体艮，艮小石。"（《仪礼疏》卷八）旅卦䷷上离下艮，而言"互体艮"。注《既济》九五云："互体为坎，又互体为离，离为日，坎为月。"（《礼记疏》卷五十一）既济䷾上坎下离，而言"互体为坎"，"互体为离"。宋衷注《姤》初六云："体巽为风，动摇之貌也。"此言姤䷫下为巽，而言"体巽"。东汉易学家开始以四爻画连互得经卦组成一别卦，如郑玄注《大畜》云："自九三至上九有《颐》象。"此是谓《大畜》䷙九三、六四、六五互震，六四、六五、上九互艮，上艮下震为《颐》象。

到了汉末，互体之说趋向完备。生活在汉末三国时代的易学大师虞翻是集大成者，他承袭两汉易学传统，将互体说发挥到无可复加的地步，而且在注《易》时能够做到运用自如，得心应手。也就是说，虞氏的互体说，无论是种类，还是运用的次数，都远远超过了以往任何一个易学家。兹参照清儒李锐《周易虞氏略例》，述虞氏互体之例如下：

（一）互体经卦或三才之卦，即三爻互体而得一经卦，这与虞氏以前的易学家相同。如：《乾》九五云："飞龙在天。"虞注云："谓四已变，则五体离，离为飞。"《乾》卦四爻变阴，故三四五三爻体离。《咸》九三云："咸其股。"虞注云："巽为股，谓二也。"《咸》内外卦无巽，二、三、四互体得巽，按《说卦》"巽为股"。在巽，二阳一阴，以一阴为主，故虞谓"巽为股，谓二也"。

（二）连互别卦或六画之卦。所谓连互，"即取卦体内外两卦及其互成的两卦，相互连接，这样在一卦之中又可以相连'互'出好几卦来"。[①]连互分为"五画连互"和"四画连互"。

1. 五画连互，指在一卦之中，用五个依次排列的爻互体组成一个新卦体。如初爻至五爻可以互出一个新卦体，二爻至上爻可以互出一个新的卦体，如虞注《蒙》卦云："二体《师》象。"《蒙》䷃初至三爻为坎，三至五互坤，上坤下坎故为《师》。虞注《豫·象》云："初至五体《比》象。"《豫》䷏初至三爻为坤，三至五爻互坎，上坎下坤为《比》，故为《比》象。以上初至五共五爻互出一个六画之卦。

又如虞注《蒙·象》云："体《颐》，故养。"注《蒙·象》云："二至上有颐养象。"《蒙》䷃二、三、四互震，四、五、上爻为艮，上艮下震为《颐》，故有《颐》象。虞注《大有》九三云："二变得位，体《鼎》象。"《大有》䷍二爻变阴，二、三、四互体成巽，四、五、上为离，上离下巽为《鼎》，故体《鼎》象。以上是二至上互出一个六画之卦。

2. 四画连互，指在一卦之中，用四个依次排列的爻互体

---

① 刘大钧《周易概论》，巴蜀书社，1999 年，第 58 页。

组成一个新的六画卦体。初爻至四爻、二爻至五爻、三爻至上爻各连互组成一个六画卦体。初爻至四爻四画互体法，如虞注《蛊》六四云："四阴体《大过》，本末弱也。"《蛊》䷑初、二、三爻为巽，二、三、四互为兑，上兑下巽为《大过》，故四爻处《大过》中称"四阴体《大过》"。虞注《小畜·象》云："初四体《夬》，为书契。"《小畜》䷈初、二、三为乾，二、三、四互为兑，上兑下乾为《夬》，故初四体《夬》。

二至五爻四画互体。如虞注《睽》初九云："四动得位，二至五体《复》。"《睽》䷥四爻失位变阴，二、三、四互为震，三、四、五互为坤，上坤下震为《复》，故二至五体《复》。虞注《师·象》云："五变执言时有颐养象。"《师》䷆五爻失位变正为阳爻，二、三、四互体震，三、四、五互体艮，上艮下震为《颐》，故有颐养象。

三至上爻四画互体。如虞注《大畜》六五云："三至上体颐象。"《大畜》䷙三、四、五三爻互震，四、五、上三爻为艮，上艮下震故为《颐》，故有《颐》象。虞注《泰》九三云："从三至上体《复》。"《泰》䷊三、四、五互体震，四、五、上为坤，上坤下震为《复》，故体《复》。

（三）连互不全之别卦，即互出经卦其中有一卦为二画半象，故连互别卦为五爻画。连互不全之别卦有两种形式，一种是五画连互，如虞注《需·象》云："二失位，变体《噬嗑》为食。"《需》䷄二失位变正为阴爻，初二两爻为震象半现，三、四、五互体离，上离下震为《噬嗑》，故初至五五爻互体《噬嗑》。注《同人》九四云："变而承五，体《讼》。"《同人》☰☲九四失位变正为阴爻，二、三、四互为坎，五上两爻乾象半现，上乾下坎为《讼》，故二至上五爻体《讼》。注《蛊·象》云："体《大畜》须养。"《蛊》☶☴二三两爻乾象半现，四、五、上三爻为艮，上艮下乾，为《大畜》，故二至上五爻体《大畜》。

另一种是四画连互。虞注《豫》云："三至上体《师》象。"《豫》☳☷三、四、五为坎，五、上两爻坤象半现，上坤下坎为《师》，故《豫》三至上四画体《师》。注《随》上六云："有《观》象，故亨。"《随》☱☳二、三两爻为坤象半现，三、四、五互为巽，上巽下坤为《观》。故《随》二至五四画体《观》。注《丰》上六云："三至上体《大壮》，屋象。"《丰》☳☲三四两爻乾象半现，四、五、上三爻为震，上震下乾，为《大壮》，故《丰》三至上四画体《大壮》。注《涣》"体《遁》象"，注《小过》九四"体《否》"，与上类同。

以上是虞氏互体的基本思想。按照虞氏互体的理论类推，《周易》中的每一卦可以互出九个经卦（其中包括二个内外卦和五个经卦的半象）和十五个别卦（其中含有十个半象卦的别卦）。以《节》为例图示（见下页图）。

由此，我们可以看到，虞氏的互体说内涵十分丰富，其意义也十分重大。虞氏互体说发展了两汉以来的互体学说。从京氏的互体经卦、郑玄等人的连互别卦，到虞翻将半象引进互体，使互体取象数量大幅度增加，标志着两汉互体说达

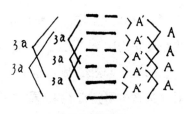

《节》互体图

A 表示经卦，A′ 表示经卦半象，a 表示别卦。由上图可以看出《节》互体有 5 个 A′，即 5 个经卦半象，自下而上为：乾半象、震半象、坤半象、艮半象、震半象；4 个 A，即 4 个经卦，为兑、震、艮、坎。连互有 15 个 a，即 15 个别卦。四连互：初至四 3a，为归妹、大壮（初二乾半象）、临（三四坤半象）。二至五 3a，为颐、颐（二三震半象）、颐（四五艮半象）。三至上 3a，为蹇、比（三四坤半象）、小过（五上震半象）。五连互：初至五 3a，为归妹、大畜（初二乾半象）、损（四五艮半象）。二至上 3a，为屯、屯（二三震半象）、震（五上半象）。

到了登峰造极的地步。因此，虞翻的互体说是两汉互体说的最高成就。它的产生，为当时的人们以象数注《易》提供了便利。

就易学发展而言，虞氏通过互体，进一步揭示了卦与卦之间、卦爻辞与卦爻辞之间的联系，对于象数易学乃至整个易学发展产生了不可低估的影响。然而此说遭到了后世钟会、王弼、顾炎武等人的讥讽和排斥。如王弼指出："是故触类可为其象，合义可为其征。义苟在健，何必马乎？类苟在顺，何必牛乎？爻苟合顺，何必坤乃为牛？义苟应健，何必乾乃为马？而或者定马于乾，案文责卦，有马无乾，则伪说滋漫，难可纪矣。互体不足，遂及卦变；变又不足，推致五行。一失其原，巧愈弥甚。"（《周易略例·明象篇》）清初顾炎武反驳了互体说在《易传》中的证据："凡卦爻二至四、三至五，两体交互，各成一卦，先儒谓之互体。其说已见于《左氏》庄公二十二年：陈侯筮，遇观之否，曰：'风为天于土上山也。'注：'自二至四有艮象，艮为山是也。四爻变故。'然夫子未尝及之。后人以'杂物撰德'之语当之，非也。其所论'二与四、三与五同功而异位'特就两爻相较言之，初何尝有互体之说。"（《日知录》卷一）

虽然如此，历代治《易》者仍有不少人笃信和研究运用虞氏互体说。如南宋朱震极为推崇互体之法，认为互体之法最早可以追溯到春秋时期，证之《易传》："一卦含四卦，四卦之中复有变动，上下相揉，百物成象。其在《易》，则离、震合而有颐，坤、离具而生坎。在《系辞》，则网罟取离，耒耜取益，为市取噬嗑，舟楫取涣，服乘取随，门柝取豫，杵臼取小过，弧矢取睽，栋宇取大壮，棺椁取大过，书契取夬。又曰'八卦相荡'，又曰'六爻相杂，唯其时物也'，又曰'杂物撰德'，此见于互体者也。"（《汉上易传序》）朱震对王弼、钟会进行了抨击："王弼谓互体不足，遂及卦变。钟会著论，力排互体。盖未详所谓易道甚大矣。"（《汉上易传》卷一）他讽刺王弼极力反对互体而在《周易注》又用互体。他说："王弼讥互体、卦变，然注《睽》六三曰：'始虽受困，终获刚助。'《睽》自初至五成《困》，此用互体也。"（《丛说》）朱熹重义理，兼顾象数，他支持王弼之说，也不信互体、纳甲等说，有别于汉易，但他注《大壮》六五却云："卦体似兑，有羊象焉。"朱子言"似"，实乃互体尔！元人吴澄撰《易纂言》，多采互体说。清儒黄宗羲著《易学象数论》，驳斥王弼、钟会等人对互体说的发难。黄宗羲认为，互体见于春秋时期，可以经文证之，不应轻易否定。他说："夫春秋之说经者去圣人未远，其相传必有自，苟非证之经文而见其违背，未尝可以臆弃矣。"换言之，互体为《易》所固有，以此解《易》顺理成章。如《师》二三四互震，震为长子，故《师》爻辞云"长子"。《蹇》二三四互坎，外卦亦坎，坎为险，故《蹇》彖辞言"险"。黄氏说："苟非互体，终不可通，象之无虚设亦明矣。"因此，他批评王弼"不知《易》中之象无一字虚设。牛马既为乾坤之物，则有牛马必有乾坤，求之二体而无者，求之互体而有矣。若弃互体，是圣人有虚设之象也"。（《易学象数论》卷二）另外，俞樾作《周易互体征》，列举《周易》三十卦，释其爻象，证明互体之说为《周易》固有，并责难虞氏注《易》未尽互体之义。如《蒙》六三云；"勿用取女，见金夫，不有躬。"俞氏注云："按自三到五互坤，坤道成女，故称女。其曰金夫者，自二至三互震，震为夫，虞翻说也。惟虞氏必谓二初发成兑，故三称女，则恐不然。虞又云坤身称躬，今顺经文读之，'不有躬'即谓女不有躬。躬为坤象，则女也坤象明矣，何必以兑言乎。"《睽》上九"载鬼一车"，俞注云："按自三至五互坎，坎有舆象，故为车。何谓鬼？虞氏以乾神坤鬼说之，义未尽也。以乾坤言则乾神而坤鬼，以坎离言则坎神而离鬼。《睽》上体离，自二至四又互离，而互体之坎正当其中，故有载鬼一车之象。"（《周易互体征》）

　　笔者管见，互体作为一种观象方法早在春秋时已使用，此时去《周易》成书时代未远，此法不可能是当时人们的随意杜撰，恐怕是有一定的承传，而且与《易》本义有一定的关系。这从《周易》卦爻辞可以得到印证。如《小畜》九三：“夫妻反目。”《小畜》自三至五互离，离为目，故有目象。《泰》六五云：“帝乙归妹。”《泰》自三至五互震，“帝出乎震”，故称帝。二至四互兑，兑为少女，故称归妹。虞氏言互体，合乎古法，而且言之成理，这一点是值得肯定的。但是他将互体说推向极端，不仅有四画连互、五画连互，还有半象在内的连互，其以互体注《易》之随意性清晰可见，这就不可避免地流入皮傅之学。这是招致历代易学家批评的重要原因。

三、不见于《说卦传》之八卦“逸象”

　　所谓逸象，是就《说卦》而言。《说卦》根据八卦的基本含义和属性，将自然、社会中许多事物分门别类，分附于八卦，这就是八卦所代表的万物之象。八卦之象，是象数易学家尤其是两汉易学家注释《周易》爻辞、取象解占的必不可少的现成的依据。为了达到以象解辞、以象解占之目的，易学家们覃思精研，不断地变换取象的方式（或用互体，或用纳甲，或用卦变等），以求得八卦，然后再根据需要，取《说卦》中所陈八卦某一象。这就是象数家、术数家在注经或行筮时惯用的方法。然而，往往会出现这样一个问题，易学家们经过几番周折，从六画卦中得出八卦中的一卦（或两卦），但从《说卦》所陈的八卦之象中找不到需要的象。也就是说，《说卦》所列八卦之象远远不能满足易学家在实际运用时的需要。为了摆脱这个困扰，易学家们除了变换取象的方法外，又在八卦取象上大作文章。经过他们的博引、推衍、考证，使八卦所代表的象大幅度增加，这些新增加的八卦之象被视为《说卦》失收的逸象。于是有了荀氏"逸象"、虞氏"逸象"。其实，这根本与《说卦》无关，而是易学家对《说卦》的阐发。清儒陈焘熊所言极是："按说《易》者所陈卦象，不见于《说卦》者，或据《易》推衍，或采他书相比附，岂《易》中本有其义，而今逸之哉？'逸象'之名殊未安。"（《读〈易汉学〉私记》）

考两汉之《易》注，补八卦之象最多者，莫过于虞氏。清儒对虞氏"逸象"进行了详尽的考辨。惠栋在《易汉学》中列虞氏逸象三百二十七，其中乾六十一，坤七十七，震五十，坎四十五，艮三十九，巽十六，离十九，兑九。（按：惠氏统计有误）张惠言著《周易虞氏义》，增一百二十五，共得逸象四百五十六，其中乾八十，坤一百一十，震五十六，巽四十四，坎六十九，离二十九，艮五十二，兑十六。纪磊作《虞氏逸象考正》，"取惠、张二家说，证其正是，辨其失违，又续搜得逸象六十六事，以附张氏书之后。"（吴承仕《检斋读书提要》）方申撰《虞氏易象汇编》，爬罗剔抉，辨析异同，以述虞氏逸象，自称得逸象一千二百八十七。兹录张惠言所列虞氏逸象如下，以作参考：

乾逸象：

乾为王，为先王，为明君，为神，为人，为大人，为圣人，为贤人，为君子，为武人，为行人，为物，为易，为立，为直，为敬，为畏，为威，为严，为坚刚，为道，为德，为盛德，为行，为性，为精，为言，为信，为善，为扬善，为积善，为良，为仁，为爱，为忿，为生，为详，为庆，为天休，为嘉，为福，为介福，为禄，为先，为始，为知，为大，为盈，为茂，为肥，为好，为施，为利，为清，为治，为大谋，为高，为扬，为宗，为族，为高宗，为甲，为老，为旧，为古，为大明，为远，为郊，为野，为门，为道门，为百，为岁，为顶，为朱，为衣，为圭，为蓍，为瓜，为龙。

坤逸象：

坤为臣，为顺臣，为民，为万民，为姓，为小人，为邑人，为鬼，为形，为身，为牝，为母，为躬，为我，为自，为至，为安，为康，为富，为财，为积，为聚，为萃，为重，为厚，为致，为用，为包，为寡，为徐，为营，为下，为容，为裕，为虚，为书，为迩，为近，为疆，为无疆，为思，为恶，为理，为体，为礼，为义，为事，为业，为大业，为庶政，为俗，为度，为类，为闭，为藏，为密，为默，为耻，为欲，为过，为丑，为积恶，为迷，为乱，为弑父，为怨，为害，为遏恶，为终，为永终，为敝，为穷，为死，为丧，为冥，为晦，为夕，为莫夜，为暑，为乙，为年，为十年，为户，为义门，为闾，为闭关，为盍，为土，为积土，为阶，为田，为邑，为国，为邦，为大邦，为万国，为异邦，为方，为鬼方，为裳，为绂，为车，为輹，为器，为缶，为囊，为虎，为凶，为黄牛，为牝牛。

震逸象：

震为帝，为主，为诸侯，为人，为士，为兄，为夫，为元夫，为趾，为出，为行，为征，为作，为逐，为惊走，为惊卫，为定，为百，为言，为讲论，为议，为问，为语，为告，为响，为声，为音，为鸣，为应，为交，为徵，为反，为后，为后世，为从，为守，为左，为生，为常，为缓，为宽仁，为乐，为笑，为喜笑，为笑言，为道，为陵，为祭，为邑，为禾稼，为百谷，为草莽，为鼓，为筐，为马，为麋鹿。

巽逸象：

巽为命，为命令，为号令，为教令，为诰，为号，为号咷，为处女，为妇，为妻，为商旅，为随，为入，为处，为入伏，为利，为齐，为同，为交，为进，为退，为舞，为谷，为长木，为苞，为杨，为木果，为茅，为白茅，为兰，为草木，为草莽，为杞，为葛藟，为薪，为庸，为床，为绳，为帛，为腰带，为繻，为蛇，为鱼，为鲋。

坎逸象：

坎为圣，为云，为元云，为川，为大川，为河，为心，为志，为思，为虑，为忧，为谋，为惕，为疑，为艰，为蹇，为恤，为悔，为逖，为忘，为劳，为濡，为涕洟，为眚，为疾，为疾病，为疾厉，为疑疾，为灾，为破，为罪，为悖，为欲，为淫，为寇盗，为暴，为毒，为渎，为孚，为平，为法，为罚，为狱，为则，为经，为习，为入，为内，为聚，为脊，为要，为臀，为膏，为阴夜，为岁，为三岁，为尸，为酒，为丛木，为丛棘，为蒺藜，为棘匕，为穿木，为校，为弧，为弓弹，为木，为车，为马。

离逸象：

离为女子，为妇，为孕，为恶人，为见，为飞，为爵，为日，为明，为光，为甲，为黄，为戎，为折首，为刀，为斧，为资斧，为矢，为飞矢，为黄矢，为罔，为罟，为瓮，为瓶，为鸟，为飞鸟，为鹤，为隼，为鸿。

艮逸象：

艮为弟，为小子，为君子，为贤人，为童，为童蒙，为童仆，为官，为友，为阍，为时，为斗，为星，为沫，为霆，为果，为慎，为节，为待，为制，为执，为小，为多，为厚，为取，为舍，为求，为笃实，为道，为穴居，为石，为城，为宫室，为门庭，为庐，为牖，为居，为宗庙，为社稷，为鼻，为肱，为背，为腓，为皮，为肤，为小木，为硕果，为硕，为豹，为狼，为小狐，为尾。

兑逸象：

兑为妹，为妻，为朋，为友，为讲习，为刑人，为刑，为小，为少，为密，为通，为见，为右，为下，为少知，为契。

以上是虞氏逸象。这些"逸象"多取自《周易》经传。取自经者如：乾为君子，取自《乾》九三爻辞："君子终日乾

乾。"乾为大人，取自《乾》九五爻辞："利见大人。"乾为龙，
取自《乾》卦爻辞"潜龙"、"见龙"、"飞龙"。坤为迷，取自
《坤》卦爻辞"先迷后得主"。坤为囊，取自《坤》六四爻辞
"括囊"。震为百，取自《震》卦辞"震惊百里"。震为鬯，取
自《震》卦辞"不丧匕鬯"。坎为习，取自《坎》卦卦辞"习
坎"。坎为丛棘，取自《坎》上六爻辞"置于丛棘"。离为折
首，取自《离》上九爻辞"有嘉折首"。艮为背，取自《艮》
卦卦辞"艮其背"。艮为腓，取自《艮》六二爻辞"艮其腓"。

　　取自传者则更不胜数，如乾为仁，取自《文言》："君子体
仁足以长人。"乾为易，为知，取自《系辞》"乾以易知"。乾
为始，取自《系辞》"乾知大始"。乾为大明，取自《彖》"大
明终始"。坤为至，取自《彖》"至哉坤元"。坤为弑父，取自
《文言》"子弑其父"。坤为闭，取自《系辞》"闭户谓之坤"。
坤为身、为躬、为我、为自，皆取自《说卦》"坤为腹"，坤
腹称身。震为帝，取自《说卦》"帝出乎震"。震为趾、为出、
为行、为征、为作、为逐、为惊走，皆取自《说卦》"震为
足"。震为主，取自《彖》"以为祭主"，《序卦》"主器者莫若
长子"。巽为命、为命令、为号令、为教令、为诰、为号，皆
取自《彖》"重巽以申命"，《象》"君子以申命行事"。巽为长
木，取自《说卦》"巽为木"，"巽为长"。巽为利、为商旅，取
自《说卦》"近利市三倍"。坎为劳，取自《说卦》"坎者……
劳卦也"。兑为讲习，取自《象》"君子以朋友讲习"。

　　当然，也有取自其他典籍者，如乾为甲，取纳甲之说。乾

纳甲，见《素问》云："天气始于甲。"乾为好，取自好生于阳
之说。惠栋云："贾逵曰：'好生于阳。'"（《易汉学》卷三）坤
为义，取自地道为义说。惠栋云："《周书》曰：'地道曰义。'
《乾凿度》曰：'地静而理曰义'。"（同上）坤为虎，取自京房
之说。惠栋云："京房易坤为虎刑。"（同上）

　　由此可以看到，虞氏于"逸象"煞费苦心，力图做到取
象有据。然而，它与《易传·说卦》一样，其八卦取象仍然存
在着不少问题。其一，八卦之象有重复者，如乾为行，震为行。
又如乾为人，震为人，巽为人。其二，有自相矛盾者，如坤为
恶，又为遏恶。乾为忿，又为庆。又如离为阴卦，但它又为
明，为日，又属阳，等等。这说明，虞氏逸象的分类由于缺乏
严格、统一的标准而显得驳杂不一。导致出现这种状况的原因，
在于注释《周易》经文的需要。因此，我们认为，虞氏逸象虽
然在某种程度上反映了当时人们对自然、社会现象的认识，揭
示了事物之间的联系和区别，对于易学家以象数注易有着重要
的意义，但从其分类取象的方法看，仍然欠缺科学性，故有相
当的随意性，使八卦之象变成了一个无所不包的大杂烩。这是
由当时易学理论发展的需要决定的，我们不能苛求古人。

四、荀、虞易学的内在联系

　　虞氏博大的象数易学体系，与其他所有思想体系一样，也
是历史发展的结晶，是在承袭汉易旧说的基础上，引申、阐发

而建立起来的。作为东汉三大家之一的荀爽易学，是虞氏易学重要的思想来源。这一点，从虞翻对当时易学家的评价即可看出。虞氏遍览汉代诸家易说，皆有批评，唯独赞赏荀氏易学。他说："汉初以来，海内英才，其读《易》者解之率少。至孝灵帝之际，颍川荀谞号为知《易》，臣得其注，有愈俗儒。又南郡太守马融有俊才，其所解释复不及谞。……若乃北海郑玄，南阳宋衷小差玄，而皆未得其门。难以示世。"既然虞翻研究过荀氏易，又如此赞赏其易学，那么，他的易学体系必然要受到荀氏易学的影响，这是不言而喻的。

考荀、虞两家易注，二者相通处颇多，这进一步展示了荀、虞两家的内在联系，兹从几个方面作具体说明。

其一，荀、虞两家皆以阴阳升降说注《易》。

据惠栋的考证，升降之说很早就被运用。《左传》史墨论鲁昭公之失民，季氏之得民，云：'在《易》卦，雷乘乾曰《大壮》，天之道也。'言九二之大夫当升五为君也。"（《易例》卷下）其实，真正以阴阳升降说注《易》的当是汉代荀爽。荀爽易学的显著特征是升降说。如清儒张惠言所云："荀氏之义莫大乎阳升阴降。"（《周易荀氏九家义》）"郑氏言礼，荀氏言升降，虞氏言消息。"（《周易郑荀义序》）在荀氏看来，所谓升降，就是阴阳进退消息，阳性主升，阴性主降。它本是大自然的规律。荀注《乾·象》"时乘六龙以御天"云："御，行也。阳升阴降，天道行也。"（引自《易汉学》卷七）荀氏认为这种阴阳升降规律首先由《周易》中乾坤两卦表现出来，乾为阳，坤为阴，乾主升，坤主降。荀注《乾·文言》"云行雨施"说："乾升于坤曰云行，坤降于乾曰雨施。"具体地说，乾坤升降，依据爻位得正、对应的原则，凡失位者，阳爻升，阴爻降。如荀氏运用最多的二、五爻就是例证。乾二爻本为阳而居阴位，坤五爻本为阴而居阳位，故乾二爻升坤五位，坤五爻降乾二爻，故二五皆得正位。荀注《乾·文言》"本乎天者亲上，本乎地者亲下"云："谓乾九二本出于乾，故曰本乎天，而居坤五，故曰亲上；坤六五本出于坤，故曰本乎地，降居乾二，故曰亲下也。"由于乾坤二五升降而形成了坎离。荀注《乾·文言》云："谓坤五之乾二成离，离为日；乾二之坤五为坎，坎为月。"这是说，坤五爻失位而降到乾二位，乾内卦变为离；乾二爻失位而升到坤五位，坤外卦变为坎。荀氏这种乾坤二五升降及升降成坎离的思想为虞氏所继承。虞氏注《乾·文言》云："阳始触阴当升五为君，时舍于二宜利天下。"注《坎·象》"王公设险以守其邦"说："王公大人谓乾五，坤为邦，乾二之坤成坎险。"注《系辞》"刚柔杂居"说："乾二之坤成坎，坤五之乾成离。"

荀爽在乾坤升降说的基础上提出了成既济的思想。《既济》卦上坎下离，六爻阴阳分布均衡，皆得正位，故从卦象看，它是阴阳变化所达到的最理想状态。荀爽揭示了乾坤阴阳升降与既济的关系。他认为，乾坤二五升降成坎离，乾二爻升坤五位为坎在上，坤五爻降乾二位为离在下，上坎下离组合正是《既济》卦，同时，乾坤二五、初四、三上皆升降则会变成两个

《既济》卦。荀注《乾·文言》"云行雨施，天下平也"时说："乾升于坤曰云行，坤降于乾曰雨施。乾坤二卦成两既济，阴阳和均而得其正，故天下平。"荀氏所谓成两既济说如图所示：

```
        乾                          坤
     ——— 失位                    — — 
     ———                         — — 失位
     ——— 失位                    — — 
     ———                         — — 失位
     ——— 失位                    — — 
     ———                         — — 失位

       既济                        既济
     — —                          — —
     ———                          ———
     — —                          — —
     ———                          ———
     — —                          — —
     ———                          ———
```

由上图可以看出，乾坤两卦各有三爻失位，如将失位爻互换，则乾坤各个爻位皆得正，则成两既济。虞氏将这种成既济思想运用到了注经中。《乾·象》："云行雨施，品物流行。"虞注云："已成既济，上坎为云，下坎为雨，故云行雨施。乾以云雨流坤之形，万物化成，故品物流行。"此言乾卦二四上失位，变正则为既济。在虞翻看来，不仅乾坤失位爻升降可变正为既济，其他卦阴阳爻失位，变正也成既济。如虞注《屯》六二云："三动反正，离女大腹，故十年反常乃字，谓成既济定也。"此言屯☳三爻以阴居阳位，失正，变正为既济

卦。注《贲·象》云："五上动体既济。"此言贲☲☶五爻、上
爻失位，升降变正为既济。注《咸·象》云："初四易位成既
济。"此言咸☱☶初四失位，升降变正为既济。注《恒·象》云：
"初二已正，四五复位成既济。"此言恒☳☴初、二、四、五爻
失位，升降变正为既济。虞氏以成既济说注《易》，还有《家
人·上九象》注、《损》六五注、《益》九五注、《夬》九二注、
《革·象》注、《渐·象》注、《归妹·六五象》注、《丰·象》
注、《涣·象》注、《节·象》注等。

　　同时，虞翻根据荀氏提出的既济"阴阳和均而得其正"的
思想，提出了正位说，即凡爻失位者，多言"之正"，以此注
释《周易》。如注《蒙》"利贞"云："上五失位，利变之正，
故利贞。"注《无妄》"利贞"曰："三四失位，故利贞。"注
《履》九二"贞吉"云："二失位……之正得位，震出兑说，幽
人喜笑，故贞吉也。"注《渐》初六云："初失位，故厉。变得
正，三动受上，成震。"注《未济》九四曰："动正得位，故吉
而悔亡矣。"注六五"贞吉"云："之正则吉，故贞吉无悔。"虞
氏"之正"之易例，在虞注《易》中，比比皆是，屡见不鲜。

　　其二，荀、虞两家皆言卦变，其基本精神一致。卦变之说
最早见于《彖传》。《彖传》言阴阳刚柔上下、往来等，皆为卦
变之说。然而《彖传》没有严格而统一的体例，更没有明确提
出某卦自某卦来。明确地言某卦本某卦或自某卦来的为荀爽。
荀氏《易》注，虽然已残缺不全，但从前人汇辑的荀氏《易》
注中，仍然可以窥见其卦变说的全貌。荀氏的卦变说立足于阴

阳升降，是阴阳升降的一种延伸。所谓卦变就是阴阳爻互易升降，由于阴阳两爻的升降互易，才使一卦变成另一卦。虞翻的卦变思想多与荀氏相同，这一点清儒张惠言早已明示："盖荀言卦变与虞氏略同。"(《周易荀氏九家义》)以下从几个方面对这个问题加以说明。

1. 二阴四阳之卦。二者皆主张二阴四阳的《屯》来自《坎》，由《坎》初二互易成《屯》。荀注《屯·象》云："物难在始生，此本坎卦也。"虞注《屯》云："坎二之初。"《讼》来自《遁》，荀注《讼》云："阳来居二，而孚于初，故曰讼有孚。"此卦只有初、三两爻为阴爻，由"孚于初"可知《讼》卦九二之阳不来自初爻，而来自三，即《遁》二、三两爻互易而成《讼》。虞注《讼》亦取此意："《遁》三之二也。"

2. 二阳四阴之卦。二者皆主张二阳四阴的《蒙》来自《艮》，即由《艮》二、三两爻互易而成。荀注《蒙·象》云："此本艮卦也。"虞注《蒙》云："艮三之二。"《晋》从《观》来。《观》四、五两爻互易而成《晋》。荀注《晋·象》云："阴进居五。"注《晋》六五云："五从坤动而来为离。"虞注《晋》说："观四之五。"

3. 三阴三阳之卦。二者皆认为三阴三阳之卦多来自《泰》《否》。荀注《随·象》云："阳降阴升，嫌于有咎，动而得正，故无咎。"这是说《否》初、上失位，上九阳爻降，初六阴爻升，而使初、上两爻得正位，《否》变成《随》。虞注《随》云："《否》上之初，刚来下柔，初上得正，故元亨利贞无咎。"

荀注《噬嗑·六五象》云："谓阴来正居是而厉阳也，以阴厉阳正居其处而无咎者，以从下升上不失其中所言得当。"此是指《否》初六阴爻到五与九五阳爻互易而成《噬嗑》，即《噬嗑》来自《否》。虞注《噬嗑》云："《否》五之坤初，坤初之五。"坤初，指《否》初爻。荀注《贲·彖》云："此本《泰》卦。谓从上来居乾之中，文饰刚道，交于中和，故亨也。分乾之二居坤之上，上饰柔道，兼据二阴，故小利有攸往矣。"虞注《贲》卦辞"亨"云："《泰》上之乾二，乾二之坤上，柔来文刚，阴阳变交故亨也。"三阴三阳卦还有《咸》《恒》《困》《井》《旅》《涣》《既济》《未济》等，荀、虞皆认为来自《泰》《否》。由此可见，虞氏的卦变思想多来自荀氏。

其三，荀、虞两家皆言卦气。所谓卦气，是将卦象与历法相匹配，以此说明《周易》中的阴阳变化合乎自然规律。卦气说是汉代象数易学家对易学史的特殊贡献。西汉孟喜首倡卦气说，京房、《易纬》皆有阐发。东汉荀爽承前启后，也言卦气。他认为，消息卦以四时节气的变化为根据，息卦代表春夏阳气盛长，消卦代表秋冬阴气盛长。他注《系辞》"变化者，进退之象也"云："春夏为变，秋冬为化；息卦为进，消卦为退。"变，是就阳而言，阳动为变，称进；化，是就阴而言，阴动为化，称退，《易纬·乾凿度》云"阳动而进，阴动而退"，即是此意。在荀氏看来，十二消息卦往来不穷，体现了自然界阴阳之气在一年四季十二个月内的变化规律。他注《系辞》"往来不穷谓之通"云："谓一冬一夏，阴阳相变易也；十二消息，阴阳往来无穷已，故通也。"荀氏所谓十二消息，即孟喜等人所说的十二消息卦，如荀注《系辞》"天尊地卑"说："《否》，七月卦也。"虞氏论卦气大致与荀氏相同。虞注《系辞》"变通配四时"云："谓十二月消息也。《泰》《大壮》《夬》配春，《乾》《姤》《遁》配夏，《否》《观》《剥》配秋，《坤》《复》《临》配冬，谓十二消息相变通而周于四时也。"注"寒往则暑来"云："乾为寒，坤为暑，谓阴息阳消，从《姤》至《否》，故寒往暑来也。"注"暑往则寒来"云："阴诎阳信，从《复》至《泰》，故暑往寒来也。"因此，荀氏的卦气说与虞氏一致。这里需要指出的是，虞氏少时曾治孟氏《易》，虞氏卦气思想的形成不能完全归于荀氏的影响。

由以上所考，虞氏易学中的升降说、成既济说、卦变说、卦气说皆受荀氏易学的影响。其中阴阳升降说、成既济说、卦变说等直接出自荀氏易学。在这个意义上，张惠言所言：荀氏以乾升坤降，阴阳升降、卦变、成既济定，异俗儒，与虞翻"同原"。(《周易郑荀义自序》)"郑氏之言爻辰用事，荀氏之乾升坤降，虞氏之言发挥旁通，莫不参互卦爻，而依《说卦》以为象，其用虽殊，其取于消息一也。"(《易义别录·干氏》)所以说，荀氏易学是虞氏易学体系形成中不可缺少的思想来源。同时，也体现了象数易学发展到东汉，开始由门派之争转向兼并融合，至虞翻易学形成而达到了空前的统一。

当然，承认虞氏易学受到荀氏易学的影响，并不是将虞氏易学中有关部分等同于荀氏易学，降低虞氏在易学史上的地位。相反，这恰恰说明了虞氏易学的高度的开放性与涵摄性。在虞氏易学体系中，不仅有着荀氏易学思想的影子，还有着荀氏易学所不能包容的旁通、纳甲、互体、半象等思想。虞氏易学对荀氏易学的继承，也不是机械地、简单地照搬，而是经过了细致地加工改造、巧妙地整合。无论是阴阳升降说、卦变说，还是卦气说，虞氏在运用时都有着自己的独到见解。就升降说而言，荀氏的乾坤升降，一般均为乾二到坤五，坤五到乾二，以成坎离。而虞氏在注《易》时，往往不遵守荀氏这个易例，他将乾五坤二看作有升降，即乾五到坤二位，坤二爻到乾五位，以成坎离。如虞注《离·大象》云："乾五之坤成坎，坤二之乾成离。"不仅如此，在虞氏那里，乾二五爻可同时到坤二五位，坤二五爻也可同时到乾二五位。如虞注《离》云："坤二五之乾。"注《坎》云："乾二五之坤。"如张惠言在论述荀氏易学时指出："乾六爻皆君，二当升五，四上跃居五，或下居坤初，上当下之坤三。以乾爻君坤，谓乾六爻为六十四卦之君，乾坤二卦成两既济义。见于此，乃爻之升降，非主一卦而言，其于当卦本爻例，不以变正为义。……乾六爻皆言阳息，坤六爻皆言阴消，未尝成既济也，与虞氏每爻正位成既济者不同。"（《周易荀氏九家义·乾坤升降》）就卦变而言，虽然荀、虞两家多有相同之处，但在一些具体问题上仍然有别。如对《损》卦的注释，二者皆言《损》来自《泰》，但荀谓《泰》三上互易而成《损》，荀注《损·象》云："谓《损》乾之三居上，孚二阴也。"而虞氏认为《泰》初爻到上，居二、三、四、

五、上爻之上，而成《损》，即《泰》初爻到上作为上爻，其他五爻依次变动，二爻作初爻，三爻作二爻，四爻作三爻，五爻作四爻，上爻作五爻。虞注《损》云："《泰》初之上，损下益上。"就卦气而言，二者也有差异，如在注《临》"八月有凶"时，荀以兑注八月，而虞以遁注八月。关于这一点，虞氏自己早有所察觉，虞注曰："与《遁》旁通，《临》消于《遁》，六月卦也。于周为八月。遁弑君父，故至于八月有凶。荀公以兑为八月，兑于周为十月，言八月失之甚矣。"

综上所考，荀、虞两家虽出自不同门派（荀氏治费氏《易》，虞氏治孟氏《易》），但是虞氏仍然继承、吸收了荀氏易学的精华，这表明东汉末年的易学家已经打破了汉初以来传《易》者恪守师法、家法的局面，故对于东汉末年易学家易学思想来源的考察，不能只从其门派着眼，而当从各门派之间的联系分析。同时，也应当看到，出于注《易》的需要，虞氏对荀氏易学的继承，不是简单地照搬，而是在扬弃的基础上，灵活地运用于注释《周易》之中。因而，虞氏易学体系中的许多思想虽出自荀氏，但与荀氏又有差别。关于这一点，必须引起重视。

五、虞氏易学的价值、地位及衰亡

虞氏易学是两汉易学发展的产物。西汉以降，易学研究出现了新的格局，一改战国儒家之作《易传》重义理兼象数的说易之风，专主象数。孟喜受易家阴阳之说，说易本于气，首创卦气说，开象数易学之先河。焦、京等继起，崇尚象数占验，于《易》多有发明。东汉象数易大盛，诸儒注经皆祖西汉之象数，如郑、荀等人承袭前人旧说，探赜索隐，多有建树。但是，各家之象数易说，各有长短，不能形成一个完整的大的象数体系，更不能熟练地运用象数注释《周易》，也就是虞氏所说的"所览诸家解，不离流俗，义有不当实"。处汉末之世的虞翻全面地总结和囊括了西汉以来象数易学研究成果，创立了易学史上规模最宏大、体系最完备、影响最深远的虞氏象数易学。在这个意义上说，虞氏易学是两汉象数易学的最高成就，它标志着两汉易学的完善和终结。虞氏易学之精深，为时人所钦佩和赞叹，孔融曾称赞虞氏曰："闻延陵之理乐，睹吾子之治《易》，乃知东南之美者，非徒会稽之竹箭也。又观象云物，察应寒温，原其祸福，与神合契，可谓探赜穷通者也。"（《三国志·虞翻传》）会稽东部都尉张纮也赞誉虞氏说："虞仲翔前颇为论者所侵，美宝为质，雕摩益光，不足以损。"（同上）

同时，虞氏易学的产生具有划时代意义，它成为易学史上象数易盛衰的分水岭。虞氏易学达到了登峰造极的地步。自此以后，象数易趋向式微，少年王弼乘虚而起，尽扫象数，义理派渐露头角，与象数易相抗衡，至唐代孔颖达撰修《周易正义》，取王弼《周易注》，义理易学定于一尊，象数易基本上失传。

就其易学内容而言，虞氏贯通西汉以来的象数易学，旁征博引，以阐发己意，形成了独具特色的虞氏易学，成为象数易学集大成者。清儒张惠言曾就这一问题发表见解："翻之言易以阴阳消息，六爻发挥、旁通，升降上下，归于乾元用九而天下治，依物取类，贯穿比附，始若琐碎，及其沈深解剥离根散叶，畅茂条理，遂于大道。"（《周易虞氏义·自序》）台湾学者徐芹庭将虞氏易学的特色及价值归结为十八条，如：本《说文》《尔雅》《方言》，求易之本义；博征于群经诸子以融易义；旁征于史事；取易经爻辞以释易之理象；以十翼诠易；明爻位律则，阐易理之精微；以既济定位，发易学之微言；明变通之意，以阐变易之理；明消息卦气，阐发天地消息之真机；以巽行权赞孔子之玄意；存诸家之易注；众论诸家易学，纠其之失；发同义之例，以启触类旁通之门；集象数之大成，扩易义于无穷；观宇宙之大用而归本于人事；行夏之时，发孔子之微旨；用纳甲之义，明消息盈虚之至理；用卜筮之法，以极大易之神奇（见《易学源流》上卷）。笔者管见，按徐氏所言，虞氏易学的特色主要不外乎三个方面：其一，虞氏遵循汉易之传统，创造性地灵活变换取象的方法，也就是说在取象的方法上下功夫，如以纳甲、互体、升降、旁通、卦变、爻变等方法取象。这其中既有对前人的继承，又有个人的阐发。其二，他旁征博考，最大限度地增补充实八卦之象，使八卦取象应有尽有，丰富多彩。其三，他以象数作为尺度，第一次较系统地对当时的易学家进行评说，他说："经之大者，莫过于《易》。自汉初以来，海内英才，其读《易》者，解之率少。至孝灵之际，颍川荀谞号为知易，臣得其注，有愈俗儒，至所说西南得朋，东北丧朋，颠倒反逆，了不可知。孔子叹《易》曰：'知变化之道者，其知神之所为乎！'以美大衍四象之作，而上为章首，尤可怪笑。又南郡太守马融，名有俊才，其所解释，复不及谞。孔子曰'可与共学，未可与适道'，岂不其然！若乃北海郑玄，南阳宋衷，虽各立注，忠小差玄而皆未得其门，难以示世。"虞氏的评论，从易学史看，失之偏颇，但若站在象数易角度却恰如其分。

以上主要从取象、补象等象的角度评论虞氏易学的贡献，未言虞氏关于数的贡献。其实，虞氏也很注重数。他言数往往与象结合，即以数立象，如虞氏以爻九六（阴阳）之变立象（见爻之正说）。阴阳失位而变正，是九六之变，即九变六，六变九。虞氏以五行之数立象，五行之数为一曰水，二曰火，三曰木，四曰金，五曰土，汉人多以五行之数释《系辞》"大衍之数"，虞氏以纳甲之数证明了此说。虞注《系辞》"五位相得而各有合"云："五位，谓五行之位。甲乾乙坤，相得合木，谓天地定位也。丙艮丁兑，相得合火，山泽通气也。戊坎己离，相得合土，水火相逮也。庚震辛巽，相得合金，震风相薄也。天壬地癸相得合水，言阴阳相薄而战于乾，故五位相得而各有合。或以一六合水，二七合火，三八合木，四九合金，五十合土也。"虞氏还直接以纳甲之数立象，即根据天干之数立象。如前所述的《屯》六二、《损》六五、《益》六二、《丰》初九、《节·象》皆注"坤数十"。（详见虞氏纳甲）数在虞氏易学中占有十分重要的地位。在虞氏看来，数是立卦定象之根本，如他注《系辞》"错综其数"曰："变而倚六画之数，卦从下升，故错综其数，则三天两地而倚数者也。"注《系辞》"极其数，遂定天下之象"曰："数，六画之数，六爻之动，三极之道也，故定天下吉凶之象也。"由此看来，虞氏不仅在象的研究上集两汉易学之大成，在数的研究上也是如此。关于数的研究，也是虞氏易学对易学史的贡献。

从保存文献这个角度看，虞氏易学比较完整地保留了两汉的易学传统和学风，从虞氏易学可以窥见两汉易学研究的状况。清儒张惠言对这一点论述得十分精辟："古书亡，而汉魏师说可见者十余家，然唯郑荀虞三家略有梗概可指说，而虞又较备。然则求七十子之微言，田何、杨叔、丁将军之所传者，舍虞氏之注，其何所自焉。"（《周易虞氏义·自序》）

就经学言之，虞氏以易学见长，虽然他的地位及影响无法与博通诸经的大儒郑玄相提并论，然其经学知识之渊博，见解之精审，在某些方面又超过郑玄。如虞翻校正了郑玄注《尚书》之误："伏见故征士北海郑玄所注《尚书》，以《顾命》康王执瑁，古'冃'似'同'，从误作'同'，既不觉定，复训为杯，谓之酒杯。成王疾困凭几，洮颒为濯，以为澣衣成事，'洮'字虚更作'濯'，以从其非；又古大篆'卯'字读当为'柳'，古'柳''卯'同字，而以为昧；'分北三苗'，'北'古'别'字，又训北，言北犹别也。若此之类，诚可怪也。玉人职曰：天子执瑁以朝诸侯，谓之酒杯；天子颒面，谓之澣衣；古篆'卟'，反以为眛。甚违不知盖阙之义。于此数事，误莫大焉，宜命学官定此三事。……又玄所注五经，违义尤甚者百六十七事，不可不正。"（《三国志》注引《虞翻别传》）

而单就易学象数而言，虞氏则更胜郑玄一筹。郑氏易学，言爻辰、互体、易数，固然崇尚《周易》象数，然与虞翻的庞大的象数体系相比，不知要逊色多少倍。况且，郑氏传费氏《易》，以十翼之理说《易》，言礼象，尚训诂，不谈卦变，有义理易之倾向。正是从这个意义上讲，虞氏易学"探赜穷通"，"不足以损"，而郑氏易学"未得其门，难以示世"。

然而，历史的发展并不以某个派别、个人的好恶为转移，而是有其客观的规律。易学发展也是如此。象数易学的命运，并不像虞氏所预料的那样，可以世世流传，相反，其发展到虞氏已经终结，自此以后，象数易失传。造成这种状况的原因，与虞氏象数易学体系的内在矛盾是分不开的。

平心而论，象数是《周易》之本，离开了象数，《周易》就会成为无本之木，无源之水。同时，以象数建立起来的《周易》又蕴含了义理，义理是对象数的抽象和升华。象数和义理在《周易》当中互为表里，从某种程度上呈现出兼容的趋势。因此，"说《易》不可尽扫象数，亦不可过求之象数。……《易》之言象已具，则不当求象于《易》之外；《易》之言数已具，则不当求数于《易》之先。"（皮锡瑞《经学通论·易经》）虞氏于《易》专治象数，而且象外生象，数外生数，将《周易》象数发展到了顶端，以此注《易》牵强附会，矛盾百出，从而否定了自身。宋儒朱震曾一针见血地指出："虞氏论象太密，则失之于牵合，牵合之弊，或至于无说。"（《汉上易传·丛说》）这是虞氏易学失传的内因。与此相联系的是，虞氏易学因有牵合、繁琐的特点，而受到学界的冷落。《周易》之辞晦涩难懂，而虞氏又以庞杂的象数注之，更令人望而生畏，故问津者鲜矣。在这种情况下，王弼脱颖而出，以老庄注《易》，清淡高雅，令人耳目一新，很快取代了象数易学，这是虞氏易学失传的外因。

正是由于虞氏易学自身存有种种的缺陷，从而遭到了历代易学家的批判，如魏晋时钟会、王弼，唐代孔颖达，清代顾炎武、王夫之、焦循、王引之、皮锡瑞等人对虞氏象数易皆有批判。顾炎武曰："夫子作传，传中更无别象。……荀爽、虞翻之徒，穿凿附会，象外生象，以同声相应为震巽，同气相求为艮兑，水流湿、火就燥为坎离，云从龙则曰乾为龙，风从虎则曰坤为虎。十翼之中，无语不求其象，而《易》之大指荒矣。"（《日知录》卷一）王夫之指出："汉儒泥象，多取附会，流及于虞翻，而约象互体，半象变爻，曲以象物者，繁杂琐曲，不可胜纪。"（《周易外传·系辞下第三章》）这些批判，从某种意义上，可以说皆切中虞氏易学之要害。

第四编

三国魏晋隋唐：象数易学之余音

概　述

　　三国至南北朝，中国大一统的封建中央集权制再次遭到破坏，社会处在急剧变革、动荡之中，群雄并起，三国争霸，南北对峙，相互攻取。这种封建社会的长期不稳定性，折射到意识形态领域，表现为思想异常活跃，儒家独尊的地位从根本上被动摇，被压抑数百年的老庄之学开始复兴，并与儒家思想巧妙结合，形成中国思想史上的玄学思潮，玄学家们摆脱了传统经学思维模式的束缚，以清新明快的语言和高度抽象的思维，建立了适应新封建秩序的思想体系，玄学盛行，两汉经学始零落凋敝。

　　与此同步，易学发展呈现了新的趋势。象数易由于失去其依存的社会条件，且自身存有无法克服的矛盾而盛极转败，濒临灭绝；玄学易适应了新的时代的需求，乘虚而入，来势凶猛，形成了易学史上两大派别的对峙，并逐渐实现了由象数易向玄学易的转变。这场思想文化的转换，虽然不像为朝代沿革、制度更替所进行的战争那么残忍、那么悲壮，但就其斗争的复杂性、持久性及激烈程度而言则毫不逊色。

　　象数易与玄学易的争端，主要表现在学派之间、思想方法及范畴之间的对立。易学家们从不同的立场出发，围绕着象、数、言、意、理、无等问题展开了大辩论。魏王肃旗帜鲜明，矛头直指汉末大儒郑玄，揭开了易学史上第一次大会战的序幕。王肃采取"内攻"法，即出于郑学而攻郑学。他曾直言不讳地说："自肃成童，始志于学，而学郑氏学矣。然寻文责实，考其上下，义理不安，违错者多，是以夺而易之。"（《孔子家语序》）于易学，他力排爻辰，剥落礼象，尽弃郑氏易注。清儒张惠言曾对他这种反郑易之举作过说明："肃著书务排郑氏，其托于贾、马，以抑郑而已。故于易义，马郑不同者则从马，马与郑同者则并背马……郑言卦气本于马，则肃附《说卦》而弃马。西南阴方，东北阳方，用马注而改其春秋之文是也。马郑取象，必用《说卦》，是以有互、有爻辰，则肃并弃《说卦》，剥之以坤象床，以艮象人是也。……盖易注本其父朗所为，肃更撰定，疑其出于马郑者，朗之学也；其掊击郑者，肃之学也。"（《易义别录》卷十一）因王肃的外孙为晋武帝，故其学行于晋初。与王肃同仕一朝的董遇，撰《周易章句》，专以训诂立说，力破汉儒象数之学。其易学体系虽异于王肃，而就其宗旨而言，则与王氏完全一致。何晏破汉代经学家拘守师说的传统，论《易》以老庄之道，开魏晋玄学清淡之风。他"辞妙于理"，擅长与人争辩，如与王弼论道，王弼为他的辩才所折服。又与管辂"共论《易》九事"，探求"诸卦中所有时义"等相关的问题，力图以义理取代象数。由于他的倡导，玄谈蔚成风气，"时人吸习，皆归服焉"（《三国志·管辂传》注引《辂别传》）。钟会"有才数技艺而博学，精练名理"，作《周易尽神论》和《周易无互体论》，一方面对易理作了深入地阐发，另一方面对汉儒象数易学中的互体加以否定。王弼继起，以非凡的才华，以老注《易》，畅谈玄理，尽扫象数。他首先揭露了汉儒以象注《易》的弊端："案文责卦，有马无乾，则伪说滋漫，难可纪矣。互体不足，遂及卦变，变又不是，推致五行，一失其原，巧愈弥甚。纵复或值，而义无所取，盖存象忘意之由也。"（《周易略例·明象》）他针对汉儒"存象忘意"，提出"得意忘象说"。他认为，象出意，言明象，"尽意莫若象，尽象莫若言"，故寻言以观象，寻象以观意，而得意之后，则可以忘象，即他所谓"忘象以求其意，义斯见矣"。（同上）王弼的这些解说为其后学韩康伯继承。他说："夫非忘象者，则无以制象；非遗数者，则无以极数。"（《系辞》注）王、韩批评虽然过于偏激，但却看到象数易学的弊端，故而给象数易学以致命的打击，加速了象数易学灭亡。

然而，此时期象数易学家面对劲敌，并不示弱，而是极力地维护汉代留传下来的曾居显要地位的象数易学。他们紧紧抓住玄学家以老庄说《易》之弱点——弃象明义、追求华辞、游谈无根等，进行理论上的反击。如魏管辂批评何晏易学："若欲差次老庄而参爻象，爱微辩而兴浮藻，可谓射侯之巧，非能破秋毫之妙也"；"说《易》生义则美而多伪，华则道浮，伪则神虚"。（《三国志·管辂传》注引）东汉之末荀爽后裔荀颛、荀融等人，继承了其先辈的象数易学传统，对于钟会、王弼的玄学提出发难。荀颉难钟会《易无互体》，荀融难王弼《大衍义》。王弼年少而才高，力破旧说，自标新学，影响最大，故王弼易学成为众矢之的。以治京氏易和取史说易见长的晋人干宝深刻地揭露了以王弼为代表的玄学的虚诞和浮华及其危害性。他说：

> 《老子》曰："有物混成，先天地生，吾不知其名，强字之曰道。"《上系》曰："法象莫大乎天地。"《庄子》曰："六合之外，圣人存而不论。"《春秋谷梁传》曰："不求知所不可知者，智也。"而今后世浮华之学，强支离道义之门，求入虚诞之域，以伤政害民，岂非"谏说殄行"，大舜之所疾者乎！（《序卦》注，见《周易集解》）

与干宝同时代的孙盛视王弼易学为"附会之辨"、"将泥夫大道"：

> 故其叙浮义则丽辞溢目，造阴阳则妙赜无间，至于六爻变化，群象所效，日时岁月，五气相推，弼皆摈落，多所不关，虽有可观者焉，恐将泥夫大道。（《三国志·钟会传》注引）

对于王弼易学的取舍之争从魏晋一直延续到南北朝，四库馆臣曾描述道："然《隋书·经籍志》载晋扬州刺史顾夸等有《周易难王辅嗣义》一卷,《册府元龟》又载顾悦之难王弼易义四十余条。京口闵康之又申王难顾,是在当日已有异同。王俭、颜延年以后,此扬彼抑,互诘不休。"(《四库全书总目·易类·周易正义》)从这里可以看出,此时期的象数易学家为了维护两汉的易学传统,与玄学家针锋相对,从理论上展开了空前激烈的辩论和斗争。他们的这些批判,的确看到了玄学易所存在的问题,即弃象谈理,完全背离了《易》作者"观象系辞"的宗旨,使《周易》成为无本之木,无源之水。更为重要的是玄学易助长玄谈之风,脱离现实,有害无益。因此,从这个意义上讲,象数易学家们的批判是有力的,尤其是在玄学大敌压境情况下,对于象数易的传播和生存起了重要作用。

象数易学家除了对玄学易进行反击外,还在注释方面作了大量的、细致的工作。一方面严格按照汉代象数易学传统注《易》,另一方面又对汉代易学进行反思,从中发现问题。对于这样一些问题,他们或是作以辩解和阐发,或是予以修正,旨在使象数易学更加完善、更加合理。从现有材料看,此时期象数易学主要有以下几个派别:一是京氏易。先有吴人陆绩以丰富的易学知识对《京氏易传》作了诠释,使晦涩难懂的京氏易大义再度光显,流传于世。继有晋人干宝专以京氏八宫、世应、飞伏、纳支、五行等理论注《易》,后有北周卫元嵩作《元包》,以京氏八宫说为主,兼取《归藏》之义,建立了一个新筮占体系。二是费氏《易》。费氏《易》在汉末一直占主流,在此派中郑玄和荀爽为杰出的代表。此时期郑学虽遭王肃、王弼等人排斥，但其以象数和训诂见长的易学体系在此时期仍有着强大的生命力，为许多学者推崇。如晋初王肃之学行，仍有孙炎、马昭等主郑攻王。南北朝时，郑学与王弼玄学同列为国学，"梁陈郑玄、王弼二注列于国学，齐代唯传郑义，至隋，王注盛行，郑学寝微"。(《隋书·经籍志》)郑学成为象数易学中唯一能与出自费氏学的王弼玄学公开对抗的势力。传郑易者不乏其人，《北齐书·儒林列传序》云："经学诸生多出自魏末大儒徐遵明门下，河北讲郑康成所注《周易》，遵明以传卢景裕及清河崔瑾。"景裕又"传权会，权会传郭茂"。(同上)单就象数而言，此时期很多易学家取资郑易。如姚信、何妥取爻辰说注《易》，张讥本郑氏老少阴阳之数说《易》。费氏学另一支是荀氏学。它不像郑学那么博大，也未被列为国学，但从象数易学角度言之，其地位和影响远大于郑学。在当时，涌现了一大批治荀氏易或按照荀氏传统治易的易学家，他们以荀氏易为主，兼收诸家之长，对象数易学的生存和传播做了大量的工作。如姚信、翟元、蜀才、卢氏等人多取荀氏的升降说、卦变说注《易》，其中蜀才、卢氏、伏曼容等对荀、虞卦变说中显露出来的问题作了修正。陆绩、姚信、翟元等多以荀氏为典范，取《易传》比、乘、应、中等爻象诠释易辞。陆绩、干宝等人对荀、虞卦气说也作了阐发。荀氏后裔极力维护荀氏易学，力主象数，反对玄学，成为传播荀氏学另一支不可忽视的力量。荀氏家族中，除了荀粲外，其他像荀辉、荀融等人皆为传荀氏易的象数派。正是这些包括荀氏家族在内的易学家所付出的心血使荀氏易学在当时学界占有一席之地，并在一定范围内得以光大，形成了以荀氏易为主的、囊括汉魏象数派诸家的易学体系。《荀氏九家易》的成书标志着这个易学体系的形成。

由于他们在注《易》和反击玄学易方面所做的努力，象数易学没有很快消亡，在当时还依然流行，而且在某些领域和某些方面还有一定的发展。如陆绩对于京氏易的诠释，干宝对于卦气说的推衍，蜀才对卦变说的整合等皆表明逆境中象数易学通过坚持传统和调整自身又显露出一线生机。

历史的发展不以个人好恶为转移，思想的发展亦不例外。此时期象数易学家继续沿着两汉易学家所开创的道路治《易》，并在某些方面有所发展，但在总体上却没有多大建树，其注《易》的方法和象数理论的建构，均没有超出汉代象数易学的樊篱，更不可能克服象数易学自身所存在的种种弊端和矛盾，推动其进一步发展，因此，在新兴的、强大的玄学冲击下，他们从根本上改变不了象数易学衰落的命运。台湾学者简博贤对此论述得极为精辟："洎乎子雍王氏，操郑氏之戈，褝郑之阙；既排爻辰，复剥礼象，易象之学，于是一厄。何晏宗无入有，背爻象而任心胸，易象之学，于是再厄。钟会神尽《周易》，尝论《易》无互体，易象之学，于是又厄。……王弼崛起，扫象讥互，既标揭《略例》之篇，复畅之于《易》之注，易象之学，于是大厄矣。"（《今存三国两晋经学遗迹考》第四章）自此，象数易学日薄西山，奄奄一息，渐为玄学易所取代。至南北朝，除了郑易其他学派皆失传，"永嘉之乱，施氏、梁丘之《易》亡，孟、京、费之《易》人无传者。"（陆德明《经典解释文》）"至隋代，王注盛行，郑学寝微，今殆绝矣。"（《隋书·经籍志》）

　　一种思想取代另一种思想，并不意味着彻底的摈弃，而往往是一种有保留的否定。象数易学至隋已绝迹，然其影响并未也不可能彻底根除，其中一些被认为合理的成分已融合在新的易学体系中，为易学家自觉不自觉地运用，即以反象数易为旗帜的王弼等人也没有完全摆脱象数易学的影子。按照宋儒、清儒研究，王弼虽然尽扫汉儒之象理，但其《周易注》暗含汉儒之象。宋儒王应麟云："王弼尚名理，讥互体，然注《睽》六二曰：'始虽受困，终获刚助。'《睽》自初至五成困，此用互体也。"（《周易郑康成注·序》）其实此处是互体兼两象易。朱震云："王弼言'卦变不足，推致五行'。然释《中孚》六三曰：'三四居阴，金木异性。'木金云者五行也。"（《汉上易传·丛说》）王弼注《涣·彖》云："二以刚来居内而不穷于险，四以柔得位乎外而与上同。内刚而无险困之难，外顺而无违逆之乖，是以亨。"（引自《周易注疏》卷十）清儒焦循云："循按王氏此注，亦用卦变《否》四之二之例，而讳言自《否》来。"（《周易补疏》）王弼注《观》六二云："犹有应焉，不为全蒙，所见者狭，故曰窥观。"（引自《周易正义》卷三）注《观》九五云："上之化下，犹风之靡草，故观民之俗，以察己之，百姓有罪，在于一人，君子风著，已乃无咎。"（同上）焦循云："《观》本《蒙》二升五之卦。《蒙》已成《观》，故不为

全蒙。此荀爽二五升降之义，王氏阴用之。"（《周易补疏》）

王氏后学韩康伯在注《系辞传》时，也取象数易学的著数观。如陆绩注《系辞》"是故四营而成易"时云："分而为二以象两，一营也；挂一以象三，二营也；揲之以四，以象四时，三营也；归奇于扐以象闰，四营也。四度营为方成易之一爻者也。"（引自李鼎祚《周易集解》）这一思想完全为韩氏所采纳。韩氏云："分而为二以象两，一营也；挂一以象三，二营也；揲之以四，三营也；归奇于扐，四营也。"（《周易正义》卷七）由此，我们可以看到，汉代易学家精心构制出的象数易学虽然在形式上已佚散，但其影响力还是较强大的。就是说，一旦条件成熟，它还可以重整旗鼓，东山再起。

唐代以降，玄学易成为官学，独霸天下，象数易散佚，为少数易学家所拾遗。唐朝统治者为了进一步加强和巩固政权，在思想领域内，采取了一系列措施，如开设文学馆，优选学术名士，尊崇经术，大兴教化。但由于唐以前有南北学之分，"南人约简，得其英华；北学深芜，穷其枝叶"（《北史·儒林传序》），唐初根据实际需要重南轻北，尊崇南学。唐太宗命孔颖达等人撰修《五经正义》，多取资南学，其中在易学方面更为突出，《周易正义》力排汉儒象数，专取王弼注和韩康伯注，而为之疏，正像孔颖达自己所言："奉敕删定，考察其事，必以仲尼为宗，义理可诠，先以辅嗣为本，去其华而取其实，欲使信而有征。"（《周易正义序》）很明显，孔氏的《周易》"正义"，从政治上说，力图编出一本统一易学注释的书作为范本，使士子学《易》有所宗，科举取士有一个统一的依据；而从易学上说，无非是想以重义理的王学取代汉代象数易学，并使其合法化。功利所使，学者们遂群趋而治玄学易，而汉代象数易学则无人问津而失传。幸有李鼎祚慧眼独识，广泛辑佚，"采群贤之遗言，议三圣之幽赜，集虞翻、荀爽三十余家，刊辅嗣之野文，补康成之逸象，各列名义，共契玄宗"（《周易集解序》），而撰成《周易集解》。此书保留了汉初至唐代三十五家易学资料，成为后人研究两汉至唐象数易学较为全面的、珍贵的资料。四库馆臣曾给予很高评价："盖王学既盛，汉易遂亡，千百年后学者，得考见画卦之本旨者，惟赖此书之存耳！是真可宝之古笈也。"（《四库全书总目》）就唐代而言，此书保存了崔憬、侯果等人的象数易学资料，及李鼎祚本人的象数易学观点。与李鼎祚齐名的还有陆德明，从音韵学角度对象数易学进行辑佚，撰《周易音义》。除此之外，唐代李淳风撰《周易玄义》，僧一行撰《易纂》，对象数易皆有研究。僧一行承袭了孟氏思想，将易学与天文学结合起来。李淳风主京氏之说，将京氏象数置于筮法之中，完善了《周易》筮占体系。总之，唐代于象数易学的最大贡献是辑佚。从内容上看，唐代易学家则多承袭前人旧说。

第一章　陆绩象数易学

一、生平事迹

　　陆绩（187—219），三国吴郡吴县（今属江苏）人，字公纪。出身官宦世家。考《后汉书·独行传》《后汉书·陆康列传》：陆闳"建武中为尚书令"，其孙陆续"仕郡户曹史"，后"辟为别驾从事"。陆续生三子，长子稠，广陵太守；中子逢，乐安太守；少子褒，"力行好学，不慕荣名，连征不就"。褒子康为庐江太守，陆康少子为陆绩。陆绩"幼敦《诗》《书》，长玩《礼》《易》"。（《三国志·陆绩传》）一生博学多识，星历算数无不该览。他与当时名士交往甚密，"虞翻旧齿名盛，庞统荆州令士，年亦差长，皆与绩友善"（同上）。在孙权执政时，"辟为奏曹掾，以直道见惮，出为郁林（今广西郁林县）太守，加偏将军，给兵二千人"。（同上）他有蹩疾，又志在儒雅，故虽有军务，却著述不废，以"博学善政，见称当时"（《后汉书·陆康列传》）。自知亡日，仍作辞自悼，死时三十二岁。一生撰写了不少著作，据《三国志·吴书》记载，曾作《浑天图》、注《易》及《太平经》。《隋书·经籍志》录有：《周易注》十五卷，《周易日月变例》六卷（与虞翻同撰），《太平经注》十卷。陆德明《经典释文·叙录》也录有：陆绩《周易述》十三卷。两唐志录有：陆氏《易注》十三卷。郑樵《通志·艺文略》录有：《京氏易传》三卷，陆绩注。陈振孙《直斋书录解题》著录有：《京房易传》三卷，《积算杂占条例》一卷，题云吴郁林太守陆绩公纪注。但是陆氏著作，除了《京氏易传注》外，其他皆亡佚。明清时对陆氏易注多有辑录。明姚士麟采李鼎祚《周易集解》、陆德明《经典释文》所引陆氏易注及陆氏《京房易传注》，得佚文一百五十余条，而成《陆氏易解》一卷，清人张惠言、孙堂、马国翰、黄奭等对姚氏《陆氏易解》皆有增补。张惠言《易义别录》辑有《周易陆氏》一卷，孙堂《汉魏二十一家易注》辑有《周易述》一卷，马国翰《玉函山房辑佚书》辑有《周易陆氏述》三卷，黄奭《逸书考》辑有《易述》一卷。

　　陆绩的易学由汉代象数易学发展而来。易学发展到西汉，形成了形态各异的易学体系，根据治《易》方法划分，主要有六大家：官有施、孟、梁丘、京氏之学，民有费、高之学。东汉在传授西汉易学基础上，又多有创新和发展，象数易学趋于完备，并居于显赫地位，也正因为如此，象数易学否定了自身，开始式微。三国之际，长期受象数易学熏陶的陆绩，目睹了汉末象数易学极盛而衰，以重振象数易学为己任，毅然选择了晦涩难解、日趋失传的易学作为自己研究的对象。其中一个重要的研究方向就是京氏易学，故他的象数易学思想是主要通过诠释《京氏易传》而阐发出来的。从现存的《京氏易传注》及李鼎祚《周易集解》看，陆氏象数思想主要包括以下几个方面。

二、八宫说

八宫说是由京房发明的，此说不拘泥《易传》，将《周易》六十四卦作以新的排列，即按照一定的阴阳变化规律把六十四卦分为八宫，每宫八卦。陆氏在注解《京氏易传》时对八宫功用、特点及内在联系作了详尽的说明。首先，他认为京氏八宫说是为筮占而设，八宫中每一卦包含万象，可以配人事以推断吉凶。他说："凡八卦分为八宫，每宫八卦，八八六十四卦，定吉凶，配人事，天地、山泽、草木、日月、昆虫，包含气候足矣。"（《晋卦传》注）陆氏的这种解说，完全符合京氏本意。京房指出："吉凶之义，始于五行，终于八卦……六爻上下，天地阴阳运转，有无之象配乎人事，八卦仰观俯察在乎人，隐显灾祥在乎天。考天时察人事在乎卦。"（《京氏易传》卷下）事实证明，后世演化出以筮占为功用的火珠林法（或称纳甲筮法），确以八宫说为基石。这说明了京氏的主观愿望和陆绩的解说基本上符合历史事实。当然，八宫说创立的意义不单单局限于此，更重要的是，它为易学家注经提供了一种新的工具。东晋干宝易在这一方面表现得尤为明显和突出（见第四章"干宝象数易学"）。

其次，陆绩以阴阳变化的理论，揭示了八宫排列的规律。

京氏八宫排列为乾宫、震宫、坎宫、艮宫、坤宫、巽宫、离宫、兑宫。这种排列的特点是先阳后阴、先长后少。即乾、震、坎、艮为阳四卦，此所谓先阳；坤、巽、离、兑为阴四卦，此所谓后阴。所说先长后少，是指这种排列符合《说卦》乾坤生"六子"的次序。也就是说，京氏八宫的布局得之于《说卦》。关于这一点，陆氏解释得十分清楚。他说："乾生三男，坤生三女，阳以阳、阴以阴求，奇耦定数于象也。"（《大有卦传》注）"震一阳居初爻，坎二阳处中，艮三阳处卦之末，故曰阳极为少男。又云止也。"（《师卦传》注）"阳卦三十二，宫为阳，乾、震、坎、艮也。"（《渐卦传》注）又云："艮变八卦终于渐，渐终降纯阴，入坤，分长女三阴之兆也，柔道行也。"（同上）可见，陆氏解说合乎京氏之本意。

再次，陆氏揭示了八宫六十四卦的内在联系。八宫六十四卦之间的关系，概括起来说就是阴阳消长变化。具体地说，每一宫中各卦排列是爻变所致，一世卦是变本宫卦之初爻，二世卦是变至本宫卦二爻，三世卦是变至本宫卦三爻，四世卦是变至本宫卦四爻，五世卦是变至本宫卦的五爻，游魂卦是变五世卦的第四爻，归魂卦是变游魂卦下三爻。从这个角度言，八宫卦排列，实质上是爻变所致。陆氏对这个问题也作了解释。如乾本宫卦六爻全为阳，《乾》初爻变为《姤》，即《姤》乃《乾》初爻变所至。陆注《姤卦传》云："一阴初生，阳气犹盛，阴未为敌。"《乾》变至三爻则为《否》卦，陆注《遁卦传》云："阴逼阳去，入天地否卦。"《乾》变至四爻则为

《观》卦，陆注《否卦传》云："九四被阴逼，入观卦。"《乾》变至五爻则为《剥》卦，陆注《观卦传》云："九五退，阴入剥卦。"乾变至五，阴盛阳衰，然后变四爻而成《晋》卦。陆注《剥卦传》云："积阴反入晋卦。"《晋》阴阳反复不定，故为游魂。《乾》至《晋》未返阳道，变至下三爻，则阳道返，为《大有》。陆注《晋卦传》云："为阴极剥尽，阳道不可尽灭，故返阳道，道不复本位，为归魂例入卦。"注《大有》云："八卦本从乾宫起，至大有为归魂。"其他宫排列也类似，卦与卦皆依阴阳变化规律而转化，每一宫均代表了事物产生、发展、复归之过程。就总体言之，京氏八宫卦是阴阳循序渐进之转化；就具体言之，八宫卦的爻变，自初变至五，然后由五变四爻，变下三爻。陆氏的解说，符合京氏所谓"八卦相荡，二气阳入阴、阴入阳，二气交互不停"（《京氏易传》卷下）的思想，即"阴阳运动，适当何爻，或阴或阳，或柔或刚，升降六位，非取一也。"（《归妹传》注）通过陆氏的解说，京氏八宫说蕴含的深奥意义被揭示出来，这就为后人研究和运用八宫说提供了方便，极为重要的是，如前所说，它为象数易学家注《易》提供了一种新的工具。其后，干宝以八宫说注《易》，进一步证明了八宫说的学术价值之所在。

三、飞伏说

飞伏说，最早是由京房提出的。它着眼于阴阳变化的形式。众所周知，在客观世界中，具有阴阳两种性质的事物，常常处于千变万化之中，而其表现形式复杂多样，其中有一种变化形式为往来、隐显、屈信，往则为隐为屈，来则为显为信，如自然界日月变化、寒暑交替皆如此，正如《系辞》所言："日往则月来，月往则日来""寒往则暑来，暑往则寒来。"这种往来变化，用《周易》卦象表现就是飞伏。"飞"就是来、显、信；"伏"就是往、隐、屈。一卦六爻，清晰可观的是飞爻，而在这显示于外的爻之背后，隐伏着与此爻相反的爻，就是伏爻。飞伏相互联系，有飞必有伏，有伏必有飞。爻有飞伏，卦亦有飞伏。如《乾》《坤》两卦互为飞伏。《乾》为六阳爻为飞，而在这六爻背后隐藏着六个阴爻为伏。《坤》为六阴爻为飞，而在六个阴爻背后隐藏着六个阳爻为伏。故《乾》《坤》阴阳爻互为飞伏，而《乾》《坤》两卦亦互为飞伏，由于飞伏，《乾》《坤》两卦相互联系，这是我们所谓一般意义上的飞伏。京氏飞伏，言某卦与某卦飞伏，看起来很复杂，其实，京氏言某卦与某卦飞伏，皆是就某一爻而言的。如京注《姤》云"与巽飞伏"，注《升》云"与坤飞伏"，注《革》云"与兑飞伏"，注《比》云"与乾飞伏"，注《益》云"与震飞伏"，皆指爻与爻之间飞伏。《姤》为乾宫一世卦，即《乾》初爻变而成《姤》，故《乾》初爻与《姤》初爻飞伏，因《姤》初爻处其内卦巽体中，故言"与巽飞伏"。《升》为《震》四世卦，即《震》变至四爻而成《升》，故《震》四阳爻与《升》四阴爻互为飞伏。《升》四爻在外卦坤体中，故言"与坤飞伏"，其他飞伏皆如此。从这里可以看出，京氏言某卦与某卦飞伏，是指两卦之间某一阳爻与某一阴爻之间的关系，这种关系取决于八宫的排列，即是由八宫爻变规律所决定的。若一爻变，此爻与本宫卦所变之爻为飞伏；若二爻变，此爻与本宫卦所变之爻为飞伏；若上爻变，是一本宫卦变成另一本宫卦，如《乾》变至上爻为《坤》，《坤》变至上爻为《乾》，故《乾》《坤》飞伏，实指《乾》上爻与《坤》上爻飞伏，而非指六爻飞伏。游魂卦的飞伏，是指五世卦四爻与游魂卦四爻之间飞伏；归魂卦的飞伏，是指游魂卦三爻与归魂卦三爻之间的关系。因此，京氏的飞伏说与一般意义上的飞伏还有一定的差别。

陆氏在这方面的贡献，是运用干支及其所代表的五行来说明京氏这种爻与爻之间飞伏的关系。他在注《京氏易传》时，凡京氏言飞伏之处，陆氏皆以此法注之。以乾宫八卦为例：《姤卦传》云："与巽飞伏。"陆注："辛丑土，甲子水。"辛丑土是指《姤》初六爻，甲子水是指《乾》初九爻。《姤》初六爻纳辛丑，丑为土；《乾》初九爻纳甲子，子为水，故以辛丑土明《姤》初爻，以甲子水明《乾》初爻。因《姤》初六爻处内卦巽中，故言"与巽飞伏"。《遁卦传》云："与民飞伏。"此"民"为"艮"之误。陆注："丙午火，丙寅木。"案《姤卦传》注"甲子水"、《否卦传》注"甲辰土"、《观卦传》注"壬午火"、《剥卦传》注"壬申金"，知此皆言《乾》自初至五爻干支。故"丙寅木"之"丙"当为《乾》二爻纳甲之"甲"。丙午火，是指《遁》初爻，《遁》六二纳丙午。甲寅木，是指《乾》九二爻，《乾》九二爻纳甲寅。因《遁》六二处内卦艮中，故言"与艮飞伏"。《否卦传》云："与坤飞伏。"陆注："乙卯木，甲辰土。"乙卯木，指《否》六三爻。甲辰土，是指《乾》九三爻。《否》六三纳乙卯，《乾》九三纳甲辰。《否》六三处内卦坤中，故言"与坤飞伏"。《观卦传》云："与巽飞伏。"陆注："辛未土，壬午火。"辛未土，指《观》六四爻；壬午火，指《乾》九四爻。《观》六四纳辛未；《乾》九四纳壬午。《观》六四爻在外卦巽中，故言"与巽飞伏"。《剥卦传》云："与艮为飞伏。"陆注："丙子水，壬申金。"丙子水，是指《剥》六五爻；壬申金，是指《乾》九五爻。《剥》六五爻纳丙子，《乾》九五纳壬申。《剥》六五爻处外卦艮之中，故言"与艮飞伏"。《乾》卦变至上爻为《坤》卦，《坤》卦实际上是乾宫六世卦，不言六世卦，是因"若上九变，遂成纯坤，无复乾性矣"。（张行成《元包数总义》卷一）《坤卦传》云："与乾为飞伏。"陆注："癸酉金，壬戌土。"癸酉金，是指《坤》上六爻；壬戌土，是指《乾》上九爻。《坤》上六爻纳癸酉，《乾》上九爻纳壬戌。因《坤》上六是由《乾》上九变来，故言"与乾为飞伏"。同样，陆注《乾卦传》云"与坤为飞伏。"与此类同。《晋卦传》云："与艮为飞伏。"陆注："己酉金，丙戌土。"己酉金，是指《晋》九四爻。丙戌土，是指《剥》六四爻。《剥》六四爻处外卦艮中，故言"与艮为飞伏"。《大有卦传》云："与坤为飞伏。"陆注："甲辰土，乙卯木。"甲辰土，是指《大有》九三爻。乙卯木，指《晋》六三爻。《大有》九三爻纳甲辰，《晋》六三爻纳乙卯木，《晋》六三爻处内卦坤中，故言"与坤为飞伏"。

从以上注释看，陆氏以干支揭示了京氏的飞伏说的内涵，即飞伏说与八宫说是紧密相关的，《京氏易传》所说的两卦之间飞伏，皆指卦与卦之间某阳爻与某阴爻之间飞伏，反映的是两爻之间的关系。陆氏的这些注释简明而准确，为后人研究京氏飞伏说提供了方便。

陆氏还用飞伏说来阐发卦气大义，力图解决易学史上遗留下来的问题。《坤》上六言"龙战于野"。《坤》为纯阴之卦，而"龙"为阳物，为《乾》之取象，故按照《周易》一般取象的特点，《坤》不当取"龙"象。所以《坤》取"龙"象这个问题成为历代易学家谈论的焦点。《易传》首先提出问题，并试图以阴阳对立必先依存的思想来释之。《文言》云："阴疑于阳必战，为其嫌于无阳也，故称龙焉。"与此问题相联系的是《乾》之居位。《乾》为纯阳卦，而居西北之地。如《说卦》云："乾，西北之卦也。"《易纬·乾凿度》云："乾制之于西北，位在十月。"这是一个与卦气有关的问题。陆氏使用了"伏"的概念解说这个问题。他认为，乾为阳，西北是积阴之地，戌亥是西北之位，以乾配之，是言乾伏阴，正因为如此，才有天地之气交杂、阴阳相互斗争，这也回答了《坤》卦取象的问题。陆注《坤》上六"龙战于野，其血玄黄"时说："乾配西北积阴之地，阴盛故战。乾坤并处，天地之气杂，称玄黄也。"（《坤卦传》注）"戌亥是乾之位，乾伏本位必战，积阴之地犹盛，故战。"（《姤卦传》注）这里的伏，有潜入之义，此指乾阳潜入阴地，"乾为阳，西北阴，阳入阴，二气盛必战"。（《乾卦传》注）陆氏所作的解释，从今天看，未必科学，但是生动形象地描绘了阴阳之气相伏存于西北之地，强调了阴阳相互包含、相互联系、相互对立，不乏辩证性。更为可贵的是他能以这种辩证思维来思考易学史留下的问题。这无疑是对《易传》理论的深化和发展，推动了后世对这一问题的研究。

以飞伏说解释卦气，不是陆氏独创。在陆氏之前已有易学家尝试探讨这一问题。如荀爽在注《坤·文言》时云："消息之卦，坤位在亥，下有伏乾，阴阳相和，故言天地之杂也。"（引自李氏《周易集解》）"霜者，乾之命令。坤下有伏乾，履霜坚冰，盖言顺也。"（同上）很显然，在这个问题上，陆氏与荀氏完全一致，恐陆氏本于荀氏。清儒张惠言早已明察于此："公纪注《京氏易传》云：'乾配西北积阴之地，阴盛故战，乾坤并处，天地之气杂，称玄黄也。'云乾配西北，则上六有乾体，非阴生于初，以至纯坤也。兼阳之义，与荀虞皆合。"（《易义别录》卷六）

四、卦主说

卦主，是指一卦当中有主爻，这个主爻决定此卦的性质。《易传》最早言及卦主，如《象》注《无妄》云："刚自外来而为主于内。"但是《象传》对于卦主表述不够明确，明确言及卦主并广泛应用者是京房。在《京氏易传》中，京氏大量地运用卦主说注经。以研习京氏易为主的陆绩，吸收了京氏的卦主思想，如他注《巽·象》"柔皆顺乎刚，是以小亨"云："阴为卦主，故为小亨。"（《周易集解》）《巽》卦二阴爻四阳爻，两个阴爻分居二阳爻之下，有阴顺从阳之义。阴为小，故"小亨"。在陆氏看来，卦辞"小亨"本身蕴含了卦主思想。"小亨"是就阴爻而言的，这是说在此卦中影响整个卦的性质的就是这两个阴爻，这两个阴爻就是卦主。陆氏是从卦辞中寻找卦主的根据。

那么，卦主是怎么确立的呢？陆氏认为，卦中之阴阳爻当以少者为主，因为少者尊贵，众者卑贱。如《比》一阳五阴，阳少阴多，故此卦以一阳为主爻。他注《比卦传》云："《比》卦一阳五阴，少者为贵，众之所尊者也。"（《京氏易传》注）《坎》也是如此，两阳爻四阴爻，两个阳爻居中为主。他注《坎卦传》云："内外居坎，阳处中而为坎主。"（同上）陆氏确立卦主的原则，显然是受到封建社会等级制度的影响。在中国封建社会，君王只有一个，而臣民众多；君尊贵，臣卑贱，君主臣从。封建社会中这种君臣上下的关系反映到卦中就是主爻与其他爻的关系，故卦主说是将易学与社会等级制度比拟的结果。陆氏有时直接用君臣、君民概念来表述卦主的思想。他注《随卦传》云："震一阳二阴，阳君阴民，得其正也。"（同上）注《坎卦传》云："纯阴得阳，为明臣得君而安其居也。君得一明臣而显其道。"（同上）

与京氏一样，陆氏的卦主思想也是对《易传》思想的阐发。《系辞》云："阳卦多阴，阴卦多阳，其故何也？阳卦奇，阴卦耦。其德行何也？阳一君二民，君子之道也。阴二君而一民，小人之道也。"所谓阳卦多阴，阴卦多阳，就是从卦的性质而言的。阳卦多阴，是说阳卦阴爻多，阳爻少。阴卦多阳，是说阴卦阴爻少，阳爻多。少者为君，多者为民。陆氏所言"少者为贵，众之所尊者"与《系辞》思想完全一致。这一思想又为魏王弼所发挥，他说："夫众不能治众，治众者，至寡者也。夫动不能制动，制天下之动者，贞夫一者也。……夫少者，多之所贵也；寡者，众之所守也。"(《周易略例·明象》)王弼把卦主思想上升到众寡、动静的高度加以论述。从这里，我们可以看到，此时期易学发展状况比较复杂，从主流上看，玄学与象数易进行着激烈的斗争，但这种斗争不是绝对的，也就是说，双方在斗争的同时又在不同程度上借鉴对方，即使像王弼那样的义理易学家仍然接受了京氏、陆绩等人的卦主思想，这从另一方面说明了象数易学的影响力。

五、易数观

易数与筮法紧密关联。《周易》筮法操作，离不开数，由数的推演而定卦象，示吉凶。在这个意义上说，《周易》筮法不是别的什么，就是数的运算。目前我们所能见到最早的《周易》筮法是保留在《系辞传》中的大衍法。衍，即是演算，郑玄云"衍，演也"。(引自《经典释文》) 大衍法，顾名思义，就是大衍蓍数。由于该法比较古老，《系辞传》记载得比较简略，故后人仁者见仁，智者见智，从而也就形成各种不同的易数观。陆氏在注释《系辞传》时阐发了其易数观。陆氏认为，大衍筮法从开始操作到定一爻可以用四个步骤来概括，这四个步骤就是"四营"。他在注《系辞》"是故四营而成易"时说：

> 分而为二以象两，一营也；挂一以象三，二营也；揲之以四以象四时，三营也；归奇于扐以象闰，四营也。谓四度营为方成《易》之一爻者也。(《周易集解》)

这里对"四营"的解释，与荀爽相比，[①] 更接近《系辞》原义，故为后世大多数易学家所认可。如晋人韩康伯完全抄录了陆氏的注。他说："分二为二以象两，一营也；挂一以象三，二营也；揲之以四，以象四时，三营也；归奇于扐，四营也。"(《周易正义》卷七) 今人金景芳先生、[②] 黄寿祺先生、[③] 徐志锐先生、[④] 刘大钧先生等皆沿袭此说。可见其说影响甚远。

同时，陆氏还就大衍筮法中阴阳老少之数作了说明。按照大衍法，行蓍的结果得出六、七、八、九四个数。六为老阴之

---

①　荀爽云："营者，谓七八九六也。"见《周易集解》卷八引。

②　金景芳、吕绍纲《周易全解》，上海古籍出版社，2005 年。

③　黄寿祺、张善文《周易译注》，上海古籍出版社，1990 年。

④　徐志锐《周易大传新注》，齐鲁书社，1986 年。

数，七为少阳之数，八为少阴之数，九为老阳之数。由阴阳数
画出阴阳符号组成的卦，再据老变少不变的原则得出"之卦"。
陆氏用这四个数说明卦爻消息变化，以九表示阳爻变，六表示
阴爻变，七表示阳爻不变，八表示阴爻不变。他说："阳在初，
称初九，去初之二，称九二，则初复七。阴在初，称初六，去
初之二，称六二，则初复八矣。"（孙堂《陆氏周易述》）他还
保持了汉代以数注《易》辞的传统，揭示了易辞与易数的内
在联系。如他注《复》卦卦辞"七日来复"云："七日，阳之
称也。七九称阳之数也。谓《坤》上六阴极阳战之地，阴虽不
能胜阳，然正当盛阳，不可轻犯。六阳涉六阴，反下七，爻在
初，故称七日，日亦阳也。"（《京氏易传》注）陆氏在这里从
数的角度重审了《坤》上六取象于"龙"的问题。《坤》上六
为阴爻，而取象于"龙"，这意味着《坤》至上六之时，阴阳
相争，即《文言》所谓"阴疑于阳必战"。陆氏在注释《复》
卦时，证明了《文言》可信。按照消息卦理论，《乾》《坤》阴
阳消息，如一阴生《乾》初为《姤》，生至《乾》二为《遁》，
生至《乾》三为《否》，生至《乾》四为《观》，生至《乾》五
为《剥》，生至《乾》上为《坤》。故《坤》上六实际上是阴阳
斗争之地。斗争结果，一阳复于初，即一阳长至《坤》初下。
以爻数观之，乾阳为六，复于初当为七，故"七日来复"。这
说明了《复》之"七日"取自爻数。以象观之，它是乾坤阴阳
消息的结果。以筮法观之，七是蓍数中少阳之数，是阳之称。
陆氏这些解说，揭示了数与易辞之间有着内在联系，保持了汉

人注《易》的风格，并且能自圆其说，不失为一家之言。

六、其他象数思想

陆绩在注释《京氏易传》时，除了八宫说、飞伏说、卦主说外，还对其他重要或疑难之点一一作了解说。如对纳甲的解说，也是陆氏象数易学一个重要组成部分。明言纳甲者为京氏，但他未言其内在的根据。陆氏依据当时易学知识，试图以阴阳的区分及特点说明八卦与天干匹配的合理性。在陆氏看来，八卦与天干相配始于乾纳甲、坤纳乙，这是由它们各自的特性决定的。乾为阳，为天；坤为阴，为地。天地是万物之父母，万物皆由此而生。而天干甲为阳干之首，乙为阴干之首，甲乙代表事物开始生长，故乾坤纳甲乙。天地阴阳又是万物之根本，万物皆由阴阳构成，阴阳贯穿事物始终。壬癸代表事物之终，故乾又纳阳干壬，坤又纳阴干癸。陆氏说："乾为天地之首，分甲壬入乾位。"（《乾卦传》注）"乾坤二分天地阴阳之本，分甲乙壬癸，阴阳之终始。"（《京氏易传》注卷下）其他卦的纳干，亦是根据阴阳性质及先后次序对应进行的。震为长男，为阳卦，故"庚阳入震"。巽为长女，为阴卦，故"辛阴入巽"。坎为中男，为阳卦，故"戊阳入坎"。离为中女，为阴卦，故"己阴入离"。艮为少男，为阳卦，故"丙阳入艮"。兑为少女，为阴卦，故"丁阴入兑"。陆氏这些解说，在当时历史条件下，是比较科学的，推动了易学发展。宋代沈括在《梦溪笔谈》中将京氏纳甲说概括为"胎育之理"、"自然之道"，显然是受到了陆氏的启发。

陆氏还对京房的六亲说作了解说。在《京氏易传》中，京房将鬼、财、天地、福德视为六亲："八卦鬼为系爻，财为制爻，天地为义爻，福德为宝爻，同气为专爻。"（卷下）这些概念在三国时已被淘汰，代之以父母、兄弟、子孙。陆氏说："天地即父母也"，"福德即子孙也"，专爻即"兄弟爻也"。在《京氏易传》中还保留了纳亲的方法。京氏云："水配位为福德，木入金乡居宝贝，土临内象为父母，火来四上嫌相敌，金入金乡木渐微，宗宙上建戌亥乾本位。"（《乾卦传》）京氏为不使其法失传，在此特以《乾》卦为例说明之。京氏这些说明比较晦涩，已不被三国时人所理解，故陆氏以当时人所熟悉的易学语言对京氏纳亲法加以诠释："甲子水是乾之子孙，甲寅木是乾之财，甲辰土是乾之父母，壬午火是乾之官鬼，壬申金同位伤木。"（《京氏易传注》）陆氏这些诠释，接近明清以后的纳六亲方法，恐怕明清以后所使用的比较完备的纳六亲法在三国时就已有之。在陆氏那时，纳六亲不仅用于筮法，而且也可以用于解说京氏八宫的理论。如他解释《京氏易传》"尊就卑"时说："子孙与父母相代位。"此言《乾》初爻为子孙，《姤》初爻为父母，《乾》初爻阳变阴为《姤》卦，从六亲说明即是"子孙与父母相代位也"。陆氏的解说十分巧妙，用一句话点中要害。陆氏对京氏六亲说的阐发，无论对于研究京氏易学，还是对易学筮法之完善和发展皆有一定的意义，这是值得肯定的。同时，陆氏这些解说有助于注经，后来东晋干宝以六亲注经，与陆氏解说是分不开的。

尽管陆氏象数易学本于京氏，然"不主一家，择善而从"（马国翰语），显示了陆氏易学的博大和宽容。考陆氏易之佚文，有以《易传》所谓"据""应""承"说《易》者。陆注《家人》九五爻辞云："假，大也。五得尊位，据四应二，以天下为家，故曰王大有家。天下正之，故无所忧则吉。"（《周易集解》）注《困》云："困卦上下不应，阴阳不交。六三阴，上六亦阴，无匹于九五。求阳，阳亦无纳也。"（《京氏易传》注）注《困》九五象辞云："无据无应，故志未得也。"（《周易集解》）此以据、应注《易》之例证。注《鼎》六五象辞云："得中承阳，故曰中以为实。"（同上）此以承注《易》之例证。有以荀虞之正说注《易》者。陆注《比》初爻云："变而得正，故吉。"（《汉上易传》）注《系辞》"六爻之动"云："阴阳失位则变，得位则否，故以阳居阴位、阳居阴位，则动。"（《易裨传》外篇）有以虞氏旁通说《易》者。虞氏旁通即指阴阳相通，虞注《文言》云："乾始开通，以阳通阴，故始通也。"陆注《文言》"旁通情"云："乾六爻发挥变动，旁通于坤。坤来入乾，以成六十四卦，故曰旁通情也。"（《周易集解》）有以升降说《易》者。陆注《乾·象》"六位时成"云："十二时分六位，升降以时，消息吉凶。"（《京氏易传注》）注《大壮》云："内阳升降，二象俱阳，曰大壮。"（同上）由此可见，陆氏易学基本上延续了自汉至三国的象数易学传统，其主流是京氏易，以十翼解易的费氏学特点也较明显，由于这个原因，《荀氏九家易》收有陆绩易注。

七、陆氏对象数易学的贡献

经过汉末虞翻的阐发，象数易学达到了登峰造极的地步。三国以降，以何晏、王弼为代表的易学家，大兴义理，尽黜象数，象数易学日趋衰落。在玄学将兴、象数易学每况愈下之际，吴人陆绩在戎马之余，著书立说，承虞氏之学，存汉象数易学之遗风，表现了他"不见是而无闷"的坚定的易学观，对此时期象数易学之流传起到了很大的作用。陆氏于易学的贡献，主要表现在他对于西汉京氏易学的研究。他通过对《京氏易传》全面的注释，阐发了其大义。作为传统儒家易学异端的京氏易，是西汉象数易学最高峰，其易学思想的深奥和博大，为两汉易学家和思想家所推崇和援引，但至三国时，京氏易由于深奥晦涩而不为大多数人所理解，渐失去往日尊显的地位，陆氏有感于此，以其丰富的易学知识，对京氏易中的八宫说、飞伏说、卦主说等进行了比较客观的、详细的诠释，并且不时地流露出新意，使濒于失传的京氏易显明于世，得以流传。可以说，如果没有陆氏为《京氏易传》作注，东晋干宝是否能在"有书无师"情况下以京氏易注经，《京氏易传》是否能传至今日，皆成问题。由此看来，陆氏对于京氏易的贡献是不可磨灭的。

同时，陆氏以京氏易为核心，尽取汉儒诸家之长，尤其是费直之学，建立了一个庞大的象数易学体系，虽然不能与荀虞易学体系相提并论，但足以成为荀虞之后少有的易学重镇，清儒张惠言曾这样评价道：

> 今观公纪所述，凡纳甲、六亲、九族、四气、刑德、生克，未尝一言及之；至言六爻发挥旁通、卦爻之变，有与孟氏相出入者，京氏自言其《易》即孟氏学，公纪傥得之邪？《京氏章句》既亡，存于唐人所引者，仅文字之末，不足以见义。由公纪之说，京氏之大旨庶几见之。公纪以少年与仲翔为友，观其书，亦几欲与荀、虞颉颃矣。（《易义别录》卷六）

张氏言陆绩未尝言及纳甲、六亲、九族、四气，刑德、生克等，似有不妥，而言公纪之说庶几见京氏大义，"其书几欲与荀虞颉颃"，较为恰切。

当然，总体上说，陆氏的象数易学体系，基本上没有超出两汉象数易学的樊篱，再具体地说，没有超出京氏易学。而其易学局限性与汉代象数易学相同，精于象数疏于义理，偏向一端，故仍可视为"皮傅之学"。如颜延之著《庭诰》云："《易》首体备，能事之渊，马、陆（马融、陆绩）得其象数，而失其成理。"（见《玉函山房辑佚书·小学类》）

第二章 姚信、翟元象数易学

一、姚信象数易学

（一）生平事迹考

姚信，《三国志》《晋书》均无传。其生平事迹散见于史传和其他文献中。陆德明《经典释文》云："姚信，字德祐。"阮孝绪《七录》称："字元直，吴兴人，吴太常卿。"他与三国时陆绩、陆逊有亲戚关系。案《三国志·陆逊传》："逊少孤，随从祖庐江太守康在官。……逊年长于康子绩数岁，为之纲纪门户。"可知陆绩是陆逊堂叔，且陆绩少于陆逊数岁。而姚信又为陆逊之外甥（见《三国志·陆逊传》注），那么陆绩为姚信堂外祖父。姚信在《集》中所称赞的陆绩之女郁生（见《三国志·陆绩传》注），当为姚信的堂姨母。孙权即位时，姚信为太子孙和之官属，后太子和被废，他因亲附太子而被流徙在外。孙和之子孙皓继帝位，追尊其父孙和为文皇帝，姚信被召回，任太常卿，受命迎孙和之神灵，而倍受尊敬。《三国志·陆逊传》云："及求诣都，欲口论嫡庶之分，以匡得失。既不听许，而逊外生顾谭、顾承、姚信，并以亲附太子，枉见流徙。"《三国志·吴主五子传》云:"休薨,皓即阼,其年追谥父和曰文皇帝,改葬明陵,置园邑二百家,令、丞奉守。……宝鼎二年七月,使守大匠薛羽营立寝堂,号曰清庙。十二月,遣守丞相孟仁、太常姚信等备官僚中军步骑二千人,以灵舆法驾,东迎神于明陵。"

姚信师从钱塘范平,研究《坟》《索》。《晋书·范平传》云:"范平字子安,吴郡钱塘人也。平研览《坟》《索》,遍识百民,姚信、贺邵之徒皆从受业。吴时举茂才,敦悦儒学。"于易学,清儒张惠言疑姚信为虞翻之徒。他说:"其言乾坤致用,卦变旁通,九六上下,则与虞氏之注,若应规矩;元直岂仲翔之徒欤?抑孟氏之传在吴,元直亦得旧闻欤?惜其所传者止此,无以证之。"(《易义别录》卷二)张氏根据姚氏易与虞氏易"若应规矩",推测姚信为虞翻之徒,恐怕难以置信。考姚氏易注,不仅有与虞氏易相同者,而且也有与其他家相同者,如《萃·象》云:"君子以除戎器。"王肃、姚、陆云:"除犹修治。"(《经典释文》)《丰》:"亨,王假之。"马融曰:"假,大也。"(同上)姚信曰:"四体震,王。假,大也。"(《周易集解》)《大畜》九三:"良马逐。"郑本作"逐逐",姚云"逐逐"。(《经典释文》)《明夷》六二云:"明夷于右榺。"姚注:"自辰右旋入丑。"(同上)是取京氏易爻辰说。因此单凭姚氏易与虞氏易有相同者说明姚氏为虞氏之徒,证据不足。

姚信生卒年代,因《三国志》未列传,故亦无法考订出其准确时间。据台湾学者简博贤考证,顾谭坐徒交州,见流二年，年四十二卒于交趾。是谭卒在赤乌十年（247），年四十二，逆数推之，当生于建安十二年（207）。姚信与二顾并为陆逊外甥，与谭同居选部，《陆逊传》置姚信于二顾之后，则其生年当不早于建安十二年。宝鼎二年（267），姚信以太常奉使迎神，时年六十左右，则卒年又在其后。即姚信当生活在207年至267年这一区间前后。（见《今存三国两晋经学遗迹考》，三民书局）此考可信。

根据史志记载，姚信易学著作有《周易注》。《隋书·经籍志》《旧唐书·经籍志》《新唐书·艺文志》《经典释文·叙录》皆著录，并云"十卷"。阮孝绪《七录》谓之"十二卷"。此书宋志阙如，恐佚之于宋代。清儒有辑本。孙堂《汉魏二十一家易注》辑《周易注》一卷，马国翰《玉函山房辑佚书》辑《周易姚氏注》一卷，黄奭《黄氏佚书考》辑《易注》一卷，张惠言《易义别录》辑《周易姚氏义》一卷。《易》注而外，隋唐志著录有《士纬》十卷，马国翰有辑本。《晋书》《宋书》《隋书》之《天文志》及《御览》并引姚氏《昕天论》，马国翰有辑本。《三国志·陆绩传》注引姚信《集》之文，此书《隋书·经籍志》著录二卷，两唐志并作十卷。严可均有辑本。《隋书·经籍志》著录姚氏《新书》二卷，两唐志载《新书》十卷。《艺文类聚》二十三引姚信《戒子》。

（二）象数易学思想

姚氏于易学，力主象数，博采百家。汉代象数易学，从孟、京发展至郑、荀、虞三家，已达到鼎盛。姚氏处三国之时，承接汉末，对汉代象数易学十分熟悉，故其易学多受诸家影响。从现有资料看，姚氏注《易》主要取以下几种方法：

1. 取卦变说释《易》

取卦变说注《易》盛行于两汉，姚信也取此法注《易》。姚注《旅》云："此本《否》卦，三五交易，去其本体，故曰客旅。"按照荀、虞卦变说，三阴三阳之卦当来自《泰》《否》两卦，旅☲☶为三阴三阳之卦，而自《否》卦来，即否☰☷三五两爻交换位置，而变成《旅》卦。这两爻（三阴爻、五阳爻）各自离开了本体（三阴爻离开了内卦坤，五阳爻离开了外卦乾）而有客旅之意。姚氏联系卦象解说卦义，得其象数要领，而其卦变说也有独到之处，荀言"阴升居五"而未明言来自《否》卦，虞氏言"否三之五"，却又列"贲初之四"于先。姚氏遵循荀、虞的卦变规律，对卦变说进行了修整，克服了前人卦变说中不足之处，为蜀才、李挺之、朱熹等易学家所采纳。

2. 取之正说释《易》

之正说，是从爻位说发展而来的。汉儒据《易传》爻位得正失正的理论，提出了爻位失正可以变正、爻位正亦可以变不正的思想，解决了以爻位说注《易》遇到的问题。姚氏吸收了这种注《易》的方法。姚注《丰·象》云："四体震，王。假，大也。四上之五得其盛位，谓之大。"此是以之正释丰大之义。丰☳☲四爻以阳居阴位，五爻以阴居阳位。两爻皆失位。四五两爻交换位置，其位皆变正。四之五位，得正处尊位，故有丰大之义。此注基本上与虞氏一致。虞注《丰》"王假之"云："乾为王。假，至也。谓四宜上至五，动之正成乾，故王假之，尚大也。"由此，可以说姚氏取之正说注《易》得之于虞氏。值得注意的是，姚氏注《易》并非完全机械地照搬。就此注字义训诂而言，他又不同于虞氏。关于这一点，清儒张惠言早有辨析。他说："虞注云'王假之'谓四宜上之五，正与此同。但以假为至异耳。"（《易义别录》卷二）

3. 取消息卦注《易》

消息卦起自汉代孟喜。孟喜取复、临、泰、大壮、夬、乾、姤、遁、否、观、剥、坤十二卦，表示十二个月阴阳消长变化。后京房、荀爽、虞翻等皆取之注《易》。姚氏沿袭汉易之传统，也以此说注《易》。《系辞》云："精义入神以致用也，利用安身以崇德也。"姚注曰："阳称精，阴为义，入在初也。阴阳在初，深不可测，故谓之神。变为姤复，故致用也。"姚氏以阳初生于阴，阴初生于阳，说明阴阳变化莫测（即精义入神），又以复姤两卦卦象将这种阴阳入神显示出来。复是一阳生于坤阴之初，姤是一阴生于乾阳之初，从月份看，复是十一月份，姤是五月份。这完全符合孟喜的消息卦思想。正如张惠言所言："阴阳在初，深不测，所谓乾元也。变为姤复，所谓消息也。"（《易义别录》卷二）

4. 取爻辰说注《易》

概括地说，将十二地支纳入六爻之中，是谓爻辰。从现有资料看，爻辰说最早见于京房，《易纬》承之，郑玄广泛地将其用于注《易》，并成为郑氏易学重要标志之一。但三者爻辰说又各有不同。京氏纳支，先以顺时配阳四卦，逆时配阴四卦，然后根据八纯卦纳支，对其他卦进行匹配。《易纬》视《周易》六十四卦为一个大系统，分为三十二对，每两卦一对，十二爻配十二地支。阳卦顺时配，阴卦逆时配（泰否两卦例外，皆顺时配）。郑玄爻辰说则以乾坤为基础，先将乾坤十二爻配以十二支，乾顺配阳支，坤顺配阴支，其他卦皆以乾坤为基石，凡阳爻相应取乾之阳爻爻辰，凡阴爻相应取坤之阴爻爻辰。姚信吸收了汉易这一思想，并用之注《易》。他注《明夷》六二"明夷于右槃"（"右槃"，通行本作"左股"）云："自辰右旋入丑。"（《经典释文》）右旋，指逆势。王弼注《明夷》六四云："左者，取其顺也。"（《周易注》）左右相对，故右取逆。此是以爻辰释爻辞，是说《明夷》六二纳丑，自辰逆势而来。日本顺时消息，而《明夷》内卦离为日，日自辰时逆势而入丑时。在姚氏看来，这种违背常理之事，显然是日受伤所致。经文"右"，多数版本皆作"左"，帛书本也作"左"。那么姚氏为何在此改经文呢？这恐怕主要是因为他想用京氏纳支说来注释这句话。按照京氏之意，《明夷》属于坎宫游魂卦，《坎》二爻纳辰，《坎》变初爻成《节》，变至二爻成《屯》，变至三爻成《既济》，变至四爻成《革》，变至五爻成《丰》，变《丰》四爻为《明夷》。《节》二爻纳卯，《屯》二爻纳寅，《既济》《革》《丰》《明夷》内卦皆为离，二爻皆纳丑。从纳支看，《明夷》二爻纳丑，是自《坎》二爻辰而来，自辰至丑是逆势，故言"自辰右旋入丑"。姚氏为了取爻辰说注《易》，不惜改经文，其牵强荒谬可见一斑。但从易学发展看，姚氏在象数易衰微之际，逆潮流而动，用爻辰说注《易》，使汉代易学这一思想不致在当时失传，不能不说是一贡献。

5. 易数观

对于大衍之数，历来众说纷纭，其中大衍之数与天地的关系，更是一个棘手而又无可回避的问题。在《系辞》中，"大衍之数"一节与"天地之数"一节前后相接，两节之间必然存在着联系。由于大衍之数五十，而天地之数五十五，从字义上又看不出其内在的联系，这就使一些易学家在注释此章时不得不绕过这个问题。敢于谈论这个问题的是汉代郑玄、三国时姚信、董遇。郑玄力图从五行出发探讨这个问题。他说："天地之数五十有五，以五行气通，凡五行减五，大衍之数又减一，故四十九也。"（《周易正义》引）姚信、董遇提出了与郑玄不同的看法，他们说："天地之数五十有五者，其六以象六画之数，故减之而四十九。"（同上）姚信又说："此天地之数五十有五，分为爻者，故能成就乾坤之变化，能知鬼神之所为也。"（《周易集解》）姚氏在这里暗示了天地之数即是大衍之数的思想，肯定了天地之数与六爻的关系。从《系辞》这段文意看，大衍筮法涉及六爻。如"十有八变而成卦，八卦而小成，引而伸之，触类而长之，天下之能事毕矣"等是言行蓍布一卦六爻，而大衍筮法并不涉及五行。因此，姚信的解释，虽然未必正确，但与郑氏解释相比，更接近其原义，其中暗含的天地之数即是大衍之数的思想，对后世研究这一问题启发很大。

二、翟元象数易学

（一）生平事迹考

翟元，史志无传，生平不详。唐陆德明《经典释文》曾提到"翟子玄"，言《荀爽九家集注》"其序有荀爽、京房、马融、郑玄、宋衷、虞翻、陆绩、姚信、翟子玄，子玄不详何人，为《易义》"。唐李鼎祚《周易集解》辑有翟元易注。清儒孙堂最先就翟子玄、翟元之名提出质疑：

> 翟子元《易义》不见于隋唐诸史《经籍志》，其世次亦无考，陆德明序九家姓名列在姚信之后，疑亦魏晋间人，顾《释文》以为翟子元，《集解》又称为翟元，一人而两其名，何与？或云"元"其名，"子元"其字。陆德明引荀爽、京房等八人，不称字，子元独称字，又何说？（《汉魏二十一家易注》）

孙氏之问，发人深省，激发了后学对这一问题的研究。孙堂之后的易学家张惠言、马国翰曾就此问题进行发微。张惠言云："翟元，盖即子玄，李书讳玄为元，郑玄字亦如此。"（《易义别录》）马国翰云："古人多有名与字同者，如韩伯字康伯之类。或元字子元欤。"张氏、马氏在此定翟元与翟子玄为一人，可以信从。但是，由此而产生另一个问题，即孙氏所谓"陆德明引荀爽、京房等八人不称字，子元独称字，又何说？"尚秉和对此给予否定："然九家于京房等皆称其名，不应元独称其字，似亦不协。"(《续修四库全书总目提要》)而今人徐芹庭先生则提出："而于子元称其字也，乃荀九家之作者为尊敬翟元故，独称其字也。既独称其字，则翟元与辑荀九家者有密切之关系，可断言也。翟元之《易》注，既取资于荀爽，而荀九家又以荀爽为主，而收翟元之注于其中。又独称其字，是知荀九家之作《易》者，非翟元之子侄晚辈，即其弟子或再传弟子也。"(《魏晋七家易学之研究》)以上虽无更多的资料证明之，但其推论合乎情理，不失为一家之言。

应当指出，诸家之说见仁见智，但有一点可以成为定论：陆氏列翟元于姚信之后，是谓翟元为魏晋时人。

翟玄《易》注早已佚失，今存者多散见于李鼎祚《周易集解》、陆德明《经典释文》。除此之外，吕祖谦《古易音训》、李衡《周易义海撮要》、郑刚中《周易窥余》、熊过《周易象旨决录》也有征引。清儒搜集翟氏《易》注，遂成辑本。在张惠言《易义别录》、马国翰《玉函山房辑佚书》、孙堂《汉魏二十一家易注》、黄奭《黄氏逸书考》中皆有翟玄《易》注辑本。

（二）象数易窥观

从现有的资料看，翟玄易学有两个明显的特点：

其一，承袭费氏《易》学，以卦爻象释《易》。以卦爻象释《易》，当首推《易传》，《彖》《象》等篇从"观象系辞"出发大量用卦象、爻象揭示《周易》卦爻辞之含义。西汉以降，民间学者费直以传古文易和依十翼释经文见长。至东汉，郑玄、荀爽等皆传费氏《易》，费氏《易》大兴。即使到了魏晋玄学尽黜汉易之时，郑氏易独与玄学抗争，以荀氏为主的《九家易》成书，说明了费氏《易》在易学界仍占据重要地位。翟元处易学变革时代，为九家易之一家，可见他的易学与荀氏一脉相承，源于费氏。关于这一点，从他的易注中可以得到证实。在现有翟氏易注中，以《周易》固有的卦爻象注易居多，表现在以下两点：第一，以据、承、中等爻象释《易》辞。翟注《晋·九四·象》云："硕鼠昼伏夜行，贪猥无已，谓虽进承五，然潜据下阴，久居不正之地，故有危厉也。"此以"承"、"据"、"不当位"释《晋》九四象辞。《晋》九四上承五阳，下据阴爻，以阳居阴而位不正，故爻辞有危厉之辞。此处"承"是就爻位而言的。按照汉代之易例，阳爻在上，阴爻在下，对阴爻而言曰"承"。《晋》五爻为阴爻、四爻为阳爻，本不当言"承"，但五位为天子，四位为臣，故四对五也言"承"。翟注《革》九三云："言三就上二阳，乾得共有信，据于二阴，故曰革言三就，有孚于二矣。"此亦以"据"释《易》之例也。注《夬》九三云："頄，面也。谓上处乾首之前称頄。頄，颊间骨。三往壮上，故有凶也。"注《泰》九二云："亢，虚也，二五相应，五虚无阳，二上包之。"此以三上相应、二五相应释《易》（也兼以升降之说释《易》，下面专述）。注《姤·彖》云："刚谓九五，遇中处正，教化大行于天下也。"此以中正说释《易》。第二，以互体及其他卦爻释《易》。翟注《巽》六四云："田获三品，下三爻也。谓初巽为鸡，二兑为羊，三离雉也。"此以下三爻喻鸡、羊、雉三品，并取互体之象。《巽》二、三、四互兑，兑为羊。《巽》三、四、五互离，离为雉。注《系辞》云："离象正上，故称日中；艮为径路，震为足，又为大涂，致民象也。坎水艮山，群珍所出，聚货之象也。交易而退，各得其所，《噬嗑》互坎艮，劳乎坎，成言乎艮也。"（引自熊过《周易象旨决录》）此也取互体之象。

其二，取资两汉象数易学注《易》方法，言卦变、消息、升降等。

卦变、消息、升降是汉代象数易学理论三大支柱。两汉象数易学家探赜索隐，钩深致远，或是糅合当时自然知识与易学，或是阐发《周易》自身微言大义，建立了不同于以往的卦变说、消息说、升降说等易学理论。在象数易学衰微之际的魏晋，翟玄和姚信、蜀才等人，为了维护象数易学的地位，与玄学家针锋相对，继续按照象数易学方法治《易》，使象数易学在魏晋时得以保存，且在某些方面有所发展。翟玄主要继承了汉代的卦变说、消息卦说、升降说等。表现在如下方面：第一，以卦变说注《易》。他注《困·九二·象》云："阳从上来，居中得位，富有二阴，故中有庆也。"此言《困》来自《否》，即《困》是由《否》二、上两爻互易而成。第二，以消息卦说注《易》。他注《文言》云："乾坤有消息，从四时来。"
此是谓乾坤消息变化，取法于四时阴阳变化规律，亦即是张惠
言所谓"乾坤十二爻消息应十二月，故从四时来"（《易义别
录》卷三）。注《夬·象》云："坤称邑也。"夬为十二消息卦，
代表三月。《夬》卦是由坤来，即乾阳长至坤五而成，故此言
"坤"。十二消息卦来自乾坤说与蜀才完全一致（见"蜀才象数
易学"）。而张惠言云：《夬》取坤象，是亦剥坤也，此知翟有
旁通之例。"（同上）失之。第三，以升降说注《易》。如前所
引，翟注《泰》九二云："二五相应，五虚无阳，二上包之。"
注《夬》九三云："三往壮上，故有凶也。"皆有升降之义。前
者言二五升降，后者言三上升降。张惠言曾以翟注《泰》九二
为据，说明翟氏传孟氏易，而不传费氏《易》。他说："子玄之
《易》盖孟氏，非费氏，何以言之？荀氏有卦变，无爻变，今
子玄于《泰》则云：'五虚无君，二上包五。'于《姤》则云：
'九五遇中处正。'此皆虞氏之义，与荀氏殊，故知子玄为孟氏
易也。"（《易义别录》卷三）然考荀注《泰》九二云："二上居
五，而行中和矣。"虞注《泰·九二·象》云："二与五易位，
故得上于中行。"可知荀、虞此注并无差别，只是表述不同而
已，而与翟氏此注也完全一致。这一方面说明了虞氏易除了
吸收孟氏易外，也兼有费氏《易》，否则以荀氏为主的《九家
易》也不会收虞氏易，另一方面说明了翟氏易总体上是传费氏
《易》。故张氏之说不可信，张氏之所以会如此推断，恐出于他
对虞氏易长期研究的缘故。

三、姚信、翟元易学的地位

姚信、翟元是继陆绩之后出现的两个比较著名的象数易学家，在象数易学发展中占有较为重要的地位。象数易学在魏晋时遭到玄学易强大攻击而未彻底地灭绝，与他们的承传是分不开的。众所周知，汉代象数易学自孟、京易形成始，至郑、荀、虞易学，达到了登峰造极的境地，一度统治了整个易学界。但到魏晋之际，社会发生了急剧的变化，两汉建立起来的大一统的封建秩序在农民战争中土崩瓦解，象数易学失去了它赖以生存的条件，开始衰微。号称五世传孟氏之学的虞氏学也未逃脱这一历史命运，"及仲翔之注既上为世所推，亦未闻有闻风而起者，又以知时俗所尚在彼不在此，卒使空虚之儒得逞其说"。（张惠言《易义别录》卷二）在这种历史背景下，姚信、翟元仍然承袭两汉象数易学，以卦变、消息、升降、爻辰、之正等方法释《易》，而使象数易学在当时流传，这对象数易学演变来说，其功绩不可磨灭。如张惠言所说：

> 自商翟受《易》三百年而至田何，田何之传四百年，而仅得虞翻，虞翻之后三百年而亡，其略可见者，姚信而已耳！翟子元、蜀才而已耳！（同上）

张氏从整个易学发展的角度来评价姚信、翟玄及其易学，将他们视为与商瞿、田何、虞翻一脉相承，显然有拔高之嫌，但他的确看到了他们在象数易学发展中，尤其是在虞氏易衰微之后所起的作用，这应予以肯定。

四、《九家易》考辨

《九家易》之著录，始于隋唐史志。《隋书·经籍志》著录《周易荀爽九家注》十卷，新旧《唐志》著录《荀氏九家集解》十卷，唐陆德明《经典释文》也著录《荀爽九家集注》十卷，其注内引作"荀爽九家集解"或"九家"。李鼎祚《周易集解》引作"九家易"。可见，《荀爽九家集解》与《荀爽九家注》为一本书，"九家易"与"九家"是其简称。此书为陆德明和李鼎祚广泛引用，说明此书在唐代尚完好无缺。宋郑樵《通志·艺文略·经类》著录《集注周易》十卷，注云"荀爽九家"。而《宋史·艺文志》和马端临《文献通考》皆不著录，恐此书佚失于宋元之际。清儒以李氏《周易集解》为底本，对《九家易》加以搜辑。如王谟辑有《九家易解》一卷，"从《集解》抄出一百二十九条，又《释文》十五条，又附录九师道训三条。"孙堂辑一百四十六条，为《九家周易集注》一卷，载于《汉魏二十一家易注》中。黄奭复辑之，增七条，共一百五十三条，而为《九家易集注》一卷，载于《黄氏逸书考》中。

然而，对于《九家易》编集者及九家为谁，历来争讼不休。陆德明云："不知何人所集，称荀爽者，以为主故也。"
(《经典释文·序录》)陆氏指出了九家易以荀爽为主，并于其
书序内列荀爽、京房、马融、郑玄、宋衷、虞翻、陆绩、姚
信、翟子玄九家，肯定此书非荀氏所集。

宋陈振孙云："九家者，汉淮南王所聘明《易》者九人，
荀爽尝为之集解。"(引自马端临《文献通考》卷一百七十五)
朱震及元董真卿皆认为《九家易》由荀爽集解。朱震云："秦
汉之际，《易》亡《说卦》，孝宣帝时，河内女子发老屋，得
《说卦》，至后汉荀爽集解，又得逸象三十有一。"(《经义考》
卷九)董真卿云："荀爽有《周易章句》十卷，又集《九家集
解》十卷。"(同上)清儒王谟、今人尚秉和皆认同此说。王谟
云："案李鼎祚《周易集解》凡三十余家，而于京房、马融、
荀爽、郑康成、虞翻、陆绩、姚信、宋衷、翟元九家外，又
有《九家易》。若如陆氏《释文》云即京房等九家，以荀爽为
主，则李氏《集解》不当于诸家外又列《九家易》也。此《九
家易》恐当如陈氏说，汉淮南王所聘明《易》者九人。"(《九
家易解·序录》)尚秉和考之更详。他说："依陈氏之言，则名
与实符矣。此虽不知陈氏之所本，然以九家注证之，其言颇可
信。"(《续修四库全书总目提要》)他又列五条理由证之：其
一，《九家易》三十一象，其古可见。其二，"九家注之古，为
荀所宗，显而易见。"其三，《九家易》所使用的易象，"独与
《易林》同"，"则九家确为西汉易师"。其四，《复》"朋来无
咎"，京房作"崩来"，兹与之同，疑京义所本。其五，消息为

《九家易》发其端，荀氏盖略知之，而不能竟其义。而"合居"之说，荀氏不知，"则其注之古，为易家所不能尽喻"。最后，尚氏又以"九家注朴实说理，原本易象，无虚伪之美谈，无卦变之恶习，犹不失春秋古法，又统观九家注前后，纯一不杂，其口吻皆若一人，似非萃众说而成者。"因此推断"陈氏之言，较为可信"。（同上）

清儒还有持异说者。如惠栋云：《九家易》魏晋以后人所撰，其说以荀爽为宗，朱氏遂谓爽所集，失之。"（《易汉学》卷七）张惠言遵从此说。他指出："九家或云即淮南九师，或云荀爽集古易家凡九，皆非也。惠征士云六朝人说荀氏易者，为得其实。"（《周易荀氏九家》）近人柯劭忞同意将《九家易》定为六朝人所集，但他反对把九家全定为六朝人。他说："《九家易》与荀氏易实相表里，无论九家述荀，荀集九家，其大旨相同也。"故"不得谓九家全为六朝人也"。（《续修四库全书总目提要》）台湾学者徐芹庭先生考之曰："翟元之易注，既取资于荀爽，而荀九家又以荀爽为主，而收翟元之注于其中，又独称其字，是知荀氏九家之作者，非翟元之子侄晚辈，即其弟子或再传弟子也。"（《魏晋七家易学之研究》）

笔者管见，徐氏所言，基本上可为定论。即《九家易》之"九家"是指陆氏《经典释文》中所列以荀爽为主的九家，其编集者当为翟元之后学。理由如下：

（一）最早著录《九家易》的是隋唐史志。考隋唐史志，著录集解类的易学著作，《隋书·经籍志》有：《周易马郑二

王四家集解》《周易集注》《周易集解系辞》。《唐书·艺文志》
有：《马郑二王集解》《二王集解》。以上皆不知何人所集，而
知由谁集解者皆明言之。如《隋书·经籍志》有《周易杨氏集
二王注》、朱异集注《周易》，《周易义疏》注：宋明帝集群臣
讲，梁又有《国子讲易义》六卷，宋明帝集群臣《讲易义疏》
二十卷。《唐书·艺文志》有：张璠集解，李鼎祚集注《周
易》，元载集注《周易》。隋唐距《九家易》成书不远，且当时
此书未佚失，若为荀爽集解，不可能不明言，如《周易杨氏集
二王注》之例。而隋志谓《周易荀爽九家注》，唐志谓《荀氏
九家集解》，皆未言荀氏集解，故荀氏与九家应是并列关系，
即陆氏所谓"称荀爽者，以为主故也"。并非荀氏所集。

（二）最早提及《九家易》内容的是唐代陆德明等人。他
在《经典释文》中提及《九家易》的序及注文。他说："其序
有荀爽、京房、马融、郑玄、宋衷、虞翻、陆绩、姚信、翟子
玄。……注内有张氏朱氏，并不详何人。"另外，《经典释文》
还引用《九家易》注文。如注《复》初六"无祇悔"之"祇"
云："九家本作祂字，音支。"注《习坎》六三"险且枕之"之
"枕"云："九家本作玷。"注《系辞》"言天下之至动而不可乱
也"之"至动"云："众家本并然，郑本作至赜，云赜当为动。
九家亦作册。"注《说卦》云："荀爽九家集解本乾后更有四：
为龙、为直、为衣、为言……"这证明了陆氏读过此书，故陆
氏之言，不可轻易推翻，即九家是以荀氏为主。

（三）考《九家易》注文，皆为以荀氏为主的九家之学。

第一，荀氏以升降注《易》，虞翻、宋衷等人皆袭之。《九家易》亦以升降注《易》。如注《文言》"善世不伐"云："阳升居五处中，居上始以美德利天下。"注《泰·六四·象》云："乾升坤降，各得其正，阴得承阳，皆阴心之所愿也。"第二，马融、郑玄、荀爽等传费氏《易》，保留了费氏"徒以《彖》《象》《系辞》十篇文言解说上下经"的传统，多取爻象释《易》。《九家易》以爻象注《易》这个特点也十分明显。如注《屯》上六云："上六乘阳，故班如也。下二四爻虽亦乘阳，皆更得承五，忧解难除，今上无所复承，忧难不解，故泣血涟如也。"（此以"乘""承"注《易》）注《否》九四云："巽为命，谓受五之命以据三阴，故无咎。无命而据则有咎也。畴者，类也。谓四应初居三，与二同功，故阴类皆离祉也。"（此以"应""据"注《易》）注《讼·上九·象》云："初、二、三、四皆不正，以不正相讼而得其服，故不足敬也。"（此以失位注《易》）注《旅》六二云："处和得位正居，是故曰得童仆贞矣。"（此以正位注《易》）注《泰·六五·象》云："五下于二而得中正，故言中以行愿也。"（此以中位注《易》）第三，荀、虞等言卦变，《九家易》也取之注《易》。如它认为三阴三阳之卦来自《泰》《否》两卦。注《困》初六、《困·六三·象》、《涣》九五皆云："此本否卦。"这一点与荀、虞、翟等人完全一致。尚秉和言《九家易》"朴实说理"、"无卦变之恶习"，失之。第四，荀、虞、陆等言阴阳消息，《九家易》也取之。如注《坤·初六·象》云："此本乾，阴始消阳起于此爻，故履霜也。驯犹顺也。言阳顺阴之性成坚冰矣。初六始《姤》，《姤》为五月，盛夏而言坚冰，五月阴气始生地中，言始于微霜，终至坚冰以明渐顺至也。"注《泰·象》云："谓阳息而升，阴消而降也。阳称息者长也，起复成巽，万物盛长。阴言消者，起姤终乾，万物成熟则给用，给用则分散，故阴用特言消也。"注《姤·象》云："谓阳起子，运行至四月，六爻成乾，巽位在巳，故言乾成于巽，既成转舍于离，万物皆盛大，坤从离出，与乾相遇，故言天地遇也。"第五，京房、郑玄、荀爽、虞翻等人言互体，《九家易》也言互体。如《九家易》注《屯》上六云："体坎为血，伏离为目，互艮为手，掩目流血，泣之象也。"注《小畜·九三·象》云："四互体离，离为目也。"第六，京氏言世伏、六亲，荀氏、陆绩等人皆取之，《九家易》亦言之。如它取"世"注《谦·象》云："谦，兑世，艮与兑合，故亨。"（兑世，即兑宫五世）取"伏"注《文言》："谓上六坤行至亥下有伏乾。"取"财官"注《小畜·九五·象》云："五以四阴作财，与下三阳共之，故曰不独富也。"注《随》初九云："渝，变也。谓阳来居初得正为震。震为子得土之位，故曰官也。"总之，以上所引，皆与荀氏为主的九家易学相表里，故《九家易》之"九家"即其书序内所提到的九家。

　　然而，尚秉和以《九家易》与荀氏易相表里，提出"九家易注之古，为荀所宗"，从而认为九家为汉初淮南九师。尚氏所言"九家易注之古"属实，因为九家中有京房。京房是西汉易学家，其易学有古之成分，这不足为奇。但是，还应当指出，《九家易》也有不古之成分，有荀氏易学，也有阐发荀氏易学的。如荀注《坤·文言》云："实本坤卦，故曰未离其类也，血以喻阴顺阳也。"《九家易》注《坤》上六云："实本坤体，未离其类，故称血焉，血以喻阴也。"二者无论是内容，还是行文，基本相同，知是出自一人之手。故《九家易》所引为荀注。也有解说荀注者，如荀注《同人·象》云："乾舍于离相于同居，故曰同人。"《九家易》注《同人·象》云"谓乾舍于离同而为日，天日同明以照于下，君子则之上下同心，故曰同人。"荀注《文言》云："霜者，乾之命令，坤下有伏乾，履霜坚冰，盖言顺也，乾气加之性而坚象，臣顺天命而成之。"《九家易》注《坤·初六·象》云："霜者，乾之命也。坚冰者，阴功成也。谓坤初六之乾四，履乾命令而成坚冰也。此卦本乾，阴始消阳起于此爻，故履霜也。……以明渐顺至也。"以上所引，是后者对前者的展开和发挥，故《九家易》所引或是荀氏本人之说，或是荀氏以后人所为，因此，尚氏所谓《九家易》是荀氏所宗西汉九师之说不可信。

以爻象注《易》始于《易传》。《易传》之《彖》《象》善以承、应、据、乘、中等释易辞。以此种方法注《易》，在汉代当在费氏以后。《汉书·儒林传》明言费氏"徒以《彖》《象》《系辞》十篇文言解说上下经。"费氏《易》已亡佚不可考。今可考见者，善以爻象注《易》者，是传费氏《易》的荀爽及《九家易》。荀悦在总结荀爽易学特点时指出："臣悦叔父故司空爽著《易传》，据爻象承应阴阳变化之义，以十篇之文解说经意。"（《汉纪》）《九家易》以爻象释《易》前已说明，从这一点看，《九家易》成书当在西汉末费氏之后。淮南九师处西汉前期，以《易传》解《易》之风还未形成，故他们不可能以爻象解《易》。又淮南九师易说已亡，据柯劭忞考证，九师易说当与《淮南子》易说一致，"讲道德，总统仁义"。（见《续修四库全书总目提要》）遍考《淮南子》，用《易》十三处，论《易》三处，共十六处，无一例讲爻象。由此可知，《九家易》与淮南九师无关。

笔者推断，《九家易》的成书与象数易衰微有关。魏晋玄学家以老庄注《易》，清谈义理，尽黜象数，将象数易学置入危地。为了挽救即将灭亡的象数易学，一些易学家逆潮流而动，扶弱起微，以汉末兴盛的传费氏《易》的荀氏易学为主旨，广泛搜集西汉以降至魏晋的著名易学家的象数易说，与玄学易抗衡。然而，玄学家并不示弱，针锋相对，也注意汇集玄学家易注，其中最有代表性的是张璠《周易集解》。柯劭忞云："璠之学与弼同出一源，故其所采辑者，马、郑、荀、虞之说，一字不登。盖绌象数而专主义理者。"（《续修四库全书总目提要》）因此，《九家易》是魏晋时易学派别之争的产物。

那么，《九家易》到底为谁所集？笔者管见，恐为张氏、朱氏。考陆德明《经典释文·序录》，除了提到《九家易》序内有九家外，又提到注内有张氏、朱氏。言九家，又独以字称翟元，故张氏、朱氏恐为翟元之后学。

　　清儒曾以《周易集解》既引《九家易》又分别引九家之易说来否定《九家易》即陆德明提到的九家。实不只李鼎祚《集解》如此，陆氏《经典释文》也是如此。这说明了《九家易》中没有标明易注出处，是因为李鼎祚、陆德明不清楚这些易注分别出于哪家，故在其著作中既引《九家易》，又分别引九家易注，相互补充。因此，清儒以此否定《九家易》为魏晋人集汉魏九家易说，失之甚远。

第三章　蜀才象数易学

一、生平事迹

蜀才，史传无考，生平未详。王俭《七志》谓为王弼后人，张惠言信从之。谢炅、夏侯该云为谯周。而颜之推、陆德明则以为范长生，颜之推云："《易》有蜀才注，江南学士遂不知是何人。王俭《四部目录》不言姓名，题云王弼后人。谢炅、夏侯该并读数千卷书，皆疑是谯周。而《李蜀书》一名《汉之书》云：'姓范名长生，自称蜀才。'南方以晋渡江后，北间传记皆名为伪书，不贵省读，故不见也。"（《家训·书证篇》）陆德明云："案《蜀李书》云：姓范，名长生，一名贤。隐居青城山，自号蜀才，李雄以为丞相。"（《经典释文·序录》）据近人柯劭忞和今人台湾学者简博贤、徐芹庭等考证，王弼无子，故蜀才不为王弼后人。《三国志》不言谯周有易学著作，故蜀才为谯之说不可信从。笔者又案《经典释文·序录》有：《周易》十卷蜀才注、《论语》十卷谯周注。且不言陆德明在两本书下的注，单就两本书署名而言，二者使用了两个完全不同的名字。同一作者在不同书上署不同的名，这在古代很少有，至少在唐以前史志中没有先例，故此二书作者非一人，善《易》者即蜀才非谯周。范长生生平事迹散见于史书及其他文献中。晋常璩撰《华阳国志》云："范贤，名长生，一名延久，又名九重，一曰支，字元寿。涪陵丹兴人。"又有史料记载：范长生，名范寂，字无为，曾事蜀主刘备、刘禅。《方舆胜览》云："范寂，字无为，刘先主时栖止青城山中，以修炼为事，先主征之不起，就封为逍遥公，得长生久视之道，刘禅易其宅为长生观。列仙传言，寂得久视之术，年百余岁，蜀人奉为仙，称曰长生。"又案《晋书·李雄载记》：西晋末割据四川的李雄笃信术数，求道养志，欲以范长生为君而臣之，长生固辞。李雄于永兴元年称成都王，长生自西山诣成都，雄迎之于门，执版延坐，拜为丞相，尊曰范贤。光熙元年，在长生劝说下，李雄称帝，国号大成，改元曰晏平，加范长生为天地太师，封西山王。范长生曾注《周易》，隋唐《志》及《经典释文》皆著录："《周易》十卷，蜀才注。"《宋史·艺文志》已不著录其书，恐已佚失。清人有辑本，张澍辑《经典释文》和《周易集解》所引蜀才注，收入《蜀典》之中。马国翰根据张澍之辑本，加以补正，著录为一卷，收在《玉函山房辑佚书》中。此外孙堂《汉魏二十一家易注》、张惠言《易义别录》、黄奭《黄氏逸书考》等皆著录其注。

二、对荀、虞卦变说的整合

卦变说发端于战国时成书的《易传》，完备于汉代。以荀爽、虞翻为代表的大易学家力主象数，将《易传》中固有的"上"、"下"、"往"、"来"等零星的、模糊的卦变思想，阐发成为一整套完整的、别开生面的卦变思想体系，凸显了《周易》六十四卦卦符之间生生不息、变动不居的关系。但是，由于荀爽、虞翻的易学门派不同（荀传费氏《易》，虞传孟氏《易》）及易学思维方式的不同，因而二者卦变理论，在相同的大前提下，仍然存在着一定差别。如在卦变成因问题上，荀爽注重的是升降，即由于阴阳升降而导致一卦变成另一卦；虞翻注重的是通变，即阴阳相通而变动，而使一卦变成另一卦。基于这种观念之不同，二者对于某些卦变产生了分歧。对《损》之注释就是例证。二者皆言《损》来自《泰》，但其含义却不同，荀言《损》来自《泰》，是指《泰》三上两爻互易而成《损》。荀注《损·象》云："谓损《乾》之三居上。"而虞言《损》来自《泰》，是指《泰》初爻到上，居上爻之上而成《损》。虞注《损》云："《泰》初之上。"

蜀才一方面继承了荀、虞卦变思想，另一方面又对荀、虞卦变说进行整合，使之更加具有逻辑性。蜀才的卦变思想具体地表现在以下几个方面：

（一）以乾坤消息变化作为卦变之根本。虞翻认为，乾坤消息变化，而生成十二消息卦，即乾阳依次长至坤初、二、三、四、五、上而成复、临、泰、大壮、夬、乾。坤阴依次长至乾初、二、三、四、五、上而成姤、遁、否、观、剥、坤。前六卦为息卦，后六者为消卦，这就是消息卦。消息卦是卦变的母体，一切卦变皆由此十二卦出。蜀才吸收了虞氏这一理论，视十二消息皆出自乾坤，明言十二消息卦中某卦本乾卦或坤卦。如蜀才注《泰·象》云："此本坤卦。小谓阴也，大谓阳也，天气下，地气上，阴阳交，万物通，故吉亨。"注《否·象》云："此本乾卦。大往，阳往而消。小来，阴来而息也。"注《临·象》云："此本坤卦。刚长而柔消，故大亨利正也。"注《观·象》云："此本乾卦。"蜀才所谓《泰》《临》本坤卦，《否》《观》本乾卦，说的就是《泰》《临》由坤卦变来，《否》《观》由乾卦变来。从以上所引《易》注看，蜀才关于乾坤生十二消息卦的思想及其表述，与虞氏比较，更具有卦变的意味。

（二）以十二消息卦为卦变的母体。虞氏认为，十二消息卦是卦变的母体。除了个别的卦外，大部分卦皆可以直接从十二消息卦中变出。关于这一点，蜀才与虞氏基本上一致。虽然保留下来的蜀才关于卦变的《易》注残缺不全，但从中仍然可以窥见其大概。如二阴四阳之卦本于《大壮》《遁》。《需》《讼》《无妄》《大畜》是二阴四阳之卦，故此四卦当本之《大壮》《遁》。蜀才注《需·象》云："此本《大壮》卦也。"注《讼·象》云："此本《遁》卦也。"注《无妄·象》云："此本《遁》卦。"注《大畜·象》云："此本《大壮》卦。"二阳四阴之卦本于《观》《临》。《晋》《明夷》两卦是二阳四阴之卦，当本于《观》《临》。蜀才注《晋·象》云："此本《观》卦。"注《明夷·象》云："此本《临》卦也。"三阴三阳之卦本于《泰》

《否》。《随》《咸》《恒》《损》《益》《旅》为三阴三阳之卦，当本《泰》《否》。蜀才注《随·象》云："此本《否》卦，刚自上来居初，柔自初而升上，则内动外说，是动而说，随也。"注《咸·象》云："此本《否》卦。"注《恒·象》云："此本《泰》卦。"注《损·象》云："此本《泰》卦。"注《益·象》云："此本《否》卦。"注《旅·象》云："《否》三升五，柔得中于外，上顺于刚，九五降三，降不失正，止而丽乎明，所以小亨旅贞吉也。"

由此不难看出，蜀才关于二阴四阳卦、二阳四阴卦、三阴三阳卦的卦变解说多本于虞氏，只是表述上更概括精炼而已。当然，蜀才并非完全照搬虞氏的理论，而是参照了荀爽等人的理论，对虞氏理论的不完善之处作了修正。如《旅》卦变就最能说明这一点。《旅》为三阴三阳之卦，按照虞氏卦变理论，当自《否》卦而来，而虞氏出于注经的需要，将《旅》卦变视为特例，认为"《贲》初之四，《否》三之五，非乾坤往来也，与《噬嗑》之《丰》同义"。蜀才对这一说法进行纠正，认为《旅》当本于《否》，是由《否》三五两爻升降而成。他注《旅·象》云："《否》三升五，柔得中于外，上顺于刚，九五降三，降不失正，止而丽乎明，所以小亨旅贞吉也。"这一思想与荀爽、姚信一致。荀爽注《旅·象》云："谓阴升居五，与阳通者也。"按照李道平的诠释，阴指三，此言《否》三五升降："《否》阴为小，升居于五，五阳降于三，阴与阳通，故亨。"（《周易集解纂疏》卷七）李氏的诠释合乎荀义，可以信从。同时，与蜀才同时代的易学家姚信在注《旅·象》时也说："此本《否》卦，三五交易，去其本体，故曰客旅。"

另有一些卦变细节问题，蜀才不像虞翻那样去作详细的解释。一般说来，对一个问题论述得越详细具体，越容易露出破绽。虞氏卦变说恐怕就是如此。如关于《损》卦卦变的说明，他认为《损》来自《泰》，是"《泰》初之上"而成，即《泰》初爻升居卦之上成为上爻而为《损》。这一解释不仅违背荀爽的三上两爻升降说，也与整个卦变理论不相协调，而只能成为一个特例，成为后世易学家批评卦变说的把柄。蜀才则不同于荀虞，他惯用高度概括性的语言表述，只言"此本《泰》卦"。这使卦变理论自圆其说，不自相矛盾，更不给后人留下问题。然而，蜀才这么作，后人则更难把握他的思想，特别是遇到一些具体的注经问题则令人无所适从，即使像李鼎祚那样的大易学家在一些具体问题上也不知蜀才是从荀，还是从虞。如前面提到蜀才注《损》云："此本《泰》卦。"李鼎祚案语曰："案《坤》之上六下处《乾》三，《乾》之九三上升《坤》六。"是谓蜀才从荀爽说。又蜀才注《无妄·象》："此本《遁》卦。"李鼎祚案语云："案刚自上降，为主于初。"又谓蜀才从虞翻说。那么，李氏为何作如此解释，恐怕连他自己也说不清楚。

（三）对一阴一阳之卦生卦的修正。一阴一阳之卦的卦变比较复杂。本来按照卦变逻辑类推，一阴一阳之卦当本于《复》《姤》《剥》《夬》。但是虞翻则违背卦变常规，而使之各持其例。他说，《比》本《师》，即"《师》二上之五"；《履》

本《讼》，"变《讼》初为兑"；《小畜》本《需》，"《需》上变为巽"；《谦》本《坤》，"《乾》上九来之《坤》"。《豫》本《复》，"《复》初至四"。虞氏这种违例之说成为易学史疑案，清儒张惠言、胡祥麟等人曾不遗余力地为虞氏辩解，论证虞氏之合理性。但是，无论他们怎样辩解，其中弊端是不言自明的。蜀才也发现了这一问题。从蜀才《易》注看，他力图纠正虞氏这一不足，将某些一阴一阳之卦归于《剥》《夬》。如《师》为一阳五阴之卦，本于《剥》。蜀才注《师·彖》云："此本《剥》卦。"《同人》为一阴五阳之卦，本于《夬》。蜀才注《同人·彖》云："此本《夬》卦。九二升上，上六降二。六二升上则柔得位得中，而应乎乾，下奉上之象。义同于人，故曰《同人》。"从此所引两段注看，蜀才比虞氏向前进了一步。但是蜀才对虞氏之修正不彻底，在某些一阴一阳卦注释上，仍然保留了虞氏的观点。如虞氏认为《比》本于《师》，是"《师》二上之五"，蜀才也同此说，他注《比·彖》云："此本《师》卦也。"同时，蜀才关于《师》本于《剥》、《同人》本于《夬》的提法也未必完美无缺，仍然有易学家提出异议，清儒毛奇龄曾一针见血地指出：《师》卦二易，"一自《复》来"，"一自《剥》来"。"蜀才但言自《剥》来，而不知有《复》，便不能尽合。"（《仲氏易》卷五）他又言《同人》二易，说："蜀才曰：此本《夬》卦，九二升上，上六降二，则得位而应乎乾矣。此正推易之法之所始。特蜀才只发其端，不令全著，如《姤》初六升二，九二降初，亦得位得中而应乎乾，

便不并及，以俟后人类推耳。"（同上卷七）

三、蜀才易学的地位及影响

在象数易学衰微之际，蜀才不为世俗所移易，继续发扬两汉学风，专门致力于象数易学研究，这对于象数易学的保存和传播起到了很大的作用。尤其是他的卦变说，在象数易学发展史上占有重要的地位。正当玄学家口诛笔伐，抨击包括卦变说在内的象数理论之时，蜀才没有急于与之辩驳，而是采取了严肃的态度，从象数易学内部就卦变理论进行反思，寻找其不完善之处，并加以纠正。如前所述，虞氏于一阴一阳之卦卦变各持其例，而蜀才按照虞氏固有的卦变理论加以修改，提出《师》本于《剥》、《同人》本于《夬》。虞氏将《旅》作为特例，认为《旅》来自《贲》，而蜀才认为《旅》本于《否》。经过蜀才整理和修正的卦变说，撇开注经不说，单就卦变理论发展而言，的确很有意义，它为后世易学家进一步完善卦变理论奠定了基础。苏东坡、二程等人刚柔相易本于乾坤的思想得之于蜀才，关于这一点，清儒胡渭论述得非常清楚："苏子瞻言，刚柔相易皆本乾坤，程子亦专以乾坤言卦变，本之蜀才曰'此本乾卦'、'此本坤卦'，荀爽曰'谦是乾来之坤'，非创论也。"（《易图明辩》卷九）李挺之、朱震、朱熹等人关于一阴一阳之卦皆来自《复》《姤》或《夬》《剥》的思想皆受启于蜀才。难怪后世易学家研究卦变者多言及蜀才。如宋儒朱震认为《象传》上下往来之说，"此虞氏、蔡景君、伏曼容、蜀才、李之才所谓自某卦来之说也"。(《汉上易传·丛说》)清儒惠栋云："卦变之说本于《彖传》，荀慈明、虞仲翔、姚元直及蜀才、卢氏、侯果等之注详矣。"(《易汉学》卷八)更有甚者，将蜀才与虞翻相提并论。如清儒胡渭云："尝考之诸儒之论，相生者始于虞翻、蜀才。"(《易图明辩》卷九)这足见蜀才卦变理论在整个卦变理论发展中所居的地位举足轻重。

　　蜀才在易学上的贡献不仅仅限于卦变，还在于他对两汉易学兼收并蓄，形成具有自己特色的易学。从现有的资料看，他的易学不仅承袭了荀爽、虞翻的易学（升降说本于荀爽，卦变说本于虞翻），而且还吸收了京房、子夏、郑玄等人的易学思想，在易学文字训诂方面表现得比较突出。如《豫》九四："朋盍簪。"《释文》云："簪，郑云速也。……京作撍，马作臧，荀作宗，虞作戠。戠，丛合也。蜀才本依京，义从郑。"《大有》九二："大车以载。"《释文》云："大车，蜀才作舆。"《古易音训》引晁氏曰："《子夏传》作舆。"《系辞》云："圣人以此洗心。"《释文》云："洗心，京、荀、虞、董、张、蜀才作'先'。"《谦·象》云："君子以哀多益寡。"《释文》云："哀，郑、荀、董、蜀才作'捋'，云取也。"《萃》初六云："一握为笑。"《释文》云："一握，郑云'握'当读为'夫三为屋'之'屋'，蜀才同。"以上说明蜀才重视前人的易学研究成果，善于取百家之长，充实自己的易学研究。其中借鉴比较多的，除了荀爽、虞翻，就是郑玄。由于这个缘故，后世在论述蜀才易学渊源时，多言出自此三家。马国翰云："其（蜀才）说《易》明上下升降，盖本荀氏学。"（《玉函山房辑佚书》）孙堂云："蜀才善天文，有术数，其所注《易》大抵主荀爽乾升坤降之义。"（《汉魏二十一家易注》）张惠言云："蜀才之易，大约用郑虞之义为多，卦变全取虞氏。"（《易义别录》）柯劭忞云："蜀才固为费学，故升降之义依荀氏，训诂依郑氏矣。"（《续修四库全书总目提要》）

当然，应当看到，蜀才在易学训诂方面的贡献，不仅在于他取资前人的注释，为己所用，更重要的是在前人的基础上提出独到的见解。如《大壮》九三"羸其角"之"羸"，《释文》云："王肃作'纍'，音螺。郑、虞作'纝'，蜀才作'累'，张作'虆'。"《萃》六二"利用禴"之"禴"，《释文》云："殷春祭名。马、王肃同。郑云夏祭名。蜀才作'躍'，刘作'爚'。"《明夷》六五"箕子之明夷"之"箕"，《释文》云："蜀才'箕'作'其'。刘向云今《易》'箕子'作'荄滋'。邹湛云训箕为荄，诂子为滋，漫衍无经，不可致诘，以讥荀爽。"《系辞》"鼓之以雷霆"之"霆"，《释文》云："京云霆者，雷之余气，挺生万物也。《说文》同。蜀才云疑为'电'。"蜀才这些见解，虽然未必合乎经意，但它作为一家之言，成为历代易学家注《易》的参考资料，并启发了对这些问题的研究。

然而，蜀才易学与其他象数易学一样，摆脱不了其自身的局限，即注经的附会和繁烦。他的卦变说，对于完善整个卦变理论来说有可取之处，而对于注经而言，没有多大价值，或没有起到注经的作用，或失之更远。清儒张惠言对这个问题作过论述："凡卦变之例，虞惟主一爻，以消息盈虚，各有所主故也。翟子元、蜀才大抵参用荀氏升降，故皆兼用二爻。然《彖》意以位乎天位所以光亨，则专主九四之五为义。此虞之所以合经意也。"（《易义别录》）张氏褒虞抑蜀未必恰当，但他的确看到了蜀才卦变说在注经中的局限。如蜀才注《无妄·彖》云："此本于《遁》卦。"掩盖了虞氏卦变说之矛盾，似乎显得高明一些，但这简单的一句话没有将《无妄·彖》的含义揭示出来。又如注《同人·彖》，蜀才言《同人》本于《夬》，具体地说，是用《夬》二、上两爻升降来解说《同人·彖》，但是，再用它注释《同人》其他卦爻辞，就窒碍不通。相比之下，虞氏不用卦变，而用旁通说，似可以自圆其说。故蜀才卦变说顾此失彼，昭然若揭。

第四章　干宝象数易学

一、生平事迹及著作

干宝，字令升，新蔡（今河南省新蔡县）人。祖父干统，为吴奋武将军，父干莹为丹阳丞。干宝少勤学，博览群记，以才器召为佐著作郎，又因平定杜弢之乱有功，赐爵关内侯。晋元帝即位，未置史官，由中书监王导举荐，干宝"始领国史"。"以家贫求补山阴令，迁始安太守。王导请为司徒右长史，迁散骑常侍"。（《晋书·干宝传》）他对史学很有研究，著《晋纪》。《晋书》称："其书简略，直而能婉，咸称良史"；《文心雕龙》誉"干宝述纪以审正得序"；《史通》赞该书"理切而多功"。据《晋书》本传，干宝"性好阴阳术数，留思京房、夏侯胜等传"，"博采异同，遂混虚实"，"集古今神祇灵异人物变化"，撰成《搜神记》三十卷，"又为《春秋左氏义外传》，注《周易》《周官》凡数十篇，及杂文集皆行于世"。

干宝于易学造诣极深，《晋书》明言其曾注《周易》。《隋书·经籍志》载："《周易》十卷，晋散骑常侍干宝注。又《周易爻义》一卷，干宝撰。梁有《周易宗涂》四卷，干宝撰。"

其中《周易宗涂》《隋志》言已佚，两唐志皆不录。而《周易注》《周易爻义》二书，两唐志皆收录之。另《经典释文·序录》、《宋史·艺文志》、郑樵《通志·艺文略·经类》及胡一桂《周易启蒙翼传》等也录《周易注》十卷。又根据《册府元龟》记载，《周易问难》二卷、《周易玄品》二卷，也为干宝撰。项皋谟、朱彝尊、马国翰等人皆信从。然《隋书·经籍志》明言《周易问难》二卷王氏撰，《周易玄品》二卷不著撰人，故今人台湾学者黄庆萱等人关于《周易问难》《周易玄品》二书不为干宝所撰的考证属实（见《魏晋南北朝易学书考佚》九）。干宝的易学著作今皆散佚，其《易》注主要散见于李鼎祚《周易集解》、陆德明《经典释文》中。后人有辑本，"元时有屠曾者，始辑其佚。明正德间，其孙勋重订其书，刻在《盐邑志林》，即今孙堂《汉魏二十一家易注》所据而补订之本也。明时姚士粦又别辑《干常侍易解》三卷，清归安丁杰补订，武进张惠言梓入《易义别录》，历城马国翰、甘泉黄奭又据而参校习刊之，载《玉函山房辑佚书》《汉学堂丛书》中。孙、马、黄三家辑本，互有详略，然马、黄多者二事，孙多者七事，较其得失，孙本为优"。（尚秉和语，见《续修四库全书总目提要》）

另外，根据其他典籍记载，干宝还撰有：《易音》《毛诗音》《周官礼注》《答周官驳难》《周官音》《后养议》《春秋左氏函传义》《春秋序论》《正音》《立言》等。

二、留思京房之学

干宝易学有一个显著的特点，就是在京氏之学即将失传之际，上承三国时陆绩易学，留思京氏易，"其学以卦爻配月，或以配时日，傅诸人事，而以前世已然之迹证之"（引自胡一桂《周易启蒙翼传》中篇），即多用京氏易的概念及理论推求象数易学之大义，主要表现在以下几个方面：

（一）以干支为象注《易》

京氏为了建立完备的《周易》筮法体系，将历法中的干支纳入六爻之中，形成了易学史上有名的"纳甲说"。所谓纳甲，就是将干支与卦爻相匹配，其方法是先把干支纳入八纯卦，然后以此作为基础，将干支纳入其他卦，即视其他卦为八纯卦内外体的任意组合，如此，八纯卦的干支也随之纳入其他卦中。具体地说，八纯卦干支为：

乾		震		坎		艮	
壬	戌	庚	戌	戊	子	丙	寅
壬	申	庚	申	戊	戌	丙	子
壬	午	庚	午	戊	申	丙	戌
甲	辰	庚	辰	戊	午	丙	申
甲	寅	庚	寅	戊	辰	丙	午
甲	子	庚	子	戊	寅	丙	辰

坤		巽		离		兑	
癸	酉	辛	卯	己	巳	丁	未
癸	亥	辛	巳	己	未	丁	酉
癸	丑	辛	未	己	酉	丁	亥
乙	卯	辛	酉	己	亥	丁	丑
乙	巳	辛	亥	己	丑	丁	卯
乙	未	辛	丑	己	卯	丁	巳

其他卦干支皆得之自八纯卦，如《泰》卦纳干支可由《坤》卦外卦纳干支和《乾》卦内卦纳干支组成。《蒙》卦纳干支可由《艮》卦外卦纳干支和《坎》卦内卦纳干支组成（以上两卦干支如下），其他卦依次类推。

泰		蒙	
癸	酉	丙	寅
癸	亥	丙	子
癸	丑	丙	戌
甲	辰	戊	午
甲	寅	戊	辰
甲	子	戊	寅

干支入爻，意味着爻象之拓展。干支在古代既表示时间，又表示空间，更含有五行，因而经过京房改造的爻象，不再是单纯的阴阳关系，而是内涵了时空交错、五行间生克冲合等复杂的关系，世界上万事万物皆可以纳入这个关系中，用它概括和说明。人间生死福祸，亦可由它决定。京氏明言："夫易者，

象也。爻者，效也。圣人所以仰观俯察，象天地日月星辰草木万物……故揲蓍布爻用之于卜筮，分六十四卦，配三百六十四爻，序一万一千五百二十策，定天地万物之情状。"（《京氏易传》卷下）干宝承袭了京氏的这一思想，认为"爻中之义，群物交集，五星四气，六亲九族，福德刑杀，众形万类，皆来发于爻，故总谓之物也"。（《系辞》注）干氏以此理论作指导，广泛运用京氏纳干支说注释《周易》经传。其例如下：

取干支先后顺序注《易》。干注《乾》初九云："初九甲子，天正之位，而乾元所始也。"按照京氏的理论，《乾》纳甲壬，"甲壬配内外二象"（《京氏易传》卷上）。而《乾》初爻又纳子，故言"甲子"，"甲"和"子"为干支之首，故干氏称"天正之位，而乾元所始也"。

取地支含五行之义注《易》，汉儒将地支与五行相配，认为寅卯为木，巳午为火，申酉为金，亥子为水，丑辰未戌为土。干氏以此为象释《易》辞，如干注《乾》九四云："渊谓初九甲子，龙之所由升也。"《乾》初九纳子，子为水，水为龙潜身之地。史墨曰："龙，水物也。水官弃矣，故龙不生得。"（《左传》昭公二十九年）故"'渊谓初九甲子'者，子水在渊也"。（李道平《周易集解纂疏》卷一）干注《井》初六云："在井之下，体本土爻，故曰泥也。"井内卦为巽，巽初爻纳辛丑，丑为土，故此言"体本土爻"。干注《震》六二云："六二木爻，震之身也。"《震》六二纳寅，寅为木，言木爻，又震为木，故六二木爻为"震之身"。

取地支方位注《易》。干注《坤》上六云："爻终于酉，而卦成于乾，乾体纯刚，不堪阴盛，故曰龙战。戌亥，乾之都也，故称龙焉。"按照京氏理论，《坤》上六值癸酉，酉代表西方。而据《说卦》乾位西北，即戌亥之位。因此，干氏在此称"爻终于酉，而卦成于乾。……戌亥，乾之都也"。

取干支时间之义注《易》。古代历法是以干支编制的，即以干支记年、记月、记日、记时，一直到今天，民间仍然有一些人沿用旧历。干氏用干支所表示时间注《易》，如注《蒙》初六云："初六戊寅，平明之时，天光始照，故曰'发蒙'。"《蒙》内卦坎，坎初爻纳戊寅，寅为日出之时，故言"平明之时"。

取地支应情释《易》。汉人认为，北、东、南、西、上、下六方分别有好、怒、恶、喜、乐、哀六种情，由十二支主之。"北方之情，好也；好行贪狼，申子主之。东方之情，怒也；怒行阴贼，亥卯主之。……南方之情，恶也；恶行廉贞，寅午主之。西方之情，喜也；喜行宽大，巳酉主之。……上方之情，乐也；乐行奸邪，辰未主之。下方之情，哀也；哀行公正，戌丑主之。"（《汉书·翼奉传》）干氏以纳支应情释《易》，如注《蒙》初六云："初六戊寅……坎为法律，寅为贞廉，以贞用刑，故利用刑人矣。"《蒙》初爻纳戊寅，寅主南方之情恶，而为贞廉（火）。注《比》六二云："二在坤中，坤国之象也，得位应五而体宽大，君乐民人自得之象也。"《比》内卦坤，《坤》六二纳乙巳，巳主西方之情喜，喜行宽大。注《比》

六三云："六三乙卯，……辰体阴贼，管蔡之象也。"《比》六三纳乙卯，卯主东方之情怒，怒行阴贼。注《噬嗑》初九云："初居刚躁之家，体贪狼之性。"《噬嗑》初九纳庚子，子主北方之情好，好行贪狼。注《益》六三云："六三失位，而体奸邪。"《益》六三纳庚辰，辰主上方之情乐，乐行奸邪。注《节》上六云："怀贪狼之志。"《节》上六纳戊子，子主北方之情好，与上《噬嗑》初九注同。

直接用干支注《易》。干氏注《系辞》"六爻相杂唯其时物"云："或若见辰戌言艮，巳亥言兑也。或若以甲壬名乾，以乙癸名坤也。"此引纳干支之说。《艮》初四两爻分纳辰戌，《兑》初四两爻分纳巳亥。乾纳甲壬，坤纳乙癸。

（二）以八宫世魂为象注《易》

京房易学另一个重要内容，即是八宫世魂，其说与纳干支一样，是纳甲筮占法之基础。京氏庞杂的筮占体系皆依赖于八宫、世魂、纳干支。可以这样说，若没有八宫、世魂、纳干支等这样一些理论，也就没有京氏纳甲筮法。京氏八宫说与世魂说是联系在一起的。这一理论特点，就是根据八纯卦爻变之原则，将六十四卦重新划分为八组，每一组为一宫。每一宫八纯卦变初爻为一世卦，变至二爻为二世卦，变至三爻为三世卦，变至四爻为四世卦，变至五爻为五世卦，变五世卦四爻为游魂卦，变游魂卦初、二、三爻为归魂卦。京氏将八宫世魂思想归结为"四易"，即"一世二世为地易，三世四世为人易，五世

六世（六世，八纯）为天易，游魂鬼魂为鬼易"。(《京氏易传》
卷下）

干宝取京氏这一思想注经。如：注《屯·象》云："水运
将终，木德将始。"《屯》为坎宫二世卦，坎为水，《屯》内卦
震为木。《坎》变初二两爻，成《屯》，是变《坎》内卦坎为
震，故言"水运将终，木德将始"。注《比》卦辞云："比者，
坤之归魂也。……坤德变化，反归其所，四方既同，万国既
亲，故曰比吉。"此以《比》为《坤》之归魂卦释"比吉"。注
《噬嗑》初九："以震掩巽，强暴之男也。"《噬嗑》为巽宫五世
卦，《巽》变至五爻为《噬嗑》，即由《巽》变《噬嗑》，其内
卦由巽变震，故此言"以震掩巽"。注《益》卦云："在巽之
宫，处震之象，是则苍精之帝同始祖矣。"《益》为巽宫三世卦，
巽为木，故言处震之象。注《井》卦云："自震化行，至于五
世，改殷纣比屋之乱俗，而不易成汤昭假之法度也。"《井》为
震宫五世，故言"自震化行至于五世"。注《丰》卦云："《丰》，
坎宫阴世在五，以其宜中而忧其昃也。"坎宫五世为《丰》卦。
坎宫变至五爻上中，如日之中天，故宜中忧其昃。注《序卦》
云："需，坤之游魂也。……夫坤者，地也，妇人之职也。百
谷果蔬之所生，禽兽鱼鳖之所托也，而在游魂变化之家，即烹
爨腥实，以为和味者也，故曰'需者，饮食之道也'。"

（三）以世卦起月例为象注《易》

所谓世卦起月例，是指将八宫世魂配以十二个月，其方

法是"一世卦阴主五月，一阴在午也；阳主十一月，一阳在子也。二世卦阴主六月，二阴在未也；阳主十二月，二阳在丑也。三世卦阴主七月，三阴在申也；阳主正月，三阳在寅也。四世卦阴主八月，四阴在酉也；阳主二月，四阳在卯也。五世卦阴主九月，五阴在戌也；阳主三月，五阳在辰也。八纯上世阴主十月，六阴在亥也；阳主四月，六阳在巳也。游魂，四世所主，与四世卦同。归魂，三世所主，与三世同"。（胡一桂《周易启蒙翼传外篇》）干宝以此为象释《易》。如注《蒙》云："蒙者，离宫阴也，世在四，八月之时，降阳布德，荠麦并生。"注《讼》云："讼，离之游魂也。离为戈兵，此天气将刑杀，圣人将用师之卦也。"此同四世，也主八月，八月主刑杀。注《比》云："比者，坤之归魂也，亦世于七月。"坤宫归魂同三世卦，主七月。

（四）以京氏六亲、爻等、休王等注《易》

京氏的六亲、爻等、五星、休王等思想多用于筮占，这些思想主要保存在《京氏易传》当中。干宝尽取京氏思想，以此为象诠释《易》辞。干注《比》六三云："六三乙卯，坤之鬼吏"，"在比之家，有土之君也"。按照纳甲筮法，《比》为坤宫，坤为土，而《比》六三卯为木，木克土为官鬼，即京房所谓"鬼为系爻"。官鬼即"鬼吏"。此为以六亲释《易》之例。

干注《系辞下》"六爻相杂"云："王相为兴，休废为衰。"注《系辞下》"文不当故吉凶生矣"云："于占则王相之气，君子以迁官，小人以遇罪也。"从此两处注看，干氏注《易》明显是吸收了京氏"六位相分，休废旺生"、"遇王则吉，废则凶"的思想。

干注《井》九三云："此托殷之公侯。"注《坤》六三云："三公位也。"注《比》六四云："四为三公。"注《蹇》九五云："而当王位。"注《鼎》六五云："尚三公，王也。"注《师》上六云："五常为王位，上六为宗庙。"此为爻等贵贱之例。与京氏不同的是，干氏有时将四位视为三公，京氏则视三位为三公。

以上是干宝易学的特色。干氏在当时不顾玄学家讥讽，留思"有书无师"的京氏易，并取其中的八宫、世魂、干支、五行、六亲、九族福德、刑杀等为象，笺注《周易》经传微言大义，这对于象数易学传播和发展，尤其是对京氏易流传起到了很大作用。从干氏注《易》方法看，注重以象注《易》，虽然取象方法与汉末虞翻不同，但却有异曲同工之妙。从其思想渊源看，取京氏占候之法以为象，故干氏属于京氏派当是无疑的。但是干氏易与京氏易有明显不同。其一，干氏易只取了京氏易一部分思想注《易》，而不是全部，也就是说，干氏只取了京氏与占候有关的思想注《易》。同时个别地方也有所修正。如前面提到的以干支应情注《易》及以四位为三公等。其二，京氏易重筮占，旨在建立一个庞大完善的筮占体系，而干氏重注经，目的是以象为工具，诠释经文，揭示象辞之间的内在联系。其三，干宝的易学除了取京氏易外，还取两汉诸家之长，更创立了以史实注易的方法。这是京氏易所不能包含的。其四，干宝治《易》所据《周易》本文与京氏不同，也就是说，干宝《易》注底本与京氏不同，故文字训诂亦有别，据台湾学者黄庆萱教授考证，《经典释文》中有四十七条，只言京氏之文字，"不言干宝本与王弼、韩康伯注本有何异同，疑干宝悉同王韩，不从京氏易也"。(《魏晋南北朝易学书考佚》) 关于京氏易、干氏易之区别，清儒张惠言曾作过论述。他指出："京氏之义，其本在卦气消息，其用在爻变，考之其传及章句遗文可知。令升曾不之察，而独取其所以占候者以为象，然则令升之为京氏易者非京氏也。……京氏以易阴阳推后世灾变，令升以易辞推周家应期，故曰令升之为京氏者非京氏也。"(《易义别录》卷八)

这里还应当指出，取京氏占候为象注《易》并非干氏独创，在干氏之前，已有易学家尝试过。如荀爽及《九家易》曾用八宫世魂、六亲等注过《易》。荀注《恒·彖》云："恒，震世也，巽来乘之，阴阳会和，故通无咎。"荀注《解·彖》云："解者，震世也。仲春之月，草木萌芽，雷以动之，雨以润之，日以烜之，故甲坼也。"《九家易》注《谦·彖》云："艮山坤地，山至高，地至卑，以至高下至卑，故谦也。谦者，兑也，艮与兑合，故亨。"《九家易》注《下系》云："夬，本坤世，下有伏坤，书之象也。"以上是以八宫世卦注《易》。荀注《随·彖》云："随者，震之归魂，震归从巽，故大通。"荀注《蛊·彖》云："蛊者巽也，巽归合震，故元亨也。"以上是以归魂卦注《易》。《九家易》注《小畜·九五·象》云："五以四阴作财，与下三阳共之，故曰不独富也。"注《随》初九云："谓阳来居初，得正为震。震为子得土之位，故曰官也。"以上是以六亲释《易》。《小畜》四爻为妻财，故言："五以四阴作财。"《随》内卦震，《震》初爻纳子，子为水。《随》自《否》来，《否》内卦坤，《坤》初爻纳未，未为土，土克水，故土为"官鬼"。当然，从现有材料看，运用京氏《易》注释《周易》者，就数量而言，无出于干宝之右者，这是值得肯定的。因而干氏以京氏易注经之举在象数易学发展史上独具特色。

三、推衍卦气说

干氏易学第二个特点，是巧妙地推衍卦气说，并以此为象诠释易辞。由孟喜创建，盛行于两汉的卦气说，将天文历法与《周易》卦象有机地结合起来，形成了与《易传》相异的、含有一定天文历法知识的思想体系。这个思想体系的具体内容就是把六十四卦与一年十二个月、二十四节气、三百六十五又四分之一天相配，让卦主节气、主月份、主天数。其中十二卦主十二个月，即是十二辟卦（或称十二消息卦）。干氏即从十二消息卦出发，推导出乾坤十二爻与消息卦的关系。那么，干氏是如何推衍的呢？请看以下干氏《乾》《坤》两卦注：

乾卦：

初九注云："阳在初九，十一月之时，自《复》来也。"

九二注云："阳在九二，十二月之时，自《临》来也。"

九三注云："阳在九三，正月之时，自《泰》来也。"

九四注云："阳在九四，二月之时，自《大壮》来也。"

九五注云："阳在九五，三月之时，自《夬》来也。"

上九注云："阳在上九，四月之时也。"

坤卦：

初六注云："阴气在初，五月之时，自《姤》来也。"

六二注云："阴气在二，六月之时，自《遁》来也。"

六三注云："阴气在三，七月之时，自《否》来也。"

六四注云："阴气在四，八月之时，自《观》来也。"

六五注云："阴气在五，九月之时，自《剥》来也。"

上六注云："阴在上六，十月之时也。"（《周易集解》）

干氏所列《复》《临》《泰》《大壮》《夬》《姤》《遁》《否》《观》《剥》十卦加《乾》《坤》两卦，就是十二消息卦，其《易》注中所示的月份，也就是十二卦所主的月份（乾主四月，坤主十月）。这十二卦的形成，按照虞翻、蜀才等易学家理解，本于乾坤两卦爻变，即乾六爻为阳，坤六爻为阴，随阴阳爻自下而上依次变化，形成其他十卦。乾阳长至坤初爻为复☷☳，长至坤二为临☷☱，长至坤三为泰☷☰，长至坤四为大壮☳☰，长至坤五为夬☱☰，长至坤上为乾☰☰。坤阴长至乾初为姤☰☴，长至乾二为遁☰☶，长至乾三为否☰☷，长至乾四为观☴☷，长至乾五为剥☶☷，长至乾上为坤☷☷，这就是所谓乾坤消息而成十二消息卦。其实，十二消息卦的产生也是乾坤两卦渐变的结果，其变化的每一个环节（每一爻）就是一卦。干宝变换视角，把十二消息卦按照一定规律依次排列起来，推导出乾坤两卦形成是消息卦不断积累的结果，每一爻皆本于一消息卦，如《复》一阳居五阴之下，《乾》初爻得之于《复》；《复》变二爻为《临》，《乾》二爻得之于《临》；《临》变三爻为《泰》，《乾》三爻得之于《泰》；《泰》四爻变为《大壮》，《乾》四爻得之于《大壮》；《大壮》五爻变为《夬》，《乾》五爻得之于《夬》；《夬》变上爻而成《乾》。《坤》卦六爻形成与《乾》卦类同。由此，乾坤十二爻完全可以用十二消息卦表示：

乾	坤
四月——乾	十月——坤
三月——夬	九月——剥
二月——大壮	八月——观
一月——泰	七月——否
十二月——临	六月——遁
十一月——复	五月——姤

由图示可以看出，干宝沿着十二消息卦形成的思路，推出乾坤两卦每一爻皆本于消息卦，然后以消息卦表示乾坤两卦每一爻，从而得出了乾坤两卦的爻辰说。这个爻辰说既不同于京房，也不同于郑玄。京房乾坤爻辰为：乾自初至上爻依次为子、寅、辰、午、申、戌，坤自初至上爻依次为未、巳、卯、丑、亥、酉。郑玄乾坤爻辰为：乾自初至上爻依次为子、寅、辰、午、申、戌，坤自初至上爻依次为未、酉、亥、丑、卯、

巳。京房和郑玄的爻辰说是天文历法知识和易学的结晶，这种结合，更确切地说是没有经过推论的、远离经义的比附，用来注经纯是附会。而干宝的乾坤爻辰说则不同，它着眼于易学理论自身，从卦气说中推衍出来，故其内容丰富而更贴近经义。唐儒孔颖达对这一点认识比较清楚，他在注《乾》九二时说：

> 诸儒以为九二当太簇之月，阳气发见，则九三为建辰之月，九四为建午之月，九五为建申之月，为阴气始杀，不宜称"飞龙在天"。上九为建戌之月，群阴既盛，上九不得言"与时皆极"，于此时阳气仅存，何极之有？诸儒此说于理稍乖。此乾之阳气渐生，似圣人渐出，宜据十一月之后，至建巳之月己来，此九二当据建丑建寅之间，于时地之萌芽初有出者，即是阳气发见之义，乾卦之象其应然也。但阴阳二气共成岁功，故阴兴之时仍有阳在，阳生之月尚有阴存……乾之初九则与复卦不殊，乾之九二又与临卦无别。（《周易正义》卷一）

又注《文言》"终日乾乾，与时偕行"说：

> 先儒以为，建辰之月，万物生长，不有止息，与天时而俱行。若以消息言之，是建寅之月，三阳用事，三当生物之初，生物不息，同于天时，故言与时偕行。（同上）

此所谓"诸儒"或"先儒"，系指郑玄等人。惠栋云："所
云先儒者，谓康成、何妥诸人也。"（《易汉学》卷六）从以上
所引《易》注可以看到，孔氏以《乾》卦为例，对照爻位、经
文，视郑玄等人之爻辰说"于理稍乖"，而给予否定，然后提
出了合乎经义的爻辰说，这种合乎经义的爻辰说与干宝的观点
完全一致，这说明孔氏在爻辰问题上接受了干宝的观点。单就
注经而言，孔氏对郑氏等人的批评和对干宝的肯定是公正的。
这也可以使我们清楚地看到干宝爻辰说的价值及其影响。

四、以史事说《易》

按照传统的划分，易学研究分为两大派：象数、义理。义
理派又分出以史证易一派。四库馆臣曾指出："王弼尽黜象数，
说以老庄，一变而胡瑗、程子，始阐明儒理；再变而李光、杨
万里，又参证史事。"（《四库全书总目·易类总序》）四库馆臣
言义理派变至李光、杨万里始"参证史事"，其实，在他们之
前早有以史事说易者，如汉末郑玄"论《乾》之用九，则取舜
与禹、稷、契、咎陶在朝之事。论《随》之初九，则取舜宾于
四门之义"（《四库全书总目·〈用易详解〉提要》），论《否》
九五取纣王囚文王于羑里之事，论《临》卦"殷著兴衰之戒"。
晋干宝以史学见长，并以丰富和详细的史料来揭证《周易》所
蕴含的大义，尤其能以殷周变革之史事注释卦爻辞。如台湾学
者简博贤所言："爰推殷周鼎荣之事，用附易爻之象。故凡文

王囚羑里、武王克纣，而金滕之诚、管蔡之乱，悉当爻义；所谓傅诸人事，证诸前世已然之迹也。"（《今存三国两晋经学遗籍考》）据清儒张惠言统计，干宝《易》注，"仅存者三十卦，而又不完，然其言文武革纣、周公摄成王者，十有八焉。"这说明了干宝以史注《易》的特点比较明显。干宝以史注《易》具体地表现在以下几个方面：

（一）以殷周史事注《易》

《周易》成书于殷周之际，其卦辞的写成根植于当时社会生活，是对当时社会生活的反映。从政治上看，此时商朝因纣王荒淫残暴而导致内部矛盾激化，周朝兴盛，"小邦周"取代"大邦殷"已成为历史的必然，故成书于此时的《周易》展现了这一历史变革的过程，有许多卦爻辞明确记录了当时发生的历史事件，《周易》作为卜筮之书被打上了历史的烙印。《易传》在追述《周易》形成时曾对这一问题作过说明："《易》之兴也，其于中古乎！作《易》者，其有忧患乎！""《易》之兴也，其当殷之末世，周之盛德邪？当文王与纣王之事邪？是故其辞危，危者使平，易者使倾。"（《系辞下》）干宝沿着这条思路对隐藏在《周易》卦爻辞和《易传》中的殷周鼎革之事作了阐发。如他以文王施仁德和被拘于羑里等事释《易》，注《乾》初九"潜龙勿用"云："此文王在羑里之爻也。"注《乾》九二"见龙在田，利见大人"云："此文王免于羑里之日也，故曰利见大人。"注《蹇》九五《象传》"大蹇朋来以中节也”云：“在险之中而当五位，故曰大蹇，此盖以托文王为纣所囚也。承上据四应二，众阴并至，此盖以托四臣能以权智相救也，故曰以中节也。”注《震》初九“震来虩虩，后笑言哑哑”云：“震来虩虩，羑里之厄也；笑言哑哑，后受方国也”。注《乾》九三“君子终日乾乾，夕惕若厉，无咎”云：“此盖文王反国，大釐其政之日也。”注《乾·文言》“君子行此四德者”云：“四德者，文王所由兴。”注《坤》上六“龙战于野，其血玄黄”云：“文王忠于殷，抑参二之强，以事独夫之纣。”注《升》九二“孚乃利禴”云：“文王俭以恤民，四时之祭皆以禴礼，神亨德与信，不求备也。”注《革》初九“巩用黄牛之革”云：“此喻文王虽有圣德，天下归周，三分有二而服事殷，是其义也。”注《震·象》“震惊百里”云：“殷诸侯之制，其地百里，是以文王小心翼翼，昭事上帝，聿怀多福，厥德不回，以受方国，故以百里而臣诸侯也。”注《震》六二“震来厉亿丧贝”云：“此托文王积德累功，以被囚为祸也；以喻纣拘文王，闳夭之徒乃于江淮之浦求盈箱之具而以赂纣也。”

干宝还以纣王残暴荒淫之事释《易》。注《坤》上六“龙战于野其血玄黄”云：“纣遂长恶不悛，天命殛之，是以至于武王，遂有牧野之事，是其义也。”注《屯·象》“宜建侯而不宁”云：“殷周际也，百姓盈盈，匪君子不宁，天下既遭屯险之难，后王宜荡之以雷雨之政，故封侯以宁之也。”注《坎》六三《象》“来之坎坎，终无功也”云：“坎，十一月之卦也。又失其位，喻殷之执法者失中之象也。来之坎坎者，斥周人观衅于殷也。枕,安也。险且枕者,言安忍以暴政加民而无哀矜之心。淫刑滥罚,百姓无措手足,故曰'来之坎坎,终无功也'。"注《夬·象传》"告自邑"云:"殷民告周以纣无道。"注《井》卦辞"改邑不改井,无丧无得,往来井井,汔至亦未繘井,羸其瓶,凶矣"云:"改殷纣比屋之乱俗,而不易成汤昭假之法度也,故曰改邑不改井。二代之制,各因时宜,损益虽异,括囊则同,故曰无丧无得,往来井井也。当殷之末,井道之穷,故曰汔至。周德虽兴,未及革正,故曰亦未繘井。井泥为秽,百姓无聊,比屋之间,交受涂炭,故曰羸其瓶也。"注《井》初六"井泥不食,旧井无禽"云:"此托纣之秽政不可以养民也,旧井谓殷之末丧师也。"注《丰》上六"丰其屋,蔀其家,窥其无人,三岁不觌,凶"云:"丰其屋,此盖托纣之侈造为璿室玉台。蔀其家者,以记纣多倾国之女也。社稷既亡,宫室虚旷,故曰窥其户阒其无人。三岁不觌凶,然则璿宝之成三岁而后亡国矣。"注《序卦》"有上下然后礼义有所措"云:"《易》之兴也,当殷之末世,有妲己之祸,当周之盛德,有三母之功。"

干宝还以武王兴兵伐纣之事释《易》。注《乾》九四"或跃在渊"云:"此武王举兵孟津观衅而退之爻也。"注《乾》九五"飞龙在天利见大人"云:"此武王克纣正位之爻也。"注《讼·象》"君子以作事谋始"云:"武王故先观兵孟津,盖以卜天下之心,故曰作事谋始也。"注《师》上六"大君有命,开国承家"云:"故易位以见武王亲征,与师人同处于野也。……上六为宗庙，武王以文王行，故正开国之辞于宗庙之爻，明己之受命，文王之德也。"注《革·彖》"巳日乃孚革而信之"云："武王陈兵孟津之上，诸侯不期而会者八百国，皆曰纣可伐矣。武王曰：'尔未知天命，未可也。'还归。二年，纣杀比干、囚箕子，尔乃伐之，所谓已日乃孚，革而信也。"注《丰》"勿忧宜日中"云："周伐殷，居王位之象也。"

干宝还以周公摄政平叛之事说《易》。注《坤》用六"利永贞"云："是周公始于'负扆南面'，以光王道，卒于'复子明辟'，以终臣节，故曰利永贞也。"注《蒙》"蒙亨"云："此盖以寄成王之遭周公也。"注《蒙》初爻"发蒙，利用刑人，用说桎梏，以往吝"云："此成王始觉周公至诚之象也……此成王将正四国之罪，宜释周公之党，故曰用说桎梏。既感金縢之文，追恨昭德之晚，故曰以往吝。"注《比》六三《象传》"比之匪人不亦伤乎"云："管蔡之象也。比建万物，唯去此人，故曰比之匪人，不亦伤王政乎。"注《革·彖》"天地革而四时成，汤武革命，顺乎天而应乎人，革之时大矣哉"云："革天地，成四时，诛二叔，除民害，天下定，武功成，故曰大矣哉。"注《未济·象》："濡其尾，无攸利，不续终也"云："言禄父不能敬奉天命，以续既终之礼，谓叛而诛也。"注《未济》六三《象传》"未济征凶，位不当也"云："禄父反叛，管蔡与乱，兵连三年，诛及骨肉，故曰未济征凶。平克四国，以济大难，故曰利涉大川也。以六居三，不当其位，犹周公以臣而君，故流言作矣。"注《未济》六五"贞吉无悔，君子之光，有孚吉"云："以六居五，周公摄政之象也，故曰贞吉无悔。制礼作乐，复子明辟，天下乃明其道，乃信其诚，故君子之光有孚吉矣。"

另外，他还以成王继位、禄父受封、高宗伐鬼方等史事说《易》，此不一一赘述。

（二）以其他史事说《易》

所谓其他史事，指殷周以外的史事，用这些史事说《易》大多不是揭示隐藏在《周易》文辞中的真实含义，而是借用历史事实将一个深奥的道理通俗化，或证明易理的深刻而又切近人事，故它与以殷周之际的史事注《易》有着明显的不同，带有浓厚的义理派的气息，兹以《易》注证明之。他注《乾·象》"天行健，君子以自强不息"云："尧舜一日万几，文王日昃不暇食，仲尼终夜不寝，颜子欲罢不能。自此以下，莫敢淫心舍力，故曰自强不息矣。"注《师》上六《象》"小人勿用，必乱邦也"云："楚灵齐闵，穷兵之祸也。"注《益》六三"益之，用凶事，无咎。有孚中行，告公用圭"云："固有如桓文之徒，罪近篡弑，功实济世。……六三失位……桓文之爻也。……俯列盟会，仰致锡命，故曰告公用圭。"注《节》上六"苦节贞凶悔亡"云："以苦节之性而遇甘节之主，必受其诛，华士、少正卯之爻也。"注《系辞》"文不当，故吉凶生焉"云："事不称义，虽有吉凶，则非今日之吉凶也。故元亨利贞，而穆姜以死。黄裳元吉，南蒯以败。是所谓文不当也。"

（三）以五德终始的历史循环论注《易》

所谓五德，是就五行而言的。古代先贤将金、木、水、火、土这五种物质与四时、四方、五色、五味、五声等联系起来，然后又赋予它们生克旺相休囚等义，形成了一整套五行理论，用以解释自然界纷纭繁杂的事物的形成、结构、变化。不仅如此，还有思想家将五行的理论引进社会，说明历史发展是一个五行生克转移的过程。如战国时代的邹衍就用"五德转移"、"五德终始"、"五德各以所胜为行"的观点来解释社会发展和王朝更替。《七略》云："邹子有《终始五德》，言土德从所不胜，木德继之，金德次之，火德次之，水德次之。"（《文选·魏都赋》注引）李善引邹衍之言云："五德从所不胜，故虞土、夏木、周火。"（《文选·齐故安陆昭王碑》注引）邹子"论著终始五德之运，及秦帝而齐人奏之，故始皇采用之"。（《史记·封禅书》）邹子关于五德的思想，后人又有修正，把五德相克改为相生，如《孔子家语》云："夏后氏以金德王，色尚黑……殷人以水德王，色尚白……周人以木德王，色尚赤。"（《五帝篇》）干宝取五德相生说注释《周易》，他注《屯·象》云："水运将终，木德将胜，殷周之际也。"《屯》为坎宫二世卦，《坎》内卦坎为水，变《坎》初、二爻则为《屯》,《坎》初、二两爻变，则内卦成震，震为木。注《比》六三云："周为木德"。《比》三爻纳卯木。注《井》云："水，殷德也；木，周德也。"《井》上坎为水，下巽为木。注

《震·象》云："周，木德，震之正象也。"注《丰》云："殷，水德，坎象尽败，而离居之，周伐殷居王位之象也。"《丰》为坎宫五世，下体由坎变离，坎水离火，以象殷周。由此可以看出，干宝采取种种方法，找出水、木二象，以比附殷周，揭示殷周之更替符合五德移转的规律，达到以殷周史事注《易》的目的。这就是他以五德转移循环论注《易》的方法。

总之，凡《周易》中涉及或暗含着历史事实者，干氏皆能一一揭明之，而且许多解释也比较恰切，尤其是以殷周之史释《易》。这是汉儒所不能及的，但也应当指出，干宝有些解释，不切实际，不能令人信服，如他把以言卦序为内容的《序卦》视作帝王之史，"文王、周公所遭遇之运，武王、成王所先后之政，苍精受命短长之期，备于此矣。"（《杂卦》注）更令人不解的是，他将《杂卦》之末错简看作是夫子匠心独运，故意改其例，以说明历史变革、帝王改制的必然性。他说："夫子又重为《杂卦》，以易其次第，《杂卦》之末，又改其例。不以两卦反覆相酬者，以示来圣后王，明道非常道，事非常事也。……总而观之，伏羲、黄帝皆系世象贤，欲使天下世有常君也。而尧舜禅代，非黄、农之化，朱、均顽也。汤武逆取，非唐虞之迹，桀纣之不君也。伊尹废立，非从顺之节，使太甲思衍也。周公摄政，非汤武之典，成王幼年也。凡此皆圣贤所遭遇异时者也。夏政尚忠，忠之弊野，故殷自野以教敬。敬之弊鬼，故周自鬼以教文。文弊薄，故《春秋》阅诸三代而损益之。……是以圣人之于天下也，同不是，异不非，百世以俟圣人而不惑，一以贯之矣。"（同上）从这里可以看到，本来是一个极为简单的问题，而干氏以史注之，将这个问题复杂化。与其说他在注《易》，倒不如说他是借《易》阐发其史学观。

那么，干宝为何能援史注《易》呢？台湾学者黄庆萱曾作过三方面的分析："一曰受《系辞传》'《易》之兴也当文王与纣之事'一语之影响。""二曰受《周易》卦爻辞中多殷周故事之影响。""三曰《毛诗》大小序以史解《诗》之影响。"（《魏晋南北朝易学书考佚》）黄先生只分析了客观原因，而忽略了主观原因。如前所言，干氏对史学有着精湛的研究，曾作《春秋左氏义外传》《春秋序论》，还撰写过"咸称良史"的《晋纪》，受此影响，他往往站在史学角度来思考和探讨学术问题，其易学研究亦不例外。他在注释《周易》时，或是以历史知识印证之，或是用史学理论或方法阐发之，从而使以史注《易》成为干氏易学的重要内容。

五、干氏易学的评价

干氏以京氏易象注《易》，复以史释《易》，其思路应当说是没有问题的。按照《易传》解释，《周易》是"观象系辞"而成书，即先有卦象，后作卦爻辞，卦爻辞的撰写参照了卦象，从形式上与卦象相应。故以象释辞是注《易》的正确方法之一。同时，卦爻辞中大量的内容与当时社会生活相关。有一些卦爻辞是以当时发生的重大的政治事件为内容写成。如

《升》六四"王用亨于岐山",《晋》卦卦辞"康侯用锡马蕃庶,昼日三接",《明夷》上五"箕子之明夷",《归妹》六五"帝乙归妹",《既济》九三"高宗伐鬼方"等,皆是对殷周之际重大事件的记录。成书于战国时代的《易传》也多次暗示过《周易》成书是时代的产物,它反映了殷周之际的政治变革。《象传》释《明夷》云:"明入地中,明夷。内文明而外柔顺,以蒙大难,文王以之。'利艰贞',晦其明也,内难而能正其志,箕子以之。"《系辞》云:《易》之兴也,其当殷之末世,周之盛德邪? 当文王与纣之事邪? "既然《周易》是一部带有历史特色的典籍,那么站在历史角度诠释之,应当说是正确的。干宝既重易象,又重历史,将二者有机地结合起来,对《周易》加以注释,从总体上说,是对《易传》和汉易的阐发而已,没有偏离注《易》的大方向。尤其是对《周易》卦爻辞所涉及卦爻象和历史问题,皆能以京氏易和殷周史事融通之,而且有许多地方注释得也非常正确,表现出他非凡的易学才华和注经能力。

从易学发展看,干宝有两大贡献:其一是对象数易学的贡献。在象数易学趋于灭绝之时,他敢于逆流而上,坚定地捍卫两汉易学家几经努力而建立起来的象数易学大厦,竭力地阐发其中的微言大义。尤其可贵的是,他专心于京氏易的研究。众所周知,三国之时,京氏易虽经陆绩精心地爬梳和笺注而使其义得以凸显,但由于新兴的、强大的玄学思潮的冲击,至西晋末年,京氏易"有书无师",濒于失传。面临这种情形,干宝上承陆绩，研习京氏易，但他不再重复陆绩笺注《京氏易传》的工作，而是借助于陆绩的研究成果，将京氏易中的八宫、世魂、干支、五行、六亲等范畴作为工具，系统全面地注释《周易》经文，试图揭示象与辞之间内在的联系，此举对弘扬濒于失传的京氏易起到很大的作用，也就是说，干氏以京氏易注《易》，保存了京氏易一些资料，为当时和后世揭证和研究京氏易提供了条件。如清人研究京氏易，多以干宝易证之，惠栋《易汉学》中《京君明易》一章专附干宝《易》注有关资料。这说明了干宝易在京氏易研究中的地位。另一方面，它对整个象数易学之流传和发展也有着极为重要的意义。干宝以京氏易为主，兼收两汉诸家之长，形成了他独具特色的易学体系，足可以与强大的玄学势力相抗衡，这对于象数易学来说，极为重要。它标志着由两汉发展起来的象数易学有着顽强的生命力，虽然经过自我否定和玄学家的攻击，大势已去，但仍然在流传和发展，甚至有时还表现得十分活跃。同时，干氏象数易学为后人整理和阐发象数易学奠定了基础。唐人李鼎祚和陆德明收集汉唐象数易学资料，其中所收干氏《易》注甚多，说明干氏易在两汉以后象数易学发展中所占的分量不可忽视。干氏对象数易学的贡献还表现在他对来势凶猛的玄学易的批判。他说："《老子》曰：'有物混成，先天地生，吾不知其名，强字之曰道。'《上系》曰：'法象莫大乎天地。'《庄子》曰：'六合之外，圣人存而不论。'《春秋谷梁传》曰：'不求知所不可知者，智也。'而今后世浮华之学，强支离道义之门，求入虚诞之域，以伤政害民，岂非谗说殄行，大舜之所疾者乎。"这里所谓浮华之学，指晋时所盛行的玄学。干氏看到了玄学的缺点及其危害，对于象数易学乃至整个易学发展有着十分重要的意义。正是由于以上这三方面的贡献，后世称他和陆绩为三国两晋时代易学"两君子"。尤其称干宝揭标象数易学，可以与王弼齐名。元儒屠曾评价道："吾师草庐先生谓《易》为五经冠，而吴晋英旧以《易》解闻。吾盐得两君子，为陆郁林公纪、干常侍令升。……然亦羲文象数幸衍一脉，于蛟潭海澨间，不可以谓东南易髓不自令升标揭之也。况骏心雄理，遣词英上不逊辅嗣，录之不啻起晋儒而清言也乎。"（引自《经义考》卷十一）

其二，干氏对义理易的贡献，表现在他开了以史解《易》的先河。由魏晋王弼等人建立的玄学易，经过唐人的笺注和宋人的整合，形成了易学史上以明大道、切人事为主的义理之学。此派进一步发展，又分出一支以史证易派。这种以史治易的方法延续至民国年间，比前人有过之而无不及，古史辨派和受其影响的学者用历史眼光审视《周易》，或以《周易》揭示当时社会状况，或以史易参照推断《周易》作者等，或干脆视《周易》为一部史书，一直到今天仍然有人信从。这种治《易》的方法皆脱胎于干氏易。从这里可以看到，干氏易学影响甚远。

干氏对于易学的贡献，应当予以肯定。然而清儒张惠言仅仅以虞氏易、郑荀易为尺度来评价干宝易，基本上否定了干氏易在易学史上的地位。他说：

　　史称宝好阴阳术数，留心京房、夏侯胜之传。故其注《易》尽用京氏占候之法以为象，而援文、武、周公遭遇之期运一一比附之。易道猥杂，自此始也。……郑氏之言爻辰用事，荀氏之言乾升坤降，虞氏之言发挥旁通，莫不参互卦爻而依《说卦》以为象，其用虽殊，其取于消息一也。令升则不然，其所以为象者，非卦也，爻也。其所取于爻者，非爻也，干支也。由干支而有五行、四气、六亲、九族、福德、刑杀，此皆无与于卦者也。……颠倒乖舛，《说卦》之义尽谬矣。……魏晋之代，易学中微，令升知空虚之坏道，而未得其门，欲以葳琐附会之说胜之。遂使后之学者指汉师为术数而不敢道，则《易》之坠，令升实与有责焉耳。虽然，其论法象始于天地，疾虚诞之言若邪说，岂非卓然不回，忧后世之远者乎？（《易义别录》卷七）

　　张氏以干氏不以《说卦》象取象而单取爻象又混同象数易与术数为由排斥干氏易，并将"易道猥杂"归咎于干氏，这是不公正的。干氏取京氏易为象，从功用看，当无异于郑、荀、虞之取象，况且郑、荀、虞也并非完全以《说卦》取象。《九家易》和虞氏皆有"逸象"，这些"逸象"说到底是根据注经需要，从《周易》经文、《易传》（尤指《说卦》）中衍伸出来的。因此，从象数易角度言之，干氏取京氏易注《易》，当与郑、荀、虞取"逸象"一样，皆可视为对《说卦》的丰富和发展。干氏以干支、六亲、五行、世魂等注《易》和运用干支、五行、六亲、世魂进行筮占完全不同，前者是学问，后者是应用，而且汉儒也有以五行、干支、六亲等说《易》之习，荀爽、《九家易》就是例证，故说干氏混同象数与术数是欠妥的，把易道猥杂归于干宝更有些过分。众所周知，象数和义理是相辅相成的，不可偏废，汉儒专注象数、疏于义理，已走向极端，尤其虞氏将象数易学置于无可复加之境地，实际上已从自己内部否定了象数易学，也就是说，虞氏易已经远离了易道，或说易道已经猥杂。干氏以京氏《易》注《易》，并兼有以史注《易》的特点，怎么能将易道猥杂完全归罪于干宝呢？关于这一点，近人尚秉和说得很对：

> 平情论之，干氏之注，如以《蒙》初爻戊寅当平明之时，诚为庞杂。然纳甲为汉儒所通用，五行坎水、离火、坤土、震巽木，《彖》《象》且明言，又经文于《泰》言"帝乙"，于《蛊》《巽》言'先甲''后甲'、'先庚''后庚'，于《革》言"巳日"，是以干支五行说《易》未足为干氏之病。惠言所斥，不为尽公。(《续修四库全书总目提要》)

当然，从今天的角度来说，干氏易学夸大象数和史学的作用，的确是"未得其门"、"薉琐附会"，从而使"小物详，大道隐"（马国翰《玉函山房辑佚书》）。但这绝不是他一个人的问题，而是包括郑、荀、虞在内的整个象数易学的通病。

第五章　卢氏、何氏象数易学思想

一、卢氏的卦变说

卢氏，不详何人，清儒马国翰据《魏书·卢景裕传》将卢氏视为卢景裕。卢景裕，字仲孺，小字白头，北魏范阳涿县（今河北涿州）人。幼而敏，专经为学，性清静，淡泊名利。其叔父职居显要，而卢氏隐居大宁山，止于园舍，谦恭守道，贞素自得，故号为居士。官至中书郎和国子博士。东魏相高欢闻其经明行著，驿马特征，使教诸子。卢氏以易学闻名当时。"景裕理义精微，吐发闲雅。时有问难，或相诋诃，大声厉色，言至不逊。而景裕神彩俨然，风调如一，从容往复，无际可寻，由是士君子嗟美之。"（《北史·卢景裕传》）其易学源于郑易，且有师传。《北齐书·儒林传》："凡是经学诸生，多出自魏末大儒徐遵明门下。河北讲郑康成所注《周易》，遵明以传卢景裕及清河崔瑾。景裕传权会，权会传郭茂……其后能言《易》者，多出郭茂之门。"故"景裕虽不聚徒教授，所注《易》，大行于世"。（《北史·卢景裕传》）就其内容而言，其《易》注多引汉儒卦变、升降、互体之说。清儒马国翰云：

"其说易爻用升降，与蜀才略相似，大抵宗荀氏之学者。"据史志记载，其易学著作为《周易注》。《隋书·经籍志》著录卢氏注《周易》一帙十卷，而两唐志均著录卢氏《周易注》十卷。马国翰据李鼎祚《周易集解》及孔颖达《周易正义》辑《周易卢氏注》一卷。除了易学外，卢氏对其他经典也有研究，注过《尚书》《孝经》《论语》《礼记》《老子》。他还好佛，"曾寓托僧寺，讲听不已"（《北史·卢景裕传》），并通其大义。

根据卢氏散见于《周易集解》中的易注，其象数易学特征非常突出，特别表现在他对卦变的运用，完全合乎荀、虞之法。兹从以下三例分析之：

卢注《噬嗑·彖》云："此本《否》卦。《乾》之九五分降《坤》初，《坤》之初六分升《乾》五，是刚柔分也。"此处升降法是取荀氏之说，按照荀氏之意，一卦之中阴阳两爻可以升降互换，由此一卦变成另一卦。虞翻崇尚荀学，也取升降言卦变。虞注《噬嗑》云："《否》五之《坤》初，《坤》初之《否》五，刚柔交，故亨也。"很显然，关于此卦卦变，卢氏、虞氏尽管在表述上存在一定差别，但其思想完全相同，二者均在说明：《噬嗑》是由《否》而来，即《否》初、五两爻互换位置而成《噬嗑》。

卢注《涣·彖》云："此本《否》卦。《乾》之九四来居《坤》中，刚来成坎，水流而不穷也。《坤》之六二上升《乾》四，柔得位乎外，上承贵王，与上同也。"又注《涣》六四云："自二居四，离其群侣，涣其群也。"卢氏这两段注是言《涣》来自《否》，即《否》二、四两爻互易而成《涣》。荀注《涣·象》云："谓阳来居二，在《坤》之中，为立庙。"注《涣·象》云："阴上至四承五为享帝，阳下至二为立庙也。"虞注《涣》云："《否》四之二成坎巽，天地交，故亨也。"从荀、虞注看，也是言《否》二、四两爻互易而成《涣》。

卢注《节·象》云："此本《泰》卦。分《乾》九三升《坤》五，分《坤》六五下处《乾》三，是刚柔分而刚得中也。"此是言《节》自《泰》来，即《泰》三、五两爻互易而成《节》。虞注《节》云："《泰》三之五，天地交也。"其意与卢氏同。

关于卢氏卦变说，只能见到以上这三例。对比卢氏与荀、虞卦变，可知卢氏卦变当本自荀、虞无疑。也就是说，卢氏和蜀才一样，在象数易的卦变说屡遭摧残之时，仍坚定不移地取卦变说注《易》，这对于卦变说的流传乃至整个象数易学之保存皆有一定的意义。故卢氏的名字在易学史上也与卦变说联系在一起，使他成为一个不可忽视的易学家。清儒惠栋曾评价道："卦变说本于《象传》，荀慈明、虞仲翔、姚元直及蜀才、卢氏、侯果等之注详矣。"（《易汉学》卷八）

这里需要说明的有两点：其一，卢氏象数思想不止于卦变，也有消息说、互体说等。以消息说注《易》者，如注《剥》云："此本《乾》卦，群阴剥阳，故名为剥也。"此言十二消息卦来自乾坤，坤阴长至乾五为剥。以互体说注《易》

者，如注《贲》九三"濡如"云："有坎之水以自润，故曰濡如也。"《贲》䷕二、三、四三爻互坎，故言有坎之水以自润。注《涣》六四"涣有丘"云："互体有艮，艮为山丘。"此言《涣》䷺三、四、五三爻互艮。其二，卢氏并非完全按照荀、虞象数释《易》。如荀注《需·九五·象》用升降说，而卢氏则注之曰："沈湎则凶，中正则吉。"荀、虞、蜀才等注《讼》取卦变说，而卢氏则注《讼·象》云："险而健者，恒而好争讼也。"注《讼·初六·象》云："初欲应四，而二据之，蹔争，事不至永，虽有小讼，讼必辩明，故终吉。"不取卦变说。台湾学者黄庆萱教授考证："卢氏注颇有意近王弼，而《伊川易传》亦多与卢注暗合。"(《魏晋南北朝易学书考佚》)这说明在玄学易冲击之下，象数易学在注《易》时所表现出的问题已极为明显，故一些易学家，如传郑易的卢氏，在注《易》时，也不得不舍弃象数易学的一些观点，而以玄学易代之。从这里也可以看到象数易学在南北朝时地位大大下降，趋于式微。

二、何妥象数易学思想

何妥，字栖凤，祖上是西域人，其父因通商入蜀。何妥曾入梁国子学，并以伎巧事梁湘东王。后入北周，仕为太学博士。入隋，除国子博士，加通直散骑常侍，进爵为公，后出为龙州刺史。其事迹见《北史·何妥传》。何妥一生著述很多，有《周易讲疏》十三卷、《孝经义疏》二卷、《庄子义疏》四卷、《三十六科鬼神感应等大义》九卷、《封禅书》一卷、《乐要》一卷、《文集》十卷。其《周易讲疏》，隋唐志皆有著录。《隋书·经籍志》载有《周易讲疏》十三卷，注云："国子祭酒何晏撰。""晏"乃"妥"字之误。清儒马国翰考辨云："考魏何晏官至吏部尚书，《隋志》集部题魏尚书何晏集十一卷。兹题国子祭酒，乃隋何妥之官号。且书名、卷数，并与妥传不殊，而次序又在陈周弘正之下，不著代者，以妥为隋人也。《志》偶误'妥'为'晏'。《册府元龟》遂云'何晏撰《周易私记》二十卷，《周易讲疏》十三卷'，朱太史彝尊信之，载入《经义考》，展转承讹，失而愈远矣。"（《玉函山房辑佚书·易类》）此书久佚，马国翰据孔颖达《周易正义》所引"何氏"注及李鼎祚《周易集解》所引何妥注辑为一卷。黄奭也据孔、李二书，并参照其他书，辑《何妥周易讲疏》，载入《逸书考》中。

但《周易正义》中所引"何氏"是否即是何妥？何晏、何侑皆有《易》注，孔氏未明指何氏为谁。清儒马国翰曾考之云："李明标'何妥'，《正义》称'何氏'，其说每与张氏、周氏、褚氏、庄氏并引。庄氏不详何人，周为周弘正，张为张讥，褚为褚仲都，何即何妥，皆唐近代为讲疏者。《正义》亦疏也，故仅题某氏。"（同上）又考《正义》引何氏注，既有王弼玄学之特色，又兼取象数易之内容。如何氏注《系辞》云："上篇明无，故曰易有太极，太极即无也。"又云："圣人以此洗心，退藏于密，是其无也。下篇明几，从无入有，故云'知

几其神乎'。"是以老庄注《易》。注《临》云："从建子阳生
至建未为八月。"是取汉儒消息卦注《易》，这与李氏《周易
集解》所引何妥注风格基本一致（见下文）。故马国翰之论
可信。

何妥由南朝而入北朝，后为官于隋朝，饱览了南北之学，
故易学思想融合了玄学易和象数易，在其《易》注中，既有
玄学清淡简明之风，又有汉易古朴重实之气，既明天道，又明
人道，如他关于《文言传》的解说就是例证。何氏认为《文言
传》"潜龙勿用，下也"至"飞龙在天，上治也"一章是"以
人事明之"。何氏于此章皆以尧、舜、文、武之帝王之事阐明
人道，他注"潜龙勿用，下也"云："此第二章，以人事明之。
当帝舜耕渔之日，卑贱处下，未为时用，故云下。"注"见龙
在天，时舍也"云："此夫子洙泗之日，开张业艺，教授门
徒，自非通舍，孰能如此。"注"终日乾乾，行事也"云："此
当文王为西伯之时，处人臣之极，必须事上接下，故言行事
也。"注"或跃在渊，自试也"云："欲进其道，犹复疑惑。此
当武王观兵之日，欲以试观物情也。"注"飞龙在天，上治也"
云："此当尧舜冕旒之日，以圣德而居高位，在上而治民也。"
从以上注文看，何氏明人事，无非是运用具体的历史事实，揭
示《文言》中所蕴含的帝王处世治国之道。在他看来，帝王之
所以能治国平天下，其关键在于审时度势，即在耕渔之日，卑
贱处下；处人臣之极，事上接下；而在冕旒之日，当以圣德居
高位而治民。这当然还要做到"君臣交感"，"君臣相交感乃可

以济养民也"(《泰·象》注),"人志不同必致离散而乱邦国"
(《否·象》注),其具体的方法则"须进善纳谏"(《复》上六
注)以达到君臣心志相通。若"迷而不复,安可牧民,此行师
必败绩矣"。何氏这一套理论,从理论根源上说,明人事则宗
王弼。王弼在此节下注云:"此一章,全以人事明之也。……
潜而勿用,何乎? 必穷处于下也;见而在田,必以时之通舍
也。以爻为人,以位为时,人不妄动,则时皆可知也。文王明
夷,则主可知矣。仲尼旅人,则国可知矣。"(《周易》注)而
其以具体史实明人事,则受启于干宝等人。干宝除了以京氏学
注《易》外,还注重以史实释《易》(见"干宝象数易学")。
由此可见,何氏以史明人事,显然是受到玄学易的影响。

与王弼不同的是,何妥还以天道明《易》。这里所谓"天
道"指易学与自然科学相结合而形成的象数易学。何氏认为,
《文言》"潜龙勿用,阳气潜藏"至"亢龙有悔,与时偕极"是
其第三章,此章以天道明《易》。他注"潜龙勿用,阳气潜藏"
云:"此第三章,以天道明之。当十一月阳气虽动,犹在地中,
故曰潜龙也。"注"终日乾乾,与时偕行"云:"此当三月阳气
浸长,万物将盛,与天之运俱行不息也。"注"或跃在渊,乾
道乃革"云:"此当五月,微阴初起,阳将改变,故云乃革
也。"注"飞龙在天,乃位乎天德"云:"此当七月,万物盛
长,天功大成,故云天德也。"注"亢龙有悔,与时偕极"云:
"此当九月,阳气大衰,向将极尽,故云偕极也。"何氏对这一
章的注释,可以图示之:

乾

九月——戌

七月——申

五月——午

三月——辰

[一月]——[寅]

十一月——子

从上图可以看出，何氏是取汉代的爻辰说。汉儒爻辰说，有三大体系：一是京氏以八纯卦为基石建立起来的六十四卦爻辰体系。二是《易纬》以两两为单元组成的六十四卦爻辰体系。三是郑玄以乾坤两卦为本建立起的六十四卦爻辰体系。何氏《易》注早已佚失，仅从现存的这一段注，无法了解其爻辰说的全貌，故不能断定其说是出自哪一体系。但就《乾》卦爻辰说而言，何氏与汉儒三家是一致的。

值得注意的是，何氏这段注从形式上讲，似乎出自王弼。王弼在此章下注云："此一章全说天气以明之也。九刚直之物，唯乾体能用之，用纯刚以观天，天则可见矣。"王弼言"天气"，何妥言"天道"，从概念上讲没有多大差别，皆指取天象释《易》。但是从注释内容看则完全不同。王弼反对取象说，只是用含糊的语言敷衍。因为他不可能把话说得很透彻，否则就会与其扫象的宗旨相抵触。何妥在这里承袭了王弼的取天道释《易》的方法，但不像王弼那样只流于形式，而是用爻辰说加以解说。他将《文言》这一段话与自然界阴阳之气

由弱而强的消长变化联系起来，比较深刻地、清楚地凸显出
《文言》之蕴义。显然，从注释效果看，这比王弼的注要优胜
得多。

另外，何妥还用乾坤十二消息注《易》。注《临》云："从
建子阳生至建未为八月。"此是以消息说释《易》。按照汉儒
之说，乾坤消息而成十二消息卦，反之，十二消息卦组成乾坤
十二爻，而这十二消息卦代表十二个月，故乾坤十二爻可以配
以十二月，以图示之：

巳——四月	亥——十月
辰——三月	戌——九月
卯——二月	酉——八月
寅——正月	申——七月
丑——十二月	未——六月
子——十一月	午——五月

由上图可以看出，每一爻代表一个月。《临》䷒二阳在坤中，
坤二爻纳未，故自乾初爻子月算至坤二爻共八个爻，为八月。
何氏之说，异于诸家之说。柯劭忞列诸家之说，并析之云：
"《临》'至于八月有凶'。妥以从建子阳生至建未为八月，亦本
乾坤十二爻消息之说。然非王意也。王注'八月阳衰阴长，小
人道长，君子道消'，谓建酉之八月非建未之月。褚仲都《义
疏》'自建寅至建酉为八月'，真为王义。孔颖达《正义》：'小
人道长，君子道消，宜据《否》卦之时，故以《临》卦建丑而
至《否》卦建申为八月。'此蜀才依十二爻消息之说。辅嗣但

言道长道消，未尝据《否》卦也。按《临》卦'至于八月之有凶'，虞仲翔以旁通于《遁》释之，郑君以《临》卦斗建丑为殷之正月，至八月而《遁》卦受之。皆汉学家相承之师说。一本旁通，一用爻辰。其以《遁》为八月之义则同。辅嗣自为新义，而适与郑虞之义合，作义疏者，乃各据十二卦之消息，而变通其说，以附会之。"（《续修四库全书总目提要》）

何妥取象不限于汉儒之说，还擅长取《周易》固有的卦爻之象。如以《剥》卦爻象释其辞。注《剥》六五"贯鱼以宫人宠，无不利"云："夫剥之为卦，下比五阴，骈头相次，似贯鱼也。鱼为阴物，以喻众阴也。夫宫人者，后、夫人、嫔妾各有次序，不相渎乱，此则贵贱有章，宠御有序。六五既为众阴之主，能有贯鱼之次第，故得无不利矣。"他还以两卦关系注《易》辞，如注《复》云："复者，归本之名，群阴剥阳至于几尽，一阳来下，故称反复。阳气复反，而得交通，故云'复亨'也。"

何妥在易学发展史上占有一定的地位。具体表现在，他与张讥、周弘正、褚仲都等人共同开创了易学解释学上"义疏"这种形式。所谓义疏，即是对《周易》原有的注进行疏通、解释，以阐发其义。南北朝时，《周易》王弼、郑玄二注并行，南朝主王注，北朝主郑注。南朝易学家为了弘扬王学之义，以讲疏的形式对王弼易学进行了阐发。晚于张讥、周弘正等人的何妥，也接受了这种形式，为王弼易学作疏，这为《周易正义》成书奠定了基础。孔颖达《周易正义》又名《周易注疏》，此书在形式和内容上皆受到了南北朝易学家的影响。其中何妥的影响不可忽视。何妥生活在南北朝末和隋初，距唐最近，起到了承前启后的作用。孔氏《周易正义》多次引何氏的《易》注，就是最好的说明。

就象数易学而言，何妥在南学盛行之际，既崇王学，兼取象数，以象数补王学之不足，重新肯定了象数易的价值。这对郑学乃至整个象数易学的保存和传播起到了重要的作用。他对爻辰说的运用和发挥较为突出，成为此时期爻辰说的主要代表，受到孔颖达的讥讽和批判。孔氏在《周易正义》中所言"诸儒此说于理稍乖"之"诸儒"，主要即指郑玄和何妥。清儒惠栋曾明确地指出："所谓先儒者，谓康成、何妥诸人也。"（《易汉学》卷六）惠氏在爻辰问题上将何妥与郑玄相提并论，从某种程度上反映出何妥在象数易学发展史上的地位。

第六章　崔憬象数易学思想

　　崔憬，史传不载，生平不详。唐李鼎祚撰《周易集解》多引其注，并对他的某些注有评论，故知崔氏生活在李氏之前。而其《易》注又引唐孔颖达《周易正义》，可知他当生活在孔氏之后。清人马国翰等人曾就其生平作过说明：

　　　　憬，不详何人，《隋书·经籍志》《唐书·艺文志》俱不载，书亦不传。惟李鼎祚《集解》引之。"大衍之数五十，其用四十有九"节，憬说述及孔疏，知为唐人，在孔颖达后。又鼎祚云："案崔氏《探玄》，病诸先达，及乎自料，未免小疵。"知《探玄》为其书名，兹据题焉。《集解》于憬论有所驳斥而采取独多。盖其人不墨守辅嗣之注，而于荀、虞、马、郑之学，有所窥见，故求遗象者援据为言，第不知唐志何以佚之也。（《玉函山房辑佚书·经编·易类》）

　　崔氏易学，重象数，不墨守王学，多为李氏《集解》所引。据今人潘雨廷先生统计，《周易集解》采崔氏《易》注二百余条，仅次于荀爽。这说明了在孔氏《周易正义》官学统治之下，崔氏易学有独到之处，为李氏所推崇。以下就崔氏的象数思想作一阐述。

一、易象观

对易象的取舍是象数派和玄理派重要的分水岭，汉代易学讲象，魏晋时王弼等人又弃象。唐代将王弼之学定为官学，王弼易学成为易学范本，一统天下。孔氏奉命为之作疏，作《周易正义》，虽然看到了王弼弃象之失，也试图纠正之，但因"疏"之体例所限，最终未跳出王氏窠臼。生活在孔颖达之后的崔憬，不受政治及著作体例等方面的局限，可以相对自由地注《易》。他不满意王弼弃象，而重视易象的研究和探讨。在他看来，易象是《周易》之根本。它源于自然界，是对自然界物象的效法，因此，《周易》归根到底是讲象的典籍。他注《系辞》"易者象也"云："言《易》者象于万物，象者形象之象也。"注"《易》之为书"一节云："言《易》之为书明三才，广无不被，大无不包，悉备有万物之象者也。"注"圣人有以见天下之赜"云："此重明《易》之缊，更引易象及辞以释之。言伏羲见天下之深赜，即《易》之缊者也。"又注"默而成之，不言而信，存乎其德行"云："言伏羲成六十四卦，不有言述，而以卦象明之。"又注"圣人立象以尽意"一节云："言伏羲仰观俯察而立八卦之象，以尽其意。设卦谓因而重之为六十四，卦之情伪尽在其中矣。文王作卦爻之辞，以系伏羲立卦之象，象既尽意，故辞亦尽言也。"崔氏论述了《周易》之起源、作者、卦象的作用及与言意的关系。从这里可以看出，《周易》起源于卦象，先有伏羲卦象，后有文王卦爻之辞。卦象是表达圣人心意的，圣人表达心意要借助语言，卦爻辞是表达圣人言语的，"象既尽意，故辞亦尽言"。反之，明言之意，"更引易象及辞释之"。因此，意、象、言、辞达到完善的统一。这一点与王弼针锋相对。王弼从"言生于象，故可寻言以观象；象生于意，故可寻象以观意"（《周易略例·明象》）中推导出"意以象尽，象以言著。故言者所以明象，得象而忘言。象者所以存意，得意而忘象"。最后将"忘象"、"忘言"作为"得意"的必要条件。他说："忘象者，乃得意者也；忘言者，乃得象者也。得意在忘象，得象在忘言。故立象以尽意，而象可忘也。"（同上）很显然，王弼为"扫象"制造理论根据，不惜违背逻辑规律进行驳辩，歪曲《系辞》本意。崔氏看到了王弼失误，试图纠正之，在当时环境下表现出非凡的胆识和勇气，难能可贵。这恐怕是他受李氏推崇的原因之一。

崔氏除了阐明易象作用外，更重要的还在于注《易》时采用了取象法，公然与王弼易学对抗。他以汉人卦象注《易》，如以十二消息卦注《易》。按照十二消息卦，乾为四月，坤为十月。他取之注《说卦》。注"乾为大赤"云："乾，四月纯阳之卦，故取盛阳色，为大赤。"注"坤其于地也为黑"云："坤，十月卦，极阴之色，故其于色也为黑矣。"

他还取汉人八卦卦气说解说《说卦》。汉人孟喜有四正卦说，京房又有六卦卦气说，《易纬》糅合了孟、京说，提出四正四维说。即以八卦主八个方位、八个节气。崔氏取之注"帝出乎震"一节。他说：

> 帝者，天之王气也。至春分则震王，而万物出生。立夏则巽王，而万物絜齐。夏至则离王，而万物皆相见也。立秋则坤王，而万物致养也。秋分则兑王，而万物所说。立冬则乾王，则阴阳相薄。冬至则坎王，而万物之所归也。立春则艮王，而万物之所成终成始也。以其周王天下，故谓之帝。

以上是取资汉人之说注《易》，这仅是他取象注《易》的一个方面。另一方面，是沿着汉人的思路，以《易传》常用的卦爻象和《周易》本身卦象注《易》。从现存资料看，后者表现得更突出和明显。现就崔氏这种求象法陈述如下：

首先，他以内外卦卦象注《易》辞。注《需·九三·象》云："泥近乎外者也。三逼于坎，坎为险盗，故致寇至，是灾在外也。"《需》外卦为坎，按《说卦》，坎为险，为盗。故此爻言"寇"，而《象》言"灾"。注《豫·象》云："震在坤上，故言雷出地。"《豫》上震下坤，震为雷，坤为地，震在坤上，故《象》云"雷出地"。又注《既济·九五·象》云："五坎为月，月出西方，西邻之谓也。二应在离，离为日，日出东方，东邻之谓也。离又为牛，坎水克离火，东邻杀牛之象。"《既济》上坎下离，坎为月，离为日，月出西方，日出东方，故辞有"东"、"西"。又坎为水，离为火，为牛，水克火，又有杀牛之象。他有时还脱离内外卦，取其他与之相关的卦象注《易》。如他注《坤》云："西方坤兑，南方巽离，二方皆阴，与坤同类，故曰'西南得朋'。东方艮震，北方乾坎，二方皆阳，与坤非类，故曰'东北丧朋'。"此是以八方所居的方位及阴阳性来注《坤》辞的。按照此注可以排出后天八卦图。"西南得朋"系指巽、离、坤、兑分居西、南，皆为阴卦，属坤之同类。"东北丧朋"系指艮、震、坎、乾分居东、北，皆为阳卦，与坤相反。此说异于唐以前诸家之说。马融以节气方位注之，荀爽以地支方位注之，虞翻以月体出没方位注之，王肃、王弼、孔颖达等则以坤居西南释之。以注经言之，崔氏注释虽然不及王肃、王弼、孔颖达等人的贴切，但他敢于与官方易学对立，其意义灼然可见。

其次，他采用了以《易传》注《易》的方法，广泛地取爻象注《易》。《易传》取"比"、"乘"、"应"、"承"、"中"、"得位"、"失位"等爻象注《易》的方法，在崔氏《易》注中皆可以见到。以"比"释《易》。如注《比·象》云："下比于上，是下顺也。"注《同人·九三·象》云："与二相比，欲同人焉。"注《咸·九三》云："下比二也，而遂感上，则失其正义，故往吝穷也。"注《井·九二·象》云："今与五非应，与初比。"注《井·九五·象》云："居中得正，而比于上。"以"乘"释《易》。如注《屯·六二·象》云："下乘初九，故为之难也。"注《贲·初九·象》云："乘，谓二也，四乘于刚，艮止其应，初全其义。"注《升·六四·象》云："为顺之初，在升当位，近比于五，乘刚于三。"以"应"释《易》。如注《屯·九五》云："至于远求嘉偶，以行大正，赴二之应，冒难攸往。"注《蒙》云："再三渎，谓三应于上，四隔于三与二为渎。"注《剥·六二·象》云："未有与者，言至三则应，故二未有与也。"注《睽·九二·象》云："处睽之时，与五有应。"注《姤·九四·象》云："虽欲初应，而失其位。"注《井·初六·象》云："处井之下，无应于上。"以"承"释《易》。如注《观·六四·象》云："得位比尊，承于王者，职在搜扬国俊，宾荐王庭，故以进贤为尚宾也。"注《坎·六四》云："于重险之时，居多惧之地，近三而得位，比五而承阳，修其絜诚，进其忠信。"注《咸·六二·象》云："居而承比于三，顺止而随于礼当，故吉也。"以"中"释《易》。如《蒙·彖》云："以二刚中，能发于蒙也。"注《师·彖》云："刚能进义，中能正众。"注《小畜·九二》云："二以中和牵复自守，不失于行也。"注《否·九五·象》云："得位居中也。"注《同人》云："九五中正，同人于二，为能通天下之志。"注《谦·六二·象》云："言中正，心与谦俱得。"注《井·九五·象》云："居中得正，而比于上，则是井渫水清，既寒且絜，汲上可食于人者也。"以"得位"、"失位"释《易》。如注《小畜·九二》云："四柔得位，群刚所应。"注《大畜·六五·象》云："以喻九二之刚健失位，若豕之剧，不足畏也。"注《坎·六四》云："于重险之时，居多惧之地，近三而得位，比五而承阳。"注《咸·六二·象》云："得位居中，于五有应。""得位"有时又称"当位"。如注《益·六四·象》云："居益之时，履当其位。"注《益·九五·象》云："居中履尊，当位有应。"注《升·六四·象》云："为顺之初，在升当位，近比于五，乘刚于三。""失位"有时又称为"不当位"。如注《困·九四·象》云："位虽不当，故吝也。"这里应当指出，以《易传》取象法注《易》，并非始于崔氏，其在两汉时已成为一种极为流行的注《易》方法。费氏以十翼解经，东汉费氏学兴，郑、荀等人极力推行之。

通过陈述崔氏易象说及以象注《易》方法，有一个问题应引起我们注意：崔氏不满王弼易学"扫象"，倡导以象注《易》，而他所倡导的以象注《易》已不同于汉易，也就是说，他没有照搬汉人理论和方法，而是根据需要加以选择。从他的《易》注看，除了极少数地方引用汉人发明的卦气理论外（这些理论只限于释《易传》），更多的是用《易传》所使用的象和方法注《易》。更为重要的是，他没有完全将象与辞一一对应，以象释辞，而是采取了这样一种方法：在释《易》过程中，对于易象，能用则用之，不能用则弃之。有时也不排斥义理，往往象与义理兼顾，以象述理。如注《升·六四·象》云："为顺之初，在升当位，近比于五，乘刚于三，宜以进德，不可修守。此象太王为狄所逼，徙居岐山之下，一年成邑，二年成都，三年五倍其初，通而王矣，故曰'王用亨于岐山'。以其用通，避于狄难，顺于时事，故'吉无咎'。"此先取爻象，又引史事而释其辞。其《易》注中此类例子很多，如《坎·六四》注、《益·六四·象》注、《困·九五》注、《革·九三》注、《既济·九五·象》注等。他有时或直接以老庄注《易》。如注《序卦》"屯者万物之始也"云："此仲尼序文王次卦之意。不序乾坤之次者，以'一生二，二生三，三生万物'，则天地次第可知，而万物之先后宜序也。'万物之始生'者，言刚柔始交，故万物资始于乾，而资生于坤也。"崔氏这种象数、义理兼顾之方法，与晋人干宝、唐人侯果等一脉相承。

那么，为什么会出现这种状况呢？这恐怕当从易学发展中去寻找原因。汉人倡导以象注《易》，符合易学的精神，但走向了极端，王弼等人奋起扫象，使汉易之弊昭示天下，汉易渐失去昔日独尊的地位，为王氏易所取代。由于王弼易学的冲击，尤其隋唐时代王学成为官学一统天下之后，后起者已不可能再回到汉人那里去，完全依照其套路注《易》，而是接受了汉人的教训，在强调取象的同时，也重义理。就取象而言，也未像汉人那样，脱离《周易》经传去取象以附会经文，而是更多取《周易》经文中所固有的象，或者以《易传》中所使用的方法取象注《易》。应该说，这是易学发展的必然结果。

二、易数观

易数历来是易学研究的焦点，崔氏对于易数的看法，不同于诸家，表现出独特的易学新义，故为李鼎祚大段引用。崔氏认为，大衍之数与天地之数有其内在的联系。他以《说卦》为据，阐释了《系辞》"大衍之数五十，其用四十有九"，并揭示了这种联系。他说：

> 案《说卦》云："昔者圣人之作《易》也，幽赞于神明而生蓍，参天两地而倚数。"既言"蓍数"，则是说"大衍之数"也。明倚数之法当"参天两地"。参天者，谓从三始，顺数而至五七九，不取一也。两地者，谓从二起，逆数而至十八六，不取于四也。此因天地之数上以配八卦而取其数也。艮为少阳，其数三。坎为中阳，其数五。震为长阳，其数七。乾为老阳，其数九。兑为少阴，其数二。离为中阴，其数十。巽为长阴，其数八。坤为老阴，其数六。八卦之数，总有五十，故云"大衍之数五十"也。不取天数一、地数四者，此数八卦之外，大衍所不管也。"其用四十有九"者，法长阳七七之数也。六十四卦既法长阴八八之数，故四十九蓍则法长阳七七之数焉。蓍圆而神象天，卦方而智象地，阴阳之别也。舍一不用者，以象太极，虚而不用也。且天地各得其数，以守其位，故太一亦为一数而守其位也。王辅嗣云，演天地之数，所赖者五十，其用四十有九，其一不用也。不用而用以之通，非数而数以之成。即易之太极也。四十有九，数之极者，但言所赖五十，不释其所从来，则是亿度而言，非有

实据。其一不用，将为法象太极，理纵可通，以为非数而成，义则未允。何则？不可以有对无。五称五十也。孔疏释赖五十，以为万物之策。凡有万一千五百二十，其用此策，大推演天地之数，唯用五十策也。又释其用四十九，则有其一不用，以为策中，其所揲蓍者，唯四十有九，其一不用，以其虚无非所用也，故不数矣。又引顾欢同王弼说，而顾欢云，立此五十数以数神，神虽非数，因数而著，故虚其一数，以明不可言之义也。

崔氏这段注文，说明了以下几个问题：第一，《系辞》所言"大衍之数"本于"天地之数"，大衍之数五十，是天地之数中地二、天三、天五、地六、天七、地八、天九、地十相加之和。即 $2+3+5+6+7+8+9+10=50$。崔氏并就其原因作了解释。他认为，取天地之数中八个自然数，根据是《说卦》"参天两地而倚数"。这句话是讲筮法的，故当根据这句话来取舍天地之数。即"参天者，谓从三始，顺数而至五、七、九"。参，三也。"两地者，谓从二起，逆数而至十、八、六"。舍弃天地之数中的一和四，是因为这两个数在八卦之外。也就是说，天地之数为十个自然数，而经卦共八个，那么八卦与十个自然数相匹配，必然余下两个。"其天一、地四之数无卦可配，故虚而不用。"（《说卦》注）这两个数正是大衍之数所不管者。第二，与第一个问题相联系的是，八卦与天地之数相配成为天地之数与大衍之数相联系的桥梁。根据乾坤生"六子"，

"从三顺配阳四卦","从两逆配阴四卦"（见《说卦》注），依少至老的次序与天地之数相配："艮为少阳，其数三。坎为中阳，其数五。震为长阳，其数七。乾为老阳，其数九。兑为少阴，其数二。离为中阴，其数十。巽为长阴，其数八。坤为老阴，其数六。"简言之，"天三配艮，天五配坎，天七配震，天九配乾，地二配兑，地十配离，地八配巽，地六配坤"。（见朱震《汉上易传·卦图卷下》）第三，蓍和卦法阴阳之数。蓍圆象天，法长阳七七之数：$7 \times 7 = 49$，故蓍用四十九策。卦方象地，法长阴八八之数：$8 \times 8 = 64$，故卦有六十四卦。而其一不用，象太极。这与王弼不同，王弼认为其一不用乃以不用为用。第四，引王弼、孔颖达、顾欢等人的观点，并批判之。他认为王弼错在未言五十之数之由来，其一不用的太极"非数而成"，故其言"非有实据"，"义则未允"。又批评孔颖达、顾欢的观点无实据而不可信。

崔氏另辟蹊径，将天地阴阳之数与八卦、蓍数和六十四卦紧密结合起来加以研究，提出了一系列不同于前人的易数观，并对占统治地位的王、孔等人的易数进行了抨击，为人们深入研究这一问题提供了新的思路，这对于纠正玄学易之流弊，推动易学发展有一定的意义。然从注经来说，未能自圆其说，尤其是对大衍之数五十的解说十分牵强，故其易数观的价值及影响远不及汉儒。李鼎祚曾一针见血批评道："既将八卦阴阳以配五十之数，余其天一地四，无所禀承，而云八卦之外，在衍之所不管者，斯乃谈何容易哉？且圣人之言，连环可解，约文申义，须穷指归，即此章云：'天数五，地数五，五位相得，而各有合……此所以成变化而行鬼神'，是结大衍之前义也。既云五位相得而各有合，即将五合之数配属五行也，故云大衍之数五十也。其用四十有九者，更减一以并五，备设六爻之位。著卦两兼，终极天地五十五之数也。"李氏在此点中要害，并引汉儒郑玄等人观点作了总结，应该说比较公正。

三、崔氏对易学的贡献及其历史地位

崔氏以丰富的易学知识和敏锐的洞察力，对《周易》这部古老的典籍作了新的阐发。他不趋炎附势，不为名利所动，敢于以自己的易学"新义"与官学抗衡，表现了他非凡的胆识和高尚的情操。具体地说，理论上主张《易》以象为本，象尽意，辞尽言，纠正王弼"忘象"、"忘言"说对《系辞》本意的歪曲。在注经方法上，发扬汉人易学传统，凡能用象之处，尽取易象，阐释易辞。他除了取汉人理论之外，更多地运用《易传》取象方法注《易》，既弥补了玄学易之不足，又避免了汉人夸大易象的倾向。注经内容上，又多出新义，以别于官学。如注《乾·文言》"知至至之"一节言："君子喻文王也，言文王进德修业，所以贻厥武王，至于九五。至于九五，可与进修意合，故言'知至至之，可与言几也'。知天下归周，三分有二以服事殷，终于臣道。终于臣道，可与进修意合，故言'知终终之，可与存义'。"又注《同人·九三》《剥·六四》

《升·六四》《困·九五》等皆有新解。这些见解对于动摇玄学易地位有一定意义。

他反对玄学易，不仅表现在以其易学新义与之对立，更为重要的是旗帜鲜明地揭露玄学易存在的问题。如前面所提，他批判王弼、孔颖达等人在易数问题上"非有实据"。又如注《系辞》"辨是与非则非其中爻不备"时，驳斥韩康伯、孔颖达等人视"中爻"为二五爻，辩明此"中爻"为中四爻。这些批驳非常有力，应当予以肯定。这对于纠正玄学易之失、推动易学发展是十分有益的。

从易学发展史看，崔憬的地位也是十分重要的。尤其是他在唐代易学发展中占有举足轻重的地位。唐代易学出现了新的特点。唐承隋，定王弼易学为一尊。孔颖达奉命撰《五经正义》，其中《周易正义》取王弼注而为之疏。《周易正义》成书及颁布，标志玄学易在政治力量支持下战胜了以郑玄为代表的象数易，正式确立了王学的官学地位。但是，随着王学鼎盛，其局限性日益显露出来，这一点，连为王学作疏的孔颖达也已察觉，他在《周易正义序》中明言："唯魏世王辅嗣之注，独冠古今，所以江左诸儒并传其学，河北学者罕能及之。其江南义疏十有余家，皆辞尚虚玄，义多浮诞。"但孔氏迫于政治压力及疏不破注之制约，"疏文仍失于虚浮，以王注本不摭实也"（皮锡瑞《经学历史·经学统一时代》）。在这种历史条件下，崔憬和侯果等人标新立异，敢于以象注《易》，推动了唐代易学由专崇王学转向兼崇象数，为李鼎祚撰写《周易集解》"刊

辅嗣之野文，补康成之逸象"奠定了基础。因此，崔憬易学的
地位不可忽视。

　　当然，崔氏易学另立新义，从注经角度言之，有许多牵强
之处，如他对大衍之数的解说和用史事解说经文和传文等皆不
符合《周易》原义。正如近人柯劭忞所言，崔氏"好为新说"，
"皆自逞胸臆，失之穿凿，非小疵也"（《续修四库全书总目提
要·经部·易类》）。

第七章　侯果象数易学思想

一、生平考

侯果，见于李鼎祚《周易集解》，其生平不详。据清人马国翰考证，侯果即侯行果。马氏云："果名于史志无考，惟《新唐书·儒学列传·褚无量传》云：'始，无量与马怀素为侍读，后秘书少监康子元、国子博士侯行果亦践其选'。意侯行果即侯果，唐人多以字行，果名而行其字也。"（《玉函山房辑佚书》）《新唐书·侯行果传》云："行果者，上谷人，历国子司业，侍皇太子读。卒，赠庆王傅。始，行果、会真及长乐冯朝隐同进讲，朝隐能推索《老》《庄》秘义，会真亦善《老子》，每启篇，先薰盥乃读。帝曰：'我欲更求善《易》者，然无贤行果。'"又《新唐书·康子元传》云："开元初，诏中书令张说举能治《易》《老》《庄》者，集贤直学士侯行果荐子元及平阳敬会真于说……子元擢累秘书少监，会真四门博士，俄皆兼集贤侍讲学士。玄宗将东之太山，说引子元、行果、徐坚、韦縚商裁封禅仪。"从以上记载看，侯行果既是深受朝廷器重的官员，又是与冯朝隐、会真齐名的学者，尤精于易学，否则朝廷不会启用他举荐的善《易》者。

　　侯果的著作已佚。其《易》注散见于李鼎祚《周易集解》中。清儒马国翰据《周易集解》所引《易》注，辑《周易侯氏注》三卷，收入《玉函山房辑佚书》中。黄奭除了辑《周易集解》所引《易》注外，还参照宋代郑刚中《周易窥余》、李衡《周易义海撮要》、朱震《汉上易传》，元代吴澄《易纂言》，明代魏濬《易义古象通》、熊过《周易象旨决录》等书所引，辑成《侯果易注》一册，收入《黄氏逸书考》中。

二、象数思想

　　唐代孔颖达等人奉命撰修《五经正义》作为明经取士的范本，其中《周易正义》取王弼注而为之疏，故王学成为国学而居尊位，而郑学因很少人问津而式微。然而博大闳通的郑学及与郑学相关的象数学并没有消亡，影响犹在。新旧《唐书》之《经籍志》《艺文志》中著录了许多汉魏象数易书。其思想也被吸收融合到王学中去。因而唐朝部分易学家在注《易》时仍然采用了郑学及其他象数易学。其中侯果比较典型。他在注《易》时，许多地方取郑学，兼参荀虞之学。如柯劭忞所言："然则果之易学，固渊源于高密，而参以荀、虞之卦变者矣。唐之初叶，郑氏易学行于河北，王辅嗣之学盛于江南。侯氏固北方之学者。李鼎祚刊王辅郑，宜乎采撷侯氏之注至百余事之多也。"（《续修四库全书总目提要·易类》）根据李氏《周

易集解》所引侯氏《易》注，其象数易学主要表现在以下几个
方面：

（一）卦变说

卦变之说发轫于《易传》，完备于汉魏。以荀、虞为代表
的汉代易学家，阐发《彖传》卦变之大义，创立了体系庞大而
完备的卦变体系。魏晋南北朝时期的蜀才、伏曼容、卢氏等人
承袭汉儒旧说，并对荀、虞卦变说暴露出的问题予以修正。唐
代以降，虽然义理之风盛行，但象数易学中的卦变仍然是易学
家关注的问题。其中侯果《易》注中保留了比较多的卦变思
想。据粗略统计，侯氏以卦变注《易》有十余处，其卦变的内
容与唐以前的易学家基本一致。

按照汉儒之成说，卦变说是建立在消息卦基础上的。即
乾坤消息而形成十二消息卦，由十二消息卦生成其他卦。侯果
继承了这一思想，认为自然界变化是有规律的，这个规律就是
阴阳升复。由于自然界运动变化的时间和方位不同，其阴阳升
复呈现出不同的特征。他说："五月天行至午，阳复而阴升也；
十一月天行至子，阴复而阳升也。天地运往，阴阳升复，凡历
七月，故曰'七日来复'。此天之运行也。"（《复·彖》）自然
界变化规律用易卦来概括就是乾坤阴阳消息而成十二消息卦。
乾阳长至坤初为《复》，代表十一月；长至坤二为《临》，代表
十二月；长至坤三为《泰》，代表正月；长至坤四为《大壮》，
代表二月；长至坤五为《夬》，代表三月；长至坤上为《乾》，

代表四月。同类可推，坤阴长至乾初、二、三、四、五、上，则依次为《姤》《遁》《否》《观》《剥》《坤》，分别代表五月、六月、七月、八月、九月、十月。如侯注《遁·象》云："此本乾卦，阴长刚殒，君子遁避，遁则通也。"注《大壮·象》云："此卦本坤。阴柔消弱，刚大长壮，故曰'大壮'也。"前者是言《遁》来自《乾》，是坤阴长至乾三而成。后者是言《大壮》来自《坤》，是乾阳长至坤四而成。侯氏这两段注，从内容上看与虞氏完全符合。虞注《遁》云："阴消姤也。"注《大壮》云："阳息泰也。"从表述形式上看，又与蜀才完全一致。如蜀才注《泰·象》云："此本《坤》卦。"注《否·象》云："此本《乾》卦。"

关于十二消息卦生卦的问题，侯果的说法与汉儒相类似，可以分为几种类型，即一阴一阳之卦，二阴二阳之卦，三阴三阳之卦。一般说来，一阴一阳之卦当本于消息卦的《夬》《姤》《剥》《复》（一阴五阳之卦本于《夬》《姤》，一阳五阴本于《剥》《复》），二阴二阳之卦本于消息卦《临》《观》《遁》《大壮》（二阳四阴之卦本于《临》《观》，二阴四阳之卦本于《遁》《大壮》），三阴三阳之卦本于《泰》《否》。

一阴一阳之卦在汉儒那里比较复杂。由于注经的需要，虞氏打乱了卦变的常规，而使之各持其例。这对卦变体系是一个冲击。蜀才似乎觉察到了这一点，故对虞氏一阴一阳之卦变作了某些修正，使之更符合逻辑，即将某些一阴一阳之卦卦变归于《剥》《夬》。如《师》为一阳五阴之卦，本于《剥》。蜀才注《师·彖》云:"此本《剥》卦。"《同人》为一阴五阳之卦,本于《夬》。蜀才注《同人·彖》云:"此本《夬》卦。"单从卦变而言,比虞氏进了一步。但他对虞氏一阴一阳卦变修正不彻底,其中有些仍然沿袭虞氏之说,如《比》本于《师》即是其证。侯果一方面采纳了蜀才的观点,另一方面又有发展。得之于蜀才者,如他注《同人·彖》云:"九二升上,上为郊野,是'同人于野'而得通者,由乾爻上行耳,故特曰'乾行也'。"而他认为《谦》本于《剥》,又是对虞氏和蜀才的超越。虞氏注《谦》云:"《乾》上九来之《坤》。"其含义不明,后儒则认为以乾坤消息释之,即乾尽坤中,上来反三,而侯果则极为明确地用一阴一阳卦卦变之例。他注《谦·彖》云:"此本《剥》卦。《乾》之上九来居《坤》三,是'天道下济而光明'也。《坤》之六三上升《乾》位,是'地道卑而上行'者也。"

关于二阴二阳之卦,侯注只有一例。侯注《颐·彖》云:"此本《观》卦,初六升五,九五降初,则成《颐》矣。"从这一例中可以看出,二阴二阳之卦本于《临》《观》,这不同于虞氏,虞氏认为《颐》卦变是特例,不是本于《观》,而本于《晋》。虞注《颐》云:"《晋》四之初,与《大过》旁通。'养正则吉',谓三之正,五上易位,故'颐贞吉'。反复不衰,与《乾》《坤》《坎》《离》《大过》《小过》《中孚》同义,故不从《临》《观》四阴二阳之例。"虞氏阐述了自己的观点后,又列另一种观点备参考,即"或以《临》二之上"。这说明了虞氏也意识到自己的观点并不是唯一的。侯氏不同于虞氏,他显然与蜀才一样看到了虞氏卦变说的问题，而予以修正。

按照荀、虞之说，三阴三阳之卦卦变说，皆本于《泰》《否》。侯氏有四例。他注《随·象》云："坤为晦，《乾》之上九来入《坤》初，向晦者也。《坤》初升兑，兑为休息，入宴者也。"是言《随》本于《否》，即《否》初上两爻互易而成。注《噬嗑·象》云："《坤》之初六，上升《乾》五，是柔得中而上行。"是言《噬嗑》本于《否》，即《否》初五两爻互易而成。注《恒》初六云："初本六四，自四居初，始求深厚之位者也。"是言《恒》本于《泰》，是《泰》初四两爻易位而成。注《既济·象》云："此本《泰》卦，六五降二，九二升五，是刚柔正当位也。"从以上四例看，侯氏说皆同于荀、虞。

（二）爻象说

侯果以爻象注《易》多承汉易费氏学。传费氏学的郑玄、荀爽善于以爻象注《易》，其中郑玄取爻体说，荀爽则以《易传》的爻位、相应、乘、承等思想注《易》，是以爻象注《易》的突出表现形式。这种形式成为一种易学传统被延续下来，即使魏晋时与象数易为敌的玄学家王弼也没有将这种以爻象注《易》的传统摈弃，也沿用了乘、比、应等爻象注《易》。这是说，以爻象注《易》是象数派、义理派通用的一种方法。所不同的是象数派取象方法更为复杂，其注释更为灵活。即除了使用《易传》爻象之外，还发明爻变、爻体、爻辰等。侯果继承了象数易学的思想，广泛地采用爻象注《易》。根据现存的侯氏《易》注，侯氏多用爻位、应、乘、承注《易》。以爻位说（包括得位、失位）注《易》，如侯注《讼·六三·象》云："虽失其位，专心应上，故能保全旧恩，食旧德者也。"注《豫·六二·象》云："得位居中，柔顺正一。"注《既济·象》云："刚得正，柔得中，故'初吉'也。"以爻之相应注《易》，如侯注《豫·象》云："四为卦主，五阴应之，刚志大行，故曰'刚应而志行'。"注《观·六二·象》云："得位居中，上应于五，窥观朝美，不能大观。"注《贲·六二·象》云："二无其应，三亦无应，若能上承于三，与之同德，虽俱无应，可相与而兴起也。"以中爻居中注《易》，如侯注《文言》云："六五以中和通理之德，居体于正位，故能美充于中，而旁畅于万物，形于事业，无不得宜，是'美之至也'。"注《坎·象》云："二五刚而居中，故心亨也。"注《噬嗑·六二·象》云："居中履正，用刑者也。"以爻之相乘注《易》，如侯注《讼·六三·象》云："乘二负四，正之危也。"注《豫·六五·象》云："六五居尊，而乘于四，四以刚动，非己所乘，乘刚为政，终亦病。"以爻之相承注《易》，如侯注《贲·六三·象》云："若能上承于三，与之同德，虽俱无应，可相与而兴起也。"据不完全统计，侯氏以爻位说注《易》有19处，以爻之相应注《易》有15处，以中注《易》有15处，以乘注《易》有3处，以承注《易》有1处。可见，侯氏取爻象注《易》的特征极为明显。侯氏还取其他爻象注《易》，如爻变和爻体。爻变源于爻位说，一般说来，在《周易》中，爻当位者则辞吉，爻失位者则辞凶。但是，也有例外，如个别失位者有吉辞，当位者有凶辞，对于这个问题，汉儒荀、虞等人以爻变说加以解决，即本失位可以变正，本当位可以变失位，这种爻变说成为象数易学一个重要内容。侯氏重审爻位原则，认为"凡爻得位则贵，失位则贱"（《系辞》注），严格按照爻位说注《易》，但对于个别问题，也采纳了汉儒的思想，即用爻变说。如《讼》九四以阳居阴位乃是失位，而辞言"安贞吉"，为吉辞，以爻变释之，可以自圆其说。侯注《讼·九四·象》云："初既辩明，四讼妄也。讼既不克，当反就前理，变其诏命，则安静贞吉，而不失初也。"侯氏所谓"变其诏命"之"变"，乃本爻变。又如《颐》六二以阴居阴位，当有吉，而辞言"凶"，此是言六二为阴爻变阳爻，阳性动，动则有凶，故辞言"征凶"。侯注《颐·六二·象》云："征则失养之类。"此注亦蕴含爻变之意。

　　这里需要说明的有两点：其一，侯果释当位有凶辞、失位有吉辞并非只用爻变说。如《讼》六三失位，而辞言"终吉"，他根据《象》可以疏通其意，注《讼·六三·象》云："虽失其位，专心应上，故能保全旧恩，食旧德者也。处两刚之间，而皆近不相得，乘二负四，正之危也。刚不能侵，故'终吉'也。"此强调六三与上九正应，虽有危仍能化吉，符合《象》"从上吉也"之意。其二，侯氏的爻变，可以用于其他取象。如侯注《旅》上九云："上变则成震象在前。"此言《旅》上九失位变正，《旅》外卦由离变成震。

侯氏注《易》还使用了另一种爻象——爻体。爻体之说是由郑玄首倡。郑氏按照《易传·说卦》乾坤求索得"六子"之说，提出居不同位置的爻可以代表一个经卦。阳爻在初、四可称震爻，在二、五可称坎爻，在三、上则称艮爻；阴爻在初、四可称巽爻，在二、五可称离爻，在三、上可称兑爻。如是，这些爻符除了具有爻象含义外，也具有经卦之象的意蕴。如郑注《贲》六四云："六四巽爻也。"（引自惠栋《郑氏周易》卷上）注《中孚》云："二、五皆坎爻。"（同上，卷中）侯氏继承了郑玄的爻体说，如《履》阴爻居六三，称兑。侯注《履》六三云："六三，兑也。"又如《遁》六二阴爻居二，称离爻。侯注《遁·六二·象》云："六二离爻，离为黄牛。"此例比较典型。从《遁》卦卦象上看，并无离象，侯果显然是用爻体注《易》。

（三）互体与卦主

互体是侯氏注《易》的主要方法之一。从他的《易》注看，使用了两种类型的互体：一是互体经卦，即由二、三、四或三、四、五三个爻组成一个经卦。如侯注《履·六三·象》云："互有离巽，离为目，巽为股。"此指《履》九二、六三、九四互体为离，六三、九四、九五互体为巽。侯注《噬嗑·六二·象》云："互体艮，艮为鼻。"此指《噬嗑》六二、六三、九四三爻互体为艮。一是四爻连互，即由四爻互体出两个经卦，然后组成一个别卦。如他注《贲·六二·象》云：

"自三至上，有《颐》之象也。二在颐下，须之象也。"此是指贲（☲☶）三、四、五互体为震，其外卦为艮，上艮下震为颐（☲☳）。

侯氏互体取象，与汉儒比较，简单得多。汉初京房多用三爻互体，东汉郑玄使用了四爻互体，至虞翻，互体说大备，出现了五画连互和半象互体。侯果只取两种互体之说，说明了侯氏于互体没有新的发明。在玄学易风靡、互体之说屡遭摧残之时，他能坚持汉儒之传统，以互体之法注《易》，这也十分难得。

卦主说是侯果易学中又一内容。所谓卦主，是指一卦之中的主爻，主爻对整个卦的性质起着重要的作用。运用卦主说释《易》最早可以追溯到《易传》中的《彖传》，而发扬光大者则是西汉京房，《京房易传》中多次使用卦主，三国时吴人陆绩也采用了卦主思想，魏晋时王弼崇尚卦主说，站在玄学角度进行阐发，为卦主说完备奠定了基础。这一思想为侯果所吸收。在侯氏《易》注中，多次使用卦主的思想。侯氏卦主说有两种类型：一是以一爻为主爻，这一爻的确立取决于爻之数量多少和居位。所谓爻之数量多少是说在一卦六爻中，就阴阳性言之，少者为主。阳多阴少，以阴爻为主；阳少阴多，以阳爻为主。这实际上是对封建社会等级制度的映射，国君至尊无二，是国家的最高统治者，体现在卦中就是卦主。根据这一理论，《周易》中凡一阴五阳和一阳五阴之卦中的一阴一阳之爻皆为卦主。侯果和王弼等人一样，皆持此说。如《小畜》

是一阴五阳之卦，其六四一爻为卦主。侯注《小畜》云："四为畜主。"《履》是一阴五阳之卦，其六三一爻为卦主。侯注《履·九四·象》云："履乎兑主，履虎尾也。"《同人》《大有》亦为一阴五阳之卦，其一阴为卦主。侯注《同人·六二·象》云："二为《同人》之主。"注《大有·六五·象》云："为卦之主。"而《豫》为一阳五阴之卦，则其九四一爻为卦主。侯注《豫·象》云："四为卦主。"注《豫》九四云："为《豫》之主，众阴所宗，莫不由之以得其豫。"

还有一种情况是以居位确立卦主，即一爻所居位置尊贵，那么这一爻则为卦主。在《周易》中二、五是尊位，故二、五爻可以作卦主。一般说来，爻居五位作卦主居多，因为五居上处中，处尊位而有中和之大德，故此爻能决定和代表整个卦的性质，这也是对封建社会制度的反映。《无妄》九五居尊位，九五为卦主。侯注《无妄》九五云："位正居尊，为无妄贵主。"《遁》九五居尊位，九五为卦主。侯注《遁·六二·象》云："六二离爻……上应贵主。"

第二种类型是一卦有两爻作卦主，如《蹇》三、五两爻皆为卦主，三爻居内卦为内卦之主，五爻居上处尊也为主。侯注《蹇·上六·象》云："三为内主，五为大人。"这种类型之确立兼用两种标准：一是依爻之众寡，如《蹇》内卦一阳二阴，以阳爻为主；一是据所处之位，九五爻处卦之尊位，故当为主。这种类型归根到底是以五为主，因三爻只是内卦之主，而五爻则是对整个卦而言。

总的说来，侯氏的卦主说继承了汉魏之传统，其一阴一阳之卦的卦主说则沿袭王弼的思想。王弼云："夫少者，多之所贵也；寡者，众之所宗也。一卦五阳而一阴，则一阴为之主矣；五阴而一阳，则一阳为之主矣。"（《周易略例·明象》）这恐怕是由当时习《易》者崇尚王弼易的风气所决定的。

（四）蓍数观

众所周知，《周易》有象、数、理、占四大要素。其中与筮占密切相关的蓍数是易学研究所不能回避的问题。《易传》在言筮法时，第一次系统谈蓍数，但只论大略，而对其中许多具体问题皆未涉及，这就为后世易学家留下许多悬案。汉代，象数易大兴，易学家围绕蓍数展开了探讨。如《易纬》作者演算蓍策之数，荀爽继之。郑玄以五行释天地之数，虞氏又以天体纳甲言之。侯果取《易纬》、荀氏之说，推二篇之策数。他注《系辞》云：

> 二篇谓上下经也，共六十四卦，合三百八十四爻。阴阳各半，则阳爻一百九十二，每爻三十六册（策），合六千九百一十二册；阴爻亦一百九十二，每爻二十四册，合四千六百八册。则二篇之册合万一千五百二十，当万物之数也。

侯氏的推算，用今天的语言表述即是：六十四卦共三百八十四爻，其中阴阳爻各一百九十二（384÷2＝192），每一阳爻是 36 策，每一阴爻是 24 策，那么，六十四卦阳爻策数为：192×36＝6 912 策，阴爻策数为：192×24＝4 608 策。三百八十四爻策数为：6912＋4 608＝11 520 策。这个推算完全着眼于六十四卦中阳爻用九、阴爻用六之原则。按照一般解说，《周易》中言"九"、"六"是得之于筮法。行蓍结果或是 36，或是 32，或是 28，或是 24，这四个数被四除之分别为 9、8、7、6。六为老阴之数，九为老阳之数，八为少阴之数，七为少阳之数，老变少不变，《周易》以变为占，故爻取九、六。从这个行蓍结果看，每爻策数不一定就是三十六策和二十四策，也可能是二十八策和三十二策。由此，亦可以推算出二篇之策数。即 192×28＝5 376 策，192×32＝6 144 策，5 376＋6 144＝11 520 策。因此，侯氏的推算不是唯一的。

侯氏还将蓍数作用夸大并进而神秘化，认为它可以通变化、行鬼神。他说："夫通变化，行鬼神，莫近于数。故老聃谓子曰：'汝何求道？'对曰：'吾求诸数。'明数之妙，通于鬼神矣。"侯氏神化蓍数与《系辞》"极数知来之谓占"的思想一致。侯氏于数并没有停留于一般的探讨上，他也像汉末虞氏一样，取易数注《周易》卦爻辞。如注《损》六五云："内柔外刚，龟之象也。又体艮兑，互有坤震，兑为泽龟，艮为山龟，坤为地龟，震为木龟。坤数又十，故曰十朋。朋，类也。"此言"十朋"之辞得之于坤数十。以天体纳甲言之，坤纳癸，其数为十。此系取虞氏说。虞氏注《损》六五云："坤数十，兑为朋。"

　　侯氏对数的解说和运用，基本上沿袭汉儒之说，没有什么创见。然而，在当时象数易学衰微的情况下，守成就是贡献。

三、侯氏易学的评价

　　侯氏易学除了主象数之外，还兼有义理之倾向。其表现之一是，他承袭郑玄、干宝之易学，以史注《易》。如他注《遁·六二·象》云："殷之父师，当此爻矣。"注《遁·九二·象》云："则殷高宗当此爻矣。"注《既济·象》云："一曰殷亡周兴之卦也。成汤应天，初吉也。商辛毒痛，终止也。"其表现之二是：他宗王弼之学，以老庄之言辞释《易》。如他注《系辞》"此所以成变化而行鬼神也"云："夫通变化，行鬼神，莫近于数。故老聃谓子曰：'汝何求道？'对曰：'吾求诸数。'"注《系辞》"龙蛇之蛰，以存身也"云："庄子曰：'古之畜天下者，其治一也。'"因此，在侯氏的易学体系中既有象数，又有义理，体现了象数与义理相兼容的趋势。汉儒主象数，王弼兴义理，二者势如水火，各走一偏，侯氏兼取二者注《易》，旨在折中调和。若从注经角度言之，取象数兼义理，比单取象数或单取义理更胜一筹，此法对于今天研究易学仍有参考价值。

　　单就象数易学而言，虽然侯氏少有创见，但是在唐代却举足轻重。因为唐代《周易正义》成书后，明经取士，皆尊为圭臬，士子皆谨守官书，莫敢有异议。在这种情况下，侯氏敢于取象数注《易》，极为可贵，正因为如此，他成为唐代象数易学的代表。这一点从李鼎祚《周易集解》中可以得到证明。李氏在此书中集汉唐易学四十家，其中集侯果《易》注百余条，从数量言之，在四十家中居第四位，这说明了他的象数易学在易学史上尤其是在唐代易学中占有重要地位。

第八章　李鼎祚与《周易集解》

一、生平事迹考

新旧《唐书》无李鼎祚传，其生平不详，先儒多失考。明儒朱睦㮮云："鼎祚，资州人，仕唐为秘阁学士，以经术称于时，及阅唐列传与蜀志，俱不见其人，岂遗之耶？抑别有所载耶？因附论著于此，以俟博雅者考焉。"（引自《经义考》卷十四）清四库馆臣也云："鼎祚，《唐书》无传，始末未详。惟据《序》末结衔，知其官为秘书省著作郎。据袁桷《清容居士集》载，资州有鼎祚读书台，知为资州人耳。朱睦㮮《序》称为秘阁学士，不知何据也。其时代亦不可考。《旧唐书·经籍志》称录开元盛时四部诸书而不载是编。知为天宝以后人矣。"（《四库全书总目·周易集解》）然清刘毓崧撰《通义堂文集》有此书《跋》，作者在《跋》中，依据《周易集解》自序及《元和郡县图志》等书对李鼎祚生平仕履作了详尽考辨。今录之如下：

新旧《唐书》皆无李鼎祚传，据《集解》标题，知其为资州人。而蜀中志乘，亦罕见其名氏。今以《自序》及《元和志》《寰宇记》《舆地纪胜》，参之《通志》《能改斋漫录》等书，其事迹官阶，尚可考见大略。盖鼎祚系资州盘石县人。盘石即资州治所，州东有四明山，鼎祚兄弟读书于山上，后人名其地为"读书台"。明皇幸蜀时，鼎祚进《平胡论》，后召守左拾遗。肃宗乾元元年，奏以山川阔远，请割泸、普、渝、合、资、荣等六州界，置昌州。二年春，从其议，兴建，凡经营相度，皆躬与其劳，是时仍官左拾遗。尝充内供奉。曾辑梁元帝及陈乐产、唐吕才之书，以推演六壬五行，成《连珠明镜式经》十卷，又名《连珠集》。上之于朝，其事亦在乾元间。代宗登极后，献《周易集解》，其时为秘书省著作郎，仕至殿中侍御史。以唐时官品阶秩考之，左拾遗系从八品上阶，秘书省著作郎系从五品上阶，殿中侍御史系从七品上阶。由左拾遗而为著作郎，固属超迁。由著作郎而为殿中侍御史，亦非左降。盖官职之要剧闲散，随时转移。……意者鼎祚亦以著作郎而兼殿中侍御史欤？是故综核其生平出处，方未仕之日，即献策以讨安禄山，后此召拜拾遗，当必因其所言有验。观于请建昌州之奏，若早虑及寇贼凭陵，故其州曾为兵火所焚，而节度使崔宁又奏请复置以镇压夷獠。盖其形势控扼险固，兵法所谓地有所必争也。则鼎祚之优于经济而好进谟猷，即此可以概见。其改官御史，建白必大有可观。惜乎，奏议之不传耳。迨身殁以后，资州人士为立四贤堂，绘其像以祀之。尤足征其德望素隆，为乡邦推重。在唐代儒林之内不愧为第一流人，非独《集解》之书有功于易学已也。乃国史既不为立传，方志亦不详述其人。凡此纪载之疏，安可以曲为解免也哉。

从以上考证中，可以清楚地看到以下几个问题：其一，李鼎祚是资州盘石人，今属四川资中县。他生活在唐朝中后期，经历唐玄宗、肃宗、代宗三代。从他献策讨伐安禄山看，他大约出生在天宝元年前后。其二，李氏积极为统治者献计献策。安史之乱，他进《平胡论》，为讨伐安禄山等人出谋划策。为了加强对少数民族地区统治，防止叛乱，又上奏在泸、普、渝、合、资、荣等六州界险要之地置昌州。其三，他勤于读书，精于经学，尤通象数易学，擅筮占。《蜀故》言他"以经学称于时"。（卷十二）在代宗登极后，他将撰成的《周易集解》献于朝。同时，他曾推演六壬五行，撰成《连珠明镜式经》十卷，说明他对象数易学及术数理论颇有研究。据《蜀故》记载，他"预察胡人叛亡日时无爽毫发，象数精深，盖如此然"。（同上）由此他被召拜为拾遗。其四，他官至左拾遗、秘书省著作郎、殿中侍御史。这些官职皆随其政绩而授。其五，李鼎祚在当时德高望重，为当地民众所推崇，死后资州立四贤堂，此堂"在郡治，绘王褒、范崇凯、李鼎祚、董钧像"（《舆地纪胜·资州景物下·四贤堂》注）以祀之。

　　李氏在当时声誉如此高，那么为什么史书不立传，方志亦不详其人？这其中必有原因。笔者管见，唐史不列其人，既非遗之，也非别有所载，恐与他从事的研究及其影响有关。唐朝易学尊崇王学，孔颖达等人奉命撰《周易正义》，自唐至宋，明经取士，皆遵此本。由于功利所使，玄学易成为易学主流和正宗。为官者多习玄学易，撰写史书者除了自身原因外自然更以政治理论需要为标准取舍人物。李氏致力于象数易学，必然受到冷落而不入列传，这是其一。其二，李氏经术以《周易集解》而出名。但此书以纂集前人研究成果为主。其中每节集解之后，常附有"案语"，这些"案语"是对前人未尽之意作补充，多宗荀虞，有见解者极少。从这个意义上说，《集解》是一部资料性的著作，与当时官方学说还有相当距离，无法与唐人其他注疏类的易学著作相提并论，故逐渐被人遗忘，以致宋代贤良多不知。"庆历壬午相府策贤良六题，一出此书，素未尝见，贤良多下者。"（宋计用章《周易集解后序》）故后世修史不列李氏。其三，官职是否显要也是古人修史取舍的重要标准。李氏一生为官，仕至秘书省著作郎，为五品，并不显要，史书不收其传是合乎情理的。

二、《周易集解》版本、卷数及内容

《周易集解》历代版本之书名有所差别。《新唐书·艺文志》作《周易集注》，宋本则题为《易传》，明万历刻本亦题《易传》，明天启元年鲍山刻本题《李氏易解》，清代刻本多题

《周易集解》。当然也有例外，如惠校卢氏雅雨堂本，题《易传》，内文又题《集解》。其中每卷第一行题《易传》第几，第二行题唐资州李鼎祚集解。传，有注解之义，该书是解《易》之作，故称《易传》。但该书又非李氏一人所作，而是由李氏集众家之说，故又称集解。如近人曹元弼云："称《易传》，又称《集解》者，李氏集众家之解以为传也。"（《周易集解补释·条例》）

《周易集解》目前所知最早版本为宋庆历年间计用章刻本，今已不存。今存最早的是明嘉靖时朱睦㮮刻本，次为毛晋汲古阁本，又次为卢见曾雅雨堂本、周孝垓枕经楼本。

《周易集解》于《易经》十二篇之编次用王弼本。《汉书·艺文志》称："《易经》十二篇。"此指上下经及十翼。即在西汉《周易》经传合称《易经》，但二者是相分离的，经是经，传是传。自西汉末费氏以十翼解《易》始，到魏晋王弼，《周易》十二篇的次序被打乱，具体地说，《易传》十篇中的《文言》《彖》《象》被分附于经文相应的部分（其中乾卦例外），而其余如《系辞》（上下）《说卦》《序卦》《杂卦》则仍置于上下经之后。这就是今天通行本《周易》的编次。李氏《集解》取王弼之编次，而又有发展，表现在他将《序卦》进行分解，逐条冠于每一卦之首，"盖用《毛诗》分冠小序之例"（《四库全书总目》卷一）。宋程颐作《易传》也援其例。

关于《周易集解》之卷数，历来多有争议。《新唐书·艺文志》作十七卷。宋晁公武《郡斋读书志》谓"唐录称鼎祚书十七卷，今所有止十卷。盖亦失其七，惜哉"。《中兴书目》与

《宋史·艺文志》作十卷。毛晋汲古阁藏有影写宋嘉定本《易传》十卷，附《略例》一卷。朱彝尊《经义考》引李焘之言曰"鼎祚自序止云十卷，无亡失也"。朱睦㮮序云："唐《艺文志》称李鼎祚集注《周易》十七卷，据鼎祚自序云十卷，而首尾俱全，初无亡失，不知唐史何所据而云十七卷也。"而今本《周易集解》自序多作"十八卷"。近人曹元弼对此进行了种种推测。他指出："盖《唐志》十七卷者，舍《略例》言也。《序》称十八卷者，并《略例》言也。《序》于《附录》《略例》下始总计卷数。但云一十卷者，当系脱字，或后人删之。其全书十七卷、十卷之分，或《集解》本止十卷，并《索隐》为十七卷，而今本为后人所分，或《集解》实如今本十七卷，《序》云'别撰《索隐》'则与本书别行，其附经末者，惟《略例》一卷。所云一十八卷，不连《索隐》数之。均未可知。"（《周易集解补释》）

对这一问题，四库馆臣与刘毓崧考之极详，今录之如下。四库馆臣云：

今考《序》中称"至如卦爻象象，理涉重玄，经注文言，书之不尽，别撰《索隐》，错综根萌，音义两存，详之明矣"云云，则《集解》本十卷，附《略例》一卷，为十一卷。尚别有《索隐》六卷，共成十七卷。《唐志》所载，盖并《索隐》《略例》数之，实非舛误。至宋而《索隐》散佚，刊本又削去《略例》，仅存《集解》十卷，故与《唐志》不符。至毛氏刊本始析十卷为十七卷，以合《唐志》之文，又改《序》中一十卷为一十八卷，以合附录《略例》一卷之数，故又与朱睦㮮《序》不符。盖自宋以来，均未究《序》中别撰《索隐》一语，故疑者误疑，改者误改，即辨其本止十卷者，亦不能解《唐志》称十七卷之故，至愈说愈伪耳。(《四库全书总目》卷一)

刘毓崧考之曰：

至于此书之卷数，诸家目录各有不同。《新唐书·艺文志》载李鼎祚集注《周易》十七卷，集注即集解之异文，如其所言，则此书原有十七卷也。北宋以后，通行之本皆系十卷，或谓其逸去七篇，或谓其首尾俱全，初无亡失。《中兴书目》既言十卷，又言十七篇，尤令阅者无所适从。今按《自序》云"至如卦爻象象，理涉重玄，经注文言，书之不尽，别撰《索隐》。错综根萌，音义两存，详之明矣。"据此，则李氏之释《周易》，更有《索隐》一书，详列音义异同，兼以发挥爻象错综之理，虽其书久逸，卷数未见明文，然以诸家目录参互考之，窃疑《集解》止有十卷，而《索隐》别有七卷。诸书称十七卷者，系总计《集解》《索隐》而言，故《自序》又云"其王氏《略例》得失相参，采葑采菲，无以下体，仍附经末，式广未闻，凡成一十八卷"。盖除《略例》一卷为王弼所编，

与李氏无关，其余十七卷则自《集解》十卷以外，《索隐》
当有七卷，是《索隐》与《集解》本相辅而行，此十七卷
之目录所由来也。特以纪载简略，止标《集解》而遗《索
隐》，于是《索隐》遂沈晦而不彰，加以刊刻流传，止有
《集解》而无《索隐》，于是《索隐》遂湮没而莫考。此所
以但知有十卷之本，不知有十七卷之本，甚至有改《自
序》中之卷数，以迁就调停。而昔人旧目相沿，转疑为无
据，其误甚矣。雅雨堂所刻《集解》强析十卷为十七卷，
欲以复其旧观，所谓"楚则失之，齐亦未为得也"。(《通
义堂文集·周易集解跋上篇》)

刘氏所考，极为精确，当从之。

关于《周易集解》成书年代，清儒刘毓崧据书中所避讳推
断，该书成书于唐代宗之朝。他指出："李氏《周易集解·自
序》未言成书年月。《郡斋读书志》云：'鼎祚《集解》皆避唐
讳。'今以《集解》全书核之，其中以'代'字易'世'字，
以'人'字易'民'字，避太宗之讳也。以'理'字代'治'
字，避高宗之讳也。以'通'字代'亨'字，避肃宗之讳
也。'豫'字缺笔作'豫'，避代宗之讳也。德宗讳'适'兼讳
'括'字，而《集解》'括'字不避不缺笔，则作于德宗之前可
知。以是推之，其书成于代宗之朝，更无疑义。观于《自序》
云'臣少慕玄风'，其《序》末又云'臣李鼎祚序'，盖此书曾
经表献，其序即作于代宗之时。故篇内引用《系辞》自'盖取

诸《离》'至'盖取诸《夬》',而不言'盖取诸《豫》'者,以'豫'字乃时君御名,《自序》系进呈之文,非经传可比,即缺笔亦嫌于指斥故耳。若夫太祖讳'虎'而《集解》有'虎'字,世祖讳'丙'而《集解》有'丙'字,高祖讳'渊'而《集解》有'渊'字,中宗讳'显'而《集解》有'显'字,玄宗讳'隆基'而《集解》有'隆'字、'基'字,此则出自后人追改,非李氏之原文也。"(《周易集解跋上篇》)

　　《周易集解》的成书,绝不是偶然的,是由多种因素决定的。首先,它是易学发展的产物。易学发展与其他事物发展一样,也是符合否定之否定规律的。两汉象数易学盛极而衰,被玄学易取代,而玄学易发展到一定程度,必然又会由另一种易学形态代替,这种易学形态就是与象数易学相关的形态。《周易集解》成书是这种新的易学形态的先声。具体地说,它是来自客观的需求,唐朝统治者为了巩固和加强统治,加快意识形态的建设,以适应当时政治、经济等方面的需要,故命孔颖达等人撰《五经正义》,颁布于天下,成为治理国家的理论工具。其中《周易正义》取王弼注而为之疏,王学遂成为官学而居尊位,这从学术上说,克服了长期以来易学多门、章句繁杂的问题,使其达到空前的统一,然而以王学统一易学,仍然出现种种难尽人意、无法克服的矛盾。如"以其杂出众手,未能自成一家"(《经学历史·经学统一时代》)。《周易正义》虽明言王学之失,而疏义仍失于虚浮,"以王注本不撽实也"。(同上)而且于许多方面有过之而无不及。在玄学易虚浮之风暴露无遗的情况下，易学发展急需扎根象数、训释大义之功夫，以纠正其偏。《周易集解》正是适应这一需要而产生的，也就是说《周易集解》成书是由易学发展决定的。其二，蜀地有着象数易的传统和丰富的易学资料。三国时，蜀地有李譔，师从宋衷；许慈则善郑《易》；范长生、蜀才作《易注》，主郑、荀、虞三大家。更为重要的是，以集解汉魏象数易为主的《九家易》已成书，且流传到蜀地，这就为生活在蜀地的李鼎祚研究象数易学准备了条件。考《周易集解》，所收录前人易说超过百余节以上者有六家，其中就有《九家易》，这足以证明《九家易》对李氏的影响。近人曹元弼曾就此指出："案此书六朝人所为，实开资州之先河。"（《周易集解补释·易学源流》）其三，《周易集解》成书，与李氏的博学和易学修养有关。李氏自幼博学强记，具备了深厚的易学功底和敏锐的思维能力，才使他感悟到易学发展的脉搏，从而才有《周易集解》成书。正如其《自序》道："臣少慕玄风，游心坟籍，历观炎汉，迄今巨唐，采群贤之遗言，议三圣之幽啧，集虞翻、荀爽三十余家，刊辅嗣之野文，补康成之逸象。"这实际上就是《周易集解》成书的主观原因。

关于《周易集解》的内容。在该书中，李氏集汉唐三十余家易注，在前人易注未尽之处还加有案语。《中兴书目》曾就《周易集解》所集汉唐诸家作过说明："《集解》十卷，唐著作郎李鼎祚集子夏、孟喜、京房、马融、荀爽、郑康成、刘表、何晏、宋衷、虞翻、陆绩、干宝、王肃、王辅嗣、姚信、王廙、张璠、向秀、王凯冲、侯果、蜀才、翟玄、韩康伯、刘瓛、何妥、崔憬、沈驎士、卢氏、崔觐、孔颖达等凡三十余家，附以《九家易》《乾凿度》，凡十七篇。"明朱睦㮮考之，又增焦赣、伏曼容二家。清朱彝尊又增姚规、朱仰之、蔡景君三家。今人潘雨廷又增孔安国、延叔坚两家，并云："共计四十家之易注，凡二千七百余节"。(《周易集解纂疏·点校体例》)潘先生对诸家被引用节数作了详细介绍："内《乾凿度》、孔安国、蔡景君、焦赣、延叔坚、王廙、沈驎士、伏曼容、姚规、崔觐十家仅一节。且焦赣为郑玄注中所引，蔡景君、延叔坚为虞翻注中所引及。孟喜、京房、刘表、何晏、张璠、朱仰之六家仅二节。向秀三节。《子夏易传》、王凯冲两家仅四节。刘瓛仅五节。以上二十家，文献极少，备一说而已。又马融虽仅八节，于虞翻注中屡有论及。姚信十四节。卢氏二十节。王肃二十一节。蜀才二十三节。翟玄二十六节。何妥三十六节。以上七家，未满四十节，略有义理可言。又郑玄、宋衷、陆绩三家，与王弼、韩康伯、孔颖达三家，各家取四五十节而未满六十节，可见汉易与魏晋易之异而有其所同。此外主要之七家，即李鼎祚案近百节，干宝、《九家易》、侯果皆百余节，崔憬二百余节，荀爽三百余节，虞翻独多，近一千三百节。此统计辑录文献之多寡，可见其义。"(同上)

可以看到，《集解》所涉及的易学家，既有主象数的，也有主玄理的，可以说是兼收并存，取长补短。这从李氏对两派评价中也可得到证明。他说："郑则多参天象，王乃全释人事，且《易》之为道，岂偏滞于天人者哉？……天象远而难寻，人事近而易习，则折杨黄华，嗑然而笑。"(《自序》)天象，指爻辰说。爻辰说是易学卦象与天文历法相结合的产物，故此言"天象"。"折杨黄华，嗑然而笑"，取自《庄子·天地篇》"大声不入于里耳，折柳皇荂，则嗑然而笑"。折杨黄华，系指俚俗之曲，"此以喻王弼俗学"(曹元弼《周易集解补释·序释》)。李氏以郑"参天象"说明象数易学家偏于象数，以王弼"释人事"说明玄学家崇尚名理。二者各有一偏。这一点与孔颖达观点基本一致。孔氏在《周易正义》中既驳斥郑氏爻辰说"于理稍乖"，又指责王学"辞尚虚玄，义多浮诞"。故其注疏重象兼理，有折中象数与义理之意图。

然而，就《周易集解》所节选易注数量而言，则与孔氏完全不同。该书共录易注二千七百多节，而超过百节以上的六家皆为象数易学家。其中象数易学集大成者虞翻一人就近一千三百多节。崇郑抑王的倾向极为明显，而且李氏本人对这一点直言不讳："刊辅嗣之野文，补康成之逸象。"(《自序》)此言剥离王学之虚浮，以荀、虞增补郑学。如曹元弼所言："刊者，削去其非；补者，增成其是。李书以虞荀为主，盖用虞荀以补郑也"(《周易集解补释·序释》)。其实，李氏在此已看到唐朝定王弼易学为一尊，已将易学置于一偏，孔氏《周易正义》也没有真正消除王学不实之风。孔氏易学象理兼顾，针砭王学之扫象崇理，试图纠其偏，"去其华而取其实"，但受注疏形式的局限，《周易正义》没有达到此目的。唐定王学为官学，而孔氏为王学疏义，在疏不破注的前提下，只能专崇王学而废弃众说，"正义"显然是正王学玄理之义。也就是说，孔氏很难脱离王学，重新阐发自己的易学观，故调和象数与义理只能流于形式。李氏之目的在于消除象数与玄理的隔阂，实现二者统一。他专崇以郑学为代表的象数易学，并不是要夸大象数易学作用，全以象数治《易》，彻底废弃王学，让人们重新回到汉代，而是为了让象数易学不致失传。实际上，他也极为重视王学，他的案语多次引老庄思想阐发易理就是例证。

三、李氏易象观

按照《易传》的解释，易象的形成是古代圣贤效法自然的结果。"是故夫象，圣人有以见天下之赜，而拟诸其形容，象其物宜，是故谓之象。"（《系辞》上）李氏在精研《易传》基础上，对易象的形成作了具体的说明。他认为，易分两种，一种是自然之易，这是客观存在的，这种自然之易起源于气，是由气之变化所致。气之阴阳变化而形成三才之象。这三才之象在天成八卦之象，在地成八卦之形。经过八卦相荡又形成人及万物之象。如他说：

> 元气絪缊，三才成象，神功浃洽，八索成形。在天则日月运行，润之以风雨；在地则山泽通气，鼓之以雷霆。至若近取诸身，四支百体合其度。远取诸物，森罗万象备

其工。(《周易集解序》)

李氏在这里是以宇宙生成学说来论述自然之象的形成,这种自然之象被分为八种,即八卦之象。由于八卦之象交感推移,形成了包括人在内的万物之象,这种万物之象不是别的,就是客观存在的六十四种象,这就是自然之易。

另一种是人为之易,这种易是圣人仰观俯察,对自然之象进行分析抽象的结晶,这就是易象。在李氏看来,无论是八卦之象还是六十四卦之象,皆为圣人对自然之象的摹拟和效法。如他说:

> 逮乎天尊地卑,君臣位列,五运相继,父子道彰,震、巽索而男女分,咸、恒设而夫妇睦。(《周易集解序》)

此是讲由天地变化到人类社会形成,才有《周易》中的八卦和六十四卦,才有六十四卦上经始于乾、坤,下经始于咸、恒。所以他得出结论:"象者,象也。取其法象卦爻之德。"(《乾·象》案语)

李氏对易象的看法,虽然存在着种种问题,如将气看作是世界的本原等,但总体上说比较合理,当予以肯定,从哲学上讲是合乎唯物论的。但是这些思想不是李氏杜撰出来的,而完全是吸取了《易传》中《序卦》和《系辞》的思想。《序卦》言卦序,是以自然界和人类社会发展为据的。《系辞》开篇也说八卦形成源于自然之象。另外，李氏还借用了《系辞》的理论言易象之作用。据他的《自序》，易象的主要作用有：一是观象制器，二是道德教化，三是筮占。因李氏于此多引《系辞》之言，而无己见，故略之。

关于以象注《易》，李氏延续汉儒之传统，以《说卦》所列八卦之象及所谓"逸象"为最基本的材料注释易辞，以揭示象辞之间内在的联系。以《说卦》之象注《易》，如《坎·上六·象》注："案坎于木坚而多心，丛棘之象也。"《姤·九三》注："案巽为股，三居上，臀也。"《革·上六·象》注："案兑为口，乾为首。今口在首上，面之象也。"《艮》注："案艮为门阙。今纯艮重其门，两门之间，庭中之象也。"以上所言"坎于木坚而多心"、"巽为股"、"兑为口"、"乾为首"、"艮为门阙"皆取自《说卦》之辞。因《说卦》所列之象是有限的，故李氏不得不增加象的数量来解决这个矛盾，即使用《说卦》的"逸象"注《易》。如《豫·彖》注："坎为法律，刑罚也。坤为众顺而民服也。"《复·上六》注："案坤为先迷，故曰迷复。坤又为师象，故曰行师。"《大畜·彖》注："案乾为贤人，艮为宫阙也。令贤人居于阙下，不家食之象。"《未济·九四·象》注："案坎为志，震为行，四坎变震，故志行也。"以上所言"坎为法律"、"坎为志"、"坤为先迷"、"乾为贤人"、"震为行"等是《说卦》所不包含的象，被后人称为《说卦》"逸象"。其实，这根本不是《说卦》"逸象"，而是汉代虞翻等大易学家，根据注经的需要，从《周易》经文、传文及其他易学文献中整理、引申出来的，成为后世象数易学家注《易》的工具。

李氏使用"逸象"注《易》，的确解决了《说卦》之象不足的问题，但是，还需要一个中间环节，使其卦所蕴含的《说卦》象和"逸象"与辞对应。这个中间环节就是取象的方法。李氏沿用了汉儒种种取象的方法，归纳起来主要有以下几种。

（一）爻体法

此法是由郑玄发明，且运用于注经中。所谓爻体，是根据阴阳爻所居位置而表示一卦之体。简言之，一爻可以代表一个经卦卦体。如阳爻居初为震，阴爻居初为巽；阳爻居中为坎，阴爻居中为离；阳爻居上为艮，阴爻居上为兑。这个理论源于《易传》中卦主说和乾坤生六子说。《说卦》云："乾，天也，故称乎父；坤，地也，故称乎母。震一索而得男，故谓之长男；巽一索而得女，故谓之长女。坎再索而得男，故谓之中男；离再索而得女，故谓之中女。艮三索而得男，故谓之少男；兑三索而得女，故谓之少女。"此为乾坤生"六子"说。据此说可以推断：震一阳爻居下，巽一阴爻居下；坎一阳爻居中，离一阴爻居中；艮一阳爻居上，兑一阴爻居上。又据《系辞》"阳卦多阴，阴卦多阳"的思想可知，阳卦是以一阳爻为主，阴卦是以一阴爻为主。故一爻可以代表一卦。此为爻体说的根据。李氏继承了郑玄这一方法，多次运用于注易中，以补诸家易注之不足。如以初爻取象者，李注《同人·初九·象》

云："案初九震爻，帝出乎震，震为大涂，又为日门，出门象
也。"注《否·初六·象》云："案初六巽爻，巽为草木，阳爻
为木，阴爻为草。初六阴爻，草茅之象也。"以中爻取象者，
如注《师·六五》云："案六五离爻，体坤。离为戈兵，田猎
行师之象。"注《大畜·六五·象》云："案九二坎爻，坎为
豕也。"以上爻为象者，如注《谦·上六·象》云："案上六
兑爻。兑为口舌，鸣谦之象也。"另外，《坎·上六·象》注、
《谦·六五·象》注、《观·六二·象》注、《贲·六五·象》
注等皆用爻体法。以此法取象简易而灵活，以任何一个爻均可
得出一个卦象，一卦六爻可以相应得出六个象，从而使一个别
卦卦画蕴含更多的卦象，为以象解《易》提供了条件。

（二）互体法

互体法是李氏常用的另一种取象方法（此法有时又被称
为"互体之象"）。此法打破一卦之内外卦体之分，变换视角，
从一卦六爻中找出许多经卦和由经卦组成的别卦。如最常见的
二三四互体一卦，三四五互体一卦，然后由二至五爻可以组
成一个新的别卦。汉末虞氏是互体之法集大成者，他不仅使
用了最常见的互体法，而且也使用了经卦半象互体（二画互
体）和别卦的四画连互。李氏注《易》多沿用汉人常规的互
体之法，即经卦互体。如他注《师·九二·象》云："案二互
体震。"注《履·六三·象》云："三互离爻，离为向明。"注
《同人·九三·象》云："案三互离巽。巽为草木，离为戈兵。"

注《大壮·九三·象》云："案自三至五体兑，兑为羊。"另外，他有时直接互出两个经卦，这个经卦实际上是一个别卦，只是不取别卦之象而已。如注《履·六三·象》云："互体离兑，水火相刑，故独唯三被咥凶矣。"注《否·九五》云："二互坤艮，艮山坤地，地上即田也。"注《同人·九三·象》云："案三互离巽，巽为草木，离为戈兵。"注《渐·六四·象》云："自三至五体有离坎。离为飞鸟而居坎水，鸿之象也。"李氏在这里将内外卦也视为互卦，与郑玄互体说完全相符。如郑注《旅·初六》云："爻互体艮。"（《仪礼注疏》卷八《聘礼》疏引）旅内卦为艮，此视内卦为互体而成。注《既济·九五》云："互体为坎，又互体为离，离为日，坎为月。"（《礼记注疏》卷五十一《坊记》疏引）九五处外卦坎之中，此视外卦为互体而成。这种互体之法为郑玄独有。李氏易学言爻体，是他主郑和崇郑的例证。

（三）升降与卦变

升降与卦变是荀爽、虞翻象数易学的重要内容之一。升降是指一卦中阴阳两爻位置的上下移动互换。卦变是指由于一卦中两爻位置的变动引起一卦性质发生变化，从而使一卦变成另一卦。二者往往相互依存，爻之升降是手段，卦变是结果。李氏注《易》取象亦用升降与卦变。如注《恒·象》云："案六四降初，初九升四，是刚上而柔下也。"此是阐发蜀才"此本《泰》卦"之义。注《晋·象》云："案九五降四，六四进

五，是柔进而上行。"是阐发蜀才"此本《观》卦"之义。注
《益·象》云："案《乾》之上九下处《坤》初，《坤》之初六
上升《乾》四，损上益下者也。"是阐发蜀才"此本《否》卦"
之义。注《损·象》云："案《坤》之上六下处《乾》三，乾
之九三上升《坤》六，损下益上者也。"注《困·九二》云：
"坎为酒食，上为宗庙，今二阴升上则为酒食，入庙故困于酒
食也。上九降二，故朱绂方来。"此言升降，实亦卦变。即
《困》来自《否》，《否》二上两爻升降即为《困》。以上几例是
以升降卦变注《易》。升降卦变是一回事，但有时也有特殊情
况，即言卦变而不用升降。如注《无妄·象》云："案刚自上
降，为主于初，故动而健，刚中而应也。"此是阐发蜀才"此
本《遁》卦"之义。李氏此处只言降而不言升，是卦变的一个
特例。这种情况完全取决于《彖传》。《彖传》云："无妄，刚
自外来而为主于内。"在"注不破经"的前提下，李氏也只能
如此释之。

（四）卦气取象法

在汉人众多易学理论中，还有一种学说不可忽视，它糅合
了天文历法而产生，为两汉易学家所推崇，成为象数易学的重
要理论支柱，这就是孟喜的卦气说。孟氏卦气说包括四正卦、
十二消息和六日七分说这三个内容。六十四卦与一年十二个月
和三百六十五又四分之一日相配。取坎、离、震、兑四卦与四
季二十四节气相配为四正卦。取其他六十卦与十二个月相配，

每月五卦，其中每月有一卦是主卦，十二个月十二个主卦，这就是十二消息卦（或十二辟卦）。取三百六十五又四分之一日与六十卦相配，每卦主六日七分，这就是六日七分说。从现存易学文献看，汉以后易学家多注重运用卦气说注《易》，但很少人系统地论述它。李氏恐此说失传，在《周易集解》中以案语形式，不惜用很大篇幅来论述卦气说。他注《复》"反复其道，七日来复"时云：

> 案易轨一岁十二月，三百六十五日，四分日之一。以坎、震、离、兑四方正卦，卦别六爻，爻主一气。其余六十卦，三百六十爻，爻主一日，当周天之数。余五日四分日之一，以通闰余者也。《剥》卦阳气尽于九月之终，至十月末，纯坤用事。《坤》卦将尽，则《复》阳来，隔《坤》之一卦，六爻为六日，《复》来成震，一阳爻生为七日，故言"反复其道，七日来复"，是其义也。天道玄邈，理绝希慕，先儒已论，虽各指于日月，后学寻讨，犹未测其端倪，今举约文，略陈梗概，以候来愸，如积薪者也。

对《复》"七日"的解说，历来有分歧。褚氏、庄氏认为，"七日"来自消息卦，自五月《姤》一阴生至十一月《复》一阳生，凡历七个月，"欲见阳长须速，故变'月'言'日'，曰'七日'"。唐侯果沿袭此说。虞翻视十二消息卦为乾坤消息，即乾坤互变。乾变坤，自下而上依次变六爻，然后由坤变乾，先变坤初为复，经七爻而为七日，即"乾成坤，反出于震而来复……消乾六爻为六日，刚来反初，故'七日来复，天行也'。"郑玄则认为："建戌之月，以阳气始进。建亥之月，纯阴用事。至建子之月，阳气始生，隔此纯阴一卦，卦主六日七分，举成数言之，而云七日来复。"孔颖达则认为褚氏、庄氏之说不符合王弼说而弃之，又因《易纬》和郑说与王弼之说一致而取之。他在陈述《易纬·稽览图》六日七分说之后，以郑玄说释王弼注。他说："《剥》卦阳气之尽在于九月之末，十月当纯坤用事，《坤》卦有六日七分，《坤》卦之尽则《复》卦阳来，是从剥尽至阳气来复，隔《坤》之一卦六日七分，举成数言之，故辅嗣言凡七日也。"（《周易注疏》卷五）

由以上所引诸家易注，可以清楚地看到李氏对卦气说及"七日来复"的注释，与孔氏同出一辙，皆援《易纬》和郑玄之说。虽然他们出发点不同，孔氏疏王弼玄义，李氏注释经文，但殊途而同归，其目的是在以同一个象数思想对这个争讼已久的问题作出总结。李氏还用消息之法解决了易学史上的另一个难题。如他注《临·彖》云："案《临》十二月卦也。自建丑之月至建申之月，凡历八月则成《否》也。《否》则天地不交，万物不通，是至于八月有凶，斯之谓也。"此取十二消息卦《否》象。《临》为十二月（丑），《否》为七月，自《临》至《否》历经了八个月，故八月有凶。此注历来也有争议，虞翻以旁通说释之：《临》与《遁》旁通，《遁》为六月，于周为八月。郑玄以周改殷历释之：《临》本为十二月，周改二月，故自《临》到《遁》为八月。李氏此注取孔氏之说。《周易正义》注《临》云："至于八月有凶者，以物盛必衰，阴长阳退。《临》为建丑之月，从建丑至于八月建申之时，三阴既盛，三阳方退，小人道长，君子道消。故八月有凶也。"（《周易注疏》卷四）注《临·彖》云："案此注云小人道长，君子道消，宜据《否》卦之时，故以《临》卦建丑而至《否卦》建申为八月也。"（同上）此说揭示出王弼易注中所蕴含的象，在这一点上，与其他易学家相比，似更胜一筹。李氏从象数易角度取孔氏之说对此问题作以总结，确立了此说在易学史上的地位。从此例可以说明两个问题：其一，李氏对孔氏专取王注疏义不满，但又没有全盘否定孔氏，对一些象数思想又予以肯定。其二，象数与义理是易学的两个方面，象数是本，义理是末，象数发为义理。也就是说二者之间没有不可逾越的鸿沟，其区别是相对的。

另外，李氏还使用了爻变取象法，此法被虞翻称为"之正"。即爻之居位不正而变正，爻之居位正而变不正。如李注《解·上六》云："案二变时体艮，艮为山，为宫阙，三在山半，高墉之象也。"此谓《解》二爻以阳居阴位乃失位，故变之。变正后二、三、四爻互体艮。又如注《未济·九四·象》云："案坎为志，震为行，四坎变震，故志行也。"四坎变震，是指四爻居两阴爻之间为坎，又以阳居阴位，变正则二、三、四互体震。李氏有时也用卦主说注《易》，如注《家人·象》云："案二五相应，为卦之主，五阳在外，二阴在内，父母之谓也。"他有时还用爻位说以及其他取象的方法注《易》。可以这么说，汉人所使用的取象方法，李氏基本上都有采用，从这个意义上讲，李氏易学也是集汉人象学之大成。

四、李氏易数观

象数易学是由象和数组成，而数又可分为蓍数、五行数、九宫数、河洛数等。其中蓍数源于筮法，是其他数之根本。大凡易学大家皆精于筮法，且对其中所涉及的数皆有研究。原因是《系辞》关于大衍筮法的记载，言简而意晦，易令人生疑。易学家对于筮法中数的含义理解不同，就形成了各自不同的蓍数观。如京房、马融等人多取天文、历法注释蓍数，荀爽主六爻八卦数，郑玄参以五行，虞翻杂以纳甲，崔憬又以八"参天两地"为据，征之八卦。李氏在《周易集解》中，辑录诸家之说，并以案语的形式，对这个长期聚讼的问题作了解说。他指出：

> 案：崔氏《探玄》，病诸先达，及乎自料，未免小疵。既将八卦阴阳，以配五十之数，余其天一地四，无所禀承，而云"八卦之外，在衍之所不管"者，斯乃谈何容易哉。且圣人之言，连环可解，约文申义，须穷指归。即此章云"天数五，地数五，五位相得而各有合。天数二十有五，地数三十，凡天地之数五十有五。此所以成变化

而行鬼神。"是结大衍之前义也。既云"五位相得而各有合",即将五合之数配属五行也。故云"大衍之数五十"也。"其用四十有九"者,更减一以并五,备设六爻之位,蓍卦两兼终极天地五十五之数也。自然穷理尽性,神妙无方,藏往知来,以前民用,斯之谓矣。

李氏案语有两层含义:其一,批评了崔憬在蓍数方面的错误。崔氏认为,大衍之数五十,与《说卦》"参天两地"是一致的。"案《说卦》云:'昔者圣人之作《易》也,幽赞于神明而生蓍,三天两地而倚数。'既言蓍数,则是说大衍之数也。明倚数之法当参天两地。参天者,谓从三始,顺数而至五、七、九,不取于一也。两地者,谓从二起,逆数而至十、八、六,不取于四也。此因天地数上以配八卦而取其数也。艮为少阳,其数三;坎为中阳,其数五;震为长阳,其数七;乾为老阳,其数九;兑为少阴,其数二;离为中阴,其数十;巽为长阴,其数八;坤为老阴,其数六。八卦之数,总有五十,故云'大衍之数五十'也。不取天数一、地数四者,此数八卦之外,大衍所不管也。"李氏看来,崔氏处理天一地四的方法极为轻率,其错误在于断章取义地理解"大衍之数五十"。其实,"天数五,地数五……凡天地之数五十有五,此所以成变化而行鬼神",是与大衍之数紧密相连的,是其前义。所以此两节连环可解,"约文申义,须穷指归"。其二,以"五位相得而各有合"释"大衍之数"。这实际上就是以郑氏五行说取代崔氏的学说。郑氏云："天地之气各有五。五行之次，一曰水，天数也；二曰火，地数也；三曰木，天数也；四曰金，地数也；五曰土，天数也。此五者阴无匹，阳无耦，故又合之。地六为天一匹也，天七为地二耦也，地八为天三匹也，天九为地四耦也，地十为天五匹也。二五阴阳各有合，然后气相得，施化行也。"(《春秋左传正义》卷四十五）按照此说，天地之数合为五十五，减去五为五十。李氏又对"四十有九"做出解释，认为"减一并五，备六爻之位，故有五十五减五，又减一，而为四十九"。这些解说取自郑义，在某些方面还十分牵强，但是，它既做到了全文贯通，又克服了崔氏的缺点，与其他家相比，有独到之处，不失为一家之言，对我们今天探讨此问题仍有启示。

　　更为可贵的是，李氏还能用易数解释易辞涉及数之处，以揭示数与辞的联系。在他的案语中，有用五行之数释辞者。他注《师·九二·象》云："案：二互体震，震木数三，'王三锡命'之象。"其中震木数三，是取五行之数。震为木，木在五行之次为三，如郑氏所言"三曰木，天数也"。有取纳甲之数释辞者。他注《复·上九》云："坤又为师象，故曰行师。坤数十，十年之象也。"十在大衍之数中为地数，又坤纳癸，癸在天干中为十，故坤数为十。这显然又是继承了虞氏之说。虞翻注《益·六二》"十朋之龟"云："坤数十，《损》兑为朋，谓三变离为龟，故十朋之龟。"由此可以看到，李氏易数并非专用于解释筮法，也可以和象一样用于释辞。也就是说，数在象数易学中起着两种作用，一是构筑数的体系，用于筮法；一是充当注释的工具，用于释辞。

五、李氏对易学史的贡献

生活在唐朝中后期的李鼎祚，目睹了大唐王朝由强盛向衰败的转化，由此也清楚地看到了王氏易学已落后于时代并暴露出种种缺陷。故他以特有的易学家悟性，来复兴象数易学，弥补玄学易之不足，从而有《周易集解》的问世。《周易集解》之撰成为象数易学乃至整个易学发展，做出了不可磨灭的贡献。具体地说，表现在以下几个方面。

其一，它具有极为重要的文献价值。

自王弼尽扫象数，至唐朝命孔颖达撰《周易正义》取王弼注而疏义，象数易学式微，由于其学问繁琐难解，且与功利无关，渐为学人疏远而不传，其书籍随之大量散佚。由新旧《唐书》之《经籍志》《艺文志》著录易学书目看，两汉象数易学书仅存十余种，大多已不著录。在这种情况下，李氏扶微起废，广集汉唐易书，尤其是尽取两汉象数易学，撰成《周易集解》。这对于了解、研究两汉象数易学提供了宝贵的资料。后世研究两汉象数易学主要即依据李氏《集解》所集取的资料。对此历代易学家皆有评价。宋儒陈振孙曰：

> 隋唐以前易家诸书，逸不传者，赖此书犹见其一二。

明儒朱睦㮮云：

> 自商瞿之后，注《易》者百家。而郑氏玄、王氏弼为最显。郑之学主象数，王之学主名理，汉晋以来，二氏学并立。……唐兴，孔颖达受诏撰定《五经正义》，于《易》独取王传，而郑学遂废，先代专门之业亦复不传。可胜叹哉！夫《易》有圣人之道四焉。世之言理义之学者，以其辞耳，象、变与占其可阙乎？……康成去古未远，其所纂述必有所本。鼎祚恐其失坠，以广其说，均之为有裨于《易》者也。（引自《经义考》卷十四）

四库馆臣云：

> 盖王学既盛，汉易遂亡，千百年后学者，得考见画卦之本旨者，惟赖此书之存耳。是真可宝之古籍也。（《四库全书总目》卷一）

清儒李道平云：

> 梓州李君鼎祚恐逸象就湮，乘其时古训未散，取子夏以下三十余家，成《集解》一书，表章汉学，俾古人象数之说，得以绵延，至今弗绝，则此编之力居多。（《周易集解纂疏自序》）

其二，此书承上启下，是易学发展的一个不可缺少的重要环节。由于此书保存了大量已失传的象数易资料，故它不仅是研究汉代象数易学必读之作，也是研究整个易学发展的重要典籍。宋儒图书之学、先天之学中所蕴含的数象，皆源于此书；而宋儒义理之学也多受启于此书，尤其以史注《易》之法多得之于李氏《集解》所存的干宝、侯果、崔憬等人的思想。明潘恭定曾将此书喻为河流，说明它在易学史中所处的地位。他说："羲、文、周、孔之《易》，辟则昆仑之源也。李氏之《集解》，辟则河之众流也。程、朱之传义，辟则海之会归也。是故由《集解》而溯四圣人之微言，则其端倪可测矣。由《集解》而征程朱之著述，则脉络盖明矣。"（引自《经义考》卷十四）清儒李道平对此也有评论，认为汉儒象数易学，"其说往往与羲、文之旨相契合。自时厥后，一变为晋易，而老庄之虚无，陈、李之图书，断不能远出汉儒象数之上"。（《周易集解纂疏自序》）此言两汉象数易之地位，而作为保存两汉象数之著作，《集解》之作用显而易见。清代，惠栋、张惠言、焦循为代表的易学大家，以恢复汉易为旗帜，梳理和阐发象数易大义，创立了庞大的象数易学体系，皆以《集解》为据，可以说若没有李氏《周易集解》，也就没有清代的象数易学，这是一方面。另一方面，清代兴起辑佚之风，从清人辑《易》书看，马国翰、孙堂、黄奭等所辑诸家《易》书，其取材来源主要是《周易集解》。

其三，《周易集解》除了集汉唐诸家易学外，还有李鼎祚

《序言》与《案语》，从中可以看到，李氏的贡献不单是辑录前人资料，他自己的思想在易学史上也极有价值。主要表现在对易学发展源流作了阐述并就郑王两派作了客观的评价，如他指出："自卜商入室，亲授微言，传注百家，绵历千古，虽竞有穿凿，犹未测渊深。唯王、郑相沿，颇行于代，郑则多参天象，王乃全释人事。且《易》之为道，岂偏滞于天人者哉？致使后学之徒纷然淆乱，各修局见，莫辨源流。天象远而难寻，人事近而易习。则折杨黄花，嗑然而笑。方以类聚，其在兹乎。"这些论述勾划易学发展的大致轮廓，并就汉唐易学派别及其特点进行了评析，其旨在于扬郑黜王。这些思想虽然未必完全正确，但有着重要的参考价值。

　　李氏的案语，是对先儒易说未尽之意的补充和阐发，或者在不同意前人注解之处遵循汉儒方法另释之。他没有超出汉人象数易学范围，也就是说他的每一个思想皆可以从汉人那里找到，很少有独创发明，从这一点看，李氏对象数易学没有发展。但他的贡献在于他在唐朝专崇王学的环境下，沿着侯果、崔憬等人开辟的重易象的新路，借助于汉人之说对诸家注解作了总结，完成了唐代易学由专崇王学玄理向义理象数兼重的转变，再次确立了象数易学在易学史上的地位。这是值得肯定的。

参考文献

古籍文献

1. ［汉］司马迁撰：《史记》，中华书局，2006 年。

2. ［汉］京房撰，［三国吴］陆绩注：《京房易传》，《汉魏丛书》本。

3. ［汉］班固撰：《汉书》，中华书局，1962 年。

4. ［汉］郑玄注：《周易乾凿度》，《丛书集成初编》本。

5. ［汉］郑玄注：《易纬·是类谋》，《丛书集成初编》本。

6. ［汉］郑玄注：《易纬·坤灵图》，《丛书集成初编》本。

7. ［汉］郑玄注：《易纬·乾坤凿度》，《丛书集成初编》本。

8. ［汉］郑玄注：《易纬·乾元序制记》，《丛书集成初编》本。

9. ［汉］郑玄注：《易纬·通卦验》，《古经解汇函》本。

10. ［汉］郑玄注：《易纬·稽览图》，《古经解汇函》本。

11. ［汉］郑玄注：《易纬·辨终备》，《易经集成》本。

12. ［汉］荀爽撰，［清］马国翰辑：《周易荀氏注》，《玉函山房辑佚书》本。

13. ［三国魏］王弼撰：《周易注》，《四库全书》本。

14. ［三国吴］陆绩撰，［明］姚士粦辑：《陆公纪易解》，《无求备斋易经集成》本。

15. ［三国吴］陆绩撰，［明］姚士粦辑，［清］孙堂增补：《陆氏周易述》，《无求备斋易经集成》本。

16. ［晋］干宝撰，［明］姚士粦辑：《干常侍易解》，《无求备斋易经集成》本。

17. ［南朝宋］范晔撰：《后汉书》，中华书局，1982年。

18. ［唐］魏征撰：《隋书》，中华书局，1973年。

19. ［唐］陆德明撰：《经典释文》，中华书局，1983年。

20. ［唐］孔颖达撰：《周易正义》，中华书局，1987年。

21. ［唐］李鼎祚撰：《周易集解》，中国书店影印本，1984年。

22. ［唐］崔憬撰：《易探玄》，《无求备斋易经集成》本。

23. ［唐］侯果撰，［清］黄奭辑：《侯果易注》，《无求备斋易经集成》本。

24. ［宋］张载撰，章锡琛点校：《张载集》，中华书局，1978年。

25. ［宋］程颢、程颐撰，王孝鱼点校：《二程集》，中华书局，1981年。

26. ［宋］朱震撰：《汉上易传》，《四库全书》本。

27. ［宋］朱熹撰，廖名春点校：《周易本义》，中华书局，2009年。

28. ［宋］黎靖德编，王星贤注解：《朱子语类》，中华书局，1986年。

29. ［宋］王应麟撰：《困学纪闻》，台湾商务印书馆，1986年。

30. ［宋］王应麟撰集，［清］丁杰后定，［清］张惠言订正：

《周易郑注》,《续修四库全书》本。

31.［宋］李过撰：《西溪易说》,《四库全书》本。

32.［宋］俞琰撰：《读易举要》,《四库全书》本。

33.［元］胡一桂撰：《周易启蒙翼传》,《四库全书》本。

34.［元］吴澄撰：《易纂言外翼》,《四库全书》本。

35.［清］黄宗羲撰：《易学象数论》,《四库全书》本。

36.［清］黄宗炎撰：《周易寻门余论》,《四库全书》本。

37.［清］朱彝尊撰：《经义考》,《四部备要》本。

38.［清］胡渭撰：《易图明辨》,巴蜀书社,1991 年。

39.［清］惠栋辑：《新本郑氏周易》,《四库全书》本。

40.［清］惠栋撰：《易汉学》,《四库全书》本。

41.［清］惠栋撰：《易例》,《四库全书》本。

42.［清］张惠言撰：《易义别录》,《皇清经解》本。

43.［清］张惠言撰：《易纬略义》,《易经集成》本。

44.［清］张惠言撰：《周易荀氏九家义》,《张文皋全集》本。

45.［清］张惠言撰：《周易郑氏义》,《大易类聚初集》本。

46.［清］张惠言撰：《周易虞氏义》,《大易类聚初编集》本。

47.［清］张惠言撰：《周易虞氏消息》,《大易类聚初集》本。

48.［清］李富孙撰：《李氏易解剩义》,《丛书集成初编》本

49.［清］焦循撰：《易图略》,《大易类聚初集》本。

50.［清］永瑢等撰：《四库全书总目》,中华书局,1960 年。

51.［清］阮元编：《经籍纂诂》,中华书局,1995 年。

52.［清］郝懿行撰：《尔雅义疏》,中国书店影印本,1982 年。

53. ［清］王引之撰：《经义述闻》，江苏古籍出版社，1985 年。

54. ［清］段玉裁注：《说文解字注》，上海古籍出版社，1988 年。

55. ［清］李锐撰：《周易虞氏略例》，《大易类聚初集》本。

56. ［清］李道平撰，潘雨廷点校：《周易集解纂疏》，中华书局，1994 年。

57. ［清］马国翰辑：《玉函山房辑佚书》，上海古籍出版社，1990 年。

58. ［清］孙堂辑：《汉魏二十一家易注》，《无求备斋易经集成》本。

59. ［清］俞樾撰：《周易互体征》，《大易类聚初集》本。

60. ［清］俞樾撰：《卦气续考》，收于《春在堂全集》第三册，凤凰出版社，2010 年。

61. ［清］何秋涛撰：《周易爻辰申郑义》，《大易类聚初集》本。

62. ［清］皮锡瑞撰：《经学通论》，中华书局，1954 年。

63. ［清］皮锡瑞撰：《经学历史》，中华书局，1981 年。

64. ［清］唐晏撰：《两汉三国学案》，中华书局，1986 年。

65. ［清］曹元弼撰：《周易集解补释》，《无求备斋易经集成》本。

66. ［清］杭辛斋撰：《学易笔谈》，《易经集成》本。

出土文献

1. 荆门市博物馆编：《郭店楚墓竹简》，文物出版社，1998 年。

2. 清华大学出土文献研究与保护中心编，李学勤主编：《清华大学藏战国竹简（肆）》，中西书局，2013年。

学术论著

1. 徐昂撰:《京氏易传笺》，南通翰墨林书局本。

2. 徐昂撰:《周易虞氏学》，《易经集成》本。

3. 胡朴安撰:《周易古史观》，上海古籍出版社，1989年。

4. 冯友兰撰:《中国哲学史新编》，人民出版社，1998年。

5. 侯外庐撰:《中国思想通史》，人民出版社，1957年。

6. 高亨撰:《周易大传今注》，齐鲁书社，1979年。

7. 高亨撰:《周易杂论》，齐鲁书社，1988年。

8. 高亨撰:《周易古经今注》，中华书局，1990年。

9. 张舜徽撰:《郑学丛著》，齐鲁书社，1984年。

10. 牟宗三撰:《周易的自然哲学与道德涵义》，文津出版社，1998年。

11. 徐复观撰:《徐复观论经学史二种》，上海书店，2002年。

12. 屈万里撰:《先秦汉魏易例述评》，台北学生书局，1985年。

13. 刘大钧撰:《周易概论》，齐鲁书社，1988年。

14. 刘大钧编:《大易集述》，巴蜀书社，1998年。

15. 金景芳撰:《周易全解》，上海古籍出版社，2005年。

16. 徐芹庭撰:《易学源流》，台湾"国立编译馆"，1987年。

17. 高怀民撰:《两汉易学史》，广西师范大学出版社，2007年。

18. 朱伯崑撰:《易学哲学史》，北京大学出版社，1989年。

19. 黄寿祺、张善文撰：《周易译注》，上海古籍出版社，1990 年。

20. 徐志锐撰：《周易大传新注》，齐鲁书社，1986 年。

21. 周立升撰：《两汉易学与道家思想》，上海文化出版社，2001 年。

22. 严灵峰撰：《马王堆帛书易经斠理》，台北文史哲出版社，1994 年。

23. 李学勤撰：《周易溯源》，巴蜀书社，2006 年。

24. 唐明邦撰：《周易纵横录》，湖北人民出版社，1986 年。

25. 胡自逢撰：《周易郑氏学》，台北文史哲出版社，1990 年。

26. 廖名春撰：《帛书〈周易〉论集》，上海古籍出版社，2008 年。

27. 廖名春撰：《帛书〈易传〉初探》，台北文史哲出版社，1998 年。

28. 张立文撰：《帛书周易注译》，中州古籍出版社，1992 年。

29. 陈良云撰：《周易与中国文学》，百花洲文艺出版社，1988 年。

30. 黎子耀撰：《周易秘义》，浙江古籍出版社，1989 年。

31. 韩仲民撰：《帛易说略》，北京大学出版社，1992 年。

32. 李大用撰：《周易新探》，北京大学出版社，1992 年。

33. 谢宝笙撰：《易经之谜打开了》，香港明窗出版社，1993 年。

34. 王明钦撰：《新出土简帛研究》，文物出版社，2004 年。

35. 王兴业撰：《三坟易探微》，青岛出版社，1999 年。

36. 史善刚撰：《河洛文化与中国易学》，河南人民出版社，2009 年。

37. 吴雁南等人主编：《中国经学史》，福建人民出版社，2001 年。

38. 辛冠洁主编：《中国古代佚名哲学著作评述》，齐鲁书社，

1984 年。

39. 陈尊妫撰：《中国天文学史》，上海人民出版社，1984 年。

40. 李零撰：《中国方术正考》，中华书局，2006 年。

41. 简博贤撰：《今存三国两晋经学遗籍考》，台湾三民书局，1986 年。

42. 李孝定撰：《甲骨文字集释》，"中央研究院"历史语言研究所，1982 年。

43. 吕凯撰：《郑玄之谶纬学》，台湾商务印书馆，1982 年。

44. 张世英撰：《哲学导论》，北京大学出版社，2012 年。

45. 周立升撰：《春秋哲学》，山东大学出版社，1989 年。

46. 晏昌贵撰：《简帛数术与历史地理论集》，商务印书馆，2010 年。

47. 金德建撰：《经今古文字考》，齐鲁书社，1986 年。

48. 杨端志撰：《训诂学》，山东文艺出版社，1992 年。

49. 古方撰：《一剑集》，中国妇女出版社，1996 年

50. 钟肇鹏撰：《谶纬论略》，辽宁教育出版社，1997 年。

51. 钟肇鹏撰：《纬书论略》，辽宁教育出版社，1997 年。

52. 张涛撰：《经学与汉代社会》，河北人民出版社，2001 年。

刊物及论文集

1. 黄寿祺、张善文编：《周易研究论文集》（第一辑），北京师范大学出版社，1987 年。

2. 唐明邦主编：《周易纵横录》，湖北人民出版社，1988 年。

3. 傅璇琮、许逸民主编：《中国古籍研究》（第一卷），上海古籍出版社，1996年。

4. 中国社会科学院简帛研究中心编：《简帛研究》（第三辑），广西教育出版社，1998年。

5. 刘大钧主编：《大易集述》，巴蜀书社，1998年。

6. 王振民主编：《郑玄研究论文集》，齐鲁书社，1999年。

7. 朱伯崑主编：《国际易学研究》（第五辑），华夏出版社，1999年。

8. 陈鼓应主编：《道家文化研究》（第十八辑），生活·读书·新知三联书店，2000年。

9. 刘大钧主编：《象数易学研究》（第三辑），巴蜀书社，2003年。

10. 艾兰、邢文编：《新出土简帛研究》，文物出版社，2004年。

11. 郑吉雄主编：《周易经传文献新诠》，台大出版中心，2010年。

西人著作

1.（德）伽达默尔著，洪汉鼎译：《真理与方法》，上海译文出版社，2002年。

2.（美）皮尔斯著，赵星植译：《皮尔斯：论符号》，四川大学出版社，2014年。